मेरे पिता त्रिलोचन : एक स्मृतिलेख

मेरे पिता त्रिलोचन

एक स्मृतिलेख

जय प्रकाश सिंह

पूर्व प्रोफेसर, इतिहास विभाग, नेहू,
शिलाँग, मेघालय

वाणी प्रकाशन

वाणी प्रकाशन

4695, 21-ए, दरियागंज, नयी दिल्ली 110 002

शाखा

अशोक राजपथ, पटना 800 004

फ़ोन : +91 11 23273167 फ़ैक्स : +91 11 23275710

www.vaniprakashan.in
vaniprakashan@gmail.com
sales@vaniprakashan.in

MERE PITA TRILOCHAN : EK SMRATILEKH
by Jai Prakash Singh

ISBN : 978-93-5229-681-1
Memoirs

प्रथम संस्करण

मूल्य : ₹ 395

हर्ष प्रिंटर्स, दिल्ली-110 093 में मुद्रित

वाणी प्रकाशन का लोगो मक़बूल फ़िदा हुसेन की कूची से

राज्यश्री देवी
पार्वती देवी
जयमूर्त्ति देवी
एवं
उषा कुमारी (उषाजय) सिंह

को क्रमशः

उनकी दृष्टि
उनके श्रम
उनके संघर्ष

एवं

अपने परिवार को सही
रास्ता दिखाने के लिए

समर्पित

प्रस्तावना

मैं बहुत पहले से, वस्तुतः दस-बारह साल की उम्र से, पिता की किताबों और रजिस्टरों में एक मोटी फाइल देखता आ रहा था। इस सजिल्द फाइल में साढ़े-तीन सौ के लगभग रूल्ड पन्ने काले फीते से बँधे थे। इसके पहले पन्ने पर 'शंकर सिंह का घराना' ऊपर बड़े-बड़े अक्षरों में और उसके नीचे बीच में 'त्रिलोचन' लिखा था। इसके बाद के सारे पन्ने सादे थे। यह उनका एक अलिखित उपन्यास था। मुझे इतना पता है कि इसकी पृष्ठभूमि में उनका अपना घराना था। उनका यह घराना, पारिवारिक घराना, बहुत बड़ा और विस्तृत था। क्यों नहीं लिखा? मैं नहीं जानता। सम्भवतः इसके लिए जितनी सामग्री एकत्र करना चाहते थे वह नहीं हो पायी। उनके पारिवारिक घराने का परम्परागत इतिहास *मेरे पिता त्रिलोचन : एक स्मृतिलेख* किसी हद तक पूरा करता है। इस पारिवारिक घराने का दूसरा पक्ष चिरानीपट्टी अब लगभग दो दर्जन घरों में बिखरा पड़ा है। इसे मैंने जान बूझ कर छोड़ दिया है। इसलिए कि अब यह 'शंकर सिंह' का न होकर 'जयसिंह का घराना' हो गया है। जय सिंह के इस संक्षिप्त घराने में भी पर्याप्त कथा तत्व हैं।

पिता के मित्र, कवि एवं लेखक, विष्णुचन्द्र शर्मा, बहुत दिनों से, वस्तुतः कई वर्षों से, मुझे पिता त्रिलोचन की जीवनी लिखने को प्रेरित करते आ रहे थे। मैं इस पर ध्यान न दे टालता रहा। पिता की जीवनी लिखने लायक क्षमता मुझे अपने में न दिखती, लिखता कैसे? एक बात और थी वह यह कि मैं प्रायः माँ-पिता से दूर रहा। बचपन में गाँव में रहा। पिता आते-जाते रहे। कुछ समय उनके साथ घूमता रहा। कुछ दिन साथ रहता और फिर गाँव भागता। छात्रावास गया तो वर्षों बाद वापस आया। कुछ समय सब साथ रहे और फिर अलग हो गये। दूरियाँ बढ़तीं गयीं। सम्बन्ध बने रहे।

जीवनी लिखने के लिए बहुत सामग्री जुटानी पड़ती है। इसमें समय और श्रम लगता है। मुझे अपनी इस क्षमता पर सन्देह था। कारण मेरे अपने और कार्य भी थे। फिर भी मैंने जीवनी पर काम शुरू किया। बहुत सारी बातें मुझे याद थीं—जानी-पहचानी थीं, देखी और सुनी थीं। धीरे-धीरे सब एक-एक कर याद आती गयीं। कहीं-कहीं समय थोड़ा आगे-पीछे हो सकता है इससे अधिक नहीं। सारा

स्मृति और पत्रों के हवाले से है। मेरी जितनी जानकारी थी, जैसी थी, सब मैंने उसी रूप में दी है। परिवारों में बहुत कुछ होता रहता है अच्छा भी और बुरा भी। मैंने सभी कुछ दिया है अपने भरसक। इतिहास के सुधी विद्यार्थी की वस्तुनिष्ठता बनाये रखने का प्रयास भी किया है। यह पिता की जीवनी नहीं है केवल उसके कुछ पक्ष हैं। इनमें से कुछ मेरी स्मृति में थे, कुछ पत्रों में। मैंने इन्हें एकत्र कर दिया है। इस प्रकार यह जीवनी परक भी हो गया है।

मेरे पिता त्रिलोचन : एक स्मृतिलेख, वस्तुतः स्मृतिलेख है। अंग्रेज़ी में बहुत सारे लोगों ने अपने 'मेमायर्स' या स्मृतिलेख लिखे हैं। शायद हिन्दी में भी कुछ लोगों ने लिखे हों? मुझे ठीक पता नहीं। इस पुस्तक का यही नाम मुझे उचित लगा।

मेरे पिता त्रिलोचन : एक स्मृतिलेख, उनके पाठकों, विद्यार्थियों, मित्रों एवं सामान्य पाठकों सहित सभी को पसन्द आयेगा। यदि ऐसा हुआ तो मैं इस पर हुआ अपना श्रम सार्थक मानू–गा।

जय प्रकाश सिंह

8.3.2016

ओहायो

सोलोन, ओएच, यू.एस.ए.

अनुक्रम

भूमिका

1. आरम्भिक चौहान इतिहास

राजकुमार अपने को अजमेर-दिल्ली के चौहानों से जोड़ते हैं। फलतः चौहान इतिहास पर एक संक्षिप्त नज़र डालना आवश्यक लगता है। चौहानों का मूल निवास दक्षिण में पुष्कर से हर्ष तक का राजस्थान का क्षेत्र मान्य है। इसे जांगलदेश भी कहते थे। बाद के शाकंभर-सपादलक्ष राज्य का यह भाग भी था। इसी मूल क्षेत्र से विग्रह- राज चतुर्थ के समय तक चौहान धीरे-धीरे गुजरात, मालवा, हरियाणा, दिल्ली (तोमर राज्य) और वारण राज्य (बुलंदशहर) तक के क्षेत्रों पर अधिकार कर एक बड़ी ताकत के रूप में उभर चुके थे। यही नहीं उन्होंने कई वर्षों तक मुस्लिम आक्रमण को पंजाब से आगे नहीं बढ़ने दिया। गुजरात और सपादलक्ष के शासक आपसी वैवाहिक सम्बन्ध के बावजूद प्रभुत्व के लिए प्रायः संघर्ष करते रहते थे।

चौहानों का सबसे पहला ज्ञात राजवंश जांगल देश-सपादलक्ष में स्थापित हुआ माना जाता है। दूसरा गुजरात के भृगुकच्छ (भडोंच) में मिहिर भोज के पिता नागभट प्रथम की कृपा से 756 ई. के कुछ पूर्व स्थापित हुआ लगता है। इस वंश के छठवें राजा भर्तृवृद्ध द्वितीय के तीन पूर्वजों के नाम का अंत 'दाम' (महेश्वर दाम, भीमदाम, भर्तृवृद्ध प्रथम, हरदाम और ध्रुवभट) से लगता है कि यह चौहान परिवार गुजरात में काफी पहले आ गया होगा। 'दाम' नामांत वाले नाम इस क्षेत्र में शकों के समय से और उनके अनुकरण में प्रचलित थे। ऐसे नामों का चलन राजस्थान में नहीं था। चौहानों के कई राजवंश राजस्थान में समय-समय पर सत्ता में आये। इनमें सपादलक्ष के अलावा धोलपुर, प्रतापगढ़, रणथंभोर, नाडोल, जालोर, चन्द्रावती और आबू के वंश प्रमुख हैं। सपादलक्ष के पृथ्वीराज तृतीय तथा वाराणसी-कन्नौज के गाहड़वाल राजा जयचन्द्र की मुहम्मद गोरी से पराजय के शीघ्र ही बाद उत्तरप्रदेश में कन्नौज के समीप चाँदवार में भी एक चौहान राज्य स्थापित हुआ।

बिजौलिया लेख में वासुदेव के वंशज सामंत को श्रीवत्सगोत्र में उत्पन्न विप्र (ब्राह्मण) कहा है। *क्यामखान रासो*[1] में प्रथम चौहान को जमदग्नि-परशुराम के वंश में उत्पन्न वत्स ऋषि का पुत्र कहा है। जालोर के चौहान वंश के सुन्धा, और

चन्द्रावती के चौहान वंश के अचलेश्वर लेख में चहुवान को वत्स ऋषि की आँख से उत्पन्न बताया है। गोत्राचार से तो वे वत्सगोत्री हैं ही। मैंने अन्यत्र उनकी उत्पत्ति पर विचार करते हुए सुझाव दिया है कि साहित्य में अग्निकुंड से चौहानों एवं अन्य की उत्पत्ति उन्हें क्षत्रियत्व प्रदान करने के लिए विकसित की गयी होगी।[2] वासुदेव और सामंत का सपादलक्ष-जांगलदेश का चौहान वंश छठी शताब्दी के मध्य से लेकर 1192 ई. में पृथ्वीराज तृतीय की पराजय तक देश के एक बड़े भूभाग पर शासन करता रहा।

पृथ्वीराज तृतीय की पराजय से राज्य के दूरस्थ क्षेत्रों में अकेले पड़े अधिकारी, चौहान सरदार आदि अपनी और अपने परिवार की रक्षा के निमित्त इधर-उधर भागे होंगे। पृथ्वीराज के अल्पवय पुत्र गोविन्दराज को अजमेर में पराजित कर उनके भाई हरिराज ने 1193 ई. के लगभग रणथंभोर के चौहान राज्य की स्थापना की। इसी वर्ष कन्नौज के शक्तिशाली नरेश जयचन्द्र गाहड़वाल भी गोरी से पराजित हुए। उत्तर भारत की राजनीतिक अव्यवस्था का फ़ायदा उठाने वालों में एक थे राजा बर्तू।

बर्तू (या उनके पिता) ने बारहवीं सदी के अन्तिम या तेरहवीं सदी के आरम्भ में राजनीतिक-सैनिक अव्यवस्था का लाभ उठाते हुए चाँदवार और रायबड्डिय के चौहान राजवंश की स्थापना की। *अणुव्रत रत्नप्रदीप*[3] से इस वंश के भरतपाल, (उनके भाई या पुत्र) जाहड़, बल्लाल, आहवमल्ल (= ईसर दे) और असवम्भू ज्ञात हैं। इन राजाओं में से केवल आहवमल्ल की एक तिथि ज्ञात है (वि. 1313, = 1256 ई.)। इस वर्ष वे चाँदवार पर शासन कर रहे थे। इससे लगता है कि उनके वंश का शासन इस क्षेत्र पर बारहवीं सदी के अंत या तेरहवीं के आरम्भ में स्थापित हुआ होगा। *अणुव्रत रत्नप्रदीप* में इस वंश के राजा संभरीराय (शाकंभरी के राजा) कहे गये हैं। स्पष्टतः वे अपना सम्बन्ध अजमेर के चौहान वंश से स्थापित कर रहे थे। सम्भवतः ताबकाते-नासिरी में इस वंश के एक राजा का उल्लेख है। इस ग्रन्थ में चाँदवार के किसी युद्ध का उल्लेख तो नहीं है किन्तु यह कहा है कि शाहज़ादे नासिरुद्दीन द्वारा 1226 ई. में इयाल्तिमिश के अवध का गवर्नर नियुक्त किये जाने के बाद उसने उस घृणित बर्त्तू को दोज़ख भेजा जिसके हाथों 1,20,000 मुसलमानों को शहादत मिली थी। सम्भवतः इसी लड़ाई में चाँदवार के राजा के पुत्र लड्डा गिरफ्तार हुए। बाद में इन्हें तिमूर खान के सामने पेश कर उसने उसकी शाबाशी पायी। इस ग्रन्थ में उन युद्धों का भी कोई उल्लेख नहीं है जिनमें लड़ते हुए लगभग सवालाख मुसलमान मारे गये। पर इतना तो साफ़ है कि मुस्लिम सत्ता के आरम्भिक वर्षों में बर्तू उसे अवध में एक बड़ी चुनौती दे रहे थे। प्रोफेसर हबीबुल्ला[4] बर्तू की पहचान (भरतू या) भरत से करते हैं। 1226 के बाद कभी हुई इस लड़ाई (सम्भवतः 1228 ई.) में भरतपाल पराजित हुए, लड्डा पकड़े गये और राजधानी चाँदवार से हटा कर रायबड्डिय लाई गयी। आहवमल्ल अपनी स्वतंत्रता बनाये रखने में सफल रहे। *अणुव्रत रत्नप्रदीप* के

अनुसार वे दिल्ली सुल्तान (= हम्मीर = अमीर) के दिल में भाले के समान गड़ते रहे। 1256 ई. में उनके शासन से लगता है कि उन्होंने नासिरुद्दीन (1246-1266) से भी युद्ध किया होगा।

चौहानों के इस राजवंश के उपरांत अथवा इसी वंश के चाँदवार के राजाओं के एक परवर्त्ती वर्ग की जानकारी *बाहुबली चरित* से होती है। इसकी रचना वि. 1454 (= 1399 ई.) में धनपाल ने की थी। इसमें यशवंत चहुआण, गणपति, कर्णदेव, सारंग और अभयचन्द तथा उनके जयचन्द और रामचन्द नामक दो पुत्रों का उल्लेख मिलता है। आहवमल्ल या उनके उत्तराधिकारी और यशवंत के बीच बहुत अंतर नहीं लगता। सम्भवतः यशवंत या उनके किसी उत्तराधिकारी ने बलबन या उसके किसी उत्तराधिकारी की अधीनता स्वीकार की होगी। रायधू कृत *पुण्याश्रवकथा* में रामचन्द की तारीफ है। यह भी कहा है कि उन्होंने प्रशासन में स्वयं युवराज प्रतापरुद्र की सहायता ली थी। वि. 1506 (= 1449 ई.) के एक लेख में राजाधिराज रामचन्द्रदेव और प्रतापरुद्र के राज्य का उल्लेख है।

गणपति, कर्णदेव और सारंग ने सम्भवतः गियासुद्दीन, मुहम्मद बिन तुगलक और फीरोज़शाह तुगलक के समय में शासन किया। फीरोज़शाह के बाद बहुत सारे सरदारों और गवर्नरों ने अपने को स्वतंत्र करने का प्रयास किया। मुस्लिम सत्ता के विरोधी चाँदवार के चौहान इसमें आगे रहे। ईस्वी 1392-93 में अभयचन्द चौहान ने विद्रोह किया। इसमें उनका साथ इटावा के सुमेर शाह, साधारण, जीत सिंह राठौर, बीरभान आदि अनेक सरदारों ने दिया[5]। इन्हें पराजित करने में असफल तुगलक सेनापति मुबारक खान ने सबको संधिवार्ता के लिए कन्नौज बुलाया। सारे हिन्दू सरदार वहाँ धोखे से मार डाले गये। अकेले सुमेरशाह किसी वजह से न जा पाने के कारण बचे रहे।[6]

दिल्ली में स्थापित एक नये राजवंश के सदस्य खिज्र खाँ ने सारे दोआब क्षेत्र को दिल्ली के अधीन करने का प्रयास किया। उसके सेनापति ताजुलमुल्क ने चाँदवार को हराकर जलेसर दुर्ग छीन सारे क्षेत्र पर मुस्लिम सत्ता स्थापित की। बहलोल लोदी के समय चौहान शान्तिपूर्वक रहे। सिकंदर लोदी के राजधानी आगरा ले जाने के फलस्वरूप चौहानों की स्वतंत्रता भी जाती रही। सिकंदर लोदी ने चाँदवार और रप्री के अपने चाचा असलम खान पर आक्रमण किया। ये क्षेत्र स्पष्टतः 1480 ई. तक चौहानों के हाथ से निकल गये थे। वि.सं. 1506 (= 1449 ई.) के लेख में आये रामचन्द्र देव और युवराज प्रताप रुद्र के राज्य के उल्लेख से लगता है कि चाँदवार के चौहानों के राज्य की समाप्ति इस वर्ष के बाद कभी हुई होगी।

बचे खुचे चौहान सरदार और अधिकारी सुरक्षा को ले (1) पृथ्वीराज की पराजय (ई. 1192) के बाद, (2) रणथंभोर के हम्मीर की पराजय (ई. 1300-01), और (3) चाँदवार और रायबड्डिय के चौहानों की पराजय (ई. 1226, 1420 और

1449) के बाद सुरक्षित स्थानों की तलाश में इधर-उधर भागे होंगे। इसका कुछ अनुमान राजस्थान की स्थिति से कर सकते हैं। अलाउद्दीन खिलजी ने रणथंभोर (ई. 1300-01) जीतने के बाद चौहानों से 1309 ई. में सिवाना और संचोर जीते। इसके कुछ ही बाद कान्हडदेव के कठिन विरोध के बावजूद जालोर भी जीत लिया। इन पराजयों के फलस्वरूप हजारों की संख्या में चौहान भाग कर देवड़ा चौहान लावण्यकर्ण की शरण में आये। अचलेश्वर लेख (वि. 1377 = ई. 1319) में कहा है कि जब असुरों (मुसलमानों) ने क्षत्रियों को नष्ट किया तो लावण्यकर्ण ने अपने सगोत्रियों और उनकी भूमि की रक्षा की। लावण्यकर्ण के राज्य की क्षमता बड़ी तादाद में आये शरणार्थियों की देखभाल करने लायक नहीं थी। इसलिए उन्होंने उनका सैनिक उपयोग कर चन्द्रावती और आबू के क्षेत्र चालाकी और सैन्य प्रयोग से जीत लिए।[7]

जिस प्रकार आस-पास के चौहान भाग कर राजस्थान में शरण ले रहे थे उसी प्रकार वे अन्यत्र भी भाग रहे थे। उत्तर प्रदेश के चाँदवार और रायबडिड्य के चौहान आस-पास छिपेंगे और पूर्व की ओर भागेंगे। सम्भव है चाँदवार की पराजयों के बाद कुछ चौहान मैनपुरी आदि समीपस्थ क्षेत्रों में भागे और कुछ पूर्व में सुल्तानपुर और बिहार और बंगाल की ओर भागे।

2. राजकुमार : परम्परा और इतिहास

चिरानीपट्टी राजकुमारों का गाँव है। इस गाँव के सभी ठाकुर परिवार एक ही मूल पुरुष के वंशज हैं। मतलब यह कि इसके सभी वर्तमान परिवार एक ही मूल परिवार से समय-समय पर अलग हो अपने अलग मकान बनाते गये। इस तरह धीरे-धीरे कटघरापट्टी का यह पुरवा अब चिरानीपट्टी गाँव बन गया। इसके सभी निवासी एक-दूसरे से छोटे-बड़े पारिवारिक रिश्तों से जुड़े हैं। चिरानीपट्टी वस्तुतः घरों के एक समूह में फैला हुआ एक परिवार है। अन्य जाति के लोगों के नाम पर इस गाँव में केवल दो घर कहारों के और तीन घर कायस्थों के हैं। कायस्थों के घर ठाकुरों की बस्ती से पहले थोड़ी दूर पर थे। इनका विस्तार भी एक ही परिवार से हुआ है। कहारों को यहाँ लाकर नहलाने-धुलाने, पानी भरने आदि जैसे कामों के लिए ही बसाया गया था। यही वे करते भी आ रहे हैं।

राजकुमार केवल चिरानीपट्टी में ही नहीं हैं। वे एक नहीं, दो नहीं, उत्तर प्रदेश के सुल्तानपुर आदि समीपस्थ जिलों के हज़ारों गाँवों में हैं। कुछ आस-पास के जिलों में हैं। सुल्तानपुर में इनकी संख्या अधिक है। एम.सी. ओमनी, जुडीशियल कमिश्नर, ने 18 अगस्त, 1857 के अपने एक पत्र में (सं. 340/1857) राजकुमारों का उल्लेख देश की सर्वाधिक लड़ाकू जातियों में किया है (*फ्रीडम स्ट्रगल इन उत्तर प्रदेश* I, पृ. 117-18)। इससे स्पष्ट है कि इस समय तक कुछ लोग, ख़ास कर विदेशी,

राजकुमारों को इस क्षेत्र की एक जाति मानने लगे थे। पर इस समय तक राजकुमारों की संख्या अधिक नहीं रही होगी। इसके इकतालिस (41) वर्ष बाद *ए हैन्डबुक आफ़ राजपूत्स* (1898 प्रथम प्रकाशन) में इनकी संख्या 13000 और कुछ वर्ष बाद *इंपीरियल गजेटियर : सुल्तानपुर* (1913) में यह संख्या 24,000 दी गयी है। इन दोनों पुस्तकों में दी गयी राजकुमारों की संख्या इनके प्रकाशन के पहले की जनगणना पर आधारित है। धीरे-धीरे यह संख्या बढ़ती गयी और आज इनकी संख्या लाखों में होने का अनुमान है (राजेश्वर सिंह, *सुल्तानपुर इतिहास की झलक*, पृ. 162)। पूर्वकाल के राजकुमार वस्तुतः अब इस नाम की एक ट्राइब या भारतीय अर्थ में कहें तो एक जाति या उपजाति का रूप ले चुके हैं।

राजकुमार मूलतः वत्सगोत्र के चौहान राजपूत हैं। इनकी पारिवारिक परम्परा के अनुसार इनके मूल पुरुष बरियार सिंह चौहान पृथ्वीराज तृतीय की पराजय के बाद कभी कहीं घिर गये थे। चौहानों को खोज-खोज कर मारा जा रहा था। ऐसे में बरियार सिंह अपने को राजकुमार बताकर अपने लोगों को बचा लाये। ऐसी एक और परम्परा भी है। यह सुल्तानपुर के बछगोती परिवारों में प्रचलित है। इसके अनुसार बरियार सिंह अपने लोगों को बछगोती (बचगोती, बजगोती) बताकर निकलने में सफल हुए थे।

मैं समझता हूँ कि इनमें से दूसरी परम्परा ही सचाई के निकट है। मुस्लिम आक्रमणकारी बहुत समय तक वत्सगोत्र और चौहानों के सम्बन्ध से परिचित नहीं रहे होंगे, राजकुमार से नहीं। राजकुमार कहने का मतलब होता चौहान और परिणाम मृत्यु। इसलिए सम्भावना यही है कि बरियार सिंह अपनी पहचान वत्सगोत्री बताकर ही बच निकलने में सफल हुए होंगे। चौहान, बछगोती, राजकुमार, रजवार, सबके सब बछगोती हैं, और सबके पूर्वज बरियार सिंह हैं।

बरियार सिंह के आने का समय *गजेटियर आफ औध* (1872) में एक परम्परा के अनुसार 1248 और दूसरी के अनुसार 1284 दिया गया है। साथ ही इसमें उनके आने की एक और परम्परा भी दी है। यह तीसरी परम्परा राजकुमारों और बछगोतियों में प्रचलित उपरिलिखित दोनों परम्पराओं से न केवल भिन्न है वरन् उनके विरुद्ध भी है। इसके अनुसार बरियार सिंह के पिता के 22 पुत्र थे। राजा वृद्ध भी हो चले थे। इस अवस्था में उन्हें एक युवती पसन्द आ गयी। राजा थे, समर्थ थे। उन्होंने उसके घर विवाह का प्रस्ताव भिजवा दिया। युवती के घरवालों ने इस शर्त पर उनका प्रस्ताव स्वीकार किया कि राजा के बाद उसके पुत्र को ही गद्दी मिलेगी। राजा ने यह शर्त मान ली। उनका विवाह हो गया। कुछ समय बाद उनके युवराज भी पैदा हो गये। इसके फलस्वरूप उनके अन्य बाइस ज्येष्ठ पुत्रों ने पिता का राज्य छोड़ दिया और सब विभिन्न क्षेत्रों में अपना भाग्य आज़माने निकल पड़े। बरियार सिंह इन बाइस पुत्रों में से एक थे।[8]

सुल्तानपुर के बछगोती पृथ्वीराज के भाई कन्धराय से अपने को सम्बन्धित बताते हैं। कुछ लोग इनकी पहचान चाहडदेव से करते हैं। मैं ऐतिहासिक दृष्टि से इसे स्वीकार करने की स्थिति में अपने को नहीं पाता। कन्धराय से बरियार सिंह का सम्बन्ध अज्ञात है। बरियार नाम भी चौहान नामों से अलग है। जितने भी नाम चौहान राजाओं और अधिकारियों के पृथ्वीराज के पहले एवं बाद के ज्ञात हैं उनसे यह नाम तनिक भी मेल नहीं खाता (दे. परिशिष्ट-1 चौहान वंश वृक्ष)। यदि वे वस्तुतः अजमेर, सांभर या दिल्ली क्षेत्र से तेरहवीं सदी में आये थे तो उनका नाम बरियार न होकर कुछ और होना चाहिए। सम्भवतः उनका नाम वार्यम[9] या वीर्यराम रहा होगा। यह नाम पृथ्वीराज के एक-दो पूर्वजों का था भी (दे. परिशिष्ट-1)। यदि वे वस्तुतः सुल्तानपुर के बछगोतियों के पूर्वज थे तो अवध क्षेत्र में आने के बाद उनके वंशजों ने अवधी उच्चारण के अनुरूप इसे धीरे-धीरे बरियार ही नहीं बनाया वरन् परवर्त्ती परम्पराओं के अनुरूप इसे शाह, सिंह, एवं चौहान से अलंकृत भी करते रहे। इस अनुमान के बावजूद मैं यहाँ उनके बरियार नाम का ही प्रयोग करूँगा। परम्परा से यही नाम चलता जो आ रहा है इसलिए।

बरियार और उनके इक्कीस अन्य भाइयों की परम्परा मेरी समझ में चौहानों की उपस्थिति सारे उत्तर, पश्चिमी और पूर्वी भारत में देखते हुए किसी जानकार ने प्रचारित की होगी। अतः इस परम्परा को गम्भीरता से नहीं लिया जा सकता। किसी भी परम्परा या स्रोत में बरियार सिंह के पिता का नामोल्लेख न होना बहुत महत्त्वपूर्ण है। इससे स्पष्ट होता है कि वे किसी चौहान राजा के पुत्र नहीं थे। सम्भव है वे चौहान राजवंश से किसी न किसी प्रकार दूर से सम्बन्धित रहे हों। जितनी सम्भावना उनके राज परिवार से सम्बन्धित होने की है उतनी ही सम्भावना उनके सामान्य चौहान होने की भी है। मुझे लगता है वे सामान्य चौहान सरदार ही थे, प्रमुख सरदारों में भी नहीं थे। पृथ्वीराज के बाद के तो थे ही। इसलिए भी उनके सामान्य सरदार होने की सम्भावना ही अधिक लगती है।

देश की राजनीतिक अस्थिरता और राजस्थान और दिल्ली के क्षेत्र में अपने को असुरक्षित समझ वे निकल पड़े एक नये सुरक्षित स्थान की तलाश में। रास्ते में सम्भवतः कन्नौज और सांभर (मुरादाबाद के पास) रुकते वे आगे बढ़ते रहे। उनके द्वारा भरों को सुलतान की सेना के साथ पराजित करना और सुलतान का विजित राज्य अथवा उसका कुछ भाग उन्हें देना भी परम्परा ही है। दूसरी परम्परा है उनका भर राजा रामदेव की पुत्री से ब्याह और बाद में उनके पुत्र को मार कर उसके राज्य पर अधिकार। इन परम्पराओं की ऐतिहासिकता को जाँचने-परखने का आज कोई साधन नहीं है। उनका सुल्तानपुर के जमुआँवा में आकर बसना उनकी किसी बड़ी सफलता की ओर इशारा नहीं करता। हाँ! यह क्षेत्र किसी न किसी के अधिकार में रहा होगा। सम्भवतः वे उसकी अनुमति ले यहाँ आये और

रहे। धीरे-धीरे अपनी बुद्धि और शक्ति के जरिए उन्होंने अपने आपको इस क्षेत्र में स्थापित किया और बाद में भदैयाँ आये। उनके छोटे बेटों और उनके बेटों का यहाँ वहाँ जाकर अपने गाँव बसाने के क्रम से लगता है कि यह सारा क्षेत्र ज़्यादातर जन-शून्य था। लोग पसन्द आने पर उस जगह बस जाते थे, कभी जबरन, कभी अनुमति लेकर। बरियार और उनके बेटे और बेटों के बेटे यही करते अपनी शक्ति और क्षेत्र दोनों का विस्तार कर रहे थे। इसमें उनके वैवाहिक सम्बन्धों और अन्य लोगों का सहयोग भी उन्हें मिलने लगा।

गोपाल कवि लिखित *वत्सगोत्र चौहान वंशार्णव* (1916 में लखनऊ से प्रकाशित) का साक्ष्य ऐतिहासिक दृष्टि से बहुत स्वीकार्य नहीं है। खासकर चौहानों के इतिहास के आरम्भिक काल के बारे में। बरियार सिंह और उनके वंशजों के इतिहास के बारे में उनका उल्लेख भी परम्परा पर आधारित है। इसे भी परम्परा के ही रूप में लिया जा सकता है ऐतिहासिक साक्ष्य के तौर पर नहीं।

गोपाल कवि बछगोती राजा कुड़वार के दरबारी थे। राजा प्रताप बहादुर के आदेश से ही उन्होंने घूम-घूम सुल्तानपुर के बछगोतियों का यह अपना *वत्सगोत्र चौहान वंशार्णव* लिखा था। उन्होंने घूम-घूम कर जो सूचना एकत्र की वह उसी गाँव के बछगोतियों से उन्हें प्राप्त हुई। वे सभी गाँवों में गये भी नहीं लगते। केवल कुछ बड़े और प्रमुख गाँवों में जाकर सूचना एकत्र की। फिर भी यह उनका महत्त्वपूर्ण कार्य है। इससे इस क्षेत्र में बछगोतियों, राजकुमारों और रजवारों के विस्तार का कुछ परिचय तो मिलता ही है। गोपाल कवि ब्रह्मभट्ट थे। चारण भाट थे। उन्हें पारंपरिक इतिहासकार भी कह सकते हैं।

बरियारशाह के चार पुत्र ज्ञात हैं–आसल, घूंघे (या गुंगे), घाटम और राजशाह। उनके इन पुत्रों में कौन छोटा बड़ा था यह कहना मुश्किल है पर उनके उत्तराधिकारी राजशाह माने जाते हैं।

आसलदेव उस क्षेत्र में जाकर बसे जिसका नाम बाद में उनके नाम पर परगना आसल पड़ा। यह सुल्तानपुर में है। घूंघे या गुंगेदेव के वंशज इस क्षेत्र के वे राजपूत हैं जिन्हें आज रजवार कहा जाता है। घाटमदेव के वंशज प्रतापगढ़ में अधिक हैं। सुल्तानपुर में इनकी संख्या कम है। ये तीनों पुत्र बरियारशाह की दूसरी स्त्री से उत्पन्न माने जाते हैं।

बरियारशाह की पहली स्त्री या रानी से राजशाह या राजसिंह उत्पन्न थे। बड़ी रानी से उत्पन्न होने के कारण यही ज्येष्ठ माने गये और पिता के उत्तराधिकारी भी। इनके वंशजों में बछगोती और राजकुमार दोनों हैं। यह इसलिए कि इनके कुछ वंशज अपने को बछगोती ही कहते रहे पर अधिकतर राजकुमार कहलाने लगे। इन लोगों का अपने को बछगोती, रजवार और राजकुमार कहने से लगता है कि ये लोग अपनी चौहान पहचान किसी कारण से छिपा रहे थे। एक कारण

यह हो सकता है कि बरियार के चौहान क्लैन्स के लोग इतनी बड़ी तादाद में मारे गये कि जो बचे उन्होंने अपनी चौहान पहचान छिपानी शुरू कर दी। इसका आरम्भ तो बरियार ने स्वयं अपने को बछगोती कह कर किया था। इस क्षेत्र में कुछ चौहान भी हैं इसलिए यह नहीं कह सकते कि सभी अपनी पहचान छिपा रहे थे। बरियारशाह और उनके वंशजों का अपनी पहचान छिपाने का कारण क्या था? कुछ लोग अपने को रजवार और राजकुमार कह कर अपने को बछगोतियों से भी अलग दिखाने की चेष्टा क्यों कर रहे थे। एक कारण तो बरियार के क्लैन के कत्लेआम का हो सकता है। दूसरा कारण यह हो सकता है कि ये चौहान थे ही नहीं। सम्भवतः सवर्ण भी नहीं थे। एक भारतीय भूभाग से दूसरे क्षेत्र में आने के बाद अपने को चौहान बता कर ये समाज में केवल अपना उच्च स्थान निश्चित कर रहे थे। चौहानों से निकट से परिचित होने के कारण उनसे अपनी पहचान बनाने में सहूलियत महसूस हुई होगी। वैसे यह मेरा अनुमान मात्र है। जरूरी नहीं कि यह सही ही हो। सम्भावना तो है ही।

राजशाह के वंशज, राजकुमार, सुल्तानपुर के अतिरिक्त प्रतापगढ़, जौनपुर, फैजाबाद, अम्बेडकर नगर और आजमगढ़ में भी हैं। राजशाह के तीन पुत्र हुए—ईश्वरीसिंह (राम आसरे), रूप सिंह और चक्रसेन सिंह। चक्रसेन को प्रतापगढ़ में बेलखर भेज दिया गया। प्रतापगढ़ की पट्टी तहसील में पट्टी-दिलीपपुर, मधुपुर, जमुआरी, अधारगंज, अमरगढ़ और दरछुट के घराने ज़्यादा महत्त्वपूर्ण हुए। ये सब अपने को बछगोती कहते हैं। इनसे बड़े दूसरे भाई रूप सिंह थे। इनके पुत्र जय चन्द और पृथ्वी पति सिंह हुए। जयचन्द के पुत्र त्रिलोकचन्द इब्राहीम लोदी के साथ पानीपत में बाबर से लड़े (राजेश्वर सिंह, *सुइझ*, पृ. 156), गिरफ्तार हुए और धर्म परिवर्तन कर तातार खां हो गये। कहते हैं बाबर ने उन्हें 'खाने आजम' की उपाधि दे सम्मानित भी किया था (*सुइझ*, पृ. 30)। त्रिलोकचन्द के प्रथम पुत्र फतेहशाह के वंशज धम्मौर के आस-पास के कई गाँवों में हैं। त्रिलोकचन्द ने तातार खाँ बनने के बाद एक और विवाह किया। उन्होंने अपना मुस्लिम केन्द्र नरवलगढ़ में स्थापित किया। उनके दूसरे विवाह से उनके पुत्र वाजिद खां पैदा हुए। वाजिद ने दो विवाह किये। पहली से हसन खाँ हुए। दूसरी के बच्चे धरायें, लौहर और देहली-मुबारकपुर में हैं। हसन खाँ ने नरवलगढ़ का नाम बदल कर हसनपुर कर दिया। उनके दो बेटे दाउद खाँ और कुतुब खाँ हुए। कुतुब खाँ के वंशज कुतुबपुर, रनके डीह, बनकेपुर और उसके समीप रहे। दाउद खाँ के भी दो पुत्र हुए। बड़े खानखानम, हसनपुर (नरवलगढ़) और छोटे हरखपुर गये। इनका वंश वृक्ष (मुख्य शाखा) निम्न है:

त्रिलोकचन्द उर्फ तातार खाँ

↓

वाजिद खाँ

↓

हसन खाँ

↓

दाउद खाँ

↓

खानखानम खाँ

↓

↓ ↓

बहादुर खाँ हयात खाँ

इधर तातार का वंश बढ़ता रहा उधर पृथ्वीपति के वंशज भी बढ़ते रहे। पृथ्वी-पति के वंशज देवलपुर, भंडरा, नौगवाँ, नरई, बिसावां आदि बहुत से गाँवों में हैं। हसनपुर का दबदबा और महत्त्व शेरशाह के समय में बहुत अधिक बढ़ गया था। हसन खाँ के सम्बन्ध सूर एवं मुगल शासकों से अच्छे बने रहे।

शेरशाह की आरम्भिक शिक्षा जौनपुर में हुई थी। वह इस क्षेत्र से पूरी तरह परिचित था। लखनऊ-सुल्तानपुर-जौनपुर-वाराणसी मार्ग उसी का बनाया माना जाता है। सुल्तानपुर के राजाओं और तालुकेदारों से भी उसके सम्बन्ध थे (*सुइझ,* पृ. 31)। इन्हीं में एक थे राजा हसन अली खाँ। इन्होंने शेरशाह को अपना आतिथ्य प्रदान करने के साथ ही उसे अपनी बेटी भी ब्याही थी। इसके चलते हसन अली शेरशाह के नज़दीकी विश्वासपात्र हो गये। हसनपुर का सूरी गेट दोनों के इस सम्बन्ध का प्रमाण है। शेरशाह ने हसन अली को राजाओं और तालुकेदारों को तिलक लगाने का अधिकार भी प्रदान किया था (*सुइझ,* पृ. 31)। यह परम्परा बहुत बाद तक प्रचलित रही (*अवध गजेटियर,* पृ. 466)।

राजशाह के प्रथम पुत्र ईश्वरी सिंह थे। बरियारशाह के भदैयाँ आने के बाद यही उनका केन्द्र हो गया। राजशाह भी यहीं रहे। सुल्तानपुर के राजकुमार इन्हीं को अपना आदि पुरुष मानते हैं। ईश्वरी सिंह भी यहीं रहे। सुल्तानपुर के समीपस्थ जिलों के अलावा बिहार के आरा (राजेश्वर सिंह, *सुइझ,* पृ. 153), और गोरखपुर[10] जिलों में भी कुछ राजकुमार परिवार हैं। सम्भावना यही है कि इनका मूल भी सुल्तानपुर ही है। सुल्तानपुर एवं आस-पास के क्षेत्रों में राजकुमारों का बहुत विस्तार हुआ। प्रायः सभी प्रमुख परिवारों की वंशावलियाँ भी ज्ञात हैं। जिनकी पूरी तरह ज्ञात नहीं हैं उन्हें भी थोड़े प्रयास से सम्भवतः बनाया जा सकता है। अब तो इनका विस्तार

यूरोप और अमेरिका तक जा पहुँचा है।[11]

मैं यहाँ केवल त्रिलोचन जी के ही वंश और पूर्वजों का उल्लेख करूँगा। ईश्वरी सिंह के बाद छठी पुश्त में वीरभानु सिंह हुए। इनके दो पुत्र महराज सिंह और जोगाजीत सिंह हुए। जोगाजीत दिखौली जा बसे। महराज सिंह के दो पुत्र विजयचन्द और रामचन्द हुए। छोटे रामचन्द पूरे बाघराय अभिया ग्राम गये। विजयचन्द के चार पुत्र हुए—हरिकरन देव, जीतराय, जीवनारायण और जलपराय या दिलीपराय[12]। हरिकरन देव ने नानेमऊ, जीतराय ने मेउपुर, जीवनारायण ने दियरा और जलपराय ने बरुआरीपुर और कटसारी की स्थापना की। इनमें से जीतराय और जीवनारायण के परिवार अधिक महत्त्वपूर्ण हुए।

जीतराय के दो पुत्र हुए। रामशाह और मधुकर शाह। इन दोनों भाइयों के बाद उनके अपने वंशों में पाँच पीढ़ियों का अंतराल है। यह वंश वृक्ष निम्न है:

रानी नं 1 = बरियारशाह[13] = रानी नं. 2

(रानी नं 1 से) ↓ राजशाह (2)   (रानी नं. 2 से) ↓ गुंगेदेव, ↓ घाटम देव, ↓ आसल देव

राजशाह (2)
↓
ईश्वरी सिंह (3)
↓
अंतू सिंह (4)
↓
रतनदेव (5)
↓
मालदेव (6)
↓
विजय देव (7)
↓
सुग्रीव देव (8)
↓
वीरभानु (9)

महराजदेव (10)

विजय चन्द (11)   रामचन्द

|

हरिकरन देव   जीतराय (12)   जीवनारायण   जलपराय

|

रामशाह
(अंतराल-5 पीढ़ियों का)

मधुकरशाह (13)
(अंतराल-5 पीढ़ियों का)
दलसिंह (19)
|
उमराव सिंह

जालिम सिंह (20)
(1754-1808)
|
संग्राम सिंह सुभाव सिंह पहलवान सिंह (21) जोरावर सिंह (निस्सन्तान) सुग्रीव सिंह

(पाँच पुत्र)

रंजीत सिंह सर्वदान सिंह
(? 1795-1845)

शिवराज सिंह फतेहबहादुर सिंह (22) रघुवीर दयाल सिंह
|
महाबल सिंह वनवासी सिंह (23)
|
दुक्छोर सिंह (24) मनबोध सिंह जगदीश सिंह
|
गजराज सिंह (25) बलिराज सिंह (राज्य श्री) हेमराज सिंह
|
(26) जगरदेव सिंह =
पर्वती देवी (अरवई पुर)

जगेस्सर सिंह =
धर्मदिवी डोभीवाली (निस्सन्तान)

कौलेश्वर सिंह
(अविवाहित)

|
(27) वासुदेव सिंह =
जयमूर्ति देवी (मृ. 1989)
(1917-2009)

भगवती सहाय वर्मा =
कल्पनादेवी (मृ. 2008)
(1923)

|
(28) जयप्रकाश सिंह=
उषा कुमारी सिंह (1948-09)
(1939-)

श्रीप्रकाश सिंह=
गिरिजादेवी
(1954-)

अरुण प्रकाश=
(1964-)

(29) गायत्री सिंह (1968-) | रिपुंजय सिंह=यूलिया (1973-) | डॉ. भृगांका सिंह= डारोहित त्यागी (1976-)

(30) एतन युवराज सिंह (2004-) | आदित्य (2010-) | वरुण (2011-)

श्रीप्रकाश = गिरिजादेवी | अरुण प्रकाश सिंह = शशिबाला

आलोक सिंह = साधना सिंह | आनन्द सिंह = अन्तिमा सिंह | अभिषेक (1987-) | अभिनव (1991-) | आदित्य (1995-)

ईशान

अवध गज़ेटियर के अनुसार बरियार शाह के आगमन के दो-ढाई सौ वर्ष के बाद[14] (ल. 1550 तक) उनका परिवार इतना बड़ा हो गया कि गोमती नदी के दक्षिण जमुआवा से भदैयाँ तक विस्तार की गुंजाइश नहीं रही इसलिए वे नदी के उत्तर आये और उन्होंने छः विभिन्न स्थलों पर अपने किले बनाये। मधुकर शाह ने मेवपुर और द्वारका में निर्माण किया। दियरा में बलभद्र शाह, नानेमऊ में कीरत शाह, कैथवारा में खांडेराय, पाकड़पुर में हरिराय और बरुआरी पुर में जलपराय ने अपने किले बनाये (*सुइझ*, पृ. 160)।

जालिम सिंह को पिता से पैंसठ ग्राम उत्तराधिकार में मिले थे। इनमें से पाँच उन्होंने छोटे भाई उमराव सिंह को दे उन्हें पारस पट्टी भेज दिया। उस समय की प्रथा के अनुसार पिता की सारी सम्पत्ति उसके बाद उसके ज्येष्ठ पुत्र को उत्तराधिकार में मिलती थी। वही अपने भाइयों को गुज़ारे के लिए अपनी मर्जी से कुछ दे देता था। अविवाहित बहनों के विवाह और अपनी माँ आदि के भरण-पोषण का जिम्मा भी उसी का होता था। इसी कारण सारे छोटे भाई यहाँ वहाँ जाकर बसते रहते थे।

राजा जालिम सिंह कुशल योद्धा सिद्ध हुए। उन्होंने अपने प्रयास से अपना अधिकार 249 गाँवों पर स्थापित किया। लगभग 1798 में जालिम सिंह एक युद्ध ढेमा के समीप श्रीरामपुर ग्राम (तहसील कादीपुर) के लिए लड़े। इसमें उनका सामना दियरा के 19 वर्षीय राजा बेनीबख्श सिंह ने किया। दोनों तरफ़ से मिलाकर इस लड़ाई में लगभग 300 लोग मारे गये। यह लड़ाई श्रीरामपुर के ऊसर में लड़ी गयी थी। इसमें दियरा की जीत का कुछ श्रेय तिरवाहा राजकुमारों को भी जाता है। खांडेराय के वंशजों ने इसमें बेनीबख्श का साथ दिया था।[15]

जालिम सिंह ने उस समय की परम्परा के विरुद्ध जा अपनी सारी सम्पत्ति अपने जीवन काल में ही अपने पाँचों बेटों में बराबर बराबर विभाजित कर उन सबके क्षेत्र

अलग कर दिये थे।[16] उनके इस एक अकेले कार्य से उनकी सूझ-बूझ और सोच का अनुमान होता है। स्पष्टतः इस विभाजन के जरिए वे अपने पुत्रों में होने वाले सम्पत्ति के झगड़ों की सम्भावना को समाप्त कर उनमें परस्पर सहयोग बढ़ाने का प्रयास कर रहे थे।

जालिम सिंह अनुमानतः 1754 के लगभग पैदा हुए और 1774-75 के आस-पास पिता की गद्दी पर बैठे। 1808 की मसोढ़ की लड़ाई के समय उन्हें वृद्ध कहा गया है।[17] इस आधार पर उन्हें इस समय लगभग 55 वर्ष का होना चाहिए। इस लड़ाई में उनके साथ उनके चार पुत्र भी लड़े थे। पाँचवें पुत्र अल्पवय होने के कारण लड़ाई में भाग नहीं ले सके थे। अनुमानतः 1808-09 में उन्हें 14-15 साल के लगभग होना चाहिए। जालिम सिंह के चौथे पुत्र निस्सन्तान मरे। उनके विवाहित होने या न होने का कोई उल्लेख नहीं है। मैं समझता हूँ 1808-09 की मसोढ़ की लड़ाई के समय उनकी अवस्था 17-18 से अधिक नहीं थी और सम्भवतः वे विवाहित नहीं थे। जालिम के प्रथम तीन पुत्र संग्राम सिंह, सुभाव सिंह और पहलवान सिंह सम्भवतः 24-25 से 34-35 के बीच इस समय रहे होंगे। इस समय तक इन सबके कई-कई, कम-से-कम 2 से 3 बच्चे थे। इन सब भाइयों के बच्चों में संग्राम सिंह के पुत्र सर्वदान सिंह 1812 में लगभग 17 साल के थे और सबसे बड़े थे। यही 1808 से जालिम सिंह के संयुक्त परिवार के कर्त्ता थे। सारा कुछ इन्हीं के ज़िम्मे था। मेउपुर में गोल और चौकोर कम-से-कम चार समाधियाँ हैं। इनमें से बड़ी चौकोर समाधि जालिम सिंह की कही जाती है पर असम्भव नहीं कि इसी पर कई लोग (उनके पुत्र भी) जलाये गये हों।

जलालपुर के समीप परगना सुरहुरपुर के ग्राम मसौढ़ा के छः हिस्सेदार थे। ये पलिवार (पालीवाल) राजपूत थे। इनमें से एक ने अपना भाग दियरा को और एक ने अपना भाग मेउपुर को दे दिया था। शेष चारों ने अपना-अपना भाग अपने पास रख रखा था। दोनों परिवारों के लोग अपने-अपने भाग पर कब्जे के लिए तैयार होकर आये। दोनों पक्षों में युद्ध हो गया। इसमें दियरा का नेतृत्व राजा माधव सिंह और मेउपुर का नेतृत्व स्वयं जालिम सिंह ने किया था। इसमें जालिम सिंह पराजित हुए और मारे गये। उनके साथ उनके तीन बड़े पुत्र संग्राम सिंह, सुभाव सिंह और पहलवान सिंह भी मारे गये। चौथे पुत्र जोरावर सिंह को 17 घाव लगे पर वे बच गये। इस पराजय से मेउपुर की ताकत को बड़ा धक्का लगा।

मसोढ़ की पहली लड़ाई (1808), के सात महीने बाद दूसरी लड़ाई लड़ी गयी। इसमें मेउपुर का नेतृत्व अल्पवय राजा सर्वदान सिंह ने किया। इसमें दियरा पराजित हुआ और उसके बहुत सारे आदमी मारे गये।[18] जोरावर सिंह या तो अभी तक पूरी तरह स्वस्थ नहीं हो पाये थे या इस प्रकार के कार्यों के योग्य नहीं रह गये थे। कारण जो भी हो उनका नाम इस लड़ाई के सिलसिले में नहीं आता। जालिम सिंह के पाँचवें पुत्र को भी इससे दूर ही रखा गया था।

मसोढ़ की इस दूसरी लड़ाई से सर्वदान सिंह को काफ़ी बल मिला। उनका आत्मविश्वास बहुत बढ़ गया। अल्पवय होने के कारण अनुभवहीन भी थे। उनके सलाहकार भी शायद बहुत अनुभवी नहीं थे।

मेउपुर के लोग अपने द्वारका के किले से गोमती के रास्ते आने जाने वाली नावों से कर वसूलते आ रहे थे। इसी क्रम में उन्होंने सुल्तानपुर में स्थित ईस्ट इंडिया कम्पनी की तनखाह जौनपुर से ला रही नावों को कर न देने के कारण दो बार लूट लिया। यह घटना सम्भवतः 1811-12 में घटी। इसका नतीजा यह हुआ कि कम्पनी के अधिकारियों ने न केवल मेउपुर वरन् उनके जैसे तमाम अन्य लोगों को भी सबक सिखाने के लिए द्वारका के किले पर आक्रमण कर दिया। वैसे अवध उनके अधिकार क्षेत्र से बाहर था। हाँ, अवध के नवाब की रक्षा के लिए कम्पनी की सेना की टुकड़ियाँ सुल्तानपुर सहित अवध के हर ज़िले में तैनात थीं।

द्वारका के किले में मेउपुर-परिवार के अलावा, लगभग एक हज़ार सैनिक और नौकर-चाकर रहते थे। इसके पहले की दो लड़ाइयों से इनकी शक्ति यों ही क्षीण हो चली थी, ऊपर से इनके सैनिक भी कम्पनी के सैनिकों की तरह प्रशिक्षित नहीं थे। सम्भवतः साधनहीन भी थे। हाँ! अपने जैसे सैनिकों से लड़ने के काबिल ज़रूर रहे होंगे।

कम्पनी ने इस लड़ाई के लिए पूरी तैयारी की। सुल्तानपुर की तीन कंपनियों में से दो, जौनपुर से मँगाई गयी दो अन्य कंपनियाँ, बनारस से मँगाया गया तोपखाना और अवध के नवाब के उस क्षेत्र के सेनापति गुलाम हुसेन खाँ की तीन कंपनियों ने मिलकर कर्नल फेथफुल[19] के नेतृत्व में द्वारका किले पर 1812 में दोतरफ़ा आक्रमण किया। इस लड़ाई या आक्रमण में ईस्ट इंडिया कंपनी ने गुलाम हुसेन की मदद क्यों ली? कंपनी अपने आप भी सर्वदान जैसे शासक की अप्रशिक्षित सेना को हराने में सक्षम थी। गुलाम हुसेन की इस लड़ाई में भागीदारी से कंपनी के इस आक्रमण को वैधता मिल रही थी।

सर्वदान की फौज जैसी भी थी कंपनी की फौज सी नहीं थी। सर्वदान बड़ी आसानी से पराजित हुए। इस लड़ाई में कम ही मरे शेष शायद भाग खड़े हुए। सर्वदान को गिरफ्तार कर आजमगढ़ में ले जा सपरिवार मेढ़ा नामक गाँव में रख दिया गया। जालिम सिंह के अन्य बेटों के परिवारों को उनके अपने क्षेत्रों की ओर भेज दिया गया।

द्वारका के किले में कंपनी की सेना ने अपना निवास बना लिया। यह सेना इस किले में बीस वर्ष रही। इसके बाद उन्होंने इसे खाली कर दिया।[20]

अंगरेज़ अधिकारी लेखकों के अनुसार 1812 की इस लड़ाई के समय पहलवान सिंह के पुत्र शिवराज और फतेह बहादुर आदि बच्चे थे। उन्होंने नाम से केवल इन्हीं दोनों का इस सन्दर्भ में उल्लेख किया है। इन दोनों के तीसरे और सबसे छोटे भाई

का तो उल्लेख भी नहीं किया है। वे, रघुवीर दयाल, सबसे छोटे होने के कारण, आगे चलकर भी अपने बड़े भाइयों के समान अपने कार्य से अपनी अलग पहचान नहीं बना सके और उन्होंने जो किया वह उनके भाइयों के नाम से जुड़ता गया।[21]

द्वारका किले से कंपनी की फौज के हटते ही उसे फतेह बहादुर ने अपने अधिकार में ले लिया।[22] शिवराज और फतेह बहादुर यदि 1812 में क्रमशः 12 और 10 वर्ष के थे तो बीस वर्ष बाद 32 और 30 के होंगे। द्वारका किले पर अपना अधिकार स्थापित करने के बाद फतेह बहादुर ने उसे अपनी आक्रामक गतिविधि का केन्द्र बनाया। यहीं से वे अपनी सारी कार्रवाई संचालित करते रहे।

अवध गज़ेटियर के अनुसार जौनपुर के एक जमींदार गजराज सिंह ने जौनपुर सुल्तानपुर सीमा के अपने गाँवों से कर वसूलने के लिए अपने आदमी भेजे। इन आदमियों ने आगे बढ़ सुल्तानपुर के गाँवों से भी कर वसूलना शुरू किया। ये गाँव फतेह बहादुर के थे। उन्होंने भी अपने आदमी भेजे। गजराज के आदमी भाग गये। पर इसके बाद उन्होंने 5000 आदमी भेजे। फतेह बहादुर के 500 आदमियों ने इस बड़ी लड़ाकू भीड़ को मार भगाया। बाद में कंपनी ने सीमा अतिक्रमण के नाम पर गजराज सिंह पर मुकदमा चला उन्हें दंडित कर जेल भेज दिया।[23]

फतेह बहादुर ने टांडा पर भी आक्रमण किया। बहुत से लोग पकड़ कर लाये गये। उनसे धन लेकर ही उन्हें मुक्त किया गया। *अवध गज़ेटियर* के अनुसार अवध सरकार फतेह बहादुर के ऐसे कारनामों को नज़रअन्दाज़ करती आ रही थी[24] वे ऐसे छोटे मोटे उगाही धावे करते रहते थे।

फतेह बहादुर सिंह के काका जोरावर सिंह प्रायः उन्हीं के साथ रहते थे। कुछ समय बाद उनका देहांत हो गया। फतेह बहादुर उनकी सम्पत्ति को इसी कारण अपनी समझते आ रहे थे। उन्होंने उस पर अपना अधिकार भी कर लिया। इस पर अपना अधिकार जताने के लिए सर्वदान सिंह भी आ पहुँचे[25]। सांपत्तिक विवाद बढ़ता गया। लड़ाई की नौबत आ गयी। अंततः दोनों पक्ष आमने-सामने बैठकर इस मसले को बातचीत से सुलझाने पर तैयार हो गये। बातचीत ईस्ट इंडिया कंपनी शासित जौनपुर ज़िले के ग्राम भैंसोली के आम के बाग में होनी तय हुई। निश्चित दिन और समय पर सर्वदान सिंह अपने सहायकों और साथियों के साथ वहाँ आ बिछी हुई खाटों पर लेट गये। इसके बाद ही वहाँ पहले से छिपे फतेह बहादुर के आदमियों ने सबको मार डाला। कंपनी सरकार के प्रशासन ने शिवराज सिंह, फतेह बहादुर सिंह और रघुवीर दयाल सिंह को अपराधी घोषित कर उनकी गिरफ्तारी के आदेश जारी कर दिये। तीनों भाई अलग-अलग भागे।

कुछ समय बाद एक दिन शिवराज सिंह अपने दो-तीन साथियों के साथ बारिश से बचाव के लिहाज से एक बड़े पेड़ के नीचे खड़े थे। उसी समय उधर से आते असिस्टेण्ट पुलिस सुपरिण्टेण्डेण्ट ओर (Orr) के घुड़सवारों में से एक ने उन्हें पहचान

लिया। पकड़े जाने के भय से शिवराज और उनके साथी लड़ते-मारते घायल हुए और भागे। दुर्भाग्य से वे लोग ओर के और सिपाहियों के सामने पड़ गये और लड़ते हुए मारे गये। *गज़ेटियर आफ अवध* के अनुसार शिवराज सिंह के साथ हमेशा दो सौ के लगभग आदमी रहते थे। उस दिन बारिश के कारण सब भीगने के डर से इधर-उधर जा छिपे थे।[26]

फतेह बहादुर सिंह बनारस में पहचाने गये। उन्हें गिरफ्तार कर लिया गया। पूरी बात तो पता नहीं पर सम्भावना यही है कि पहचानने वाले ने ही उन्हें पकड़वाया होगा अन्यथा वे भी लड़ते हुए मरते। उन्हें पहचानने वाले ने उन्हें पैसे के लिए अथवा बदला लेने की नीयत से पकड़वाया होगा। गिरफ्तारी के बाद उन्हें बनारस से जौनपुर जेल भेज दिया गया। यहाँ उन्होंने आत्महत्या कर ली।[27] इन दोनों के वंशज इसके बाद अंगरेजों से नज़दीकी बढ़ाने के प्रयास में लग गये।

सबसे छोटे भाई रघुवीर दयाल का क्या हुआ पता नहीं। वे पकड़े नहीं गये। सम्भव है कहीं दूर भाग गये या छिपे रहे और बाद में 1857 में कहीं लड़ते हुए मारे गये। सम्भव यह भी है कि वे संन्यस्त हो तीर्थाटन पर निकल गये हों। उनके बारे में फिलहाल कोई जानकारी निश्चित रूप से उपलब्ध नहीं है।

संग्राम सिंह के वंशजों ने सुभावसिंह के वंशजों को दबा उनकी अधिकांश सम्पत्ति हड़प ली। फिर वे जोरावर सिंह की सम्पत्ति के लिए पहलवान सिंह के पुत्रों से लड़े और मारे गये। दूसरी ओर पहलवान सिंह के पुत्रों ने सुग्रीव सिंह और उनके वंशजों को दबाया। बाद में शिवराज और फतेह बहादुर के बेटों ने रघुवीर दयाल सिंह की सम्पत्ति हड़प ली। उन्होंने रघुवीर दयाल की निस्सन्तान प्रथम पत्नी से उनका हिस्सा ही नहीं लिखवाया वरन् उनके दूसरे विवाह को यह कह कर अवैध ठहराया कि उनका दूसरा विवाह 'आउटला' घोषित किये जाने के बाद हुआ था।[28] कंपनी और बाद में ब्रिटिश सरकार को अपने पिट्ठुओं का यह तर्क कुछ समय तक संगत लगता रहा।

विलियम फोर्बस, डिप्टी कमिश्नर, सुल्तानपुर, ने अपने दियरा कैम्प से 24 जुलाई 1858 (पत्र संख्या 20/1858) को चीफ़ कमिश्नर अवध, लखनऊ, को लिखा, "पिछली रिपोर्ट में मैंने अपने कैम्प में बाबू उदरेज सिंह, मेवपुर-धौरुआ, के आने के विषय में लिखा था। वे काफ़ी प्रभावशाली व्यक्ति हैं। उन्होंने अपने 200 सैनिक मेरे लिए छोड़ दिये और कहा कि वे सहायता के लिए तैयार रहेंगे" (*फ्रीडम स्ट्रगल इन उत्तर प्रदेश,* II, पृ. 465)। ले. गवर्नर ने 9.9.1857 को बनारस से तार भेजा था, "मेरी राय है कि सभी तालुकदारों की सम्पत्ति को उनके पास ही सुरक्षित रहने दिया जाय क्योंकि उसे उन्होंने पीढ़ियों से सुरक्षित रखा है।" इसके जवाब में गवर्नर जेनेरल लार्ड कैनिंग ने जवाब दिया कि "राजा मानसिंह और राजा माधव सिंह अमेठी को विश्वास दिलाइए कि उनकी सम्पत्ति में हस्तक्षेप नहीं होगा। सर हेनरी लारेंस ने मानसिंह या अन्य तालुकदारों से जो वादा किया है वह पूरा किया जायगा। मैंने जेनेरल आउट्रम

को यह सूचना भेजी है" (*फ्रीडम स्ट्रगल इन उत्तर प्रदेश*, II, पृ. 223)। ऐसे में जो इन दोनों से लड़ रहे थे, जिस भी कारण, उन्हें तो भुगतना ही था।

अवध गज़ेटियर का उल्लेख कि रघुवीर दयाल की प्रथम पत्नी से उनका हिस्सा लिखाने और उनके दूसरे विवाह को उनके 'आउटला' घोषित किये जाने के बाद करने के आधार पर यदि उसे अवैध ठहरा दिया गया तो इस विवाह से उत्पन्न बच्चे शिवराज और फतेह बहादुर के बच्चों के नियमतः भाई कैसे माने जायेंगे? इन उल्लेखों से स्पष्ट है कि रघुवीर दयाल के दो विवाह हुए थे। उनकी पहली स्त्री के बच्चे नहीं थे। शायद वे शिवराज और फतेह बहादुर के परिवार के साथ ही रह भी रही थीं। दूसरे विवाह की वैधता का प्रश्न क्यों उठा? इसलिए कि दूसरी पत्नी से उनके बच्चे थे और इन बच्चों के नाम से या उनके और रघुवीर दयाल की दूसरी पत्नी के नाम से ब्रिटिश अधिकारियों को उनके हिस्से के लिए पेटिशन दिया गया था। इसी पेटिशन पर इस दूसरे विवाह की वैधता पर प्रश्न उठा दिया गया। विवाह ही अवैध मान लिया गया तो फिर हिस्से का प्रश्न स्वतः समाप्त हो गया।

जहाँ तक रघुवीर दयाल के दूसरे विवाह के समय का प्रश्न है निश्चित रूप से कुछ भी कहना कठिन है। वैसे यदि अनुमानतः 1812 में शिवराज और फतेह बहादुर क्रमशः 12 और 10 वर्ष के थे तो रघुवीर दयाल भी सात या आठ साल के उस समय रहे होंगे। बीस साल बाद 1832 में इस प्रकार उन्हें 27-28 वर्ष का होना चाहिए। इस समय तक उनका पहला विवाह हो चुका होगा। यदि उनका पहला विवाह 25 वर्ष की अवस्था में हुआ माना जाय (वस्तुतः यह और पहले हुआ होगा) और उन्हें पाँच-छः साल तक कोई बच्चा नहीं हुआ तो उन पर दूसरा विवाह करने का दबाव बढ़ने लगा होगा। घर के लोगों, खासकर स्त्रियों, के बढ़ते दबाव के कारण मैं समझता हूँ 1835-36 तक उनका दूसरा विवाह अवश्य हो गया होगा। पहली पत्नी बड़े भाइयों के साथ रहती रहीं। दूसरी सम्भवतः बाद में कहीं अलग रहने लगी होंगी अपने बच्चों के साथ।

सर्वदान सिंह की मृत्यु का वर्ष भी किसी स्रोत से फिलहाल ज्ञात नहीं है। पर शिवराज सिंह का राजा मानसिंह से सम्बन्ध था। मानसिंह 1845 में अवध के नवाब द्वारा नियुक्त किये गये थे। उन्होंने तीन वर्ष इस क्षेत्र का प्रशासन देखा। इसलिए सर्वदान की हत्या मैं समझता हूँ 1845 के लगभग और विशेषकर इसके बाद हुई होगी। इसके बाद तीनों भाई गिरफ्तारी से बचने के लिए भागते फिर रहे थे। रघुवीर दयाल के पास विवाह करके बच्चे पैदा करने का समय नहीं था। परिवार का विस्तार करने के लिए पति-पत्नी को साथ-साथ कई साल रहना पड़ता है।

अवध गज़ेटियर के प्रमाण से लगता है कि रघुवीर दयाल के दूसरे विवाह को उनके 'आउटला' घोषित होने का तर्क कुछ समय तक अवश्य मान्य रहा। उनके पुत्र सर्वदान की हत्या के काफी पहले 1840-41 तक अवश्य पैदा हो चुके थे।

चिरानीपट्टी के राजकुमार अपना सम्बन्ध मेउपुर और धौरुआ से जोड़ते हैं। वहीं से यहाँ आया बताते हैं। अपने को पहलवान सिंह का वंशज भी बताते हैं। उन्हें अपना मूल पुरुष भी मानते हैं। वे यह भी कहते हैं कि उन्हें उनके भाइयों ने भाई मानने से ही इनकार कर दिया और वे अपने को उनका भाई सिद्ध नहीं कर पाये। जज के भोजन के लिए उठ जाने पर भाइयों ने पहलवान को एक ओर से मुकदमा करके खानदान की नाक काटने के लिए डाँटना शुरू कर दिया। उनकी सारी बात जज के कान में पड़ी। बाद में उसने अपना फैसला किंचित बदल कर सुनाया। इसके चलते जज ने चिरानीपट्टी के आसपास का 350-400 बीघे का मेवपुर धौरुआ का इलाका उन्हें देने का आदेश दे दिया।

चिरानीपट्टी के राजकुमारों की इस पारिवारिक परम्परा और *अवध गज़ेटियर* के साक्ष्य में कुछ समानता है। दोनों सम्भवतः एक ही बात की ओर इशारा करते लगते हैं। स्पष्ट है कि इन्हीं के निरीक्षण-परीक्षण से सच्चाई का सही अनुमान हो पायेगा। चिरानीपट्टी के राजकुमारों की सामूहिक स्मृति से रघुवीर दयाल गायब हैं। उनके स्थान पर वे पहलवान सिंह को यहाँ आने का श्रेय देते हैं। रघुवीर दयाल के पिता पहलवान सिंह यहाँ आये नहीं तो फिर ये पहलवान सिंह कौन हैं, जिन्हें चिरानीपट्टी वाले यहाँ आया बताते हैं? रघुवीर दयाल यहाँ आये नहीं। फिर वे चिरानीपट्टी वालों की स्मृति से पूर्णतया गायब क्यों हैं? एक सम्भावना यह है कि वे सरकारी तौर पर भ्रातृहंता घोषित थे। उनके वंशज अपने को मान्य हत्यारे से पीढ़ी दर पीढ़ी के लिए सम्बन्धित नहीं चाहते थे। साथ ही उनका असर भावी पीढ़ियों पर न पड़े इसलिए भी उन्हें भुलाया गया होगा। उनके स्थान पर पितामह को पिता का स्थान ही नहीं उन्हें चिरानीपट्टी आने का श्रेय भी दिया गया। जिस सम्पत्ति के लिए वे लड़ रहे थे वह भी उन्हीं की थी। पितामह को भावी पीढ़ियों को पिता बताने से कोई फर्क भी नहीं पड़ रहा था।

इसके विपरीत चिरानीपट्टी की एक दूसरी वंशावली भी लोग बताते हैं (दे. परिशिष्ट-2) इसके अनुसार नरवाहनसाहि के पुत्र दसवंत सिंह हुए। दसवंत के दो पुत्र अहलादी और पहलादी को चिरानीपट्टी आने का श्रेय इसके हिसाब से जाता है। इस शज़रे को मानने से पहलादी की पहचान पहलवान सिंह से करनी होगी। इसका कोई प्रमाण नहीं है। इस वंशावली को स्वीकार करने से नरवाहन शाह और दसवंत की राजकुमार शाखा निर्धारित करनी पड़ेगी और इनका सम्बन्ध मेवपुर धौरुआ शाखा से तो नहीं लगता।

मैं इन दोनों में से यहाँ पहले दी गयी वंशावली को ही सही मानता हूँ। मेरे मत में महाबल, वनवासी और गंधू सिंह रघुवीर दयाल के पुत्र थे। वैसे चिरानीपट्टी के राजकुमार जिस भी शाखा से सम्बन्धित हों मूल रूप से वे बरियार शाह और राजशाह से ही जुड़ेंगे।

राजकुमारों में प्रचलित उत्तराधिकार का नियम वैसा ही है जैसा पितृसत्तात्मक राज परिवारों में होता है। इसके अनुसार राजा के बाद उसका बड़ा बेटा राजा बनता है और अपने छोटे भाइयों को या तो राजपद दे सन्तुष्ट करता है या उन्हें गुज़ारे के लिए ज़मीन-जायदाद देकर सन्तुष्ट करता है। चौहान राजकुमारों की पृष्ठभूमि राजस्थान की थी। साथ-साथ राजकीय भी थी। ज्येष्ठता के उत्तराधिकार का यह सिद्धान्त वे साथ लाये थे। इस सिद्धान्त में किसी का हिस्सा नहीं था। यह पूर्णतया राजकृपा और गुजारे पर आधारित था। इसी के चलते राजा के बड़े बेटे उसके स्थान पर रहते और छोटे भाई अन्यत्र जाकर बसते और अपने गाँव बसाते थे। पिता का सारा कुछ बड़े बेटे को जाता था। सुल्तानपुर क्षेत्र में इसके एक अपवाद जालिम सिंह हुए जिन्होंने अपने जीवन काल में ही अपनी सारी सम्पत्ति अपने बेटों में बराबर-बराबर बाँट दी। हिस्से की बात शायद तब उठी जब अंगरेजों का शासन मजबूत हो चला। चौहान-राजकुमारों के राज्य सिकुड़ने लगे और वे तालुकेदारों में परिवर्तित होने लगे। ऐसी स्थिति में ही शायद राजकुमारों में प्रचलित एकांसी-डेढांसी का उत्तराधिकार का सिद्धान्त न केवल विकसित हुआ अपितु ब्रिटिश प्रशासन से मान्य भी हुआ। कालांतर में ज़मीन को लेकर होने वाले राजकुमारों के आपसी झगड़ों का यह एक प्रमुख कारण बना।

एकांसी-डेढांसी के सिद्धान्त के चलते बड़े बेटों को पिता की सम्पत्ति का डेढ़ा हिस्सा मिलता था। इस प्रथा के खिलाफ़ सारे राजकुमार क्षेत्र में बहुत मुकदमे चले होंगे। चिरानीपट्टी कोई अपवाद नहीं था। काफ़ी पहले, बीसवीं सदी में एक केस चला था—जगन्नाथ सिंह बनाम कालिका सिंह। इसमें एकांसी-डेढांसी का सिद्धान्त मान्य रहा। मेरे काका भगवती सहाय वर्मा ने नेवी छोड़ने के बाद फिफ्टीज के उत्तरार्द्ध में अपने पट्टीदारों पर मुकदमा किया। पट्टीदारों ने मुकदमा लम्बा खिंचता देख समझौता कर लिया। उन लोगों ने डेढ़ के बजाय अपना भाग सवा मान कर बँटवारे की पेशकश की। मेरे काका भी इस पर तैयार हो गये। यह समझौता 1965 में हुआ था। वैसे बहुत पहले कभी यह केस प्रिविकाउंसिल तक गया था। इसी केस की नज़ीर से इस तरह के केसेज़ इस सिद्धान्त के पक्ष में ख़त्म होते आ रहे थे।

बरियारशाह से लेकर त्रिलोचन के प्रपौत्र एतन युवराज सिंह (अमेरिका) तक कुल तीस पीढ़ियाँ होती हैं। आधुनिक विद्वान प्रत्येक पीढ़ी को 15 से 18 वर्ष का समय देते हैं। यह समय अध्ययन की सुविधा के लिए पीढ़ियों के समय निर्धारण के लिए दिया जाता है। मोटे तौर पर हम यह मान सकते हैं कि वे तेरहवीं सदी के उत्तरार्द्ध में (1248, 1284 या इसके आसपास) कभी सुल्तानपुर आये। लोगों का ब्याह पहले कम उम्र में हो जाया करता था। अठारह से बीस वर्ष तक आते-आते लोगों के कम-से-कम एक बच्चा तो हो ही जाता था और नयी पीढ़ी आ जाती थी। मुझे ऐसा लगता है कि बरियारशाह सुल्तानपुर चाँदवार की पराजय के बाद कभी

चौदहवीं सदी के अंत या पन्द्रहवीं सदी के आरम्भ में आये होंगे। त्रिलोचन के पुत्र जयप्रकाश इस वंश परम्परा की 28वीं पीढ़ी में पड़ते हैं। उनका जन्म 1937 में हुआ था। जब वासुदेव सिंह त्रिलोचन 20 वर्ष के लगभग थे। जयप्रकाश ने इकतीस वर्ष की अवस्था में ब्याह किया। इसलिए उनकी पीढ़ी के बाद की पीढ़ियों को इस गणना से अलग रखा गया है। मैंने यहाँ प्रत्येक पीढ़ी को 18 वर्ष का समय दिया है। इस प्रकार बरियारशाह उनके जन्म से लगभग (28 × 18 =) 504 वर्ष पहले आये। उनके आने का समय (1937 - 504 =) 1433 ई. होता है। सर्वदान सिंह की ईस्ट इंडिया कंपनी से लड़ाई 1812 ई. में हुई थी। उनकी अवस्था उस समय 17 वर्ष थी। इस प्रकार वे 1812-17 = 1795 में पैदा हुए माने जा सकते हैं। सर्वदान बरियारशाह की 22वीं पीढ़ी में हैं। इस प्रकार 22 × 18 = 396 वर्ष होता है। यदि 1812 से 396 घटाया जाये तो 1416 या पन्द्रहवीं के आरम्भ की तिथि ज्ञात होती है। अतः यदि हम इस आगमन को 1400-1410 के आस-पास रखें तो शायद सत्य के निकट होंगे। बरियारशाह इसी के आस-पास सुल्तानपुर आये होंगे।

मैंने अपने पूर्वजों के बारे में कभी कोई खास जानकारी नहीं चाही। कुछ-कुछ लोग प्रसंगवश आपसी बातचीत में कुछ बातें बताया करते थे। इनमें से कुछ चर्चाओं में मैं भी उपस्थित रहता था। इसलिए कुछ बातें मुझे याद हैं। महाबल सिंह और वनवासी सिंह के एक भाई गंधू सिंह थे। इनके बारे में कहा जाता है कि कहीं से आते हुए ये बेथरे गाँव के अन्दर चले गये। वहाँ पानी भरती स्त्रियों में से एक लड़की को उठाकर घोड़े पर बिठा कर घर भाग आये। बेथरे मुसलमानों का गाँव है। बातचीत में लोग अभी भी रिश्तेदारी की बात उठा देते हैं। गाँव के लोग गंधू सिंह का नाम इसलिए नहीं लेते कि लड़कों पर गलत असर पड़ेगा। मुझे यह घटना पिता से पता चली थी। मैं समझता हूँ गंधू सिंह ऐसे ही उसे नहीं उठा लाये होंगे। दोनों में कुछ बात हुई होगी और शायद प्रथम दृष्ट्या प्रेम भी। बहरहाल उनके भाइयों ने उनका उससे विवाह कर दिया और उनके रहने की अलग व्यवस्था भी की।

बनवासी सिंह के एक पुत्र, शायद मनबोध सिंह डोभी रिश्तेदारी में गये थे। लौटते समय वे साथ गये नाई के साथ जौनपुर शहर के अन्दर चले गये। वहाँ उन्होंने एक दुकान में कपड़ा देखा। एक थान कपड़ा बाहर घोड़ा पकड़े खड़े नाई को पकड़ा दुकानदार को दो रुपये दे चलने को मुड़े। दुकानदार ने और पैसों के लिए उनका हाथ पकड़ लिया। उन्होंने तलवार निकाल उसका हाथ काट दिया और दोनों घोड़े पर बैठ भाग लिए। पकड़े नहीं गये।

बलिराज सिंह अपने भाइयों के बड़े प्रिय थे। सब उन्हें मानते भी बहुत थे। सम्भवतः वे घर के कामकाज में बहुत रुचि नहीं लेते थे। कम-से-कम घर की कुछ महिलाएँ ऐसा ही सोचती थीं। शायद ऐसी ही किसी वजह से उनकी भाभी उन्हें पसन्द नहीं करती थी। कहती कुछ नहीं थीं। बस उनके खाने में नमक नहीं डालती

थीं। उनका खाना निकाल कर पहले अलग रख दिया जाता था। वे माँगते तो कह दिया जाता 'घर में नमक नहीं है।'[29] वे प्रायः सबसे पहले खाने आते भी थे। इस तरह खाते उन्हें काफी समय हो गया—शायद कई वर्ष। जिस समय की यह घटना है उस समय उनकी अपनी पत्नी रजासी देवी खाना बना रही थीं। खाना बनाने वाली महिलाएँ हमारे यहाँ प्रायः तब तक रसोई में बैठी रहती थीं जब तक घर के सारे पुरुष खा न लेते। वे खाना परोसकर थाली आगे बढ़ा देतीं। रसोई के दरवाज़े पर बैठी दूसरी महिला थाली सम्बद्ध व्यक्ति के सामने रखती। यह कार्य बलिराज की भाभी स्वयं करती थीं। वे सारे पुरुषों को खिलाने के बाद ही वहाँ से उठती थीं।

एक दिन ऐसा हुआ कि बड़े भाई पहले आके खाने बैठे। उनके बैठने के बाद ही बलिराज आ बैठे। बड़े भाई की थाली आ चुकी थी उन्होंने इसे सरकाकर बलिराज को बढ़ा दी। उन्होंने खाना भी आरम्भ कर दिया। तभी भाभी उनकी थाली लाई। उसे बलिराज के सामने रखा और पति की थाली फिर उनके सामने कर दी। बलिराज सोच रहे थे शायद नमक आ गया होगा। पर उनका खाना तो पहले जैसा ही अलोना था। वे थोड़ी देर ऐसे ही चुपचाप बैठे रहे फिर उठे और हाथ-मुँह धो बाहर आ उस जगह बैठे, जहाँ बाद में उनका, हम सबका, घर बना।

उनका यों बिना खाए उठ जाना बड़े भाई को अजीब लगा। उन्होंने उनकी थाली से भी खाना खा कर दोनों का अंतर देखा। बात उनकी समझ में आ गयी। रजासी देवी से पूछा गया। उन्होंने कहा नमक डालने से पहले दाल-सब्जी वगैरह थोड़ी अलग निकाल ली जाती है। दी किसे जाती है उन्हें नहीं मालूम। छोटी से पूछा गया। उसने यह भी कहा कि बिना नमक वाला खाना जेठ जी को एक अरसे से दिया जाता है पर क्यों उसे नहीं मालूम। इसके बाद उन्होंने अपनी स्त्री को जो पीटना शुरू किया तो उससे उनकी रक्षा देवरानियों ने की। उनके आते ही उन्हें छूने के डर से पीटना बन्द कर दिया और बाहर चले गये। सम्भावना यह भी है कि बलिराज सिंह को नमक शायद किसी और के आदेश से दिया जा रहा था। पिता ने अपने एक पत्र (11.10.1997) में लिखा था, "अपनी परदादी के बारे में जो जानता हूँ वह इतना ही है कि वह मेरे बाबा के प्रति अनुरागहीन थी। उन्हीं के आदेश से बाबा को बिना नमक की दाल दी जाती थी। यह बात मैंने बुआ के मुँह से सुनी थी। बुआ इसकी जानकार थीं।" स्पष्ट है बहुएँ सास का नाम उनके बेटों को नहीं बता सकीं। इसके बाद के एक दूसरे पत्र (20.11.1997) में पिता ने मुझे लिखा, "बलिराज अपने भाइयों में दूसरे थे। हेमराज या हेमई तीसरे भाई थे। माताओं का स्नेह छोटे पर ज़्यादा होता है। ग़रीबी में भी यह स्नेह छिपा नहीं रहता। उनके साथ जो व्यवहार हो रहा था वह इन्हीं सब परम्पराओं की देन था।" गाँव में जिन लोगों से भी यह घटना सुनी थी वे सब या तो बलिराज की माँ का योग इस घटना से छिपा रहे थे या उन्हें मालूम नहीं था। सब पिता से दस से पन्द्रह वर्ष छोटे भी थे।

बलिराज सिंह को सबने मनाया। वे नहीं माने। वहीं घर के बाहर, पिछवाड़े, रहने लगे। खुले आसमान के नीचे। घर से खाना आता, वे छूते नहीं। अंततः उनके लिए वहीं एक मँड़ई (झोंपड़ी) बनाई गयी, सोच कर कि कुछ दिन में सब ठीक हो जायगा। रजासी देवी भी यहीं सोच रही थीं। पर न सब ठीक होना था, न हुआ। अंतत: कई महीने बाद वे बलिराज सिंह के साथ रहने आयीं। उनके आने के पहले तक उनका खाना कहार बनाते रहे। उनके बड़े भाई ने बँटवारा नहीं किया। यह कहा कि जितने खेत चाहे जोत लो। उन्होंने भी अपनी आवश्यकता भर ही जोता। बलिराज सिंह की स्थिति अच्छी नहीं थी। पिता ने एक सानेट में अपने बाबा बलिराज के बारे में एक संक्षिप्त कहानी दी है:

''सुनी सुनाई लेकिन सच्ची एक कहानी
बुआ फिर माँ की दुहराई आज आँकना
....किसी प्रकार से लाज बचाते थे बाबा
ससुराल के सुजन एक आ पड़े,
चिन्ता हुई, बहुत खाते थे। डेढ़ पसेरी
चावल राँधा गया, पुराना, साफ कर अड़े
रहे दी गयी लिट्टी, चख कर उठे, न देरी
की बाबा बोले बस एतनई, कुछ अवरउ खा,
रच्चा देखा चउरेउ कइ रोटी कइसनि आ।''

उस जनपद का कवि हूँ (नयी दिल्ली, 1981, पृ. 91)

बलिराज सिंह के तीन पुत्र और एक पुत्री हुए। बड़े जगरदेव सिंह, दूसरे जगेश्वर सिंह और कौलेश्वर सिंह। तीसरे पुत्र विवाह पूर्व, पन्द्रह-सोलह के होते-होते, गुज़र गये। बलिराज काफ़ी समय तक मड़ई (झोंपड़ी) में रहे। पिता ने मुझे लिखे एक पत्र (12.8.1997) में लिखा, ''मड़ई की याद मुझे भी है। जिसमें सभी रहते थे। बाद में मढ़ई (मड़ई) का उपयोग जानवरों को बाँधने के लिए किया गया और विशाल घर पिता और दोनों काका ने मिलकर बनाया। मेरा जन्म दक्षिण-पश्चिम के कोने वाले कमरे में हुआ था। उस घर की यह पहली घटना है।'' इन्होंने कुछ और खेत भी जोते और बनाये। अपनी मिहनत से घर की आर्थिक स्थिति बहुत सुधार दी। इसी घर में भगवती सहाय और बाद में जयप्रकाश की भी पैदाइश हुई।[30] बलिराज सिंह की एक मात्र बेटी का नाम पार्वती देवी था। उनका ब्याह फैजाबाद के गाँव महुआपार में हुआ था (पिता का 11.10.1997 का पत्र)।

''बाबा मेरे पिता से कम लम्बे थे यह मैंने लोगों से सुना है। बाबा पुराने समय की बन्दूक चलाना भी जानते थे...'' (पिता का 9.9.1997 का पत्र)। उनका स्वभाव

शान्त और प्रकृति धार्मिक थी। अनावश्यक बात किसी से नहीं करते थे लम्बे भी थे। राज्यश्री देवी भी लम्बी थीं। बचपन में मैं कई बार उनके गाँव, कलान, गया था। कभी पिता तो कभी काका के साथ। उनके घर के उस समय के प्रायः सभी पुरुष लम्बे थे। मैंने जिन वृद्ध लोगों को उनके घर देखा था वे शायद बुआ (राज्यश्री देवी) की पीढ़ी के बाद के थे। बाद में, बहुत बाद में, बुआ के एक भतीजे, 'मास्टर साहब' (रामदौर सिंह) 1970-71 से मेरे हैदराबाद कालोनी वाले घर में प्रायः हर साल, एक- दो बार, आते रहते थे। वे आते अपने इलाज या चेकअप के लिए थे। शाम को आते, रात भर रहते। सुबह नाश्ता कर अस्पताल जाते और वहीं से घर चले जाते थे। ये भी लगभग छः फीट के तो थे ही। तंदुरुस्त भी थे। पिता से खूब बात करते थे। आसपास के तमाम लोगों के बारे में जिन्हें दोनों जानते थे और राजनीति पर भी। बातचीत मुझसे और उषा से भी करते थे पर यह हालचाल और कुशलक्षेम से आगे कम ही बढ़ पाती थी।

बलिराज सिंह की मृत्यु बीसवीं सदी के प्रथम दशक के उत्तरार्द्ध में कभी हुई लगती है।

सन्दर्भ एवं टिप्पणियाँ

1. *क्यामखान रासो* के लेखक कवि जान (मुसलमान) चौहान थे।
2. जयप्रकाश सिंह, ट्रैडीशनल थियरीज़ आफ द ओरिजिन आफ द रूलिंग क्लासः कंटीन्यूइटी एंड चेंज, *सूवेनीर* (सम्पादक धर्मेश्वर सूतिया एवं आर. बूढ़ागोहाईं, कामरूप अनुसंधान समिति के शताब्दी समारोह के अवसर पर प्रकाशित, गुवाहाटी, 2012)।
3. *अणुव्रतरत्नप्रदीप* के रचयिता श्रीधर थे, दे. *जैन ग्रन्थ प्रशस्ति संग्रह* (सं. परमानन्द जैन शास्त्री, दिल्ली, 1963), भाग-2, पृ. 30-31।
4. हबीबुल्ला, *फाउण्डेशंस आफ मुस्लिम रूल इन इंडिया,* पृ. 103।
5. *तारीखे मुबारक शाही* (अंगरेजी अनु.), पृ. 161-62।
6. वही, पृ. 162-63।
7. दशरथ शर्मा, *अर्ली चौहान डायनेस्टीज* (जोधपुर, 2007), पृ. 21-26। आरम्भिक चौहान इतिहास का संक्षेपीकरण इसी पुस्तक पर आधारित है।
8. *गज़ेटियर आफ औध* (अवध, 1872); *सुइझ,* पृ. 27।
9. संस्कृत नाम 'वार्यम' आजकल उस तरफ कहीं-कहीं 'वरायम' में बदल गया है।
10. राजबली पांडे ने अपने *गोरखपुर जनपद का इतिहास* में केवल राजकुमारों की उपस्थिति जनपद में बताई है। मैंने अन्यत्र सुझाया है कि दियरा की राजकुमारी दिलराज कुँवर के ब्याह के बाद उनके साथ कुछ राजकुमार भी गये। यही वहाँ जमीन जायदाद पा रह गये।
11. त्रिलोचन जी के पौत्र रिपुंजय अमेरिकी नागरिक हैं। उनके पुत्र एतन युवराज सिंह की पैदाइश मीनियापोलिस की है। दस-बारह वर्ष पहले मेरी मुलाकात एक कैप्टेन साहब से हुई थी। उनका पूरा परिवार अमेरिका में है। न्यूयार्क में। कैप्टेन काफी पहले जा बसे थे। शायद पट्टी या पारस पट्टी के कहीं के थे।
12. राजेश्वर सिंह, *सुल्तानपुर इतिहास की झलक,* पृ. 157।

13. बरियारशाह की दो रानियाँ सम्भव हैं। वह समय भी बहु विवाह का था। पर *वत्सगोत्र चौहान वंशार्णव* के अनुसार इन्हें जयपुर के घराने से और बेलखर नरेश से सम्बद्ध करना गलत है। इसका कोई प्रमाण नहीं है। इन्हें इसीलिए यहाँ मैंने प्रथमा और द्वितीया कहा है। *सुइझ* (पृ. 118 और आगे) में दी गयी बचगोतियों–राजकुमारों की वंशावलियाँ सब एच.आर. नेविल के सुल्तानपुर गज़ेटियर (1913) से ली गयी हैं। मैंने भी वहीं से ले इसे त्रिलोचन के प्रपौत्र और दौहित्रों तक बढ़ा दिया है। कैप्टेन ए.एच. बिंग्ले (*ए हैण्डबुक आफ राजपूत्स,* 1899, दिल्ली मुद्रण 1999) में बरियार द्वारा बिलखरिया राजा रामदेव की बेटी ब्याहने का उल्लेख है। और किसी का नहीं।
14. *गज़ेटियर आफ अवध* (आगे *गआअ*); *सुइझ,* पृ. 26, 160।
15. *सुइझ,* पृ. 159।
16. *गज़ेटियर आफ अवध*।
17. उन्हें मसोढ़ की लड़ाई के समय वृद्ध कहे जाने के आधार पर किया मेरा अनुमान है यह। *गआअ*।
18. *गआअ*; *सुइझ,* पृ. 159।
19. वही; वही, पृ. 160।
20. *गआअ*।
21. रघुवीर दयाल का उल्लेख केवल *गज़ेटियर आफ अवध* में मिलता है। राजेश्वर सिंह (*सुइझ,* पृ. 159) रघुवीर दयाल के 'हिस्से को लेकर' परिवार में हुए झगड़े का उल्लेख तो करते हैं। उन्हें उनका भागीदार भी बताते हैं पर वे कौन थे यह नहीं बताते। छिपा जाते हैं। नेविल के आधार पर दी बचगोती वंशावली द्वितीय (*सुइझ,* पृ. 119) में पहलवान के तीनों पुत्रों का उल्लेख भी करते हैं। सम्भवतः उन्हें शिवराज और फतेह बहादुर के वंशजों में से किसी ने रघुवीर दयाल का उल्लेख करने से मना किया होगा, इसीलिए छिपाते हैं।
22. गज़ेटियर में इन दोनों को स्पष्टतया बच्चा कहा गया है। इसी आधार पर उनकी आयु का मेरा अनुमान है। रघुवीर दयाल और छोटे रहे होंगे।
23. *गआअ*।
24. वही।
25. वही, राजेश्वर सिंह (*सुइझ,* पृ. 159) का उल्लेख "इन लोगों के एक भागीदार रघुवर दयाल थे। उनके हिस्से को लेकर परिवार में ही जंग छिड़ गयी थी," गलत है। वे जोरावर सिंह की सम्पत्ति को लेकर हुए झगड़े का उल्लेख कर रहे हैं। झगड़ा रघुवर या रघुवीर दयाल की सम्पत्ति के लिए भी हुआ था पर यह लड़ाई अँगरेजों के दफ्तरों और कचहरी में हुई थी।
26. *गआअ*।
27. *गआअ*।
28. वही।
29. बिना नमक का खाना खिलाकर संयुक्त परिवार तोड़ने की परम्परा एक समय में पूरे उत्तर भारत में प्रचलित थी।
30. ऐसा मैंने बुआ और माँ से सुना था। बाद में श्रीप्रकाश और अरुण प्रकाश इसी मकान में पैदा हुए। सम्भवतः इन दोनों के पुत्र भी।

चिरानीपट्टी

...जंगलों के बीच थी चिरानीपट्टी की बस्ती...

ताप के ताए हुए दिन, पृ. 64

मेरे बचपन तक, चिरानीपट्टी[1], कटघरापट्टी का एक पुरवा, एक अरसे तक रहा। मेरे बचपन तक ही नहीं, उसके बहुत बाद तक चिरानीपट्टी तीन ओर से विस्तृत कपरिया ताल और उसकी शाखाओं-प्रशाखाओं से साल में कई महीने घिरा रहता था। पानी का यह विस्तार वर्षा के महीनों में इसे अन्य समीपस्थ गाँवों से काट देता था। आने-जाने के लिए लोगों को लम्बा रास्ता तय करना पड़ता, अन्यथा पानी में होकर ही जाना पड़ता। हमारे घर के पीछे से आने वालों को कहीं-कहीं कमर भर पानी से होकर आना पड़ता। खालिसपुर की ओर से आते तो भी घुटने भर पानी में दूर तक चलते हुए आना पड़ता। इधर भी एक बाँध था, जैसा हमारे घर के पीछे था। हमीदपुर या कटघरापट्टी के रास्ते आने पर ही पानी से बचाव होता था।

गाँव के तीन ओर पानी के बाद बाँस की चौड़ी और घनी कोठी की कतार या बँसवारी थी। इसकी चौड़ाई कहीं-कहीं पाँच से दस फीट थी। घने, ऊँचे, बाँस के इस जंगल के अन्दर बसा यह गाँव बाहर से दिखाई नहीं देता था। एक तरफ ढकुलाई थी—ढाक (पलाश) का घना जंगल। इसमें कभी-कभी दिन में भी छोटे जानवर, सियार वगैरह दिखाई दे जाते थे। शीतल सिंह और जगन्नाथ सिंह की दालान के पीछे भी ढाक का ऐसा ही लम्बा और घना जंगल था। इनके घर के बगल में एक लम्बी बड़ी बावली भी थी। पिता ने 'नगई महरा' में इसका थोड़ा उल्लेख किया है... ''लकड़ियों की कोई कमी नहीं थी/ढाक के पेड़ ही पेड़ थे/बड़े और अच्छे पत्ते जिन पर छाए थे/पत्ते और लकड़ी की/जंगल में क्या कमी/...'' (*ताप के ताए हुए दिन,* पृ. 64-76)। पिता के बचपन में इसका विस्तार और अधिक रहा होगा।

मेरे बचपन में राजकुमारों के केवल सात घर इस गाँव में थे। 1. शीतल सिंह और जगन्नाथ सिंह का, 2. (स्व.) कालिका सिंह (करिया सिंह और विक्रमजीत सिंह वगैरह) का, 3. बेचू सिंह का, 4. (स्व.) मुख्तार सिंह और मंगरू सिंह का, 5.

(स्व.) परसादू सिंह (पलटू सिंह, कामता सिंह, लालता सिंह और सभाजीत सिंह) का, 6. जगमोहन सिंह और शिवपति सिंह का। इस घर के पीछे सातवाँ और अन्तिम घर था—(स्व.) जगरदेव सिंह (वासुदेव सिंह त्रिलोचन शास्त्री और भगवती सहाय वर्मा) का। इन घरों के सिलसिले में उल्लिखित बाबा जगरदेव सिंह को मैंने नहीं देखा था। देखा मैंने परसादू बाबा को भी नहीं था। ये जगरदेव सिंह के काका लगते थे (परसादू बाबा और कामता सिंह का उल्लेख 'देशकाल' कहानी में आया है) इस प्रकार वे त्रिलोचन के बाबा लगे। मुझे लगता है मैंने लम्बरदार कालिका सिंह को बहुत बचपन में देखा था। पर मैं बहुत निश्चित नहीं हूँ। ये दीर्घायु हुए। सुनते हैं इनका दूसरा या तीसरा विवाह 70 साल की अवस्था में हुआ था। इससे उनके दो बेटे हुए। हमारे गाँव के घोड़े पर चलने वाले ये अन्तिम ठाकुर थे। जगरदेव सिंह से उम्र में छोटे थे। शीतल सिंह, जगन्नाथ सिंह, बेचू सिंह, मुख्तार और मंगरू सिंह, जगमोहन और शिवपति सिंह आदि सबको मैंने देखा था—वर्षों तक। कई तो पचास और साठ के दशक तक जीवित रहे। बेचू सिंह और बाद तक रहे। ये सब बासदेव के काका और मेरे बाबा लगते थे। करिया सिंह, पलटू सिंह, लालता सिंह वगैरह सब बासदेव से बड़े थे और उनके चचेरे भाई थे। सभाजीत और शिवमूरत (शिवमूर्त्ति) उनसे छोटे थे। छोटे और बहुत से थे। परसादू सिंह के घर में एक नगई बाबा थे। ये उनके घर के पशुओं को चराते और उनकी देखभाल करते थे।

जगरदेव सिंह के घर के पीछे एक बड़ा और उसके बगल में एक और ऐसा ही बड़ा पर पहले वाले से थोड़ा छोटा गड्ढा था। पलटू सिंह के घर के पीछे बँसवारी के बाद एक बड़ी बावली थी। ये सारे गड्ढे और बावलियाँ घर बनाने के लिए मिट्टी निकालने के कारण बनी थीं। मेरे घर के पीछे के गड्ढों के बाद बँसवारी थी। पलटू, करिया और जगन्नाथ के घरों के पीछे भी बँसवारी थी। कहीं-कहीं बँसवारी काट कर जड़ें निकाल मिट्टी निकालने का अनुमान भी है। ऐसा एक गड्ढा काफी बड़ा पर उथला बदरी महरा के घर के पीछे और हमारे घर के बगल में थोड़ी दूर पर जगमोहन सिंह की जानवरों की एक सार के पीछे था। करिया सिंह के घर के पीछे तक पलटू सिंह के पिछवाड़े की बँसवारी जाती थी। शायद यह शीतल सिंह के घर के बगल तक भी कुछ जाती थी। उसके बाद उनकी बावली थी। यह भी गहरी थी। ठाकुरों के इन घरों के अलावा इस गाँव में दो घर कहारों के भी थे (नगई महरा का घर मेरे बचपन तक समाप्त हो गया था)। इनमें से एक शीतल सिंह की दालान के सामने, उनके कुएँ से थोड़े फासले पर था। दूसरा बदरी महरा का घर जगमोहन सिंह के घर से बायीं ओर सटे उनके जानवरों के बाड़े के सामने दस-पन्द्रह फीट की दूरी पर था। बदरी महरा के घर के बायें कोने पर एक लम्बा-चौड़ा और गहरा तालाबनुमा गड्ढा था। इसकी मिट्टी निकालकर इसी में ईंटें पाथ और पका कर मुख्तार सिंह ने अपने मिट्टी के घर के स्थान पर ईंटों का घर बनवाया था। इसे

मैंने बचपन में पूरा, इसका हर चरण, देखा था। हमारे घर के बगल में सगरा था। गाँव के लोग इसका प्रयोग स्नानादि के लिए करते थे। स्त्रियाँ कम आती थी। जो आती थीं वे तैरना जानने वाली थीं। गाँव में केवल चार कुएँ थे।

बरसात में सभी गड्ढे, बावलियाँ और सगरा कपरिया के पानी से भर जाते थे। इनमें कभी-कभी स्त्रियाँ (बहुएँ) डूब मरती थीं। कुछ दिन काना-फूसी होती फिर सब शान्त। बच्चों को कुछ पता न चल पाता। कुछ का पानी दिसम्बर तक सूखता—जैसे हमारे गड्ढों और बदरी महरा के पिछवाड़े और बगल वाले का। इनका पानी निकाल इनकी मछलियाँ इस समय तक मार ली जातीं। बाकी बावलियों और सगरे का पानी अप्रैल, मई, जून तक कम होता। इनकी मछलियाँ इसी समय मारी जातीं। सगरे के चारों किनारों को ऊँचा कर उन पर आम, महुए वगैरह के पेड़ लगा दिये गये थे। दो पेड़ पीपल के भी थे। ये शायद पहले से लगे या स्वयं उगे होंगे। आम के कुछ पेड़ों के आम बहुत मीठे तो कुछ के बहुत खट्टे होते थे। पीपल के पेड़ मेरे काका वर्मा जी ने आँवाँ में ईंटें पकाने के लिए कटवाए थे। पहली कुल्हाड़ी उन्होंने ही चलाई थी। इसके बाद आदमियों ने काटा था।

कहार परिवार की स्त्रियाँ और पुरुष दोनों समय ठाकुरों के घरों में पानी भरते थे। दिन में पुरुष-पुरुषों को और स्त्रियाँ स्त्रियों को नहलातीं-धुलातीं। कपड़े वगैरह धोती थीं। इसके बदले उन्हें हर घर से कुछ जमीन खेती के लिए दी हुई थी। कहार परिवारों में मेरा बद्री महरा के परिवार से ही अधिक सम्पर्क था। एक तो इनका घर पास था, दूसरे यही हमारे यहाँ काम करते थे। आज भी इनके पुत्र बरसाती महरा का परिवार ही काम कर रहा है। बचपन में मेरी ठुड्ढी में एक बार छोटी-छोटी फुंसियाँ हो गयी थीं। बुआ[२] ने नीम की छाल पीसकर सरसों के तेल में लेप बना लगा दिया था। इसी लगे काले लेप के साथ मैं खेलने निकला। बद्री महरा के दरवाजे गया तो उन्होंने देखते ही कहा, 'दाढ़ीवाल आई गै भाई, दाढ़ीवाल आई गै भाई'। इसके बाद से मैं गाँव में दाढ़ी नाम से भी जाना जाने लगा।

केवटाही (ढूहा) और चमरौटी गाँव की पूरक बस्तियाँ थीं। ढूहे पर केवटों के घर थे, लगभग छः-सात। यह हमारे घर के पीछे एकाध फर्लांग की दूरी से आरम्भ होता था। दोनों बस्तियों के बीच खेत थे। चमरौटी ठीक विपरीत दिशा में थी। बेचू सिंह के घर के बाद उनका जानवरों का बाड़ा था। उसके बाद मुख्तार सिंह का बैठका (दालान) था। इसके सामने उनका जानवरों का बाड़ा था। यहाँ से थोड़ा दाहिने से आगे एक धूल भरा चौड़ा रास्ता सीधे कयथान (लाला का पुरवा) जाता था। इस रास्ते के दोनों ओर खेत थे। लाला के इस पुरवे में केवल तीन घर थे। तीनों के बीच एक कुआँ था। ये घर भी मुख्तार सिंह के दालान से आधे-पौने फर्लांग पर थे। कायस्थों के घर से हम लोगों का कोई खास सम्पर्क नहीं था। शादी-ब्याह, कथा वगैरह पर ही लोग आते-जाते थे। चमरौटी लाला के पुरवा के बाद, एक बाग के

बाद, से शुरू होती थी। इसमें बहुत घर थे—बीस-पच्चीस तो होंगे ही। हमारे गाँव से लगी केवटों की एक बस्ती हियाई थी। यह हमारे घर के पीछे बने बाँध से थोड़ा आगे डेढ़-दो फर्लांग से आरम्भ होती थी। हियाई के दूसरे छोर पर थोड़ा हटकर दो या तीन घर ठाकुरों के भी थे।

केवटाही और चमरौटी से प्रायः काम करने वाले आते थे। हलवाहे और चरवाहे प्रतिदिन आते थे। अनियमित श्रमिक जब जैसी जरूरत पड़ती बुला लिए जाते थे। दिन भर काम करते। दिन में उन्हें चना-चबैना और गुड़ का रस या पानी या दोनों दिया जाता था। काम खत्म होने पर दिन की मजदूरी दी जाती थी। प्रायः मजदूर अपनी मजूरी (मजदूरी) रोज़ ले जाते थे। कभी-कभी कोई-कोई कई दिनों बाद इकट्ठे ले जाते। मजदूरी अनाज के रूप में दी जाती थी। मजूरी में कौन सा अनाज दिया जायेगा यह घर की स्त्रियाँ (मालकिनें) तय करती थीं। मजदूरों और मालकिनों में विवाद की स्थिति में मालिक हस्तक्षेप करते थे। मजूरी में प्रायः खेसारी, चना, जौ, मटर, धान, चावल वगैरह दिया जाता था। हलवाहों को खेती की जमीन भी दी जाती थी।

रुपये पैसे की जरूरत पड़ने पर जरूरतमंद केवट और चमार ठकुराइनों से ब्याज पर उधार लेते थे। यह व्यवहार प्रायः पुरुषों की जानकारी में तब आता जब ब्याज या मूल या दोनों मिलने में विलम्ब होता दिखता। ब्याज की दर अधिक होती थी। ठकुराइनें सब कुछ के बावजूद साहूकार नहीं होती थीं। इसलिए प्रताड़ना के अवसर कम ही आते थे, पर होते तो थे ही। रुपये पैसे का हिसाब ठकुराइनें स्कूल जाने वाले बच्चों से कराती थीं।

मेरे बचपन तक कपरिया ताल में जाड़े में झुण्ड के झुण्ड पक्षी आते थे। इनमें ज्यादातर विभिन्न प्रकार की बत्तखें होती थीं—माइग्रेटरी बर्ड्स। स्थानीय नाम हंस, सिन्धु, सुर्खाब वगैरह ही सुनने में आते थे। सारस भी आते थे। दिन में इनके आने पर लोग आसमान में इन्हें टकटकी लगाए देखते रहते। रात में आने पर इनके डैनों से होने वाली सम्मिलित आवाज और कलरव से ही इनके आने का अनुमान होता। रात की नीरवता इनके कलरव और सारसों के एक साथ बोलने की तेज आवाज से भंग हुआ करती थी।

आस-पास के गाँवों के शिकारी इनके शिकार के लिए आते थे। हमारे गाँव के शिकारी भी। मेरे काका भी कभी-कभी जाते थे। पर पहले उनका गाँव में जाड़ों में होना भी कभी-कभार ही होता था और बाद में उनकी रुचि अन्यत्र हो गयी। सारस का शिकार हिन्दू शिकारी नहीं करते थे। बत्तखें झुण्ड में तैरने के कारण कई बार अधिक संख्या में मारी जाती थीं। बाकी उड़कर दूसरी ओर जा बैठतीं। जब ये झुण्ड बीच में होते तो इन्हें मारना कठिन होता। इसके लिए कुछ लोग नावें ले जाते थे। ज्यादा चिड़ियाँ मार कर लाने पर गाँव के शिकारी उन्हें ठाकुरों

के घरों में सदस्यों की संख्या को ध्यान में रख बाँट देते थे। हिरण वगैरह मार कर लाने पर उसका मांस भी ऐसे ही वितरित होता था। मछली मारने का काम बहुधा केवट करते थे। वे भी अधिक मछली मारने पर सभी या कुछ ठाकुरों के घर पहुँचा जाते थे। अभी पचास के दशक तक हमारे यहाँ यही हो रहा था। कुछ लोग मछली बेच रहे होंगे जरूर पर ऐसे लोग अभी कम थे। ठाकुरों ने भी अभी बावलियाँ बेचनी नहीं शुरू की थीं।

पिता का एक सानेट 'चिरानीपट्टी' यहाँ उद्‌धृत करना चाहूँगा—

> *"हारे खीझे मन से मैंने कभी कहा था,*
> *अगर जन्म लेने में मैं लाचार न होता*
> *मुझे चिरानीपट्टी से कुछ प्यार न होता,*
> *पहला असन्तोष जो कुछ भी रहा सहा था*
> *आज नहीं है क्यों, इसका तो समुचित*
> *उत्तर दे पाना आसान नहीं हैं, द्वेष आपसी*
> *नहीं घटा है, दाँजारेसी बढ़ी पाप सी*
> *है, दिन पर दिन, पूरब, पच्छिम, दक्खिन, उत्तर*
> *छोटे-छोटे खेत, बाढ़ मेंड़ों की, अपनी*
> *अपनी चिन्ता, मेल जोल से काम नहीं, क्या*
> *इससे होगा, काट कपट ठाकुरों की, बढ़ा*
> *जाने वाला खेवट, क्षुद्र स्वार्थ की अपनी*
> ... ... "

अनकहनी भी कुछ कहनी है, पृ. 77

यह सानेट अक्टूबर 1951 का लिखा हुआ है। इस तिथि के आसपास गाँव गये होंगे। कुछ और देखा सुना होगा। वैसे देखते सुनते तो पहले से ही आ रहे थे। ठाकुरों की 'काट कपट' पहले भी थी। द्वेष भी था। *रोजनामचा-1950* में एक उल्लेख है, 1 सितम्बर 1950 में पिता गाँव गये थे बुआ की बीमारी की जानकारी होने पर। गाँव में, कुछ काम कराने के लिए, आदमियों की जरूरत थी। इधर-उधर आदमियों की तलाश में घूमे। लोगों के यहाँ भी गये। कुछ आदमियों ने आने को कहा भी था। दूहा के खुरमल्ली ने भी कहा था पर पता चलते ही उसके ठाकुरों ने (कामता सिंह या पलटू सिंह कोई होंगे?) उसे गालियाँ देना आरम्भ किया। वह भी नहीं आया (*रोजनामचा*, पृ. 175-176)। मैं अपने छात्रावास में था इसलिए मुझे इसकी कोई याद नहीं है। पर गाँव में कई ठाकुर परिवार नहीं चाहते थे कि हमारे यहाँ कोई भी काम समय से हो पाये। इसके लिए वे प्रायः श्रमिकों को डराते, धमकाते रहते थे।

गाँव में ठाकुरों के परिवार दलों में भी बँटे थे। इसके चलते मित्र परिवारों से सहायता भी मिला करती थी। पर ईर्ष्या और द्वेष इसके बावजूद अपने स्थान पर थे।

सन्दर्भ एवं टिप्पणियाँ

1. मेरे 'त्रिलोचन का गाँव' शीर्षक लेख (*सर्वनाम* सं. विष्णुचन्द्र शर्मा, दिल्ली से प्रकाशित त्रैमासिक पत्रिका) अंक-38, पृ. 11-16 पर आधारित अध्याय।
2. बुआ हमारे यहाँ पितामही के लिए प्रयुक्त होता है। फुआ पिता की बहन के लिए चलता है।

पिता : जगरदेव सिंह

...धीर वीर गम्भीर तपोधन और मनस्वी
उस जनपद का कवि हूँ, पृ. 15

जगरदेव सिंह का जन्म कब हुआ? अब ज्ञात नहीं है। उनकी मृत्यु 1923-24 में किसी समय हुई। मृत्यु के समय उनकी अवस्था क्या थी? यह भी अज्ञात है। फलस्वरूप अब हम उनकी अवस्था एवं उनके जन्म का अनुमान ही कर सकते हैं। मृत्यु के समय वे चालीस के लगभग या कुछ अधिक रहे होंगे।[1]

उनके पुत्र वासुदेव का जन्म 20 अगस्त 1917 का है। उनके दूसरे पुत्र वासुदेव से छः-साढ़े छः वर्ष छोटे थे।[2] उनकी मृत्यु के समय उनके दोनों पुत्र छः-साढ़े छः वर्ष और छः मास के थे। इस प्रकार 20 अगस्त 1917 एक ऐसी तिथि है जिसके आधार पर अन्य तिथियों का लगभग सही निर्धारण कर सकते हैं। वासुदेव छः वर्ष के 20 अगस्त 1923 और साढ़े छः वर्ष के 20 फरवरी 1924 को हुए। इन्हीं दोनों तिथियों के लगभग जगरदेव सिंह की मृत्यु हुई। यदि उनकी अवस्था मृत्यु के समय चालीस के लगभग थी तो उनका जन्म 1883-84 के लगभग हुआ माना जा सकता है।

जगरदेव सिंह का विवाह 17-18 वर्ष की अवस्था में जौनपुर जिले की तहसील केराकत के अखईपुर ग्राम में हुआ। उनकी पत्नी का नाम पार्वती देवी था। इनके चार बेटे और तीन बेटियाँ क्रमशः पैदा हुए। इनका क्रम इस प्रकार है—राम सरन सिंह, राम फेर सिंह, मर्यादा, नन्हका, वासुदेव सिंह (20.8.1917), उरेहा और भगवती सहाय। इनके सभी बच्चे बचपन में ही गुजरते गये, केवल वासुदेव और भगवती सहाय दीर्घजीवी हुए।

जगरदेव सिंह बहुत लम्बे थे।[3] मेरे बचपन में मेरे गाँव में छः फीट और लगभग छः फीट के बहुत ठाकुर थे। इनमें सबसे लम्बे जगन्नाथ सिंह और जगमोहन सिंह थे। दोनों ही करीब सवा छः फीट के करीब थे। गाँव के जिन लोगों ने बाबा को देखा था वे ज्यादातर अपना दाहिना हाथ सीधा ऊपर तान कर उनकी लम्बाई स्पष्ट करते—'येतना लम्मा रहेन'। कुछ यह भी कहते कि—'जगमोहन सिंह अउर जगन्नाथ सिंह से एक हाथ ऊँच रहेन।' रघुवीर केवट जैसे कुछ लोग तो यह भी कहते कि

'बच्चा उनके बराबर लम्मा मनई दस बीस पचीस गाँउ में हम सब अपनी जिनगी में नाईं देखे।' अनुमानतः साढ़े छः पौने सात फीट कम से कम रहे होंगे।

''लम्बाई के अनुरूप ही बाबा शक्तिशाली भी थे। जगन्नाथ सिंह और जगमोहन सिंह की तरह दुबले-पतले नहीं थे। उनका शरीर कसरती पहलवान जैसा था—हड्डियाँ सामान्य से ज्यादा चौड़ी थीं। आठ-दस आदमी के बराबर काम अकेले ही कर लेते थे।''

''सुबह छः बजे के लगभग से रात नौ-साढ़े नौ बजे तक लगातार श्रम करते। फलतः उनका भोजन भी उनके शरीर एवं श्रम के अनुपात में ही होता। लोग बताते हैं बाबा पाँच आदमियों के बराबर अकेले खाते थे।''

''बुआ एक वाकया बताया करती थीं। एक बार एक कहार के साथ बाबा को कहीं जाना था। रास्ते के लिए उन्हें सत्तू बाँध कर देना था। सुबह ये लोग चल दिये। दोपहर में भूख लगी। पूरे का पूरा सस्तू अँगोंछे में बाबा ने सान डाला। सानने के समय यह पता चला कि यह पिसान है—सत्तू नहीं। कहार ने अपने हिस्से का पिसान ले लिया। बाबा सारा वैसे ही खा गये। पच भी गया।''

''खुरमल्ली केवट के घर के पीछे ढूह था। उसी की मिट्टी काट-काटकर ताल का एक हिस्सा पाट दिया और बउलिया वाला खेत बनाया। वहीं से मिट्टी ला-लाकर भाई के साथ मिलकर घर भी बनाया। उस समय प्रायः ठाकुर लोग स्वयं काम नहीं करते। इसके विपरीत बाबा अपना काम स्वयं ही करते—छोटे बाबा के साथ। दिन भर का खेतीबारी का काम करने के बाद शाम से पौसरा चलाते बछैया में और दूलहपुर में।''

''दिन भर चरने के बाद चरवाहों के साथ शाम को घर लौटते पशुओं को पानी पिलाने के लिए स्वयं चरखी चला पौसरा भरते। जानवर पानी पीते जाते। सुबह फिर उनके पीने के लिए पूरा पानी भर कर घर आते। उनके जीवन के अन्तिम सात साल का यह दैनिक कार्यक्रम कुछ लोग अभी भी याद करते हैं। अन्तिम कुछ वर्षों में गर्मी के दिनों में बाबा कई गाँवों में पौसरा चलाते। उनके पौसरों में हाथी भी कभी कदा पानी पीते। अन्य पौसरों में हाथी को पानी नहीं पीने देते। बाबा पुण्य समझ कर ये पौसरे चलाते। इसके लिए वे कोई शुल्क न लेते।''

''जैसा उनका शरीर था, ताकत थी, वैसी ही बुलन्द उनकी आवाज भी थी। बछैयाँ पौसरा चलाने जाते तो रामायण गाते जाते। वापस लौटते तो गाते आते। उनका मानस का यह सस्वर पाठ रात की नीरवता में हमीदपुर तक सुनाई देता था।''

''बचपन में एक बार वासुदेव ''एक लड़के के साथ छिछले पानी में घर के पास ही कहीं खेल रहे थे। शायद बरसात के दिन थे। बाबा एकाएक वहाँ आ गये। दूसरे लड़के को डाँट कर उन्होंने भगा दिया। इनकी धुनाई करते हुए घर ले आये।''

''इसी तरह बाबा एक बार पिताजी को लेकर क़उहरिया बहर गये। उन्हें वहीं खेलते रहने को कह वे अपना धान का खेत काटने लगे। धान काटने के बाद उन्हें कन्धे पर बिठा वे घर चले। कुछ ही दूर आने पर उन्होंने अपना पीछा करते एक

साँप देखा। दूसरे कन्धे पर रखे कुर्ते को उन्होंने साँप पर डाल दिया। वह उसी में उलझ गया। बाद में जा कुर्त्ता लाये और इस्तेमाल करते रहे।''

''एक बार बाबा कहीं से आ रहे थे। इधर से कुछ लोग एक शव दाह संस्कार के लिए ले जा रहे थे। बगल से गुजरते बाबा ने शव पर नजर डाली। कहा, 'एकाँ घरे लइ जा/जीयत बा।' लोगों ने उसे उतार कर देखा। साँस चल रही थी। कुछ समय बाद उसे होश भी आ गया। कई साल जीवित भी रहा।''

''बाबा, बालक बासदेव को लेकर कहीं गये थे। लौटते समय कयथान टोले में लाठियाँ लिए दस-बारह लोगों ने उन्हें घेर लिया। बाबा ने आक्रामकों से कहा, 'बच्चे को घर जाने दो।' इस पर उनमें से एक ने कहा, 'दोनों को मार दो'। बाबा ने पिता को पैरों के बीच लिटाकर कहा, 'घबराना नहीं' लठैत लाठियाँ चलाने लगे। अपने ऊपर गिरती लाठियों को बाबा पकड़ लेते और फेंक देते। लाठियाँ छिन जाने पर उनमें से कुछ ने उन्हें पकड़ना चाहा। वे उन्हें झटक देते या मार देते। उनका झापड़ खा एक जना लेट गया। बाकी भाग खड़े हुए। कयथान टोले के पुरुष अपनी-अपनी दालान से तमाशा देखते रहे। बाहर नहीं आये।'' बाबा पिता को ले घर आये।

''बाबा एक बार आगरा के पास बटेश्वर के मेले से बैल खरीदने गये। उनके साथ गाँव के आस-पास के और कई लोग भी इसी उद्देश्य से गये थे। बाबा ने भी चार बैल लिए। वापसी में लुटेरों ने बैलों को लूट लेने का प्रयास किया। लड़ाई हुई। हार कर लुटेरे भाग खड़े हुए। सब लोग सही सलामत अपने-अपने बैलों को ले वापस आये।... किसी भी लड़ाई में उन्होंने लाठी का प्रयोग नहीं किया। मारने आने वालों से वे हाथ से ही निपटते (थे)। अपने शत्रुओं को जानते-पहचानते हुए और हर तरह सक्षम होते हुए भी उन्होंने उनके हमले का कभी जवाब नहीं दिया। थाने जा रिपोर्ट भी नहीं दर्ज कराई।''

''बाबा जगरदेव सिंह झगड़े झंझट में भरसक न पड़ते। पड़ते तो उसे सुलझाने के लिए। यथासम्भव हर किसी की सहायता करते। छल-कपट से दूर रहते। सबसे समान व्यवहार करते। बहुत पढ़े-लिखे तो नहीं थे, पर अपने गुरु की सहायता, अपने परिश्रम एवं अध्यवसाय से पढ़ने-लिखने में सामान्य गति उन्होंने प्राप्त की थी। मानस के साथ-साथ कुछ संस्कृत ग्रन्थ भी उन्हें कंठस्थ थे। धार्मिक ग्रन्थों में रुचि और उनके नियमित पाठ का उनपर असर होता रहा। उनमें वैराग्य बढ़ता गया। संसार में लिप्त रहते हुए भी वे उससे दूर रहे। सम्भवतः इसी कारण जगरदेव सिंह अपने गाँव और उसके आस-पास के क्षेत्र में अपने नाम के अतिरिक्त बैरागी नाम से भी जाने जाते थे। ...वे असाधारण व्यक्ति थे। गाँव के लोग...उनका स्मरण आदर-भाव से ही करते हैं। ...गाँव के जिन ठाकुर परिवारों से शत्रु-भाव रहा है, उनके सदस्य भी उनके विषय में उसी आदर-भाव से बात करते हैं जिससे अन्य।''

''जगरदेव सिंह राम भक्त थे। वैष्णव थे। शाकाहारी थे। दाढ़ी-मूँछ बनवाते

थे पर बाल उनके बढ़ते रहते। कटाये नहीं जाते। इसी से लोग उन्हें बैरागी कहने लगे। सामंती मानसिकता से वे सम्भवतः पूर्णतया मुक्त थे। केवटों और चमारों को भी वे उचित सम्मान देते (थे)। शायद उनके सद्व्यवहार के कारण ही केवटों और चमारों का सहयोग हमारे परिवार को उनकी अनुपस्थिति में स्वतः ही मिलने लगा।''

कटघरापट्टी में जो हम लोगों की जमीन थी वह उस गाँव के बाहरी सिरे पर उधर दोस्तपुर से आने पर पड़ती थी। वहाँ उन्होंने एक बड़ा बाग लगाया। ज्यादातर पेड़ आम और महुए के लगाए। नीबू वगैरह के भी। इसके सिरे पर एक कुटी बनवाई। इसके एक ओर, बायें एक छोटे कमरे (5 × 6 फीट) में मन्दिर था। राम, लक्ष्मण, सीता का। बगल का कमरा बड़ा था—लम्बा सा, 6 × 10 फीट या इसी के लगभग। इसमें साधु रहते थे और उनका सामान। इससे लगा बरामदा था। इसके बाहर फुलवारी थी। यह एक बाउण्ड्री के अन्दर थी। बाउण्ड्री कुटी के किनारों से लगी थी। इसी में दरवाजा था। इसकी अपनी लम्बाई-चौड़ाई बरामदे के बाद 15 × 15 फीट करीब थी। इसके दोनों बाहरी किनारों पर भी दो पेड़ थे। क्यारियों में गेंदे के फूल ही लगे मैंने बचपन में देखे थे। तुलसी के पौधे भी थे। बाद में काका ने इसमें रुचि लेनी शुरू की। संस्कृत पाठशाला इससे जुड़ी। बाद में मैंने इसे नहीं देखा।

'74 या '75 के मार्च अप्रैल में काका के साथ इसमें रहने वाले साधु मेरे हैदराबाद वाले घर आये थे। गंगा स्नान आदि के बाद स्टूडियो जाकर उन्होंने अपना फोटो भी खिंचवाया था।

''बाबा लम्बे-चौड़े, सुन्दर, प्रभावशाली व्यक्तित्व के धीर-गम्भीर व्यक्ति थे। किसी भी स्थिति में घबराते नहीं थे। हर स्थिति का सामना करते। इतने शक्तिशाली होने के बावजूद उन्हें रंच मात्र भी घमंड नहीं था। अपनी ताकत को वे राम की ताकत मानते। इसीलिए झगड़ों में कम शरीक होते। 'यदि राम कहेंगे तभी मैं झगड़े में भाग लूँगा,' वे कहते। एक बार (हमारे) गाँव के लोगों का दूसरे गाँव के लोगों से झगड़ा हुआ। लाठियाँ चलीं। दोनों पक्षों के कई लोग घायल हुए। बाबा बाद में वहाँ गये। दूसरे गाँव के घायलों को उनके घर पहले भिजवाया। फिर अपने गाँव वालों को ले आये। उन्हें लोग अपने झगड़े सुलझाने के लिए बुलाते। वे इनमें बिचवई करते। दूसरों का ख़याल हमेशा रखते। भिखारी को भी घर से खाली हाथ न जाने देते। उनका मानना था कि राम ने दिया है तो वह सबका है—केवल उनका या उनके परिवार का नहीं।''

जगरदेव सिंह की मृत्यु 1923-24 में किसी समय हैज़े से हुई। हैज़े का प्रकोप हमारे गाँव पर भी हुआ। लोग मरीज़ों को छोड़ भाग गये। ऐसे में वे घूम-घूम कर रोगियों की देखभाल करते। उन्हें भी हैज़ा हो गया पर वे ठीक हो गये। ठीक होते ही फिर सेवा कार्य में लग गये। उनकी माँ उन्हें मना करतीं, पर वे माने नहीं। उनसे यही कहते, 'जगदम्बा रखना चाहेगी तो मुझे कुछ न होगा'। उन्हें दोबारा हैज़ा हुआ।

"... जगरदेव बाबू एक दिन मुक्शी-भात खाने के बाद कुल्ला करने गये। लौटते समय रास्ते में उन्हें जगरूप (उदासी का ससुर) मिला। उसने बाबू का हाल पूछा। बाबू बोले, 'हमरे पेट से एक गगरी पानी निकरा।' जगरूप ने कहा, 'गुरा ढेर खाइ लिहे होब्या?' बाबू कहेन, 'नाहीं दुइयई भेली त खाए रहे हो।' जगरूप ने कहा, 'जा सोइ जा। ठीक होइ जाये।' बाबा की हालत बिगड़ती गयी। बुआ ने काका को उठा बाबा की खाट के नीचे डाल प्रार्थना की, 'हे भगौती माई। येंका लइ ल्य अउर ओनका छोड़ि द्य'। बाबा ने उनकी प्रार्थना सुनी और कहा, 'ओकाँ उठाइ ल्य नाहीं त उहउ न बचे'। बुआ ने इस पर उन्हें उठा लिया। इसी से बाद में उनका नाम भगवती सहाय रखा गया।"

"बाबा की हालत बिगड़ती ही रही। भगवती ने उन्हें उठा लिया। दाह-संस्कार के लिए उन्हें गोमती के किनारे ले जाना था। उनका शरीर इस बीमारी के बाबजूद बहुत भारी था। घर से उनका शव लेकर ठाकुर लोग चले। घर से करीब दो सौ मीटर दूर बाँध पर इमली के पेड़ के नीचे जा शव रख दिया। हिम्मत पस्त हो गयी। फिर बुलाए गये केवट। भूलन, जगरूप, बलि, रमेस्सर, नोखई और कई अन्य। ठाकुर तो थे ही। कुछ दूर कुछ ले जाते। कुछ दूर कुछ दूसरे। इसी तरह आदमी और कन्धे बदलते शव गोमती के किनारे सतई बाबा की मठिया के पास ले जाकर उनका दाह-संस्कार किया गया।" बाद में विचार कर पिता ने बचपन में देखे और सुने अपने पिता के जीवन और कार्य की अभिव्यक्ति एक सानेट में उनके प्रभावशाली व्यक्तित्व के अनुरूप ही की है। इस अध्याय का अंत इसके उद्धरण के बिना अनुचित होगा:

"हृष्ट पुष्ट उन्नत शरीर वह पितः तुम्हारा
एक चुनौती था मनुष्य की ऊँचाई के
लिए। ... ... तुम पौसाला
देते थे अपने बल पर, गर्मी के दिन में
अहरी नित्य चलाते थे। झेलकर कसाला
परहित करते थे। विचारता हूँ मैं किन में
गिनूँ तुम्हें—देवों में या ऋषियों में जो हो,
तुम महिमा-मंडित मनुष्य थे, पाट ताल को
खेत बनाया, मंडई से घर किया, दिया धो
कल्मष दरिद्रता का, बस में किया काल को।
ज्ञान-पिपासा और धर्म से हुए यशस्वी
धीर वीर गम्भीर तपोधन और मनस्वी।"

उस जनपद का कवि हूँ, पृ. 15

सन्दर्भ एवं टिप्पणियाँ

1. यह मेरा अनुमान है। पिता के मत में वे कम-से-कम 45-50 के मृत्यु के समय रहे होंगे। पुनर्विचार के बाद भी मैं उन्हें 40-45 की सीमा में ही रखूँगा।
2. गाँव में मैं ऐसा ही सुनता आ रहा था, पर पिता ने मुझे अपने एक पत्र में लिखा कि बाबा की मृत्यु के समय वे छः वर्ष के और काका (उनके छोटे भाई) छः महीने के थे। यदि उनके इस कथन को सही मानें तो पिता 6 वर्ष के 19 अगस्त 1923 को हुए और उनके छोटे भाई 1923 के फरवरी-मार्च-अप्रैल में कभी पैदा हुए।
3. पिता ने भी बाबा की लम्बाई का उल्लेख किया है। दे. *साक्षात् त्रिलोचन* (सं. कमलाकांत द्विवेदी एवं दिविक रमेश, नयी दिल्ली, 1990), पृ. 71।
4. यह अध्याय, मेरे 'देव पुरुष बाबा जगरदेव सिंह' शीर्षक लेख (*सर्वनाम*, अंक 47, सं. विष्णुचन्द्र शर्मा, दिल्ली, 1997, पृ. 11-18) पर आधारित है।

बुआ : राज्यश्री देवी

दुलहिन...इस बच्चे को/मैंने.../विद्या को दान कर दिया है
धरती, पृ. 81-82

राज्यश्री देवी (रजासी देवी)[1] का विवाह तत्कालीन प्रथानुरूप बचपन में ही हो गया था। कुछ वर्षों बाद वे अपने मायके कलान से विदा हो अपने ससुर गृह चिरानीपट्टी आयीं। कई वर्षों तक संयुक्त परिवार में रहने के बाद बलिराज सिंह ने जब पैतृक घर स्वेच्छया छोड़ दिया तब भी वे कई मास संयुक्त परिवार में ही रहीं। उनकी इच्छा के विरुद्ध ही उन्हें पति के साथ रहने के लिए भेजा जा सका। इनके बच्चे-जगरदेव, जगेस्सर, कौलेश्वर और बेटी पार्वती इसी संयुक्त बड़े घर में पैदा हुए थे।

"फूआ पार्वती देवी की शादी महुआपार नाम के गाँव में फैजाबाद में हुई थी और शादी के बाद ही फूफा दो ढाई महीने के अन्दर ही गिरमिटिया के चक्कर में ट्रिनिडाड चले गये और वहाँ से तब लौटे जब फूआ मर चुकी थीं। कहते हैं कि बचपन में उन्होंने मुझे अपने यहाँ बुलवाया था। माँ ने मुझे उनके यहाँ भेजने से मना कर दिया। ...अफवाह थी कि उन्हें कोढ़ हो गया है" (पिता का 11.10.1997 का पत्र)। "फूआ की खुराक अपने भाइयों की खुराक से कुछ ही कम थी और फूआ में ताकत भी थी। एक बार किसी बात पर वह अपने जेठ से (झगड़ कर?) अलग हो गयी थी, आँगन में बीच में दीवार उठ गयी थी। इनको अकेली जान कर रात में कोई चोर आया। फूआ ने उसे पकड़ा और उसकी पिटाई की और गाँव के लोगों को सौंप दिया।" (वही 11.10.1997 का पत्र)।

"रजासी देवी के जीवन काल में ही उनके मायके में बँटवारा हो गया। बुआ के बड़े भाई का नाम बच्चा सिंह था। उनको मैंने देखा था। लम्बे कद के थे, अपने पितामह को मैं नहीं देख पाया। मेरे जन्म के पहले ही उनका देहांत हो गया था, तो पितामह की लम्बाई भी काफी रही होगी। ठीक-ठीक तो नहीं जानता लेकिन यह भी सामान्य लम्बाई से कुछ अधिक थी। लोग कहते हैं कि उकरूँ (उकड़ूँ) बैठने पर भी वह सामान्य लोगों से लम्बे दिखाई देते थे, तो इनके दो और भाई थे [।] उनमें से सबसे बड़े [उनमें से बड़े] छोटे कद के थे यानी साढ़े पाँच फीट। उनका

नाम था गजराज सिंह। ये बूढ़े हो गये थे और गोरे रंग के थे। इनको मैंने देखा है... वृद्धावस्था में बैठे-बैठे चलते थे। हेमराज सिंह (हेमई) के भी दो बेटे थे। बड़े बेटे छोटे कद के थे। छोटा बेटा लम्बा और छः फीट ऊँचा। बुआ के भाई खासे लम्बे थे। ...ये पढ़े-लिखे नहीं थे, अँगूठा निशानी लगाते थे लेकिन टेक्निकल मामले में उनकी पहुँच थी। लोहे के बर्तन आदि वह घर पर बना सकते थे। ...स्वभाव के शान्त और कम बोलने वाले थे। इनका नाम जगमोहन सिंह था'' (पिता के 9.9. 1997 के पत्र से)। ''बच्चा सिंह के छोटे बेटे थे जगमोहन सिंह। ...बर्मा चले गये। वहाँ वे कोयले की खान में नियुक्त किये गये। ...अंग्रेज मालिक ने उन्हें मेट बना दिया। ...उन्होंने खान के इतर कामों और मशीन आदि...को ध्यान से देखा और मौका आ जाने पर इंजीनियर...का काम भी कर दिया करते...काफी दिनों बाद वे गाँव आ गये थे। उनकी...दूसरी पत्नी के दो बेटे थे। विमाता चाहती थीं कि बड़े बेटे को आधा न देकर के एक तिहाई दिया जाय और दूसरे बेटों को एक-एक तिहाई। इस पर जगमोहन सिंह सहमत हुए। बेटे ने आधा पाने के लिए मुकदमा कर दिया...उसे आधा हिस्सा अदालत ने मंजूर किया। जगमोहन सिंह जब अदालत में जाते थे तो हमारे गाँव होकर जाते थे। ...जगमोहन सिंह के बड़े भाई का नाम बृजमोहन सिंह था...सरल स्वभाव आदमी थे। वे हमारे यहाँ काफी दिनों तक आते रहे। बृजमोहन सिंह के [की] पहली पत्नी के दो बेटे थे। ...सुरेश सिंह और रामदौर सिंह। रामदौर से मेरी निकटता थी [।] इन्होंने छठे दर्जे तक पढ़ाई की। सुरेश सिंह भी मिडिल पास थे...रामदौर सिंह सुराजियों के सम्पर्क में आये और...कई बार जेल यात्राएँ भी कीं। बाद में वे गाँधी आश्रम में सर्विस करते रहे।...'' (पिता के 11.10.1997 के पत्र से)।

रजासी देवी के जीवन काल में ही उनके पति और तीनों पुत्र एक-एक कर गुजरते गये। बचीं वे, दो पुत्र-वधुएँ और दो पोते। दोनों ही फिलहाल किसी काम के नहीं। इनमें से छोटी पुत्र-वधू धर्मा देवी पति के गुजरने के कुछ समय बाद से ही अपने मायके रहने लगी थीं। जगरदेव सिंह के देहांत के बाद उस घर से (जिससे हम अलग हुए थे) अनेक लोग आये और उनको समझाते रहे कि [सब] मिल-जुलकर एक साथ रहें [।] अच्छा-खासा अरसा गुजर चुका था [।] बुआ स्वयं टालती रहीं [।] इस तरह हमारा घर अलग ही रहता आया है [ही रहा] ...(पिता के 18.9.1997 के पत्र से)।

रजासी देवी, शान्त स्वभाव और इकहरे बदन की लम्बी महिला थीं। कभी किसी पर क्रुद्ध नहीं होती थीं। हर किसी को क्षमा कर देती थीं। परिवार और गाँव के सभी लोग उनसे प्रसन्न रहते थे। वे हर किसी की मदद करती थीं। मदद करने के लिए हमेशा तैयार रहती थीं। इसी कारण उनका बड़ा सम्मान भी था। उनका कहा कोई टालता नहीं था। पिता ने भी मुझे लिखा था, ''मेरी बुआ का स्वभाव

मेलजोल वाला था। वे किसी से बहस आदि में नहीं उलझती थीं। पिता के गुज़र जाने पर...खेतीबारी का काम उन्होंने बड़ी चुस्ती से मजदूरों से कराया था। परिवार की सभी महिलाएँ बुआ का आदर करती थीं और उनसे बड़ी बूढ़ियाँ आ के बात भी करती थीं। अनबन आदि हो जाने पर दूसरे परिवार वाले पुरुष भी बुआ को लेकर उलझे हुए लोगों को समझाने के लिए अपने घर ले जाया करते थे'' (पिता के 11.10.1997 के पत्र से)।

जगरदेव सिंह के समय घर की हालत बहुत अच्छी रही। काफी धान बेचा जाता था प्रति वर्ष। इससे आने वाला पैसा मुख्य रूप से जरूरी कामों में ही खर्च होता था। हमारे गाँव में स्त्रियाँ (ठाकुरों की), केवटों और चमारों को पैसा उधार देती थीं—सूद पर।[2] यह काम वे अपने पतियों से छिपाकर करती थीं। तगादे के लिए मेरे जैसे लड़कों को भेज कर इन्हें घर बुलातीं और ब्याज या ब्याज और मूल दोनों माँगतीं। उनके पतियों की जानकारी में उनका यह व्यवहार तब आता जब इन्हें विश्वास हो जाता कि बिना जोर-जबरदस्ती के पैसा नहीं निकल पायेगा। यह काम मेरी माँ ने भी शुरू किया था। पर बनारस आते-जाते रहने के कारण उनसे यह चल नहीं पाया। मेरी काकी ने भी यह काम किया और शायद काफी बाद तक करती रहीं। यह कार्य राज्यश्री देवी भी कर रही थीं पर वे किसी से जबरदस्ती नहीं करती थीं। प्रायः वे लोगों का ब्याज छोड़ देती थीं। बुआ पार्वती देवी ने बड़ी बुआ के इस कार्य का दबी जबान से हमेशा विरोध किया। वे स्वयं इस कार्य से दूर रहीं। रजासी बुआ ने इसके विपरीत किसी गरीब को, विरोध के बावजूद अनाज या पैसे के लिए कभी मना नहीं किया। यही नहीं ''कभी-कभी ऋण के लेन-देन में लोग बुआ को जामिन बनाते थे। ऐसे दो मामले मुझे मालूम हैं ऋण देने वालों ने बुआ से पैसे वसूल किये और बुआ ने दिया। यह माँ को भी मालूम हुआ और माँ ने कहा आप जामिन क्यों बनती हैं'' (पिता के 11.10.1997 के पत्र से)।

रजासी देवी बहुत सरल थीं। उनसे कोई भी कुछ भी कहकर मनवा सकता था। बेटे जगरदेव सिंह की मौत के बाद अखईपुर से पार्वती देवी के भाई हनुमान सिंह प्रायः आते थे। आते थे खेती कराने के नाम पर, पर यह काम बड़ी बुआ घर बैठे आदमी बुलवा कर कराती थीं। ''बाबा, जगरदेव सिंह के गुजरने के बाद खेतीबारी बुआ ही सँभालती थीं, जोताई, बोवाई, कटाई, इन सबमें बुआ ने किसी पुरुष जैसे काम किया था।'' (पिता के 9.9.1997 के पत्र से)। ''बाजार से कुछ सामान लेना है तो वे दोस्तपुर मुझे साथ लेकर पैदल जाती थीं। मुझे पढ़ने का बढ़ावा वही देती थीं'' (पिता के 11.10.1997 के पत्र से)। हनुमान सिंह घूमते रहते और बुआ को डराते रहते। घर में चोरी हो जायगी। रुपया-पैसा, गहना-गुरिया सब मुझे दे दीजिए। मैं ले जाकर सब अखईपुर में रख दूँगा। सुरक्षित रहेगा। जब जरूरत होगी ला के दे दूँगा। पार्वती देवी इसका भी विरोध करती रहीं। हनुमान सिंह कई बार हजार-हजार

रुपये लेकर गये। एक बार गहने ले गये। पार्वती देवी ने अपनी सास को हमेशा उन्हें पैसे वगैरह देने से मना किया। यह भी कहा कि वे यह सब कभी वापस नहीं करेंगे। बड़ी बुआ उन्हें हमेशा चुप करा देतीं। 'नहीं देगा तो न दे। ले जाने दो, हमारा भाग्य तो नहीं ले जायेगा? ये सब उसी के भाग के हैं, जरूरत होगी उसे? वह सीधे माँगता तो भी मैं उसे दे देती। ले जाने दो।' बुआ पार्वती देवी, बाद में जब भी यह सब बतातीं, बड़े दुख से बतातीं। रजासी देवी के बाद हनुमान सिंह का हमारे यहाँ आना बन्द हो गया। बुआ कभी अखईपुर गयीं नहीं। उन्हें कुछ मिला नहीं, इस बात का दुःख उन्हें हमेशा रहा।

बड़ी बुआ और बुआ, पार्वती देवी का, बासदेव की पढ़ाई को लेकर हुआ विवाद उनके पिता की मृत्यु के बाद कभी हुआ होगा। मैं समझता हूँ यह वार्तालाप तब हुआ होगा जब बासदेव दोस्तपुर में पढ़ रहे थे। इस विवाद को पिता ने कविता में लगभग ज्यों का त्यों रखा लगता है। यह कविता उन्होंने कब लिखी कहना कठिन है पर मैं अनुमान तो करना ही चाहूँगा। इसे उन्होंने निश्चित रूप से बड़ी बुआ की मृत्यु के बाद ही कभी लिखा होगा। 'जीवन का एक लघु प्रसंग' कविता के दो भाग हैं। उन्हें शायद दोस्तपुर में पढ़ते कम से कम एक साल हो गया था। वे किताब के लिए बुआ से पैसे माँगते हैं। बुआ कहती हैं, किसी से किताबें माँग लो जो दर्जा पास कर गया हो। बासदेव के यह कहने पर कि वे किताबें बदल गयीं बुआ कहती हैं, 'चले जाओ...पैसे...कल तक मिल जायेंगे'। कविता का यह भाग वस्तुतः भूमिका है। मुख्य दूसरे भाग का इंट्रोडक्शन है।

"तब तक माँ आयी और उसने कहा : रोज-रोज कहती हूँ,
पढ़-लिखकर क्या होगा, पढ़ना अब बन्द करो इसका, घर काम करे,
पढ़ना हमारे नहीं सहता पर बात मेरी कौन यहाँ सुनता है।
रान-परोसी कहते हैं, लड़का इन्हें भारी है, इसी राह खो रहे हैं।
बुआ ने मुझसे कहा चिल्लाकर : जाओ तुम, नहीं तुम्हें देर होगी,
सब चले गये होंगे।
लेकिन मैं बुआ के पीछे जा खड़ा हुआ,
पूरी बात सुनना मैं चाहता था, गया नहीं।
बुआ ने कहा : धन्य बुद्धि, जो नहीं पढ़ते, वे सब क्या अमर हैं?
माँ ने कहा : देखते हुए मक्खी लीलते नहीं बनता,
पढ़-लिख कर ही आखिर फलाने विक्षिप्त हुए,
पढ़ते-लिखते ही तीन-चार जने मर गये,
तुमको तो जैसे कहीं पत्ता भी नहीं खड़का,
गिरते हुए थोड़ा भी।
बुआ ने कहा : दुलहिन (माँ को वे यही कहा करती थीं) इस बच्चे को

मैंने श्रद्धा से, प्रेम से, निष्ठा से,
विद्या को दान कर दिया है,
जान बूझकर दान कैसे फेर लूँ,
ऐसा कभी नहीं हुआ—
विद्या माता ही अब, इसको निरखें-परखें,
रक्षा और पालन-पोषण करें!'' (धरती, पृ. 81-82)

पढ़ाई न सहने वाली बात हमारे यहाँ की ही नहीं है। यह बंगाल से लेकर पूरे उत्तर भारत में विभिन्न समयों में प्रचलित रही है। खास कर ब्राह्मणेतर समुदायों में। बुआ इसी परम्परा का प्रतिनिधित्व करती हैं। इसके विपरीत बड़ी बुआ अधिक प्रोग्रेसिव और आधुनिक हैं। दिया हुआ दान वापस नहीं लिया जाता शास्त्रोक्त सत्य है। बड़ी बुआ की दृढ़ता का यह एक उदाहरण है। पहला उदाहरण उनका उस घर में वापस न जाना था जिसे उन्हें एक तरह से जबरन छोड़ना पड़ा था।

बड़ी बुआ की मुझे बहुत धुँधली याद है। वे दालान में लेटी रहती थीं। मेरी माँ कभी-कभी मुझे गोद में लिए दालान के आँगन वाले दरवाज़े के कोने से खड़े-खड़े उन्हें सोई या लेटे देखती रहतीं। बस यही दो स्मृतियाँ मुझे याद आती हैं। फिर वे कहीं चली गयीं। कहाँ, पता नहीं? इसके अलावा उनके बारे में मेरी जो भी जानकारी है वह माँ और बुआ आदि के मुँह से सुनी हुई है। अब लगता है शायद वे अपने अन्तिम समय में बीमार थीं। उनका देहान्त 1938-39 में कभी हुआ, सम्भवतः 1939 में।

बाद में माँ और बुआ से पता चला कि बड़ी बुआ के मरने के समय पिता घर पर नहीं थे। वे उनके जाने के महीनों बाद घर आये। एक पत्र में स्वयं उन्होंने मुझे लिखा, ''बुआ के गुजरने के समय मैं गाँव में नहीं था। कई महीने बाद गाँव आया था'' (पिता के 9.9.1997 के पत्र से)। आने पर समाचार सुन सीधे मंछातर[3] (जहाँ ठाकुर परिवार के लोगों का दाह-संस्कार होता था) गये। वहाँ बुआ की बची खुची राख में देर तक लोटते-पोटते रहे। राख उठा उठा कर अपने शरीर पर डालते और मलते रहे और देर तक रोते रहे। बैठे रहे।

बासदेव इस तरह शायद अपनी बुआ की गोद में आखिरी बार मंछातर जा खेले, या शायद ऐसा ही कुछ सोचते-सोचते रोते रहे। घर आये तो बुआ ने उन्हें बहुत डाँटा और सगरे में जा स्नान कर आने को कहा।

सन्दर्भ एवं टिप्पणियाँ

1. गाँव की इनसे पद में बड़ी महिलाएँ ही रजासी या राजसी देवी कहती थीं।
2. यह दो तरह का होता था। पहले प्रकार में लोग रुपया उधार लेते थे। दूसरे में अनाज। गाँव की स्त्रियाँ केवल अपना निजी रुपया ब्याज़ पर चलाती थीं। अनाज घर के मालिक या मालकिन के आदेश पर ही दिया जा सकता था। बीज के लिए दिये गये अनाज का चार, पाँच या छ गुना

अनाज जैसा दोनों पक्ष तय करते, फसल होने पर वसूला जाता था। दोनों प्रकार का यह लेन देन मौखिक होता था।

3. मंछातर, गाँव से थोड़ा बाहर एक बाग था। इसका एक सिरा ढकुलाई के साथ लगा और दूसरा कयथान के रास्ते के थोड़ा पहले समाप्त होता था। इसके ढकुलाही वाले सिरे की ओर एक विशाल वट वृक्ष था। इसी के किनारों के आस-पास ठाकुरों के परिवारों के दाह संस्कार होते थे। इसको डंड़ियवा का मसान भी कुछ लोग कहते थे।

माँ : पार्वती देवी

पार्वती देवी (परबत्ता[1]) बासदेव की माँ थीं। मुझे जबसे इनकी याद है तबसे मुझे ये वृद्ध ही लगीं। वस्तुतः ऐसा रहा नहीं होगा। सम्भवतः मैंने पहले इस ओर ध्यान नहीं दिया। कद में छोटी—लगभग पाँच फीट और बदन इकहरा था। रंग गेहुआँ था पर साफ दिखती थीं। अवस्था के साथ-साथ लम्बाई थोड़ी कम हुई होगी। शरीर सीधा रहा—अंत तक। उस समय की विधवा स्त्रियों की भाँति बाल छोटे और कपड़े सफेद पहनती थीं। घर में नंगे पैर रहती थीं। बाहर जाने पर चप्पल पहनती थीं, कभी-कभी नहीं भी पहनतीं। हाथों में एक-एक पतली सोने की चूड़ी भी।

दोनों बेटों को क्रमशः बासदेव और बुद्धू[2] (बुधवार को पैदा होने के कारण) और मुझे अंत तक रामपाल कहती रहीं। जब तक उनकी सास रजासी देवी चलती फिरती रहीं तब तक खेतीबारी का सारा काम वही करती रहीं। पार्वती बुआ घर से बाहर नहीं निकलीं, घर के ही काम में व्यस्त रहीं। बड़ी बुआ के गुजरते ही घर की स्थिति फिर बदल गयी। घर और गाँव के बासदेव बाहर त्रिलोचन हो गये थे। रहते भी प्रायः बाहर ही थे। कभी थोड़े दिन के लिए घर आते तो जो कहा जाता करते कराते। काका भी इसी समय कभी (1939 के मई-जून) नेवी में जा चुके थे। घर में रह गयीं बुआ, पार्वती देवी, जयमूर्ति और एक चौथाई मैं, रामपाल।

घर का सारा काम तो होना ही था। खेतीबारी भी होनी थी। कराना भी इन्हीं दो महिलाओं को था। ऐसी स्थिति में बुआ ने बड़ी बुआ का काम सँभाला और माँ ने बुआ का। कोई और था भी तो नहीं। माँ घर में रहतीं। खाना बनातीं और साफ-सफाई करती करातीं। उन्हें बाहर जाना नहीं था। घर आनेवाली औरतों और बच्चों से ही निपटना पड़ता उन्हें। कोई आदमी आता तो पहले खाँसता। इस तरह अपने आने की सूचना देने के बाद जो कहना होता कह कर जाता। यदि उसे कुछ जवाब देना होता तो माँ अन्दर से ही जवाब देतीं, अन्यथा चुप रहतीं। यह व्यवस्था गाँव के ठाकुर वर्ग के लिए थी—विशेषकर पुरुषों के लिए। लड़के, लड़कियों, स्त्रियों के आने पर दरवाजा खुलता। केवट-चमार पुरुषों के आने पर भी दरवाजा खोल कर उनसे बात करती थीं। उनसे पर्दा नहीं होता था।

बुआ, पार्वती देवी को अब काम के लिए बाहर निकलना पड़ रहा था। पहले

वे बाहर निकली नहीं थीं। इसलिए वे मुझे लेकर बाहर जाने लगीं। पहले गोद में ले के चलतीं और थकने पर मुझे उतार पैदल चलातीं। मेरे थकने पर फिर गोद में लेतीं। बाद में मैं उनके साथ पैदल चलने लगा—कभी उनके आगे और कभी पीछे। वे हमेशा एक पतला, अरहर के पौधे का सूखा तना, डंडे के बतौर लिए चलती थीं। शायद उनकी देखा-देखी मैं भी कुछ-कुछ उन दिनों हाथ में लिए रहता था। पूछने पर बुआ कहतीं कि वे डंडा कुत्ता मारने के लिए रखती हैं। गाँव के कुत्ते तो हमें पहचानते थे—भौंकते तक नहीं थे। गाँव से दूर के खेतों पर जहाँ हम कभी-कभी जाते थे वहाँ हमें कभी कोई कुत्ता मिला नहीं।

दूर के खेतों में किररवा के खेत पर कभी-कभी बुआ के साथ गया था। चारों तरफ धान के खेत और ताल के किनारों पर नरई दिखती थी दूर तक। कपरिया ताल का सफेद चादर सा विस्तृत पानी जिसमें तरह-तरह की बत्तखों के झुंड तैरते दिखते। बाद में यह खेत हमारे पट्टीदारों ने जबरन जोत लिया।

ढूहा पर कई खेत थे। कुछ बड़े और छोटे और एक बहुत बड़ा खेत था। खुरमल्ली[3] के घर के पीछे दो खेत थे। आगे पीछे। इनमें से पीछे वाले खेत का पिछला भाग बाँध के पानी से सटा हुआ था। इस खेत से लगी एक चौड़ी (नहर सी) नाली, इसके बायें से थोड़ा आगे तक थी। जरूरत पड़ने पर लोग दोगले से पानी खींच कर सिंचाई के लिए इसका इस्तेमाल करते थे। बुधना, खुरमल्ली की पड़ोसिन, के घर के सामने तीन खेत थे। एक बड़ा थोड़ी ऊँचाई पर था। इसके बगल से भी एक नहर सी चौड़ी नाली थोड़ा और आगे जाती थी। इसका उपयोग भी दोगले से पानी ऊपर खींच सिंचाई के लिए होता था। यह हमारी बावली से लगी थी और बावली सीधे कपरिया की एक बड़ी शाखा से। इस बावली से सटा हमारा बड़ा धान का खेत भी था। इसके दूसरी ओर भी इससे सटी एक नहरनुमा नाली आगे तक जाती थी। वहाँ भी एक अपना खेत था। औरों के तो थे ही। हमारे इस धान के खेत से थोड़ा ऊपर और दूसरे ऊपर वाले खेत से थोड़ा नीचे एक छोटा खेत था। इसमें प्रायः जरई डाली जाती थी और बाद में उखाड़ कर नीचे के खेतों में जड़हन लगाया जाता।

हमारी यह बावली गहरी थी। इसमें पानी भी अप्रैल तक तो रहता ही था। पानी कम होने पर इसकी मछली मरवा ली जाती। कुछ घर आती कुछ मारने वाले ले जाते। घर पर खाने वाला भी प्रायः मैं अकेला ही होता। कभी-कभी मैं और पिता या काका होते।

कटघरा और डिहवा के खेत भी ऊँचाई पर थे। इनमें गेहूँ वगैरह बोया जाता। कभी-कभी मटर या अरहर, खास कर डिहवा पर। ये घर से अपेक्षाकृत ज्यादा दूर थे। इनमें मैं बुआ के साथ कई बार बचपन में गया था। यहाँ जाने पर मुझे बुआ के आस-पास ही खेलना पड़ता। उनसे दूर जाने की मुझे मनाही पहले ही कर दी

जाती थी। मजदूरों के बच्चों के साथ दूर-दूर से खेलने की अनुमति थी। पास जाने पर ही डाँट पड़ने लगती। बहुत से खेत अधिया पर भी दिये गये थे।

बड़ी बुआ और बुआ के काम करने के ढंग अलग-अलग थे। बड़ी बुआ मजदूरों को घर बुलवा उन्हें काम बता भेज देतीं और फिर किसी समय जाकर देख आती थीं। उनका सन्देश मिलते ही लोग आ जाते थे। बुआ ने लोगों को थोड़ा भैया, बाबू कहना भी शुरू कर दिया। खाने के लिए अनाज और बीज गरीबों को ये भी पहले की ही भाँति देती रहीं। बड़ी बुआ और बाबा के प्रति लोगों का आदर भाव केवटों-चमारों की अगली पीढ़ियों तक कुछ बूढ़ों के चलते और कुछ देखा-देखी बना रहा। हमारे घर के लोगों का उदारवादी दृष्टिकोण जिस भी कारण से विकसित हुआ एक परम्परा का रूप ले चुका था। कभी किसी को गाली नहीं दी गयी, न डाँटा-डपटा गया। मारने की भी केवल एक घटना की ही जानकारी मुझे है। पिता और काका निम्न जाति के लोगों से भी बराबरी के स्तर पर ही बात करते थे।

हमारे गाँव के समीप, हमारे घर के पीछे के बाँध से थोड़ा आगे, केवटों का एक गाँव हियाई है। ढूहा और हियाई की बस्तियाँ लम्बाई में कुछ दूर तक समानांतर हैं। इनके बीच कपरिया ताल की एक लम्बी और थोड़ी चौड़ी शाखा आयी है यही इन दोनों केवट बस्तियों को अलग करती है। इस गाँव के सरैया वाले सिरे पर दो-तीन घर बैस ठाकुर भी थे।

हियाई को चोरों का गाँव माना जाता था। इस गाँव के कई केवट उस क्षेत्र के सरनाम चोर माने जाते थे। इनमें से कई बार-बार जेल जाते रहते थे। कभी-कभी लम्बी अवधि के लिए। जो लोग इस कार्य में थे उन्हें सहायता की जरूरत भी पड़ा करती थी—समय-समय पर। कोर्ट-कचहरी, थाने में। इस सहायता के लिए ये लोग चिरानीपट्टी के ठाकुरों की मदद लेते थे। इनमें एक थे रघुवीर। ये बाबा जगरदेव सिंह से छोटे थे। लम्बे थे। दुबले-पतले, रंग काला था। बाबा के बड़े प्रशंसक थे। उन्होंने इन्हें कभी बचाया और समझाया था। रघुवीर यह भूल नहीं पाये। बाबा के देहांत के बाद इन्होंने स्वयमेव हमारे घर-परिवार की रक्षा का भार अपने ऊपर ले लिया था। बार-बार जेल जाने के कारण इन्हें हिन्दी बोलने का अच्छा अभ्यास हो गया था। मैंने इन्हें अवधी बोलते कम ही सुना। सबसे हिन्दी बोलते थे। मेरे पिता और काका दोनों को बच्चा कहकर ही सम्बोधित करते थे। हमलोग घर हों या न हों रघुवीर केवट या उनका कोई न कोई बेटा हमारे घर हर दूसरे-तीसरे दिन आकर हालचाल पूछ जाता था। ये लोग मछली मारने में भी बड़े माहिर थे। हम लोगों के गाँव रहने पर इनके यहाँ से हमारे घर मछली प्रायः ही आया करती थी। रात में हमारे खेत-खलिहान और बावली वगैरह की चोरों से रक्षा भी यही लोग करते थे। बाद में काका ने रघुवीर को प्रयास कर स्वतंत्रता सेनानी बनवा दिया। उन्हें ताम्र पत्र तो मिला ही पेंशन भी मिलने लगी।

एक वाकया याद है। 1942-43 का साल था। काका नेवी से छुट्टी पर घर आये थे। उन्हें आये कुछ ही दिन हुए थे। एक दिन सबेरे रघुवीर आये। बोले, 'बच्चा कल रात तुम्हारे ईख के खेत से कोई साला एक बोझ ईख काट ले गया। मैं पहुँच नहीं पाया।' इसके बाद वे काका को ले सगरे पर गये। बातचीत की और चले गये। उसी दिन शाम को जेल से छूटे पिता भी घर आ गये। सब लोग कह रहे थे, बहुत तंदुरुस्त हो गये हैं। सब लोग खा-पीकर सो गये।

अगली सुबह मेरी नींद खुली तो मुझे लगा बड़ी आवाजाही है। लोग अन्दर बाहर कर रहे हैं। मैं जग तो गया था पर लेटा था। अभी खासा अँधेरा था। तभी बुआ अन्दर आयीं और बोलीं, 'बासदेव उठा। देखा बुद्धू पहलदिया कँ पकरि के लइ आइ हयेन'। मैं उठ के बाहर आ गया। देखा एक बोझ ईख पड़ी है। काका, पहलदिया का हाथ पकड़े खड़े हैं। बासदेव उठ के बाहर आये। पहलदिया की पीठ पर एक घूँसा मारा और जैसे चुपचाप आये थे वैसे ही अन्दर जा लेट गये। पहलदिया गिर पड़ा। शायद बेहोश हो गया था। काका को लगा मर गया। वे अन्दर गये और भाई से बोले, 'लगता है मर गया क्या?' भाई ने कहा, 'नहीं। मरा नहीं है। इतना हट्टा-कट्टा है मरेगा? बेहोश हो गया होगा।' वे बाहर नहीं आये। काका बाहर गये। तभी माँ ने कहा, 'काउ गन्हात बा हो? हगि दिहेसि का दहिजरा?' बुआ बोलीं, 'हे बुद्धू। जा भइया बुधनी के बोलाइ लियावा। साफ-वोफ करई।' काका आगे बढ़े। उनके पीछे मैं। उन्होंने मुझसे कहा, 'तू इहीं रहा।' मैं रुक गया। बुधनी आयी। हम सब हट गये। उसने सब साफ-सूफ किया। गोबर से लीपा और पहलदिया को सहारा दे ले गयी।

घर जा बुधनी पहलदिया की पीठ की मालिश करती और सेंकती रही। तीसरे दिन पहलदिया उठा और बुधनी से अपने गाँव चलने को बोला।[4] बुधनी को अपना घर-द्वार छोड़ना उचित नहीं लगा। उसने उसके साथ जाने से मना कर दिया। पहलदिया ढूहा छोड़ गया और फिर नहीं लौटा। इसके बाद से हमारे किसी खेत से न कोई फसल कटी और न ही ऐसा कोई और नुकसान हुआ। हाँ औरों की फसलें और ईख भी यदा-कदा कटती रही।

बुआ की एक ही देवरानी थीं—धर्मा देवी, डोभी वाली बुआ। इनका ब्याह जगेस्सर सिंह से हुआ था। दुबली-पतली थीं। बुआ से ऊँचाई में थोड़ी बड़ी थीं। अपने भाई-बहनों में सबसे बड़ी थीं। शायद इसी कारण इन्हें उनसे अन्तिम समय तक बहुत अधिक अटैचमेंट रहा। ये विवाह के बाद से ही अलग होने की बात अपने पति से करती थीं। इसके कारण उन्होंने एक बार इन्हें बहुत पीटा था। पति की मृत्यु के बाद ये अपने मायके में ही रहने लगीं। इनके भाई के भी कोई बच्चा नहीं था। इनकी दो और बहनें भी अपने परिवार के साथ डोभी आ के रहने लगीं। धर्मा बुआ शादी ब्याह आदि अवसरों पर हमेशा बुलाई जाती रहीं और आती रहीं।

रामपाल के विवाह में बनारस आयी थीं। बचपन में मैं भी उनके घर कई बार गया था। डोभी रेलवे स्टेशन भी है। उनकी मृत्यु नवंबर 1, 1990 को डोभी में हुई। उनका श्राद्ध डोभी में तो हुआ ही हमारे गाँव में भी हुआ।

बुआ किसी से झगड़ा नहीं करती थीं। बात बढ़ते देखतीं तो हट जाती थीं। कभी-कभी हमारे पट्टीदार के घर की औरतें किसी-किसी बात पर झगड़ने निकलकर हमारे दरवाजे पर आ जाती थीं। ऐसे समय बुआ या तो घर के अन्दर आ जातीं या ढूहा जा किसी से बात करने लगतीं। पर ये औरतें जोर-जोर से अपनी बातें बोल-बोल हमें सुना जातीं। मैं, माँ और बाद में काकी, इसके श्रोता-दर्शक होते थे। हमारे पट्टीदार के घर में मेरे बचपन में आदमी, औरतें और बच्चे मिलाकर कुल चालीस-बयालीस लोग हमेशा रहते थे। तीन पुरुष बम्बई और अहमदाबाद में रहते थे। इसके चलते हमारी संख्या नगण्य थी। हम वाक्युद्ध के लायक भी नहीं थे। बुआ शायद इसीलिए झगड़े बचाती थीं। जिस दिन इन लोगों ने हमारा किरार वाला खेत जोता उस दिन मैं घर पर था। किसी ने घर पर आकर बता दिया कि ये लोग आपका खेत जोत रहे हैं। बुआ बिना किसी को बताये किरार पर गयीं। वहाँ जाकर उन्होंने रामकरन सिंह (ताली) को डाँटा और वापस आ गयीं। उनके आते ही उनके घर की औरतें निकल आयीं और देर तक जोर-जोर से चिल्लाकर अनाप-शनाप बक के गयीं। मैं दरवाजे के बाहर खड़ा सारा तमाशा देखता रहा। माँ दरवाजे में अन्दर खड़ी थीं। बुआ अन्दर बैठी कुढ़ रही थीं।

इसके कुछ समय बाद ही उन लोगों ने कटघरा का भी एक खेत जोत लिया। पिता प्रायः बाहर रहते, काका भी बाहर ही होते। मैं इस समय भी गाँव पर था। दरअसल अभी मेरा गाँव के स्कूल का समय चल रहा था। बुआ की परेशानी और कुढ़न, बेबसी मैं देखता। अपनी परेशानी में वे काका को चिट्ठी लिखवातीं। पिता को वे चिट्ठी कम ही लिखवाती थीं। यह मामला बिना किसी के घर रहे सुलझने वाला नहीं था। पट्टीदारों का परिवार (जगमोहन सिंह, शिवपति सिंह वगैरह) बड़ा था। उनका तर्क यही होता था कि 'तोहरे घरे कइ जने हयेन? काउ करब्यू कुलि लई के?' बुआ कहती थीं, 'अबहीं हमार बँटवारा तोहरे सब नांइ किहे हया हमरे ससुर जवन जवन खेत जोते रहेन हम सब अबहिंयु उहई जोतत हई। अबहीं हमार हींसा अउर बा। अउर खेत हमरे सबकां मिलइ क चाहे'। इस पर उनका कहना होता कि 'जितना तुम लोगों के पास है उतना ही बहुत है। खाने वाले ही कितने हैं? हिस्सा-विस्सा अब नहीं मिलेगा? कुछ नहीं देंगे। जो करना है कर लो?'

कटघरा में साधु की कुटी थी। अब भी है। इसे बाबा ने अपनी जमीन में बनवाया था। बाकी जमीन में बाग लगवा दिया था। इसके फल वगैरह भी ये लोग तुड़वाने लगे। साधु किसी को भेज बुआ से शिकायत करते या स्वयं आते। बुआ उनकी सुनतीं। उन्हें आश्वासन देतीं। सीधा (खाने का सामान—आटा, चावल, दाल,

नमक, वगैरह सभी कुछ) देकर उन्हें विदा करतीं। कभी-कभी ताली से शिकायत करतीं। उन्हें यह सब करने को मना करतीं। काका को चिट्ठी लिखवातीं। सगरे का ज्यादातर हिस्सा वे लोग पहले ही कब्जा किये हुए थे। ऐसी स्थिति में बुआ काम चला रही थीं। अच्छा चल रहा था। पट्टीदारों को इसका भी शायद एक दुख था।

बुआ को मैंने बाबा को याद करते कभी नहीं देखा। वे शायद उन्हें हमेशा याद रहे। स्मृति में रहे। बासदेव से उन्हें कभी-कभी नाराजगी होती। कहतीं, 'यह कैसी पढ़ाई है? खत्म ही नहीं होती? आज ओ (पति) होतेन त ए सब (लड़के—बासदेव और भगवती) एतना बहेंतू (घुमंतू) न होतेन' और उनकी आँख में पानी आ जाता। वे घूम जातीं। टहल जातीं। इससे अधिक न मैंने कभी कुछ देखा न सुना। पिता के घर आने पर बुआ उनसे कभी-कभी कहतीं, 'बासदेव अब घरे रहा। आपन घर दुआर देखा। ढेर पढ़ि लिहृय। अब हमसे इ कुलि न होए'। बासदेव हाँ हूँ करते रहते और लेटे-लेटे चुपचाप पढ़ते रहते।

लड़ाई के दौरान 1943 में काका जब छुट्टी से वापस गये तो उनका कोई समाचार नहीं आया। न कोई चिट्ठी न और कुछ। न ही कोई समाचार (कभी-कभी नेवी के आस-पास के सैनिक और अफसर छुट्टी आते तो दूसरों के समाचार भी लाते और सबके घर भिजवा देते थे या स्वयं ही पहुँचा जाते कभी-कभी)। सबको चिन्ता होने लगी। घर पर केवल बुआ और माँ और कभी-कभी मैं होता। धीरे-धीरे दोनों की चिन्ता बढ़ने लगी। मुझसे कई चिट्ठियाँ लिखवाईं, शायद दो-तीन, जवाब का इंतजार करते समय बीतता रहा। इसी स्थिति में हमारे पट्टीदारों ने प्रचार कर दिया—'बुद्धू सिंह लड़ाई में कत्तहुँ खतम होइ गएन'। यह प्रचार दूर तक जा पहुँचा।

इस प्रचार का असर बुआ और माँ दोनों पर हो रहा था। दोनों के मन में जो भी संशय था वह कभी सामने नहीं आया। मुझे उनका दुख और उनकी चिन्ता दिख रही थी। कभी-कभी इनमें से कोई न कोई 'फ्रस्ट्रेशन में कह बैठता, 'दुइजने हएन घरे में कहई भरे क, वइसे देखा तो एक्कउ जने नाइ हएन'। जैसे-जैसे यह अफवाह फैलने लगी वैसे-वैसे गाँव के ठाकुरों की स्त्रियों का मिलने आना बढ़ने लगा। आतीं और सहानुभूति जता चली जातीं। इसका और डिमोरैलाइजिंग असर होता था। पर इस स्थिति में भी माँ और बुआ ने अपने को कभी कमजोर नहीं होने दिया। कम से कम औरों के सामने। जो मैं देख रहा था वह कोई नहीं देख रहा था।

शायद 1945 का अंत या शायद 1946 का आरम्भ था। एक दिन शाम तीन बजे के लगभग एकाएक एक लड़का 'बुद्धू बाबू आइ गएन, बुद्धू बाबू आइ गएन', चिल्लाता और दौड़ता हुआ आया। हम सब घर से एकबारगी ही निकल आये। लड़का चिल्लाता और हँसता ही जा रहा था। मैं निकला घर से, फिर बुआ और माँ। पर वहाँ कोई नहीं था। मैं आगे बढ़ा देखा बद्री कहार के घर के आगे से काका पैदल चले आ रहे हैं। उनके पीछे इक्केवान घोड़े को पकड़े लिए आ रहा है और अगल-बगल

दस-बारह लड़के भी हल्ला करते चले आ रहे हैं। मैंने माँ और बुआ की ओर देख सिर हिलाया। उन दोनों ने जो बाँध इतने दिनों से रोक रखा था वह एकाएक ही टूट गया था। दोनों रो रही थीं। इस सारे हल्ले गुल्ले से हमारे दरवाजे पर बच्चों की, पड़ोसियों की—खासकर महिलाओं की भीड़ सी दिखने लगी। पट्टीदार के घर की स्त्रियाँ और बच्चे तो थे ही। कुछ पुरुष भी आकर देखते और जाते। सारे के सारे लोग हतप्रभ थे। लगा जैसे सबके सब अफवाह फैला उसे सच माने बैठे थे।

काका, बुआ और माँ के अन्दर जाने के बाद धीरे-धीरे भीड़ भी गयी। कुछ आश्चर्य व्यक्त करते कुछ ईश्वर की मर्जी का उल्लेख करते। धीरे-धीरे सब सामान्य हुआ। काका से पता चला लड़ाई खत्म हो गयी—कबकी। उनके आने से हमारी अपनी लड़ाई भी खत्म हुई।

बुआ की ऐसी कोई खास रुचि धर्म कर्म में मैंने नहीं देखी। रात में मैं प्रायः उन्हीं के साथ सोता था। उसी समय उनकी प्रार्थना सुनने में आती थी, 'हे भगवान् भगौती माई सबकाँ भले राखा'। इससे अधिक कुछ नहीं। इस बार उन्होंने काका के आते ही सबको बिजेथुआ चलने को कहा[5]। बुआ, माँ और मैं तीनों वहाँ गये। हनुमान जी को कड़ाही चढ़ाई गयी। सबने दर्शन किया और शाम तक घर वापस आ गये। बुआ की मानता पूरी हुई।

काका का विवाह जून 1946 में हुआ। छुट्टी समाप्त होने के बाद वे वापस बम्बई गये। वहाँ उन्होंने अपनी ड्यूटी ज्वाइन की। इसके बाद काम करते-करते उन्हें साल भर होने को आया। उन्होंने छुट्टी के लिए एप्लाई किया। छुट्टी मंजूर हो गयी। सामान खरीदने बाजार गये थे। यूनीफार्म में थे। सड़क पार करने लगे, सड़क के दूसरी ओर से पुलिस ने दंगाइयों पर गोली चला दी। वे गिर पड़े। पुलिस ने उन्हें उठा तुरन्त अस्पताल पहुँचा दिया। जहाँ गोली ऊपर 'बटक' में लगी थी वहाँ से निकाल ली गयी। पर सूराख बना रहा। मरहमपट्टी होती रही। इसे ठीक करने के लिए काटकर दोनों हिस्सों को मिलाना था। डर था कि इससे खून बन्द नहीं होगा। डॉक्टर काटना नहीं चाहते थे। ऐसे ही चल रहा था।

काका चिट्ठी नियमित लिखते रहे, अस्पताल से। पर गोली लगने की बात छिपाते रहे। धीरे-धीरे सब लोग फिर परेशान होने लगे, आखिर क्या हो गया है जो ठीक नहीं हो रहे हैं? माँ और बुआ के दबाव से पिता ने उन्हें लिखा कि आखिर उन्हें हुआ क्या है जो ठीक होने में इतना समय लग रहा है? अब उन्होंने पूरी बात लिखी। डॉक्टर से कहा कि उनका घाव काट कर मिला दें। डॉक्टरों ने वही किया। खून बन्द होने में परेशानी तो हुई पर चढ़ता भी रहा और फिर बन्द हो गया। इसके बाद कुछ ही महीने में ठीक हो गये। पर अस्पताल में सवा साल से ऊपर रहने के कारण छुट्टी भी अधिक समय की मिली। काका घर आये। बुआ अब तक पूरी बात जान चुकी थीं—कुछ पिता से कुछ मुझसे। उन्होंने काका से एक दिन मेरे सामने ही

कहा, 'बुद्धू! अब तूँ ई नौकरी छोड़ि द्य। एसे सेवाय नकसान के कउनउ फायदा नाईं न। एक दायीं ओहर दुइ-तीन साल गायब रहय अउर एक डेढ़ ले एहर। अब बियाह होइ ग बा तोहार। मेहरारू घरे आइ के बइठी बा। आपन घर गृहस्थी बसावा। ई लड़ाई-भिड़ाई ओन्हन कइ छोड़ा अब। आपन काम धाम करा।

काका का विवाह हो गया। काकी घर आ गयीं। दो-तीन वर्ष बाद माँ बनारस गयीं। वहाँ अब उनका रहना लगभग नियमित होने जा रहा था- 1951 से। बुआ खुश थीं और नहीं भी। शायद सभी सासों का बहुओं से लव-हेट का रिश्ता रहता है। बुआ का भी कभी-कभी ऐसा हो जाता था। इसका कारण मेरी समझ में कभी पूरी तरह नहीं आया। यों भी मैं अब नियमित रूप से बनारस रहने लगा था। छुट्टियों में ही घर आ पाता था। जहाँ तक मुझे लगता है काकी जब मायके जाने की बात करतीं तो प्रायः बुआ कहतीं, 'रामपाल क माई जब अइहैं तब जाइयु'। इस तरह उनका मायके जाना टलता जाता। माँ कभी-कभी गाँव आती रहीं पर बाद में उनका आना कम होने लगा। काका छुट्टी आते तो उन्हें कुछ दिनों के लिए मायके भेज देते। उनके वापस जाने से पहले वे आ जाती थीं।

डोभी क्षेत्र की महिलाएँ हमारे गाँव में प्रायः हर घर में थीं। आस-पास के गावों में भी थीं। किसी-किसी घर में कई-कई। अखईपुर की भी आस-पास के गाँवों में कई एक थीं। लोग रिश्तेदारी में आते तो हालचाल लेने-देने हर घर में चले जाते। इन्हीं आगंतुकों में से किसी एक से 1950-51 में बुआ के भाई हनुमान सिंह की हत्या का पता चला। अपने पट्टीदारों से इनका झगड़ा जमीन को लेकर एक अरसे से चल रहा था। उसी समय कभी हनुमान सिंह खेत जुतवा रहे थे। तभी पट्टीदार के घर के एक लड़के राम सकल (?) ने उन्हें गोली मार दी। हनुमान सिंह वहीं गिरे और खेत रहे। उनके हल का एक बैल भी उनके साथ ही गोली लगने से गिरा और मरा। उनके दूसरे भाई अछैबर सिंह घायल हो बैल के पीछे छिपे रहे। वे बच गये इस प्रकार। यह समाचार सुनकर बुआ ने कोई खास प्रतिक्रिया व्यक्त की या नहीं मुझे पता नहीं। दुख तो हुआ ही होगा। बाद में इस केस के चलते उनके पट्टीदारों ने अपने घर परिवार के लोगों की जान का खतरा जिन लोगों से होने की सम्भावना व्यक्त की थी, थाने में लिखाई रिपोर्ट में, उसमें भगवती सहाय और बासदेव का नाम भी था। हमारे थाने से पुलिस गाँव इन दोनों की जाँच में आयी थी। इनमें से कोई भी गाँव पर नहीं था। मैं भी नहीं था। पुलिस वाले गाँव के लोगों से जानकारी लेकर गये। उन्होंने क्या लिखा क्या नहीं किसी को पता नहीं। हाँ बुआ को जब अपने बेटों की तफतीश में गाँव में पुलिस के आने की बात पता चली तो वे बहुत क्रुद्ध हुईं और बहुत समय तक रहीं।

बाद में, कुछ वर्षों बाद, यह झगड़ा फिर बढ़ा। इसके चलते पट्टीदार के घर के एक पहलवान, अपने एक रिश्तेदार और उस क्षेत्र के नामी पहलवान को लेकर

हनुमान सिंह के घर में घुसे। घर के बाहर अपने हाते में उनकी पत्नी उस समय कुछ काम कर रही थीं। उनका एक भतीजा—चौदह-पन्द्रह साल का वहीं पास ही हँसिए से डंडा बना रहा था। दोनों पहलवानों ने उनकी पत्नी के बाल और हाथ पकड़ खींचना और पीटना शुरू किया। हनुमान सिंह की पत्नी ने कहा, 'का बच्ची इहई दिन देखइ के तोहै पलले पोसले रहली।' उस लड़के को जाने क्या हुआ उसने फुर्ती से पहले एक पहलवान की तोंद हँसिए से फाड़ दी और फिर दूसरे की। दोनों के पेट की आँतें सारी बाहर आ गयीं और वे वहीं मर गये। अभी एक केस हाईकोर्ट में चल ही रहा था, तब तक यह दूसरा भी सेशन जा पहुँचा। इस समाचार पर बुआ ने केवल इतना ही कहा था कि 'दुनउ घरा वाले एकदम पगलाई ग हएन का?' और कुछ नहीं, न भला न बुरा।

काका 1954-55 में इंडियन नेवी से रिलीज लेकर आ गये। अपना सारा समय अब वे जगह जमीन का हिसाब-किताब समझने में लगाने लगे। सबका पता लगाया कहाँ क्या है कितना है? बँटवारे के मुकदमे के साथ-साथ एकांसी-डेढ़ांसी का केस भी दायर किया। पट्टीदार परिवार के मुकदमेबाज राम करन सिंह (ताली) थे। उन लोगों का परिवार भी बड़ा था। उनके परिवार से हम लोगों को खतरा पहले से था। अब यह खतरा लोगों को ज्यादा बढ़ता लगने लगा। गाँव के काका के मित्रों ने भी और और लोगों ने भी काका को समझाया और सावधान रहने की सलाह दी। काका भरी हुई बन्दूक साथ लेकर चलने लगे। मैं छुट्टियों में नियमित रूप से गाँव आता रहता था। उनके परिवार के लोगों से दूर रहने का मेरा स्टैंडिंग आदेश फिर से दुहराया गया।

बुआ काका को बन्दूक, वह भी भरी हुई, लेकर आते-जाते कुछ दिन देखती रहीं। आखिर उनसे नहीं रहा गया। एक दिन उन्होंने कहा, 'बुद्धू, बन्दुकिया भरि के जिनि लइके चला। कउनउ दिने दगि जाये त ढेरि मुसकिल में सब परि जाये। रघुवीरवा के बेटउआ क साथे लियाये जावा करा। केउ साथे रहे त कउनेउ क हिम्मतिउ न परे'। काका ने कहा, 'जिनि घबड़ा। ललुआ क हम कबहुँ कबहुँ लई जाई थै।' उन्होंने कहा, 'कबहुँ कबहुँ नाई, रोज लइ जावा करा। साथे रहे त ठीक रहे।'

कभी-कभी पट्टीदारों से झगड़े का अन्देशा काका को होता तो वे पिता को आने को लिखते। पिता प्रायः न आते। काका स्वयं ही इन झगड़ों से निपट लेते थे। मैंने ऐसे कई झगड़े देखे हैं। पट्टीदार के घर के लड़के लाठियाँ लेकर निकलते और खड़े हो जाते। औरतें निकलके आतीं और लड़कों के सामने खड़ी हो बकने लगतीं जाने क्या-क्या? जब ऐसे काफी देर हमारे दरवाजे पर यह जमावड़ा जमा रहता और इधर-उधर तमाशबीन तमाशा देखते रहते तब काका घर के अन्दर से बन्दूक लेकर निकलते। इसके बाद ही कोई न कोई बुजुर्ग उनके घर के जानवरों के बाड़े से बाहर आता और सबको डाँट कर अन्दर करता। उनके घर में एक महिला

थीं उनका नाम 'हिटलर' पड़ गया था। वे झगड़ा करने में बड़ी पटु थीं। स्त्रियों के दल का नेतृत्व वही करती थीं।

जब पिता घर पर होते तब ऐसे झगड़े नहीं होते थे। मैं सोचता शायद संयोग होगा। पर वस्तुतः ऐसा था नहीं। पिता से सब डरते थे। एक वाकया है। मैं घर आ गया था छुट्टी में। किसी एक खेत को लेकर कुछ विवाद चल रहा था। फिर एक दिन इस पर काफी विवाद हो गया। उसी शाम अँधेरा होने के बाद पिता घर आ गये। अगले दिन सुबह 9 साढ़े 9 बजे करीब उनके घर की स्त्रियाँ 'हिटलर' के नेतृत्व में निकलीं और हमारे दरवाजे आ गाली-गलौज से झगड़े की शुरुआत की। फिर एक-एक कर लाठियाँ लिए लड़के निकले चार-पाँच। मैं भी बाहर खड़ा था, अपने घर के दरवाजे पर। काका बाहर जाने वाले थे। पिता ने उन्हें मना किया और स्वयं बाहर निकले। दरवाजे से बाहर निकल कर खड़े हो गये। उनको देखते ही सब शान्त हो गये और एक-एक कर चुपचाप अन्दर चले गये। इसका कारण मेरी समझ में आज तक नहीं आया। शायद महिलाओं का काम काका को अकेला समझ अपने कार्य से उकसाना होता था, कि वे गुस्से में आकर कुछ करें तो लड़के ऐक्शन में आयें। गाँव में और आस-पास पिता के लाठी चलाने के कौशल की काफी प्रसिद्धि थी। पता नहीं यह उसका असर था या पहलदिया का एक घूँसे से धराशायी होने का? या कुछ और कारण था?

मैंने एम.ए. पास कर लिया। रिसर्च ज्वाइन की। स्कालरशिप के पैसे से मैंने याशिका-डी कैमरा खरीदा। छुट्टियों में गाँव गया तो कैमरा लेता गया था। बहुत सी तस्वीरें खींची थीं। बुआ से भी कह रहा था। पर वे किसी भी तरह तैयार नहीं हो रही थीं। उनको लग रहा था कि उनका जिउ उसमें बन्द हो जायेगा। अंततः मैंने कैमरा सेट कर उन्हें बिना बताये खींचने का इरादा किया। खींचा भी। उन्होंने देख लिया और हटने लगीं। उनकी आँखों में आये आँसू मैंने देख लिए। कहा, 'अच्छा अब नहीं खींचूँगा।' कैमरा बन्द कर रख दिया। बनारस आकर मैंने फिल्म प्रिंट कराई। यह 1959 की गर्मियों की घटना है। बुआ दो-तीन साल के लगभग और जिन्दा रहीं। जीवन के अन्तिम तीन-चार महीने बीमार रहीं। इस समय गाँव पर उनके साथ काका अकेले थे। काकी को उन्होंने मायके भेज दिया था। बुलाया नहीं। सूचित भी नहीं किया किसी को, न उन्हें, न हमें। बुआ को खिलाना, पिलाना, उठाना, बैठाना, साफ-सफाई सब कुछ वे स्वयं करते रहे।

काका एक दिन 1962 में दो-तीन बजे शाम नये सफेद कपड़े में बँधा एक पात्र लेकर आये। उस समय मैं वहीं था। समझ गया ये बुआ हैं। मैंने कहा, 'मैं पिता को बुला के आता हूँ।' रिक्शा ले ना.प्र. सभा गया। वहाँ से हम दोनों घर आये। तीनों चुपचाप दशाश्वमेध घाट गये। एक नाव ली। बीच धारा में गये। पिता ने कपड़ा खोल पात्र निकाल माथे से लगाया। हम दोनों ने भी हाथ जोड़े। पिता थोड़ी देर

पात्र हाथ में लिए रहे। देखते रहे चुपचाप, फिर पात्र पानी की सतह पर रखा और धीरे-धीरे उसे तिरछा करते रहे। गंगा पात्र में आती रहीं और बुआ को साथ ले जाती तैराती और अपने में विलीन करती रहीं। पात्र का श्वेत वस्त्र बहता जाता रहा और फिर दृष्टि से दूर हो गया। पात्र में पूरा जल भर जाने पर बासदेव ने उसे गंगा की गोद में जाने के लिए छोड़ दिया। हम तीनों, बासदेव, बुद्धू और रामपाल किनारे आये। स्नान किया और चुपचाप घर आये।

बुआ नहीं रहीं। रह गयी उनकी कैमरे के सामने से भागती तस्वीर और उनकी आँख में आये आँसू की एक झलक, हलकी सी। जैसी भी है, आज भी है। बस वही है एक स्मृति मेरे पास।

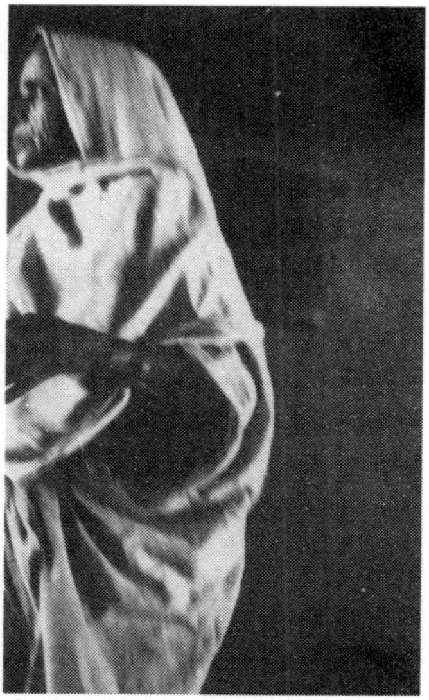

श्रीमती पार्वती देवी (त्रिलोचन की माँ, 1957)

सन्दर्भ एवं टिप्पणियाँ

1. गाँव की इनसे बड़ी ठकुराइनें इनका नाम अनेक प्रकार से लिया करती थीं—पनबरता, मनबरता, परबत्ता, परबत्ती वगैरह।
2. काका भगवती सहाय सिंह, बुधवार को पैदा होने के कारण बुद्धू कहे जाते रहे। नेवी में उनकी भर्ती के समय उनके नाम से सिंह काट कर अंगरेज डॉ. ने वर्मा कर दिया था। गाँव में वे बुद्धू से धीरे-धीरे बुद्धू बाबू हुए। बाहर वर्मा जी रहे। कभी-कभी लोग मुझे सन्देह से देखते। पूछते तुम आखिर हो क्या? पंडित हो, कुर्मी हो या क्षत्रिय? वस्तुतः क्या हो?
3. खुरमल्ली को पिता सामने पड़ने पर 'खुर्रम अली' मज़ाक में कहा करते थे। आज उसके वंशज हमारे यहाँ काम करते हैं।
4. पहलदिया आस-पास के किसी गाँव का केवट था। विधुर था 35-40 के लगभग। बुधनी ने पहले पति की मृत्यु के बाद इसे बुला पतिरूप में बिठा (रख) लिया था। पहले पति से उसे एक बेटी थी।
5. हमारे क्षेत्र में बिजेथुआ के हनुमान मन्दिर की बड़ी मानता है। स्थानीय परम्परा के अनुसार हनुमान जी ने कालनेमि का वध यहीं किया था। यहाँ हनुमान जी को कड़ाही चढ़ती हैं। पूड़ियाँ छानते हैं और चढ़ाते हैं। हलवा भी। यह थान हमारे यहाँ से छः किलोमीटर दूर है। पहले पैदल जाते थे। मैं भी दो-तीन बार गया हूँ। पैदल। पर अब सुनते हैं सब सुविधा हो गयी है।

बासदेव से त्रिलोचन

बान्हि लिहेसि हमकाँ बढाइके डोरि कविताई लई जाये कउनी ओरि

अमोला, पृ. 73

अगस्त 20, 1917 को जगरदेव सिंह पार्वती देवी की पाँचवीं सन्तान और प्रथम (वस्तुतः तृतीय) पुत्र का जन्म हुआ। परिवार के सभी लोग प्रसन्न थे। इस प्रसन्नता के साथ-साथ किंचित दुखी भी थे। कारण था इस पुत्र की पैदाइश से पहले दो पुत्रों और दो पुत्रियों का पैदा होना और कुछ दिनों या महीनों बाद असमय उठ जाना। इसी से सब आशंकित थे कि यह भी जाने कितने दिन या मास जिएगा। परिवार के लोगों की इसी चिन्ता के चलते किसी ने सुझाव दिया कि नवजात को किसी को बेचकर विधि के लेखे को टाला जा सकता है। फलतः चिन्तित और दुखी परिवार ने इस सुझाव पर तुरन्त अमल किया और बच्चे को एक पंडित-पंडिताइन को एक रुपये में बेच दिया[1]। पंडित बच्चे को अपने घर भी ले गये। औपचारिकताएँ पूरी हुईं। कुछ समय बाद बिका हुआ यह बच्चा क्रेता के यहाँ से वापस लाया गया।

इसी समय के लगभग बालक का नाम पंडित ने वासुदेव रख दिया। इसे गाँव घर के लोगों ने धीरे-धीरे बासदेव में परिवर्तित कर दिया। घर में दो भाइयों के बीच अकेली सन्तान वह भी पुत्र होने के कारण उसी अनुपात में सबका प्यार पाते बालक बासदेव भरे पूरे घर के खुशहाल माहौल में बड़े हो रहे थे।

बचपन में सुना था कुंडली बनाने वाले पंडित ने उन्हें पानी से बचाने की सलाह दी थी। पंडित की यह सलाह उनके शास्त्र ज्ञान की अपेक्षा हमारे गाँव की भौगोलिक स्थिति की उनकी अपनी जानकारी पर आधारित अब लगती है। बच्चों के डूबने भर का पानी तो हर तरफ ही होता था। बच्चों के तो नहीं पर एकाध स्त्रियों के डूब मरने की खबर एकाध बार मेरे बचकाने कानों में जरूर पड़ी थी।

जगेस्सर सिंह का देहावसान शायद बासदेव के बचपन में ही हो गया था। सम्भवतः 1920-21 तक फिर भी अभी परिवार में बासदेव की देखभाल करने वाले कई एक लोग थे। बासदेव कभी पिता के साथ खेत पर तो कभी अन्यत्र जाते होंगे। क्या बात करते होंगे। कैसे करते होंगे? डाँट खाते होंगे या नहीं? पता नहीं। पर

इतना तो स्पष्ट है कि साढ़े छः वर्ष की आयु तक पिता की जो छवि उनके मन में अंकित हुई वह बहुत बाद में उनके सानेट 'पितः'[2] में अभिव्यक्त हुई। उनके पिता की मौत से उनके परिवार को जो झटका लगा उससे उबरने में उसे बहुत समय लगा।

घर में केवल तीन, (वस्तुतः) दो महिलाएँ और दो बच्चे, करें तो क्या करें? कभी कुछ किया हो तो करें भी। क्या निर्णय लें, कैसे लें? मदद लें तो किससे? कौन भरोसे का है कौन नहीं है? ऐसे ही समय काम आते हैं रिश्तेदार। पहले गाँवों में लड़के-लड़कियों के ब्याह इसी वजह से आस-पास किये जाते थे। ऐसे ही समय काम आने के लिए। सबसे समीप तो रजासी बुआ का ही मायका था। उनके यहाँ से लोग आते-जाते तो रहे पर अधिक समय के लिए नहीं। शायद उनके परिवार में अपनी परेशानियाँ रही हों? ऐसे में आये हनुमान सिंह, अखईपुर से। बुआ के भाई, लम्बे रहते। शुरू-शुरू में काम भी करते-कराते। बड़ी बुआ एक बात जानती थीं वह यह कि अपना काम खुद ही करना होगा। दूसरों से हमेशा काम नहीं चलेगा। धीरे-धीरे खेतीबारी का सारा काम उन्होंने अपने हाथ में ले लिया। सारा काम वे घर से अपने दरवाजे और सगरे से संचालित करने लगीं। कभी-कभी बाजार वगैरह जातीं। हनुमान सिंह से भी मदद मिली। बाद में घर होने पर बासदेव और बाद में बुद्धू सिंह दौड़ाए जाते।

घर में किसी पुरुष का न होना हमारे परिवार पर पट्टीदारी के संकट का एक सहज कारण था और माना जा रहा था। ऐसे में कालिका सिंह लम्बरदार ने पट्टीदारी के एक युवक को एक दिन बासदेव को ताल की ओर ले जाते देखा। घोड़े पर थे। दौड़ाकर पास गये और दोनों को डाँट कर घर भेजा। बासदेव को घर पहुँचाकर, काकी (रजासी देवी) से उन्होंने उसे कहीं भेजने का सुझाव यह कहकर दिया कि 'नाहीं त एन्हने ओंका कहियउ मारि डरिहैं'।

इसी के चलते उन्हें हनुमान सिंह के साथ अखईपुर भेजा गया। पिता ने *रोजनामचा—1950* में (3 जनवरी की प्रविष्टि में पृ. 10 पर लिखा) :

> *''जीवन की क्या बात निरन्तर पथ पर लगा हुआ है*
> *चाहे खोया, चाहे सोया, चाहे जगा हुआ है*
> *चले चिरानीपट्टी से काशी, कुहरे की छाया,*
> *पृथ्वी खोई, दिन धूमिल सा मन में मौन समाया।''*[3]

पिता-पुत्र दोनों साथ काशी जा रहे थे उस दिन। पर पिता का चिरानीपट्टी छोड़ने का क्रम उनके बचपन में अखईपुर जाने से ही वस्तुतः आरम्भ हो गया था।

माँ ने उन्हें मनई बनाने और बुआ ने उन्हें पढ़ाने के लिए कह के भेज दिया। शायद सास-बहू में इस पर भी कुछ कहासुनी हुई हो कि बासदेव को किसके मायके भेजा जाय। इसका बहुत प्रमाण तो नहीं है पर पिता ने एक पत्र में लिखा था कि, ''बुआ मुझे अपने मायके भेजना चाहती थीं। लेकिन माँ मुझे अखईपुर भेजना

चाहती थीं। माँ की इच्छा थी कि मैं ननिहाल में रहकर खेतीबारी का काम सीखूँ और पढ़ने से रोका जाऊँ। तीन साल मैं ननिहाल में रहा। छोटे मामा अक्षयवर सिंह के लड़के मउली सिंह और उनकी बड़ी बेटी धर्मा देवी स्कूल जाते थे और घर पर भी ये तैयारी किया करते थे। मेरी याददाश्त बहुत अच्छी थी। इससे वे लड़के जो कई-कई बार दुहराते थे उससे मुझे पहाड़े और अक्षर बिना स्कूल गये और बिना दुहराए याद हो जाते थे। मेरा काम था सार की सफाई करना और गोबर आदि इकट्ठा करके दूर घूरे में फेंकना। जानवरों को पानी भर के पिलाना और उनकी नाद में भूषा (भूसा) चारा डालना और खेतों में हलवाहे के साथ जाना। यह मेरी शिक्षा थी। बड़े मामा का बड़ा बेटा पहली पत्नी से था। इसका नाम था फुंदन सिंह। यह भी पढ़ने में अच्छा और मेहनती था। छोटे मामा खुद भी कुछ पढ़े-लिखे थे। और बच्चों की पढ़ाई की रोज जाँच करते थे। एक दिन की याद है उन्होंने अपने बच्चों से 13 और 17 का पहाड़ा पूछा। रात का समय था। मैं जानवरों को निपटा कर बैठा हुआ था। दोनों बच्चे फुंदन सिंह और धर्मा देवी जवाब नहीं दे पाये तो मैंने कहा मैं बताऊँ। मामा ने कहा बताओ। तो मैंने 13 और 17 दोनों के पहाड़े दुहरा दिये। फिर उन्होंने कहा 19 का पहाड़ा पढ़ो। वह भी मैंने सुना दिया। मामा जी ने मुझे बुलाया, जब मैं पास पहुँचा तो उन्होंने एक झापड़ कसकर मुझे मारा, 'तुम पढ़ने आये हो या काम सीखने'? मैं क्या जवाब देता। काम करने में मैं ढीला नहीं था। यह तो अपनी सुनकर याद करने की ताकत थी जिसकी सजा भुगत रहा था। इसके बाद मामा ने और बच्चों की भी पिटाई की।''

मैं जब गोबर घूरे में डालने जाता था तो एक दिन अखईपुर में पढ़ाने वाले मास्टर बेचू सिंह मिले। उन्होंने पूछा क्या करते हो। मैंने उन्हें बताया कि मैं काम सीखने के लिए यहाँ आया हूँ। मुझे गाँव जाकर खेतीबारी सँभालनी हैं। तब उन्होंने पूछा गाँव में पढ़ते थे? मैंने बताया वहाँ पढ़ता था। वहाँ उर्दू पढ़ता था। हिन्दी की किताबें मैं पढ़ लेता हूँ। बच्चों की किताबें मौका पर [पा] कर देखता रहा हूँ, इसलिए मैं पढ़ भी लेता हूँ, लिख भी लेता हूँ। पहाड़े, उन्होंने पूछा, तो मैंने बताया कि 25 तक मुझे याद हैं। पौआ अध्धा पूछा तो वह भी कहा कि मुझे याद है। तब उन्होंने कहा तुमको पढ़ना चाहिए। तुम आया करो। मैंने कहा मैं नहीं आ सकता। मुझे रोका गया है। यहाँ तो मैं खेतीबारी ही सीख रहा हूँ। तब उन्होंने कहा कि गाँव के बाहर जो अमवारी है वहाँ मैं तुम्हें थोड़ी देर कुछ पढ़ा दूँगा। इसी समय निकलो। मैं अपने गाँव जाने के पहले वहाँ तुम्हें कुछ बता दिया करूँगा। मैंने कहा जो बातें बतायेंगे मुझसे दूसरे दिन ज्यों का त्यों सुन लीजिएगा। मुझे याद हो जायेंगी। तो बेचू सिंह ने औरों की नजर बचा कर मुझे लगभग दो साल तक पढ़ने में सहायता की। गर्मियों में मैंने सुना कि उनका देहांत हो गया। उनके देहांत के साथ मेरी यह गुपचुप पढ़ाई बन्द हो गयी (पिता के 11.10.1997 के पत्र से)। अखईपुर में ही

पेशे से दर्जी, कहार जाति के कवि जगरोपन राम से सम्पर्क हुआ। उनकी किताबें पढ़ीं। बिरहे और छन्द से परिचित हुए। इधर-उधर नाच गाना देखने आने-जाने लगे। डाँट-मार खाने लगे। अंततः भाग खड़े हुए। पैसा था नहीं। केराकत से रेल लाइन के किनारे-किनारे चलते जौनपुर आये। वहाँ से शाहगंज, यहाँ से बिलवई के पास बुआ के घर कलान जा के रहे। दो दिन बाद गैरवाह होते घर आये। मामा हनुमान सिंह तीन-चार दिन बाद लेने आये। बुआ सब जान चुकी थीं। उन्होंने मना कर दिया ('लय की पहचान' से दे. *प्रथम पुरस्कार सुलभ साहित्य अकादमी श्री त्रिलोचन शास्त्री,* 1991)।

बासदेव इस समय तक शरीर से स्वस्थ थे। कुछ लोग उन्हें मोटा भी कह सकते थे। पर इसके बावजूद वे खेलकूद में भी बुद्धि के समान ही तेज और फुर्तीले थे। अखईपुर से आने के बाद ही एक बार कबड्डी खेलते समय उन्हें देख, पंडित देवदत्त रजासी बुआ से माँग कर उन्हें अपने साथ पढ़ाने ले गये।[4]

पंडित देवदत्त के यहाँ रहते बासदेव दिन भर पढ़ते। बीच-बीच में घर आते और कुछ दिन बाद अपना राशन वगैरह ले के वापस जाते। पुरानी गुरुकुल परम्परा यही थी। बासदेव अकेले छात्र नहीं थे यहाँ। संस्कृत के गुरु प्रायः अपने छात्रों को रटाया करते थे। पंडित देवदत्त अपवाद तो शायद ही रहे हों, पर बासदेव की स्मृति अच्छी थी। उन्हें चीजें जल्दी याद हो जाती थीं। बीच-बीच में दुहरा भी लेते थे। इस तरह सब पक्का होता चलता था।

गाँव में मैंने उनके हाथ की लिखी संस्कृत पोथियों की बहुत सी कापियाँ देखी थीं। कुछ मोटी और कुछ पतली। इनमें *लघु सिद्धान्त कौमुदी* की पूरी कापियाँ उपलब्ध थीं। बाकी किताबों की कापियाँ सम्पूर्ण नहीं थीं। गायब हो गयी होंगी या नष्ट हो गयी होंगी। इसके अलावा कालिदास के *मेघदूतम्, रघुवंश महाकाव्य, ऋतु संहारम्, अभिज्ञान शांकुतलम्* के दो अंक, और एक का कुछ भाग, व्याकरण के कुछ अन्य ग्रन्थ एवं कुछ अन्य काव्य ग्रन्थों के अंश थे। इन हस्तलिखित संस्कृत पोथियों और उनके अंशों से स्पष्ट है कि पंडित ने उन्हें व्याकरण और साहित्य दोनों साथ-साथ पढ़ाया। पोथियों और उनके अंशों की प्रतिलिपि भी सम्भवतः उन्हीं के निर्देश से हुई होगी। यह भी सम्भव है कि कुछ उन्होंने स्वयं अपने मन से लिखी हों। इनसे मुझे लगता है कि गुरु और शिष्य दोनों साहित्य में अधिक रुचि ले रहे थे।

बासदेव अखईपुर से आने के बाद जल्दी ही पंडित के यहाँ चले गये। वहाँ कितने दिन रहे इसका निश्चित पता नहीं। पर उनकी हस्तलिखित कापियों से लगता है कि यह समय लम्बा रहा होगा—ढाई से तीन साल का। सारा समय तो लिखते ही नहीं होंगे, पढ़ते होंगे। रटते होंगे। दुहराते-तिहराते होंगे वगैरह। मेरी समझ में वे तेरह वर्ष की आयु तक उनके साथ रहे। लगभग तीन वर्ष। पंडित उनकी बुद्धि, क्षमता और स्मृति से प्रभावित होते रहे। इसी के चलते उन्होंने इन्हें नाम दिया

'त्रिलोचन' और यह भी कहा कि इस नाम के साथ 'सिंह' मत लगाना।[5] उन्होंने यह नाम उन्हें क्यों दिया? केवल उनकी बुद्धि, क्षमता और स्मृति देखकर? मुझे नहीं लगता। मुझे लगता है बासदेव लिखने लगे थे। उनका यह लेखन पंडित की जानकारी में था। वे किसी तरह इससे परिचित हो चुके थे। इसलिए भी उन्होंने यह नाम उन्हें दिया। यदि मेरा यह अनुमान सही है तो फिर क्या हम यह मान सकते हैं कि वे इस समय हिन्दी के साथ-साथ संस्कृत में भी लिख रहे थे? पता नहीं। ज्यादातर आरम्भिक लेखन तो नष्ट कर दिया उन्होंने और जहाँ तक मेरी जानकारी है संस्कृत में लिखने की बात भी कभी नहीं की। पर यह असम्भव नहीं कि कुछ लिखा न हो बचपन में।

सबसे घर में सुनता आ रहा था कि पिता का विवाह 12 वर्ष की अवस्था में हुआ था। उन्होंने स्वयं भी कहा है।[6] वह समय भी बाल विवाह का था। पिता 12 वर्ष के 20 अगस्त, 1929 को हुए। इसका मतलब उनका विवाह मई-जून 1929 में या फिर 1930 के इन्हीं महीनों में हुआ। मान लेते हैं कि यह विवाह 1929 में हुआ, पर हुआ कैसे?

बाबू कालिका सिंह, लम्बरदार, अपने बड़े पुत्र करिया सिंह का विवाह करने डोभी जा रहे थे। बारात में कौन जाता हमारे घर से? यों भी मेरे बचपन तक यही विचार प्रचलित था गाँव में, बारात में बड़े लोग तो जाते ही थे हर घर से, एक दो अविवाहित लड़के भी बारात में भेजे जाते थे, ताकि उस गाँव के लड़की वाले लड़कों को देखकर पसन्द कर लें। बचपन में मुझे भी इसी उद्देश्य से कई बारातों में जबरन जाना पड़ा था। अपने को दिखाने के लिए। बासदेव को करिया काका की बारात में भेजने के पीछे उनकी माँ और बुआ का भी यह उद्देश्य रहा हो सकता है?

कालिका सिंह ने डोभी में करिया काका का पहले से तय विवाह तो किया ही, दो विवाह और किये। ये दोनों विवाह उन्होंने वहाँ जाकर तय किये थे। इनमें से एक विवाह तो उन्होंने अपने किसी भतीजे का किया और दूसरा विवाह किया बासदेव का। चौदह-पन्द्रह दिन बाद कालिका सिंह बारात या शायद बारातें लेकर वापस आये। काकी और भौजी के घर आ न केवल उनके बासदेव को पहुँचाया वरन् उन्हें आश्चर्यचकित करते हुए उनकी 'बहू' भी सौंप दी। कुछ चकित और कुछ हतप्रभ बुआ और बड़ी बुआ ने दुल्हन का विधिवत् स्वागत किया। विवाह के समय जयमूर्ति के पिता लक्ष्मी सिंह ने यदि उन्हें कुछ पैसा, गहना, कपड़ा वगैरह बेटी के लिए दिया तो वह बाबू कालिका सिंह ने काकी और भौजी को न तो दिया न उन दोनों ने उसके बारे में उनसे कभी चर्चा की।

जयमूर्ति देवी के पिता लक्ष्मी सिंह नारायनपुर के थे। यह गाँव अखईपुर के पास था। मेरे नाना कलकत्ता में रहते थे। वहीं वे कोई नौकरी करते थे। उन्हें गाने का शौक भी था। उनके बड़े पुत्र छटंकी सिंह अच्छे ढोलकी माने जाते थे। वे भी अपने

पिता के साथ कलकत्ता रहते थे। कलकत्ता के हिन्दुस्तानी समाज में इन लोगों का बड़ा नाम और सम्मान सुनने में आता था।

बचपन में मैं नाना के घर कई बार गया था। वे घर पर प्रायः नहीं होते थे पर और लोग रहते थे, स्त्रियाँ, बच्चे और छोटे मामा नन्हकू सिंह। उनके घर का दरवाजा (गेट) बहुत बड़ा था। यह लकड़ी का था और बहुत अलंकृत था। लोग बताते थे इस दरवाजे को 1857 में तोप से उड़ाने का आदेश था। जिस अफसर को यह काम सौंपा गया था उसने दरवाजा देखा और उसे तोड़ने का इरादा छोड़ उसने पिछवाड़े का सारा हिस्सा तोप से उड़ा दिया। उनके घर के पीछे एक बहुत बड़ा और ऊँचा टीला था इस पर झाड़-झंखाड़ जम गया था। इसके नीचे एक पतली खाई भी थी। इस टीले से सटा एक बड़ा लम्बा सा हाता था। इस हाते के आधे हिस्से में खुला कोर्टयार्ड था। इसके पीछे एक छोटा दरवाजा था। यह स्त्रियों और काम करने आने वालों के लिए था।

टीले के ठीक पीछे, कोर्टयार्ड के बाद, एक लम्बा दालान था। यह दो मंजिला था। इसमें नीचे और ऊपर एक लाइन में खाटें बिछी रहती थीं। बहुत सी चौकियाँ भी थीं। इन पर गद्दे, रजाई वगैरह गँजे हुए रखे रहते थे। घर में रहने वाले तो इतने लोग थे नहीं। दालान बहुत बड़ा था। ऊपर कुल मिलाकर अलग-अलग खाटों पर साठ से सत्तर आदमी एक साथ सो सकते थे। नीचे सामान था। इसी दालान के बीच में वह दरवाजा था। इसे सिंहद्वार कहना ज्यादा उचित होगा। इससे अन्दर आने पर, कोर्टयार्ड में आते ही ठीक सामने एक दरवाजा था। इसमें जो कमरा या कमरे थे उसमें माँ की एक निस्सन्तान चाची रहती थीं। इन्हें मैं नानी कहता था। मेरी नानी या तो थीं नहीं या कलकत्ता रहती थीं। ठीक पता नहीं मुझे। नानी के कमरे के ठीक सामने भी एक वैसा ही दरवाजा था। इसके अन्दर दो कमरे थे। इसमें छोटे मामा नन्हकू सिंह रहते थे। इनका विवाह बाद में हुआ। इन दोनों दरवाजों के बीच, ठीक बीच, चार-पाँच सीढ़ियाँ चढ़ने के बाद एक बड़ा दरवाजा था। यह दरवाजा कोर्टयार्ड के पीछे वाले छोटे दरवाजे के ठीक सामने था, पर काफी ऊपर था। यही मुख्य घर था। इसमें छटंकी सिंह की पत्नी रहती थीं अपने बच्चों के साथ। कुछ कमरे हमेशा बन्द रहते थे। खुले रहने वाले कमरे शायद बड़े मामा के थे। खाना सब यहीं खाते थे।

छटंकी सिंह से हमारा बहुत सम्पर्क नहीं रहा। नन्हकू सिंह ही आते-जाते थे। गाँव भी और बनारस भी। शायद वे मेरे हैदराबाद वाले निवास पर भी आये थे। अपने पुत्र रामदयाल के विवाह में सबको बुलाने के लिए। रामदयाल बाद में राँची चले गये। कुछ समय बाद अपनी माँ और पिता को भी वहीं ले गये। इसके बाद हमारा सम्पर्क समाप्त हो गया।

विवाह के कुछ समय बाद ही बासदेव को स्कूली पढ़ाई के लिए भेजा गया।

इसके चलते उनका संस्कृत अध्ययन बन्द हुआ। दोस्तपुर में उन्हें पढ़ने का काफी मौका मिला। घूम-घूमकर लोगों के घर जा किताबें माँग कर पढ़ते। उन्हें फारसी पढ़ने का मौका भी यहीं मिला।[7] आरम्भ में सुन-सुनकर याद करते रहे बाद में उस्ताद के सहारे। यहाँ से छीतेपट्टी गये। यहाँ इंटर कॉलेज था। बारहवीं तक पढ़ाई होती थी। लाइब्रेरी भी अच्छी थी। पर उनका घूम-घूमकर पढ़ने का क्रम भी जारी रहा। इस घूमने के क्रम में वे सुल्तानपुर और फैजाबाद भी जाने लगे। इस घूम-घूमकर पढ़ने के कारण उनका स्वाध्याय का एक क्रम सा बन गया। जो मिला जहाँ मिला वहीं पढ़ा और आगे बढ़े। पढ़ते रहे और पढ़ते रहे ऐसे ही। फलतः स्कूली शिक्षा के सिस्टम में बँध नहीं पाये।

उनके इस स्वाध्याय से उनका एक व्यक्तित्व बनता गया। एक स्वतंत्र व्यक्तित्व। बहुत कुछ पढ़ते रहने के कारण विभिन्न विषयों पर जानकारी के अनुरूप उनके मत बनने लगे। स्कूली परिवेश से छात्रों को जो निर्देश सामूहिक या व्यक्तिगत स्तर पर मिलता है और जिससे वे अपना भावी मार्ग चुनते हैं वह बासदेव को नहीं मिल पाया। इसका मुख्य कारण उनके अव्यवस्थित अध्ययन की प्रणाली ही हो सकती है। उनके इसी अव्यवस्थित अध्ययन से उनके भावी अध्ययन एवं कार्य की दिशा भी निर्धारित हो रही थी, स्वतः। शायद विद्या (सरस्वती) उन्हें उसी ओर लिए जा रही थीं। उनके अध्ययन की यह अव्यवस्था क्रमशः साहित्य में व्यवस्थित हो रही थी। साहित्य से उन्हें न केवल प्रेम हो रहा था, अपितु यह निरन्तर बढ़ता ही जा रहा था।

छीतेपट्टी से उनका अध्ययन का क्षेत्र विस्तृत होने लगता है, हर दृष्टि से। अब वे कस्बों और जिला मुख्यालयों के पुस्तकालयों में जाने लगे। हर तरह की किताबें पढ़ लेते। बिना समझे भी पढ़ते। इसलिए धीरे-धीरे पढ़ने की गति भी तेज हो गयी। संस्कृत, हिन्दी, कविता, कहानी, इतिहास, राजनीति, भूगोल, अर्थशास्त्र सभी कुछ पढ़ते जा रहे थे। सारा कुछ पढ़ने से समझ भी विकसित हो रही थी। याददाश्त तेज थी ही, काफी कुछ याद रहता। जिससे भी बात करते वही प्रभावित हो जाता, विषय चाहे जो भी होता।

छीतेपट्टी से उनका घूमने का दायरा बढ़ने लगा। सुल्तानपुर और फैजाबाद आने-जाने लगे। सुल्तानपुर में हमारे गाँव के बाबू बेचू सिंह मेहता लाइब्रेरी देखते थे। वहीं पीछे उनका निवास भी था। बासदेव यहाँ रहते और पढ़ते। इसी बीच सुल्तानपुर में उनकी भेंट एक पादरी से हुई। बातचीत से प्रभावित हो उन्होंने इन्हें अपनी लाइब्रेरी में पढ़ने की अनुमति दी। साथ ही इन्हें चर्च में पढ़ी जाने वाली *होली बाइबिल* की 1894 की छपी आथोराइज्ड वर्जन और श्रीरामपुर के मसीही प्रकाशन केन्द्र से छपी *बाल बाइबिल* (हिन्दी) की एक प्रति दी। इन्हें पिता ने एक बार मुझे दो बार पूरा पढ़ने की बात बताई थी।

दसवीं की फाइनल परीक्षा (1952) में मैं अंग्रेजी में फेल हो गया था। मेरा

सप्लीमेंटरी आया था। पिता लंका पर थे। माँ भी थी। पिता के एक सहपाठी हरिवंश राय प्रतिदिन प्रातः 8 से 9 बजे तक मुझे अंग्रेजी पढ़ाते थे। एक दिन कविता या लेख में आये बाइबिल के किसी चरित्र के बारे में उन्होंने मुझसे पूछा, मैंने उन्हें उसकी पूरी कथा बता दी। उन्होंने मुझसे पूछा तुम्हें कैसे पता है? मैंने कहा बाल बाइबिल में पढ़ी है। उन्होंने मुझसे किताब माँगी। बाद में मैंने गाँव से लाकर उन्हें वह किताब दी। पर मेरे बार-बार माँगने पर भी उन्होंने उसे लौटाया नहीं। अंग्रेजी वाली हमारे पास अभी भी है।

फैजाबाद भी जाते-आते रहते थे। और पढ़ाई तो करते ही उर्दू वगैरह भी पढ़ लेते। लिपि का ज्ञान था ही। कुछ समय तक छीतेपट्टी उनके अध्ययन का एक केन्द्र था वैसे ही जैसे दोस्तपुर, चिरानीपट्टी, और अखईपुर थे। छीतेपट्टी में स्कूल की पढ़ाई तो हो नहीं रही थी इसलिए 1933 में कभी छोड़ घर वापस आ गये।

छीतेपट्टी में बासेदव की ही भाँति पढ़ने के लिए आस-पास के किसी गाँव (कुकुरभुंकवा) से एक राम दुलार उपाध्याय आये। दोनों में पर्याप्त समानता भी थी। लगभग एक ही उम्र, एक ही कद-काठी। कसरत और कुश्ती का शौक दोनों को। करीब आते गये और यह करीबी दोस्ती में बदल गयी। फिर दोनों छीतेपट्टी से लगभग एक ही समय हटे पर अलग-अलग कारणों से।

काका 40 के दशक में कभी पिता से मिलने बनारस गये थे। उस समय वहाँ राम दुलार उपाध्याय बैठे थे। दोनों बातें कर रहे थे। थोड़ी देर बात करने के बाद उपाध्याय चले गये। इस समय तक उनकी चर्चा उनके अपने क्रियाकलापों के चलते दूर-दूर तक फैल चुकी थी। उनके नाम से ही लोग दहशत में आ जाते थे। उनके उठकर जाने के बाद काका ने उनका परिचय पूछा। पिता के नाम बताने पर काका ने कहा, यह तो बहुत बदमाश आदमी है। इस पर हत्या और डकैती के बहुत सारे मुकदमे चल रहे हैं। पिता ने कहा, 'अंग्रेज सरकार जिसे जो चाहे सो बना देती है। यह क्रांतिकारियों का आदमी है। उनको हथियार वगैरह पहुँचाता रहता है।' काका चुप हो गये।

उपाध्याय, 'कुकुर भुंकवा उपाध्याय', नाम से अब भी उस क्षेत्र में जाने जाते हैं। अन्तिम समय में इनकी अपनी हत्या होने तक इन पर हत्या और डकैती के साठ मुकदमे चल रहे थे। उनका यह कैरियर छीतेपट्टी से ही शुरू हुआ था। एक हत्या छीतेपट्टी छोड़ने का उनका कारण थी। 1949 की गर्मियों की बात है। मैं गाँव पर था—छुट्टियाँ थीं, इसलिए। काका भी उस समय गाँव पर थे। दोपहर के लगभग एक लड़का आया। घर से काका को बुलाने। काका कपड़े पहनने गये। बुआ के पूछने पर उसने कहा, 'राम दुलार उपधिया आई हएन। करिया बाबू के दलनियाँ में कुलि बइठा हएन। ओनही बोलाएन हैं'। बुआ को लगा यह क्या आफत आ गयी। उन्हें लगा गाँव के किसी की शायद पट्टीदारों के घर के किसी आदमी की शरारत

है। कहा होगा दो भाई हैं। दोनों बाहर कमाते हैं। बम्बई वाला घर आया है। बहुत पैसा होगा? लगीं देवी-देवताओं को मनाने। माँ भी चिन्तित। मैंने पूछा, 'मैं जाऊँ?' बुआ ने कहा, 'नाहीं। तूँ का करब्या उहाँ जाइके'? उपाध्याय लोगों से पैसा माँगते थे। न मिलने पर डाका डालते थे। थोड़ी देर बाद काका वापस आ गये। बुआ ने पूछा, 'काँहे बोलाए रहा तोंह का हो?' काका ने कहा, 'पता नाइ काहें बोलाए रहा? हमका थोरिक बेरि देखत रहा, फिरि पूछेसि आप त्रिलोचन को कैसे जानते हैं?' हम कहे, 'वे मेरे बड़े भाई हैं'। तब उन्होंने अपने एक आदमी को देखा और मुझसे बोले, 'आप जाइए। ऐसे ही मिलने के लिए बुलाया था। कभी किसी परेशानी में पड़ें तो मुझे खबर कर दें।' गाँव में जिसने भी यह वाकया सुना सबके सब स्तब्ध। सबके सब सुनना कुछ और चाहते थे वह सुनना नहीं हुआ। बुआ ने देवी-देवताओं को धन्यवाद दिया।

पिता 1950 में अगस्त में गाँव गये थे। मैं भी उस समय वहीं था। शायद दो-चार दिन की छुट्टी में आया था। गाँव में पिता को कुकुरभुँकवाँ के राम दुलार उपाध्याय की कुछ समय या मास पूर्व हत्या का समाचार वहीं मिला। उनके हत्यारों ने उनके शरीर के कई टुकड़े कर दिये थे, ऐसा सुनने में आया था (वस्तुतः अफवाह थी कि हत्यारों ने उनके शरीर की बोटी-बोटी कर उसका ढेर बना दिया था)। 20 अगस्त को पिता ने लिखा, ''आज मन पर राम दुलार उपाध्याय छाया रहा, क्या था क्या हो गया, दूसरों के रक्त से अपना हाथ रँगता रहा, अंत में अपनी ही रक्त धारा में डूबकर मर गया, उसका सदसत् पक्ष देखते मन भारी हो गया था, माँ और पत्नी ने लख कर कारण पूछा, बताने पर उन्होंने कहा, वह तुम्हारा कौन था, उसके घर वाले भी अब तो भूल चुके होंगे, यह मेरे लिए पर्याप्त न था, मेरा मन तो वहीं रमता है जहाँ दूसरे ठहर नहीं सकते, मैंने दूसरी युक्ति सोची, वह मेरा सहपाठी था, माँ मेरी बात पर बेतरह खीझीं...खा पीकर जय के साथ चला...रास्ते में राम दुलार के जीवन की आलोचना जय से की...साढ़े बारह पर बनारस...पहुँचे'' (*रोज़नामचा*, पृ. 161)।

बासदेव के इस प्रकार घूम-घूम कर पढ़ने से एक ओर उनके ज्ञान का विस्तार हो रहा था और दूसरी ओर उनकी रुचि साहित्य में केन्द्रित हो रही थी। उनका यह घूमना ज्यादातर पैदल हो रहा था। आते-जाते हर तरह के लोगों से बातचीत करते चलते। बात स्वयं न करते तो सुनते चलते। इससे उनकी बोलचाल की भाषा की पकड़ बढ़ रही थी और उसके बदलते क्षेत्रीय रूप दिख रहे थे। एक तरफ वे सर्वज्ञ हो रहे थे तो दूसरी तरफ विशेषज्ञ। अवध के इस पूर्वी क्षेत्र में घूम-घूम कर बासदेव भावी त्रिलोचन की पृष्ठभूमि तैयार कर रहे थे। पैदल घूमने फिरने की इस प्रक्रिया से वे सामान्य लोगों के पास आये, और आते ही रहे। मिट्टी ही नहीं जीवन को नजदीक से देख और समझ रहे थे। इसी से जाने अनजाने अपनी पहचान बना रहेथे।

गाँव आ तो गये छीतेपट्टी से। करें तो क्या करें? खेती में मन लगा नहीं।

फिर निकले। अब बनारस और फिर इलाहाबाद गये। दोनों ही नगर शिक्षा के प्रमुख केन्द्र थे। भारतीय गुरुकुल परम्परा के साथ-साथ पाश्चात्य शिक्षा के भी। यही नहीं दोनों ही नगर साहित्य और संस्कृति के भी केन्द्र थे। बड़े तीर्थ स्थल होने के कारण दोनों का अपना स्थानीय और क्षेत्रीय स्वरूप तो था ही, साथ-साथ दोनों का एक भारतीय स्वरूप भी था। दोनों में असीम शैक्षणिक सम्भावनाएँ थीं। बासदेव ने इलाहाबाद देखा और बहुत पास से देखा। अपने गाँव और आस-पास के बहुत सारे लोग भी यहाँ थे। इसके अलावा लोग आते-जाते रहते थे। उन्होंने बनारस भी पास से देखा और वैसे ही देखा। बनारस और इलाहाबाद दोनों हमारे यहाँ से थोड़े दूर पड़ते थे। लखनऊ दोनों की अपेक्षा थोड़ा समीप था। हमारा हाईकोर्ट भी यहीं था। यहाँ लोग कहीं अधिक मात्रा में आते-जाते थे। बासदेव इन सब नगरों में रहे। इन सबके स्वरूप और चरित्र उन्हें भिन्न लगे। अंततः उन्हें बनारस अधिक पसन्द आया[8]। बनारस आना-जाना नियमित होने लगा। काशी और बनारस पर उनकी बहुत कविताएँ और सानेट हैं। केवल दो का उल्लेख यहाँ करना उचित प्रतीत होता है—''काशी मुझे गाँव सी लगती है। शहराती हवा ...'' (*अनकहनी भी कुछ कहनी है*, नयी दिल्ली, 1985, पृ. 71; 'पान खाइ सड़के पइ मारइँ पीकि, लगतई होए बनरसियन काँ नीकि', *अमोला*, पृ. 107)।

सन्दर्भ एवं टिप्पणियाँ

1. *साक्षात् त्रिलोचन* (सं. दिविक रमेश, कमलाकांत द्विवेदी, दिल्ली, 1990)।
2. 'पितुः तुम्हारा...', *उस जनपद का कवि हूँ* (दिल्ली, 1981), पृ. 15।
3. जयप्रकाश सिंह, *युद्ध कांड के कवि त्रिलोचन* (ले. विष्णुचन्द्र शर्मा, दिल्ली)।
4. *साक्षात् त्रिलोचन*
5. वही
6. वही
7. वही
8. बनारस उनकी कई कविताओं में विभिन्न प्रकार से आता है।

त्रिलोचन से शास्त्री त्रिलोचन

जइसे गेदहरा खेले रहइँ भुलान, तइस हई हम धइ के अपनी तान।

अमोला, पृ. 152

अभी तक अंगरेजी छोटी-मोटी बच्चों की किताबों से पढ़ रहे थे। स्वयं अपने अभ्यास से। दोस्तपुर में प्राइमरी में अंगरेजी थी नहीं। इसका आरम्भ छीतेपट्टी से हुआ। कोर्स से आगे पढ़ते गये। अपनी से ऊँची कक्षाओं की पुस्तकों से पढ़ते-पढ़ते सुल्तानपुर और फैजाबाद तक अंगरेजी की गति और बढ़ी। जब बनारस, इलाहाबाद, लखनऊ और उससे भी आगे आने-जाने लगे तो अंगरेजी पर अधिक ध्यान जाने लगा। अंगरेजी के माध्यम से अन्य योरोपीय भाषाओं की ओर भी बढ़ते रहे।

गाँव में उनकी जो पुस्तकें रह गयीं और जो बाद में मेरे देखने में आयीं, उनमें से अधिकतर पुस्तकें अंगरेजी की हैं। इनमें सभी कुछ है। काव्य ग्रन्थ हैं, उपन्यास हैं, कहानी संग्रह हैं, नाटक हैं, और हैं कुछ जीवनियाँ। अंगरेजी लेखकों के अलावा अन्य प्रमुख योरोपीय भाषाओं के उपन्यास-कहानी लेखकों की कहानियों के अंगरेजी में अनूदित छोटे-बड़े संग्रह हैं। इन सभी पुस्तकों में नाम और गाँव का पूरा पता, मास और वर्ष आदि सहित लिखा है। इनमें कुछ छोटे-बड़े कोश भी हैं। ये सब पुस्तकें इन पर दी तारीखों के अनुसार 1934 से लेकर 1941-42 तक की खरीदी हुई हैं। इनमें छोटे-बड़े सभी लेखकों की पुस्तकें हैं। कुछ बाद की भी हैं।

गाँव में अंगरेजी की इन पुस्तकों के अतिरिक्त मेरे देखने में उनकी ऐसी बहुत सी कापियाँ भी आयीं जिनमें अंगरेजी के शब्द उनके सामने उनके हिन्दी अर्थों के साथ लिखे थे। बहुत सी कापियों में शब्द तो लिखे हैं पर उनके अर्थ नहीं लिखे थे। ऐसा लगता है इन शब्दों के अर्थ बाद में डिक्शनरी देखकर लिखे नहीं जा सके। जब अपनी डिक्शनरी खरीद कर लाये तो शब्दों और अर्थों का लिखना बन्द हो गया। पाकेट डिक्शनरी तो मैंने उन्हें बहुत बाद तक पास रखते देखा था। यही नहीं, कभी-कभी और कुछ न होने पर, मैंने उन्हें पाकेट डिक्शनरी पढ़ते भी देखा है डिक्शनरी का यह अध्ययन वे प्रायः यात्रा में करते थे।

इसी समय के आस-पास उनकी लम्बी यात्राओं के आरम्भ का अनुमान भी

होता है। मुझे इसकी पूरी जानकारी नहीं है पर इतना तो सत्य है कि इसी बीच उन्होंने गुजराती और बंगला भी सीखी। इन दोनों भाषाओं की पुस्तकों की भी अच्छी संख्या गाँव में थी। गुजराती पुस्तकों की संख्या बंगला की पुस्तकों से अधिक थी। सम्भव है इन दोनों भाषाओं को उन्होंने बनारस में ही सीखा हो। शायद गुजरात और बंगाल गये भी हों। बंगाल तो अपेक्षाकृत पास भी था। गुजरात जाने और वहाँ कुछ समय काम करने की बात वे स्वयं भी किया करते थे[1]। गुजरात गये तो कैसे गये? उसके लिए तो रास्ता दिल्ली-राजस्थान होकर ही था। दिल्ली को बाईपास कर आगरा-भरतपुर के रास्ते भी होते गुजरात जा सकते होंगे? कैसे गये यह तो पता नहीं। पर गये और वहाँ काम भी किया। इसका मतलब कम से कम वहाँ कुछ महीने रहे। इसी वजह से गुजराती की अपेक्षाकृत अधिक पुस्तकें इकट्ठी हुईं। साथ-साथ भाषा में गति भी हुई।

गाँव से उनकी इसी अनुपस्थिति में सम्भवतः 2 जनवरी 1937 को उनके पुत्र रामपाल का जन्म हुआ। रामपाल धीरे-धीरे नूतन, पल्लव, जयनन्दन और अनंत विक्रम बनते-बनते अंततः जय प्रकाश सिंह बने। इसी प्रकार उनका जन्म भी आगे चलकर 1939 हो गया। पिता को पुत्र जन्म का समाचार और उससे मिलने का सौभाग्य वापस घर आने पर उन्हें एक साथ मिला। वस्तुतः इस जन्म और मिलन में कितना अंतर है कहना मुश्किल है? इसे जानने का प्रयास मैंने एक-दो बार किया था। माँ-पिता दोनों इस बात पर असहमत रहे। पिता दो-तीन माह बाद आने की बात कहते। माँ साल सवा साल बाद आने को कहतीं। स्पष्टतया दोनों इसे घटा-बढ़ाकर कह रहे थे। मुझे तो इससे कोई फर्क पड़ नहीं रहा था। हाँ, मैंने अपनी ओर से यह मान लिया कि पिता मेरे जन्म के छः-सात माह बाद गाँव आये होंगे। माँ को शिकायत का मौका हमेशा के लिए मिल गया था।

मेरे जन्म के बाद मेरी दो बहनें भी हुईं। इनमें जो बड़ी थी उसका मुझे उतना ध्यान नहीं है। कभी-कभी लगता है घुटनों के बल चलने लगी थी। और कुछ ध्यान नहीं आता। एकाएक कहीं खो गयी। दूसरी का अधिक ध्यान है। छः सात महीने की होके मरी। मुझे पूरा याद है। काका घर पर थे। वही सफेद कपड़ा लाये थे। उसमें उसे लपेटकर, गोद में ले उसे कपरिया ताल में गाड़ने ले गये। उनके पीछे-पीछे मैं भी सगरे के छोर तक गया था। उससे आगे उन्होंने मुझे जाने नहीं दिया था। वहीं रुककर मुझे डाँटा। वापस जाने के लिए। मैंने पीछे मुड़कर देखा, माँ चुपचाप साठ-सत्तर कदम पर सगरे के ऊपर पीपल के पेड़ के नीचे खड़ी उसका जाना देख रही थीं। मैं धीरे-धीरे उनके पास आया। हमने एक-दूसरे का हाथ पकड़ा और शायद चुपचाप एक-दूसरे को दिलासा देते घर आये। यह शायद 1940-41 का वर्ष था। पिता नहीं थे। बड़ी को किसने दफनाया, मुझे नहीं पता, पर पिता उसके गुजरने पर भी गाँव नहीं थे।

हमारे गाँव के लड़के-लड़कियों का मुंडन चौकिया में देवी के मन्दिर में हुआ करता था। काका मुझे लेकर गये थे मुंडन कराने। ठंडक थी पर कम थी। शायद 1939 का फरवरी-मार्च था। मन्दिर के सामने नाई ने मेरा सिर अपने घुटनों में दबाकर सिर के पीछे के बाल पहले बनाये, फिर आगे के और बगल के दोनों ओर के। मैं सारे समय रोता रहा। थोड़ी देर बाद तक रोता रहा। यहाँ से हम दोनों डोभी गये और कई दिन बाद वापस आये।

हमारी बड़ी बेटी दिसम्बर 1968 में पैदा हुई। कुछ माह बाद उषा ने मुझसे पत्र से पूछा था, नानी पूछ रही हैं तुम्हारे यहाँ मुंडन कहाँ और कैसे होता है? मैंने लिख दिया। उषा ने बेटी के बाल कैंची से काट लिफाफे में रख लिए। बनारस आने पर दुर्गा जी को चढ़ा दिया। इस तरह कम से कम मेरे परिवार में यह परम्परा चौकिया से जोरहाट होते हुए बनारस आयी। अमेरिका में यह स्वतः समाप्त हो गयी। मेरा मुंडन का कष्ट न मेरे बेटे-बेटियों ने झेला और न ही पोते और नातियों ने।

पुस्तकों की ही तरह बासदेव-त्रिलोचन के नाम आये पत्र भी गाँव में बहुत थे। पुस्तकों की देखरेख समय-समय पर होती रही। वे कम खराब हुईं। पत्रों की उतनी देखरेख कभी नहीं हो पायी। वे यहाँ से वहाँ हटते बढ़ते खोते गये। उड़ते गये, खराब होते रहे और गायब होते रहे। फिर भी 1959 तक काफी थे। धीरे-धीरे सब गायब हो गये। बाद में घर की सफाई में सौ से अधिक पत्र निकले। सफाई करने वालों ने इन्हें और कूड़े के साथ उठाकर घूरे (जहाँ घर का कूड़ा फेंका जाता था) पर फिंकवा दिया। मेरे भतीजे आलोक सिंह ने पत्रों को उड़ते देखा। उन्हें जिज्ञासा हुई। जाकर उन्हें इकट्ठे कर लिए। उन्हें कुल 114 पत्र इस तरह मिले। उन्होंने इन्हें रख लिया। इनमें कुछ त्रिलोचन के लिखे पत्र हैं, घर के लोगों के नाम। अधिकतर उनके मित्रों, सम्पादकों-लेखकों आदि के उन्हें भेजे पत्र हैं। इनमें कुछ तो गाँव के पते पर आये पत्र हैं और कुछ बनारस आदि के पतों पर उन्हें भेजे गये थे। इन्हें कभी लाकर वे गाँव में रख जाते होंगे। इसी प्रकार गाँव में इकट्ठे होते उनके हजारों पत्रों में से अब ये कुछ नमूने ही बचे हैं।

इनमें से जो सबसे पुराना पत्र है उस पर त्रिलोचन नाम के साथ 'शास्त्री' विशेषण पते पर प्रयुक्त है। बाद के प्रायः सभी पत्रों के पतों पर उनके नाम के साथ शास्त्री जुड़ा मिलता है। इस संग्रह में 1940 के दशक के प्रायः सभी वर्षों के पत्र हैं। इनमें अर्जुन चौबे काश्यप, वैशम्पायन, प्रभाकर माचवे, रांगेय राघव, गोविन्द[2], जगदीश, अमृतराय, शिवदान सिंह चौहान, वात्स्यायन अज्ञेय आदि के अलावा भी बहुतों के पत्र हैं। एक नामवर सिंह का है। रामविलास शर्मा का भी है।

विष्णुचन्द्र शर्मा ने एक बार शंका व्यक्त की थी कि त्रिलोचन के लाहौर जाने का कोई प्रमाण नहीं है इसलिए उनका लाहौर से शास्त्री करना संदिग्ध है। उन्होंने जहाँ यह शंका व्यक्त की थी वहाँ उस समय मैं भी उपस्थित था। मुझे लगा

प्रमाणाभाव में शर्मा जी का सन्देह जायज है। मैं इस पर विचार करने लगा। मुझे याद आया, कुछ समय तक मुझे भी, पिता के मैट्रिक और इंटर परीक्षा पास करने को लेकर सन्देह था। मेरा यह सन्देह मेरी इस जानकारी से बाद में टूट गया कि कोई भी व्यक्ति बिना मैट्रिक/हाईस्कूल किये इंटर नहीं कर सकता और बिना इंटर किये बी.ए. करना सम्भव नहीं था। बी.ए. तो उन्होंने मेरे सामने ही किया था। वह भी नाम लिखा कर, रेगुलर विद्यार्थी रह कर। फिर मुझे ये पत्र देखने को मिले। इनमें से कुछ पत्रों में उनके लाहौर से प्राइवेट परीक्षार्थी के रूप में मैट्रिक की परीक्षा देने की सम्भावना व्यक्त है। वस्तुतः बूँदी (राजस्थान) के कई लोग लाहौर से मैट्रिक में बैठने की योजना बना रहे थे। इन्हीं में से कुछ लोग पिता को भी इसी के लिए तैयार करने के प्रयास में थे। इन पत्रों में फिल्मी गीतकार और कवि मोती बी.ए. के लाहौर से लिखे कुछ पत्र भी हैं। पर इनमें परीक्षा विषयक कोई बात नहीं है किन्तु इनसे इतना तो स्पष्ट है कि पिता लाहौर के अपने सम्बन्ध भी ताजा कर रहे थे क्यों?

इसके बाद जो दूसरी बात मेरे ध्यान में आयी वह यह कि लाहौर जाने के प्रमाण के अभाव से परीक्षा का क्या सम्बन्ध? हमारे यहाँ बहुत सारे लोग सीनियर कैम्ब्रिज परीक्षा घर बैठे कैसे पास कर लेते हैं? बिना कैम्ब्रिज गये। परीक्षाओं के बहुत सारे केन्द्र होते हैं। परीक्षाएँ प्राइवेट भी होती हैं और लोग देते भी हैं। बहुत सारी संस्थाएँ प्राइवेट परीक्षाएँ कराती हैं। पहले भी कराती थीं। विश्वविद्यालय और संस्कृत कालेज करा रहे थे। बनारस और कलकत्ता के संस्कृत कालेज तो बड़े पुराने और प्रतिष्ठित संस्कृत कालेज थे। पिता ने शास्त्री की परीक्षा दी या नहीं, पास की या नहीं विवादित हो सकता है वे शास्त्री थे इसमें सन्देह नहीं है। वे 1939 से ही 'शास्त्री' प्रसिद्ध हो चले थे। पत्र लेखक उन्हें 'शास्त्री' मान और लिख रहे थे। ये पत्र लेखक उन्हें जानते भी थे। उनके मित्र और परिचित थे। उनका लेखन भी एक प्रमाण तो है ही।

उन दिनों गाँवों से जो बारातें जाती थीं या जो उनमें आती थीं, वे विवाह के बाद एक दिन रुकती थीं। रुकने वाला यह दिन बरातियों के आराम और मनोरंजन का होता था। इसमें नव विवाहिता के ग्रामवासियों का मनोरंजन भी था। इस दिन दो कार्यक्रम विशेष होते थे। एक होता था बाई जी का नृत्य और गान और दूसरा होता था शास्त्रार्थ। यह शास्त्रार्थ वर और कन्या पक्ष के पंडितों के बीच हुआ करता था। मुझे ऐसे दो शास्त्रार्थों की व्यक्तिगत जानकारी है। इनमें मैं उपस्थित था। पहला शास्त्रार्थ मेरे अपने गाँव का है। बाबू बेचू सिंह के घर किसी लड़की की बारात आयी थी, शायद भंथा की थी। बरात उनके घर के पास मंछातर के बगल में डड़ियवा पर ठहराई गयी थी। पिता घर पर थे। दोपहर में कुछ लोग घर आये। जिद करके पिता को शास्त्रार्थ करने के लिए ले गये। मैं भी साथ गया था। हमारे पंडित शायद कमजोर पड़ रहे थे। दोनों पंडित, कन्या पक्ष से शास्त्री त्रिलोचन और

वर पक्ष के पंडित संस्कृत में बात करने लगे। किसी की समझ में कुछ आ नहीं रहा था तभी वर पक्ष के पंडित से जवाब देने में देर होती देख लोगों ने हल्ला करते हुए पंडित को पराजित और शास्त्री जी को विजयी घोषित किया। मुझे इस शास्त्रार्थ का उद्‌देश्य मनोरंजन लगा और वह पूरा हुआ।

दूसरा शास्त्रार्थ, ग्राम बिरैता, जिला फैजाबाद, का है। मेरे काका की बारात यहाँ गयी थी। उनका विवाह हमारे गाँव के झुलई सिंह की पत्नी की छोटी बहन से गयी रात हुआ था। दूसरे दिन बाई जी अपने कार्यक्रम के बाद आराम करने गयी। शास्त्रार्थ का समय हो गया। सब लोग अपना-अपना स्थान ले बैठे। दोनों तरफ के पंडित भी आमने-सामने बैठे। हमारे भगौती पंडित ने आरम्भ में ही कहा कि उनके बदले शास्त्रार्थ त्रिलोचन जी करेंगे। इसके उपरांत वे उठे और त्रिलोचन जी के पास आ उन्हें लिवा ले गये और उन्हें अपनी बगल में बिठाया। दोनों पक्ष के पंडितों ने अपना वार्तालाप आरम्भ किया। शास्त्रार्थ यहाँ भी देव भाषा में था, साधारण मनुष्यों की समझ से बाहर। फिर भी लोग चुपचाप सुन रहे थे। लगभग आधे घंटे बाद कन्या पक्ष के पंडित ने हाथ जोड़ स्वयं सिर झुका लिया। लोगों ने हल्ला करना आरम्भ कर दिया। इन दोनों शास्त्रार्थों से त्रिलोचन पारंपरिक शास्त्री सिद्ध होते हैं सर्टीफिकेटी नहीं।

पिता के आरम्भिक मित्रों में एक थे पंडित रामप्रताप त्रिपाठी। ये संस्कृत के विद्यार्थी थे। एक अन्य थे पंडित रतिनाथ झा। दोनों हिन्दू विश्वविद्यालय के ओरियेण्टल कालेज के विद्यार्थी थे। रामप्रताप जी मध्यमा कर इलाहाबाद चले गये। रतिनाथ जी पढ़ते रहे। आचार्य किया और अपने ही विषय में अध्यापक नियुक्त हुए। इन्होंने 1950 में कभी थीसिस जमा की और डॉक्टरेट प्राप्त की। पिता ने 1950 में उनकी इस थीसिस का कुछ अंश सुना था। उन्हें यह एक 'सबल और सफल कृति' लगी थी (*रोजनामचा*, पृ. 16)। झा जी बाद में प्रोफेसर होकर रिटायर हुए। गाँव के पत्र संग्रह में झा जी के भी कुछ पत्र हैं। ये सब संस्कृत में हैं। पिता भी इन्हें संस्कृत में लिखते थे। बाद में भी मिलने पर दोनों संस्कृत में ही बात करते थे। इन दोनों को मैंने हिन्दी में बात करते कभी नहीं देखा। कहीं ऐसा तो नहीं कि तीनों किसी समय सहपाठी रहे हों?

रामप्रताप जी के अधिक पत्र हैं। ये सब हिन्दी में हैं। इसका कारण इनका हिन्दी साहित्य सम्मेलन से सम्बन्ध था। संस्कृत ग्रन्थों के आधार पर हिन्दी में कहानियाँ वग़ैरह लिखते रहे। बाद में भी संस्कृत ग्रन्थों के अनुवाद आदि में लगे रहे। एक और थे सत्य नारायण द्विवेदी। इनके कुछ अधिक पत्र हैं। सभी हिन्दी में हैं। मुझे ऐसा लगता है कि रामप्रताप जी और सत्य नारायण द्विवेदी के प्रयास के फलस्वरूप ही पिता ने साहित्य रत्न की परीक्षा दी होगी। इन दोनों के कुछ पत्रों में त्रिलोचन नाम के साथ 'साहित्य रत्न' भी जुड़ा है शास्त्री तो है ही। रतिनाथ जी

के पत्रों में भी पिता के नाम के साथ शास्त्री जुड़ा है। स्पष्ट है वे शास्त्री थे। जैसे भी हुए हों। साहित्यरत्न पिता ने 1941 में पास किया।[3] यह परीक्षा हिन्दी साहित्य सम्मेलन प्रयाग कराता था।

सन्दर्भ एवं टिप्पणियाँ

1. *साक्षात् त्रिलोचन*।
2. 'गोविन्द आज तुम नहीं हो' कविता के गोविन्द (*धरती,* पृ. 56-8) बूँदी, राजस्थान, के रहने वाले थे, बनारस पढ़ने आये थे। पहचान बूँदी से ही थी। कवि थे। इनकी कविताओं की एक फाइल पिता के कागजों में यहाँ से वहाँ मेरे साथ घूमती रही। बाद में मैंने बहुत सारे कागजों के साथ इसे नष्ट कर दिया (2010 में)।
3. पिता के अपने हाथ से लिखे एक बायोडाटा में इसे इसी वर्ष पास करने का उल्लेख है।

काव्यारंभ

बरगद की छाया के भीतर नहीं अन्य तरु बढ़ पाया है

धरती, पृ. 26-7

त्रिलोचन कबसे कविता लिखने लगे इसका हम आज केवल अनुमान कर सकते हैं। प्रत्येक व्यक्ति का विकास होता है। लेखकों और कवियों का भी। उनके इस विकास की पृष्ठभूमि में उनकी तैयारी होती है। यह तैयारी उनका अध्ययन है पूर्ववर्ती लेखकों और कवियों का या दोनों का। इसमें अपने समकालीन ज्येष्ठ लेखकों-कवियों का अध्ययन भी आता है। धीरे-धीरे लेखक और कवि अपनी इस पृष्ठभूमि के प्रभाव से अलग होकर अपनी अलग पहचान बनाते हैं। कोई भी कवि या लेखक स्तरीय लेखन से आरम्भ नहीं करता। ज्यादातर कवि और लेखक अपनी आरम्भिक रचनाएँ नष्ट कर देते हैं। इसमें सन्देह नहीं कि *धरती* (मुरादाबाद, 1945) की कविताएँ त्रिलोचन की आरम्भिक कविताएँ हैं और स्तरीय हैं। इनसे उनकी काव्य प्रतिभा के क्रमिक विकास का अनुमान नहीं होता अपितु एक विकसित काव्य प्रतिभा स्पष्ट होती है।

उनकी प्रतिभा के विकास के लिए यह जानना जरूरी है कि उन्होंने कविता लिखना कब से शुरू किया। स्पष्ट प्रभाव के अभाव में कुछ भी कहना कठिन है। मेरा अनुमान है कि उन्होंने कविता लिखना बहुत पहले शुरू कर दिया होगा[1]। सम्भवतः पंडित देवदत्त भी उनके इस आरम्भिक लेखन से परिचित थे। उन्होंने अपने 'गीत रहेंगे' शीर्षक एक संक्षिप्त लेख (*वासन्ती*, जून, 1962) में अपने चार गीत उद्धृत किये हैं। इनमें से प्रथम दो बीसवीं सदी के तीसरे (चौथे नहीं) दशक के और शेष दो 1962 के हैं। तीसरे दशक का पहला गीत 1932 का और दूसरा 1936 का है। पहला गीत निम्न है :

''सरि पर तरि समर्पित राग
नृत्यशील : तरंग उज्ज्वल
धार विह्वल
भर रही चल तीर अविरल

नीर उर उपराग
रूप की ऊषा सुघर तर
अमल अम्बर
धुली स्मिति से अखिल स्तुति धर
कह रही जग जाग''[2]

दूसरा 1936 का गीत निम्न है :

''उड़चल उड़चल मेरे पंछी
तेरा दूर बसेरा
दिन उड़ता निज पर फैलाए
बदल रहा जग बिना बताये
दिन के संग चला चल
पीछे आता घोर अँधेरा
साँस न लेने की वेला है
प्रलय पर्व का यह मेला है
फिर तेरा वह देश जहाँ पर
शेष न साँझ सबेरा'' ।[3]

इन दोनों गीतों को *धरती* पूर्व का मान सकते हैं। साथ ही यह भी मानना होगा कि इस संकलन में तीस के दशक की भी कुछ कविताएँ संकलित सम्भव हैं। इस प्रकार *धरती* की कविताओं को 1936 से 1942 का मान सकते हैं। उनकी इन दो आरम्भिक कविताओं के बीच भी चार साल का एक अंतराल है। इस गैप में क्या कर रहे थे? ऐसा तो हो नहीं सकता कि इस बीच कुछ लिखा ही न हो और यदि लिखा तो वह क्या हुआ?

मैं समझता हूँ कि इस बीच का बहुत सारा लेखन उन्होंने बाद में नष्ट किया होगा। जैसे चौताल आदि भुला दिये गये या नष्ट कर दिये गये वैसे ही और भी बहुत कुछ नष्ट किया गया। इसका कुछ खुलासा उन्होंने श्री हरिश्चन्द्र सभा के वार्षिकोत्सव के अवसर पर दिये गये अपने भाषण (28 मार्च, 1968) में इस प्रकार किया था, ''मैंने कभी सोचा था कि निराला के पीछे चलूँ। लेकिन मैंने यह अनुभव किया कि अगर मैं निराला के पीछे चलता तो वे मेरा भोजन कर लेते। अतः मैं उनके पीछे नहीं चला। मैंने निराला का स्मरण विश्लेषण तो किया पर अनुकरण नहीं किया। 1931 से 1935 तक मुझमें अंतर्द्वन्द्व था। पर 1935 में मैं निश्चय पर पहुँच गया और निराला के किसी भी प्रभाव से मुक्त हो गया।''[4]

उन्होंने यह एक उदाहरण दिया है, अपने पूर्व या ज्येष्ठ कवि के प्रभाव से मुक्त होने का। 1931 से 1935 तक का उनका जो अन्तर्द्वन्द्व था उसमें क्या वे निराला और अन्य कवियों के प्रभाव में कुछ लिख रहे थे? सम्भव है, तभी तो

प्रभाव से मुक्त होने की बात कर रहे हैं। निराला या अन्य कवियों के प्रभाव में लिखा गया उनका काव्य क्या हुआ? स्पष्टतः सब नष्ट कर दिया गया। प्रभाव में लिखा गया होगा कुछ तभी तो उससे मुक्त होने का प्रश्न उठेगा? सम्भवतः यह कुछ भी काफी होगा।

गाँव में पिता की हस्तलिखित कापियों में *कामायनी* की भी एक कापी थी। इसमें केवल दो-तीन सर्ग ही लिखे थे। हिन्दी की एक मात्र इसी पुस्तक की एक आंशिक प्रतिलिपि मेरे देखने में आयी थी। गाँव में निराला की कई पुस्तकें भी थीं। उनकी जो पुस्तकें बनारस में थीं उनमें जयशंकर प्रसाद की *आँसू* (वि.सं. 1990) की एक प्रति भी थी। इसे उन्होंने बनारस में 1935 में खरीदा था। यह इसका दूसरा संस्करण था। जिल्द के बाद वाले सादे पन्ने पर ऊपर दाहिने पेंसिल से उन्होंने 'वासुदेव सिंह त्रिलोचन' और गाँव का अपना पूरा पता लिख रखा था। इसी के आस-पास पेंसिल से ही एक स्त्री की मुखाकृति भी अंकित थी। सम्भवतः यह रेखांकन युवा होते त्रिलोचन का एक मात्र उपलब्ध रेखाचित्र है। इसके बाद, इसके अगले पृष्ठ पर इसके संक्षिप्त 'प्रकाशकीय' के बायें उन्होंने अपना उतना ही संक्षिप्त 'वाचक' लिखा था। इसमें उन्होंने लिखा था, 'एक ही विषय पर बहुत लिखा जा सकता है। इसे कवि का अपमान या उनकी स्पर्द्धा या अशिष्टता न समझा जाय।' इस वाचकीय के नीचे उन्होंने अपना नाम 'त्रिलोचन' लिखा। इसके नीचे दिनांक, माह और वर्ष (1935) लिखा था। स्पष्टतः उन्होंने इसे इसके बहुत पहले नहीं खरीदा होगा।

आँसू की यह प्रति सर्वप्रथम मैंने रानी भवानी गली से कमच्छा वाले घर में 'शिफ्ट' करने के समय देखी थी। इसे मैंने उलट-पुलट देखा था। इसमें कई पृष्ठों पर प्रसाद के पदों के बगल में सफेद कागज काट-काट चिपकाए गये थे। प्रकाशकीय के बगल में भी इसी प्रकार कागज चिपकाया गया था। इसके चलते इस पुस्तक में मेरी जिज्ञासा बढ़ी। चिपकाए कागजों को खोलकर देखने की इच्छा हुई। आखिर कागज चिपकाने का प्रयोजन था तो क्या?

कमच्छा में किताबें मैंने रखी नहीं। बाद में मैं इसे ढूँढ़ भी नहीं पाया। बाद में 1968 में कमच्छा से हैदराबाद शिफ्ट करने के समय भी मैं इस काम में लगा। *आँसू* की यह प्रति मुझे फिर दिखी। इस बार इसे मैंने अपनी किताबों में डाल दिया, ताकि जब चाहूँ निकाल सकूँ। शिफ्टिंग पूरी होने के बाद ही चिपकाए गये कागजों को निकालने का काम शुरू किया। 'वाचक' पर चिपकाया कागज आसानी से हट गया। इससे मुझे स्पष्ट लगा कि कागजों के अन्दर युवा होते त्रिलोचन के आंशिक आँसू या तो नष्ट किये गये हैं या फिर सदा के लिए बन्द हैं।

धीरे-धीरे अन्य पृष्ठों से भी मैंने कागज हटाए। बड़ी सावधानी बरतने के बावजूद प्रत्येक पृष्ठ के प्रथम लिखे पद की प्रथम और तृतीय पद की अन्तिम पंक्ति से कागज नहीं हटा। इन दोनों पंक्तियों पर गोंद की अधिकता के कारण

कागज उनपर जम सा गया था। इसके चलते नवोदित कवि के प्रसाद के पदों के समानांतर लिखे चौबीस-पच्चीस पदों में से केवल कुछ पद ही पढ़ने में पूरे आ रहे थे (दे. परिशिष्ट-3)।

बाद में *आँसू* की यह प्रति उनकी सारी पुस्तकों के साथ मेरे साथ शिलांग गयी। मेरे वहाँ से बनारस वापस आने पर वापस आयी। इसे 'बोरर' कीड़ों से होती क्षति के कारण मैं इसे संरक्षित करने की सोच रहा था। लखनऊ स्टेट आर्काइव्स के एक रिटायर्ड सज्जन बनारस आकर इसे और कुछ पत्रों को संरक्षित करने का आश्वासन तो देते रहे पर आये नहीं। मैंने किसी अन्य व्यक्ति से सम्पर्क भी नहीं किया। हाँ। मैंने पठनीय अंश सभी पदों के पहले ही लिख लिए थे।

पिता का 1931 से 1935 (14 से 18 वर्ष की आयु) तक का अंतर्द्वन्द्व इस अन्तिम वर्ष के अंत तक निराला के ही नहीं वरन् अन्य प्रभावों से भी मुक्ति का वर्ष है। उन्होंने 1935-36 तक जो कुछ भी फुटकर कागज़ों या कापियों में लिखा और जो उन्हें नष्ट करने लायक लगा वह सब नष्ट कर दिया। अपने कागजों को नष्ट करने का उनका तरीका उन्हें चूल्हे में जलाने का था। इसे मैंने गाँव में और बनारस में बार-बार देखा है। कभी-कभी स्वयं जलाते थे और बाद में प्रायः माँ को जलाने को देते थे।

उन्होंने यदि अपना आंशिक आँसू प्रसाद के *आँसू* के पृष्ठों पर न लिखा होता तो आज यह भी उपलब्ध न होता। उन्हें पुस्तकों से बहुत लगाव था। कोई भी पुस्तक कितनी भी जर्जर क्यों न हो उसे सहेज कर रखते थे। पुस्तकों को नष्ट करना तो दूर उसके पृष्ठों को काट-कूटकर कर गंदा करना, उनपर लिखना वगैरह तक उन्हें नापसन्द था। मुझे तो बचपन में प्रायः पुस्तकें गंदी करने के लिए डाँट पड़ती थी। बाद में अंडरलाइन करने के लिए डाँटा जाता रहा। लिखे अंशों पर कागज चिपकाना मेरी समझ से इस पुस्तिका को नष्ट करने और गंदगी (काट कूट) से बचाने का सबसे अच्छा तरीका था। इसे ही उन्होंने अपनाया।

उन्हें मार्जिन पर लिखने से भी चिढ़ थी। मुझे कई बार और मेरे काका को एक बार मार्जिन पर लिखने के लिए उन्होंने मेरे सामने डाँटा था। अब मुझे लगता है कि मार्जिन पर लिखने वालों से उन्हें अपने निजी अनुभव से चिढ़ होने लगी थी। बहरहाल उनका यह आंशिक आँसू उनकी इसी गलती के कारण बचा और उनके आरम्भिक व्यक्तित्व का एकमात्र ऐतिहासिक साक्ष्य है। अब इसका केवल ऐतिहासिक महत्त्व है। किसी भी व्यक्ति का विकास 'वैकुअम' में नहीं होता। सबको इसके लिए श्रम करते रहना पड़ता है। लिखते रहना पड़ता है और नष्ट करते रहना पड़ता है। अपनी राह खोजनी पड़ती है। अपनी *धरती* बनानी पड़ती है।

बरगद की छाया से बाहर आने की समझ उन्हें अपेक्षाकृत जल्दी ही आ गयी।

सन्दर्भ एवं टिप्पणियाँ

1. उनके काव्य-लेखन का आरम्भ उनके चौताल लेखन से माना जा सकता है, दे. *साक्षात् त्रिलोचन*; सुलभ साहित्य अकादमी की पुस्तिका *श्री त्रिलोचन शास्त्री* में उन्होंने एक संक्षिप्त लेख, 'लय की पहचान' में गाँव (कैथाने) के प्रभुदयाल लाल के सम्पर्क से अपने चौताल लिखने और उसमें द्विजदेनी का नाम डालने का उल्लेख किया है। प्रभुदयाल लाल के सुझाव से उनमें अपना नाम देने लगे। चौताल अब अनुपलब्ध हैं।
2. दे. त्रिलोचन, *काव्य और अर्थबोध* (सं. अवधेश प्रधान, इलाहाबाद, 1995; प्रथम प्रकाशन 1962 के जून के *वासन्ती* पत्रिका के अंक में), पृ. 83-85।
3. वही, पृ. 84
4. वही, पृ. 96

धरती और उसका लोप

पावइ केउ तउ ठीक न पावइ ठीक, कबिता कबहुँ न चली एक धई लीक
अमोला, पृ. 152

इसी समय, 1940-41, के आस-पास पिता के साथ मेरी यात्राएँ भी शुरू हुईं। सबसे पहली मेरी यात्रा जो पिता के साथ हुई वह आगरा की थी। आगरा हम लोग लगभग एक महीने रहे या शायद कुछ अधिक। किसी का घर था। घर से लगी हुई गोशाला थी। इसी घर में हम पिता के मित्र के साथ रहे। इसी दौरान पिता एक दिन मुझे आगरे का किला दिखाने के लिए ले गये थे। इसी समय ताजमहल भी दिखाया था। किले में जड़े एक नग में पिता मुझे ताजमहल दिखाने का प्रयास कर रहे थे। मुझे देर तक वह नहीं दिखा। देर से दिखा। गनीमत उस समय इतने पर्यटक-दर्शक नहीं होते थे। आगरा किले का यह नग बाद में उनके एक सानेट में भी आया।

"... इधर त्रिलोचन सानेट के ही पथ पर दौड़ा,
... ... इस सानेट का रास्ता चौड़ा
अधिक नहीं है, कसे कसाए भाव अनूठे
ऐसे आयें जैसे किला आगरा में जो
नग है, दिखलाता है पूरे ताजमहल को... ".

दिगंत (द्वितीय आवृत्ति, 1983), पृ. 9

किला देखने के बाद हम ताजमहल देखने गये। किले की तरह ही यहाँ भी वे मुझे बहुत सारी बातें बताते-समझाते रहे। यह भी कहा कि एक दिन सिकंदरा चलेंगे। पर हम सिकंदरा नहीं गये। पता नहीं क्यों नहीं गये। आगरे के बाद हम सीधे गाँव वापस आ गये।

उनके साथ मेरी दूसरी यात्रा मुरादाबाद की हुई। यह 1941-42 की बात है। शायद 1942 की। पिता शायद यहाँ कुछ पहले से काम कर रहे थे। मुरादाबाद का मेरा निवास भी एक-डेढ़ मास का ही रहा। मुरादाबाद में हम लोग जिस घर में रहे, उसमें एक कमरा लिया गया था। इसे शायद पहले से ले रखा गया था। हम सीधे

इसी में गये थे। यह पहली मंजिल पर था। पिता प्रदीप प्रेस में काम कर रहे थे।

प्रदीप प्रेस एक बड़े मकान में था। मैं प्रायः पिता के साथ प्रदीप प्रेस चला जाता था। नीचे प्रेस था। इधर-उधर के कमरों में कागज और किताबें या मशीनें रखी थीं। ऊपर की मंजिल पर जगदीश जी वगैरह रहते भी थे। आफिस और स्टोर भी ऊपर था। जगदीश के कमरे में उनकी पत्नी भी कभी-कभी आ के बैठती थीं। बातें करती थीं। दुबली-पतली, गोरी और सुन्दर थीं। उस समय तक उनके बच्चे नहीं थे। कम से कम मुझे किसी की याद नहीं है। शायद नहीं थे।

जगदीश जी पिता के रजिस्टरों में लिखी उनकी कविताएँ चुन रहे थे। तीन रजिस्टर थे। इनमें से दो के पन्ने सफेद और तीसरे का गुलाबी था। तीनों की लम्बाई समान थी, फुलस्केप साइज। पिंक पन्नों वाला रजिस्टर पतला था, लगभग 300 पृष्ठों का। शेष दोनों रजिस्टर मोटे थे। इनमें 600 के लगभग पृष्ठ प्रत्येक में थे। दोनों पिंक वाले से दुगुने मोटे थे। तीनों सजिल्द थे। तीनों में पिता की कविताएँ लिखी थीं। अपनी लिखावट में। तीनों रजिस्टरों में आधे से अधिक कविताएँ लिखी थीं। मुझे लगता है कि कुल कविताएँ तीनों रजिस्टरों की मिलाकर सात से साढ़े आठ सौ लगभग होंगी। इन्हीं रजिस्टरों से कविताओं का चुनाव हो रहा था। जगदीश मुख्य रूप से स्वयं ही चुनाव करते थे। कभी-कभी पिता को बुलाकर उनसे और कभी-कभी अपनी पत्नी से भी सलाह लेते थे। पिता अन्य काम करते थे। तीनों युवा थे।

कभी-कभी पिता मुझे साथ नहीं ले जाते थे। ऐसी स्थिति में मुझे कमरे में बन्द कर जाते और बाहर से ताला लगा देते। मैं चौकी पर खड़ा कभी खिड़की की सलाखें पकड़े और कभी बिना पकड़े बाहर सड़क वगैरह देखता रहता। कभी कुछ पढ़ता या सो जाता। प्रेस जाने से पहले वे खाना बना और खा-खिला जाते थे। प्रायः शाम को आते, फिर खाना बनाते, खाते। मैं खेलता और फिर सो जाता। कभी-कभी दिन में, दोपहर में भी आ जाते थे। शायद मुझे देखने के लिए। कभी-कभी दिन में हम जगदीश जी के साथ ही खाते थे।

इन रजिस्टरों में छोटी, लम्बी और कुछ काफी लम्बी कविताएँ भी थीं। इनमें से एक ही लम्बी कविता की मुझे स्मृति है। इसका शीर्षक 'मंगल काका' था। इसमें मंगल काका बहुत सारी बातें कहते हैं। वे बातें जो आगे होंगी। उनका एक कथन यह भी था कि एक समय ऐसा आयेगा जब आदमी लग्गी से चने तोड़कर खाएँगे। मुझे मेरे कहने पर पिता कई बार यह कविता सुनाते थे। हर बार मैं लग्गी, चने और आदमी की ऊँचाई में उलझ जाता था। कितने ऊँचे होंगे चने के पौधे कि उन्हें लग्गी से तोड़ना पड़ेगा? कहीं ऐसा तो नहीं होगा कि आदमी ही छोटे हो जायेंगे? आखिर कितने छोटे होंगे? इसी उधेड़बुन में आगे की कविता सुन कर भी अनसुनी रह जाती।

इस समय तक मुझे हाथ की लिखावट पढ़ने में दिक्कत होती थी। छपी पुस्तकें धड़ल्ले से पढ़ लेता था। दो पुस्तकों के नाम याद आते हैं—*लाश पर* और शायद

मुर्दों का टीला या ऐसा ही कुछ और। इनमें से मैंने एक भी पूरी नहीं पढ़ी। केवल कुछ ही अंश पढ़े। दूसरी किताब तो बहुत बाद में पढ़ी।

मुरादाबाद में भी हम दोनों एक-दो बार घूमने निकले। कहाँ-कहाँ गये यह अब याद नहीं। शायद शहर में ही घूमते रहे। सम्भव यह भी है कि हम तस्वीर खिंचाने के लिए घूम रहे हों, दुकान की तलाश में। तस्वीरें तो हम दोनों की खिंचीं। दोनों की पहली तस्वीरें—वह भी मुरादाबाद में और फुटपाथ पर पर्दा लगा कर खींचने वाले फोटोग्राफर से। ऐसा लगता है जैसे पिता, पुत्र दोनों की ये तस्वीरें एक ही दिन और समय और एक ही फोटोग्राफर की खींची नहीं हैं। फुटपाथ पर किसी घर की दीवार से टँगे पर्दे के सामने कुर्सी पर मुझे बिठा दिया गया। कुर्सी मेरे लिए बड़ी थी। मैंने पैर जमीन पर टिकाने के लिए उन्हें नीचे की ओर तान दिये थे। इससे भी वे जमीन तक नहीं पहुँच पा रहे थे। आँखें खुली सामने को देख रही थीं। सिर का बाल मुड़ा हुआ था। बाद में पिता ने इस चित्र के नीचे बायीं ओर अपने पैर के पास (चित्र में चप्पल पहने उनके पैर का थोड़ा भाग आ गया था), मेरा नाम जयनन्दन और उसके नीचे तारीख लिखी।

ऐसा ही एक चित्र पिता का भी पर्दे के सामने कुर्सी पर बैठे हुए है। उनका दाहिना पैर बायें पर है। पैर में सैंडल, कमीज और हाफपैण्ट पहने हुए हैं। उनकी कमीज आधी बाँह (हाफ) की है और उसके सभी बटन बन्द हैं। उनके और मेरे चित्र के पर्दे अलग-अलग हैं। इसलिए दोनों अलग फोटोग्राफरों के खींचे और अन्य दिन के हैं। पिता ने इस चित्र के बायें ऊपर से नीचे, चीनी शैली, में त्रिलोचन लिखा है। दोनों चित्रों की कुर्सियाँ भी भिन्न हैं।

धरती के कवि, 1942

पिता का ऐसा एक और चित्र है। इसमें वे सीधे नंगे बदन खड़े हैं। सामने देखते हुए। इसका पर्दा उनके पिछले चित्र का ही लगता है। नीचे उन्होंने एक हाफ धोती या धोतीनुमा लुंगी पहन रखी है। यह उनके घुटनों से थोड़ा नीचे तक है। इसमें भी उन्होंने चीनी शैली में अपना नाम नीचे बायीं ओर लिख उसके बगल में ऊपर से नीचे एक रेखा खींच कर ऊपर 7. उसके नीचे 3. और उसके नीचे 42 लिखा था। दोनों चित्र *धरती* में जाने के लिए खिंचवाए गये थे। पर अंततः शायद इनमें से किसी का चयन पुस्तक के लिए नहीं किया। कारण कवि को बताया हो तो कह नहीं सकता।

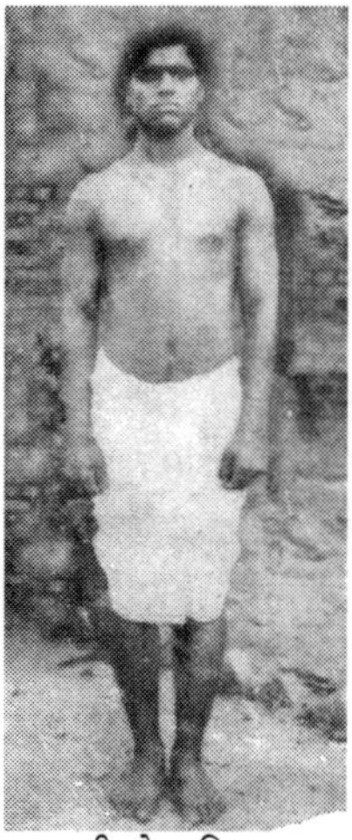

धरती के कवि, 1942

धरती के प्रकाशन का विचार 1941 से चल रहा था। मेरे

मुरादाबाद जाने के पहले से पिता के रजिस्टर जगदीश के पास पहुँच चुके थे। या तो वे स्वयं ले गये थे या पिता उन्हें देकर फिर वापस आ मुझे ले गये थे। बहरहाल मैं नहीं जानता कि जगदीश ने प्रकाशन के लिए त्रिलोचन को क्यों चुना? उनकी कविता और विद्वत्ता से प्रभावित होकर चुना? उन्हें प्रोत्साहित करने के लिए चुना या फिर मैत्री के कारण? उनके इस चुनाव के पीछे एकाधिक कारण हो सकते हैं। पर मुझे लगता है कि 1940-41 तक त्रिलोचन उस समय के नये हिन्दी कवियों में अपनी एक निश्चित पहचान कुछ ही प्रकाशित कविताओं के आधार पर बना चुके थे। 1942 के पूर्वार्द्ध में *धरती* पर कार्य होता मैंने देखा है।

मुरादाबाद में पिता की पहचान के किसी दरोगा ने उन्हें बताया था कि शीघ्र ही उनकी गिरफ्तारी हो सकती हैं।[1] इसी पूर्व सूचना के चलते वे मुझे ले के गाँव आये। मुझे गाँव छोड़ वे वापस गये। मुरादाबाद नहीं गये। इधर-उधर घूमते रहे और कुछ समय बाद बनारस में गिरफ्तार हो गये।

बनारस सेण्ट्रल जेल में उनके साथ और बहुत सारे कैदी थे। इनमें से जिन लोगों से उनका सम्पर्क बाद में भी बना रहा उनमें बाबू सम्पूर्णानन्द[2] और रघुनाथ सिंह[3] ही मुख्य रहे। पिता की इस गिरफ्तारी के बाद शायद 1942 के अंत या 1943 के आरम्भ के लगभग काका छुट्टी पर घर आये[4]। सारी बात जानकर अगले ही दिन बनारस गये। भाई से मिले और कहा कि वे अधिकारियों से मिलकर उन्हें छुड़ाने जा रहे हैं। भाई ने उनसे कहा कि वे मुझसे माफी माँगने को कहेंगे। मैं माँगूँगा नहीं। तुम वापस घर जाओ। काका वापस आ गये। कुछ ही समय बाद पिता भी जेल से छूटे और घर-गाँव आ गये।

उनके जेल से आने के बाद हमारे गाँव के कई पिता के समवयस्क और कनिष्ठ लोग घर आते और बैठकी लगाते रहे। इसमें से ज्यादातर लोग उनके जेल के अनुभव के विषय में पूछते और वे बताते। मैं इन सब बैठकों में उपस्थित रहता था। इनमें वे प्रायः अपने भागने, भागने के समय घायल हो साइकिल से गिरने, पकड़े जाने, अस्पताल जाने, खाने-पीने विषयक बातें बताते थे। सर्वप्रथम इन्हीं में से किसी एक में उन्होंने जेल में कमरे की दीवार पर कोयले से कविता लिखने की बात बताई। इन जेल-कविताओं में से वे कितनी बचा पाये मेरे लिए कहना कठिन है।

हमारे गाँव के पास एक गाँव बछैयाँ है। लगभग एक किलोमीटर या इससे कुछ कम दूरी होगी। इस गाँव की आबादी मिली जुली थी इसमें प्रायः सभी जातियों के लोग थे। इस गाँव के बाहर हमारे गाँव की ओर एक बड़ा तालाब था। तालाब के बाद था ऊसर। बचपन में मैं कई बार (यू.पी. कॉलेज के दिनों में) अपनी पट्टीदारी के हरखू सिंह के साथ इस तालाब में कटियाँ से मछली मारने जाया करता था। गाँव हमारे किसी रास्ते में नहीं पड़ता था। इसलिए मुझे इस गाँव की अन्दरूनी जानकारी नहीं है।

इसी बछैयाँ गाँव के निवासी थे रामजस यादव। ये कम्यूनिस्ट पार्टी आफ इंडिया के कार्ड होल्डर सदस्य थे। पिता के गाँव आने पर उनसे मिलने के लिए जरूर आते थे। दोनों की बातचीत का विषय राजनीति होता था। रामजस बाहर दरवाजे पर खाट पर पिता के साथ बैठकर या खड़े-खड़े या टहलते हुए बात करते थे। पिता के न होने पर भी कभी-कभी घर आते और हालचाल पूछ कर जाते। कई बार जेल गये। बयालीस में भी गये थे। सी.पी.आई. के सक्रिय सदस्य आजीवन रहे। सुल्तानपुर किसान आन्दोलन के अग्रणी नेताओं में थे। केवल हिन्दी बोलते थे। पार्टी के कार्यक्रमों में भाग लेने प्रदेश के बाहर भी आते-जाते रहते थे। कई बार चुनाव लड़े और हारे। बाद में मुलायम सिंह यादव ने इन्हें विधान परिषद का सदस्य बना दिया। रामजस का हमारे यहाँ आना-जाना गाँव के अन्य ठाकुरों को पसन्द नहीं था। इसी के चलते उन्होंने कहना शुरू किया कि 'बसदेउआ त एकदम बहि ग। नन्ह जतियन के साथ उठइ बइठइ लाग'। हमारे यहाँ इसका कोई असर किसी पर नहीं पड़ा।

पैण्ट, हाफ पैण्ट, पाजामा वगैरह पहनने का चलन भी हमारे गाँव में हमारे ही घर से शुरू हुआ। इसका भी गाँव में काफी समय तक विरोध होता रहा। हमें तुरूक-मुसुरमान और सुथना पहनने वाले मियाँ कहा जाता था। कोई-कोई क्रिस्तान भी कहते। हममें से कभी किसी ने इस पर कोई प्रतिक्रिया नहीं व्यक्त की। देखा-देखी लोग धीरे-धीरे रास्ते पर आने लगे।

गाँव के पत्रों में जगदीश के भी पत्र हैं। इनमें वे त्रिलोचन को मुरादाबाद बुलाते हैं। न आ सकने की स्थिति में किसी और को भेजने को कहते हैं। उन्हें वे लेखकों से विभिन्न विषयों पर पुस्तकें लिखवाने की बात तय करने का अधिकार देते हैं। *धरती* की प्रगति की सूचना भी। *प्रदीप* के (1942 में) बन्द किये जाने का उल्लेख भी है। उनके पत्र से लगता है कि त्रिलोचन ने बनारस के कई लोगों को पुस्तकें लिखने के लिए तैयार भी किया था। इनसे उन्हें कब तक पुस्तकें मिलेंगी वे अब यह जानना चाहते थे।

पिता के स्थान पर जो सज्जन काम करने मुरादाबाद गये वे उस घर में रहने नहीं गये जिसमें हम लोग थे। उनके पत्र से लगता है कि जिस कमरे में हम रह रहे थे उसमें हमारे जाने के बाद किसी की हत्या हो गयी थी। इन्होंने भी कुछ समय बाद मुरादाबाद छोड़ दिया। इनके पत्र में जगदीश की और उनके पत्र में इनकी शिकायत भी है (इनके पत्र में इनका नाम इतना घसीट हस्ताक्षरित है कि पढ़ने में नहीं आता)।

धरती अंशतः 1945 में छप गयी। जगदीश एक और संग्रह पिता का निकालना चाहते थे। 1942 से ही इस पर विचार कर रहे थे। इसलिए पिता के रजिस्टर उन्होंने अपने पास कविताओं के चयन के लिए रख लिए। इस समय वे बम्बई शिफ्ट करने

की भी सोच रहे थे। पिता को भी चलने को कह रहे थे। पिता बम्बई जाना नहीं चाहते थे। उन्होंने शिफ्टिंग के कारण दूसरे संग्रह में अधिक देर लगने की सम्भावना समझते जगदीश को अपने रजिस्टर भेजने को लिखा। जवाब नहीं आया। कुछ-कुछ अंतर पर दो-तीन पत्र और भेजे गये। जगदीश का जो पत्र अंततः आया उसमें उन्होंने लिखा कि उन्होंने उनके रजिस्टर भेज दिये। रजिस्टर मिले नहीं। वे बम्बई जा चुके थे। उन्होंने वे रजिस्टर कब, कहाँ और किस पते पर भेजे यह भी पता नहीं चला। पिता इस बीच गाँव, बनारस (अर्दली बाजार) रहे और *आज साप्ताहिक* (1943) में काम भी करते रहे। *धरती* के स्रोत, रजिस्टर, या तो भेजे नहीं गये या फिर पाने वाले ने दबा लिए। बहरहाल त्रिलोचन की अधिकांश धरती रसातल में कहीं लुप्त हो गयी। किसी ने कहीं छिपा दी। किसी हयग्रीव ने।

मुझे लगता है जगदीश ने रजिस्टर भेजे नहीं। रख लिए कि दूसरे संग्रह की कविताएँ चुनने के बाद भेजेंगे। रजिस्टर कहीं रख दिये गये और दबते गये। दबते-दबते इस प्रकार सदा के लिए दब गये। दूसरी सम्भावना यह है कि उन्होंने इन रजिस्टरों को किसी को दे भेजने को कह दिया। जिसके जिम्मे यह काम सौंपा गया वे आजकल करते रहे और भूल गये। हुआ जो भी उसमें हानि कवि त्रिलोचन की हुई। फिर भी वे उम्मीद में रहे कि उनकी खोई हुई धरती उन्हें मिलेगी। अधिकांश धरती।

जेल से छूटने के बाद पिता कुछ दिन गाँव रहे। उसके बाद फिर बनारस, *साप्ताहिक आज* में। कुछ दिन अर्दली बाजार में किन्हीं 'सिंह' के यहाँ रहे। अर्दली बाजार के इस घर में कुछ दिन मैं भी उनके साथ रहा। ज्यादा कुछ तो याद नहीं पर हमारे एक दो पड़ोसी मुसलमान थे। इनमें से किसी के बच्चे की सुन्नत थी। उसमें हम दोनों भी गये थे। मिठाई वगैरह खा के आये थे। पिता इस समय सिग्रेट पीते थे। पचास सिग्रेट वाला टिन का डिब्बा भी रखते थे। अर्दली बाजार के बाद मैंने उन्हें फिर सिग्रेट पीते नहीं देखा। कुछ समय बाद मुझे फिर वापस गाँव पहुँचा आये।

यदि मैं भूल नहीं रहा तो इसी समय के लगभग मुझे शिव मंगल सिंह 'सुमन' का भी ध्यान आता है। वे जोधपुर कालोनी के उस मकान में रहते थे। जिसमें बाद में त्रिलोचन, पन्त और उनके भी बाद परीक्षा नियंता ओ.पी. टंडन रहे। इस घर के सामने वाले घर में अंग्रेजी के एस.के. सिंह रहते थे। सुमन जी के इस घर में मैं पिता के साथ कई बार गया था। एकाध बार इन दोनों ने कविताएँ भी एक-दूसरे की सुनी-सुनाई थीं।

इसी समय के लगभग कभी पिता ने मुझे अपनी ननिहाल अखईपुर में रख दिया (1945 के अंत या 1946 के आरम्भ में कभी) पढ़ने के लिए। कर्रा के स्कूल में मेरा नाम भी लिखा दिया। मैं स्कूल आने जाने लगा। वहीं बगल के गाँव नरायनपुर में मेरा ननिहाल था। गाँव के बाहर एक बड़ा पोखरा था। इसमें हम लोग कभी-कभी

नहाने आते और सीपें ढूँढ़ कर निकालते। स्कूल का रास्ता इधर से था। कुछेक, शायद एक दो महीने के अन्दर ही एक दिन शाम जब मैं स्कूल से आया तो मुझे उनके कोल्हू पर किसी ने जाने को कहा। इसके कुछ दिन पहले पिता का एक कार्ड मेरे पास आया था। इसमें उन्होंने पूछा था कि मेरा मन वहाँ लगता है या नहीं (दे. परिशिष्ट-8)? कोल्हू पर धर्मा थीं। अछैबर सिंह की बेटी। ये मायके में ही अधिकतर रहती थीं। पेरी हुई ईख की खोइया एक खाँची में भरी वहाँ रखी थी। धर्मा[5] ने मुझसे कहा, 'खोइया उठाकर घर ले जाओ। सूख जायेगी तो जलाने के काम आयेगी।' मैंने कहा, 'मुझसे नहीं जायेगी। मैं नहीं ले जाऊँगा।' उन्होंने डंडा उठाया, मेरी ओर बढ़ती बोलीं, 'ले कैसे नहीं जाओगे? थाली भर-भर कर खाते हो, काम करते नानी मरती है?' मैंने कहा, 'हमारे यहाँ ऐसा काम कोई नहीं करता। आदमी करते हैं।' उन्होंने कहा, 'लेकिन यहाँ तो करना पड़ेगा।' मैंने झल्लाते हुए कहा, 'चलिए उठाइए।' उन्होंने किसी से कहकर खाँची मेरे सिर पर उठवा दी। मैं ले के चला। सौ सवा सौ कदम चलने के बाद मुझे लगा मेरी गर्दन टूट जायेगी। मैं इसे और नहीं ले जा सकूँगा। मैंने खाँची गिरा दी और रोता हुआ घर पहुँचा। धर्मा डंडा लिए हुए, जाने क्या-क्या बकती हुई मेरे पीछे चली आ रही थीं। मैं उनसे बचने के लिए हनुमान सिंह की पत्नी से सटा बैठा रहा। अनाप-शनाप बकते और आँगन में जमीन पर डंडा पटकते हनुमान सिंह की पत्नी के जाने को कहने पर वे वहाँ से गयीं।

अगले दिन सुबह मैं स्कूल गया। स्कूल से शाम को मैं अखईपुर न जा अपनी ननिहाल नरायनपुर चला गया। शाम को सात साढ़े सात बजे हनुमान सिंह आये। मेरे बारे में पूछा। यह जानकर कि मैं अन्दर हूँ मुझे बाहर से ही बिना बताये आने के लिए डाँटते रहे। कुछ देर बाद अगले दिन शाम घर आने को कहकर गये। सुबह मैं नरायनपुर से स्कूल के लिए चला। पर स्कूल न जा मैं डोभी रेलवे स्टेशन गया। वहाँ पता चला जौनपुर जानेवाली जो ट्रेन आयेगी वह यहाँ रुकेगी नहीं, केराकत रुकेगी। मैं डोभीवाली बुआ के घर जा सकता था। नरायनपुर या अखईपुर जा सकता था। कहीं भी जाने की अपेक्षा मैंने रेलवे लाइन के किनारे की पगडंडी पकड़ी और केराकत की ओर चुपचाप चलता गया। रेलवे लाइन के किनारे चलते-चलते शाम ढाई तीन बजे के लगभग केराकत पहुँचा। स्टेशन की एक बेंच पर अपना बैग लिए बैठा रहा। शाम के लगभग ट्रेन आयी। स्टेशन पर भगदड़ मची। सब उसमें चढ़ने को भागे। मैं भी दौड़ा और एक डिब्बे में जा बैठा। रात में आठ-नौ बजे के करीब ट्रेन जौनपुर पहुँची। छोटी लाइन के प्लेटफार्म से बड़ी लाइन के प्लेटफार्म पर आया और एक बेंच पर बैठा-बैठा सो गया।

'अरे जय! तुम यहाँ? कहाँ जा रहे हो?' सुनकर एकबारगी ही हड़बड़ाकर जगा। देखा सामने राम विनायक सिंह[6] खड़े हैं। उन्हें देखते ही मेरा रोना शुरू हुआ। वे

मेरी बगल में बैठे मुझे चुप कराते रहे। मैंने उन्हें बताया, मैं गाँव जा रहा हूँ। पिता की ननिहाल से। उन्होंने मुझे पूड़ी सब्जी ले के खिलाई। शाहगंज का टिकट भी कटा के दिया। पैसे भी दे रहे थे। मैंने लिए नहीं। मेरे पास पाँच रुपये और कुछ आने थे। बस का हो जाता। सुबह आसनसोल से शाहगंज उतरा और सीधा बस स्टेशन जा काउंटर पर खड़ा हो गया। बस से सूरापुर और वहाँ से पैदल घर दोपहर में पहुँचा। रोते-रोते माँ और बुआ को सारी बात बताई। उसी दिन शाम काका भी छुट्टी पर घर आ गये। पूरी बात जान कर आग बबूला हो गये। सुबह होते ही अखईपुर उन लोगों को डाँटने चल दिये। राम विनायक जी बनारस जा रहे थे। ईश्वरगंगी या वहीं आस-पास कहीं रहते थे। वहाँ उन्होंने पिता को बताया। वे वहाँ से गाँव के लिए चल दिये और उसी दिन शाम गाँव आये जिस दिन सुबह काका अखईपुर के लिए निकले।

इस तरह पिता-पुत्र दोनों का अखईपुर प्रवास लगभग एक समान रहा और भागने से ही पूरा हुआ। कोई तो बात थी जो दोनों में समान थी। उन्हें मनई बनने नहीं देना चाहती थी। पर उन्होंने मुझे वहाँ भेजा क्यों? कभी समझ नहीं पाया।

एक बार पिता गाँव में कुछ दिन रुके थे। शायद 1944-45 की बात है। एक दिन मैं बदरी कहार के घर के सामने, दरवाजे पर, और लड़कों के साथ खेल रहा था। खेल-खेल में राम अंजोर (हम उम्र) से झगड़ा हुआ। कहा-सुनी, गाली-गलौज से बढ़ती, मारपीट में बदल गयी। सीताराम और बम बहादुर (दोनों हमसे छः साल या अधिक बड़े) राम अँजोर को उकसाते रहे। मैं मार खा वहाँ से रोते-रोते घर आया। पिता दालान में खाट पर लेटे कुछ पढ़ रहे थे। मुझे रोता देख उन्होंने पूछा, 'क्यों रो रहे हो?' मैंने कहा, 'राम अँजोर ने मारा मुझे'। उन्होंने पूछा, 'तुमने क्या किया'? मैंने कहा, 'कुछ नहीं'। उन्होंने कहा, 'उसने तुम्हें मारा तो तुमने उसे क्यों नहीं मारा? जाओ उसे मार कर आओ।' मेरा रोना बन्द हो गया। मैं वापस गया। राम अँजोर को पकड़ कर जमीन पर गिरा कर मैंने बहुत मारा। सीताराम और बम बहादुर अब मुझे शाबाशी देने और उकसाने लगे थे। बद्री कहार की स्त्री, महरिन, दाना भूंजना छोड़ कर उठी। मुझे राम अँजोर की छाती पर से उठाया और राम अँजोर को घर जाने को बोली और फिर मुझे छोड़ा। अब वह रोते-रोते घर गया। मैं घर आया तो पिता ने पूछा, 'मारा उसे'? मैंने कहा, 'हाँ।' बोले, 'ठीक। ध्यान रखना झगड़ा मत करना किसी से। पर कोई तुम्हें मारता है तो तुम भी उसे मारो। अब अगर दोबारा मार खाकर रोते हुए घर आये तो मैं भी पीटूँगा'। बाद में राम अँजोर की माँ ने मेरी बुआ से शिकायत की। उन्होंने मुझे डाँटा। मारने चलीं तो मैं भाग लिया। पिता की यह बात मेरे ध्यान में रह गयी।

इसके बाद ही मुझे अपने गाँव के सबसे समीप मुड़िला प्राइमरी स्कूल में पढ़ने भेजा गया (1943)। पिता इसमें नहीं पढ़े थे। यह शायद बाद में कभी खुला था।

हाँ! काका इसमें गये थे। मैं दूसरे दर्जे में था जब यह घटना घटी थी। यह 1944 का साल था।

इस स्कूल में मेरा यह दूसरा साल था शायद। हमें बलुआ पौधन के मास्टर बाबू बाँके सिंह पढ़ाते थे। उन्होंने एक दिन पूरे दर्जे को अपनी छोटी बहन को चिट्ठी लिखने का काम दिया था। उसे सूचित करते हुए कि मैं तुम्हारे लिए कुछ उपहार भेज रहा हूँ। चिट्ठी सबको लिखनी थी। मैंने चिट्ठी लिख दी। लिखा था मैं तुम्हारे लिए एक ग्रामोफोन भेज रहा हूँ। मेरी बगल में मेरे पड़ोसी राम अँजोर बैठे थे (उम्र में समान पर पद में मेरे काका लगते थे)। मेरी चिट्ठी देखकर लिख रहे थे वैसे ही। फिर पूछा, 'मैं भी ग्रामोफोन लिख दूँ?' मैंने कहा, 'रेडियो लिख दो'। उस समय तक गाँवों में बिजली नहीं थी। रेडियो शहरों में भी कम लोगों के पास थे। ग्रामोफोन धीरे-धीरे गाँवों में आ रहे थे। मेरे यहाँ तो था ही।

बाँके सिंह ने पूछा किसकी-किसकी चिट्ठी लिख गयी? हाथ उठे दो। उन्होंने हम दोनों को बुलाया। वे हमेशा सोंटा (बाँस की थोड़ी छोटी लाठी। मुख्यतः प्रौढ़ और वृद्ध लोग चलने की सहूलियत के लिए रखते थे) लिए रहते थे। उन्होंने मेरी चिट्ठी पढ़ी, फिर राम अँजोर की। बड़े क्रोध में उन्होंने सोंटा मेरे ऊपर चलाया। सोंटा मेरे सिर पर आ रहा था। मैंने अपने बायें हाथ को उठा अपना बचाव किया। सोंटा मेरी बायीं हथेली के पीछे लगा। मैं भागा। राम अँजोर कक्षा से बाहर जा रहे थे—दौड़ते। बाँके सिंह ने सोंटा फेंक उन्हें मारा। सोंटा उन्हें लगा और वे लड़खड़ा कर गिरे। कई जगह कट और छिल गया। राम अँजोर गिरते-पड़ते बाँके सिंह को गाली देते भागते स्कूल के कोर्टयार्ड से बाहर, उनके पीछे मैं। बाँके सिंह स्कूल के गेट से बाहर नहीं आये। पर हमें गाली देते हुए पीटने के लिए बुलाते जरूर रहे।

हमारे गाँव के और लड़के भी थे। हमारी कक्षा में भी और दूसरी कक्षाओं में भी। उनसे बाद में पता चला बाँके सिंह ने हमारे गाँव के सभी लड़कों को खड़ा किया और कहा, 'ए सारे दूनउ ग्रामोफोन अउर रेडियो भेजत हयेन? अरे सारे खेलउना भ, कपड़ा-लत्ता भ, मिठाई-सिठाई भेजि जाथई कि ई कुलि? ई काऊ होथ रे? तोन्हने जानथे कौनउ?' जानते तो हमारे गाँव वाले सभी थे। हमारे यहाँ देख भी चुके थे। गाना सुन चुके थे। पर डर के मारे कुछ बोले नहीं। बाँके सिंह का अहं लड़कों की चुप्पी से तुष्ट हुआ और उन्होंने कहा, 'ई सारे, चिरानीपट्टी वाले। पता नाईं काऊ समुझ थे अपुआँ क?'

मेरा हाथ फूल गया। राम अँजोर को हल्दी वगैरह लगाई गयी। मालिश दोनों की हुई। अगले दिन राम अँजोर के नगई काका (अपनी भैंस और गाएँ चराते थे) बलुआ पौधन और मुड़िला के रास्ते में गाँव के और चरवाहों और पशुओं को ले जा रास्ता छेंक कर बैठे रहे। बाँके सिंह को डाँटा-डपटा, शायद धकियाया भी। यह भी धमकी दी कि आगे से चिरानीपट्टी के बच्चों पर हाथ उठाया तो हाथ तोड़ दूँगा।

बहरहाल इसके बाद उन्होंने किसी को न मारा, न डाँटा-डपटा। बाद में बुआ वगैरह से पता चला कि 'बाँके' ने काका की पीठ पर मेज के पाये से प्रहार कर मारा था। इसलिए कि वे बोलते नहीं थे। इसी प्रहार से उनकी वाणी फूटने की कथा उस समय काका के कुछ समकालिकों से भी सुनी थी।

राम अँजोर पहाड़पुर अपनी ननिहाल गये। वहाँ अपने मामा-नाना के स्कूल में पढ़ने लगे। मेरा भी मुड़िला जाना बन्द हो गया। बनारस भेजने के लिए बुआ और माँ दोनों मानसिक रूप से तैयार हो गयीं।

इस घटना के कुछ समय बाद इसे जानकर मुझे पिता गाँव से बनारस ले के चले। साथ लिया एक बड़ा बक्सा। इसमें कुछ किताबें और कपड़े वगैरह रखे। गाँव से एक आदमी हमारे साथ बक्सा लेकर चला। बिलवई रेलवे स्टेशन का रास्ता गैरवाह (गाँव) के अन्दर से जाता था। इसमें हमारी पट्टीदारी के राम बहाल सिंह की ससुराल थी। वह भी रास्ते से लगा घर था उनका। किसी ने देख लिया और हमें रोक लिया। खाना खाकर चले। बिलवई देर से पहुँचे। ट्रेन जा चुकी थी। गाँव से बक्सा पहुँचाने आये आदमी को पिता ने वापस भेज दिया था। दूसरी ट्रेन जो थी वह शाहगंज रुकती थी। पिता ने कहा चलो शाहगंज चलते हैं। उन्होंने बक्सा सिर पर उठाया और चले। मैं उनके पीछे रेलवे लाइन के बगल की पगडंडी पर उनके पीछे-पीछे चला। दिन भर पैदल चलकर गाँव से आने के कारण एकाध मील बाद ही मैंने अपने थकने की शिकायत करनी आरम्भ की। पिता मुझे थोड़ा और चलने को प्रोत्साहित करते। मैं चलता और फिर शिकायत करता पिछड़ जाता। अब पिता ने दूसरा तरीका अपनाया। वे बक्सा ले जाकर आगे उतार कर रखते फिर वापस आ मुझे उठाकर ले चलते। बक्से के आगे जा मुझे उतार बक्सा लाते। इस क्रम से चलते हम शायद एकाध मील और आगे बढ़े होंगे। शाम होने को थी। मैंने पिता से कहा चलिए इक्के से चलते हैं। अँधेरा होने को है। इसके बाद हम रेलवे लाइन से उतर कर सड़क के किनारे आ खड़े हुए। थोड़ी देर बाद एक इक्का मिला। उसी से हम लोग शाहगंज आये। इस बीच दूसरी ट्रेन भी जा चुकी थी। देर रात एक दूसरी ट्रेन मिली। उससे बनारस सुबह के समय पहुँचे।

पिता मुझे पढ़ाते थे। हिन्दी, संस्कृत, अंग्रेजी और गणित। यह पढ़ाना बहुत नियमित नहीं था। कोई आ जाता तो बातों में लग जाते। कहीं चले जाते या कविता सुनते-सुनाते थे। ऐसे ही चल रहा था। एक दो माह बाद मुझे गाँव भेज दिया जाता। प्रायः पिता ही पहुँचाने जाते।

बीसवीं सदी के चौथे दशक के उत्तरार्द्ध में पिता *हंस* में कुछ समय रहे। फिर छोड़ दिया। उन्हें वापस बुलाने के लिए बार-बार पत्र लिखे जा रहे थे। एक बार एक ही कार्ड में तीन लोगों ने कुछ-कुछ लिखा था। एक शिवदान सिंह चौहान थे और दूसरे अमृत राय[7] थे। तीसरे का नाम याद नहीं पड़ रहा। अमृतराय ने एक

पत्र लिख कर उन्हें बुलाया। इसमें यह भी लिखा कि अब कभी तुम्हारा अपमान नहीं करूँगा। *हंस* छोड़ने का अनुमानतः यही कारण था। पर इस समय तो पिता नहीं गये।

पिता के पहले *हंस* के कार्यकाल के समय लखनऊ के कोई सज्जन पिता से काका के विवाह की बात करने दो बार आये थे। दोनों बार वे काका को साथ लेकर आये थे। काका सरस्वती प्रेस में जा पिता से मिलते और लौट कर उन सज्जन से कहते कि भाई कहीं बाहर गये हैं। नहीं हैं। काका इस परिवार से किसी तरह परिचित हो गये थे पर विवाह वहाँ नहीं करना चाहते थे। कारण जो भी रहा हो।

इसी समय के लगभग अर्जुन चौबे काश्यप और कुछ अन्य उन्हें पटना ले जाना चाहते थे। प्रभात[8] की किसी अन्य पुस्तक के सुधार या शायद भूमिका के लिए। इन लोगों के पत्रों में उनकी पुस्तक *संवर्त्त* (1944) की भूमिका की चर्चा भी है। राम प्रताप त्रिपाठी संस्कृत नाटकों को हिन्दी कहानी बना पत्र-पत्रिकाओं में भेज रहे थे। पिता से उनकी सम्मति के साथ-साथ उनके प्रकाशन में भी सहायता माँग रहे थे।

शाहगंज के पास मदरहा गाँव के बैजनाथ सिंह[9] अपनी एक पुस्तक सुधरवाने के लिए समय माँग रहे थे। बनारस और गाँव आने को तैयार थे। लोग और भी थे।[10] ये क्या पढ़ें, कैसे पढ़ें जानना चाहते थे? कुछ किताबें माँग रहे थे। कुछ लिखने में सहायता चाहते थे।

वासुदेव-त्रिलोचन के जीवन का प्रथम अध्याय उनकी जमीनी पढ़ाई और तैयारी का समय है। इस समय में भी वे अपने निकट आये मित्रों के फ्रेण्ड, फिलासफर और गाइड रहे। उनका यह स्वरूप लगभग अंत तक बना रहा। पर अभी तो उन्हें बहुत पढ़ना और संघर्ष करना था। यही समय उनकी *धरती* के प्रकाशन का भी है और उसके लुप्त होने का भी।

सन्दर्भ एवं टिप्पणियाँ

1. दे. जय प्रकाश सिंह का लेख 'जीवन यात्रा के कुछ प्रसंग', विष्णुचन्द्र शर्मा लिखित *युद्धकांड के कवि त्रिलोचन* में प्रकाशित।
2. डॉ. सम्पूर्णानन्द विद्वान, लेखक और नेता रहे। देश के स्वतंत्र होने पर उत्तर प्रदेश सरकार में मंत्री और बाद में मुख्य मंत्री रहे।
3. रघुनाथ सिंह बनारस से लोकसभा के सदस्य कई बार चुने गये। शिपिंग कारपोरेशन आफ इंडिया के चेयरमैन रहे। बाद में इन्होंने हमारे विभाग के डॉ. लल्लन जी गोपाल के निर्देशन में पीएच.डी. की। *राजतरंगिणी* और कुछ अन्य पुस्तकें प्रकाशित कीं। प्रोफेसर गोपाल की हमारे विभाग में प्रोफेसर के पद पर नियुक्ति को लेकर चल रहे मुकदमे के चलते उन्हें दर्शन विभाग में गायकवाड प्रोफेसर आफ इंडियन सिविलीजेशन के पद पर उनकी नियुक्ति अपने प्रभाव से कराई। एक दो वर्ष बाद इसी प्रकार कल्चर विभाग में प्रोफेसर के पद पर उनकी मेरिट प्रोमोशन स्कीम में नियुक्ति में भी

सहायक रहे। उस समय विश्वविद्यालय के कुलपति पूर्व शिक्षामंत्री कालूलाल श्रीमाली थे (दे. जय प्रकाश सिंह का लेख *युद्धकांड के कवि त्रिलोचन* में)।

4. जय प्रकाश सिंह का लेख *युद्ध कांड के कवि त्रिलोचन* में।
5. धर्मा बुआ की भतीजी थीं। अछैबर सिंह की बेटी। अपने बच्चों के साथ अखईपुर में ही रहती थीं। पुरुष सब बम्बई में राजनाथ सिंह (?) के होटल, रेस्तरां और दुकानों में काम करते थे। पचास के दशक तक ये बहुत पैसे वाले हो गये थे। इनका घर मरीन ड्राइव पर था। हनुमान सिंह के बाद घर पर धर्मा, बच्चे और स्त्रियाँ ही रहते रहे। सारा काम धर्मा कराती रहीं। दोनों मुकदमों की पैरवी भी उन्होंने ही की। पैसा बम्बई से आता रहा। स्वयं भी बम्बई आती-जाती रहीं।
6. ईश्वर गंगी की साहित्यकार मंडली के सदस्य थे। कविता वगैरह लिखते थे।
7. अमृतराय मुंशी प्रेमचन्द के दूसरे पुत्र थे। पहले बनारस में पांडे धर्मशाला के सामने सरस्वती प्रेस का काम देखते-भालते थे। बाद में सारा कुछ ले के इलाहाबाद चले गये। लिखते भी थे।
8. गाँव के बचे खुचे पत्रों में प्रभात का एक भी पत्र अब उपलब्ध नहीं है। अर्जुन चौबे काश्यप और वैशम्पायन दोनों के पत्रों में प्रभात की किसी दूसरी पुस्तक की भूमिका लिखने के लिए पटना चलने का आग्रह बार-बार आता है। गया कालेज, बुनियाद गंज, से काश्यप लिखते हैं, "दद्दन (बच्चन या बब्बन) तथा प्रभात की बड़ी अभिलाषा है कि तुम एक बार इस माह चले आओ" और 2-3 दिन बाद वापस चले जाओ। प्रभातजी की दूसरी वस्तु तैयार है...से बहुत ऊँची। उसकी भूमिका का काम तुम्हीं पर है" (5.12.1944 का उनका पत्र)। पटना से दद्दन (बच्चन या बब्बन) लिखते हैं, "पुस्तक समाप्त होने पर शीघ्र भेजूँगा"। दूसरे पत्र (20.1.1945) में लिखते हैं, "...कल *काल दहन* समाप्त हो गया। एक पांडुलिपि तुम्हारे पास भी भेजूँगा। परन्तु प्रभात जी की इच्छा है कि हम लोगों के बीच में भूमिका लिखी जाय बहुत कुछ कार्य सहज हो जायगा। लिखो कब तक आ सकते हो। तुम मसाला वहाँ तैयार करते रहो"। ये स्वयं भी हिन्दी के गीति-नाट्य पर एक पुस्तक लिखना चाहते थे। उन्हें इसके लिए पुस्तकों की सूची चाहिए थी। काश्यप फिर लिखते हैं (7.6. 1945), "...लिखो दद्दन को और प्रभात को...आओ, शीघ्र आओ। साथ ही पटने चलेंगे। ...तुम महान हो, छोटी बातों के ऊपर हो, औरों के समान तुम भी गलती नहीं करोगे। सरस्वती के प्रिय बेटे, मेरे अनुज तिल्लू तुम अपने मित्रों को...गलत क्यों समझ बैठते हो? तुम तो त्यागी हो, त्याग को मूल्य दो..."। काश्यप ने फिर (9.7.1946) को लिखा, "...आई डोण्ट नो व्हाई यू फेल्ड...टु एकाम्पैनी मी टु बब्बन ऐंड प्रभात...यू हैड ऐम्पल टाइम...यू टोल्ड मी दैट यू वुड एकाम्पैनी मी ऐट द रिस्क आफ योर सर्विस..."। कुछ बात तो थी जो पिता इनसे दूरी बना रहे थे, पर क्या? कहीं ऐसा तो नहीं कि *संवर्त्त* की भूमिका लिखने के बाद कुछ पश्चात्ताप हो रहा था? ऐसे और भी थे।
9. बैजनाथ सिंह (बाद में डॉ. बैजनाथ सिंह) ने अपने (7.3.1944) पत्र में लिखा, "...एक बात और है मैंने देवकी की भाँति अपूर्ण अवस्था में ही कारा में एक शिशु को प्रसव देने का कार्य किया परन्तु वह अस्वस्थ, अपूर्ण, निर्बल और अर्ध प्राण है फिर भी आशा थी कि तुम्हारे जैसी ही (कोई धाय उसमें) प्राण प्रतिष्ठा कर देगी, उसके अंगों को सँभाल देगी और स्वस्थ तथा सुंदर बनाने का भी कष्ट करेगी। (उसे) मृत और कुत्सित कह कर टाल न देगी इसीलिए मैंने उस शिशु को जन्म देने का प्रयत्न किया था। आशा है उसकी चिकित्सा के लिए तुम 14 अप्रैल तक मेरे घर आ जाओगे और यथाशक्ति उसे जीवित करने का प्रयत्न करोगे..."। अपने शिशु (पुस्तक) का नाम नहीं दिया है उन्होंने। अन्य पत्रों में इसके लिए गाँव और बनारस आने का समय और वहाँ पिता की उपलब्धता जानने की जानकारी चाहते हैं।

बाद में बैजनाथ सिंह ने सम्भवतः साहित्य का रास्ता छोड़ दिया और अच्छा किया। पहले

आगरा के किसी कालेज में रहे और बाद में पन्तनगर कृषि विश्वविद्यालय में गये। वहाँ से यूएनओ के किसी प्रोजेक्ट में अफ्रीकी देशों में दस-पन्द्रह वर्ष काम कर रिटायर हुए। लखनऊ में बसे। अपनी बेटी के उषा जय सिंह के भाई डॉ. रमेश से ब्याह के लिए बात करने हमारे घर हैदराबाद 1980 में कभी आये थे। हमसे मिल कर बड़े प्रसन्न थे। पिता का पता भी ले गये थे। बाद में उनके सम्बन्ध यदि पुनः पल्लवित हुए तो मुझे पता नहीं।

10. जिन और लोगों के पत्र हैं उनमें से कुछ को मैं जानता नहीं, इसलिए उनका जिक्र यहाँ नहीं है। उनके पत्रों में कोई खास बात भी नहीं है। माचवे (प्रभाकर) ने अपनी पत्रिका के लिए कुछ माँगा है या किसी और ने उनके नाम पर। तेज नारायण काक ने अपनी किसी पुस्तक की समीक्षा को ले कुछ पत्र लिखे हैं। इनके अलावा सम्भवतः कुछ उदीयमान लेखक क्या पढ़ें कैसे पढ़ें जानना चाहते हैं।

सानेट का पथ

रुचि जेकरे भइ तेकर ततछन होत कविता कतहुँ लखेसि कब नाता-गोत

अमोला, पृ. 91

पिता लंका पर अकनू भवन में रहते थे। इस भवन में कई और लोग भी एक-दो कमरों में किराए पर रहते थे। मेरा नाम 1946 में शिवकरण सिंह गौतम हाईस्कूल में जुलाई में लिखा दिया गया। यह स्कूल भदैनी पर था। मुख्य सड़क पर, जहाँ आजकल आनन्दमयी अस्पताल है। आजकल स्कूल वहीं कहीं पीछे चला गया है। मैं शायद दो-तीन महीने लंका से पैदल स्कूल जाता रहा। अस्सी पर मेरी कक्षा के कुछ और लड़के मिला करते थे। अपनी कक्षा में लंका से मैं अकेला था। हमारे स्कूल के सामने सड़क और उसके बाद एक बड़ा हाता था। इसमें गेट लगा था और बाउण्ड्री भी थी। इस गेट के अस्सी की ओर वाले कोने पर एक साइकिल बनाने वाला बैठता था, फुटपाथ पर। दूसरी ओर एक घर था और उससे लगी एक छोटी मस्जिद थी। रीसेस या क्लास न होने की स्थिति में बच्चे इस हाते में आकर खेलते थे। प्यास लगने पर हाते के बगल के मौलवी के घर जा नल से पानी पीते थे। नल में पानी न आने की स्थिति में पानी घर में किसी से माँग कर पीते थे। इनमें मैं भी था। चार-पाँच और लड़के भी थे। कुछ ऐसे भी थे जो पानी नहीं पीते थे।

अकनू भवन में ही उस समय रघु विष्णु रानाडे[1] अपने दो छोटे भाइयों पंडु विष्णु, और दत्तो विष्णु रानाडे के साथ रहते थे। रघु जी राजनीति में बी.ए. (या एम.ए.) कर रहे थे। पंडु किसी ऊँची कक्षा में थे। दत्तो चौथी-पाँचवीं कक्षा में थे शायद। इनसे मेरी दोस्ती थी। ये दोनों सेण्ट्रल हिन्दू स्कूल कमच्छा में पढ़ते थे। रघु जी राष्ट्रीय स्वयं सेवक संघ के वाराणसी स्थित अधिकारी थे। सुबह शाम कई शाखाओं पर जाते थे। पिता से समय होने पर राजनीति पर बात करते थे। विशेषकर मार्क्सवाद पर। विजयशंकर मल्ल भी यहीं कहीं आस-पास ही रहते थे। हिन्दी के विद्यार्थी थे। शायद शोध में थे।

एक दिन रघुजी ने पिता से कहा कि नगर में दंगा होने की सम्भावना है। मैंने अपने भाइयों को कमच्छा, किसी के यहाँ, रख दिया है। अच्छा होगा तुम भी अपने बेटे

को गाँव भेज दो। तनाव समाप्त हो जायेगा तब ले आना। इसके बाद ही पिता मुझे फिर गाँव पहुँचा आये। रघु जी स्वयं एक छुरा लेकर चलते थे। आत्म रक्षा के लिए।

पिछले कुछ समय से पिता मैट्रिक की परीक्षा देने की सोच रहे थे। कई सारे लोगों से इस पर बात कर रहे थे। लाहौर के सिलेबस और पुस्तकों वगैरह की बात चल रही थी। दूसरा आल्टरनेटिव राजस्थान बोर्ड का भी विचारित था। इन दोनों की जानकारी एकत्र करने के प्रयास में उनके बूँदी के कुछ मित्र यत्नशील थे। इसके कुछ पहले पिता बूँदी रह भी आये थे। वहाँ के मित्रों-परिचितों के पत्र आते रहते थे। इनमें त्रिलोचन के पत्र न लिखने की शिकायत प्रायः होती थी। यहीं के कुछ लोग मैट्रिक परीक्षा लाहौर से देने दिलाने के प्रयास में पूरी तौर से लगे थे। जाने क्या हुआ? इरादा बदल गया। अंततः इलाहाबाद बोर्ड की मैट्रिक परीक्षा उन्होंने क्वींस इंटर कालेज वाराणसी से द्वितीय श्रेणी में 1946 में पास की।[2]

मुझे घर भेजने के बाद ही कभी पिता लंका छोड़ ईश्वरगंगी की तरफ कहीं रहने लगे थे। मैट्रिक पास करने के बाद वे इंटर की परीक्षा के लिए पुस्तकें एकत्र करने में लगे। इस क्षेत्र के साहित्यिक अभिरुचि के लोगों में ठाकुर प्रसाद सिंह, राम विनायक सिंह, वगैरह कई लोग थे। पिता इस क्षेत्र में ईश्वरगंगी के अलावा एक दो अन्य क्षेत्रों में भी रहे। मुझे एक औसान गंज की ही दूसरी याद है।

मैं 1947 से बनारस रहने लगा। इस समय पिता इसी ईश्वरगंगी-औसान गंज क्षेत्र में कहीं रह रहे थे। 1947-48 का शैक्षणिक वर्ष महत्त्वपूर्ण है। कम से कम दो कारणों से। पहला कारण था कि इसी समय से मैंने बनारस में नियमित रूप से रहना आरम्भ किया। दूसरा था, इसी वर्ष पिता इंटर की परीक्षा में क्वींस इंटर कॉलेज से बैठे और द्वितीय क्षेणी में पास हुए। अब उन्होंने नाम लिखाकर रेगुलर विद्यार्थी के बतौर बी.ए. करने का विचार किया। इसके बाद ही मई या जून में (1947) मुझे गाँव से लाये। अब फिर लंका जाने की सोचने लगे। विश्वविद्यालय के समीप रहने के लिए।

इसी समय जून में ही कभी हम दोनों पिता-पुत्र डॉ. स्वामीनाथ सिंह[3] की ओर कहीं से आ रहे थे। अपनी दुकान में वे अकेले थे। हम उनकी दुकान में जा बैठे। उन्होंने कहा, 'इसे कहाँ कहाँ लिए घूमते फिरोगे? जाकर इसका नाम उदय प्रताप कॉलेज में लिखा दो और डाल दो हॉस्टल में। यह भी नियमित रूप से पढ़ता रहेगा और तुम भी अपना नाम लिखा लो। वहीं लंका पर रहो। यहाँ से घंटे भर में बी.एच.यू. पहुँचोगे। आने जाने में ही दिन बीत जायेगा। क्या नाम है बेटे का?' पिता ने हँसते हुए कहा, 'अनंत विक्रम'। डॉक्टर सिंह ने कहा, 'कल तुम दोनों जाकर फार्म ले आओ, यू.पी. कालेज से। भर कर जमा कर दिया जायेगा।' अगले दिन यू.पी. कालेज जा हम लोग फार्म लाये।

एक दिन फार्म लेकर हम डॉ. स्वामीनाथ सिंह के घर गये। वहीं फार्म भरा गया।

डॉ. सिंह ने पूछा, 'क्या नाम रखा है तुमने त्रिलोचन? अनंत विक्रम? अरे कुछ नया नाम रखो! हाँ! लिखो जय प्रकाश सिंह।' कुछ रुककर उन्होंने पूछा, 'जन्म तिथि क्या है?' '2 जनवरी 1937', पिता ने कहा। उन्होंने कहा, 'नहीं। यह नहीं है लिखो, 2 जनवरी 1939, लिखा'? पिता ने कहा, 'हाँ।' वे बोले, 'ठीक है। अबसे यही नाम और जन्म तिथि रहेगी।' अब मेरी ओर देखते बोले, 'याद रखना।' मैंने कहा, 'जी, अच्छा।' फार्म भर गया। घर आये।

अगले दिन यू.पी. कालेज (पूरा नाम उदय प्रताप हीवेट क्षत्रिय स्कूल ऐंड इंटरमीडिएट कालेज था, पर सब संक्षेप में यही कहते थे) गये। आफिस में फार्म जमा कर दिया। बगल में प्रिंसिपल का कमरा था। कमरे के बाहर उनका पद-प्रिंसिपल और नाम अंग्रेजी में चमकती ब्रास की पट्टी पर लिखा था। बाहर चपरासी बैठा था। पिता ने अपना नाम कागज पर लिखकर उसे दिया। चपरासी अन्दर गया। बाहर आ उसने कमरे के दरवाजे का चिक उठाया। हम अन्दर गये।

प्रिंसिपल जे.पी. सिंह बड़े मोटे लगे मुझे। काले तो थे ही पर रोबीले थे। सूट पहने बैठे थे। हमने हाथ जोड़ नमस्ते किया। उन्होंने हमें बैठने का इशारा करते हुए पूछा, 'कहिए कैसे आना हुआ शास्त्री जी'? पिता ने मुझे दिखाते हुए कहा, 'इसके एडमिशन के लिए'। प्रिंसिपल ने कहा, 'शास्त्री जी, यह कैसे हो सकता है? हमारे यहाँ तो केवल क्षत्रियों के ही बच्चे ऐडमिट होते हैं? आपको पता होगा। आप ब्राह्मण हैं।' पिता ने कहा, 'हाँ, मुझे पता है। तभी एडमिशन के लिए आया हूँ। आप मुझे ठीक से नहीं जानते। आप लोगों की तरह मैं भी क्षत्रिय हूँ।' प्रिंसिपल ने घंटी बजाई। फार्म मँगा देखा। फिर बोले, 'मुझे पता करना पड़ेगा, आपके बारे में। उसके बाद ही कुछ कह सकूँगा'। पिता ने कहा, 'बेशक आप पता करें'। इसके बाद उन्होंने कई नाम लिए और कहा, 'चाहें तो इन लोगों से पूछ सकते हैं। इन कई नामों में रामवृक्ष सिंह, डॉ. स्वामीनाथ सिंह और चन्द्रबली सिंह वगैरह के नाम भी थे। एक नाम शायद *क्षत्रिय मित्र* के प्रकाशक सम्पादक का भी था। इनका नाम तो अब मुझे याद नहीं पर इनका घर और प्रेस कालेज के गेट के बगल में ही था।

जे.पी. सिंह कैंब्रिज, लंदन, से बी.ए. थे। उदय प्रताप हीवेट क्षत्रिय स्कूल और इंटरमीडिएट कालेज के पहले हिन्दुस्तानी प्रिंसिपल थे। इनके पहले के प्रिंसिपल कैप्टेन लांग थे। दूसरी लड़ाई शुरू होने के बाद कभी उन्हें सैनिक सेवा के लिए वापस बुला लिया गया था। उनके बाद यही प्रिंसिपल हुए। उन्होंने क्या पता किया यह मुझे नहीं मालूम? शायद पिता ने जिन लोगों का नाम लिया था उन्हीं में से किसी से पूछा हो। जिस दिन हमें बुलाया गया था उस दिन हम स्कूल गये। एक अध्यापक ने मेरी परीक्षा ली। अंग्रेजी में कुछ सवाल किये और बस। थोड़ी देर बाद आफिस में बुलाए गये। फीस जमा हुई। मेरा एडमिशन जुलाई 1947 में छठवीं कक्षा

में हो गया। प्रिंसिपल से मिलने गये। उन्होंने कहा, 'जाइए टेंथ हाउस के वार्डेन आर.बी. सिंह से मिल लीजिए। कमरा वे ही एलाट करेंगे। करा लीजिए और जब वे कहें तब जय को हॉस्टल छोड़ जाइए।'

टेंथ हाउस के वार्डेन रामवृक्ष सिंह थे[4]। ये स्कूल में छोटे दर्जे के बच्चों को पढ़ाते थे। साथ-साथ पढ़ भी रहे थे। कुछ वर्ष बाद इतिहास में एम.ए. करने के बाद ये 11वीं और 12वीं कक्षा में इतिहास पढ़ाने लगे और फर्स्ट हॉस्टल के वार्डेन हो गये।

मुझे जिस कमरे में सीट दी गयी वह छात्रावास के बीचों-बीच था। इस कमरे के ठीक सामने बरामदे के बाद कोर्टयार्ड और अंत में हॉस्टल का बड़ा गेट था। दोनों ओर दीवालें थीं जो दोनों ओर के बरामदों और किनारे के कमरों की आखिरी दीवारें थीं। मेरा कमरा सबसे बड़ा था। इसमें दस लड़के रहते थे। पाँच एक ओर और पाँच दूसरी ओर आमने-सामने। मैं इस कमरे का नवाँ सदस्य था। एक बाद में आया। दो-तीन दिन बाद गद्दा वगैरह, सारा सामान ले मैं छात्रावास आ गया। पिता शाम को मुझे छात्रावास छोड़ जाने लगे तो मैं उन्हें जाने नहीं दे रहा था। मैं रो रहा था। उन्होंने अगले दिन आने को कहा तब मैंने उन्हें छोड़ा और वे गये। अगले दिन शाम को फिर आये। सब देख ताक कर गये। धीरे-धीरे मैं छात्रावास और स्कूल की दिनचर्या में व्यस्त हो गया।

स्कूल में मेरी फीस माफ कर दी गयी। जब तक मैं वहाँ रहा (12वीं तक) तब तक माफ होती रही कभी पूरी तो कभी आधी।

सुबह साढ़े पाँच के करीब घंटी बजती थी। उसके बाद छात्रावास में अलग से घंटी बजती थी। टेंथ हॉस्टल छोटे बच्चों का था। इसलिए शायद इसमें चौकीदार बरामदे में घंटी बजाता घूमता जाता। थोड़ी देर बाद वार्डेन आते। हाफ कमीज, हाफ पैण्ट, सफेद मोजा और सफेद कैनवस का जूता पहने हुए। बच्चे कुछ हाथ मुँह धोए कुछ बिना धोए, छात्रावास के आँगन में खड़े रहते। कुछ आते रहते। कुछ सोए रहते। ऐसे समय वार्डेन राउंड करते और सोए बच्चों को जगाते। जगाने का रामवृक्ष सिंह का अपना तरीका था। वे फौजी अफसरों जैसा एक बैटन लिए रहते थे। सोते बच्चों को उसी से मारकर जगाते थे। मारते भी कहाँ? शरीर का जो अंग खुला होता उस पर। हाथ पर, हथेली के पीछे, घुटने पर या फिर घुटने से नीचे। जहाँ भी हड्डी होती वहीं मारते। उनका लक्ष्य होता था अधिक से अधिक चोट पहुँचाने का। रामवृक्ष सिंह के बैटन से मुझे भी दो बार तिलमिलाना पड़ा था, खैर, जैसे तैसे रोते, गाते, आँखें मलते सब आँगन में आ लाइन में खड़े होते। तीन पंक्तियों में। छः बजे मेन घंटा फिर बजता और सभी छात्रावासों के गेट खुलते और उनके दल बाहर आते। वार्डेन अथवा कोई बड़ा लड़का (छात्रावास का) प्रीफेक्ट मार्च कराता। छात्रावासों के ये दल अपने-अपने आवासों के सामने लेफ्ट राइट लेफ्ट राइट, एबाउट टर्न वगैरह कुछ देर करते और उसके बाद पीटी करते। दोनों लगभग बीस-बीस मिनट होता।

सब छात्रावासों के वार्डेन बाहर निकले रहते। प्रिंसिपल जे.पी. सिंह भी पीटी ड्रेस में बीच में खड़े सबका मुआयना करते रहते। कभी-कभी किसी-किसी वार्डेन को बुला कुछ निर्देश देते या बात करते। चालीस मिनट बाद फिर घंटा बजता। पीटी समाप्त होती और सब अन्दर जा भागते। तैयार होते और खा-पी के स्कूल भागते।

दोपहर बारह से एक बजे सब खाने वापस आते। मेस में थाली और गिलास लाइन से लगे रहते और बैठने के लिए चटाई। सब लड़के बैठ जाते तो महराज जी लोग सबको खाना परोसते जाते। बच्चे खा-पीकर फिर भागते। फिर पढ़ाई होती।

चार बजे कक्षाएँ समाप्त हो जातीं। सब हॉस्टल आते। इसके बाद कुछ खा पी के फिर लड़के अपने-अपने मैदानों में जाते। फुटबाल खेलते या जाड़ों में हाकी और वालीबाल या फिर क्रिकेट। स्कूल और कालेज की टीम्स (सी., बी. और ए) वाले लड़के पहले अपने-अपने मैदानों में पहुँचते। बाकी छात्रावास के सामने अपने मैदानों में खेलते। ऐथलेटिक्स, जिमनास्टिक, हार्सराइडिंग वाले अपने-अपने निश्चित समय और स्थान पर पहुँचते जाते। वालीबाल भी ज्यादा खेला जाता था। छः बजे फिर घंटा बजता। सब हॉस्टल जा धोती पहनते। चटाई और पंचपात्र ले एक सीधी लाइन में चलते-चलते संध्या-भवन आते और अपने छात्रावासों की निर्दिष्ट पंक्तियों में चटाई बिछाते बैठते जाते। सबके बैठ जाने पर पंडित जी संध्या कराते, 'ओम् सहनाववतु। सहनौ भुनक्तु ...' और लड़के पंडित जी के पीछे दुहराते जाते। संध्या खत्म होते ही लड़के जैसे आये थे वैसे ही क्रम से एक-एक कर उठते, पंक्ति बनाते, अपने-अपने छात्रावासों की ओर चलते। थोड़ी दूर तक तो सब ठीक रहता। पर छात्रावास के समीप आते ही लाइन टूट जाती और सब भाग कर कमरे में धोती, चटाई फेंक सीधे मेस में भागते (ज्यादातर लड़के हाफपैण्ट पर धोती पहन कर संध्या करने जाते)। खाना समाप्त होने के बाद पढ़ाई का समय था। इसलिए सब अपनी-अपनी चौकी पर बैठकर पढ़ते थे। टेंथ हाउस में आठ बजे सोना जरूरी था। इसके लिए भी घंटी बजती थी। इसके पहले सोने का मतलब था रामवृक्ष सिंह के बैटन से मार खाना या बाद में, उनके उत्तराधिकारी, दूसरे वार्डेन चन्दन सिंह से कान खिंचवाना। उन्हें कान खींचने का बड़ा शौक था। मुझे ऐसा ही लगता था।

मैं सातवीं कक्षा में था। चन्दन सिंह गर्मियों में कभी या उसके पहले वार्डेन नियुक्त हो गये थे। शायद जुलाई या अगस्त की बात है। मैं खाना खा कर आया। चौकी पर बैठा पढ़ता रहा। जाने कब नींद आयी और मैं लुढ़क गया। चन्दन सिंह राउंड पर आये। उन्होंने मेरा कान इतने जोर से खींचा कि मैं व्याकुल हो गया। मुझे बहुत देर तक नींद नहीं आयी। मैं बहुत गुस्से में था। जाने कब सोया। सुबह उठा तो भी मेरा गुस्सा कम नहीं हुआ था। मैंने किसी से बात नहीं की। सबके साथ स्कूल के लिए चला। पर कक्षा में न जा मैं सीधा चलता गया। कैंट स्टेशन आ शाहगंज का टिकट लिया। स्टेशन पर गाड़ी खड़ी थी। मैं ओवर ब्रिज पर था। तभी गाड़ी

ने सीटी दी। मैं दौड़कर प्लेटफार्म पर आया। गाड़ी खुल चुकी थी। मैं दोड़ते-दौड़ते एक डिब्बे में चढ़ गया और एक सीट पर बैठ गया। थोड़ी देर बाद मेरा हाँफना बन्द हुआ। मेरे सामने बैठे बुजुर्ग की दाढ़ी सफेद और लम्बी थी। मैं क्रोध में खिड़की से बाहर ही देख रहा था। सामने बैठे बुजुर्गवार ने मुझसे पूछा, 'बेटा कहाँ जाना है?' मैंने कहा, 'शाहगंज'। उन्होंने कहा, 'यह गाड़ी शाहगंज नहीं जायेगी।' मैंने पूछा, 'फिर कहाँ जायेगी?' उन्होंने कहा, 'लखनऊ'। मैंने कहा, 'अच्छा। मैं अगले स्टेशन पर उतर जाऊँगा।' पर मैं क्रोध में अभी भी वस्तुस्थिति समझ नहीं पा रहा था। अगला स्टेशन प्रतापगढ़ था। बुजुर्गवार को भी वहीं उतरना था। उनके साथ उनकी पत्नी थीं शायद, काले नकाब में। हम तीनों साथ उतरे। मुझे अपनी पत्नी के साथ प्लेटफार्म पर छोड़ वे बाहर गये। प्लेटफार्म टिकट लेकर आये। सब बाहर आये। उन्होंने अपने घर (गाँव) के लिए इक्का किया। मुझे ले के बस स्टेशन आये। मुझे सुल्तानपुर की बस में बिठाया। बस तैयार थी। दोनों ने मुझसे बार-बार पूछा, 'घर पहुँच जाओगे न?' मैंने उन दोनों को अपनी ओर से आश्वस्त किया। उन बुजुर्ग को मैं कभी भूल नहीं पाया। मुझे लगता है उन्हें मेरी तकलीफ का एहसास हो गया था। भला हो उन सबका। प्रतापगढ़ बस स्टेशन तक की यात्रा में उनसे बात करके मुझे अच्छा लगा। मेरा क्रोध भी कम हुआ।

सुल्तानपुर बस स्टैंड पर कादीपुर की बस खड़ी थी। मैं टिकट ले उसमें जा बैठा। बस देर से खुली। शाम से थोड़ा पहले कादीपुर उतरा। वहाँ से पैदल सरैया के रास्ते, धुँधलका होते-होते घर पहुँचा। बुआ ने सब सुनकर इस तरह बिना बताये भाग आने के लिए मुझे डाँटा। माँ ने भी। एक दिन बाद (लगभग 24 घंटे बाद) पिता आये। उन्होंने मुझसे केवल इतना ही कहा, 'कल वापस चलना है।' मैंने कहा 'अच्छा।' पिता से चन्दन सिंह ने क्या कहा, यह मुझे नहीं मालूम। पर मैंने अपना पक्ष उनके सामने रख दिया था। कुछ बोले नहीं।

अगली शाम मैं फिर कमरे में था। चन्दन सिंह राउंड पर आये। दरवाजे से ही अन्दर नजर दौड़ा सबको देखते गये। मुझे भी देखा होगा। पढ़ने का नाटक तो मैं कर ही रहा था। इसके काफी समय बाद एक बार फिर उन्होंने मेरा कान पकड़ा। खींचा भी पर फिर छोड़ दिया। चन्दन सिंह जी छोटे कद के थे। हाकी बहुत अच्छी खेलते थे। लड़कों की 'ए' टीम के साथ खेलते थे। उन्हें प्रैक्टिस कराते और सिखाते भी थे। कई वर्षों तक हाकी के इंचार्ज भी वही थे। उनके खेल के सभी प्रशसंक थे। मैं भी। सब कुछ के बावजूद मैं उन्हें दिल से कभी क्षमा नहीं कर पाया।

पिता का बी.ए. में एडमिशन हो गया—1948 की जुलाई में। उस समय बी.ए. दो वर्ष का होता था। इंटर के दो वर्षों को जोड़कर इसे थर्ड और फोर्थ ईयर भी कहते थे। पिता बी.ए. 1950 में तृतीय श्रेणी में पास हुए। कारण जो भी रहे हों। एक यह भी था कि उनकी लिखने की गति कभी बहुत तेज नहीं रही। पाँचों

प्रश्नों के उत्तर कभी नहीं लिख पाते थे। साढ़े तीन, अधिक से अधिक चार सवा चार। सोच-सोच कर लिखने के कारण भी गति धीमी होती थी। बी.ए. के बाद उसी क्रम में उन्होंने अंग्रेजी में एम.ए. ज्वाइन किया। उनके अंग्रेजी अध्यापकों में प्रो. सी.एन. मेनन[5], डॉ. राम अवध द्विवेदी[6], एन.एम. कुलकर्णी[7], बी.एल.साहनी[8], मि. देसाई, मि. चुणेकर[9] वगैरह थे।

काका का विवाह हो चुका था। काकी आ गयी थी। माँ को पिता गाँव से ले आये थे। अब वे बनारस रहने लगी थीं। पहले आती थीं तो कुछ समय बाद वापस चली जाती थीं। रहती घर में ही थीं। आस-पास की स्त्रियों से ही थोड़ी बहुत बातचीत होती थी। एक थे ओझा जी। उनकी पत्नी भी थीं। पास में ही रहते थे। उनकी पत्नी कभी-कभी गंगा स्नान करने जाती थीं तो साथ माँ को ले जाती थीं। एक थे कमला पंडित, महराज। उनका घर सामने ही था। माँ पंडिताइन से बात करती थीं।

धरती के रजिस्टरों के खोने का पिता पर बहुत गहरा असर पड़ गया था। उनके हाव-भाव, व्यवहार, बातचीत वगैरह से इसका पता न चलता पर अन्दर-अन्दर वे परेशान थे। मैं तो यों भी उनकी इस परेशानी को समझने लायक स्थिति में उस समय नहीं था, ऊपर से साथ रहता भी नहीं था। केवल कभी-कभी आता था। रहता था एक दो दिन। इसका अनुमान मैंने बाद में करना शुरू किया, वह भी माँ-पिता की बात सुनकर। उस समय 1951-52 में पिता लंका के आगे नगवा पर शान्ति भवन में रह रहे थे। मेरे वहाँ होने पर एक बार माँ ने उनसे दूसरी पुस्तक छपाने को कहा। पिता ने कहा, 'कविताएँ मेरे पास नहीं है। जगदीश के पास होंगी।' वे अभी भी यह मानने को तैयार नहीं थे कि उनकी अधिकांश धरती खो गयी है। माँ ने कहा, 'ऐसा है तो लिखिए उन्हें भेज दें। नहीं तो जा के ले आइए।' पिता ने कहा, 'लिख दूँगा।' क्या कहते और? कुछ समय बाद उन दोनों की एक संक्षिप्त चर्चा इस विषय पर मेरे सामने दोबारा हुई। माँ ने ही इस बार भी चर्चा शुरू की। उन्होंने पूछा कि 'जगदीश के यहाँ से कविताएँ आयीं या नहीं?' पिता ने कहा, 'जगदीश लिखते हैं उन्होंने कविताएँ भेज दीं। यदि यह सही है तो फिर कविताएँ खो गयीं'[10]। माँ ने कहा, 'जो और हैं उन्हें छपवा दो।' पिता बोले, 'ये सब उसी शैली की कविताएँ हैं जिस तरह की खोई हुई हैं। यदि मेरे खोए हुए रजिस्टरों की कविताएँ किसी ने अपने नाम से छपवा लीं तो लोग मुझे नकलची कहेंगे। इसलिए मुझे अभी कुछ नहीं छपवाना है।'

इन दोनों संक्षिप्त वार्तालापों से स्पष्ट है पिता अपनी ओरिजिनैलिटी को लेकर चिन्तित थे। हालाँकि उनकी (आंशिक) *धरती* प्रकाशित हो चुकी थी। जो भी उनके रजिस्टरों की कविताएँ छपवाता नकलची वही माना जाता। हाँ विवाद जरूर खड़ा होता। पिता इसी से बच रहे थे। कुछ समय से उनके लेखन में कमी आयी थी। इसके कई कारण थे। मैट्रिक, इंटर की परीक्षा के साथ-साथ काम। उसके बाद

बी.ए., काम, ट्यूशन, फिर एम.ए. और फिर वही सब। दूसरा कारण था वे शायद *धरती* से अलग कुछ तलाश रहे थे।

मैं शायद छठी में था। 1947 के अगस्त-सितंबर की ही शायद बात है। पिता मुझसे मिलने आये थे। साढ़े सात के लगभग का समय होगा। हम सब कमरे में बैठे थे। मैं पिता से बात कर रहा था और लड़के अपने-अपने काम में व्यस्त थे। उस समय हमारे छात्रावास की मैगजीन की तैयारी चल रही थी। छात्रावास के लड़कों से लेख, कविता, कहानी वगैरह माँगी गयी थी। यह मैगजीन हस्तलिखित हुआ करती थी। सामग्री इकट्ठी हो जाने पर जिन लड़कों की हैंडराइटिंग अच्छी होती थी वे इसे लिखते थे। बाइंडिंग के बाद इसे अन्य छात्रावासों की मैगज़ीन्स के साथ जाँचा जाता था और नम्बर दिये जाते थे। राजर्षि सप्ताह के समय गेम्स, स्पोर्ट्स, डिबेट्स और अन्य प्रतिस्पर्धाओं के नम्बर जोड़ कर हॉस्टल चैम्पियनशिप घोषित होती थी। इसमें इसके अंक भी जुड़ते थे।

उस समय तक छात्रावास के सारे लड़कों को लड़कों से नियमित रूप से मिलने आने वालों से पहचान हो जाती थी। मेरे पिता को भी सारे लड़के पहचान गये थे। उस दिन उनके आने के थोड़ी देर बाद ही मेरे क्लास का एक लड़का, परमहंस सिंह, आकर बैठ गया और चाचा जी से एक कविता लिखने की जिद करने लगा। पिता ने उसे टालने की बहुत कोशिश की पर वह टला नहीं। कविता उन्हें लिखनी पड़ी। यह कविता चौदह पंक्तियों की थी शीर्षक कवि ने दिया, 'जवाहर लाल नेहरू'। उस वर्ष की टेंथ हाउस की मैगजीन में उनका यह पहला सानेट परमहंस सिंह[11] के नाम से गया। पिता इसे कई बार अपना पहला सानेट कहते थे। शायद यह उनका पहला सानेट था भी। इसके कई माह बाद 3 सानेट 1948 में लिखे। *सबका अपना आकाश* (नयी दिल्ली, पटना, 1987) में तीनों सानेट 22, 23 जून और एक 10 जुलाई 1948, संगृहीत है।

इसके बाद मैं पिता को गेट तक छोड़ने गया। रास्ते में उन्होंने बताया इसमें चौदह लाइनें होती हैं और इसे सानेट कहते हैं। मैं उनकी बात सुनता और हुंकारी भरता रहा।

पिता का यह पहला सानेट था। अब पीछे मुड़कर देखने से लगता है कि *धरती* के बाद, उसके खोने से जो उनकी कविता में एक ठहराव सा आ गया था उसे एक नयी दिशा मिल गयी थी। उन्हें एक नयी धरती या शायद वह जो वे तलाश रहे थे मिल रही थी। पर इसमें अभी थोड़ा विलम्ब था। इस विलम्ब के चलते ही 'जवाहर लाल नेहरू' को शायद पहला लम्बे समय तक रहा।

पिता 1950-51 और 1951-52 के सत्र में एम.ए. अंग्रेजी के विद्यार्थी रहे। शान्ति भवन में रहते थे। माँ बाद में आयी 1951 में। इसी समय से उनका नियमित निवास बनारस में आरम्भ होता है। इसके पहले मुख्यतः थोड़े-थोड़े समय के लिए

आना-जाना होता था। मैं प्रायः शनिवार या अन्य छुट्टियों के दिन वार्डेन से पूछ कर आता था। इस समय जो लोग नियमित घर आते थे, पिता से मिलने उनमें एक नामवर सिंह[12] थे। कई और लोग भी थे जिनके नाम मुझे अब याद नहीं। शिव प्रसाद सिंह[13] आते थे तो प्रायः बाहर से ही बात कर चले जाते थे। कभी-कभी पिता उनके साथ चले जाते थे। केदारनाथ सिंह अभी यू.पी. कालेज में ही थे।[14]

त्रिलोचन, 1951-52

पिता के अंग्रेजी एम.ए. के कुछ सहपाठियों से मैं परिचित था। इनमें से कुछ उनके साथ बी.ए. में भी रहे होंगे। इनमें एक थे रामपाल मल्ल। ये हमारे घर प्रायः आते थे। अंग्रेजी प्रथम वर्ष में इन्हें तृतीय श्रेणी के अंक मिले। इन्होंने डिवीजन इंप्रूव करने के लिए प्रयाग विश्वविद्यालय में अंग्रेजी एम.ए. ज्वाइन कर लिया। यहाँ भी तृतीय श्रेणी के ही अंक मिले पर बी.एच.यू. से भी कम। अब प्रयाग छोड़ वे फिर वापस बनारस से एम.ए. फाइनल करने आ गये। दूसरे सहपाठी हरिवंश राय थे। ये घर कम आते थे। गोविन्द लाज में रहते थे। गेट के अन्दर जा दाहिनी ओर पहली मंजिल पर इनका कमरा था। ये किस श्रेणी में पास हुए मुझे पता नहीं। परन्तु फाइनल के बाद भी कुछ समय तक लाज में रहे। शायद रिसर्च या नौकरी के प्रयास में रहे होंगे। रामपाल मल्ल बाद में भी बनारस आने पर घर काफी समय तक मिलने आते रहे।

पिता ने पहले वर्ष की परीक्षा दी। पास हुए, तृतीय श्रेणी के अंक मिले थे। पढ़ाई दूसरे वर्ष की पूरी की, पर परीक्षा नहीं दे पाये कभी।

तीसरे सहपाठी थे ज्ञानानन्द शर्मा पाठक। असम के जोरहाट के रहने वाले थे। अच्छे घर के थे। पढ़ने के लिए कलकत्ता भेजे गये। वहाँ उन्होंने कलकत्ता विश्वविद्यालय की दसवीं की परीक्षा का 20 वर्ष का रेकार्ड तोड़ा। इसके बाद उन्हें कुछ हुआ या शायद कलकत्ता पसन्द नहीं आया और वे बनारस आ सेण्ट्रल हिन्दू स्कूल, कमच्छा, से इंटर करने लगे। इस परीक्षा में भी उन्होंने प्रथम श्रेणी में प्रथम स्थान प्राप्त किया और इंटर की परीक्षा का 15 वर्षों का सर्वाधिक अंक प्राप्ति का रेकार्ड तोड़ा। इसके बाद बी.ए. का भी बी.एच.यू. का 20 वर्ष का रेकार्ड तोड़ा। साथ ही बी.ए. के तीनों विषयों में आनर्स भी लाये।[15] मैं इनके बिरला छात्रावास वाले कमरे में एक बार गया था। पिता बताते थे पाठक छुट्टी में घर जाते हैं तो

हवाई जहाज से जाते हैं। बनारस से कलकत्ता ट्रेन से और वहाँ से जोरहाट प्लेन से।[16] जाहिर है पाठक से सभी प्रभावित थे। उनके शैक्षणिक रेकार्ड से भी और पैसे से भी। मुझे लगता है पाठक का अपने सहपाठियों से इंटरऐक्शन बहुत कम था। पिता से था और कम से कम 1964 तक रहा।

मुझे लगता है कि बी.ए. में पिता का और पाठक का अधिक सम्पर्क नहीं था। यों अंग्रेजी साहित्य में साथ होने के कारण एक-दूसरे से परिचित तो थे ही। ऐसा मैं इसलिए सोचता हूँ क्योंकि मैं उनसे उनके एम.ए. के दिनों में ही परिचित हुआ था और बाद में *रोजनामचा–1950* के अधिकतर उनके उल्लेख, एम.ए. प्रथम वर्ष के हैं (पृ. 182, 212-13, 214, 227-28, 232-33, 233-34)। इसमें पाठक के दो और उल्लेख हैं। बी.ए. का अपना परीक्षाफल उन्होंने 27 जून 1950 को देखा। "देखा तृतीय श्रेणी। देखकर हर्ष हुआ। बिना पढ़े-लिखे जो मिला बहुत मिला..." (*रोजनामचा–1950*, पृ. 135)। अगले दिन अपने अंग्रेजी के अध्यापक प्रो. चुणेकर से मिले। "उन्होंने पाठक और बनर्जी की प्रशंसा की। पाठक की अंग्रेजी की शतमुख प्रशंसा की" (वही, पृ. 135)। इसके बाद उन्होंने 18 जुलाई को लिखा, "...पाठक अर्थशास्त्र छोड़ कर इंगलिश में आना चाहते हैं..." (वही, पृ. 146; पाठक से उनकी बातचीत के दो अन्य उल्लेख पृ. 147 पर हैं)। पर पता नहीं 1949 की डायरी तो मैंने देखी नहीं। इसलिए इन दोनों के बी.ए. के सम्बन्ध के बारे में कुछ कह पाना सम्भव नहीं।

पाठक की दादी या किसी अन्य करीबी की मृत्यु उनकी प्रथम वर्ष की परीक्षा के कुछ समय पहले हो गयी। उनकी पढ़ाई में व्यवधान पड़ गया। वे सब छोड़ घर चले गये। परीक्षा नहीं दी। एम.ए. द्वितीय वर्ष के साथ प्रथम वर्ष की परीक्षा के दो पेपर्स में बैठे। उन्हें लगा इन दोनों पेपर्स में रेकार्ड तोड़ने लायक अंक नहीं मिलेंगे। रेकार्ड तोड़ने के आदी हो चुके थे। बाकी पेपर्स छोड़ दिये। उस समय का नियम था कि एम.ए. के किसी भी वर्ष की परीक्षा में 140 अंक मिलने से परीक्षार्थी उस वर्ष की परीक्षा पास कर जाते थे।[17] पाठक को इन दो पेपर्स में ही 140 अंक से अधिक मिल गये। वे प्रथम वर्ष एम.ए. उत्तीर्ण हो गये थे। चूँकि वे तीसरे और चौथे प्रश्न पत्रों में नहीं बैठे थे, इसलिए उन्हें इनमें बैठने की सुविधा तो थी ही। जब भी बैठते डिवीजन इंप्रूव होता। न बैठते तो भी एम.ए. उत्तरार्द्ध उत्तीर्ण थे।

बी.एच.यू. में एम.ए. अंग्रेजी का रेकार्ड प्रो. एन.एम. कुलकर्णी का था–87 प्रतिशत। पाठक के दोनों पेपर्स के अंक अधिक तो थे पर रेकार्ड तोड़ने लायक नहीं थे। उन्होंने तीसरे वर्ष फिर परीक्षा छोड़ी। इसी के लगभग आइ.ए.एस. और आई.पी.एस. में बैठे। आई.पी.एस. में क्वालिफाई किया। एम.ए. के दो बाकी पेपर्स में बैठे बहुत अच्छे अंक आये पर रेकार्ड टूटने की सम्भावना समाप्त हो चुकी थी। फाइनल के चार पेपर्स में कितना स्कोर करेंगे? सिविल सर्विसेज में दोबारा बैठे। फिर

क्वालिफाई नहीं कर पाये। अंततः पुलिस में गये। उड़ीसा कैडर में। बाद में आसाम आये और आई.जी.पी. हो के रिटायर हुए। बाद में शायद 1964 में एम.ए. फाइनल की परीक्षा दी और उस वर्ष के टापर भी सम्भवतः रहे। कुलकर्णी का रेकार्ड नहीं टूटा।

पिता ने 13 दिसम्बर 1950 की प्रविष्टि में लिखा "...पाठक ने आज अपने जन्म दिन का संकेत किया और मुझसे कहा कि आपने मुझे अपनी कोई चीज नहीं दी, मैंने वादा किया कि दूँगा, मैंने कहा कि तुम्हें एक सानेट दूँगा...एक सानेट लिखा... पाठक रास्ते में मिले, कहने पर क्षमा याचना और सानेट को बोले, शीशा मढ़ा कर रखूँगा..." (*रोजनामचा,* पृ. 233-34)। पिता की कक्षा में कई कवि थे। लड़कियाँ भी थीं। पाठक अपने स्वयं के शब्दों में 'कुछ नहीं' थे। पर रिटायरमेण्ट बाद कुछ लिखने लगे थे। पिता के एक दूसरे सहपाठी, तरकन, मलयाली थे। कभी-कभी दोनों खाली पीरियड्स में कविताएँ सुनते-सुनाते थे। 14 दिसम्बर 1950 को पिता ने लिखा, "...तरकन ने मुझसे मेरी किताब माँगी, मैंने सोचा कि एक कवि को देना उचित है। पाठक को कोई गद्य पुस्तक दूँगा..." (वही, पृ. 234-35)। मुझे तरकन का तनिक भी ध्यान नहीं है।

मेरे देहरादून एक्सप्रेस के बजाय गलती से पंजाब मेल में जा बैठने से शायद पिता को चिन्ता हुई होगी। आठवीं कक्षा में मुझे पूजा की छुट्टियों में पढ़ाने के लिए पिता ने रोक लिया था पर किसी वजह से उन्हें मुझे गाँव भेजना पड़ा। हालाँकि मैं काफी पहले से अकेले यात्रा करने लगा था पर इस बार किसी वजह से वे स्वयं मुझे छोड़ने नहीं आ पा रहे थे। अंततः उनके बी.ए. के सहपाठी और कवि रामाशीष सिंह[18] मुझे पहुँचाने आये। हम दोनों देहरा से शाहगंज आये। वहाँ से बस से सूरापुर और फिर पैदल। बछैयाँ के पास बादल इतने घने और काले हो गये थे कि अँधेरा सा हो रहा था। पानी भी पड़ रहा था। बाँध पर आये और उससे आगे बढ़े तो मेंड़ के दोनों ओर ईख के खेत थे। मैं आगे चल रहा था। तभी बिजली चमकी। उसके प्रकाश में मेरे सामने से एक काला साँप दाहिने खेत से मेंड़ क्रास करता बायीं ओर के खेत में जाता दिखा। पानी तेज हो रहा था। हवा तो पहले से ही तेज थी। रुक-रुककर बिजली के लगभग लगातार चमकने से होने वाले प्रकाश और अँधेरे में चलते घर आये।

अगले दिन रामाशीष जी को सूरापुर भेजा गया।

उदय प्रताप कालेज के प्रिंसिपल जे.पी. सिंह के बड़े पुत्र गोपाल[19] मेरे सहपाठी थे। धीरे-धीरे हम दोनों घनिष्ठ होते गये। वे मेरे हॉस्टल आने लगे और मैं उनके घर जाने लगा। उनका घर मेरे छात्रावास के पीछे ही लगभग था भी। बड़ा बंगला अंग्रेजी स्टाइल का। उनके साथ उस समय उनके एक मामा भी रह रहे थे। वे राष्ट्रीय स्वयं सेवक संघ के कुछ थे। शाम को कालेज की बाउण्ड्री के बाहर शाखा लगाते थे। घर जाने पर उनके मामा से भी मुलाकात होती थी। भेंट होने पर वे हमसे भी

शाखा में आने को कहा करते थे। सातवीं कक्षा में आने पर हमलोग उनकी शाखा में तीन-चार दिन गये थे। गोपाल की खेलकूद में कोई रुचि नहीं थी। और सातवीं कक्षा में आते-आते मेरी रुचि उदय प्रताप कालेज के खेलकूद के वातावरण में ढल चली। मैं सभी खेलों में, दौड़ों वगैरह में भाग लेने के लिए प्रैक्टिस में जाने लगा। गोपाल के मामा भी कहीं अन्यत्र चले गये। राष्ट्रीय स्वयं सेवक संघ में उनके स्थान पर शाखा लगाने के लिए सागर सिंह आने लगे। ये भी हम लोगों से मिलते थे। आने को कहते थे। पर अब हमारी रुचियाँ दूसरी ओर जा पड़ी थीं। समय नहीं था।

आठवीं तक मैं हॉस्टल की सभी टीमों में और स्कूल की 'सी' टीम (4 फीट 10 इंच तक के बच्चों की) में चुन लिया गया था। क्रिकेट की 'सी' टीम में प्रैक्टिस के लिए कभी-कभी पहले भी जाना पड़ता था। धीरे-धीरे मेरे शाखा में जाने की खबर मेरे पिता तक पहुँची। जब उन्हें खबर मिली तो मैं नौवीं कक्षा में था। जाड़ों के दिन थे। पिता मिलने आये थे। मैं प्रैक्टिस में जाने को तैयार था। हालचाल के बाद उन्होंने पूछा, 'शाखा में जाते हो?' मैंने कहा, 'नहीं तो। आपसे किसने कहा?' पिता बोले 'नामवर ने।' मैंने कहा, 'नहीं मैं नहीं जाता।' तभी मुझे याद आया। मैंने कहा, 'हाँ पहले कभी दो-तीन या चार दिन गया था', पिता ने कहा, 'शाखा में जाओगे तो पैसा नहीं दूँगा।' मैंने कहा, 'मत दीजिए और जाइए। एक तो मैं जाता नहीं, फिर भी डाँट रहे हैं।' हम दोनों चुपचाप साथ निकले कमरे से। मैं मन ही मन नामवर सिंह को कोसता खेलने गया—मैदान में।

मेरे क्षत्रिय स्कूल आने तक नामवर सिंह इंटर पास कर जा चुके थे। केदारनाथ सिंह थे। शायद 11वीं में होंगे, या फिर दसवीं में। मुझे लगता है कि मेरे इस स्कूल में आने के बाद वे एक दो साल तो वहाँ थे ही। शिव प्रसाद सिंह नामवर सिंह से जूनियर थे। वे भी जा चुके थे। ठीक याद नहीं। मेरी स्मृति उनकी विश्वविद्यालय पूर्व की नहीं है। नामवर सिंह की भी नहीं है। सम्भव यह भी है शिव प्रसाद रहे हों यू.पी. कालेज में कुछ समय और मैंने उन पर ध्यान न दिया हो। बड़े लड़कों का छोटे बच्चों से सम्पर्क यों भी कम होता था। 1948 या शायद 1949 में पिता एक दिन मुझे चित्रा सिनेमा में राजकपूर की फिल्म *आग* दिखाने के लिए ले गये थे। इसके कई वर्ष बाद कभी नावेल्टी में *आवारा* भी दिखाई थी।

बाद में जब मैं आठवीं कक्षा में आया तो विजय मोहन सिंह[20] का एडमिशन भी हुआ और उन्हें भी टेंथ हॉस्टल में मेरे ही कमरे में सीट मिली। किन्तु वे उस समय अधिक समय तक क्षत्रिय स्कूल में नहीं पढ़ सके। उन्हें स्कूल से हटाकर अन्यत्र शायद बिहार में कहीं डाला गया। बाद में जब बी.ए. करने आये तो बिरला में रहे। मुझे लगता है कि साहित्य में इनकी रुचि हो चली थी। मेरी इनकी जान-पहचान तो बनी रही पर सम्पर्क उतना नहीं रहा।

पिता नगवा पर रहते थे। शान्ति भवन में। नामवर सिंह प्रायः आते थे। आरम्भ

में *पृथ्वीराज रासो* पर ही ज्यादा चर्चा करते थे।[21] उनकी पीएच.डी. खत्म हो गयी। उनका आना कुछ कम हुआ। साथ-साथ कम हुआ मेरी माँ का कुढ़ना। बाद में फिर आते तो छायावाद पर घंटों बात करते। इसके उपरांत जब उनकी छायावाद वाली पुस्तक भी प्रकाशित हो गयी तो आने पर कविताएँ सुनते-सुनाते अन्यथा *बकलमखुद* के लेख।

शिव प्रसाद सिंह[22] आते थे तो नामवर सिंह की तरह बैठते नहीं थे। वे बाहर खड़े-खड़े बात करते या फिर टहलते जाते। वे *कीर्तिलता और अवहट्ठ भाषा* पर शोध कर रहे थे। शिव प्रसाद जी भी कविता, कहानी वगैरह लिखते थे पर वे उन्हें पिता को मेरे यहाँ घर पर आके कभी नहीं सुनाते थे। अपने छात्रावास के कमरे में ही सुनाते थे।

उस समय जितने भी लोग पिता से मिलने आते वे सब अपनी कोई न कोई जिज्ञासा या समस्या लेकर आते। बातचीत करते और जाते। कुछ लोग कुछ सुधरवाने आते। दूसरे विषयों के लोग भी आते थे पर हिन्दी वाले अधिक थे। इस प्रकार पिता हिन्दी के एम.ए. के छात्रों के अध्यापक और शोध छात्रों की कई पीढ़ियों के अवैतनिक निर्देशक रहे। उनका यह कार्य तब तक चला जब तक वे बनारस रहे। बाद में उन्होंने इसका उल्लेख कुछ यों किया है, दो तरह से—प्रथम प्रकार में '...ओजस्वी वाग्धारा/बहती है, भ्रमग्रस्त जनों को पार उतारा/करती है, खर आवर्तों में ले-लेकर मथ/देती है मिथ्याभिमान को/यही त्रिलोचन/है...' (*उस जनपद का कवि हूँ*)। दूसरा प्रकार है, ''जिनको कठिनाइयों में सूझता नहीं कुछ भी/ऐसे जिज्ञासु जनों के निमित्त गीता हूँ'' (*गुलाब और बुलबुल,* पृ. 120)। ज्ञान का दान करने वाले ज्ञानयोगी। इसी ज्ञानयोगी को नामवर सिंह ने 1951 में 'प्रखर ज्योति' कहा। प्रखर ज्योति ज्ञान की जिससे वे नामवर बने [दे. चित्र के नीचे लिखा उनका लेख, यह चित्र उन्होंने 'भैया त्रिलोचन को 31.8.51' (इसी छवि का पृष्ठ भाग देखें)] में दिया था। सम्भवतः ऐसे ही लोगों का संकेत 'मेरे कन्धों पर चढ़-चढ़कर जिन लोगों ने स्वर्ग निहारा' में है। इसी के आस-पास शिव प्रसाद सिंह ने भी अपना एक चित्र उन्हें दिया था। इस पर कोई लेख उन्होंने नहीं लिखा था। केदारनाथ सिंह इन दोनों

से दो-तीन साल, कम से कम, जूनियर थे। आते तो कविताएँ सुनाते। बातें करते और जाते। उन्हें पढ़ाई पर अधिक ध्यान देने की सलाह दी जाती थी।

आर्थिक दृष्टि से 1949-50 और 1950-51 के वर्ष अधिक तंगी भरे रहे। पढ़ाई के साथ-साथ कई एक ट्यूशन करते थे पिता। उनके साथ के कई लोग ट्यूशन करके अपना काम चलाते थे। पिता के एक सहपाठी बलराम राय (अंग्रेजी के) तो दस-बारह ट्यूशन करते थे। ऐसे लोग प्रायः अकेले रहते थे इसलिए उनका काम चल जाता था। हमारे साथ ऐसा नहीं था। पिता माँ को 1951 में फिर ले आये। मैं छात्रावास में था। उन दिनों हमारे यहाँ एक स्वामी जी प्रायः आते थे। ये लाहौर विश्वविद्यालय में संस्कृत के प्रोफेसर रह चुके थे। बाद में जाने क्यों संन्यस्त हो गये थे। ये भी पिता से संस्कृत में ही बात करते थे। ये सेठों के यहाँ से पैसे लाते, पिता को देते और कई अन्य छात्रों की मदद भी करते थे। बाद में भी आते थे। कभी-कभी पिता से भी पैसे माँग कर ले जाते थे, खासकर तब जब पिता नौकरी में होते। वैसे मुझे इस तंगी को महसूस करने नहीं दिया गया। पर मैं इसे देख तो रहा ही था। मैंने पिता को इसी समय कभी लिखा भी था कि मैं यहाँ नहीं पढ़ना चाहता। पर उसके लिए लोग तैयार नहीं हो रहे थे।

पिता का सानेट लिखने का जो क्रम जून 1948 से आरम्भ हुआ वह लगभग लगातार कुछ-कुछ अंतराल के बाद आरम्भ हो बढ़ता रहा। *रोजनामचा* में उन्होंने कई प्रविष्टियों में सानेट लिखने का उल्लेख किया है। इस समय वे बी.ए. फाइनल में थे। मार्च अंत या अप्रैल में परीक्षाएँ उस समय हुआ करती थीं। 17 जनवरी 1950 को क्लास में 'सम्बोधन शीर्षक एक सानेट' (*रोजनामचा*, पृ. 19) लिखते हैं। इसके उपरांत 8 और 9 फरवरी को एक-एक और 10 को सानेट लिखते हैं (वही, पृ. 35-37)। अगले ही दिन, 11 फरवरी को लिखते हैं, ''पढ़ नहीं पा रहा। मन छटपटाता है। कविता एक ओर खींचती है। परीक्षा दूसरी ओर। अब कविता बन्द करूँगा'' (वही, पृ. 38)। पर कविता बन्द नहीं होती। शायद उसे बन्द करना आसान नहीं था। 12 फरवरी को दो, 13 को एक, 14 को एक सानेट लिखते हैं (वही, पृ. 38-40)। इसके बाद 17 को एक, 18 को दो और 24 फरवरी और उसके बाद 10 मार्च को एक-एक सानेट लिखने का उल्लेख करते हैं (वही, पृ. 42-43, 47, 60)। आसन्न परीक्षा के दबाव से सानेट लेखन में फिर एक गैप आता है। बी.ए. फाइनल की परीक्षा 27 मार्च से आरम्भ हुई (वही, पृ. 74)। 30 मार्च को परीक्षा देते जाते समय रास्ते में अपना कुछ पढ़ने-दुहराने के बजाय विश्वनाथ झा को संक्षेप में विद्यापति के काव्य की विशेषताएँ बताते गये (वही, पृ. 75)। खैर अपना हिन्दी कम्पोजीशन था।

परीक्षा, *'आज'* दैनिक में कार्य, एवं अन्य व्यस्तताओं के चलते सानेट लिखने में सम्भवतः एक और गैप आया। *रोजनामचा* की 12 अगस्त 1950 की प्रविष्टि में लिखते

हैं, "सबेरे मैंने एक सानेट लिखा। पहले ऐसा लगता था कि अब न लिख सकूँगा, पर अकस्मात् न जाने क्या हो गया..." (वही, पृ. 158)। हुआ कुछ नहीं था। बस सानेट के पथ की दौड़ यहीं से शुरू होनी थी। "स्पेंसर, सिडनी, शेक्सपियर मिल्टन की वाणी/वर्ड्सवर्थ, कीट्स की अनवरत प्रिय कल्याणी/स्वरधारा..." के साथ-साथ पिता दौड़ रहे थे। दौड़ शुरू हो चुकी थी। स्वरधारा बहने लगी।

पिता लंका पर थे। एम.ए. पूर्वार्द्ध कर चुके थे। द्वितीय वर्ष की परीक्षा नहीं दे पा रहे थे। ज्ञानानन्द पाठक भी नहीं दे पा रहे थे। दोनों के कारण अलग थे। मैं भी दसवीं में फेल हो गया। सप्लीमेण्टरी आया था। उसकी तैयारी कर परीक्षा दी और पास हुआ। यू.पी. कालेज में ग्यारहवीं में नाम लिखा गया। इस बार फर्स्ट हॉस्टल मिला। इस कमरे में चार लड़के थे। एक मैं, एक श्री भगवान सिंह और एक भगवती प्रसाद राय। चौथे का नाम अब याद नहीं। शायद, किसी वजह से छोड़ गया और फिर वापस नहीं आया।

श्री भगवान सिंह बिलवई रेलवे स्टेशन के पास के किसी गाँव के थे। इनका गाँव मेरी परदादी रजासी बुआ के गाँव के आस-पास ही था। शायद इस सम्बन्ध के कारण भी मेरी इनकी निकटता बढ़ी। उनके पिता कलकत्ता के स्टेट्समैन में काम करते थे। उनका स्टेट्समैन प्रतिदिन डाक से आता था। हॉस्टल में श्री भगवान की कृपा से हमीं तीन अंग्रेजी अखबार पढ़ रहे थे। श्री भगवान सिंह के पिता की कृपा से यह अखबार मेरे पिता के नाम से मेरे गाँव पर भी इसी समय से नियमित आने लगा और करीबन छः साल तक आता रहा। भगवती प्रसाद राय ने बाद में हिन्दी में एम.ए. किया और कई वर्ष तक कमच्छा सेंट्रल हिन्दू स्कूल, और हिन्दी विभाग में अध्यापन करते रहे।

फर्स्ट हॉस्टल के हमारे वार्डन भगवान सिंह थे। मैथ्स के अध्यापक थे। इनके रिटायर होने के बाद अर्थशास्त्र के लुटावन सिंह हुए। इन्होंने बाद में बी.एच.यू. से पीएच.डी. की।

1951-52 में ही कभी पिता को अंग्रेजी पढ़ाने के लिए गणेश राय इंटर कालेज कर्रा, जौनपुर, में नियुक्त किया गया। पिता कभी बस से तो कभी ट्रेन से जाते थे। प्रायः सोमवार को सुबह जाते और शनिवार को शाम या रात तक वापस आते। बीच में पड़ने वाली छुट्टियों में भी बनारस आ जाते। इसी क्रम में उन्होंने औड़िहार में वाराहावतार की प्रतिमा कभी देखी होगी। संस्कृत के विद्यार्थी थे, पुराणों का भी अध्ययन था। प्रतिमा देख एक बार फिर पूरा मिथक स्मृति में घूम गया होगा। शायद इसी से प्रेरित होकर एक बार फिर वाराहावतार की परम्परा संक्षिप्ततः कविता में व्यक्त हुई।

पिता कर्रा में अधिक समय नहीं रहे। इसी समय के लगभग हिन्दी साहित्य सम्मेलन, इलाहाबाद में हरदेव बाहरी के सम्पादन में *कनसाइज्ड आक्सफर्ड डिक्शनरी*

का हिन्दी रूपांतर हो रहा था। उसमें काम करते रहे। रामबाग में घर लेकर रहने लगे। शमशेर जी का घर यहाँ से पास था। बहादुर गंज में जस्टफिट टेलर्स के ऊपर रहते थे। पिता उनके यहाँ प्रायः जाते थे। इलाहाबाद जाने पर कभी-कभी मैं भी उनके घर जाता था। वहाँ होती थी साहित्य चर्चा। मैं होता था एकमात्र मूक श्रोता-दर्शक। शमशेर जी चित्रकार भी थे। उनके यहाँ आने जाने वालों में एक बार नरेश मेहता[23] से भी मेरा परिचय कराया गया था। बाद में वस्तुतः काफी बाद में, विष्णुचन्द्र शर्मा, के साथ भी उनके घर एक-दो बार गया था।

हिन्दी साहित्य सम्मेलन भी पास ही था। इसे मैंने बाहर से ही देखा था। अन्दर कभी नहीं गया। अब कभी-कभी सोचता हूँ जाना चाहिए था।

महाकुंभ : लाशों की प्रदर्शनी

सन् 1953 के दिसम्बर में कभी पिता त्रिलोचन सोलह साल बाद, दोबारा पिता बने। उनके दूसरे चिरंजीव अस्पताल से घर लाये गये। इसी समय प्रयाग में महाकुंभ बारह वर्ष बाद वाला लगा। मैं बारहवीं कक्षा में था। उदय प्रताप कालेज दिसम्बर में क्रिसमस के लिए लगभग पाँच दिन के लिए बन्द कर दिया गया था। मैं बनारस से इलाहाबाद आ गया। छोटी लाइन की गाड़ी में चढ़ तो गया पर इलाहाबाद जाने के अपने निर्णय पर अफसोस करते अपने गंतव्य पर पहुँचा। मेरे आने के बाद ही (एक दो दिन बाद) महाकुंभ की महादुर्घटना घटी। हमें कुछ पता था नहीं। पिता ने 10 बजे करीब कहा, 'चलो कुंभ घूम कर आते हैं।' मैंने कहा, 'चलिए।' घर से दोनों निकले। चलना तो सारा रास्ता पैदल ही था।

त्रिलोचन जी अख़बार पढ़ते हुए, 1961-62

कुंभ मार्ग पर हम लोग एक सवा मील पैदल चले होंगे। पुलिस और वालंटियर लोगों को संगम घाट की ओर जाने से मना कर रहे थे। उधर से आने वाले स्नानार्थी भी

आगे जाने को मना कर रहे थे। कुछ रोते आ रहे थे। हम लोग भी रुकते, लोगों की बातें सुनते, बढ़ते जा रहे थे। धीरे-धीरे सुबह हुई दुर्घटना की जानकारी स्पष्ट होने लगी। लोग आदमियों पर चढ़ते, उन्हें मिट्टी में दबाते, कुचलते, मारते, भाग रहे थे। शाम से लोग जाकर प्रातः स्नान के लिए नदी किनारे आ के बैठे हुए थे। प्रातः नागा साधुओं की स्नान करने की दौड़ से भगदड़ मची। संगम किनारे बैठे लोग जायें तो कहाँ जायें। जो स्नान कर रहे थे वे न निकल सकते थे न आगे पानी में जा सकते थे। आदमी, औरतें और बच्चे जो गिरे वे उठ नहीं पाये। दबते और धँसते गये मिट्टी में। जो पानी में थे उनमें से भी बहुतेरे नीचे दबते गये। जितने लोग उतनी बातें। हम जितना आगे बढ़ रहे थे पुलिस उतनी ही कड़ाई से जाने वालों को लौटा रही थी। साढ़े बारह बजे के लगभग हमने भी वापसी का रुख किया। यह भगदड़ तो सुबह से चालू थी। अखबार लेकर पढ़ते रहे। कुछ वापस जाते लोग जो आप बीती सुनाते चले जा रहे थे उनके साथ हो हम भी सुनते चलते घर आये। खाना खा के लेट गये चुपचाप। पिता माँ को जो कुछ सुनते आये थे बता रहे थे।

तीन बजे करीब हम दोनों फिर घर से निकले। तीस-चालीस मिनट में हम वहाँ पहुँच गये जहाँ लाशें ही लाशें बिछाई हुई थीं। आदमियों, औरतों और बच्चों की लाशें। पास ही इन लाशों के कपड़ों, गट्ठरों और बर्तनों के पहाड़ों से ऊँचे कई अंबार लगे थे। लाशों की इस प्रदर्शनी को हम दोनों साथ देख रहे थे। पिता की आँखों में आँसू मैंने बार-बार, कई बार, देखे। किसी को किसी से बात करने की इच्छा नहीं हो रही थी। दोनों एक-दूसरे का सामना नहीं कर पा रहे थे। अंततः मैंने ही कहा, 'अब चलिए। चला जांय।' थोड़ी देर बाद हम वहाँ से चुपचाप चले आये। अगले दिन हम लोग फिर गये थे। मेरी इच्छा तो नहीं थी जाने की, पर फिर मैं पिता को साथ देने के लिहाज से गया। इसके बाद से पिता कई दिनों तक क्षुब्ध और क्रुद्ध रहे।

मैं केवल पाँच दिन के लिए इलाहाबाद गया था। इस दुर्घटना के बाद जितना क्षुब्ध और क्रुद्ध और जितना दुखी मैंने उन्हें देखा उतना कभी नहीं। महाकुंभ की इस दुर्घटना से आहत, क्षुब्ध, क्रुद्ध और दुखी पिता त्रिलोचन की ये सभी भावनाएँ निकट भविष्य में ही उनके महाकुंभ विषयक सानेटों में अभिव्यक्त होने लगीं। मुझे अभी भी स्पष्ट याद है जब पिता ने दूसरे दिन मुझसे चलने को कहा था, तो मैंने उनसे कहा, 'जाने दीजिए। क्या बार-बार देखना दुख ही होगा।' उन्होंने कहा सो तो है। पर चलो, देखें अपने गाँव घर का भी कोई है क्या? मैंने कहा, 'होगा भी तो पहचान में आयेगा क्या?' फिर भी मैं हो लिया था उनके साथ। उन्हें साथ ही चाहिए था। हमें नहीं पता वहाँ दब-दब मरने वाले कौन थे? कहाँ से थे? जो वहाँ अनाम दब-मरे, वे सब, सबके सब, पिता त्रिलोचन के अपने थे। उनके गाँव घर के ही तो थे? उनके आँसुओं से, क्षोभ, क्रोध और दुख से यही लगता है। वे सब उनके अपने थे। दूसरे दिन मक्खियाँ आने लगी थीं। लाशें खराब होनी आरम्भ हो रही

थीं। ठंड से अभी उतना फर्क नहीं पड़ा था पर पड़ तो रहा ही था।

देखा उत्तरचरित देह का

मानव शरीर के खराब होने की बात चली है तो पिता के सानेट *देखा एक लाश को सड़ते* की चर्चा यहीं करना बेहतर होगा। सानेट यों है :

"विंध्यपाद में देखा एक लाश को सड़ते।
था अनुकूल पवन जा पहुँचा। सम्मुख देखा,
दहल गया। जीवन का ऐसा भी क्या लेखा।
अब अन्दोर उठ रहा था। धीरज को अड़ते
नहीं पा रहा था। झोंके सड़ाँद के गड़ते
थे घ्राणेन्द्रिय में। कीड़ों की गति की रेखा
सूर्य प्रभा से भासमान थी। मैंने देखा
उत्तरचरित देह का।..." (दिगंत, पृ. 47)

खुले में सड़ती लाश का यह वर्णन बहुत सजीव है। इसमें केवल एक पक्ष पर ही अधिक बल दिया गया है—सड़ाँद पर। इससे स्पष्ट है कि विन्ध्य क्षेत्र में कभी कहीं उन्होंने एक लाश को सड़ते नजदीक से देखा था ऐसा कीड़ों की रेखा से स्पष्ट है। पर बहुत समीप से नहीं देखा लगता क्योंकि मक्खियों का कोई उल्लेख नहीं है। यदि उन्हें भी कीड़ों के उल्लेख में मान लिया जाय तो बात और है। उनकी पुस्तकों में मेडिकल की भी तीन पुस्तकें थीं। एक एनाटोमी, दूसरी फिजियोलोजी और तीसरी एक पाकेट मेडिकल डिक्शनरी। दोनों पुस्तकों में कहीं-कहीं पेंसिल से हलके निशान भी लगे थे। इन्हें मैंने तो पढ़ा नहीं पर उलट पुलट कर कई बार देखा था। मेरी बेटी ने इन पुस्तकों को भी मेडिकल फर्स्ट ईयर में पढ़ा था। मेरी निगाह में जब भी ये पुस्तकें पड़तीं हर बार मेरा ध्यान उनकी विस्तृत रुचि पर चला जाता था। अब ऐसा लगता है, उनकी रुचि वस्तुतः जीवन में थी। शायद वे जीवन के विभिन्न पक्षों और पहलुओं को समझने का प्रयास कर रहे थे। इन्हें पढ़ने के पीछे भी उनका यही उद्देश्य रहा होगा। जीवन का आधार शरीर है। शरीर नहीं तो कुछ नहीं। काफी समय तक लंका में अपने कमरे में मानव स्केलेटन रखे रहने की जानकारी भी है। इसे बाद में माँ ने गंगा में फिंकवा दिया।[24]

अनुकूल पवन द्वारा लाया गया सड़ाँद का झोंका उन्हें स्रोत को देखने की प्रेरणा दे गया। इसी से वे पास पहुँचे और उसे देखा। अन्य विचार बाद में उठे होंगे। सड़न एक प्रक्रिया है। इसका आरम्भ मौत होते ही शुरू हो जाता है। कुछ ही घंटों में शरीर कड़ा होने लगता है, पहले पलकें, फिर जबड़ा, गर्दन एवं सारा शरीर (रिगर मार्टिस)। कुछ सप्ताह में चमड़ा खुरदरा हो जाता है, टिशूज घुलने लगते हैं। मांस छूट जाता है और बच जाता है केवल सफेद हड्डियों का ढाँचा।

शरीर की इस समाप्ति का अपना एक क्रम है। यह एन्जाइम्स करते हैं (प्रोटीन मोलक्यूल्स)। एन्जाइम्स शरीर में एक रासायनिक प्रक्रिया आरम्भ करते हैं। जीवितावस्था में ये बैक्टीरिया आदि हानिकारक आक्रमणकारियों से शरीर की रक्षा करते हैं। शरीर के मरते ही ये अपने सेल निवास से स्वतंत्र हो एसिड की तरह सारा कुछ पचाने लगते हैं।

शरीर के नष्ट होने का दूसरा क्रम वे बैक्टीरिया शुरू करते हैं, जो 'गट' में रहते हैं। ये अंतड़ियों की दीवार को खाना शुरू करते हैं, 'वेन्स' के रास्ते शरीर में फैलते जाते हैं। और खाते जाते हैं। ये सभी प्रकार के टिशूज खाते जाते हैं। इस सारी प्रक्रिया के दौरान वे एक गैस छोड़ते रहते हैं। बदबू इसी गैस की है। वायु के माध्यम से यह दूर तक जाती है जीवित लोगों को यह गंध खराब लगती है। विपरीत इसके, लाश इसी बदबूदार एसिड से लगातार नष्ट होती रहती है। चमड़े का रंग बदलने लगता है, पहले हरा, फिर बैंगनी और अंततः काला। कभी-कभी शरीर फूल जाता है फिर फटता है। नाक और मुँह से पानी रिसने लगता है। नाखून गिरने लगते हैं और छूने मात्र से चमड़े की पर्तें छूटने लगती हैं।

मृत शरीर के इस स्वक्षरण में बाहरी अतिथि आकर सहयोग करते हैं। आदमियों से बहुत पहले सड़ने की गंध दो मील तक की दूरी के कीड़े-मकोड़ों तक पहुँचती है। पहले कई तरह की मक्खियाँ आती हैं। ये नाक में, मुँह में, घाव में (किसी भी खुले, कटे-फटे हिस्से पर) अंडे देती हैं। दो-तीन दिन में इन अंडों से कीड़े निकल कर अपना काम शुरू कर देते हैं। ये मक्खियाँ और कीड़े अपने एन्जाइम छोड़ते हैं। इनसे शरीर की गलन और बढ़ने लगती है। जब ये सब सफाई कर लेते हैं और ढाँचा साफ हो जाता है तो अन्य प्रकार के कीड़े आते हैं।

विन्ध्य क्षेत्र तो खुला क्षेत्र था। मृत शरीर के इस भोज में कुछ और लोग भी सम्मिलित हुए होंगे—सियार, कुत्ते, गिद्ध और कौवे वगैरह। शरीर की सफाई की इस सारी प्रक्रिया में सारे, लिखित-अलिखित, दृश्य-अदृश्य, सफाई कर्त्ता सारा कुछ एक साथ कर रहे होंगे। कवि ने केवल इसमें सड़ाँध और कीड़ों की रेखा का उल्लेख किया है। बदबू से परेशान थे। पक्षी और जानवर शायद उन्हें समीप आता देख इधर-उधर हो गये होंगे। इस दृश्य को इतने पास से देख उसे सफलतापूर्वक कविता में ढाल देना उन्हीं के लिए सम्भव था। बहुतेरे तो पास ही न जाते।

इस सानेट में एक पंक्ति आती है—''क्या इसका अपना कोई भी कहीं नहीं था। क्या इसकी अन्तिम शय्या का स्थान यहीं था,'' (*दिगंत*, पृ. 47)। इस पर कुछ अनुमान न करना ही श्रेयस्कर है। शायद उसका अन्तिम स्थान यहीं कहीं था।

पिता को इलाहाबाद अच्छा नहीं लग रहा था। वे जिस तरह खुले स्वभाव और वातावरण में रहने के आदी बनारस के चलते हो गये थे वह इलाहाबाद में नहीं था। बनारस और इलाहाबाद दोनों के स्वभाव और चरित्र भिन्न हैं। बनारस पिता

के अपने स्वभाव के अनुरूप था। उन्होंने कुछ समय बाद नागरी प्रचारिणी सभा के कोश विभाग में एप्लाई किया और 1954 के आरम्भिक महीनों में कभी बनारस वापस आ गये और रानी भवानी गली में घर ले रहने लगे।

उदय प्रताप कालेज

भिनगा नरेश राजा उदय प्रताप सिंह जूदेव निस्सन्तान थे। उनकी रानी ने कभी उनसे एक बच्चा गोद लेने को कहा था। उन्होंने कहा गोद क्या लेना? सारे क्षत्रिय बच्चे हमारे बच्चे हैं। इसी समय के लगभग आगरा के राजा बलवंत सिंह भी एक शिक्षण संस्था खोलना चाहते थे। कहा जाता है दोनों मिलकर एक विश्वविद्यालय खोलना चाहते थे—एक बनारस में चाहता था और दूसरा आगरा में। फलतः बात बनी नहीं। इसके चलते बनारस में उदय प्रताप हीवेट क्षत्रिय स्कूल और इंटरमीडिएट कालेज खुला। हीवेट यूनाइटेड प्राविंसेज आफ आगरा ऐंड अवध के उस समय गवर्नर थे। आगरा में बलवंत राजपूत कालेज खुला।

मेरे समय तक यू.पी. कालेज से पास होने वाले ज्यादातर लड़के पुलिस और सेना में जाते थे। इनमें से भी ज्यादातर दरोगा और सिपाही बनते थे। यह शायद अंगरेजों के उस दृष्टिकोण के चलते हो रहा था जो राजपूतों को मार्शल (लड़ाकू) जाति में शुमार करता था। आरम्भ में तो बहुतेरे सीधे पास करते ही भेज दिये जाते थे। फार्म वगैरह पहले ही भरा लिया जाता था। इसी वजह से यहाँ स्पोर्ट्स और गेम्स पर बहुत ज्यादा जोर दिया जाता था। मेरी कक्षा से भी लगभग आधे पुलिस और सेना में गये थे। एक नेवी में। फार्म तो मेरा भी भरा गया था। पर मेरे घर यह खबर पहुँचते ही बुआ ने अन्न जल त्याग दिया। माँ भी विरोध में थीं। पिता ने केवल इतना ही कहा था, "सैनिक सेवा भी कोई सेवा है? मरने मारने में कैसी सेवा?" काका मेरे समर्थन में थे। पर बुआ के अनशन से वे भी प्रभावित हुए और कहा, 'छोड़ो मत जाओ।' इस तरह मेरा सैन्य सेवा का स्वप्न आरम्भ होने से पहले ही तोड़ दिया गया।

मैं उदय प्रताप कालेज के उसी वर्ग का विद्यार्थी था जिस वर्ग के लोग पुलिस और सेना में जाते हैं। खेल-कूद, स्पोर्ट्स और गेम्स में मेरी रुचि पढ़ाई की अपेक्षा कहीं अधिक थी। कक्षा में भी मेरा ध्यान खेल के मैदान में ही रहता था। खेल तो मैं सभी खेलता था पर क्रिकेट ज्यादा अच्छा खेलता था। स्कूल की 'सी' टीम में दो-तीन, 'बी' टीम में एक और 'ए' टीम में दो साल खेला। स्पोर्ट्स में भी भाग लेता था। जब मैं आठवीं या नवीं क्लास में था तो हमारे यहाँ कालेज में एक शस्त्र-विशेषज्ञ आये थे। इन्हें पाँच-छः महीने के लिए वहाँ रख लिया गया था। ये शब्द वेधी बाण चलाते थे आँखों पर पट्टी बाँधकर। तीर चला मोमबत्तियाँ बुझा देते थे। बाद में शाम के समय हथियार चलाना सिखाते थे। इतवार को सुबह-शाम ज्यादा बच्चे जाते

थे। ज्यादाकर तलवार और छुरा चलाना और बचाव करना सिखाते थे। इतवार को मैं भी जाता था इनकी कक्षा में। जब मैं दसवीं में था तो कालेज में एक शराफत अली नियुक्त हुए थे। ये क्रिकेट के रणजी ट्राफी के शायद यूपी के ही खिलाड़ी थे। कालेज टीम के लड़कों को उनके अपने समय में और अन्य बच्चों (छोटे) को सुबह सिखाते थे। मेरे ग्यारहवीं में आने के बाद जाड़ों में ये कालेज छोड़ गये। अफवाह थी कि देश की टीम में चयन न होने के कारण दुखी हो पाकिस्तान चले गये। हाकी वगैरह भी अच्छी खेलते थे।

अपनी इस मैदान-रुचि के चलते मुझे पास होने भर की उम्मीद थी। पास भी हुआ उम्मीद के मुताबिक। क्रिकेट में आगे बढ़ने का सपना देखने लगा था।

परीक्षा के बाद मैं अपना सामान ले रानी भवानी गली आ गया और कुछ समय बाद गाँव चला गया।

धीरे-धीरे एडमिशन का समय नजदीक आ रहा था। अभी तक प्रायः सबका किसी भी कोर्स में एडमिशन हो जाया करता था। छात्रों की भीड़ होने में अभी बहुत देर थी। एक दिन शाम पिता घर आये तो माँ से बोले, 'डॉ. पटवर्धन[25] मिले थे आज। कह रहे थे बेटे का एडमिशन मेरे यहाँ करा दो।' उन दिनों वे आयुर्वेदिक कालेज के प्रिंसिपल थे विश्वविद्यालय में। माँ शायद डर गयी। बोली, 'नहीं, उसमें मुर्दा-उर्दा चीरना-फाड़ना पड़ेगा। उसमें नहीं भेजना मुझे।' पिता ने मुझसे भी पूछा। मैंने भी मना कर दिया। यदि उनकी इच्छा थी तो वह उन्होंने व्यक्त नहीं की।

इसके बाद एक दिन मैं जाकर बी.ए. का फार्म ले आया। भर कर पिता को उनके हस्ताक्षर के लिए दिया। फार्म देखते-देखते उन्होंने पूछा कौन-कौन से विषय ले रहे हो? मैंने कहा अंग्रेजी, साइकोलॉजी और इतिहास या कल्चर। कुछ बोले नहीं। नियत स्थान पर दस्तखत कर फार्म मुझे वापस कर दिया। मैंने अंततः अंग्रेजी, साइकोलॉजी और कल्चर लिया। एडमिशन हो गया।

कक्षाएँ शुरू हो गयीं। साइकोलॉजी में बहुत लड़के थे। किसी भी कमरे में इतने लड़के नहीं आ पाते। सब दरवाजे पर और बरामदे में खिड़कियों के सामने खड़े हो लेक्चर सुनते। डॉ. पद्मा अग्रवाल अभी अमेरिका से पीएच.डी. करके आयी थीं। वही पढ़ाती थीं। पढ़ाती भी अच्छा थीं। हमारे मित्र बरफ सिंह रावत सबसे आगे बैठते थे। मुझसे कहते थे, 'यार वो तो सारे समय मुझे आँख मारती रहती है।' मैंने कहा, 'तो तुम भी आँख मारा करो?' उस समय तक हमें पता नहीं था कि अमेरिका से आने वाले सभी आँख मारने लगते हैं। हमारा अंग्रेजी का क्लास ऊपर लगता था, विभाग के पास। वहाँ से उतर कर नीचे पद्मा जी के क्लास तक आने में कमरा भर जाता। बरामदे में ही खड़ा होना पड़ता। उसमें भी बीच-बीच में धक्कम-धुक्का हुआ करता। महीने भर बाद मैंने साइकोलॉजी छोड़ इतिहास और उसमें भी आधुनिक भारत का इतिहास ले लिया।

बी.ए. प्रथम वर्ष में मैं घर पर रहा। रानी भवानी गली में। शहर से रोज बस से सेण्ट्रल हिन्दू कालेज जाना तय पाया था। कुछ दिन गया भी। पर बस में भीड़ हो जाती। हद से ज्यादा। मैंने रिक्शे से जाना तय किया। जाने भी लगा। गोदौलिया पर मेरे एक सहपाठी कुंज बिहारी दुबे का घर था। वे साइकिल से जाते थे। परिचय हो जाने पर उनके साथ उनकी साइकिल पर बैठ कर जाता। जब भी मुलाकात होती। वापसी में तो वे प्रायः मुझे लाते ही थे।

बी.ए. में मेरे हिन्दी न लेने से पिता के बहुत से इस विषय के छात्र मित्रों को थोड़ा आश्चर्य हुआ। अनिवार्य हिन्दी के कई सेक्शन चला करते थे। इनमें से अधिकांश सेक्शन्स की कक्षाएँ पीएच.डी. के छात्र लिया करते थे। कुछ अस्थाई अध्यापक भी लेते थे। ये सब लोग मुझे जानते भी थे। इनमें से कई लोगों ने मुझे हिन्दी लेने की सलाह भी दी। कुछ ने पिता से भी कहा पर हम दोनों ने इस पर ध्यान नहीं दिया। विषयों का चुनाव पूरी तरह मेरा अपना था। पिता ने मुझे कभी हिन्दी लेने या न लेने के विषय में कुछ नहीं कहा। केवल आरम्भ में इतिहास के स्थान पर कल्चर लेने का सुझाव उन्होंने दिया था। अनिवार्य हिन्दी मुझे बी.ए. प्रथम वर्ष में एक मराठी शोध छात्र पढ़ाते थे। अन्य सेक्शंस में नामवर सिंह, शिव प्रसाद सिंह, लोकनाथ भराली[26], वगैरह पढ़ाते थे। द्वितीय वर्ष में मुझे अनिवार्य हिन्दी शिव प्रसाद सिंह ने पढ़ाई थी।

जय प्रकाश सिंह, 1957

रानी भवानी गली के घर के जिस कमरे में मैं रहता था उसी में कभी-कभी पिता भी रहते थे। रात में मुख्य रूप से पढ़ने-लिखने के ख़याल से। इस समय तक वे सानेट के पथ पर दौड़ भी रहे थे। उनके कुछ सानेट जो यहाँ इस घर में लिखे गये उनका मैं प्रत्यक्षदर्शी हूँ। इनमें से पहला है, 'मेरे आठ माह के शिशु को...।' आठ माह के उनके शिशु बीमार थे। डॉ. ने ब्लड टेस्ट कराने को लिखा था। वही उसे लेकर गये थे। 'रक्त परीक्षक' के रक्त निकालने की सारी प्रक्रिया उन्होंने देखी। इसके एक-दो दिन बाद ही मैंने उनकी कापी में यह सानेट देखा।

ऐसे ही एक दिन शाम को घर आये किसी से बात कर रहे थे। बनारस की सुबह की तारीफ किये जा रहे थे। मैं सारी बात सुन रहा था। बाद में मैंने उनसे कहा, 'बनारस की सुबह में ऐसा कुछ खास तो नहीं है जैसा आप दोनों की बात

से लगता है। सुबहें तो कई एक मैंने भी देखी हैं।' पिता ने कहा, 'तुम देर से गये होगे। कल मेरे साथ चलना।' पिता हमेशा जल्दी उठते थे। अगले दिन उठे तो मुझे आवाज दी। मैं भी जग गया। हम दोनों मीर घाट गये। वहाँ हम लोग सीढ़ी से उतर रहे थे। राजघाट के पुल के पार दूर सूरज का लाल गोला निकल रहा था। वाकई अद्‌भुत दृश्य था। मैंने पिता की ओर देखा। वे शायद कुछ कहते से लग रहे थे, बुदबुदा रहे थे। लगभग दस मिनट बाद बोले, 'चलो चलते हैं।' मैं मुड़कर सीढ़ियाँ चढ़ने लगा। मुझे लगा शायद 'सात...सात' कह रहे हैं। मुड़ कर देखा। होंठ हिल रहे थे, कुछ रुक-रुककर। मैं चुपचाप चलता रहा। वे भी चुपचाप मेरे पीछे-पीछे आये और सीधे ऊपर वाले कमरे में गये। मैं दूसरे कमरे में जा चाय पीने लगा। चाय पीकर मैं कालेज जाने की तैयारी में लगा। नहा-धो के ऊपर कपड़े पहनने गया तो टेबल पर उनकी कापी खुली थी। आगे बढ़कर देखा तो *"सात छलाँगों में गंगा को पार कर गया/आयस पुल राजघाट का..."* लिखा था (इस सानेट का मूल आरम्भ यही था। *उस जनपद का कवि हूँ* (पृ. 71) में 'सप्त बाल चन्द्री' और सात छलाँगों के स्थान पर सात फलाँगों में बाद में कभी किया गया)। वैसे इन सुधारों से सानेट की सौंदर्य वृद्धि हुई, कम से कम, मुझे नहीं लगती।

बनारस में बहुत सारे लोग गरीबों को कभी-कभी खाना खिलाते हैं। गलियों में दूर तक भिखमंगों और गरीबों की लाइनें लगती जाती हैं। मकानों की दीवार से सटे बैठे ये गरीब, भिखमंगे, कुछ बच्चे लिए, अपने-अपने बर्तन सामने रखे घंटों बैठे रहते हैं। सैकड़ों-हजारों की खिचड़ी बनने में समय लगता है। बारह बजे के लगभग से लोग बाल्टियों में खिचड़ी भर-भर परोसते चलते हैं। यह कार्य किसी छुट्टी के दिन या इतवार को ही होता है। ऐसे ही एक इतवार मैं अपने कमरे में पढ़ रहा था। साढ़े दस बजे के लगभग मेरी निगाह खिड़की से बाहर गयी। सामने मारवाड़ी सज्जन के घर की दीवार से सटे आठ-दस गरीब बैठे थे। यह दीवार थोड़ा आगे जा मि. बैनर्जी के दरवाजे के बाद उनके घर की दीवार से सटी हुई थी। इन आठ-दस लोगों में एक थे हमारे बंगाली बाबू। इनका नाम मुझे नहीं पता। शायद किसी को पता नहीं था। सब इन्हें बंगाली बाबू[27] नाम से ही यू.पी. कालेज में जानते-पहचानते थे। ये रोज शाम यू.पी. कालेज में टीन के एक बक्से में छोटे-छोटे कागज के कप में बने केक, मिठाई और समोसा वगैरह ले के आते और हॉस्टल-हॉस्टल घूम कर बेचते-फिरते थे। फिर एक आदमी लेकर आने लगे। सामग्री की मात्रा भी बढ़ी। फिर एक और आदमी लाने लगे। इनकी इस चल दुकान में उसी प्रकार सामग्री में भी बढ़ोतरी हुई। ये उधार भी देते थे। लड़कों का नाम और छात्रावास का नाम वगैरह लिखकर रख लेते थे। घर से पैसा आने पर लड़के इनका हिसाब कर देते थे। बंगाली बाबू को मैंने जिस स्थिति में देखा था अपने उदय प्रताप कालेज के वर्षों में उससे उनका यह रूप एकदम उलटा था। मुझे बड़ा ताज्जुब हुआ। मैंने पिता को बुलाया

और उन्हें दिखाया। वे भी पहचान गये। उन्होंने कहा, 'हाँ। इसे तो मैंने भी वहाँ घूमते हुए कई बार देखा है। क्या हो गया?' *बंगाली बाबू* उनके मानस में छा गये। दो-तीन दिन बाद टेबल पर पड़े उनके कागज उलटे-पलटे तो एक सानेट दिखा, ''सीथ बीनकर खाता है वह बंगाली जो दुकान चलाता था...'' (*दिगंत* (1956), पृ. 49)।

ऐसे अनेक सानेट हैं जिनके लेखन से मैं समीप से परिचित हूँ। पर सबका उल्लेख करना जरूरी नहीं है। ऐसे ही एक रात की बात है। हम दोनों उसी कमरे में सो रहे थे। मेरी नींद खुली। रात का एक-डेढ़ बजा होगा। कमरे में कुछ प्रकाश था तो सही क्योंकि गली की सरकारी बत्ती जल रही थी। इसके बावजूद इतना प्रकाश भी नहीं था कि बिना बत्ती जलाये कुछ साफ-साफ लिखा जा सके। पर पिता यही कर रहे थे। कुर्सी पर बैठे टेबल पर लिख रहे थे। गति धीमी थी। शायद अँधेरा भी एक कारण था। मैं उठकर बत्ती जला सकता था। कह सकता था बत्ती जला लीजिए। ध्यान भंग होने के भय से मैंने ऐसा कुछ नहीं किया और दोबारा सो गया। पिता कब सोए पता नहीं। सुबह सोकर उठे। चाय पीते मैंने उनसे कहा, 'रात में अगर आप उठकर कभी लिखते पढ़ते हैं तो बत्ती जला लिया करें। मुझे बत्ती से कोई परेशानी नहीं होती।' पिता ने पूछा, 'तुम जगे थे क्या?' मैंने कहा, 'हाँ। मैं जग गया था। कुछ बोला नहीं कि डिस्टर्ब होगा।' थोड़ी देर बाद टेबल पर देखा तो चौदह सानेट अलग-अलग पृष्ठों पर लिखे रखे थे। केवल एक सानेट की एक पहली लाइन ही अन्तिम सिरे में जाते-जाते कुछ टेढ़ी हुई थी।

एक-दो पाश्चात्य लेखकों ने लेखन को 'मिडनाइट डिजीज' (मध्य रात्रि का रोग) कहा है। बहुत सारे लेखक और कवि रात्रि के शान्त वातावरण में रचना करते होंगे। कम से कम वे तो अवश्य करते होंगे जिन्होंने लेखन को मध्यरात्रि की बीमारी कहा है।[28] मेरे पिता का कोई एक निश्चित समय नहीं था लिखने का। मैंने उन्हें सुबह से लेकर रात तक समय-समय पर लिखते देखा है। *रोजनामचा* में उन्होंने कक्षा में सानेट लिखने का उल्लेख किया है। बस में लिखने का भी उल्लेख इसमें एक स्थान पर है। इससे इतना स्पष्ट हो जाता है कि उन्हें लिखने का एक झोंका सा अन्दर कहीं से उठता था और वे उसी समय लिखते थे। यह झोंका कभी भी कहीं भी आ सकता था। आता था।

पिता को मैंने क्रुद्ध होते कभी-कभी देखा है। प्रायः गाँव पर और शान्ति भवन में, मुझे या माँ को पढ़ाने के समय। पर 1954-55 के सत्र में जब मैं रानी भवानी गली में रह रहा था तो पिता रात शायद देर से आये थे। सुबह उठे नहीं। माँ सबेरे से जगा रही थी। दस-साढ़े दस बज रहे थे। उन्हें भी आफिस जाना था। माँ उठीं और उनके मुँह पर पानी डाल आयीं। पिता उठे। इधर-उधर देखा फिर लगे रजाई फाड़ने। रजाई फाड़ना बहुत कठिन होता है। माँ को हँसी आ गयी। इससे उनका क्रोध और बढ़ गया। अंततः उन्होंने रजाई फाड़ दी और सीधे बाथरूम गये। मैं

कालेज चला गया। शायद वे भी बाहर चले गये होंगे। रजाई माँ को उसी दिन सिलनी पड़ी। जाड़े के दिन थे।

हमारे रानी भवानी गली वाले घर में आने वाले लोगों में एक थे विष्णुचन्द्र शर्मा[29]। पिता से शायद पहले से परिचित रहे होंगे। जहाँ तक मुझे याद पड़ता है मेरी और इनकी पहचान इसी घर से शुरू हुई। पिता और उनके प्रोग्रेसिव मित्र और मार्क्सवादी लोग गोदौलिया पर बाटा के बगल में 'द रेस्तरां' में बैठा करते थे। इसके ठीक ऊपर भारतीय कम्युनिस्ट पार्टी का दफ्तर था। यह रेस्तरां पार्टी समर्थकों और बाहर से आये अनजान लोगों के कारण चलता था। जानकार लोग इसमें नहीं जाते थे। इसे वे आपसी बातचीत में 'दादों का अड्डा' कहते थे। ज्यादातर कम्युनिस्ट बंगाली थे इसलिए शायद यह नाम इसे दिया गया होगा।

उस समय तक बहुत सारे लोग मार्क्सवादी विचारधारा और उसे माननेवालों से दूरी बनाये रखते थे। विष्णु जी तभी से या शायद पहले से ही साहसी थे। वे हर जगह जाते थे। दादों के अड्डे में भी। मुझे पता नहीं उस समय वे मार्क्सवादी थे या नहीं पर लिखने जरूर लगे थे। विष्णु जी पिता से कविताएँ वगैरह ले जाते और कहीं-कहीं छपने को देते या भेजते। किसी को पिता से कोई काम कराना होता तो विष्णु जी से कहता। सम्पादकों को कुछ उनसे लिखाना होता तो विष्णु जी को पकड़ते। विष्णु जी ही एक ऐसे व्यक्ति थे जो शास्त्री जी से काम करा लेते थे।

रानी भवानी गली में 'काव्य और हिन्दी का आधुनिक इतिहास' शीर्षक लेख कैसे लिखा गया मुझे मालूम है। मैं इसका भी गवाह हूँ। कई दिन से इसकी भूमिका बन रही थी। आज नहीं कल हो रहा था। 'किताबें नहीं हैं। इकट्ठी करके फिर लिखूँगा।' विष्णु जी *आज* के सम्पादक[30] के लिए लगातार तकाजा किये जा रहे थे। पिता की इस टालमटोल से विष्णु जी नाराज हो झगड़ पड़े। माँ भी बिगड़ी। 'वे बेचारे इतनी दूर से रोज चलकर आते हैं। क्यों नहीं लिख देते?' पिता घिर गये थे। बहरहाल उन्होंने बोलना शुरू किया। विष्णु जी लिखते गये। यह लेख दो या तीन बैठकों में लिखा गया। इसी प्रकार दैनिक *आज* में दो या तीन अंकों में प्रकाशित हुआ[31]। लेख के पहले भाग के साथ उनका चित्र भी छपा था। पासपोर्ट साइज का।

जाड़ों में मैंने विश्वविद्यालय की क्रिकेट टीम की प्रैक्टिस में जाना शुरू किया। बालिंग और फील्डिंग ही मुख्यतः करता रहा। मुझे चांस नहीं दे रहे थे। एक सवा महीने बाद मैंने जाना बन्द कर दिया। एक दिन दो लड़के मुझसे मिलने आये। बोले, 'सर ने बुलाया है।' गया, सर ने कहा, 'अभी तो तुम आये हो। सारे खिलाड़ी तुमसे सीनियर हैं। प्रैक्टिस में आते रहो। तुम्हारा समय भी आयेगा। तुम्हें भी चांस मिलेगा।' मैंने उनसे 'अच्छा' कहा और वापस आ गया।

मेरी रुचि समाप्त हो गयी। उदय प्रताप के अध्यापकों ने सीनियारिटी को कभी खेल में महत्त्व नहीं दिया था। एक दिन पिता ने भी समझाया। उन्होंने कहा, 'आगे

चलकर क्या करोगे? इस पर सोचो। मैं कहूँगा पढ़ाई पर ध्यान दो। अभी तक तुम्हारा ध्यान इधर-उधर ज्यादा रहा है। सब तरफ से ध्यान हटा पढ़ाई पर ध्यान दो।'

मैं भी कभी-कभी सोचता मैं क्या करूँगा आगे? सैनिक सेवा की मेरी इच्छा अभी पूरी तरह समाप्त नहीं हुई थी। पर यह भी लग रहा था कि शायद देर हो गयी है। पुलिस सेवा की ओर तो मेरा ध्यान भी नहीं गया। सिविल सर्विस की ओर ध्यान जा रहा था। जानकारी ले रहा था। मेरी अभी तक की पढ़ाई का परिणाम मुझे बहुत उत्साहित करने वाला तो नहीं था पर प्रयास करने का निश्चय करने का इरादा बन रहा था।

बी.ए. प्रथम वर्ष की परीक्षा हुई। यह फाइनल परीक्षा नहीं थी। फाइनल परीक्षा बी.ए. फाइनल या द्वितीय वर्ष में दोनों वर्षों की साथ होती थी। बी.ए. प्रथम वर्ष की परीक्षा में मुझे सभी पेपर्स में अच्छे अंक मिले। सबसे अच्छे अनिवार्य हिन्दी में। एक पेपर में तो सर्वाधिक अंक थे। अब ऐसा लगता है कि इस सफलता से न केवल मेरा आत्मविश्वास बढ़ा वरन् पढ़ाई में मेरी रुचि भी उत्पन्न हुई। धीरे-धीरे यह बढ़ती गयी। हिन्दी के मेरे अध्यापकों ने मुझे अब से भी ऐच्छिक हिन्दी लेने का सुझाव दिया।

बी.ए. के दूसरे वर्ष में 1955-56 के सत्र में मुझे फिर छात्रावास भेज दिया गया। मुझे पता नहीं इसका क्या कारण था? अपनी ओर से तो मैंने इस विषय में कुछ कहा नहीं था। सम्भव है छात्रावास में रहने से पढ़ने के लिए अधिक समय मिलेगा सोच माँ-पिता ने यह निर्णय लिया हो। बिरला छात्रावास के 'सी' ब्लाक के 116 नं. के कमरे में मैं रहने लगा (उस समय पूरा छात्रावास खुला था। घेराबन्दी बाद में कभी हुई)। सबसे ऊपर, दूसरे तल पर प्रो. बी.एल. साहनी हमारे वार्डेन रहते थे। प्रथम तल पर, उनके ऑफिस वाले कमरे में रामधन राम[32] रहते थे। रिसर्च या कोई अन्य कोर्स कर रहे थे। ऊपर से नीचे आती सीढ़ियों के पास मेरा कमरा था। मुझे ठीक भी लगता था। इसकी खिड़की से सड़क भी दिखती थी। मेरे कमरे में एक खिड़की पीछे भी थी। इससे पीछे के कमरे में रहने वाले पड़ोसी का सारा सामान दिखता। इसे हमने पर्दा लगा कर प्राइवेसी बना ली थी। सभी कमरों में ऐसी खिड़कियाँ थीं, ऐसे ही बन्द।

पिता के सानेट्स इसी समय के लगभग जगत शंखधर के यहाँ दिये गये। वे एक संग्रह निकालना चाहते थे। काव्य की दृष्टि से पिता का यह समय मुख्य रूप से सानेट लेखन का समय था। यों वे और तरह की कविताएँ भी लिख रहे थे। इसी समय के लगभग मैंने पिता की सानेट चर्चाओं में सानेट के शेक्सपीरियन, मिल्टोनियन आदि नाम सुने और उनसे परिचित होता रहा। धीरे-धीरे सानेट के इन प्रकारों का दायरा बढ़ता गया। इसके घेरे में अन्य योरोपीय भाषाओं के सानेट आये। इसी चर्चा में स्पैनिश कैजेल और ग़ज़ल की चर्चा भी होने लगी। अब इस समय मैं ठीक से

नहीं कह सकता कि वे ग़ज़ल लिखने की ओर सानेट के जरिए आये या स्वतंत्र रूप से ग़ज़ल लिखने लगे। जहाँ तक मुझे लगता है ग़ज़ल की ओर उनका झुकाव सानेट का विस्तार है। वे सानेट के रास्ते ही ग़ज़ल की ओर बढ़े। इसी समय के आसपास मुझे कई एक बार उनकी एक ग़ज़ल—"बिस्तरा है न चारपाई है/जिन्दगी खूब हमने पायी है/कल अँधेरे में जिसने सर काटा/नाम मत लो हमारा भाई है" (*गुलाब और बुलबुल*) सुनने में आती रही। शायद और ग़ज़लें भी सुनी हों पर याद एक यही रह पायी। ज्यादातर ग़ज़लें 1955-56 में लिखी गयीं। पर इनके लेखन का आरम्भ 1954 के अंत के लगभग या 1955 के आरम्भ से मानना बहुत अनुचित न होगा। 1956 में ही बनारस के एक प्रकाशक ने उनकी ग़ज़लों का एक संग्रह *गुलाब और बुलबुल* प्रकाशित किया। सानेट का संग्रह *दिगंत* जिसे पहले निकलना था उसका प्रकाशन कुछ महीनों बाद 1957 में हुआ।

नौवीं-दसवीं कक्षा में मेरा एक विषय ड्राइंग भी था। इसके चलते मैं कभी-कभी पेंसिल से कुछ स्केच और तस्वीरें बनाता आ रहा था। कुछ अच्छी भी बनती जाती थीं। देखने वाले तारीफ भी करते थे। पिता ने भी इन्हें देखा था। कुछ उन्हें भी अच्छी लगी थीं। क्लास के बाद हॉस्टल आ कमरे में खाली बैठना मुझे अच्छा नहीं लग रहा था। यू.पी. कालेज याद आता। खेल का मैदान छोड़ चुका था। बैठना खलने लगा। बी.ए. द्वितीय वर्ष में मेरे क्लास में एक मोटा लड़का था। अब नाम तो पूरा याद नहीं पर अन्तिम नाम ठाकुर था, शायद नरेन्द्र ठाकुर। कक्षा के बाहर तो हरदम गाता रहता था—क्लासिकल। एक दिन मैंने उससे पूछा, 'हमेशा गाते रहते हो मुँह नहीं दुखता तुम्हारा।' उसने कहा, 'क्या करूँ। संगीत का विद्यार्थी भी हूँ, रियाज करना पड़ता है।' मैंने कहा, 'चलो, मैं भी चलता हूँ तुम्हारे साथ एक दिन। पेंटिंग में एडमिशन ले लेता हूँ।' उसने कहा, 'चलो। आज ही चलो।'

उस दिन हम दोनों साथ गये ललित कला महाविद्यालय (उस समय यही नाम था और रूइया छात्रावास के ऊपर था) गये। उसने मुझे ऊपर जा आफिस दिखाया और बोला, 'घुसते ही जो कमरा है उसमें क्लर्क बैठते हैं। पीछे वाले में प्रिंसिपल। फार्म ले लो। कोई दिक्कत हो तो मैं इसी कमरे में हूँ। आ जाना'। बाद में पता चला वह प्रिंसिपल ठाकुर का रिश्तेदार था।

फार्म मिल गया। क्लर्क से मेरी होती बात प्रिंसिपल ओंकारनाथ ठाकुर[33] ने सुनी और मुझे अन्दर बुला लिया। नाम पूछा। पिता का नाम पूछा। वह भी बताया। अब उन्होंने पूछा, 'क्या करते हैं?' यह भी बताया। इसके बाद उन्होंने कहा, 'तुम्हारी आवाज बहुत अच्छी है। गायकी के लिए एकदम से उपयुक्त है। तुम बहुत अच्छे गायक बनोगे। मैं खुद तुम्हें सिखाऊँगा।' मैंने कहा, 'सर! मुझे गाना नहीं आता। बिल्कुल भी नहीं।' उन्होंने कहा, 'किसी को नहीं आता। सबको सीखना पड़ता है। मैं सिखाऊँगा तुम्हें। जाओ फार्म भर कर लाना कल।' अगले दिन मुझे घर जाना

पड़ा। फार्म पर पिता के हस्ताक्षर के लिए। मिले नहीं। फार्म छोड़ आया। अगले दिन जा फार्म ले आया। फार्म जमा कर दिया। प्रिंसिपल ठाकुर ने मुझे फिर बुलवाया। दोबारा संगीत लेने को कहा। एक बार फिर सोचने को कहा। यह भी कहा कि अपने पिताजी को ले आओ। मैं नहीं माना।

पेंटिंग डिप्लोमा प्रथम वर्ष में मेरा एडमिशन हो गया। कक्षाएँ तीन बजे से होती थीं। मुझे पढ़ाते थे महेन्द्रनाथ सिंह। एक दूसरे अध्यापक थे कमल सिंह। ये नेपाली मूल के कहे जाते थे। दोनों लेक्चरर थे। रीडर थे आर.सी. शुक्ल[34]। यही पेंटिंग के इंचार्ज थे। प्रिंसिपल से इनके सम्बन्ध ठीक नहीं थे। शायद प्रोफेसर बनने के प्रयास में होंगे। मेरा पेंटिंग का क्लास भी नियमित चलने लगा।

धीरे-धीरे मेरे मित्रों का दायरा बढ़ने लगा। छात्रावास के वे सहपाठी जो प्रथम वर्ष में केवल क्लास में दिखते थे अब नाश्ते, खाने और चाय पर भी दिखने लगे। जिस अनुपात में दिखना बढ़ा उसी में बातचीत भी बढ़ी। छात्रावास के मेरे सहपाठियों में एक थे विजेन्द्र पाल सिंह। इनका और मेरा एक विषय समान था—अंग्रेजी साहित्य। इनके दो अन्य विषय क्या थे मुझे अब याद नहीं। बिरला छात्रावास के 'ए' ब्लाक के निवासी थे। इनका कमरा पहली मंजिल पर रूइया छात्रावास के अन्तिम ब्लाक के सामने था। एक क्लास में होने के नाते हम जानते तो एक-दूसरे को प्रथम वर्ष से ही थे। हमारा मेस भी एक था। इसलिए अब खाने और नाश्ते पर भी मिलने लगे। बातचीत बढ़ी तो कमरे में आना-जाना भी बढ़ा। इन्हें किसी प्रकार यह पता चल गया था कि मेरे पिता कवि हैं। शायद इसी से ये मुझसे परिचय बढ़ा रहे थे। इन्होंने अब मुझे यह बताया कि ये कविता भी लिखते हैं। इन्होंने मुझे पिता से मिलाने को कहा। मैंने आश्वासन दे दिया। धीरे-धीरे ये प्रायः कहने लगे। समस्या यह थी कि पिता के आने का समय तो निश्चित होता नहीं था। आते तो प्रायः कोई न कोई साथ होता। बात करते और चले जाते। इस तरह इन्हें पिता से मिलाने में मुझे काफी समय लग गया—डेढ़ दो महीना या शायद कुछ और अधिक।

एक दिन संयोग ऐसा हुआ कि शाम के समय हम दोनों एक साथ चाय पीने मेस पहुँचे। चाय पीने के बाद बात करते-करते विजेन्द्र पाल मेरे साथ मेरे कमरे में आ बैठे। उसके बाद ही पिता आये। मैंने विजेन्द्र का परिचय करा यह भी कहा कि ये कविता करते हैं। विजेन्द्र पाल अनुमति पा भागे और अपनी कविता की कापी ले उलटे पाँव लौटे। उन्होंने कुछ कविताएँ सुनाईं। पिता ने कुछ सुधार सुझाए। इसके बाद विजेन्द्र पाल की मुलाकातें पिता से बढ़ने लगीं। पिता आते तो विजेन्द्र पाल को बुलाना पड़ता। कुछ समय बाद पिता ने उन्हें बुलाने का यह क्रम स्वयं तोड़ दिया। पहले उनके यहाँ आते और फिर मेरे यहाँ आते। उन्हें लेकर मेरे यहाँ आने लगे। मुझे यह बुरा लगने लगा। मैंने कभी किसी से कुछ कहा नहीं। मैं और विजेन्द्र पाल दूर होते गये। यों पास ही कब थे।

इसी समय मेरे दो और सहपाठी साहित्यिक रुचि के थे, जयराम सिंह और अवध नरेश तिवारी। कविता दोनों लिखते थे। जयराम सिंह गाते भी अच्छा थे और राजनीति में भी सामान्य से अधिक रुचि रखते थे। पिता से परिचय भी था। रहते भी बिरला में ही थे। पर वे दूसरी दिशा में चलते गये और साहित्य से अलग हो गये। अवध नरेश अच्छा लिखते थे। पिता से मिलने का प्रयास कई बार किया पर मिल नहीं पाये। विजेन्द्र पाल को पिता से लगातार साहित्यिक सहायता मिलती रही, जब तक वे हिन्दू विश्वविद्यालय में रहे। उसके बाद भी।

हमारा बी.ए. हो गया। द्वितीय श्रेणी में मैं पास हुआ। मेरे मित्रों परिचितों में सब आगे-पीछे इसी श्रेणी में उत्तीर्ण थे। मेरे सबसे अच्छे अंक इतिहास में थे। उससे कुछ कम कल्चर में थे। मैं आधुनिक भारतीय इतिहास में जाना चाहता था। मेरे आधुनिक इतिहास के अध्यापक रिसर्च के लिए अमेरिका जा रहे थे। उन्होंने हमें पहले ही बता दिया था। यह भी कि उनके स्थान पर कोई और पढ़ाएगा हमें। इस पूर्व सूचना के चलते मैंने कल्चर (प्राचीन भारतीय इतिहास और संस्कृति) में एडमिशन लेने का मन पहले ही बना लिया था।

जुलाई में मैं कालेज आफ इंडोलॉजी गया, एक दिन, फार्म के लिए। आफिस से फार्म लेकर निकला। वहाँ प्रिंसिपल, प्रो. राजबली पाण्डे, के चैम्बर के बाहर मंगलनाथ सिंह, उनके इंतजार में खड़े थे। मैंने नमस्कार किया। उन्होंने पूछा, 'कहाँ एडमिशन ले रहे हो?' मैंने कहा, 'कल्चर में।' वे बोले मैं तो चाहूँगा मेरी ट्राइब (वे कल्चर से एम.ए. कर रिसर्च कर रहे थे) बढ़े पर सच्चाई यह है कि कल्चर का कोई स्कोप नहीं है। कुछ नौकरियाँ संग्रहालयों और विश्वविद्यालयों में हैं। उनमें ऐसे ही भीड़ लगी है। फर्स्ट क्लास आया तो कुछ उम्मीद होती है। पीएच.डी. करो उसमें तीन-चार साल लगाओ। फिर भी कोई भरोसा नहीं। तुम अंग्रेजी में या नहीं तो इतिहास में एम.ए. करो। अंग्रेजी और इतिहास हर जगह पढ़ाए जाते हैं कालेजों में। कहीं न कहीं नौकरी लग जायेगी। प्रिंसिपल प्रो. पाण्डे उसी समय अपने कमरे की ओर बढ़ रहे थे। मैंने उन्हें प्रणाम किया। मंगलनाथ ने चिक उठाया और दोनों आगे-पीछे अन्दर गये। मैं फार्म ले घर चला। मंगलनाथ की सलाह पर मैंने ध्यान नहीं दिया। नौकरी की तरफ अभी मेरी दृष्टि नहीं थी।

अगले दिन सुबह पिता ने पूछा, 'फार्म लाने गये थे कल, लाये?' मैंने कहा, 'हाँ। ले आया।' 'किस विषय में एडमिशन चाहते हो?' उन्होंने पूछा। मैंने कहा, 'कल्चर में।' पिता बोले, 'कल्चर भी कोई विषय है? जाओ। अंग्रेजी का फार्म ले आओ और भर कर जमा कर दो। मैं मेनन से कह दूँगा। एडमिशन हो जायेगा।' मैं कुछ बोला नहीं। तैयार हो गया था। खाना खा, बाहर गया। विश्वविद्यालय में घूमघाम शाम को घर आया। पिता देर से आये। मैं सो गया था। सुबह उठे, नहा-धो के तैयार हुए। मुझसे पूछा, 'फार्म लाये?' मैंने कहा, 'फार्म तो मैं परसों ही ले

आया।' उन्होंने कहा, 'अंग्रेजी का?' मैंने कहा, 'नहीं।' पिता बोले, 'देखो, कल मंगलनाथ मिले थे। उन्होंने कहा जय का एडमिशन किसी दूसरे विषय में कराइए। हिस्ट्री, अंग्रेजी या फिर हिन्दी में।' उन्होंने कल्चर में एम.ए. किया है। रिसर्च कर रहे हैं। अब हिन्दी में एम.ए. करने की सोच रहे हैं। कल्चर का कोई स्कोप नहीं है। जाओ अंग्रेजी का फार्म ले आओ। एडमिशन अंग्रेजी में ही लेना है।' मैंने कहा, 'अंग्रेजी में तो एडमिशन मैं कभी नहीं लूँगा। किसी हालत में नहीं।' पिता बोले, 'पढ़ना है तो अंग्रेजी पढ़ो अन्यथा मैं पैसा नहीं दूँगा।' मैंने कहा, 'मत दीजिए। मैं अंग्रेजी नहीं पढ़ूँगा। जितनी पढ़नी थी पढ़ ली। अब और नहीं पढ़ूँगा।' पिता बिना कुछ बोले चले गये।

पता नहीं क्यों मैं इस तरह बात कर बैठा? मुझे मंगलनाथ सिंह पर क्रोध था। अनावश्यक दूसरों के मामले में हस्तक्षेप करने के लिए। अब सोचता हूँ शायद मेरे मन में कहीं रामपाल मल्ल की भागदौड़ का भी असर पड़ गया था। इसके अलावा पिता और ज्ञानानन्द पाठक के बार-बार परीक्षा छोड़ने और इन तीनों की परीक्षा विषयक असफलताओं का भी असर मुझ पर रहा होगा। इसी सबके चलते मुझे दृढ़ होना पड़ा। दो, तीन या चार दिन बाद माँ ने कहा, 'जाओ फार्म जमा कर दो।' मैंने कहा, 'उसमें पिता का हस्ताक्षर चाहिए, करेंगे?' माँ ने कहा, 'करेंगे क्यों नहीं? पढ़ना तुमको है उनको नहीं, जाओ।' मैंने पिता को फार्म दिया। उन्होंने चुपचाप फार्म लिया और हस्ताक्षर कर वापस किया। फिर बोले, 'ध्यान से पढ़ना। फर्स्ट क्लास लाना है।' मैं एक क्षण के लिए रुका, फिर आगे बढ़ गया, बिना कुछ कहे। अंग्रेजी में तो उस समय कभी-कभार ही फर्स्ट क्लास आता था।

मेरा एडमिशन हो गया। मुझे मिला गुर्टू छात्रावास। बिरला में रह गये वे कुछ छात्र जो मेरे साथ अंग्रेजी एवं अन्य विषयों में थे। इसी दल के सदस्य थे विजेन्द्र पाल। उनसे मेरा पीछा छूटा।

गुर्टू छात्रावास में मेरे कल्चर के सहपाठियों और सीनियर्स के अलावा हिन्दी, मैथेमेटिक्स, स्टैटिक्स, लॉ आदि कुछ अन्य विषयों के एम.ए. और रिसर्च के छात्र भी रहते थे। हिन्दी के विद्यार्थियों में विश्वनाथ त्रिपाठी[35] और रवीन्द्र भ्रमर[36] मुख्य थे। और भी थे पर उनसे न मेरा कोई सम्पर्क था और न ही मेरे पिता का। कल्चर वालों में, मेरे सहपाठियों और बाद के सहयोगियों में पूरन चन्द्र पन्त[37] और ठाकुर प्रसाद वर्मा[38] के अतिरिक्त मेरे से सीनियर अजय मित्र शास्त्री[39] भी थे। विश्वनाथ जी, भ्रमर और अजय मित्र पिता से पहले से परिचित थे। मिलने पर बात करते थे। विश्वनाथ जी उन्हें अपने कमरे में अवश्य ले जाते थे और साहित्य पर बात करते थे। इसी समय विष्णु जी भी कभी-कभी छात्रावास में आते थे। शुकदेव सिंह[40] भी गुर्टू में दिखने लगे थे। मेरे एक सहपाठी और मित्र जंग बहादुर सिंह[41] भी इसी हॉस्टल में थे।

मैं गुर्टू छत्रावास में 1956 की जुलाई से 1964-65 तक रहा। पहले एम.ए. के

छात्र के बतौर दो वर्ष और उसके उपरांत शोध छात्र के बतौर। वैसे मैं पहली अगस्त 1959 से विभाग में नियुक्त भी हो गया था।

पिता मुझसे मिलने आते तो बिरला होते हुए आते। विजेन्द्र पाल की कविताएँ मँज रही थीं। गुर्टू में पिता मेरे कमरे में ही प्रायः आते। केवल विश्वनाथ जी ही उन्हें अपने साथ अपने कमरे में ले जाते थे। बाकी लोग पता लगने पर मेरे कमरे में आ के बात करते थे।

मंगलनाथ सिंह एम.ए. प्रथम वर्ष में मुझे एक पेपर पढ़ाते थे। यह प्राचीन भारतीय इतिहास का प्रथम प्रश्न पत्र था। विभाग में अध्यापकों की कमी थी। प्रिंसिपल राजबली पांडे[42], डॉ. विश्वंभरशरण पाठक[43] और डॉ. अवध किशोर नारायण[44] ने मुझे पढ़ाया। यही तीन लोग विभाग में थे। एम.ए. फाइनल में पंडित सीताराम त्रिपाठी[45] ने एक पेपर पढ़ाया। एक अन्य पेपर के बदले मैंने डिजर्टेशन ले लिया। पहले प्रो. रा. ब. पांडे और बाद में इंडियन रेलिजन और फिलासफी विभाग के डॉ. राम शंकर मिश्र[46] ने इसका निर्देशन किया।

एम.ए. के दोनों वर्षों की परीक्षाएँ फाइनल होती थीं। प्रथम वर्ष के अंक बाद में दूसरे वर्ष के अंकों से जुड़ते और उसके बाद ही डिवीजन आदि का निर्णय होता था। प्रथम वर्ष में मंगलनाथ सिंह जो प्रश्न पत्र हमें पढ़ाते थे उसी में मुझे सबसे कम 49 अंक मिले थे। इस पेपर में मुझे सर्वाधिक अंक मिले थे। संकठा राय[47] को मुझसे एक अंक कम (48/100) मिला था। बाकी लोगों के और कम थे। कई फेल थे। कुछ लोग मंगलनाथ जी को दोष दे रहे थे। पर दोष वस्तुतः परीक्षक का था। इसके बावजूद मैंने प्रथम वर्ष में सर्वाधिक अंक प्राप्त कर टॉप किया। अंक भी प्रथम श्रेणी के थे। एम.ए. दूसरे वर्ष का परीक्षाफल जून के अंत तक अधिकांश लड़कों का आ गया। थीसिस वालों का रुका रहा। जुलाई 1958 में तीन बार में निकला। सबसे अंत में अगस्त के प्रथम सप्ताह में कभी, अन्तिम रिजल्ट, कल्चर एम.ए. का निकला। इसमें केवल मेरा रिजल्ट आया था। प्रथम श्रेणी में प्रथम स्थान था। मंगलनाथ जी दिल्ली जा चुके थे। माँ-पिता प्रसन्न थे।

शायद 1956-57 के सत्र की बात है विष्णुचन्द्र शर्मा काशी विद्यापीठ में अभी पढ़ रहे थे। एक दिन शाम मैं घर गया। विष्णु जी आये हुए थे। उन्होंने मुझसे पूछा, 'दिल्ली-जाओगे'? मैंने कहा, 'हाँ जाऊँगा'। पिता कुछ नहीं बोले। विष्णु जी ने बताया दिल्ली में कांग्रेस का दूसरा यूथ पायोनियर कैम्प लगने वाला है। कैम्प में रहना होगा। खाना पीना सब वहीं होगा। शायद तीन सप्ताह का कैम्प था। बनारस से जाने कैसे विष्णु जी ने मेरा चयन इसके लिए कर-करा दिया था। इसी के लगभग वे *कवि* (लघु पत्रिका) भी निकालने लगे थे। दिल्ली जाने से पहले पिता ने हिदायतें दीं। क्या करना क्या नहीं करना। कभी खो गये तो सरदार की टैक्सी लेकर कैम्प जाना। प्रभाकर माचवे[48] का पता दे कहा, 'मौका मिले तो मिल लेना।'

कैम्प, अशोक विहार, मेहरौली, में लगा था। कांग्रेस के बड़े-बड़े नेता, मिनिस्टर वगैरह रोज आते और भाषण दे जाते। कई एक सांसद भी आते थे। कैम्प इंचार्ज एक मराठी सज्जन थे। इतवार को दोपहर भोजन के बाद छुट्टी होती थी। ऐसे ही एक इतवार को मैं माचवे जी से मिलने गया था। उस समय वे सी.पी. में यार्क होटल में रहते थे। अपना परिचय दिया। बताया पिता ने मिलने को कहा था। उन्होंने पूछा, 'क्या पढ़ते हो?' मैंने कहा, 'प्राचीन भारतीय इतिहास और संस्कृति में एम.ए. और साथ-साथ एल.एल.बी. भी कर रहा हूँ।' उन्होंने कहा, 'भई ज्वाइन तो एल.एल.बी. मैंने भी किया था। पर पास नहीं कर सका (मैं भी नहीं कर सका)।' संस्कृति वगैरह बहुत देर तक समझाते रहे। लगभग एक घंटे बाद उठा। मेरे मना करने के बावजूद बाहर तक आये। मुझे बस में बिठा कर गये।

एल.एल.बी. की कक्षाएँ शाम को सेण्ट्रल हिन्दू कालेज की बिल्डिंग में हुआ करती थीं। उस समय लॉ कॉलेज में भी कम अध्यापक थे। लॉ कॉलेज के प्रिंसिपल जी.बी. जोशी[49] बड़े विद्वान थे। इन्होंने हिन्दू लॉ और संवैधानिक लॉ पर कलकत्ता विश्वविद्यालय में टैगोर लॉ लेक्चर्स दो बार दिये थे। उस समय तक वे अकेले विद्वान थे जिसे दो बार इस भाषण के लिए बुलाया गया था। एक दूसरे विद्वान थे डॉ. देशपांडे[50]। यह भी हिन्दू लॉ के माने हुए विद्वान थे। ये गुर्टू छात्रावास में मेरे वार्डेन भी थे। बाद में ये पटना के किसी लॉ कालेज के प्रिंसिपल हो के गये। इसके अलावा कई और अध्यापक थे। कुछ स्थानीय वकील और रिटायर्ड जज भी पढ़ाने आते थे। कुछ बाद में नियुक्त हुए। एल.एल.बी. में एक साथ कई सेक्शन चला करते थे।

मेरी लॉ की परीक्षा की तैयारी ठीक नहीं थी। एक दो परीक्षाएँ तो मैंने किसी तरह दीं, पर फिर सोता रह गया। सुबह समय से न उठ पाने के कारण जो परीक्षा छोड़ी तो छोड़ ही दी।

बाद में पिता को पता चला। कुछ दिन बाद हॉस्टल आये। उन्होंने कहा, 'कोई बात नहीं अगले साल दे देना।' इस पर मैंने केवल 'हाँ' कहा था। डबल कोर्स करने वालों में जिनका 'लॉ' में अच्छा नम्बर आता उनमें से कई एक एम.ए. छोड़ देते और लॉ में ध्यान देते। जिन्हें एम.ए. में अच्छे अंक प्राप्त होते वे एम.ए. पर ध्यान देते। लॉ छोड़ देते। मैंने यही किया। कुछ दोनों पास कर लेते थे।

मैं एम.ए. फाइनल की परीक्षा देने के बाद भी छात्रावास में ही रहता रहा। प्रतिदिन शाम घर चला जाता था और खाना खा के आता था। दिन में कालेज भी जाता था और लाइब्रेरी में बैठ पढ़ता था। इसी बीच एक दिन प्रो. पांडे ने मुझे बुलाकर एक पुस्तक दी। कहा, 'इसमें कृषि विषयक जितने भी शब्द जहाँ-जहाँ आये हैं वे सब पृष्ठ सहित लिख कर मुझे जब हो जाय तब दे जाना।' मैंने पूछा, 'कितने दिन में देना है।' उन्होंने कहा, 'दस-बारह दिन में।' मैंने लग कर दस दिन में उनका

यह काम कर दिया। कहीं-कहीं अपनी ओर से टिप्पणियाँ भी देता गया था। इसके बाद एक दिन मैं उनके घर पुस्तक और नोट्स देने गया। मेरे जाने के बाद ही उनके लिए चाय आयी थी तो मेरे लिए भी थी। चाय पीते समय उन्होंने पूछा, 'तुम्हारे विवाह की बात किससे करनी होगी?' मैंने उन्हें देखते हुए कहा, 'पिता से।' उन्हें शायद मेरा अचरज दिख गया, वे हँसे। मैं नमस्कार कर चला आया।

मैंने उनकी बात पर ध्यान नहीं दिया। बहुत सी लड़कियों के पिता, लड़कों के घर वालों पर दबाव बनाते हैं। प्रो. पांडे को किसी ने इसी वजह से एप्रोच किया होगा। पर किसने?

मेरा रिजल्ट निकल गया। मैंने पांडे जी के निर्देशन में पीएच.डी. के लिए फार्म भर दिया था। सितम्बर अंत या अक्टूबर 1958 में एडमिशन भी हो गया। स्कॉलरशिप भी मिलने लगी। मैं रिसर्च में तो कुछ ध्यान दे नहीं रहा था पर सारा समय लाइब्रेरी में बैठ पढ़ता रहता था। कुछ भी जो भी किताब अच्छी लगती शेल्फ से उठा लाता और पढ़ता। हॉस्टल में कुछ लड़के आई.ए.एस. का फार्म भर रहे थे। मैंने भी उनसे लेकर अब सिलेबस वगैरह देखा और अगले साल फार्म भर इसमें बैठने की सोची।

मेरे विवाह की बात ने जोर पकड़ा 1959 के फरवरी-मार्च से। अंग्रेजी विभाग में एक अध्यापक थे, खूब लम्बे, दुबले-पतले और साँवले से। उनकी कन्या के साथ। पर मुझे प्रो. पांडे के उस एक प्रश्न के अलावा कुछ पता नहीं था और वह भी मैं अब तक भूल चुका था। एक दिन शाम घर, रानी भवानी गली, गया। और बातों के साथ माँ ने मुझे सूचित किया कि पिता कह रहे थे कि उनके और तुम्हारे सारे अध्यापक तुम्हारी शादी के लिए कह रहे हैं, लड़की भी सुन्दर है। सुशील और सुशिक्षित है। मुझे एकाएक सारा कुछ समझ में आ गया। मैंने माँ से कहा, 'मैं यह शादी नहीं करूँगा। वह सुशील और सुशिक्षित होगी पर सुन्दर नहीं है।' वहाँ से चलने के पहले मैंने माँ से फिर कहा कि 'मैं यह विवाह नहीं करूँगा। कोई बात चलाए तो मना कर दीजिएगा।' इसके कुछ समय बाद पिता राँची चले गये। मुझे चिन्ता हो गयी। पांडे जी भी शायद इसी सम्बन्ध की ओर मुझसे साल भर पहले इशारा कर चुके थे। अब पिता के अध्यापकों के नाम भी इसी सिलसिले में आ रहे थे।

विवाह योग्य लड़कियों के माता-पिता उन्हें जल्दी से जल्दी ब्याह कर कर्त्तव्य मुक्त हो जाना चाहते हैं। श्री सिंह को मैं उपयुक्त वर लग रहा होऊँगा। पर मैं विवाह के लिए अभी तैयार नहीं था। न मानसिक दृष्टि से और न आर्थिक दृष्टि से। मेरे माँ और पिता भी वह नहीं सोच पा रहे थे जो मैं सोच रहा था। कहाँ रहेगी मेरी पत्नी रानी भवानी गली के दो कमरों में? मैं तो अभी काम भी नहीं कर रहा था? पिता की सीमित सी, अनिश्चित आमदनी में, एक और भागीदार लाना बेवकूफी थी। विवाह की सोचने की स्थिति में मैं नहीं था। कम से कम

आने वाले चार-पाँच साल तक। पर इन बातों पर किसी को ध्यान देना नहीं था। न मेरे घर वालों को, न लड़की के माता-पिता को। बिचौलियों को तो यों भी कोई फर्क नहीं पड़ना था।

कन्या के पिता श्री सिंह की ओर से पिता के मित्र चन्द्रबली सिंह इसमें अधिक रुचि ले रहे थे। पिता के राँची चले जाने के कारण मैं प्रतिदिन शाम को रानी भवानी गली जाता था। प्रायः आते-जाते चन्द्रबली सिंह जी से भेंट भी हो जाती थी। वे प्रायः यही पूछते थे कि 'त्रिलोचन कब आ रहे हैं?' मैं उनसे कहता, 'अभी तो कोई सूचना नहीं है। आने से बता दूँगा आपको।' ऐसी स्थिति में पिता के राँची से आये एक कार्ड में लिखे एक वाक्य से मैं बहुत परेशान रहा। उन्होंने लिखा था, 'अपनी स्वीकृति तुमने श्री चन्द्रबली सिंह को बता दी, यह अच्छा किया' (13.6.1959 का कार्ड)। मैंने इस प्रस्ताव के लिए कभी किसी को स्वीकृति नहीं दी, फिर भी जाने कैसे वे लिख रहे थे। सम्भव है चन्द्रबली सिंह ने कुछ लिखा हो।

एक दिन सायं मैं माँ को दुर्गा मन्दिर और संकट मोचन दर्शन कराकर उन्हें पहुँचाने जा रहा था। जो रिक्शा दशाश्वमेध के लिए लिया वह दुर्गाकुण्ड के रास्ते चला। दुर्गाकुण्ड से आगे बढ़ा तो सामने से वह लड़की रिक्शे में आ रही थी। मैंने माँ से कहा, 'सामने से जो लड़की रिक्शे में आ रही है उसे देखो।' उन्होंने देखा और बाद में पूछा, 'कौन है?' मैंने कहा, 'यही है जिससे सारे अध्यापक-साहित्यकार मेरी शादी कराने पर तुले हुए हैं'। माँ ने कहा, 'यह तो अच्छी नहीं है।' मैंने कहा, 'यही तो मैं भी जाने कब से कहता आ रहा हूँ।'

जून के लगभग से ये लोग जोर देने लगे। यह प्रत्यक्षतः चन्द्रबली सिंह और मेरी मार्फत होता था। कारण था हम लोग प्रायः गोदौलिया पर मिल जाते थे। लड़की की कुंडली भी आयी थी। इसे जिस पंडित को दिखाया गया था उसने लड़की की जन्मतिथि को गलत बताया था। मुझसे उसे उम्र में बड़ी बताया था। यह भी कहा कि कर्कशा है। दबाव में नहीं रहेगी। स्वभाव से उग्र है। मैंने पिता को ये सारी बातें लिखीं। इनको लिखने का मेरा उद्‌देश्य था कि वे इसके आधार पर उन लोगों को लिखकर मना कर दें। इसके विपरीत उन्होंने उल्टे मुझे समझाते हुए पत्र लिखा (दे. परिशिष्ट-4)। मुझे लगा कि वे इस प्रस्ताव को स्वीकार किये बैठे हैं। मेरी परेशानी बढ़ रही थी।

इसके कुछ समय बाद गाँव से काका बनारस आये। माँ से मिलते हुए हॉस्टल आये। मैं शाम को उन्हें पहुँचाने जा रहा था। रूइया छात्रावास के सामने हमारा रिक्शा पहुँचा तो मैंने देखा वह लड़की सामने से रिक्शे में आ रही है अकेले। मैंने काका से कहा, 'सामने से आने वाली लड़की को देखिए।' उन्होंने पूछा, 'कौन है?' मैंने कहा, 'इसी से न मेरी शादी कराने में लगे हैं सारे बनारस के लोग।' उन्होंने कहा, 'नहीं। यह शादी नहीं हो सकती।'

इसके पहले पिता ने लिखा था, '...मेरा काशी आना बड़ा खर्च लेता है। इसलिए श्री चन्द्रबली सिंह द्वारा अपने काका की बात उन लोगों से करा दो। यह सब तरह अच्छा होगा।' यह सुझाव उन्होंने अपने 16.6.1959 के पत्र में भी दिया था। मैंने काका से कहा, 'पिता ने लिखा है कि आपसे उन लोगों की बात करा दूँ। वैसे मैंने उन्हें पहले भी लिखा था कि मैं यह विवाह नहीं करूँगा। उन्हें मना कर दीजिए। जाने क्यों वे मना नहीं कर पा रहे हैं? उनका जवाब आने के बाद मैंने उन्हें फिर लिखा है कि उन्हें लिख दें कि यह विवाह नहीं हो सकेगा। जवाब अभी नहीं आया है' (जो जवाब आया उसमें उन्होंने पति-पत्नी के आपसी सम्बन्धों को ले समझाया था और लिखा था कि अपने मन को हर तरफ से मोड़कर नये जीवन का आरम्भ करो। अपनी पत्नी को प्यार करो वगैरह। इस पत्र के चलते छब्बीस साल बाद मेरी सोलह साल की पत्नी के मन में मेरे प्रति जो घृणा भर गयी उसे निकालने में मुझे कई दिन लग गये)।

काका से मैंने हफ्ते-दस दिन बाद किसी इतवार को आने को कहा। चन्द्रबली सिंह को बताया। उन्होंने कहा ठीक है, 'तुम उन्हें यहाँ ले आना। मैं उनको यहीं आने को कह दूँगा।' मैंने काका से यह भी कहा कि, 'सिंह बड़े आदमी हैं। गाँव घर से भी अच्छे हैं। पचास हजार तक तो तिलक आसानी से दे सकते हैं।' काका ने पूछा, 'इतना रुपया माँगना ज्यादा नहीं है क्या?' मैंने कहा, 'आपको ज्यादा लगता है तो पैंतालीस माँग लीजिए। चालीस माँग लीजिए। वैसे वे कम भी तो करने को कह सकते हैं? इसलिए पचास ही ठीक रहेगा।'

जुलाई में कभी एक निश्चित दिन काका को मैंने चन्द्रबली सिंह से मिला दिया। दोनों कहीं गये। मैं वापस आ गया। बातचीत किसके घर हुई मुझे पता नहीं? क्या बात हुई यह भी पता नहीं। किससे बात हुई यह भी पता नहीं। बातचीत में क्या हुआ यह मेरे काका ने कभी नहीं बताया। सिर्फ इतना ही कहा कि यह शादी नहीं होगी। मतलब बात पैसे पर अटक गयी। शायद सबको हम सबकी अनिच्छा दिख गयी थी।

औरों का तो पता नहीं चन्द्रबली सिंह कुछ दिन त्रिलोचन से नाराज रहे। स्वयं बात न करके उन्होंने अपने भाई को भेज दिया इसलिए कि त्रिलोचन को पैसे का लालच हो गया। यह मुझे सुनाने के लिए उन्होंने गोदौलिया पर कहा था, दशाश्वमेध की ओर बढ़ते हुए। उन्होंने यह गलत आदमी को सुनाया। इसका असर मुझ पर न होना था न हुआ। वैसे वे स्वयं क्या कर रहे थे? एक ऐसे आदमी को फँसा रहे थे जो ना कहना ही नहीं जानता था। खैर हमारे हिन्दुस्तान में विवाह ऐसे ही जाने कबसे होते आ रहे हैं।

इसके बाद मैंने अपने विवाह की बात अपने से आगे बढ़ने नहीं दी। घर के लोगों पर छोड़ना खतरनाक लगने लगा। हाँ इसके बाद जब मेरी भेंट प्रो. पांडे से हुई

तो उन्होंने मुझसे पूछा, 'ये वर्मा जी कौन हैं जी? क्या करते हैं?' मैंने कहा, 'रायल इंडियन नेवी और भारतीय नेवी में अफसर थे। 1955 में नौसेना छोड़ घर आ गये। खेती वगैरह कराते हैं। मेरे चाचा हैं, पिता के भाई।' उन्होंने सिर्फ कहा, 'अच्छा'।

मई-जून 1959 की बात है। मैं साढ़े-बारह बजे के लगभग गुर्टू हॉस्टल से उस समय के शोध-छात्रावास, अय्यर छात्रावास में खाने जा रहा था। तभी मेरे पीछे से, मोरवी छात्रावास की ओर से आ एक ताँगा आगे बढ़ गया। मैंने देखा ताँगे में मेरे पूर्व सहपाठी विजेन्द्र पाल सिंह एक महिला के बगल में बैठे जा रहे थे। मैंने हाथ से उन्हें रुकने का इशारा किया। ताँगा राधाकृष्णन छात्रावास के गेट से आगे जा के रुका। विजेन्द्र पाल दौड़ते हुए आये। भगवान दास छात्रावास के गेट से थोड़ा आगे मुझसे हाथ मिलाया। बोले, 'बहुत जल्दी में हूँ। अभी जाने दो। फिर आऊँगा तो मिलूँगा।' जैसे दौड़ते आये थे वैसे ही भाग कर ताँगे में जा बैठे। उनके इस विचित्र व्यवहार का कारण मेरी समझ में नहीं आया। उनके साथ उनकी पत्नी बैठी थीं। मेरा अनुमान है। इसमें शरमाने जैसी कोई बात तो नहीं थी। इसके बाद वे कभी बनारस आये या नहीं मुझे पता नहीं। हाँ, पिता से राँची में मिलते रहे।

इसी समय के लगभग कभी शायद 1959 में ही पिता ने मुझसे एक दिन कहा था, सभा में प्रो. पांडे मिले थे आज। उन्होंने मुझसे कहा, 'शास्त्री जी जय को मुझे दे दीजिए।' यह बात मेरे पल्ले उस समय नहीं पड़ी थी। शायद मैंने ध्यान नहीं दिया। बाद में भी ध्यान नहीं दिया। अब अफसोस होता है। कभी-कभी लगता है कहीं उन्होंने मुझे श्री सिंह के लिए तो नहीं माँगा था? कभी यह भी लगता है कि मुझे उन्होंने अपना शिष्य बनाने के लिए ही माँगा था। अब मुझे यही लगता है कि उन्होंने मुझे जिस लिए माँगा था उसी रास्ते पर मुझे कुछ समय बाद डाल भी दिया था।

मैंने सिविल सर्विसेज का फार्म मँगा लिया था। भर दिया था। भेजा नहीं था अभी। बाद में भेजा। रोज लाइब्रेरी में जाकर पढ़ता था। रिसर्च का तो अभी नाम भर था। पढ़ाई सिविल की ओर थी। एक दिन जुलाई में लाइब्रेरी जा रहा था। उसी समय पांडे जी पोर्टिको में रिक्शे से उतरे। हाथ से मुझे रुकने का उन्होंने इशारा किया। मैं उनकी ओर बढ़ गया। उन्होंने कहा, 'विभाग में कुछ लेक्चरर्स की पोस्ट विज्ञापित हुई है। सादे कागज पर एप्लीकेशन लिख कर रजिस्ट्रार को भेज दो।' मैंने, 'जी, अच्छा' कहा, और लाइब्रेरी जा पढ़ने लगा। मेरे ध्यान से यह उतर गया और भूल गया। कुछ दिन और बीते। करीब हफ्ते भर बाद ऐसे ही फिर सामना हुआ। उन्होंने पूछा, 'एप्लाई किया?' मैंने कहा, 'नहीं सर। अभी नहीं।' उन्होंने फिर कहा, 'एप्लाई कर दो। समय कम है।' मैंने कहा, 'अच्छा सर।' सिर झुका लाइब्रेरी गया। इसके बाद 23 या शायद 24 जुलाई को फिर सामने पड़ा। उन्होंने मुझे अपने चैम्बर में बुलाया। मैं गया और चुपचाप खड़ा रहा। वे कुर्सी पर बैठे और मेरी ओर देख पूछा, 'भेज दिया?' मैंने कहा, 'अभी नहीं सर। भेज दूँगा।' बोले, 'अच्छा। बैठो।'

मैं बैठ गया, चुपचाप, सामने कुर्सी पर। उन्होंने मेज की दराज खोल एक कागज निकाल मेरी ओर बढ़ाया। बोले, 'लिखो... ।' बोलकर उन्होंने एप्लीकेशन लिखवा दी। मुझसे कागज लिया। मोड़कर लिफाफे में बन्द किया और 'पियन' बुक पर चढ़वा कर रजिस्ट्रार आफिस भिजवा दिया। मुझसे कहा 'जाओ।'

इससे कुछ पहले मेरे एक सहयोगी की नियुक्ति विभाग में हो चुकी थी। उन्होंने 23 जुलाई 1959 को ज्वाइन कर लिया था। मैं यह सोच रहा था कि इतने सारे लोग मुझसे सीनियर रिसर्च कर रहे हैं उनका होगा। कुछ ऐसे थे जो पढ़ा भी रहे थे कहीं-कहीं। इसी सब दुविधा और झिझक के चलते मैं एप्लाई नहीं कर रहा था। दूसरा कारण यह था कि मैंने अध्यापन के बारे में कभी सोचा ही नहीं था। धीरे-धीरे जुलाई का अंत आ गया। उनतीस या तीस जुलाई को प्रो. पांडे ने मुझे अपने चैम्बर में बुला कर कहा, 'जाओ रजिस्ट्रार आफिस से अपना नियुक्ति पत्र ले आओ और ज्वाइन करो।' मैं अपना नियुक्ति पत्र ले आया और 1 अगस्त 1959 को विभाग में ज्वाइन किया। उस समय तक ऐसा ही होता आ रहा था। विभाग के टॉपर स्थान होने पर विभाग में ही नियुक्त कर लिए जाते थे। मेरे बाद भी कुछ टॉपर विभाग में नियुक्त हुए। पढ़ाने लगा। पढ़ाने के लिए पढ़ना पड़ता। तैयारी करके आता था। अगस्त के अंत में प्रो. पांडे ने अपने 'पालिटी' के पेपर के ट्यूटोरियल्स भी मुझे दे दिये।

उनसठ-साठ के सत्र में महेश्वरी प्रसाद (चौबे), संकठा प्रसाद और रमानाथ मिश्र[51] एम.ए. फाइनल में थे। मैं इनमें से कुछ को पढ़ाने लगा। एम.ए. प्रीवियस में इनका ट्यूटोरियल मैं ले चुका था। पिछले वर्ष की भाँति यह वर्ष भी ठीक गया। अप्रैल के अंत में मैं प्रो. पाण्डे की अनुमति लेकर रिसर्च के लिए कलकत्ता नेशनल लाइब्रेरी चला गया। वहाँ रामकृष्ण मिशन के नवनिर्मित अन्तर्राष्ट्रीय छात्रावास (गोलपार्क) में रहने लगा। इस समय इसमें मेरे अलावा चार अन्य लोग रह रहे थे। एक हिन्दुस्तानी, एक पोलिश विद्यार्थी, एक अफ्रीकी और एक अमेरिकी प्रोफेसर जो ढाका विश्वविद्यालय में उस समय पढ़ा रहे थे। मैं रोज नेशनल लाइब्रेरी सबेरे चला जाता और दोपहर में खाने आता। बाद में छात्रावास शाम को आने लगा। इसी समय अखबार से पता चला कि काशी हिन्दू विश्वविद्यालय के लगभग एक दर्जन अध्यापकों की सेवा तत्काल समाप्त कर दी गयी है। इसमें प्रो. राजबली पांडे, प्रो. हजारी प्रसाद द्विवेदी और डॉ. गोपाल त्रिपाठी आदि प्रमुख थे। प्रो. पांडे आदि के निष्कासन की सूचना मुझे पिता के दो पत्रों से भी हुई। अपने 1.6.1960 के पत्र में उन्होंने मुझे लिखा, '...तुम्हारे विश्वविद्यालय ने दस अध्यापकों को डिसमिसल नोटिस दी। इनको इसी 31 मई को कार्य मुक्त कर दिया गया। 2 जून को ये लोग निर्दिष्ट जनों को चार्ज देंगे। 15 जून तक इन्हें क्वार्टर छोड़ देने की भी नोटिस दे दी गयी है। लोग इलाहाबाद से दिल्ली दौड़ रहे हैं। 'स्टेआर्डर' या 'रिट' के प्रयत्न

में हैं। आर.डी. मिश्र का 'रिट' तो 'वैकेशन जज' ने 'एमरजेन्सी केस' न होने से स्वीकार नहीं किया। ...आचार्य हजारी प्रसाद द्विवेदी और डॉ. राजबली पांडेय भी इसी चपेट में हैरान हैं...'। इसके बाद (3.6.1960) के कार्ड में उन्होंने फिर लिखा, 'डॉ. गोपाल त्रिपाठी, डॉ. राजबली पांडे आदि नौ अध्यापकों का आवेदन स्वीकृत हुआ, यथापूर्व स्थिति रखने का आदेश हुआ। 7 जून को यथापूर्व की स्थिति की वैधता पर विचार होगा।' यह भी खारिज हो गया।

डॉ. गोपाल त्रिपाठी, प्रिंसिपल कालेज ऑफ टेक्नोलाजी, अकेले मुकदमा लड़ते रहे। अंततः 10-12 वर्षों बाद सुप्रीम कोर्ट से जीत कर वापस आये। केवल डॉ. राजबली पांडे और हजारी प्रसाद द्विवेदी फिर वापस नहीं आये। बाद में और लोग उन्हीं के केस के आधार पर जीते और वापस आये। जिसे वाइस चांसलर बनाने के लिए राजनीति करने का इन लोगों पर आरोप लगा सेवा-मुक्त किया गया था उन डॉ. रामशंकर त्रिपाठी ने क्षमा माँग ली थी। वे प्रोफेसर, इतिहास विभाग और प्रिंसिपल आर्ट्स कालेज बने रहे। विश्वविद्यालय में हुए 1958 के उपद्रव को लेकर बने मुदालियर कमीशन की रिपोर्ट के आधार पर 12 अध्यापक सेवा मुक्त किये गये थे। इनके अतिरिक्त बहुत से छात्र नेता जो वर्षों से विश्वविद्यालय में जमे हुए थे और वर्ष प्रतिवर्ष छात्र राजनीति करते कराते आ रहे थे वे सब भी निष्कासित किये गये थे।

पिता ने मुझसे कलकत्ते में कई लोगों से मिलने को कहा था। मैं किसी से मिल नहीं पाया। जुलाई में लौटा तो ट्रेन में बनारस के अजित सिन्हा मिले। मैं उन्हें साथ फर्स्ट क्लास में ले आया। उन्होंने मुझे बताया कि उनकी एक कजन बहन मेरे विभाग में एडमिशन ले रही है। आप उसे हेल्प कर दें। बिना बाप की लड़की है। अच्छा डिवीजन आ जायेगा तो कहीं नौकरी मिल जायेगी। मैंने आश्वासन दे दिया। बनारस में हम लोग प्रायः पहले से मिलते रहते थे।

अपने एम.ए. के दिनों से ही पिता अंग्रेजी की दो पत्रिकाएँ नियमित रूप से लाते रहे। एक *लंडन मैगेजीन* और दूसरी *एनकाउंटर* थी। दोनों लंका के ग्लोब बुक सेण्टर से खरीदते थे। बाद में *इंप्रिंट* भी लेने लगे थे। *इंप्रिंट* डाक से आती थी। इन्हें मैं भी उलट पुलट कर पढ़ता था। हिन्दी की पत्र-पत्रिकाएँ प्रायः लोग भेजते रहते थे। इनमें से भी जो मुझे दिख जातीं उन्हें मैं कम से कम एक बार आदि से अंत तक उलट कर देख जाता था। कुछ-कुछ पढ़ता भी चलता वैसे ही जैसे अंग्रेजी की पत्रिकाएँ। रानी भवानी गली से ही बंगला पत्रिका *देश* भी लाते रहे। यह पत्रिका नियमित रूप से पिता के हैदराबाद कालोनी के निवास तक तो आती ही रही। ये पत्रिकाएँ जब आतीं कुछ दिन में ही उन्हें पूरा पढ़ डालते थे। कभी-कभी बाद में भी देखते थे।

शैक्षणिक सत्र 1960-61 के लिए मेरी नियुक्ति अप्रैल 1960 में ही हो गयी थी। प्रो. पाण्डे की सेवा समाप्ति के बाद डॉ. अवध किशोर नारायण को तार भेज

कर लंडन से बुलाया गया। आने के बाद उन्होंने विभाग में कुछ और नियुक्तियाँ कीं। इनमें एक पूरन चन्द्र पन्त, दूसरे महेश्वरी प्रसाद (चौबे), तीसरे विद्या प्रकाश[52] (लखनऊ से) और चौथे जगदीश नारायण तिवारी थे। तिवारी मेरे सीनियर सहयोगी लक्ष्मीकांत त्रिपाठी के सहपाठी थे। ये दोनों हम सबसे कई साल सीनियर थे। डॉ. नारायण ने मेरे पिता को बी.ए. में पढ़ाया था। इस तरह वे उन्हें भी जानते थे।

प्रो. पाण्डे ना.प्र. सभा के पदाधिकारी भी थे। पिता वहाँ काम करते थे और मिलते-जुलते रहते थे। उनकी सेवा मुक्ति से पिता भी दुखी थे। हजारी प्रसाद द्विवेदी को पंजाब विश्वविद्यालय चंडीगढ़ और डॉ. पाण्डे को जबलपुर विश्वविद्यालय में प्रोफेसर बना बुला लिया गया। पांडे जी बाद में वहाँ वाइस चांसलर भी नियुक्त हुए। द्विवेदी जी और पाण्डे जी के जाने से हिन्दी की काफी क्षति बनारस में हुई। ना. प्र. सभा में ऐसे लोगों का आना शुरू हो गया जिन्हें वहाँ नहीं होना था।

चारों ओर भय का वातावरण व्याप्त था, विश्वविद्यालय में भी और नगर में भी। वाइस चांसलर वेणी शंकर झा प्रशासन से थे। उनके बाद आये सुप्रीम कोर्ट के रिटायर्ड जज जस्टिस भगवती। विश्वविद्यालय के शैक्षणिक माहौल पर दस से पाँच का प्रशासनिक शिकंजा कसता रहा। सर्कुलर नं. 202[53] को राष्ट्रपति राधाकृष्णन के हस्तक्षेप से जस्टिस भगवती को वापस लेना पड़ा। भगवती से इस मसले को लेकर केवल प्रो. वासुदेव शरण अग्रवाल लड़े और जयी हुए।

पिता बनारस आने वाले लेखकों, कवियों, चित्रकारों के कार्यक्रमों में भाग लेते रहते और उनसे मिलते रहते थे। मुझे ऐसा याद पड़ता है कि जब मैं बी.ए. द्वितीय वर्ष में था उन्हीं दिनों कभी पिता एक शाम आये और बता गये कि सर आई.ए. रिचर्ड्स का भाषण होने वाला है सी.एच.सी. में उसमें जाना। मैं भी आऊँगा। उनकी आलोचना की एक पुस्तक पिता के पास थी। मैंने बी.ए. के दिनों उसे कुछ पढ़ा और ज्यादातर उलट-पुलट कर देखा था। शायद यह पुस्तक आलोचना के सिद्धान्तों पर थी। लेक्चर में मैं गया था। पिता भी आये थे। सी.एच.सी. के प्रांगण में लेक्चर हुआ था। तम्बू कनात लगाकर एक बड़ा हाल बीच में बनाया गया था। बहुत भीड़ थी। उस समय तक सेण्ट्रल हिन्दू कालेज में आडिटोरियम नहीं था। यूनिवर्सिटी में भी नहीं था। कालेज आफ इंडोलाजी का लेक्चर थियेटर छोटा था। इसमें लगभग डेढ़-दो सौ लोग ही बैठ सकते थे।

इसके कुछ वर्षों बाद अंग्रेजी के कवि स्टीफेन स्पेंडर बनारस आये। उनका एक प्रोग्राम काशी विद्यापीठ में आयोजित था। स्पेंडर का काव्य पाठ था। उन्होंने तत्कालीन अंग्रेजी कविता पर एक संक्षिप्त भाषण के बाद कविताएँ सुनाईं। वे उस समय *एनकाउंटर* के सम्पादक भी थे। उनके यदि और प्रोग्राम हुए तो उनकी मुझे कोई जानकारी नहीं। मैं केवल इसी काव्यपाठ में पिता के साथ गया था। इसके लिए उन्होंने मुझे खास तौर पर बुलाया था।

कमच्छा वाले घर में 66-67 में कभी दो चित्रकार भी आये। इनमें से एक थे राजकुमार। ये बनारस कई दिन रहे। उसी बीच पिता से परिचित हुए और घूमते हुए एक दिन शाम घर आये। मेरी इनकी भेंट नहीं हुई। बाद में पिता ने इनके बारे में और इनकी कला के बारे में मुझे बताया था।

इसके कुछ समय बाद मक़बूल फ़िदा हुसैन बनारस आये। कई दिन बनारस रहे। इसी बीच पिता से परिचित हुए। इस तरह दोनों पैदल चलने वाले शब्दकर्मी और रंगकर्मी कुछ दिन साथ-साथ बनारस की सड़कों और गलियों को नापते रहे। इनके घर (कमच्छा) आने के दिन और समय की, सूचना मुझे पिता से मिल चुकी थी। उन्होंने मुझे बुलाया था। पिता के कहने से मैंने उन्हें अपने बनाये चित्र दिखाए थे।

रानी भवानी गली के मकान के प्रथम तल पर हम रहते थे। दूसरे तल पर एक साहुजी अपने परिवार के साथ रहते थे। यही इस घर की देख-रेख करते थे। मकान मालिक एक दूसरे साहुजी थे। ये इलाहाबाद में रहते थे। कभी-कभी ही आते थे। बहुत मोटे थे। लगता ऐसा था जैसे इनकी मोटाई और लम्बाई दोनों बराबर थी। इसके चलते ये और नाटे लगते थे। रेलिंग पकड़कर सीढ़ी चढ़ते और प्रत्येक सीढ़ी पर रुककर सुस्ताते थे। ग्राउंड फ्लोर पर एक बंगाली 'दॉ' परिवार रहता था।

गली में घुसते ही जो पहला मकान बायें हाथ पड़ता था उसमें हिन्दी कहानीकार द्विजेन्द्र नाथ मिश्र 'निर्गुण' रहते थे। इन्होंने अपने कुछ संग्रह (शायद दो) पिता को दिये थे। मैंने इनकी कहानियाँ पढ़ी थीं। वैसे ये संस्कृत के विद्वान थे। संस्कृत विश्वविद्यालय में किसी विभाग में अध्यापक थे। संस्कृत के आम पंडितों से इनका रहन-सहन भिन्न था। प्रायः कमीज और धोती पहनते थे। दुबले-पतले बंगालियों से लगते थे।

निर्गुण जी हमारे घर कभी-कभी आते थे। प्रायः सुबह के समय और कभी-कभी रात में। दॉ परिवार के किसी बच्चे से कह त्रिलोचन को बुलाते और साथ ले जाते। अन्दर नहीं आते थे। इस तरह वे तीन-चार महीने में एक बार तो आते ही थे। पिता यदि होते तो उनके साथ जाते और लगभग आधे घंटे में वापस आ जाते। मेरी समझ में यह बात बाद में आयी कि पिता को वे साहित्य चर्चा के लिए नहीं लिवा जाते थे। वस्तुतः निर्गुण पति-पत्नी जब आपस में झगड़ते तो 'त्रिलोचन' को समझौता कराने के लिए निर्गुण जी लिवा जाते थे। किसी कारण से उनकी पत्नी, पिता की बात मान जाती थीं। बाद में मुझे अपने एक विद्यार्थी से जो संस्कृत विश्वविद्यालय से 'आचार्य' करने के बाद एम.ए. कर रहे थे पता चला कि निर्गुण का झगड़ा पति-पत्नी और वो सम्बन्धी था। बढ़ते-बढ़ते यह एक बार विश्वविद्यालय तक पहुँच गया। दोनों वहीं आ झगड़ने लगी। वस्तुतः यदि ये झगड़े ऐसी किसी बात के कारण होते थे तो पिता श्रीमती निर्गुण को कैसे समझा पाते थे?

पिता 1959-60 में कुछ समय राँची में राष्ट्रीय प्रेस के मैनेजर रहे। उस समय मैं प्रतिदिन शाम रानी भवानी गली जाने लगा था। कोई काम होता तो वह कर करा के रात का खाना खा के वापस छात्रावास आता। पिता को मैनेजरी के काम का कोई अनुभव नहीं था। श्री राधाकृष्ण उनका उत्साह बढ़ाते रहते साथ ही मार्गदर्शन भी करते रहते। पर जितने भी पत्र पिता लिखते उनसे यही लगता कि राँची उन्हें रास नहीं आ रहा था। बनारस का माहौल और अपने हर उम्र के मित्रों, साहित्यकारों, पत्रकारों और लेखकों की कमी उन्हें बराबर खल रही थी।

इसी समय के लगभग मेरा भी एक अड्डा बना। बनारस के किसी राजा के बनाये एक मन्दिर के जाने के मुख्य मार्ग को शायद मन्दिर के पुजारी या उसके उत्तराधिकारियों ने किराए पर उठा दिया। इस रास्ते के प्रवेश के दोनों बरामदों को घेर कर इनमें कमरे और हाल बनाकर एक सज्जन ने इसमें 'एसेज' नाम से एक रेस्तराँ खोल दिया था। इसी के प्रतीक स्वरूप बाहर एक बोर्ड पर चार इक्के बना 'ऐसेज' भी लिखवा दिया। यह गोदौलिया से चौक की ओर बढ़ने पर मारवाड़ी अस्पताल से थोड़ा आगे दाहिनी ओर था। इसमें विश्वविद्यालय के युवा अध्यापक, लड़के-लड़कियाँ और अन्य लोग आते थे। मैं भी अपने दोस्तों के साथ इसमें नियमित रूप से आने लगा। विष्णु जी से भेंट होने पर उन्हें ले आता था। धीरे-धीरे मेरा उनका परिचय, मेरे पिता से उनकी मैत्री और परिचय से भिन्न एक अलग साहित्यिक कम असाहित्यिक सम्बन्ध में परिवर्तित होता गया।

शायद बीसवीं सदी के पाँचवें दशक की बात है। विष्णु जी कुछ समय पहले से (1957?) *कवि* प्रकाशित कर रहे थे। मुझसे भी कविता माँग रहे थे। मैं कविता कभी-कभी लिखता तो था पर किसी को दिखाता नहीं था। स्वीकार भी नहीं करता था कि यदा-कदा लिखता हूँ। मैंने उनसे एक दिन पूछा कि 'मैं एक कविता का अनुवाद दे दूँ आपको? उन्होंने कहा, 'हाँ। दे दो'। पिता उस समय सर सुन्दर लाल अस्पताल में भर्ती थे। उनका हाइड्रोसील का आपरेशन डॉ. देशपांडे[54] ने किया था। आस्कर वाइल्ड की एक छोटी कविता, 'कर्ल्यू' का मेरा अनुवाद विष्णु जी ने पिता को मेरे सामने दिखाया। उन्होंने उसमें कुछ सधार किये। विष्णु जी ने उसे *कवि* में छाप दिया। इसी के लगभग *कवि* में शर्मा जी ने कुंभ कांड के पिता के वे सानेट छापे जिन्हें औरों ने नहीं छापा था। *कवि* में विशिष्ट कवि—नामवर सिंह एवं नलिन विलोचन शर्मा, पर लिखे पिता के आलोचनात्मक लेख पर्याप्त चर्चित हुए।

पिता चेयरमैन माओ के प्रशंसक थे। उन्होंने माओ की प्रशंसा में सानेट भी लिखा था—'जाग्रत ज्वालामुखी हार का जहाँ डटे/खड़े रहे तुम, खड़े रहे तुम/...,' (*दिगंत*, पृ. 62)। नवम्बर 1962 में चीन ने भारत पर आक्रमण किया। मुझे स्पष्ट याद है मैं छात्रावास से घर गया था। एमरजेन्सी कमीशन चालू हो गया था। तमाम

तरह की बातें हो रही थीं। मैंने घर पर कहा मैंने अपना गोल्ड मेडल रक्षा कोष में दे दिया। एक दिन का वेतन भी दिया है। मेरे बहुत से दोस्त सेना में भर्त्ती होने जा रहे हैं। पिता ने कहा, 'तुमने रक्षा कोष में दे के अच्छा किया। सम्भावना है कि देर सबेर हर घर से एक न एक को सैनिक सेवा के लिए जाना पड़ेगा। यदि ऐसा हुआ तो अपने घर से मैं जाऊँगा।' मैंने कहा, 'आपको नहीं लेंगे। मैं जाऊँगा। वैसे ऐसी स्थिति नहीं आयेगी।' बात खत्म हो गयी। मैं काफी समय तक सोचता रहा कि इस आक्रमण से माओ के प्रति पिता के दृष्टिकोण में कोई अंतर आया या नहीं, आया तो क्या? कुछ समय बाद उनकी टेबल पर उनके उसी समय के लगभग लिखे दूसरे सानेट से लगा कि कुछ फर्क तो पड़ा था—पर खास नहीं।

"इतने पर भी माओ के प्रति मेरे मन में
वही भाव है जो पहले था, बना रहेगा
यद्यपि मेरे देश का रुधिर अभी बहेगा
हिमशृंगों पर—और देश के पूरे तन में
और तनाव बढ़ेगा और रोष जन जन में
सुलगेगा, अत्याचारों का वेग कहेगा
प्रतिकार के लिए, राष्ट्र का तेज सहेगा
आखिर कितना, दर्प जगेगा सबके प्रण में।
... ... पर भारत का
दोष कहाँ है, अपनी सीमा की रक्षा का
कार्य उसे करना है..." शब्द, सं. 47, पृ. 36

पिता का सम्पर्क *चिनगारी* परिवार के लेखकों से पचास के दशक से कुछ ज्यादा बढ़ने लगा (*रोजनामचा,* पृ. 61)। इनमें कुशवाहा कांत के अतिरिक्त उनके शिष्य और उनकी शैली के लेखक थे। कुशवाहा कांत सहित उनकी शैली के अधिकतर लेखकों ने अपने उपन्यास उन्हें दिये थे। घर में इन पुस्तकों के होने के कारण मैंने कुशवाहा कांत, ज्वाला प्रसाद केशर, ब्रह्मदेव मधुर आदि के कई उपन्यास पढ़े थे। ये लोग *चिनगारी* नामक पत्रिका भी निकालते थे। पिता कभी-कभी इसकी प्रतियाँ भी लाते थे। कुशवाहा कांत की मृत्यु के बाद ज्वाला प्रसाद केशर इस लेखन-प्रकाशन के प्रमुख रहे। पिता के सम्पर्क का कुछ असर केशर के ही एक उपन्यास पर दिखने की बात लोग करते थे। उस समय केशर मेरे यहाँ प्रायः आते और पिता को अपने साथ ले जाते थे। मैं समझता हूँ पिता ने उनके इस उपन्यास की भाषा को पर्याप्त सुधारा होगा। बनारस की पृष्ठभूमि पर लिखा गया था।

चिनगारी परिवार के एक सदस्य ब्रह्मदेव मधुर थे। यह इनमें सबसे कम उम्र के थे। शायद श्रीमती कुशवाहा कांत के भाई भी थे। सुनता था कि श्रीमती कांत बहुत सुन्दर थीं। मधुर चित्रकार थे *चिनगारी* के। मैं केवल एक बार *चिनगारी* के

आफिस पिता के साथ गया था। केशर और मधुर से पहली बार वहीं मिला था। बाद में मधुर मेरे विभाग में ड्राफ्ट्समैन नियुक्त हुए। कभी-कभी विभाग के लिए पोस्टर वग़ैरह भी बनाते थे। बाद में ये ग़ज़लें लिखने लगे थे। इनकी एक कापी सुधारने और भूमिका के लिए सागर में बहुत दिन तक पड़ी रही। मेरे जरिए भी मधुर ने कई बार उसे लिख भेजने के लिए कहलवाया था। पर मुझे नहीं लगता यह काम कभी हुआ।

चन्द्रकान्ता और *चन्द्रकान्ता सन्तति* वगैरह के लेखक बाबू देवकी नन्दन खत्री के एक वंशज (पौत्र या प्रपौत्र?) उसी शैली के लेखक थे। लेखक की अपेक्षा पियक्कड़ अधिक थे। 1962-64 के बीच कभी इनका भी पिता से परिचय हुआ। इनके साथ कभी-कभी पिता घूमने और पीने लगे। इस बीच कभी-कभी ऐसा भी हुआ कि पिता को कोई न कोई घर पहुँचा जाता। कभी-कभी की उनकी इस हालत से हम सबको परेशानी हो रही थी। जैसे-तैसे यह साथ छूटा। इसके लिए कइयों ने प्रयास भी किया था।

वैसे यह शराब तो कुछ नहीं थी उस शराब के सामने जिसे पीने का उल्लेख उन्होंने स्वयं किया, "मैंने जीवन की शराब पी, बार-बार पी" ...(*शब्द*, सं. 46, पृ. 35)। जीवन में सभी कुछ आता है। शराब और अन्य वस्तुएँ भी।

1964 में किसी समय विश्वविद्यालय की कार्यकारिणी ने निर्णय लिया कि जो शोध छात्र अध्यापक नियुक्त हैं उन्हें छात्रावास की सुविधा न दी जाय। जो रह रहे हैं उनसे छात्रावास खाली कराया जाय। इस निर्णय के चलते बहुत सारे लोगों ने लंका के आस-पास फ्लैट्स ले लिए और उनमें जा रहने लगे। मैं भी रानी-भवानी गली वापस आ गया। इस प्रकार छात्रावास में रहने का मेरा लगभग 9 साल का दूसरा चरण समाप्त हुआ। पहला चरण यू.पी. कालेज का 7 साल का था।

इसके बाद तलाश हुई दूसरे घर की। ऐसे घर की जिसमें अधिक स्थान हो, सबके लिए और पुस्तकों के लिए भी। 1965 में ही हम लोग सिंधी कालोनी के गेट से आगे जाने वाली सड़क पर लगभग सौ सवा सौ कदम पर एक श्रीवास्तव जी के घर के ग्राउंड फ्लोर के पाँच कमरों में रहने आ गये। यह कमच्छा मुहल्ले में पड़ता था।

हमारे कमच्छा रहते ही कभी इलाहाबाद से कवि शमशेर बहादुर सिंह बनारस आये। वे मीरघाट पर मान मन्दिर में दीनू[55] के साथ रह रहे थे। इस समय पिता शाम के समय कभी-कभी उनसे मिलने वहाँ जाते रहे। कभी-कभी शमशेर जी भी आते थे। मैं भी एक दो बार मान मन्दिर उनसे मिलने गया था। मैंने उनके कुछ चित्र भी लिए थे। कुछ समय बाद इलाहाबाद से प्रेमलता वर्मा भी बनारस आयीं। आरम्भ में ये भी दीनू के यहाँ ही रहीं। फिर दोनों कई एक जगह शहर में रहे, किसी-किसी के यहाँ, और अंत में सारनाथ महाबोधि सोसाइटी के गेस्ट हाउस में चले गये।

कवि शमशेर बहादुर सिंह, दिनेश के कुत्ते के साथ छत पर

हैदराबाद (आंध्र प्रदेश) से *कल्पना* नामक हिन्दी पत्रिका निकलती थी। इसमें पचास के दशक में कभी शमशेर जी का त्रिलोचन पर एक लेख छपा था। इसे मैंने पढ़ा था। इस लम्बे लेख में शमशेर जी ने यह भी लिखा था कि गाँव में त्रिलोचन की कविताएँ मोड़-मोड़कर मिट्टी के घड़ों में भर-भर कर रखी हैं। शमशेर जी ने इस सूचना का कोई स्रोत नहीं दिया था। बहरहाल मैंने मिट्टी के एक भी घड़े में न कभी कोई सादा कागज रखा देखा था न लिखा और मोड़ा हुआ। पिता से जुड़े आरम्भिक मिथकों में से एक यह जाने कैसे शमशेर जी को कब और कहाँ से पता चला था।

कुछ समय बाद प्रेमलता वर्मा के भाई मलयज भी बनारस आये। ये सब लोग और विष्णु जी भी कमच्छा कभी-कभी आते थे। कभी साथ तो कभी अकेले। आने पर काव्यपाठ भी होता था। अन्यथा सब साथ जाते थे। विष्णु जी के *कवि* में सबकी कविताएँ भी छपती रहीं। विष्णु जी माँ से कभी-कभी मजाक करते थे। वे कहते, 'जय का विवाह प्रेमलता से कर दीजिए।' इस पर माँ कहती, 'विष्णु तुम्हारा ब्याह उनसे ज्यादा सही रहेगा। दोनों जने बैठ कर कविता करना और सुनाना और सुनना। उनसे तुम्हीं ब्याह कर लो।' बाद में प्रेमलता भारत में पेरू के राजदूत डॉ. तोला के सम्पर्क में आयीं और श्रीमती तोला हुईं। कुछ समय बाद पेरू जा बसीं पर हिन्दी में लिखती रहीं। विष्णु जी से सम्पर्क बना रहा।

इससे कुछ पहले, शायद 1962-63 या 1964 में एक दिन शाम को गोदौलिया

जा रहा था, रिक्शे से। अस्सी चौराहे से आगे बढ़ा तो सामने से रिक्शे पर विश्वनाथ त्रिपाठी एक हाथ से मुझे रुकने का इशारा करते और दूसरे से रिक्शा वाले की पीठ थपथपाते रुकने को कहते, जोर से हँसते हुए बोले, 'जय जी, आपने कुछ सुना?' इस समय तक दोनों रिक्शे सड़क के विपरीत किनारों पर आ रुके थे और दोनों के बीच से साइकिलें और रिक्शे आ जा रहे थे। मैंने पूछा, 'क्या? मुझे नहीं पता, कुछ भी।' त्रिपाठी वैसे ही हँसते हुए बोले, 'विष्णु जी की शादी तय हो गयी।' मैंने कुछ आश्चर्य से कहा, 'अच्छा'! उन्होंने हँसते हुए कहा, 'हाँ। अब आपकी भी हो जायेगी। जाइए अभी आपको पता चलेगा।' इसके कुछ ही समय बाद विष्णु जी का विवाह पटना में पुष्पा जी से हो गया। अपने विवाह के बाद से विष्णु जी कुछ समय तक पुष्पा जी से मेरा विवाह अपनी एक बंगाली दोस्त से कराने की बात करते थे। पुष्पा जी कहतीं, 'हाँ, हाँ, क्यों नहीं। उन्हें जय जी सा लड़का कहाँ मिलेगा।' मैं इस पर हँस देता। बात टल जाती। मैं अपने विवाह को ले अभी अनिश्चय की स्थिति में था।

शायद 1962-63 में अमेरिकी बीटनिक कवि अलेन गिंसबर्ग[56] भारत आये और साल भर से ऊपर यहाँ रहे। दिसम्बर 1962 से मई 1963 तक वे बनारस में दशाश्वमेध घाट के आस-पास कहीं रहे। उनके साथ उनके मित्र पीटर ओर्लोवस्की भी थे। गिंसबर्ग ने इनका परिचय कराते इन्हें अपनी पत्नी कहा था। मुझे यह तो पता नहीं कि पिता से इनकी पहचान कैसे हुई। पर जब परिचय हो गया तो दोनों प्रायः मिलने लगे। इनकी भेंट प्रायः शाम के समय हुआ करती थी। इसके बाद ही हमारे यहाँ एकाएक *एवरग्रीन रिव्यू* के बहुत सारे अंक आ गये। साथ आयीं बीटनिक कवियों की कुछ पुस्तकें। इनमें से एक गिंसबर्ग की अपनी *हाउल ऐंड अदर पोएम्स* भी थी। ये पुस्तकें और रिव्यू के अंक गिंसबर्ग ने मँगा कर पिता को दिये थे। मैंने भी इन्हें थोड़ा बहुत पढ़ने का प्रयास किया था। कुछ पढ़ा भी था।

गिंसबर्ग हिन्दुस्तान साधुओं-संन्यासियों से मिलने आये थे। उनका मुख्य उद्देश्य ज्ञान प्राप्त करना था। यहाँ वे दलाई लामा, ग्याल्पा करमपा (सिक्किम), वृन्दावन की एक संन्यासिन, शिवानन्द आदि से मिलने के बाद रामकृष्ण परमहंस की 1880-86 के बीच शिष्यों से हुई 'मिस्टिक गॉसिप', उनके समाधि में जाने और वापस आने के वर्णनों को पढ़ने, सुनने के बाद श्मशान जाने और वहाँ के कार्यकलाप देखते सुनते तारापीठ और नवद्वीप तक गये। उड़ीसा, भुवनेश्वर आदि गये। साधुओं के साथ रहते, खाते-पीते, नशा करते, मन्त्र पाठ करते उन्हें कितना ज्ञान मिला मुझे पता नहीं। पर जो भी मिला वह उनके साहित्य-दर्शन में शायद होगा। इसी ज्ञान की तलाश उन्हें बनारस भी लाई। यहाँ भी उनका सम्बन्ध साधुओं, संन्यासियों, भिखमंगों और कोढ़ियों से रहा। मणिकर्णिका और हरिश्चन्द्र घाट भी आते-जाते रहे। रोगियों, भिखमंगों की सफाई और देखरेख भी करते रहे। यही सब उन्होंने भारत में अन्यत्र भी किया था। साहित्यकारों के सम्पर्क में भी रहे। बंगाल के साहित्यकारों

के निकट परिचय में थे। बनारस के साहित्यकारों में पिता त्रिलोचन और विष्णुचन्द्र शर्मा से उनके सम्पर्क की किंचित जानकारी मुझे है। साधुओं-संन्यासियों से सत्संग (?), रोगियों की सेवा शुश्रूषा और साहित्य चर्चा से समय निकाल कर शायद बन्दरों को केला खिलाकर भूत यज्ञ भी कर लेते थे। कितना ज्ञान पा सके मुझे पता नहीं?

चोग्याम त्रुंग्पा उनके गुरु थे। गिंसबर्ग ध्यान करते थे। जाप करते थे हरे राम हरे कृष्ण, ओं मंत्रों का, *प्रज्ञापारमिता सूत्र* का। कविता लिखते थे। स्वप्न में भी लिखते थे। स्वप्न भी दिखने पर लिख लेते थे। सन् 1948 में उन्होंने भगवान को देखने-सुनने की बात भी की थी। चोरों की सहायता करने के कारण जेल तो नहीं गये पर मानसिक चिकित्सा के लिए साइकियैट्रिक इंस्टीच्यूट भेज दिये गये। इंस्टीच्यूट में दवा खाते कविता लिखते रहे। *'ओड टु द सेटिंग सन'* कविता यहीं लिखी गयी थी। उनकी माँ 'क्रेजी' थीं, शायद इसी से क्रेजीनेस उनमें भी आ गयी थी। 'हाउल' कविता पर नंगेपने (अश्लीलता) के लिए चले मुकदमे और सत्ता विरोध के कारण जल्दी ही प्रसिद्ध हो गये। हर तरह का नशा करते थे। मोरफीन के इंजेक्शन भी लेते थे।

ऐसे गिंसबर्ग का भाषण अंग्रेजी विभाग वालों ने आयोजित किया था। भाषण के लिए उन्होंने हमारे कालेज आफ इंडोलॉजी का लेक्चर थियेटर लिया था। लेक्चर की नोटिस प्रायः सभी विभागों को भेजी गयी थी। पेपर में समाचार भी किसी ने दे दिया था। नतीजा यह हुआ कि लेक्चर थियेटर पूरा भर गया। ऊपर जाने के दोनों रास्ते, बीच के रास्ते सहित भर गये। लोग खिड़कियों, दरवाजों पर भी आ खड़े होते रहे। उन्हें सुनने आये लोगों में लड़के-लड़कियाँ, अध्यापक-अध्यापिकाएँ तो थे ही, बहुत सारे साहित्यिक रुचि के स्त्री-पुरुष शहर से भी आये हुए थे। गिंसबर्ग के इस भाषण में 20 वर्ष की आयु से लेकर सत्तर-पचहत्तर की आयु वर्ग के स्त्री-पुरुष उपस्थित थे। अमेरिकी कविता पर उनका भाषण बहुत अच्छा रहा। आरम्भ से अंत तक एक भी व्यक्ति बीच में भाषण छोड़ बाहर नहीं गया (शायद भीड़ के कारण)। शायद सबको उनका भाषण इतना पसन्द आया कि सबके सब शान्तिपूर्वक बैठे रहे।

भाषण समाप्त करने के बाद गिंसबर्ग ने अपने लम्बे कुर्ते के दोनों छोर दोनों हाथों से पकड़ ऊपर उठा अपना मुँह पोंछा। यह क्या? कुर्त्ते के ऊपर जाते ही गिंसबर्ग श्वेताम्बर से तत्काल दिगम्बर हो गये थे। सारी महिलाओं, सीनियर अध्यापकों, अध्यापिकाओं के सिर एकाएक झुक गये। सारे श्रोता अवाक् थे। गेट की भीड़ छँट चली। हाल की भीड़ में खड़ा एक लड़का सिर झुकाए बाहर गया। इसके बाद तो सारा हाल लगभग खड़ा हो गया। धीरे-धीरे सब निकलते गये। देखते-देखते सारा हाल खाली हो गया। हमारे जैसे कुछ लोग शिष्टाचारवश बैठे रहे। अंग्रेजी विभाग वालों का बुरा हाल था। जैसे-तैसे विभागाध्यक्ष ने अपना धन्यवाद भाषण दिया पर वे क्या बोले यह शायद 'डायस' पर बैठे लोगों के अलावा न किसी ने सुना न समझा। मेरे

पिता किसी कारण इस भाषण में नहीं आ सके थे। पर इस भाषण की चर्चा परिसर में ही नहीं नगर में भी काफी समय तक रही। वक्ता का यही उद्देश्य था क्या?

इस तरह का एक वाकया बाद में मुझे पिता ने बताया। वे और गिंसबर्ग सारनाथ जा रहे थे बस से। गर्मी के दिन थे। बस में भीड़ थी। दोनों खड़े थे। गिंसबर्ग ने बस में इसी प्रकार कुर्ता उठा मुँह और माथे का पसीना कई बार पोंछा। बस में उनका दिगम्बर रूप शायद कम लोगों ने देखा। अगल-बगल बैठे लोगों ने देखा और मुँह फेर लिया। भारतवासी नंगे साधुओं को सदियों से देखते आ रहे हैं। बस यात्रियों की प्रतिक्रिया कोई नहीं जानता। मुझे लगता है जिन लोगों ने उन्हें पसीना पोंछते देखा होगा उन्होंने उन्हें या तो साधु समझा होगा या फिर पागल। वे दढ़ियल तो थे ही बाल भी वैसे ही बड़े थे।

गिंसबर्ग के एक कृष्ण वर्ण कनिष्ठ समकालीन कवि भी कुछ दिन बनारस आ रहे थे। इनका नाम अब याद नहीं आ रहा। इन्हें भी मैंने देखा था। गिंसबर्ग से शायद बनारस के कुछ और कवि और साहित्यकार भी मिलते-जुलते रहे होंगे। मिलते होंगे तो काव्यपाठ भी होता होगा। विष्णु जी ने गिंसबर्ग पर एक कविता भी लिखी थी। पिता पर गिंसबर्ग ने भी एक कविता लिखी थी। पिता ने एक बार मुझे बताया था कि उन्होंने गिंसबर्ग को अपनी कविता, 'इन्द्रधनु जो भौंह पर आकर टिका था उसे मैंने बादलों को दे दिया...' (*मेरा घर*) सुनाई थी। इस पर उन दोनों की चर्चा भी हुई थी। गिंसबर्ग को यह झूठी कविता लगी थी। पिता को उन्हें समझाना पड़ा था कि इन्द्रधनु भौंह पर कैसे दिखता है और कैसे दिख सकता है। उनके समझाने पर उन्हें इसकी सच्चाई मान्य हुई। मैंने स्वयं दशाश्वमेध घाट पर कई बार भौंह पर इन्द्रधनु देखा था इसलिए मुझे यह कविता पहली बार सुनने पर कोई आश्चर्य नहीं हुआ था।

इसके कुछ वर्ष बाद, 1967 में सम्भवत, किसी समय जापानी लेखक, उपन्यासकार, कहानीकार, नाटककार, अभिनेता, कवि, निबन्धकार, गायक और फिल्मकार, यूकियो मिशिमा[57] भारत आये। उस समय वे तीन भागों में समाप्त होने वाले एक उपन्यास (ट्राईलोजी) पर काम कर रहे थे। इस उपन्यास का एक भाग भारत से सम्बन्धित था। भारत के कई एक नगरों से परिचित होने के लिए और सामग्री एकत्र करने के लिए वे भारत सरकार के खर्चे पर यहाँ आये थे। गृह मंत्रालय से मेरे विश्वविद्यालय के कुलपति को पत्र आया था उनके बनारस पहुँचने पर उनकी पूरी सहायता जैसी वे चाहें की जाय। कुलपति ने यह पत्र हमारे विभागाध्यक्ष को आवश्यक कार्यवाही हेतु लिख कर भेज दिया। विभागाध्यक्ष ने मुझे और मेरे सहयोगी डॉ. विद्या प्रकाश को मिशिमा को घुमाने के लिए तीन दिन का अवकाश दे दिया। वे इतने ही दिनों के लिए बनारस आये थे। विभागाध्यक्ष ने अपनी ओर से शास्त्री जी (त्रिलोचन) सहित कुछ साहित्यकारों से उन्हें मिलाने का कार्य भी जोड़ दिया।

जिस दिन वे आये उसी दिन शाम चार बजे हम लोग उन्हें होटल से ले के दशाश्वमेध घाट आये। यहाँ एक नाव की गयी। नाव से पहले हम सब अस्सी घाट गये। वहाँ से लौटे तो हरिश्चन्द्र घाट के सामने रुके रहे। लौटे तो इसी प्रकार मणिकर्णिका तक गये। यहाँ काफी देर रुके रहे। जाड़े के दिन थे रात हो गयी थी। इस सारे समय (लगभग दो-ढाई घंटे) मिशिमा से हमारी बात कम हुई। वे ज्यादातर समय घाटों वगैरह के स्केच, श्मशानों के स्केच बनाते और कुछ-कुछ अगल-बगल लिखते रहे। किसी के बारे में कुछ पूछते, नाम या और जानकारी चाहते तो हम वह उन्हें बता देते। इस प्रकार वे स्केच और नाम (घाटों, श्मशानों) आदि के पूछते, लिखते, अपने नोट्स बनाते जा रहे थे। उनकी स्केच बनाने की गति बहुत तेज थी। अच्छा बनाते थे।

वहाँ से निकले तो उन्होंने किसी ज्योतिषी से मिलने की इच्छा व्यक्त की। हमने तो यह सोचा भी नहीं था कि ऐसे किसी व्यक्ति को ज्योतिषी से भी मिलना हो सकता है? उस समय तक तो हम दोनों ज्योतिषियों के चक्कर में भी नहीं पड़े थे। किसी ज्योतिषी को व्यक्तिगत रूप से जानते भी नहीं थे। अंततः चौक क्षेत्र के पीछे एक गली में *भृगुसंहिता* की एक बड़ी दुकान में गये। जो सज्जन वहाँ गद्दी पर बैठे थे उन्होंने हमें देखा और कहा कि उनके पास विदेश खण्ड नहीं है इसलिए वे कुछ नहीं बता सकेंगे। इसके बाद एक दूसरी दुकान में गये वहाँ भी यही जवाब मिला। इसके बाद हमने एक दो दुकानों में यही पूछा कि उनके पास विदेश खण्ड है या नहीं? अंततः एक सज्जन ने कहा 'हाँ। उनके पास है।' ये पंडित काफी वृद्ध थे 65-70 के करीब, दुबले-पतले उनके सारे बाल लम्बे और सफेद थे। दाढ़ी भी काफी लम्बी और सफेद थी। चटाई पर पद्मासन में बैठे थे। कमरे में बल्ब की मद्धिम रोशनी थी। यूकियो मिशिमा को सारा माहौल, पंडित सहित, पसन्द आया। उन्होंने स्केचबुक निकाली पर फिर कुछ सोच वापस रख ली। केवल देखते रहे, पूरा कमरा और पंडित, और शायद सारा माहौल।

हमें भी पंडित के सामने चटाई पर बैठना था। हम बैठ गये। पंडित ने सामने पड़ी मोटी पुस्तक उलटी-पलटी, बुदबुदाते पढ़ते रहे। फिर बोले, 'पूर्व जन्म में यह वहाँ का राजा था। तुम दोनों बड़े अफसर थे।' मिशिमा बीच में थे। मैं उनके दाहिने और विद्या प्रकाश बायें बैठे थे। पंडित ने हाथ के इशारे से उन्हें दिखाते हुए कहा, 'यह इसका मंत्री था' और मेरी ओर इशारा कर कहा, 'यह सेनापति था। तुम तीनों मिलकर अत्याचार करते थे'। पंडित की कही बात का मैं साथ-साथ अनुवाद करता जा रहा था। मिशिमा ने सौ रुपये निकाले और पंडित को दिये। हमने उन्हें इतने पर ही तय किया था। मिशिमा ने कहा, 'दैट इज़ एनफ लेट अस गो।' पंडित हमें रोकते रहे पर हम रुके नहीं। पता नहीं पंडित के इस कथन से निराश हो उन्होंने समय बरबाद करना अनुचित समझ कर या अपनी कथा को आगे बढ़ाने का सूत्र

मिल जाने के कारण तुरन्त उठने का निर्णय ले लिया। वहाँ से निकल हम बाहर आये। उन्हें उनकी गाड़ी में छोड़ अगले दिन मिलने का समय तय कर हम 9 बजे के लगभग अलग हुए।

अगले दिन विद्या प्रकाश आये नहीं। मैंने संकट मोचन, दुर्गा मन्दिर, विश्वनाथ मन्दिर और राजघाट आदि दोपहर तक दिखा उन्हें विदा किया। तीसरे दिन उन्हें जाना था और सारनाथ जाना था किसी जापानी से मिलने। दूसरे दिन सायंकाल भी व्यस्त थे। इसलिए उन्हें किसी से मिलाना सम्भव नहीं हुआ। पिता से भी नहीं।

मिशिमा का नाम नोबेल पुरस्कार के लिए दो बार प्रस्तावित हुआ था। इन्होंने सौ आदमियों की अपनी एक फौज भी बना रखी थी। बाद में इन्होंने जापानी सेना के मुख्यालय पर कब्जा कर सेनाध्यक्ष को उनकी कुर्सी से बाँधकर एक भाषण दिया और 'हाराकिरी' कर ली। इसके बाद उनके एक सिपाही ने तलवार से उनका सिर काट कर उनकी जापानी सांस्कृतिक धार्मिक आत्महत्या पूरी की। मिशिमा उस समय की जापानी सरकार की नीति के विरोधी थे। विरोध प्रकट करने का यह उनका तरीका था। जनमानस पर इसका कोई खास असर हुआ ऐसा मुझे नहीं लगता। इनकी आत्महत्या और अमेरिकी लेखक अर्नेस्ट हेमिंग्वे की आत्महत्या तुलनीय होते हुए भी अतुलनीय हैं। एक ने लिख न पाने और बीमारी के कारण जान दी और दूसरे ने अपने राजनीतिक विश्वास के चलते।

सन्दर्भ एवं टिप्पणियाँ

1. रघु विष्णु रानाडे या रघुजी राजनीति शास्त्र के विद्यार्थी थे। बाद में कभी इन्होंने राष्ट्रीय स्वयं सेवक संघ छोड़ दिया और नागपुर विश्वविद्यालय के राजनीति विभाग में अध्यापन करते रहे। सितंबर 1994 में मैं जब नागपुर के विश्वेश्वरय्या रीजनल इंजीनिरिंग कालेज से मेडिकल कालेज में दाखिले के लिए बेटी मृगांका को लाने गया था तब इन्होंने इंजीनियरिंग कालेज के आफिस में हमारा काम जल्दी कराने में हम लोगों की मदद की थी।
2. गाँव के पत्रों में मेरे एम.ए. के एक अध्यापक और पिता के पूर्व मित्र मंगलनाथ सिंह (बाद में ये दिल्ली जा बसे) के भी कुछ पत्र हैं। उनके जून-जुलाई 1946 के पत्र में पिता को मैट्रिक परीक्षा पास करने की बधाई के साथ ही छोटे भाई के उपयोग के लिए अपनी चक्रवर्ती की *अंकगणित* वापस करने का आग्रह है। पिता के मैट्रिक (हाई स्कूल नहीं) और इंटर की सनदों की अटेस्टेड प्रतिलिपियाँ उपलब्ध हैं।
3. डॉ. स्वामीनाथ सिंह, कवि डॉ. शम्भूनाथ सिंह, काशी विद्यापीठ (अब महात्मा गाँधी काशी विद्यापीठ) के हिन्दी विभाग के अध्यापक के, बड़े भाई थे। इनकी दुकान लहुराबीर से कचहरी जाने वाली सड़क जहाँ से मुड़ती है वहाँ से सीधे अन्दर जाने वाली सड़क (या गली) पर शुरू की ही दो-तीन दुकानों में से एक थी। वहीं कहीं अन्दर रहते भी थे। होमियोपैथ (?) थे।
4. बाद में रामवृक्ष सिंह, इतिहास में डॉक्टरेट करने के बाद, गोरखपुर विश्वविद्यालय खुलने पर वहाँ इतिहास विभाग में प्राध्यापक नियुक्त हुए।
5. सी.एन. मेनन इस समय अंग्रेजी विभाग में प्रोफेसर एवं अध्यक्ष थे। रिटायरमेंट के बाद इन्होंने

बनारस में रवीन्द्रपुरी कालोनी में घर बनाया। इनकी पत्नी महिला कालेज में अंग्रेजी पढ़ाती थीं।

6. डॉ. राम अवध द्विवेदी की थीसिस मिल्टन पर थी। अंधे हो गये थे। इन्होंने भी रवीन्द्रपुरी में घर बनवाया था। इनकी पत्नी क्लास के लिए इनकी तैयारी करने में मदद करती थीं। जो कहते वह उन्हें पढ़ कर सुनाती थीं। जिस समय पिता पढ़ रहे थे उसी समय ये *ए हिस्ट्री आफ हिन्दी लिटरेचर* लिख रहे थे। इसके कुछ समय बाद प्रकाशित हुई। पिता इनके यहाँ काफी आते-जाते थे। इस पुस्तक में उनका भी कुछ योगदान होना चाहिए।
7. प्रो. कुलकर्णी बी.एच.यू. के छात्र थे। एम.ए. में उन्हें 87% अंक मिले थे। यही रेकॉर्ड था। बाद में इन्होंने नोट्स लिखने शुरू कर दिये।
8. बी.एल. साहनी ने मुझे बी.ए. में पढ़ाया था। बचपन में स्कूल इंस्पेक्टर का जवाब अंग्रेजी में न देने के कारण इनके पिता ने इन्हें डाँटा था। इसके बाद से ये जिसे अंग्रेजी नहीं आती थी उसकी बात का जवाब भी पहले अंग्रेजी में (मन ही मन) देते फिर हिन्दी में। इसमें इनके पिता भी शामिल थे। बाद में साहनी साहब नागरी प्रचारिणी सभा से प्रकाशित होने वाली अंग्रेजी पत्रिका *हिन्दी रिव्यू* के सम्पादक रहे। कामायनी का अपना अंग्रेजी अनुवाद भी इसमें प्रकाशित करते रहे।
9. मिस्टर देसाई ने मुझे बी.ए. में अनिवार्य अंग्रेजी पढ़ाई थी। इनकी पत्नी भी महिला कालेज में अध्यापिका थीं। चुणेकर से मेरा कोई सम्पर्क नहीं रहा। बी.ए. में मेरे आने के पहले या तो वे रिटायर हो गये थे या अन्यत्र जा चुके थे।
10. पिता ने, जहाँ तक मेरी जानकारी है, *धरती* के रजिस्टरों के खोने का लिखित उल्लेख कहीं नहीं किया है। सम्भवतः उन्होंने अपने (17.11.1998) के पत्र में इसी का उल्लेख प्रकाश द्विवेदी को किया, "दूसरा 'सप्तक' निकालते समय अज्ञेयजी ने....मुझे से [झ से] भी कविताएँ माँगी थीं, तो कविताओं की सारी कापियाँ मेरी एक अन्य सज्जन के पास थीं। इसी कारण मैं न अपनी कविताएँ भेज सका...मेरी कविताओं की सारी कापियाँ जिन सज्जन के पास मैंने सुरक्षा की दृष्टि से रख दी थीं वह फिर मुझे नहीं मिलीं।" पता नहीं, पिता जगदीश जी की लापरवाही छिपा रहे थे या अपनी, और भला क्यों? लापरवाही तो दोनों ओर से थी। [वेद] प्रकाश द्विवेदी, बिलवई रेलवे स्टेशन के पास के किसी गाँव के पिता के पूर्व मित्र सत्यनारायण द्विवेदी के पुत्र हैं। इनका पिता से लम्बा पत्र व्यवहार रुक-रुककर चलता रहा। कुछ लिखते-पढ़ते भी थे।
11. मैं मार्च 2015 में *क्षत्रिय मित्र* की फाइल और इस हॉस्टल की मैगेजीन को देखने गया था। यू.पी. कालेज के पुस्तकालयाध्यक्ष ने *क्षत्रिय मित्र* ढुँढ़वाने का प्रयास तो किया। पर हॉस्टल मैगेजीन का तो वहाँ किसी ने नाम भी नहीं सुना था। सबके इस उत्तर से तो यही लगता है कि 'जवाहरलाल नेहरू' सानेट भी अब मिलने से रहा।
12. नामवर सिंह संकट मोचन की गली के लगभग सामने महेन्द्रवी लाज में रहते थे। बाद में हिन्दी विभाग में नियुक्ति के बाद अस्सी मुहल्ले में एक छोटा घर ले रहने लगे। इनके एक छोटे भाई राम जी सिंह कभी-कभी गाँव से आते थे। वहाँ खेती वगैरह कराते थे। तीसरे छोटे भाई काशीनाथ सिंह, हिन्दी विभाग में अध्यापक हुए और अस्सी के लघुकहानीकार भी। मेरे एम.ए. करने के समय मेरे विवाह के लिए राबर्ट्सगंज के मुख्तार श्री शमशेर बहादुर सिंह आये थे। इनके बड़े पुत्र महेन्द्र प्रताप राष्ट्रीय स्वयंसेवक संघ के सक्रिय सदस्य और यू.पी. कालेज में कुछ समय मेरे सहपाठी और मित्र थे। भाजपा से टिकट ले बाद में चुनाव भी लड़े और हारे। अपने विवाह को ले मेरे अपने विचार इतने कड़े थे कि मुझे इस प्रस्ताव को स्वीकार करना नहीं था। बाद में काशीनाथ सिंह का विवाह महेन्द्र प्रताप की किसी एक बहन से हुआ।
13. शिव प्रसाद सिंह और नामवर सिंह एक ही ग्रामीण क्षेत्र के निवासी थे। नामवर सिंह सामान्य परिवार से थे। शिव प्रसाद सिंह जमींदार परिवार से थे। दोनों में प्रतिद्वन्द्विता बराबर रही। पर

किसी ने कभी किसी के बारे में कुछ नहीं कहा। दोनों की रहन-सहन, बातचीत, व्यवहार में एक बड़ा सांस्कृतिक अंतर था। दोनों अपने-अपने साहित्य क्षेत्र में सफल भी हुए। शिव प्रसाद सिंह हिन्दू विश्वविद्यालय में रहे और प्रोफेसर और विभागाध्यक्ष हो रिटायर हुए। नामवर जी को उत्तर प्रदेश छोड़ मध्य प्रदेश और वहाँ से राजस्थान होते जे.एन.यू, दिल्ली, आकर स्थिरता मिली।

14. केदारनाथ सिंह हिन्दू विश्वविद्यालय से पढ़ने के बाद सम्भवतः देवरिया के किसी कालेज में अध्यापक हुए। बाद में नामवर सिंह ने इन्हें जे.एन.यू. में नियुक्त कर लिया। उसके बाद से दिल्ली में ही बस गये। बड़े कवियों में हैं।

15. उस समय आनर्स का सिस्टम अलग था। बी.ए. के तीन ऐच्छिक विषयों में से एक, दो या तीनों विषयों में आनर्स लिया जा सकता था। आनर्स लाने के लिए एक, दो या तीनों विषयों में एक अतिरिक्त पेपर पढ़ना पड़ता था। बाध्यता यह थी कि आनर्स लाने के लिए विद्यार्थी को सभी प्रश्न पत्रों में कम-से-कम 75% अंक लाने होते थे। एक भी पेपर में कम अंक पाने पर आनर्स नहीं मिलता था। तीनों विषयों में आनर्स कभी-कभी किसी-किसी विद्यार्थी को ही मिलता था। ज्ञानानन्द पाठक इसी श्रेणी के विद्यार्थी थे।

16. बहुत समय तक गौहाटी में ब्रह्मपुत्र पर पुल नहीं था। ट्रेन आकर उधर रुक जाती थी। आनेवाले यात्री, कारें वगैरह सब नाव और स्टीमर से नदी पार करते थे। इसमें असुविधा होने के साथ-साथ समय भी लगता था। इसके चलते बहुत सारे लोग कलकत्ता से प्लेन से आसाम आते-जाते थे।

17. एक सौ चालीस अंक मिलने से एम.ए. का प्रथम वर्ष छात्र पास कर जाते थे। द्वितीय वर्ष का भी पास मार्क एक सौ चालीस ही था। फिर चाहे ये अंक दो प्रश्न पत्रों के मिलाकर 140 हों, या आठों पेपर्स के मिलाकर 280 हों। प्रत्येक प्रश्न-पत्र में उस समय पास होना जरूरी नहीं था।

18. रामाशीष सिंह 'अशेष' के विषय में पिता ने अपने एक पत्र (5.9.1977, वेप्रद्वि को) में पर्याप्त सूचना दी है। इन्होंने 1948 में बी.ए. में एडमिशन लिया और पिता के सहपाठी हुए। 'कम्पलसरी इंगलिश और फिलासफ़ी में' 'दोनों सतीर्थ थे।' इनका उपनाम पहले 'प्रभंजन' था। दोनों का परिचय एक अन्य सहपाठी, शिवमूर्त्ति पांडेय ने, 1949 जनवरी में कराया। इसके बाद ही कभी इन्होंने पहला उपनाम छोड़कर 'अशेष' नाम स्वीकार किया। ...अशेष '50 में जय को पहुँचाने मेरे गाँव गये। '60 के कुछ पहले उनका देहावसान हो गया। कवि अच्छे थे। छायावादी शैली में भी लिखा, फिर नयी शैली में लिखने लगे। मुझे अवधी लिखते देख कर भोजपुरी [में] भी लिखने लगे। इसमें मैं उनकी कई अच्छी कविताएँ सुन चुका हूँ। ...अशेष का गीत संग्रह *मधुरिमा* प्रकाशित है। उसकी भूमिका उन्होंने मुझसे लिखाई। गीत अच्छे पर छायावादी रंग के हैं। बिहार से उन्होंने एक पत्र भी प्रकाशित किया था, जिसके एक या दो ही अंक निकल पाये। मैं समझता हूँ वे मुझे 1949 की वर्षा में कभी पहुँचाने गये थे, 1950 में नहीं। हमारे घर के समीप बाँध में पानी भरा था। उन्हें अपनी धोती घुटनों से ऊपर उठानी पड़ी थी। पानी भी बहुत तेज पड़ने लगा था।

19. मुझे अब इनका पूरा नाम याद नहीं। सब गोपाल कहते थे इसलिए यही याद रह गया। इनके मामा का नाम भी अब याद नहीं रहा।

20. विजय मोहन सिंह बाद में दिल्ली-भोपाल वगैरह रहते रहें। हिन्दी के अच्छे लेखक हुए। पर मैं इनके लेखन से बहुत परिचित नहीं हो सका। पिता के बहुत सम्पर्क में ये रहे भी नहीं।

21. पंडित हजारी प्रसाद द्विवेदी के निर्देशन में *पृथ्वीराज रासो की भाषा* पर सम्भवतः इनकी पीएच.डी. हो रही थी।

22. पंडित हजारी प्रसाद के ही निर्देशन में इनकी पीएच.डी. भी हुई थी।

23. नरेश मेहता इलाहाबाद के निवासी थे और हिन्दी के लेखक, कवि, उपन्यासकार थे।

24. यह कंकाल मैंने देखा नहीं था। माँ कभी-कभी कहती थीं। यों पिता को बुआ और माँ दोनों

कभी-कभी अघोरी और औघड़ कहती थीं, पर क्यों मुझे कभी समझ में नहीं आया। शायद यही वजह हो।

25. डॉ. पटवर्धन प्राइवेट प्रैक्टिस भी करते थे। बहुत अच्छी प्रैक्टिस थी। गोदौलिया पर घंटाघर में मारवाड़ी अस्पताल के सामने, ऊपर तीन-चार कमरों में इनका क्लीनिक था। मेडिकल कालेज खुलने पर आयुर्वेदिक कालेज को मेडिकल में सम्मिलित कर लिया गया। सारे आयुर्वेदिक डॉक्टरों की प्राइवेट प्रैक्टिस बन्द कर उन्हें पदानुरूप नान प्रैक्टिसिंग एलाउंस देने की व्यवस्था हो गयी। डॉ. पटवर्धन ने रिटायरमेंट ले लिया और सुबह घर पर प्रैक्टिस करने लगे। भीड़ वैसी ही सुबह भी होने लगी।

26. डॉ. लोकनाथ भराली बाद में गौहाटी विश्वविद्यालय में नियुक्त हुए और प्रोफेसर हो रिटायर हुए।

27. 'सीथ बीन कर खाता है वह बंगाली जो दुकान चलाता था...' के नायक वे बंगाली बाबू हैं जो यू.पी. कालेज में छोटे कप केक, पैटीज, समोसा वगैरह लाकर प्रत्येक सायं हॉस्टल-हॉस्टल घूमते बेचते थे। मैंने इन्हें वहाँ छः साल देखा था। मेरे सामने ही इनका यह चल व्यापार चल निकला था। कुछ वर्ष बाद अपने साथ एक आदमी और अधिक सामान लाने लगे। बाद में दो आदमी लाते और सामान साइकिल ठेले पर लाते। उधार भी देते थे, लिखते थे। पैसे मिल जाते थे। इनका अपना घर भी था अर्दली बाजार में मेन रोड पर। बाद में मेरे एक वकील मित्र, स्वतंत्र प्रकाश, ने जो स्वयं यू.पी. कालेज के विद्यार्थी रह चुके थे मेरे पूछने पर बताया था कि एक बाबू साहब ने बंगाली बाबू की बेटी से प्रेम किया और विवाह भी किया। फिर श्वसुर की अनुमति से घर में रहने आ गये। बाद में बीवी सहित घर से सबको निकाल दिया और घर पर कब्जा कर लिया। बंगाली बाबू कहाँ गये पता नहीं। मुझे यह कथा जान बड़ा दुख हुआ।

28. एडगर अलेन पो और माइकेल चामोन। हिप्पोक्रेटीज ने लेखन को पवित्र रोग (सैक्रेड डिजीज़) कहा है, एलिस डब्ल्यू फ्लाहर्टी, *द मिडनाइट डिजीज़* द ड्राइव टु राइट, राइटर्स ब्लाक, ऐंड द क्रिएटिव ब्रेन (बोस्टन, न्यूयार्क, 2004), इंट्रोडक्शन।

29. प्रसिद्ध हिन्दी लेखक, कवि, साहित्यकार। *कवि* (बनारस) और *सर्वनाम* (दिल्ली) के प्रकाशक एवं सम्पादक। त्रिलोचन के साहित्यिक घराने के एक सशक्त स्तम्भ।

30. मुझे लगता है यह काम उन्हें मोहन लाल गुप्त ने सौंपा था। आज के सम्पादकों में थे।

31. यह लेख अवधेश प्रधान द्वारा सम्पादित त्रिलोचन के लेखों के संग्रह *काव्य और अर्थबोध* में संगृहीत नहीं है।

32. श्री रामधन राम आजमगढ़ की किसी रिजर्व्ड कांस्टीच्युंसी से एक-दो बार एम.पी. चुने गये। बाद में डॉ. बी.डी. शर्मा, आई.ए.एस., जब शिड्यूल्ड कास्ट ऐंड ट्राइब्स कमीशन के कमिश्नर बने तो रामधन राम उनके सचिव रहे। दोनों में तालमेल नहीं बैठ पाया।

33. पंडित ओंकार नाथ ठाकुर उस समय के शीर्षस्थ शास्त्रीय गायकों में से थे।

34. इनका पूरा नाम रामचन्द्र शुक्ल था। अपनी तस्वीरों पर रा.च.शु. लिखते थे। इलाहाबाद के रहने वाले थे। बाद में बी.एच.यू. के टाउन एरिया कमिटी के ऑफिस के बगल में एक क्वार्टर में रहते थे। शुक्ल जी ने कला पर हिन्दी में एक पुस्तक भी लिखी थी। चित्र पाश्चात्य आधुनिक शैली के बनाते थे। पिता से बाद में परिचित हुए।

35. विश्वनाथ त्रिपाठी कुछ समय शायद इलाहाबाद में रह और पढ़ चुके थे। किसी प्रकार ये रघुपति सहाय, फिराक गोरखपुरी, के भक्त हो गये। हम लोग इन्हें उकसाकर इनसे फिराक गोरखपुरी के किस्से सुनते थे। बाद में बी.एच.यू. से पीएच.डी. करके ये दिल्ली गये। वहीं विश्वविद्यालय में पढ़ाते रहे। रिटायर हो वहीं बसे। हिन्दी लेखक, कवि, कई पुस्तकों के प्रणेता।

36. रवीन्द्र भ्रमर, पीएच.डी. के बाद, छात्रावास में चलती चर्चा के अनुसार, कानपुर के किसी कालेज में अध्यापन करते रहे।

37. पी.सी. पन्त लखनऊ से बी.ए. करके बनारस एम.ए. करने आये। इतिहास विभाग के त्रिलोचन पन्त इनके चाचा लगते थे। दोनों काशीपुर, उ.प्र. (अब उत्तराखण्ड) से थे। एम.ए. में मेरे सहपाठी रहे बाद में सहयोगी हुए। प्रीहिस्ट्री के अच्छे मान्य विद्वान हो रिटायर हो लखनऊ बसे।

38. ठा.प्र. वर्मा बस्ती के बांसी के निवासी। लखनऊ से साइकोलॉजी या किसी अन्य विषय में एम.ए. कर एक किसी कालेज में एक दो साल पढ़ाकर बनारस आये। दूसरे एम.ए. में हमारे साथ रहे। विभाग में आरम्भ में विस्कांसिन यूनिवर्सिटी प्रोग्राम के व्यवस्थापक रहे। विभाग में देर से नियुक्त हुए। राष्ट्रीय स्वयं सेवक संघ से जुड़े रहे। लिपि शास्त्र और अभिलेखों के अध्ययन के लिए मान्य हुए। गुरुकुल काँगड़ी विश्वविद्यालय, हरिद्वार, में कुछ समय प्रोफेसर रहे। बनारस लौट आये। रिटायर हो बनारस में बसे और संघ के आदर्श के अनुसार इतिहास लेखन में लगे रहे।

39. अजय मित्र, गुना, म.प्र., से संस्कृत पढ़ने आये थे। संस्कृत के साथ-साथ हाई स्कूल, इंटर वगैरह भी करते गये प्राइवेट। संस्कृत में शास्त्री और आचार्य (?) कर एम.ए. करने आये नाम लिखाकर। एम.ए. में हम लोगों से एक वर्ष सीनियर रहे। एम.ए. के बाद ही नागपुर विश्वविद्यालय में नियुक्त हुए। प्रा.भा.इ. संस्कृति एवं पुरातत्व के अच्छे विद्वान हुए। नागपुर में ही बसे। मेरी बेटी के वहाँ इंजीनियरिंग पढ़ने के दौरान उसके स्थानीय अभिभावक यही थे। कई पुस्तकें अंग्रेजी में प्रकाशित कीं। मराठी और हिन्दी में भी।

40. डॉ. शुकदेव सिंह अपने समय के अच्छे विद्यार्थी थे। पिता के सम्पर्क में थे, पर बहुत नहीं। एम.ए. के बाद शायद आरा कॉलेज, बिहार, में पढ़ाते रहे। दो-तीन या चार साल बाद इन्हें वहाँ से किसी कारण भागना पड़ा—रातोंरात बनारस आये। नियुक्त हुए। विभाग से रिटायर हो बनारस में बसे। कबीर साहित्य के विशेषज्ञ हुए।

41. जंगबहादुर सिंह बनारस जिले के पसाई गाँव से थे। तीन भाई थे। बड़े भाई इनकम टैक्स अफसर हुए। सबसे छोटे दिल्ली जा व्यापार में लगे। जंगबहादुर ने मेरे साथ एम.ए., एल.एल.बी. किया। दोनों पास किया। जुडीशियल सेवा में गये और जज हो रिटायर हुए। इलाहाबाद में बसे। इनके पिता 1942 में चौरी चौरा थाने में इंचार्ज थे। अपनी माँ का आदेश मान गोली चलाने का आदेश न देने के कारण दंड के भागी हुए। स्वतंत्रता प्राप्ति के बाद न केवल बहाल किये गये वरन् पूरी सेवा करने का मौका भी मिला। इनकी बहुत इच्छा थी कि बच्चे पुलिस में जायें, पर सब समय आने पर एक-एक कर मना करते गये।

42. प्रोफेसर राजबली पांडे, प्राचीन भारतीय इतिहास एवं संस्कृति विभाग में प्रोफेसर एवं अध्यक्ष तथा कॉलेज आफ इंडोलॉजी के प्रिंसिपल थे। इनकी थीसिस, *हिन्दू संस्काराज* पुस्तक रूप में प्रसिद्ध हुईं। इनकी कई अन्य पुस्तकें भी प्रकाशित हुई। ना.प्र. सभा, वाराणसी, से प्रकाशित *हिन्दी साहित्य का बृहत् इतिहास* के प्रथम खंड के लेखक होने के साथ ही कई अन्य हिन्दी, अंग्रेजी पुस्तकों के प्रणेता।

43. डॉ. विश्वंभर शरण पाठक प्राचीन अभिलेखों, धर्म, आदि के विद्वान प्रसिद्ध हुए। *हिस्ट्री ऐंड हिस्टोरियन्स आफ ऐन्श्यंट इंडिया (?)* प्रसिद्ध पुस्तक। बाद में गोरखपुर विश्वविद्यालय में प्रोफेसर और अध्यक्ष हुए, वाइसचांसलर भी हुए। रिटायरमेण्ट के बाद एक कैंसर अस्पताल स्थापित किया। गोरखपुर ही रहे।

44. प्रोफेसर पांडे के उत्तराधिकारी। इनकी थीसिस *इंडो-ग्रीक्स* के छपते ही इन्हें अंतर्राष्ट्रीय ख्याति मिली। विभाग में पुरातत्व उत्खनन का कार्य इन्होंने शुरू कराया। विभाग को हर दृष्टि से आगे बढ़ाया। बाद में जर्मनी, आस्ट्रेलिया और विस्कांसिन में प्रोफेसर एवं प्रिंसटन (यू.एस.ए.) में फेलो रहे। विभाग में विस्कांसिन यूनिवर्सिटी प्रोग्राम इनके समय में आरम्भ हुआ। राजघाट और अयोध्या की खुदाई भी इन्होंने कराई। अमेरिका से रिटायर हो बनारस में रहे। दीर्घजीवी हुए (90 वर्ष जिए) और अंत तक कुछ न कुछ करते कराते रहे। भारतीय मुद्रा परिषद के पदाधिकारी एवं *जरनल*

के सम्पादक/प्रधान सम्पादक लम्बे समय तक रहे। कई पुस्तकें लिखीं और सम्पादित कीं। मेरी पीएच.डी. के निर्देशक यही थे।

45. पंडित सीताराम त्रिपाठी की मूल नियुक्ति महिला कॉलेज में थी। पराई स्त्रियों को न देखने की भारतीय परम्परा की वर्जना के धार्मिक पक्ष के कारण सम्भवतः इन्हें सिर ऊपर कर छत देखते हुए पढ़ाने की आदत पड़ गयी थी। हमारे विभाग में अध्यापकों की कमी के चलते इनकी सेवाएँ ली गयीं। हमें ये ब्राह्मैनिकल रेलिजंस पढ़ाते थे, वैसे ही छत देखते हुए। बहुत सारे लड़के भाग जाते थे।

46. डॉ. आर.एस. मिश्र, श्री अरविन्द के दर्शन पर पीएच.डी. थे, दर्शन विभाग से। ये भी इंडियन रेलिजंस का एक पेपर पढ़ाते थे। इन्हें बाद में प्रो. पांडे ने मेरी एम.ए. की थीसिस का सुपरवाइजर बना दिया था। मुझे इनसे इस काम में कोई मदद नहीं मिली थी।

47. संकठा राय मेरे सहपाठी एम.ए., एल.एल.बी. दोनों में रहे। दोनों किया। जुडीशियल सेवा में गये। बाद में सुप्रीम कोर्ट आफ इंडिया में रजिस्ट्रार हुए। दिल्ली में ही बस गये।

48. प्रभाकर माचवे चलते-फिरते विश्वकोश कहे जाते थे। हिन्दी कवि, लेखक और साहित्यकार, पिता के मित्रों में थे।

49. प्रोफेसर जी.बी. जोशी लॉ कालेज के प्रिंसिपल, विभागाध्यक्ष, एवं हिन्दू विधि एवं संविधानिक विधि के बड़े विद्वान थे। उस समय तक इन दोनों विषयों में एक-एक बार टैगोर लॉ लेक्चर देने वाले अकेले विद्वान थे। क्लास में किसी बात पर उखड़ते तो बिगड़ते जाते। ऐसे समय एक बात जो हमेशा बोलते वह यह कि 'बेवकूफो, मुझे एक लेक्चर देने के 1200 रु. मिलते हैं और यहाँ मैं 1200 में महीने भर लेक्चर देता हूँ। मैं अकेला आदमी हूँ जिसने दो बार टैगोर लॉ लेक्चर्स दिये हैं। मेरी बात ध्यान से सुनो।' थोड़े झक्की थे। ऐसी कई कहानियाँ उनके बारे में प्रचलित थीं। प्रायः सही भी थीं।

50. प्रोफेसर देशपांडे भी हिन्दू विधि के बड़े विद्वान थे। गुर्टू में मेरे वार्डेन थे। झक्की थोड़े ये भी कहे जाते थे। प्रसिद्ध था कि यदि इनके घर (क्वार्टर के) बरामदे में कोई लड़का, किसी भी जाति का, चढ़ जाता था तो पूरा घर धुलवाते थे। बाद में पटना के किसी कालेज में प्रिंसिपल होकर गये।

51. महेश्वरी प्रसाद (चौबे) ने इस बैच में टाप किया था। रमानाथ मिश्र को प्रथम श्रेणी कई औरों के साथ मिली थी। संकठा प्रसाद और महेश्वरी प्रसाद घनिष्ठ मित्र थे। एम.ए. करने के बाद महेश्वरी प्रसाद विभाग में नियुक्त हुए और सहयोगी हुए। संकठा प्रसाद स्थानीय डीएवी कालेज में और रमानाथ मिश्र जीवाजी विश्वविद्यालय, ग्वालियर, में नियुक्त हुए। इस विश्वविद्यालय के नये होने के कारण इनकी पदोन्नति हम सबसे पहले होती गयी। कला के विद्वान हुए। महेश्वरी प्रसाद जर्मनी गये—पीएच.डी. करने—कई साल रहे। धर्म, साहित्य और प्राचीन अभिलेखों के विशेषज्ञ विद्वान हुए। यों उनकी विषय के सभी पहलुओं की जानकारी अधिक थी। अच्छे ज्योतिषी भी थे।

52. हम लोगों में विद्या प्रकाश की पीएच.डी. सबसे पहले हुई। रीडर भी वे पहले नियुक्त हुए, पर इस नियुक्ति की बड़ी आलोचना हुई और विभाग में असन्तोष भी बढ़ा। 1968 की गर्मियों में अपने घर इकौना, बहराइच, में गुजर गये।

53. सर्कुलर 202 के जरिए विश्वविद्यालय के सभी अध्यापकों को सूचित किया गया था कि उन्हें दस से पाँच तक प्रतिदिन विभाग में रहना ही है। यदि उन्हें काम नहीं है तो मक्खियाँ मारें पर रहें। इसकी बड़ी तीखी प्रतिक्रिया अध्यापकों में हुई। पर कोई विरोध नहीं हुआ। प्रो. वासुदेवशरण अग्रवाल उस समय कालेज ऑफ इंडोलॉजी के प्रिंसिपल थे। उन्होंने कालेज के अध्यापकों की मीटिंग बुलाई—सर्कुलर का विरोध करने को। कालेज के अन्य प्रोफेसर नन्द किशोर देवराज (इंडियन रिलीजन और फिलासफी के अध्यक्ष), प्रोफेसर सूर्यकांत शास्त्री (संस्कृत और पालि के अध्यक्ष) और अवध किशोर नारायण (प्रा.भा.इ.सं. एवं पुरातत्व के अध्यक्ष) ने सिर झुका लिए। अग्रवाल जी ने

कहा ठीक है जाइए। अब यह लड़ाई मैं अकेले लड़ूँगा। कल से विभाग नहीं आऊँगा। सारा काम घर से करूँगा। क्लास भी वहीं लूँगा। उन्होंने विश्वविद्यालय के विजिटर राष्ट्रपति राधाकृष्णन को चिट्ठी लिखी। वहाँ से वाइसचांसलर को क्या आदेश आया यह तो किसी को पता नहीं, पर हफ्ते भर के अन्दर ही एक अन्य सर्कुलर के जरिए सर्कुलर 202 वापस ले लिया गया। प्रो. अग्रवाल इसके बाद कभी कालेज नहीं आये, न क्लास लेने और न आधिकारिक कार्य के लिए। वे सारा कार्य अपने घर से करते रहे।

54. डॉ. पी.जे. देशपांडे आयुर्वेद में थे। अत्यंत कुशल सर्जन के रूप में प्रसिद्ध थे। बाद में फिश्चुला, पाइल्स वगैरह के इलाज की नयी विधि विकसित कर और प्रसिद्ध हुए। फिश्चुला के इलाज की इनकी क्षार सूत्र विधि बहुत अच्छी मानी गयी। इसके प्रचारार्थ कई बार बाहर भी गये—जापान, अमेरिका और यूरोप के देशों में।

55. दीनू या दिनेश शर्मा। इन्होंने ही पिता की *देशकाल* की कहानियों का संग्रह किया था। कुछ कविताओं का भी।

56. अलेन गिंसबर्ग (1926-1997) अमेरिका के बीटनिक कवियों में थे। इनके पितामह रूस से अमेरिका आये यहूदी थे। इनके माता-पिता दोनों अमेरिका में पैदा हुए। पिता लुइस गिंसबर्ग भी कवि थे। अलेन ने कविताओं के कई संग्रह प्रकाशित किये। इनमें हाउल पर अश्लीलता का मुकदमा चला। मुकदमा जीतने के कारण बहुत जल्दी ही प्रसिद्ध हो गये। पर्याप्त गद्य भी लिखा। *हाउल ऐंड अदर पोएम्स* (1956), *कैडिश ऐंड अदर पोएम्स* (1961), *एम्पटी मिरर, अर्ली पोएम्स* (1961), *रिऐलिटी सैंडविचेज* (1963), *टीवी बेबी पोएम्स* (1967), *ऐंकोर वाट* (1968), आदि संग्रहों के अलावा और भी हैं। पत्रों के संग्रह, इंटरव्यूज के संग्रह, काव्य संग्रहों के ग्रामोफोन रेकर्ड्स के अलावा जर्नल्स भी प्रकाशित हैं। *इंडियन जर्नल्स* (मार्च 1962-मई 1963) प्रकाशित (1970-71) डायरी है। अंशतः गद्य और अंशतः पद्य में है। इस यात्रा के दौरान जिन लोगों से उनका सम्पर्क हुआ उनमें से अधिकांश का उल्लेख इसमें हुआ है। इसमें सीढ़ीनुमा एक कविता त्रिलोचन पर है। इसमें उन्हें सीढ़ी से नीचे उतरते और सड़क से गंगा की ओर जाते वर्णित भर किया है।

57. अमेरिका आने के बाद मैंने यूकियो मिशिमा की तीन पुस्तकें (उपन्यास) *द टेम्पल आफ गोल्डेन पैवीलियन, कनफेशंस आफ ए मास्क* और *साउंड आफ वेव्स* पढ़ा। *ट्राइलोजी* मुझे मिली नहीं। यही तीन कथाओं से सम्बन्धित है। पुस्तकें और भी कई हैं उनकी। विश्व युद्ध के बाद के सबसे चर्चित जापानी लेखक, उपन्यासकार, कहानीकार, नाटककार, अभिनेता, कवि, निबन्धकार, गायक और फिल्मकार रहे। जीवित रहे मात्र पैंतालीस वर्ष।

वैवाहिक गॉसिप, प्रयास और विवाह

घर बसेगा/बहू/आयेगी सुघर तर/घर बना देगी उतर कर देव-मन्दिर
धरती, पृ. 24-25

यू.पी. कालेज से हर छुट्टी में मैं गाँव जाता था। प्रायः ऐसा होता कि ट्रेन में नहीं तो बस में डोभी क्षेत्र के एक दो लोग मिल जाया करते थे। ये प्रायः विवाह योग्य लड़कों की तलाश में 'रजकुमारी' आते थे। नाम और गाँव पूछते तो बता देता था। कोई-कोई पिता का नाम पूछते, वह भी बता देता। इनमें से कुछ मेरे घर आ जाते। मेरे विवाह की बात करने। बात करते किससे? घर पर कोई होता नहीं। मेरे सिवा। मैं कहता विवाह नहीं करना है। कुछ पिता का पता माँगते। जिद करते। मुझे अनाप-शनाप बोल लोगों को भगाना पड़ता। किसी-किसी से ऊँचा सुनने का नाटक करता। साल दर साल इस तरह के लोगों से रास्ते में आते जाते लड़का देखने आने वाले लोगों से मुझे चिढ़ हो गयी। नौवीं कक्षा में आया तो यदा-कदा लोग छात्रावास भी आने लगे। एक-दो बार मुझी से पूछ बैठे जय प्रकाश कौन है? मैं कह देता मुझे नहीं मालूम। घूम-फिर कर कोई न कोई लड़का ला के दिखा जाता। मैं बात ही न करता। बहरहाल यह क्रम अपने स्थान पर काफी बाद तक चलता रहा।

पिता के एक परिचित थे राजदेव सिंह। *रोजनामचा* में इनके कई उल्लेख हैं। ये 1950 में पिता के परिचय में आये। डोभी क्षेत्र के किसी गाँव के थे। इनके एक भाई भी थे। ये राजनीति के विद्यार्थी और सोशलिस्ट थे। राजदेव बड़े थे। किस विषय में थे पता नहीं, पर बाद में बी.एड. किया। कभी-कभी लंका पर मिलते और बात करते थे। बाद में जब कर्रा के गणेश राय इंटर कालेज में पिता पढ़ाने गये तो इन लोगों का मिलना-जुलना कुछ और बढ़ा। धीरे-धीरे ये घर आने लगे—रानी भवानी गली। माँ से बात करते। उनके मायके वालों की, रिश्तेदारियों की। मैं इनकी भूमिका समझ रहा था। मैंने इन्हें कभी पसन्द नहीं किया। ये मुझे ठीक नहीं लगे कभी। खुशामदी स्वभाव था। जोड़-तोड़ वाले थे। साहित्य से इनका कोई वास्ता नहीं था। मुझे बचपन से ही लग गया था कि ये देर सबेर मेरे विवाह के लिए दबाव बनायेंगे। मैं बी.ए. में था जब माँ ने मुझसे कहा था पहली बार, 'राजदेव आये थे। अपनी बेटी

की शादी करना चाहते हैं। मैंने कहा, 'अभी नहीं करनी है शादी, तो बोले हमें भी कोई जल्दी नहीं है'। मैंने कहा, 'आपको कहना था, शादी आपके यहाँ नहीं करनी है'। खैर आते-जाते रहे। मिलने पर मुझसे भी बात करने का प्रयास करते, पर मैं टाल जाता था। साल में एक दो बार आ जाते थे। बनारस देव दर्शन, स्नान ध्यान के लिए जब भी आते तो मेरे यहाँ आकर सम्बन्ध ताजा करके जाते थे।

एक दिन मैं रानी भवानी गली आया शाम को। ये सज्जन बैठे थे। थोड़ी ही देर पहले आये थे। बोले, 'आपके गाँव गया था। आपकी सास से मैंने बात कर ली है। उन्होंने मेरे यहाँ शादी करने का वचन दे दिया है। बस आप हाँ कर दीजिए। मैं शास्त्री को मना लूँगा।' माँ ने कहा, 'जय अभी शादी नहीं करना चाहते। बात करने से कोई फायदा नहीं।' मैं चुपचाप बाहर आ गया। एक घंटे बाद लौटा तो वे जा चुके थे। माँ ने कहा, 'गाँव गये थे। बुआ बीमार थीं बता रहे थे। उनसे बात कर के आये थे'। मैं कुछ बोला नहीं। बुआ की बीमारी का पता हमें इन्हीं से चला था[1]।

दो दिन बाद मैं फिर घर आया। थोड़ी देर बाद गाँव से काका बुआ की अस्थियाँ ले के आये। मैं पिता को बुला के लाया। अस्थि विसर्जन हुआ। अगले दिन काका घर गये। सब दुखी थे। चुप-चुप थे। कोई कुछ बोल नहीं रहा था पर सब कुछ महसूस कर रहे थे। मैं रोज शाम को छात्रावास से एक दो घंटे के लिए घर आता रहा।

विसर्जन के दूसरे-तीसरे दिन शाम को मेरे घर आने के थोड़ी देर बाद ही राजदेव सिंह आ धमके। माँ ने हाल चाल पूछा। उन्होंने कहा, 'आज तो मैं आपसे वादा करवा के ही जाऊँगा'। माँ ने कहा, 'मैंने आपसे पहले ही कहा था—जय अभी शादी नहीं करना चाहते। बात करने का कोई फायदा नहीं'। उन्होंने कहा, 'जय कौन होते हैं? नहीं करना चाहने वाले? जो आप कहेंगी वह होगा। जो शास्त्री कहेंगे वह होगा। जय कौन होते हैं?' माँ ने कहा 'ठीक है। आप जय से बात कर लीजिए। ये तैयार हो जायेंगें तो हम भी तैयार हो जायेंगे।' माँ के स्वर में झल्लाहट थी। राजदेव बोले, 'जय तो तैयार हो ही जायेंगे। पहले आप तो तैयार होइए।' मुझसे और नहीं रहा गया। मैंने कहा, 'सिंह साहब। एक बात मैं कहूँ?' उन्होंने कहा, 'हाँ, हाँ कहो।' मैंने कहा, 'बात तो आप मेरी ही शादी की कर रहे हैं न'? उन्होंने कहा, 'हाँ।' मैंने कहा, 'तो सुनिए! मैं आपके यहाँ किसी हालत में विवाह नहीं करूँगा। आप जितने वचन चाहे घर के लोगों से ले लें। मुझ पर किसी का असर नहीं होगा। अब आप कृपा कर जाइए।' राजदेव बिगड़ गये। 'माता-पिता के रहते कोई ऐसी बात करता है? मैं शास्त्री से बात करूँगा।' और भी जाने क्या-क्या बड़बड़ाते उठे और गये। मुझे उनसे इस तरह बात करके दुख भी हुआ। पर वे तो पीछे ही पड़ गये थे। दूसरा चारा भी नहीं था। अभी दो-ढाई साल पहले ऐसे ही एक पचड़े से बड़ी मुश्किल से निकल पाया था[2] तब तक ये बुआ और माँ को प्रभावित कर मुझे अपने जाल में फँसाने आ पहुँचे थे।

यह 1962 का साल था। अपने विवाह के बारे में मैं भी कभी-कभी सोचता था। मेरा एक प्रेम प्रसंग भी चल रहा था। मेरी नियुक्ति हो चुकी थी। अस्थाई था। प्रतिमाह केवल तीन सौ-सवा तीन सौ रुपये ही अभी मिल रहे थे। इतने में घर परिवार चला पाने की मैं सोच नहीं पाता था। मैं जैसे स्वयं रहता आया था वैसे अपने परिवार को नहीं रखना चाहता था। कम से कम चार-पाँच साल तक मैं अपने विवाह की बात सोच नहीं पाता था। ऐसे में ऐसे लोगों से मुझे कोफ्त होती थी। सब अपना सोचते थे।

राजदेव कुछ दिन बाद फिर आये। इस बार वे अपनी पत्नी और बेटी को लेकर घर आ गये। बैठे रहे। माँ ने कहा, 'हम लोग कुछ नहीं कर सकते। विवाह जय का ही होना है। उन्हीं से बात कीजिए। जब तक वे तैयार नहीं होते तब तक हमारे कहने सुनने का कोई मतलब नहीं है।' फिर वे नहीं आये।

इसी समय के आसपास, शायद हमारे रानी भवानी गली रहते, शिवचन्द्र शर्मा नामक एक सज्जन आये। ये राँची से *स्थापना* नामक पत्रिका प्रकाशित करते थे। अनुमानतः वे पिता के राँची निवास के समय उनके निकट सम्पर्क में आये होंगे। बाद में उन्होंने त्रिलोचनांक नाम से *स्थापना* के ढाई अंक निकाले। इनके लिए सामग्री एकत्र करने वे बनारस आये थे। पिता से कई सानेट वगैरह माँग कर ले गये थे। और कुछ लोगों से लेख वगैरह लिखवाए थे। इस पत्रिका के तीनों अंक मैंने देखे और पढ़े थे। तीसरे अंक में पिता से सम्बन्धित सामग्री कम थी।

सन् 1965 की गर्मियों की बात है हम दोनों पिता-पुत्र एक साथ घर से गोदौलिया के लिए निकले। रिक्शा मिल नहीं रहा था। दोनों पैदल चले जा रहे थे। पिता ने कहा, 'एक दिन शम्भूनाथ (सिंह)[3], कवि, मिले थे। कहने लगे, 'त्रिलोचन! मुझे पता चला है जय ने एक बंगाली लड़की से चुपचाप शादी कर ली है। तुम लोगों को डर से बताया नहीं है। मैंने उनसे कहा, 'इसमें डरने की तो कोई बात नहीं है। शादी कर ली है तो ठीक है।' मैंने कहा, 'मुझे पता नहीं था शम्भूनाथ जी जासूसी भी करते हैं।' पिता की इस सम्बन्ध में यदि कोई आशंका किसी भी कारण से थी तो उसका भी समाधान करते हुए मैंने कहा, 'मुझे चोरी-छिपे शादी करनी भी होगी तो भी आप लोगों को तो मैं बताऊँगा ही। वैसे मुझे किसी का डर नहीं है।' इसके बाद उन्होंने फिर कहा, 'ऐसे ही एक दिन राहगीर[4] मिले थे। वे किसी बंगाली लड़की को हिन्दी पढ़ाते हैं। एक दिन वह किसी काम से उठकर कहीं गयी तो ये उसकी डायरी उठाकर पढ़ने लगे। बता रहे थे उसमें तुम्हारे बारे में काफी कुछ लिखा है। लगता है वह तुम्हें पसन्द करती है।' मैंने कहा, 'मुझे लगता है वे उसे पढ़ाने नहीं उसकी डायरी पढ़ने जाते हैं। उसका नाम पता नहीं बताया उन्होंने आपको? मुझे क्या पता कौन मुझे पसन्द कर रहा है और कौन नापसन्द कर रहा है और क्यों?' पिता ने कहा, 'मैंने उनसे यही कहा कि यह तो उसकी सोच है।' मुझे नहीं पता ये

लोग पिता-पुत्र में झगड़ा लगाने का प्रयास कर रहे थे या मेरा विवाह कहीं कराने के प्रयास में आवश्यक जानकारी पिता से लेने की चेष्टा कर रहे थे।

इससे इतना तो स्पष्ट था कि मेरे असफल प्रेम प्रसंग की चर्चा परिसर से निकल कर शहर की सड़कों और गलियों तक होने लगी थी। मुझे कुछ पता नहीं, पर सारे लोग मेरे बारे में, मुझसे भी अधिक जाने बैठे हैं और उसका प्रचार भी कर रहे हैं। शहर बनारस में लोगों को शादी चर्चा के अतिरिक्त और कोई काम नहीं है शायद। गर्मियों में खासकर।

कमच्छा शिफ्ट करने के बाद अमित का नाम बेसेण्ट थियोसोफिकल स्कूल, कमच्छा में लिखा दिया गया। पिता से बात करके गाँव से काका अपने पुत्र श्रीप्रकाश को ले के आये। उनका भी नाम लिखा दिया गया। दोनों हम उम्र थे। क्लास भी एक ही था। दोनों बहुधा झगड़ते थे। झगड़ा प्रायः अमित ही शुरू करते थे, कम से कम, मुझे ऐसा ही लगता था। माँ का खयाल था श्रीप्रकाश शुरू करते हैं। वैसे बच्चे यों भी झगड़ते रहते हैं, अकारण भी। इनमें दोनों का योगदान बराबर होने की सम्भावना अधिक है। 1965-66 की परीक्षा में किसी तरह दोनों पास हुए। पाँचवीं कक्षा में 1966-67 में दोनों फेल हो गये। दोनों का प्रायः झगड़ते रहना दोनों के फेल होने का कारण माना गया। माँ-पिता और काका में बात हुई। तय पाया दोनों को अलग करके देखा जाय? कैसा करते हैं। श्रीप्रकाश को काका गाँव ले गये।

इसके बाद ही दीवाली के दिन अमित खेलते रहे अकेले। मैं अपने कमरे में पढ़ रहा था। माँ अपने काम में व्यस्त थीं। खेलना छोड़ वे अन्दर आये और पटाखे वगैरह ले बाहर चले गये। एक दो फुलझड़ियाँ जलाने के बाद उन्होंने बान छोड़ने का प्रयास किया। बान बोतल में रखा था। बोतल छोटी और हलकी थी। बान झुक गया था। इनका एक हाथ बान के उड़ने की दिशा में था। बान उड़ा और सीधे इनकी पूरी बाँह की नयी कमीज के हाथ के पास के कटे हिस्से से अन्दर जा इनका हाथ जलाता रहा। इनका तीव्र रुदन सुन हमारे पहुँचने तक, बान इनका हाथ और कमीज जलाता निकल चुका था। मैं तैयार था, तुरन्त उन्हें ले डॉ. पटवर्धन की डिस्पेंसरी गया। दवा-पट्टी वगैरह लगा के घर आया। पिता थे नहीं। देर से आये और समझाते रहे।

बनारस में राजघाट के आस-पास से कोई एक सज्जन तालीम (या शायद नयी तालीम) नाम से बच्चों की एक पत्रिका निकाल रहे थे। पिता बच्चों की इस पत्रिका में भी कभी-कभी कुछ लिख देते थे। इसके कुछ अंकों में मैंने उनकी रचनाएँ देखी थीं। मैंने इसके एक अंक में क से कबूतर, ख से खरगोश, जैसे हिन्दी के सभी अक्षरों के मानी चार-चार पंक्तियों के पदों में छपे देखे थे। कविता या छन्द-बद्ध अक्षरों को याद करने-कराने के लिए यह बारहखड़ी मुझे उस समय बहुत अच्छी लगी थी। इसके सम्पादक (?) के साथ पिता ने संयुक्त रूप से भारत का एक संक्षिप्त इतिहास

भी लिखा था। यह इतिहास लगभग दस पृष्ठों में था। इसे मैंने टंकित फार्म में देखा था। इसकी भाषा पूरी तरह पिता की थी। संक्षिप्तीकरण, इतिहास का, सम्भवतः सम्पादक ने किया होगा। पर इसे छपे रूप में मैंने नहीं देखा। न इस पत्रिका में न अन्यत्र। वैसे इसे सचित्र रूप में छोटे बच्चों के लिए पुस्तक के रूप में छपने के लिए लिखा गया था। पता नहीं क्या हुआ।

जहाँ तक मुझे लगता है पचास के दशक में जिस गति से सानेट और गजलें और अन्य कविताएँ पिता ने लिखीं उसमें साठ के दशक में कुछ कमी आयी। इसका मतलब यह नहीं है कि सानेट वगैरह इस समय लिखे नहीं गये। इसी समय वे नाटक भी लिख रहे थे। एक पतले रजिस्टर (सजिल्द) में मैंने दो तीन फ्री वर्स में लिखे नाटक देखे थे। इन सबकी पृष्ठभूमि सामाजिक थी। इनका स्वरूप उनके 1944 के *हंस* में प्रकाशित रूपकों से भिन्न था। उनका यह रजिस्टर उनके साथ सागर तक मैंने देखा था। मुझे पता नहीं इसमें से कोई कहीं प्रकाशित हुआ था या नहीं। साठ के दशक में जितना उन्होंने लिखा उसकी अपेक्षा सत्तर, अस्सी और नब्बे के दशकों में क्रमशः कमी आती गयी, ऐसा मेरा अनुमान है। वैसे इस विषय पर मैं निश्चित तौर पर कुछ बाद में अन्यत्र कहना चाहूँगा।

विभाग में नियुक्ति के पश्चात् 1960 की जुलाई-अगस्त से मैंने जर्मन, फ्रेंच, भोट (तिब्बती) और मंगोलियन भाषा का डिप्लोमा कोर्स एक-एक करना शुरू किया। इनमें से मंगोलियन भाषा का कोर्स सर्टिफिकेट कोर्स था। शेष डिप्लोमा थे। इसी क्रम में मैंने 1967-68 के सत्र में रूसी भाषा में डिप्लोमा ज्वाइन किया। दो रूसी महिलाएँ मिसेज मेरियान्ना और मिस आल्बीना हमें पढ़ाती थीं। दोनों अध्यापिकाएँ मेरी मिहनत, उच्चारण और लिखावट से बहुत प्रसन्न रहती थी। मेरी तारीफ करती थीं। विश्वविद्यालय के कोआपरेटिव स्टोर के बगल के एक फ्लैट में रहती थीं। कभी-कभी शाम को हम इनके घर जाते थे।

कुछ समय बाद शायद अक्टूबर-नवम्बर में एक रूसी पुरुष विद्यार्थी, पूना से किसी कारण बनारस भेज दिये गये थे। ये भाषाविद् थे। पिता से परिचित थे। दोनों कई बार मिले भी थे। इन्होंने एक छोटा, पाकेट साइज रूसी-अंग्रेजी कोष पिता को दिया था। इनका नाम अब मेरे ध्यान से उतर गया है। ये रहते तो थे अंतर्राष्ट्रीय छात्रावास में पर सुबह शाम रूसी अध्यापिकाओं के फ्लैट पर ही दिखते थे। ये शायद जासूस भी थे। हमारे रूसी डिप्लोमा के सहपाठी यही सोचते थे। उनका मानना था कि इन्हें हमारी अध्यापिकाओं पर नजर रखने के लिए भेजा गया है। जनवरी के अन्तिम सप्ताह में या फरवरी के आरम्भ में आल्बीना दिल्ली गयी और देर से वापस आयी। विद्यार्थियों में अफवाह थी कि उन्हें जबरन रूस वापस भेज दिया गया। पर ऐसा कुछ था नहीं। वे वापस आयी और परीक्षा वगैरह समाप्त होने के बाद गयी—दोनों साथ।

डॉ. कालू लाल श्रीमाली के उपकुलपतित्व में विश्वविद्यालय की राजनीति में मार्क्सवादी विचारधारा के लोगों का प्रभाव तेजी से बढ़ने लगा। हमारे विभागाध्यक्ष भी दीपक मल्लिक और हीरा सिंह से रप्त-जप्त बढ़ा बैठे। निसार अहमद इसमें बढ़ चढ़ कर भाग ले रहे थे। मार्क्सवादियों की दृष्टि में अपने पिता के कारण मैं उनका अपना आदमी था। विश्वविद्यालय की अपनी इंडो-सोविएट फ्रेंडशिप सोसाइटी बन चुकी थी और सारे अध्यापक अपना-अपना फायदा उठाने के चक्कर में वाइस चांसलर, मल्लिक और हीरा सिंह से भिड़ा रहे थे। हीरा सिंह राजनीति में शोध छात्र थे और वी.सी के बहुत नजदीक हो गये थे। उनके इस बढ़ते प्रभाव के चलते शहर के सीपीआई नेताओं को भी अपना प्रभाव कम होता दिखा। हीरा सिंह को कुछ ही समय बाद पार्टी से निकाल दिया गया। वे अपने गाँव चले गये। मैं इस वर्ग के साथ अकेडेमिक स्तर पर सम्बन्धित रहा। इससे आगे नहीं। राजनीति में मेरी रुचि कभी नहीं रही। कुछ लोग इंडो-सोविएट सोसाइटी के चलते रूस गये। कुछ लोग रीडर-प्रोफेसर बने। कुछ लोगों को और और फायदे पहुँचे। श्रीमाली के लम्बे कार्यकाल में ऐसा काफी कार्य हुआ। लॉ फैकल्टी के परिसर में जाने कबका बना दो कमरों का राष्ट्रीय स्वयंसेवक संघ का दो कमरों का मकान (स्टोर) रातों रात उखाड़ फेंका गया और उस स्थान पर उसी रात लान की घास भी ऐसे लग गयी जैसे बिल्डिंग वहाँ कभी थी ही नहीं। उस बिल्डिंग को उखाड़ फेंकने से राष्ट्रीय स्वयं सेवक संघ का खात्मा विश्वविद्यालय से नहीं हुआ। न वीसी को ही इसका कोई फायदा हुआ जैसी उम्मीद थी। हाँ, कर्नाटक में सम्भवतः वहाँ के मुख्यमंत्री ने उन्हें मैसूर विश्वविद्यालय का उपकुलपति बनवा दिया।

वर्ष 1967 का आरम्भ ठीक हुआ। किन्तु कुछ ही समय बाद पिता पुत्र में तीसरी बार तनाव पैदा हुआ। इस बार यह तनाव मेरे विवाह को लेकर उत्पन्न हुआ। लेकिन इस पर आने से पहले इसकी पृष्ठभूमि देनी आवश्यक है।

कुछ समय से (1964-65) मुझे लगने लगा था कि मैं विवाह की उम्र पार कर रहा हूँ। जैसा विवाह मैं करना चाहता था वैसा अब नहीं कर पाऊँगा। इसलिए अब इसे भूल जाना ही उचित है। 1959 के बाद से आने वाले विवाह प्रस्ताव मैं स्वयं अस्वीकार करता आ रहा था। छात्रावास में रहने के कारण, कविता, कहानी, उपन्यास पढ़ते रहने के कारण और हिन्दी-अंग्रेजी सिनेमा देखते रहने के कारण मेरा एक स्वतंत्र व्यक्तित्व काफी पहले ही बनने लगा था। मुझ पर किसी का प्रभाव पड़ना मुश्किल हो गया था। बहुत सारे विषयों पर मेरे अपने विचार बन चुके थे। मैं जिस सामाजिक-आर्थिक पृष्ठभूमि से था मानसिक स्तर पर उससे बहुत दूर आ चुका था। मैंने बहुत पहले ही निश्चय कर लिया था कि गाँव की पृष्ठभूमि की दर्जा चार या आठ पास लड़की से विवाह नहीं करूँगा। मैं किसी अच्छी पढ़ी-लिखी लड़की से ही विवाह करूँगा जिसके परिवार के लोग भी पढ़े लिखे होंगे। यही नहीं

लड़की सुन्दर भी होनी चाहिए, ताकि मेरे बच्चे भी सुन्दर हों। मेरी सोच और मेरे घर परिवार के लोगों की सोच में फर्क था। बहुत फर्क था। वे सब केवल मेरे विवाह की सोच रहे थे। विवाह से आगे, मेरे भावी जीवन के बारे में नहीं। मेरे विवाह के लिए आने वाले सारे प्रस्ताव गाँवों से थे। मैं अपने को इन पर विचार करने की स्थिति में कभी ला नहीं पाया।

भारतीय संस्कृति में विवाह कराना एक पुण्य कार्य माना गया है। इसी के चलते लोग बिचौलिए बनते हैं, दबाव बनाते और डालते हैं। इस धर्म कार्य के पुण्य के बहुत भागीदार होते हैं। मैं दूसरों के जाने अनजाने पुण्य अर्जन के निमित्त धर्म की इस बलिवेदी का एक और बकरा बनने को तैयार नहीं था।

एम.ए. में मेरे क्लास में तीन लड़कियाँ थीं। लड़कियाँ क्लास में अलग साथ-साथ बैठती थीं। लड़के अलग। मैं अध्यापक के सामने पर प्रायः छात्रों की तीसरी और अन्तिम पंक्ति में बीच में बैठता था। एम.ए. प्रथम वर्ष में मैंने टॉप किया था। एक दिन लाइब्रेरी से निकला तो दरवाजे के बगल में दीवार से लगी तीनों सहपाठिनें खड़ी थीं—ठाकुर, घोष और चक्रवर्ती[5]। मिस ठाकुर ने मेरे आगे बढ़ते ही कहा, 'जय प्रकाश जी सुनिए।' मैंने मुड़कर देखा। घबराहट से मेरे पैर काँपने लगे। मैं भाग खड़ा हुआ। इतना झेंपू था मैं। इसके बाद उन्हें देखता तो दूर से ही रास्ता बदल देता। एम.ए. फाइनल में भी मैंने टॉप किया और पीएच.डी. की उपाधि के लिए रिसर्च ज्वाइन कर लिया। इसके बाद ही मुझे प्रोफेसर पांडे ने अपने ट्यूटोरियल क्लासेज दे दिये। कुछ समय बाद प्रो. डॉ. अवध किशोर नारायण ने अपने ट्यूटोरियल्स भी मुझे दे दिये। इन कक्षाओं में लड़के-लड़कियाँ दोनों थे। डर भी लगता था पर कोई परेशानी नहीं हुई। कुछ पूछने पर यदि न बता पाता तो अगले दिन पढ़ के आता और बताता।

विभाग में मेरी नियुक्ति 1959 अगस्त में हुई। हमारे विभाग में उस समय तक कम ही लड़के-लड़कियाँ आते थे। इनकी संख्या में धीरे-धीरे वृद्धि होती गयी। लड़कियों को और कुछ लड़कों को भी केवल डिग्री चाहिए होती थी। कुछ मेहनत भी करतीं, अच्छे डिवीजन के लिए। सवाल पूछतीं, जवाब लिख के दिखातीं। क्या पढ़ना है? कहाँ से पढ़ना है? पुस्तकें माँग के ले जातीं। यह सब सभी अध्यापकों से पूछती थीं। मुझसे भी। मेरी पहले की झेंप अब जाती रही किसी हद तक।

मेरे 1960 के बैच में दो लड़कियाँ विशेष थीं। एक मेरे एक सहपाठी और कनिष्ठ सहयोगी की बहन थीं[6]—कजन। ये अविवाहित रहीं और मध्य प्रदेश के एक विश्वविद्यालय से प्रोफेसर हो रिटायर हुई। दूसरी के एक कजन भाई से मैं परिचित था। पहली के घर मैं कभी-कभी एम.ए. के दिनों से आता जाता था। दूसरी के कजन के घर आना जाना बाद में आरम्भ हुआ। कजन के घर से उनकी बहन[7] ने मुझे जबरन आग्रह कर कर के अपने घर ले जाना शुरू कर दिया। इन्हीं के परिचय से मेरी झिझक थोड़ी कम होती गयी। यह परिवार बंगाली था। इस परिवार में मेरा

आना जाना भावनात्मक दृष्टि से हमें प्रभावित करता रहा। घर आने जाने के कारण चर्चा का विषय भी बना। मेरे नाम से जुड़ा और एक लम्बे अरसे तक मुझे मानसिक तौर पर परेशान करने के साथ-साथ मुझे अनावश्यक रूप से बदनाम भी कर गया। बाद के वर्षों में लड़कियों में मेरी बढ़ती लोकप्रियता और कुछेक से मेरी मित्रता इस बदनामी को आगे बढ़ाती गयी।

धीरे-धीरे हमारे विषय में लड़कियों की संख्या लड़कों से अधिक होने लगी। इनमें सभी प्रान्तों की लड़कियाँ थीं। ज्यादातर स्थानीय होती थीं। इनमें भी बंगाली लड़कियों की संख्या ही प्रायः अधिक रहती। कुछ लड़कियाँ मेरा कुछ अधिक समय ले लेतीं। इसके चलते जिन्हें वस्तु स्थिति की जानकारी न होती और जो दूर दूर से मिलना जुलना, बातचीत करना देखते उन्होंने चर्चा करनी शुरू कर दी। यह गलत चर्चा छात्राओं की पीढ़ी दर पीढ़ी (वर्ष प्रति वर्ष) हस्तांतरित होती रही और समय-समय पर कुछ ज्यादा ही रंगी जाती रही। स्त्री-पुरुष की हर मुलाकात में प्यार या अन्य सम्बन्ध संकीर्ण मानसिकता के स्त्री पुरुष देखते हैं और इन्हीं की संख्या अधिक होती है। जैसे एक हाथ से ताली नहीं बजती वैसे ही एक अकेले से प्यार नहीं होता। प्यार के लिए दो व्यक्तियों का होना ही नहीं वरन् उनका भावनात्मक स्तर पर एक सोच का होना भी आवश्यक होता है[8]। मैं किसी के साथ इस स्तर पर पूरी तौर पर कभी नहीं रहा और जब ऐसा अवसर आया तो वही पहला और अन्तिम हुआ।

फरवरी 1967 के मध्य या उसके तीसरे सप्ताह में किसी एक दिन गाँव से मेरे काका आये। शाम के समय आये थे। माँ और पिता से बात कर चुके थे। मैं प्रतिदिन की तरह देर से घर आया। उन्होंने कहा इतवार को सुल्तानपुर के डिप्टी कलेक्टर तुम्हें देखने आ रहे हैं। मैं चुप रहा। खाना खाते समय माँ ने मुझसे दुबारा यह बात कही। अगले दिन सबने मुझसे एक-एक कर उनके आने पर चुप रहने को कहा। यह भी कहा कि तुम्हें कुछ बोलने की जरूरत नहीं है। मैंने भी सोचा चलो ठीक है। देखकर जायेंगे। फोटो वगैरह देकर जायेंगे। बाद में मना कर दूँगा। अगले के अगले दिन कलेक्टर महोदय दोपहर ढाई-तीन बजे आये। मुझे बुलाया गया। काका ने कहा दोनों हाथ जोड़ अंजुलि बनाओ। मैंने बनाई। कलेक्टर ने मेरी अंजलि में रुपया और अन्य वस्तुएँ रख मेरा वरक्षा कर दिया। काका ने कहा, 'जाओ'। मैं चुपचाप ड्राइंग रूम से अन्दर आया। अंजलि का सारा सामान माँ को दे अपने कमरे में जा चुपचाप स्तब्ध बैठा रहा। न फोटो न कुंडली? सीधे वरक्षा? बिना किसी बात के मेरा विवाह तय कर दिया इन लोगों ने? यह क्या....?

मैं चुपचाप बैठा रहा। बहुत देर तक यों ही। यह क्या हो गया एकाएक? मैं चुप क्यों रह गया? लड़की के काका (पिता कहीं अन्यत्र डिप्टी कलेक्टर थे) जब वरक्षा सामग्री मुझे देने लगे तो मैं चुप क्यों रह गया? मैंने उसे स्वीकार क्यों किया? गलती

मेरी है। चार-साढ़े चार बजे के लगभग मैं तैयार हुआ और रिक्शा ले दशाश्वमेघ घाट जा एकांत स्थान देख देर तक बैठा रहा। लड़की को किसी ने देखा नहीं। फोटो तक नहीं। मुझसे पूछा तक नहीं। कोई बात नहीं। सीधे वरक्षा करा दिया। अब मुझे लगा सबने मुझे एक एक कर चुप रहने को क्यों कहा? सबने मिलकर मुझे धोखा दिया है। इसे धोखा देने के सिवा कुछ और नहीं कह सकता। मेरा विवाह कराने के लिए सबने मिलकर यह खेल खेला है। लड़की वाले भी कैसे हैं? मेरा फोटो तक घर दिखाने के लिए नहीं ले गये। माता-पिता का भी पता नहीं। मुझे लगा कुछ ऐसा हो गया है जो नहीं होना चाहिए था।

हमारे यहाँ गाँव में विवाह ऐसे ही होते हैं। घर के लोग न लड़के से पूछते हैं न लड़की से। बस दोनों के पिता या घर के और बड़े लोग रुपये-पैसे, जमीन जायदाद या फिर घर द्वार देख शादी तय करते हैं और कर देते हैं। मेरे साथ इतने वर्षों बाद यही होने जा रहा था। क्या मैं इसी के लिए बचपन से लड़ता आ रहा था? शायद मैं इस सामाजिक-पारिवारिक लड़ाई से थक गया था? कुछ भी हो मैं तो गँवार लड़कों से भी बदतर निकला, बेगैरत, बिना रीढ़ का इंसान। सारा खेल, घरेलू षड्यंत्र, देखते और समझते हुए भी मैं दोष केवल अपने आप को दे रहा था। मैं आत्मग्लानि से भर उठा था। मुझे केवल और केवल अपनी गलती दिख रही थी।

रात आठ बजे करीब मैं घर आया। बिना कुछ बोले अपने कमरे में जा लेट गया। माँ ने खाने के लिए बुलाया। मैंने कहा, 'नहीं खाऊँगा। तबीयत ठीक नहीं है।' काका अभी लौटे नहीं थे, कलेक्टर को पहुँचा के। शायद घूमने चले गये होंगे? मैंने कमरे की बत्ती बुझा दी। लेटा रहा, नींद जाने कब आयी। पता नहीं।

अगले दिन मैं सुबह तैयार हो कालेज के लिए निकला। कमरे से मेरे बाहर आते ही काका बोले, 'लड़की सुल्तानपुर में पढ़ती है। सब उसे सायरा बानू कहते हैं।'[9] बात मुझे सुनाने के लिए कही गयी थी। मैंने सुन भी ली थी। पर बिना कुछ बोले, चुपचाप बाहर आ गया। विभाग आ अपने कमरे में चुपचाप बैठा अपने को ही कोसता रहा। मुझे रह रहकर यही लगता कि कुछ गलत काम हो गया है। यह होना नहीं चाहिए था। एक दिन बीता। एक और दिन बीतने जा रहा था। अपने आप पर मेरा क्रोध बढ़ता जा रहा था। आखिर मुझसे और नहीं रहा गया। मैंने माँ से कहा, 'पिता से कहिए, उन लोगों को मना कर दें। मैं यह शादी नहीं करूँगा।' पिता वहीं बैठे थे। उन्होंने कहा, 'कह दो अब कुछ नहीं हो सकता'। इसके बाद मैंने एक पत्र पिता को लिखा। इसमें यह भी लिखा कि मैं किसी और लड़की से विवाह करना चाहता हूँ। इसलिए अच्छा होगा आप लड़की वालों को इसी आशय का पत्र लिख दें। पत्र भी मैंने माँ के जरिए पिता को दिया। उन्होंने पत्र पढ़कर कहा, 'मुझसे यह नहीं होगा। जहाँ तय हो गया है, हो गया है। इसे तमाशा नहीं बनाना है।' हमारी बात यों भी कम होती थी। जो होती थी वह भी बन्द हो गयी।

तमाशा बनाया किसने? मेरे घर वालों ने और लड़की वालों ने। लड़की वालों की अपेक्षा मेरे घर वालों ने और किसने? मैं तो सिर्फ गलती सुधारने की बात कर रहा था। खैर अब यह काम भी मुझे ही करना था। कारण गलती मेरी थी। रात मैंने एक पत्र इसी लाइन पर लिखा, सायरा बानू जी के काका को। आशय था मैं किसी और लड़की से विवाह करना चाहता हूँ। मैं यह नहीं चाहता कि आने वाले समय में कइयों को परेशानी झेलनी पड़े। इसलिए बेहतर होगा कि इस प्रस्ताव को इसी स्थिति में समाप्त कर दिया जाये। पत्र के अंत में कष्ट के लिए क्षमा भी माँगी।

अगले दिन सुबह कालेज जाते समय मैंने डीसी को लिखी चिट्ठी पोस्ट कर दी। चिट्ठी पोस्ट करने के बाद मुझे हलका महसूस होने लगा। पिछले कई दिनों का तनाव एकाएक समाप्त हो गया। उन्हें चिट्ठी पोस्ट करने के बाद मैं कालेज पहुँचा। अपना क्लास लिया और आफिस के अपने कमरे में आ बैठा। थोड़ी देर बाद चपरासी मेरी डाक ले के आया। मैंने उसे चाय लाने को पैसे दिये और चिट्ठियाँ उलटने लगा। कई सारे लिफाफों में एक गुलाबी रंग का लिफाफा भी था। ऐसे लिफाफे आम तौर पर कम इस्तेमाल होते हैं। शायद इसीलिए पहले यही लिफाफा खोला। अन्दर गुलाबी पन्ने पर चार-पाँच लाइन का एक अंग्रेजी में टाइप किया हुआ पत्र था। लिफाफे पर नाम पता मेरा था। यह भी टाइप्ड था। अन्दर का पत्र 'रेसपेक्टेड सर' को सम्बोधित था। पत्र का आशय था आप उषा को पसन्द करते हैं। उषा आपको पसन्द करती है। आप दोनों शादी क्यों नहीं कर लेते? यदि किसी कारण आप उसे पसन्द नहीं करते तो प्लीज उससे पहले जैसा ही व्यवहार करते रहें। आप दोनों की शुभचिन्तक। बस! अब मैं इससे परेशान। यह किसका काम है? लिखा तो किसी लड़की का ही है? पर किसका? टाइप किया है। मतलब हैंडराइटिंग से मैं समझ जाता किसका लिखा है। पत्र और लिफाफा दोनों गुलाबी, प्यार का रंग। उषा का ही तो लिखा नहीं है? फिर लगा नहीं, वह नहीं लिखेगी। कोई लड़की स्वयं नहीं लिखेगी। किसी ने मजाक किया होगा। इस पत्र से मैं परेशान ही नहीं बहुत परेशान हो गया। अभी एक परेशानी से पूरी तरह उबर नहीं पाया था तब तक यह दूसरी आ खड़ी हुई। करूँ तो क्या करूँ? कुछ समझ नहीं पा रहा था।

इसी पत्र के बारे में सोचता चुपचाप अपने कमरे में बैठा रहा। मैंने अपने आप से बार-बार पूछा, इसमें जो लिखा है वह सच है? जवाब हर बार एक ही आया, हाँ पसन्द करता हूँ। अब मैंने दूसरा प्रश्न पूछा। क्या मैं उससे शादी करना चाहूँगा, करूँगा? जवाब इसका भी मुझे हाँ में ही मिला। उषा भी मुझे पसन्द करती है यह मानने को मैं तैयार नहीं था। मेरे बारे में प्रचलित कथाएँ उसने भी सुनी होंगी। उन्हें सुनने के बाद कोई लड़की क्यों जान बूझ कर गढ्ढे में कूदेगी? उसकी मेरी पसन्द होगी भी तो ऐसे ही। विवाह की दृष्टि से नहीं होगी।

इस पत्र को दबाए मैं तीन दिन बैठा रहा। क्या करूँ क्या न करूँ और मानसिक

परेशानी में पड़ा रहा। उषा से इस बीच प्रायः रोज भेंट होती रही। वह कमरे में आती जो पूछना होता पूछती और जाती। इस बीच मैंने एक निर्णय ले लिया था। इस विषय पर उषा से बात करने का। तीसरे दिन उषा कमरे में आयी। मैंने उन्हें रोज की भाँति बैठने को कहा। वे सामने पड़ी कुर्सी पर रोज की भाँति बैठ गयी। मैंने कहा, 'मैं तीन दिन से परेशान हूँ। मुझे एक पत्र मिला है। जाने किसने लिखा है? लीजिए आप भी पढ़ लीजिए।' उन्होंने पत्र लेकर पढ़ा और चुपचाप रख दिया। मैंने कहा, 'इसमें जो लिखा है, वही मैं कहूँ तो? उषा बोली, 'आप कहेंगे कैसे?' मैंने कहा, 'देखिए, मैं आपको पसन्द करता हूँ। अगर आप चाहेंगी तो आपसे विवाह भी कर सकता हूँ।' उसने कहा, 'मैं विवाह वहीं करूँगी जहाँ मेरे घर वाले कहेंगे।' मैंने कहा, 'सोच लीजिए अच्छी तरह। हम फिर इस पर दो तीन दिन में बात करेंगे।'

जय प्रकाश सिंह और उनकी पत्नी उषा कुमारी

डिप्टी कलेक्टर तीन चार दिन बाद आये और अपना वरक्षा ले गये। मुझसे जितने नाराज वे नहीं हुए उससे कहीं अधिक नाराज मेरे पिता और काका हुए। पिता से तो मेरी बोलचाल पहले से ही बन्द थी। अब शीत युद्ध की स्थिति बन गयी। गाँव से काका आये बोले, 'मेरी तो नाक कट गयी। अब मैं कौन सा मुँह लेकर कचहरी जाऊँगा। कोई काम पड़ेगा तो वह भी नहीं होगा। अच्छा चलो ठीक है। बताओ कौन लड़की है जिससे शादी करनी है?' कोई लड़की हो तो बताऊँ भी। ऐसे कैसे बताऊँ? मैंने कहा, 'समय आने पर बताऊँगा।' उनका जो सामाजिक सम्मान गाँव और कचहरी में बढ़ने जा रहा था वह एकाएक समाप्त हो गया था। दुखी हो गाँव वापस चले गये। दुख मुझे भी कम नहीं था। मेरी वजह से दो परिवारों

के इतने सारे लोग दुखी हुए। पर इसकी जड़ में भी वही लोग थे जिन्होंने यह जाल बिछाया था। वही लोग अब दुखी और नाराज हो रहे थे। शायद नहीं। वस्तुतः मैं ही दुष्ट था। अपना ही सोच रहा था। मुझे केवल अपना कष्ट, अपना ही दुख दिख रहा था औरों का नहीं।

उषा जब बी.ए. फाइनल में थीं तो उनसे मेरी शादी कराने की बात उनके कालेज से पढ़ी एक सीनियर छात्रा ने जो मुझे अपना भाई बना चुकी थीं स्वयं की थी[10]। उषा ने इस प्रस्ताव को, यदि इसे प्रस्ताव माना जाय, उसी समय रिजेक्ट कर दिया था। जुलाई 1966 में उन्होंने हमारे विभाग में एम.ए. में एडमिशन लिया। मैं उन्हें पढ़ाता रहा। ऐसी कोई खास बात नहीं थी हम दोनों के बीच। यदि थी तो दोनों ही उससे अनजान थे। यह सम्भव है कि विभाग में मुझे महीनों देखते रहने के बाद उनकी मेरे बारे में कुछ अलग धारणा बनी। शायद उन्हें मुझे अपना रिजेक्ट करना भी याद आया हो कौन जाने? मैंने कभी पूछा नहीं।

पिंक पत्र मिलने के बाद मैंने उषा के पिता को पत्र लिखा कि मैं उससे विवाह करना चाहता हूँ। मैं सोचता हूँ कि मैं उसे खुश रख सकूँगा। उषा ने उन्हें अलग से पत्र लिखा। उसने लिखा आपको एक पत्र मिला होगा। जे.पी. सिंह बड़े अच्छे आदमी हैं। सभी तारीफ करते हैं। मुझे भी अच्छे लगते हैं। अभी कुछ दिन पहले इन्होंने अपने विचार मेरे बारे में मुझसे कहे। मैंने कहा, मैं वहीं विवाह करूँगी जहाँ मेरे माता-पिता कहेंगे। आप लोग जानते हैं मैं अनजाने आदमी से शादी करने से डरती हूँ। इन्हें थोड़ा तो जानती ही हूँ। सोचती हूँ यदि इन्हें मुझसे थोड़ी भी खुशी मिलती है तो इससे मुझे भी खुशी होगी। वैसे, जैसा आप कहेंगे वैसा ही होगा। हाँ, मैं इतना कह सकती हूँ कि मैं इनके साथ खुश रहूँगी। हम दोनों के डर हमें पास ला रहे थे, या शायद ला चुके थे।

उषा के पिता आये। मुझसे मिले। बात की। मेरा हैदराबाद का घर देखा। उषा को ले घर गये। जुलाई 1967 में उषा के मामा आने वाले थे। हमारे विवाह की बात करने के लिए। मैंने माँ से कहा, 'उषा के मामा आने वाले हैं बात करने के लिए। बता दीजिएगा।' माँ ने पिता से कहा उन्होंने कहा, 'वर्मा से बात करा दो।' अब इतना समय नहीं था। पत्रों के आने-जाने में समय लगता है। बात यों भी कुछ खास करनी नहीं थी। मामा जी सभा में पिता से मिले। कुछ औपचारिक बातचीत हुई। उन्होंने पिता से पूछा, 'आपकी कोई डिमांड है?' पिता ने कहा, 'नहीं। कुछ नहीं। जो देना चाहें उषा को दीजिएगा।' बस।

दिसम्बर के दूसरे सप्ताह में वालीबाल खेलते मैं गिरा। पैर में मोच आ गयी। एक मित्र दीपक मलिक उस समय वहीं थे। रिक्शा मँगाया गया। हम चले तो उन्होंने कहा, 'रूसी अध्यापिकाओं से मिलते चलें।' मैंने कहा, 'आप जाइए मिल आइए। मैं यहीं हूँ।' उसके बाद ही दोनों अध्यापिकाएँ विश्वविद्यालय कोआपरेटिव स्टोर की

जय प्रकाश सिंह और उनकी पत्नी उषा कुमारी, 1968

ओर से आयीं। मुझे देख, सहारा दे ऊपर ले गयीं। मलिक ऊपर ताला लटका देख लौट आये थे। वापस हुए। आलबीना जी ने मुझे दवा दी, क्रेप बैंडेज बाँधी। अब तक पैर काफी फूल गया था। चाय वगैरह पिलाई। हम वापस चले। वे मुझे मेरे घर उतार कर अपने घर गये। अगले दिन अस्पताल गये। एक्सरे हुआ। हेयर लाइन फ्रैक्चर निकला। प्लास्टर बँधवा घर आया। तीन हफ्ते बाद डॉ. ने फिर बुलाया।

तिलक 19 जनवरी 1968 और विवाह 3 फरवरी को तय था पहले से। इसी बीच एक दिन उषा के माँ-पिता एकाएक 20 या 21 दिसम्बर को ढाई-तीन बजे घर आ गये। मिलने के लिए। इलाहाबाद जा रहे थे। माँ ने बिठाया। मैं लाठी के सहारे चलता-चलता ड्राइंग रूम में गया। सब देखते रहे। मैंने सारी बात बताई। माता-पिता इलाहाबाद से लौटे तो बच्चों को लेके घर गये। जाने से पहले फिर मिले। प्लास्टर अभी था। जोरहाट में सारे लोगों को खबर हो गयी। लड़का शादी से पहले ही लँगड़ा हो गया। उषा के सामने विवाह पर पुनर्विचार का प्रस्ताव भी रखा गया। उसने कहा, 'शादी के बाद लँगड़ा होता तो क्या डाईवोर्स करने को कहते? लँगड़ा है तो कोई बात नहीं। शादी तक ठीक हो जायेगा।' चौबीस दिसम्बर को मेरा प्लास्टर कट गया। कुछ ही दिनों में सब ठीक हो गया।

फरवरी 3 को हम विवाह के बन्धन में बँध गये। हमारे रिश्ते बदल गये। 'रेसपेक्टेड सर' और 'प्रिय शिष्या' पति-पत्नी हो गये, पर मुख्यतः प्रेमी-प्रेमिका ही रहे। कुछ दिन कमच्छा रह हैदराबाद के अपने घर आ गये। एक-दूसरे को समझने-बूझने, हँसने-गाने और रूठने-मनाने में व्यस्त हो गये।

विष्णु जी इस बीच बनारस छोड़ चुके थे। शादी में नहीं जा सके थे। बाद में एक बधाई पत्र भेजा था (परिशिष्ट-5 बधाई-पत्र)। बनारस आने पर एक दिन एकाएक शाम चार बजे के लगभग आ गये। मैंने खिड़की से उन्हें गेट खोलते देख लिया था। उषा को चाय बनाने को कह दरवाजा खोलने गया। मेरे दरवाजा खोलते ही लगे डाँटने, 'तुम्हें बनारस से बंगाल तक एक भी लड़की नहीं मिली जो आसाम चले गये?' मैंने उन्हें आश्वस्त किया। बिठाया और हाल चाल एक-दूसरे का पूछने में लग गये। मैं अन्दर जा चाय लाया। थोड़ी देर बाद उषा आयी। उन्होंने उसे ऊपर से नीचे तक देखा और कहा 'वाह'। बातें करते रहे। भैरवनाथ आने को कह के गये।

अप्रैल-अंत में उषा अपने पिता और भाई-बहनों के साथ जोरहाट गयी। कुछ समय बाद उनकी तबीयत खराब होने लगी। डॉक्टरों ने देखा, टेस्ट किया, प्रेग्नेंट बताया। दवा होने लगी। 'मार्निंग सिकनेस' खत्म नहीं हो रही थी। मुझे होने लगा अपराध बोध। उसकी सारी परेशानी का कारण मैं था। मेरा मन हमेशा उसी के साथ था। अंततः 22 जून को मैं भी आसाम के लिए चल दिया।

सन्दर्भ एवं टिप्पणियाँ

1. बाद में काका ने बताया बुआ लगभग तीन महीने बिस्तरे पर बीमार पड़ी रहीं। काकी उसके पहले ही मायके गयी थीं। काका ने न उन्हें बुलाया और न हमें ही खबर की। उनका सारा काम स्वयं करते रहे, खिलाना, पिलाना, नहलाना, धुलाना सारा कुछ।
2. 1959 में मेरे पिता के एक पूर्व प्राध्यापक ने पिता के और मेरे अध्यापकों के जरिए यही किया था। इसमें उनका साथ पिता के एक मित्र, एवं सम्भवतः प्राध्यापक सिंह के पूर्व छात्र, चन्द्रबली सिंह, दे रहे थे।
3. डॉ. शम्भूनाथ सिंह, कवि, डॉ. स्वामिनाथ सिंह के छोटे भाई थे। इनकी कविता 'समय की शिलापर मधुर चित्र कितने किसी ने बनाये किसी ने मिटाए' एक जमाने में बहुत मशहूर थी। ये काशी विद्यापीठ (अब महात्मा गाँधी काशी विद्यापीठ) के हिन्दी विभाग में अध्यापक थे। मैं इन्हें जानता-पहचानता तो था पर हमारी भेंट शायद एकाध बार ही हुई होगी। स्टेशन रोड त्रिमुहानी पर सोधई राम बीजभंडार के सामने इनका बस्ट लगा है।
4. राहगीर जी से मैं परिचित था। यह शायद उनका उपनाम था। वास्तविक नाम मुझे पता नहीं। मैं उन्हें पहचानता था, वे भी मुझे पहचानते थे। सामने पड़ने पर मैं उन्हें नमस्कार करता था। बाल लम्बे पर दाढ़ी-मूँछ सफाचट रखते थे। दुबले पतले शरीर के कारण लम्बे लगते थे पर सामान्य ऊँचाई के ही थे। धोती (लुंगी?), कुर्ता पहनते थे। बाँस का एक सोंटा लेकर चलते थे। लिखते थे तो क्या लिखते थे मुझे पता नहीं? गाते अच्छा थे। उस समय पिता से मेरी राहगीर प्रसंग में इतनी ही बात हुई थी। अब विचार करने पर लगता है राहगीर पिता से झूठ बोले थे। वे हिन्दी

किस लड़की को पढ़ाते होंगे? किसी ऐसी लड़की को जिसका विषय या एक विषय हिन्दी होगा या वे किसी लड़की को अनिवार्य हिन्दी पढ़ाते होंगे। मेरा सम्पर्क इंटर-बीए की लड़कियों से कभी नहीं रहा न मैंने उन्हें कभी पढ़ाया। राहगीर किसी इंटर-बीए की लड़की को हिन्दी पढ़ाते होंगे। एम.ए. हिन्दी की छात्रा को उनके पढ़ाने की सम्भावना कम है, पर यदि यह माना जाय कि वे पढ़ा रहे थे, तो उसका और मेरा सम्पर्क असम्भव है। मैंने एम.ए. में जितनी भी बंगाली लड़कियों को पढ़ाया (हिन्दी से घृणा करने वाली सहित) सब हिन्दी माध्यम से ही पढ़ती आ रही थीं। मात्रा सम्बन्धी अशुद्धियाँ जरूर करती थीं, पर समझती-लिखती ठीक थीं। इनमें से कोई उनसे हिन्दी क्यों पढ़ती? स्पष्टतः वे झूठ बोल रहे थे, पर क्यों? कहीं ऐसा तो नहीं कि कोई लड़की मेरे बारे में प्रचलित कहानियाँ सुनते-सुनते कोई अपना ही सहानुभूतिपूर्ण ताना बाना बुन रही थी? सम्भव तो नहीं लगता, पर असम्भव भी नहीं है। यदि वस्तुतः वे सही कह रहे थे तो।

5. इनमें से अंजना चक्रवर्ती बहुत अच्छी गायिका थीं। संगीत की छात्रा भी थीं। एम.ए. फाइनल की परीक्षा से पहले ही लंदन से आये किसी लड़के ने इनका गाना सुना और विवाह कर इन्हें अपने साथ लंदन ले गया। ठाकुर, ज्ञान प्रभा, बाद में तिलकधरी कालेज, जौनपुर में अध्यापिका हुईं। मेरे एम.ए. के एक सहपाठी दास गुप्त (?) जो दो-तीन महीने के बाद विश्वभारती पढ़ने चले गये थे, हमारे यहाँ वापिस आये नौकरी करने—केन्द्रीय कार्यालय में क्लर्क हुए। उन्होंने बताया शक्ति घोष बंगाल में कहीं पढ़ा रही थीं। बाद में मेरा इनमें से किसी से सामना नहीं हुआ।
6. पूरनचन्द्र पन्त की।
7. इनका नाम जबा कुसुम रे (परिवर्तित नाम) था। इन्हें मैंने दो साल एम.ए. में पढ़ाया। इसके बाद इन्होंने रिसर्च ज्वाइन की, प्रो.एन.के. देवराज के निर्देशन में। इस तीसरे वर्ष में भी मैंने पाँच महीने करीब इनकी कुछ मदद की। यह परिवार कूच बिहार की तरफ से कभी आया था। जबा रे की माँ ने मुझे एक बार बताया था कि उनके पति के कोई एक पूर्वज राजा के साथ कहीं जा रहे थे। राजा हाथी पर थे। पूर्वज हाथी के बगल में पीछे चल रहे थे। एक बाघ ने हाथी की पीठ पर उछाल मारी। उसकी पूँछ पूर्वज की पकड़ में आ गयी। वे पहलवानी भी करते थे। उन्होंने बाघ को नीचे खींच पैरों में दाब उसका गला घोंट दिया। राजा ने खुश हो पूर्वज को राय (रे) कहा। तब से सब 'रे' (राय) लिखने लगे। राजा या उनके किसी उत्तराधिकारी ने इस परिवार के एक पुरुष सदस्य को यहाँ भेज दिया। ये लोग राज परिवार की सम्पत्ति में रह रहे थे। जबा के पिता नहीं थे और रिश्तेदार साथ थे। माँ थीं पचास पार होंगी। सुन्दर और गोरी।

जबा का मेरा मिलना जुलना बढ़ता रहा। साथ उसकी एक कजन जो 7-8वीं क्लास में थी वह भी बैठती। माँ आती जाती रहतीं। कुछ न कुछ खिलाती-पिलाती रहतीं। 'जबा ने मीट बनाया है। कभी मछली बनाई है। थोड़ी सी लाती हूँ।' गर्मी की छुट्टियों में एक शाम वे एक छोटा सफेद रूमाल लाईं। मुझसे कहा, 'यह आपके लिए है।' जबा को देते बोलीं, 'दो'। मेरी ओर देखते बोलीं, 'आपके लिए बनाया है इसने।' शरमाती जबा ने रूमाल मुझे दिया और बोली, 'अच्छा नहीं बना'! मैंने कहा, 'नहीं! बहुत अच्छा बना है। थैंक्स,' और रख लिया। माँ ने कहा, 'हम लोग जौनपुर जा रहे हैं। हमारे एक पड़ोसी थे पहले, डॉ., जबा को बचपन में ही बेटी मान लिया था। अब वहीं रहते हैं। पाँच-छः दिन में आ जायेंगे'। ये सम्भवतः होमियोपैथ थे। निस्सन्तान भी।

मुझे बुलाने के लिए भेजे गये पहले दूसरे पत्रों के बाद यह सिलसिला चल निकला और उनके कथ्य व्यक्तिगत होने लगे। मुझे लगने लगा हम प्यार करने लगे हैं। भावी योजनाएँ बनने लगीं। जबा ने मुझे लिखा एम.ए. के बाद वह पीएच.डी. करेगी। इसके बाद दोनों विदेश जायेंगे, फिर लौट के हमलोग शादी करेंगे। मुझे भी यह पसन्द था। मैं इन सपनों में उलझता, खोता, बहता रहा। घर के लोगों का विचार क्या था? जबा की माँ ने एक दिन अपनी बड़ी बेटी की दुखद कथा बताई।

'शादी के बाद, बच्चे के जन्म के दौरान, चल बसी। बच्चा भी रोने लगा।' मैंने कहा, 'घबराइए नहीं। अब ऐसा नहीं होगा।' मैंने मन में निश्चय किया कि इन्हें मैं साथ रखूँगा। दूसरा वर्ष बीतता रहा। शायद नवम्बर-दिसम्बर में एक दिन उन्होंने कहा 'हम लोग एक दिन रानी भवानी गली गये थे किसी के यहाँ। सोचा था आपके यहाँ भी जायेंगे पर फिर नहीं गये कि आप नहीं होंगे। जिनके यहाँ गये थे उन्होंने कहा, 'हॉस्टल में रहता है। कभी-कभी शाम में आता है। अपना घर नहीं है, किराए पर है।' मुझे लगा यह क्या कह रही हैं? इन सबको तो पता था कि मैं हॉस्टल में रहता हूँ। फिर क्यों गयीं? जैसे हमारे गाँव-घर में लोग (देखुआर) आते हैं, लड़का और घर द्वार देखने वैसे ही मुझे लगा ये भी किसी को ले देखुआरी में गयी थीं। हमारे पड़ोसी बैनर्जी से जितनी जानकारी ले सकीं, लें आयीं। उनका दृष्टिकोण पूर्णतया व्यावहारिक था। इस पर मैं उनसे क्या कहता? हाँ, हाँ, करता रहा। मुझे जबा पर भरोसा था।

एक दो माह बाद शायद जनवरी-फरवरी में मुझसे एक दिन बातों-बातों में उन्होंने कहा, 'इसके पिता होते तो सब ठीक रहता। उनके न होने के कारण मैं असहाय हूँ।' इसके कुछ ही दिन बाद जबा के मान्य माता-पिता जौनपुर से एक दो दिन के लिए आये। इसके बाद ही कभी माता जी ने मुझसे कहा, 'जबा के मान्य माता-पिता गाड़ी-बाड़ी वाला लड़का चाहते हैं।' इस पर भी मैं चुप रहा और कुछ नहीं कहा। जबा पर भरोसा जो था।

तीसरा वर्ष शुरू हुआ। मार्क्स भी अच्छे थे। रिसर्च में अप्लाई किया। मेरे विभाग में स्थाई अध्यापक कम थे। किसी के निर्देशन में जगह नहीं थी। जबा कुसम रे का फार्म इंडियन रिलीजन और फिलासफी में ट्रांसफर कर दिया गया। उनका एडमिशन हो गया। मेरी अब कोई उपयोगिता नहीं थी। मैं मज़बूर था। मेरा आना जाना यथावत् रहा। जाने पर बात-चीत भी होती थी। माँ से अधिक! हमेशा की तरह एक दिन, जबा मेरे चलने पर मुझे पहुँचाने उठीं। बाड़ी के सिंह-द्वार तक आयीं। यहाँ आ उन्होंने कहा, 'आप यहाँ न आया करें।' मैंने पूछा, 'क्यों, क्या बात है?' उन्होंने कहा; 'हमारा ब्याह नहीं हो सकता।' मैंने पूछा 'क्यों?' उन्होंने कहा, 'मैं आपकी माँ से कैसे बात करूँगी?' मैंने कहा, 'हिन्दी में करना।' उन्होंने छूटते ही कहा, 'आई हेट दैट लैंग्वेज।' मुझे गुस्सा तो इतना आया कि हद से ज्यादा, क्रोध में भरा उन्हें थोड़ी देर देखता रहा, मुठ्ठियाँ भींचे। फिर अपने पर काबू पा कहा, 'अच्छा', और वापस आ गया। फिर न मैं कभी उनके घर गया, न कभी उनसे बात की। पर इस बात से मुझे बड़ा खे़द हुआ। मुझे लगने लगा कि सबके सबने मिलकर मेरा इस्तेमाल किया। मैं भला आदमी उनके जाल में इस कदर फँस गया कि पढ़े लिखे लोगों पर भी मुझे सन्देह होने लगा। खास कर लड़कियों पर।

दूसरी बात मेरी समझ में यह नहीं आयी कि मैं प्रेम तो कर बैठा पर शादी की बात से कतराता रहा। उनकी माँ का इशारा समझते हुए भी मैंने शादी की बात उनसे क्यों नहीं की? और तो और मैंने जबा से भी इस विषय पर कभी बात नहीं की। कभी यह भी नहीं कहा कि मैं तुमसे प्यार करता हूँ और तुमसे शादी करना चाहता हूँ? क्यों? हाँ! पत्रों में ज़रूर लिखा था। शायद मैं जातीय और सांस्कृतिक-भाषाई अंतर की खाई पाटने से डर रहा था या शायद मैं शादी से ही डर रहा था। मैं समय चाहता था पर समय माँग नहीं रहा था। स्वयं माँगना नहीं चाहता था। भरोसा कुछ अधिक था। वस्तुतः मैं कमजोर था शायद उस उत्तरदायित्व का भार उठाना नहीं चाहता था जो विवाह से प्रत्येक पुरुष के सिर पर आ पड़ता है। यह भार कोई मुझ पर डाल देता तो उठा लेता। भरोसा तोड़ने के लिए मैंने जबा को कभी माफ नहीं किया। यदि उन्होंने मुझे कभी वस्तुतः पसन्द किया तो वह पसन्द धीरे-धीरे गाड़ी-बाड़ी और भाषा के चक्र में फँसा कर तोड़ दी गयी थी।

8. मेरे जीवन में ऐसे कई लोग (लड़कियाँ) समय-समय पर आये जिन्होंने मुझे पसन्द किया। इनमें से कुछ को मैंने पसन्द किया, पर शायद मेरी झिझक कभी पूरी तरह गयी नहीं।

9. सायरा बानू, बीसवीं सदी के साठ-सत्तर के दशक की एक लोकप्रिय अभिनेत्री। अभिनेत्रियों के से कपड़े पहनने वाली लड़कियों को लोग प्रायः मज़ाक में या यों भी सम्बद्ध अभिनेत्री का नाम दे दिया करते थे। इस अनाम (मुझे नाम नहीं पता) लड़की को भी लोग ऐसे ही 'सायराबानू' कह रहे होंगे। इसी तरह कुछ लोग उषा कुमारी सिंह को 'साधना' कहते थे। मेरे काका मुझे बेवकूफ नहीं तो नासमझ तो ज़रूर मान कर चल रहे थे। उनके कहे से तो मैं प्रभावित होने से रहा।

10. सरस्वती और दृषद्वती (दोनों नाम परिवर्तित) बहनें थीं। मेरी विद्यार्थी थीं। छोटी अभी एम.ए. कर रही थी, बड़ी विभागाध्यक्ष के साथ रिसर्च कर रही थीं। बड़ी 1964 के अप्रैल के अंत में लाइब्रेरी जाते मेरे घर एक सुबह आयीं। बैठी बातें करती रहीं फिर बोलीं, 'सर, मैं आपको भाई बनाना चाहती हूँ' और धागा निकाल हाथ में ले बाँधने बढीं। मैंने कहा पर 'आपके तो दो भाई हैं?' बोली, 'हाँ हैं। एक देश सेवा उड़ते फिर रहे हैं (एयर फोर्स में थे) दूसरे लंदन में पढ़ रहे हैं। सर क्या एक लड़की के कोई और भाई नहीं हो सकता? क्या वह बना नहीं सकती?' मैंने कहा, 'बना सकती है। बना लीजिए,' कह मैंने हाथ बढ़ा दिया। मैं इसका कारण नहीं समझ पा रहा था। इसके बाद वे एक दिन फिर आयीं और थोड़ी देर बात कर के गयीं। उनके आने का कोई खास कारण है क्या? मैंने पूछा भी था। उन्होंने कहा, 'नहीं। बस, सामान्य कारण है, भाई से मिलना।' गयीं। मुझे लगा भाइयों को मिस कर रही होंगी। पर पिता एक बड़े डिग्री कालेज के प्रिंसिपल हैं। फोन हैं घर में बात कर सकती हैं। बहरहाल मैं अपने काम में लग गया। दो तीन दिन बाद ही दृषद्वती एक सबेरे आयी। भूमिका पूरी हो चुकी थी। मेरे उसके आने का कारण पूछने पर वह सीधे विषय पर आ गयी। उसने कहा, 'दीदी विद्या प्रकाश जी को पसन्द करती हैं। उनका विवाह तय हो गया है। इसे आप ही रोक सकते हैं। आप उनसे कहिए मना कर दें।' मैंने कहा, 'विभागाध्यक्ष से कहो। उनके कहने का असर होगा।' उसने कहा, 'वे नहीं कहेंगें', मैंने कहा, 'मैं आश्वासन नहीं देता। देर हो गयी है पर मैं यह बात उन लोगों तक पहुँचा ज़रूर दूँगा।'

हम लोग कमच्छा आ गये थे। लड़कियों के इस एकाएक हो चले आवागमन से मेरी माँ शायद अलग चिन्तित हुईं। उन्होंने पूछा, 'कौन हैं ये?' मैंने कहाँ, 'पढ़ती हैं हमारे यहाँ। हमारी बिरादरी की नहीं हैं।' माँ ने कहा, 'तुम, किसी से भी शादी कर सकते हो। बस 'चमार' और ब्राह्मन लड़की को छोड़कर।' मैंने हँसते हुए उन्हें सही बात बता दी।

हफ्ते भर पहले (तिलक से), मैं इकौना पहुँचा। विद्या प्रकाश से बात की। उनके पिता से बाद में, उनके कहने से। उनके पिता इंटर कालेज के प्रिंसिपल थे। उन्होंने कहा, 'विभागाध्यक्ष ने मुझसे बात कर के ही सरस्वती के पिता से बात की थी। तब उन्हीं लोगों ने मना कर दिया था। अब मैं इसमें कुछ नहीं कर सकता।' मुझे तो यह सब पता नहीं था। लड़कियों ने बताया नहीं। 'आई न्यू नाउ आई वाज़ यूज्ड बाई वतीज।' इसी के बदले सम्भवतः सरस्वती ने कम-से-कम दो बार मेरा विवाह कराने का प्रयास किया। पहली बार वे एक दिन विभा सिंह नामक एक लड़की मुझे दिखा गयीं। इसके एक या दो दिन बाद यू.पी. कालेज के प्रिंसिपल मुझे देखने आये। मुझसे अपने अमेरिका के विद्यार्थी जीवन, मेयो क्लीनिक में अपने इलाज वगैरह की बातें ही ज्यादातर करते रहे। बातचीत अच्छी रही पर मैंने अमेरिका में कोई रुचि नहीं ली। वे दुबारा नहीं आये। उन्होंने मुझे पसन्द नहीं किया। मैंने उन्हें पसन्द किया था और उनकी लड़की को भी! पर शादियाँ एक की पसन्द से नहीं होतीं। विवाह घरवालों द्वारा तय किये हों या प्रेम की वजह से तय हों, दोनों प्रकार के विवाहों में दो पक्ष होते हैं। वे जब मिलते हैं विवाह तभी होते हैं। मिलने के कारण जो भी हों। उषा दूसरी थीं। ये दोनों शायद एक साथ बी.ए. में थीं भी।

हैदराबाद

मई 1968 में किसी समय माँ और पिता कमच्छा का घर छोड़ कर जामुन वाली लाइन के मेरे घर में शिफ्ट कर गये। शिफ्टिंग से कुछ दिन पहले मैंने सुझाया था कि यदि हम लोग दो अलग स्थानों में रहें तो शायद अच्छा होगा। इसका कारण था कि मेरे हैदराबाद वाले घर में स्थान कम था। केवल चार कमरे थे। एक ड्राइंग रूम होना था। एक हमारा कमरा था। बाकी दो कमरों में एक किताबों का और एक में माँ, पिता और अमित तीनों को रहना पड़ता। पर मेरे इस सुझाव पर किसी ने ध्यान नहीं दिया और यही व्यवस्था हुई। अन्दर के बरामदे को बाद में हमने डाइनिंग टेबल लगा डाइनिंग रूम बना दिया।

गर्मी के दिन थे। सब प्रायः घर में ही रहते थे। मैं कालेज चला जाता सुबह के समय। दोपहर खाने के समय घर आता। पिता बाहर आते-जाते रहे। उनके आफिस यानी कोश विभाग में कुछ समस्या चल रही थी। सम्भवतः इसीलिए उन्होंने जून में किसी समय लम्बी मेडिकल लीव ले ली। 22 जून को मैं आसाम के लिए चल दिया।

पिता शायद नौकरी ले लिए नहीं बने थे। नौकरी एक तरह का बन्धन है। वे बन्धने के लिए तैयार नहीं थे। वे उन्मुक्त थे। स्वतंत्र थे। वैसे ही रहना चाहते, जैसे स्वतंत्र और गतिमान विचार होते हैं, मन होता है। यह सम्भव नहीं था। सांसारिक बाधाएँ थीं, परिवार था, इसलिए नौकरी करते और कुछ समय बाद छोड़ते थे। फिर दूसरी तलाशते, दूसरे भी उनके लिए तलाशते थे। उनकी नौकरियाँ उनकी जीवन यात्रा के छोटे-बड़े स्टेशन हैं। इन पर रुककर वे अगली दौड़ के लिए आराम करते, तैयारी करते।

कार्य क्षेत्रों की अपनी राजनीति होती है। आपके सहयोगी होते हैं। अधिकारी होते हैं। कुछ आपसे अधिक जानकार होते हैं, कुछ कम होते हैं। इनसे तालमेल बिठाते रहना पड़ता है। फिर भी अन्दर-अन्दर खींचतान चलती रहती हैं कोई अपनी योग्यता सिद्ध करने में लगा रहता है कोई पदोन्नति को लेकर परेशान रहता है। इसके लिए एक सामान्य माध्यम, शिकायतों का, लोग प्रायः अपनाते हैं। पिता के अधिकारियों और उनके सहयोगियों में उनसे अधिक जानकार कम ही लोग रहे। इसलिए भी उन्हें बार-बार ईर्ष्या जन्य टुच्ची राजनीति का शिकार होना पड़ा। अयोग्य

अधिकारी के मातहत काम करना योग्य व्यक्तियों को कभी भी आसान नहीं रहा।

पिता के बार-बार के त्याग पत्रों की एक सच्चाई यह भी है। जब स्थिति असह्य हो जाती तो वे प्रायः क्षुब्ध रहते, फिर त्याग पत्र दे देते। माँ से कभी-कभी कुछ कहते थे। कभी-कभी ऐसी बातें मेरे कान में भी पड़ जाती थी। 1968 में उन्होंने ऐसी ही स्थिति में मेडिकल लीव समाप्त होने के कुछ समय बाद त्याग पत्र दिया था।

जुलाई 1968 में जोरहाट से सब लोग—उषा के छोटे भाई-बहन, मेरे साथ वापस आये। दोनों को राजघाट उनके हॉस्टल में छोड़ते हम दोनों घर आये। उषा की स्थिति में कोई परिवर्तन हो नहीं रहा था। खाना खाते ही उल्टी, पानी पीते ही उल्टी, यहाँ भी वही हाल। मैं केवल क्लास लेने विभाग जाता था। क्लास खत्म होते ही वापस घर। हमेशा उसी के साथ रहता था। शाम को कालोनी में टहलते या कभी किसी दोस्त के घर जा बैठते। घर का सारा काम नौकर राम जी करता, माँ खाना बनाती थीं। बनारस में उषा का चेक अप डॉ. मिस देवेन्दर शर्मा कर रही थीं। प्रेग्नेंसी में आम तौर पर इतनी तकलीफ कम स्त्रियों को होती है।

उषा पूजा की छुट्टियों में अपने घर जाना चाहती थी। डिलिवरी तो बनारस में भी हो सकती थी। उषा का 'मेन कंसर्न' मैं था। मुझसे कभी-कभी कहती थी तुम अकेले क्या-क्या करोगे? मुझ पर वह कोई भार नहीं डालना चाहती थी। उसके माता-पिता भी यही चाहते थे कि उषा पूजा से उन्हीं के साथ रहे। विश्वविद्यालय में कक्षाएँ चल नहीं रही थीं। छात्र अघोषित हड़ताल किये थे। ऐसी स्थिति में मैं उषा को लेकर कलकत्ता गया। एक दिन वहाँ अपने मित्र मणीन्द्र नारायण सिंह के यहाँ रुककर अगले दिन सुबह प्लेन से हम दोनों जोरहाट गये। कुछ ही समय बाद छुट्टियाँ पूजा की शुरू होने को थीं। उषा ने मुझे रोक लिया। मुझे भी उससे अलग होना भारी लग रहा था। उषा बीमार थी। बीमारी का कारण भी मैं था। मुझे अपराध बोध होता रहा। मैंने निश्चय कर लिया मन ही मन कि अब ऐसा नहीं होगा। मैंने उससे बार-बार क्षमा माँगी। आश्वासन दिया कि भविष्य में उसे दुबारा यह सब अब नहीं झेलना पड़ेगा। मेरी ऐसी बातों पर या तो वह मुझे धन्यवाद देती या फिर मुस्कुरा देती।

उषा कभी-कभी कहती 'जेपीएस अगर मैं मर गयी तो तुम दूसरी शादी कर लेना।' मैं उसे समझाता, 'सारी दुनिया में बच्चे होते आ रहे हैं। कितनी स्त्रियाँ मरती हैं? तुम्हें कुछ नहीं होगा। मैं कह रहा हूँ, तुम्हें कुछ नहीं होगा, तो कुछ नहीं होगा। सब भूल कर बस मेरी यह एक बात याद रखना।' एक दिन उसने मुझसे पूछा, 'तुम्हें क्या चाहिए लड़का या लड़की'? मैंने पूछा, 'तुम्हें क्या चाहिए?' उसने कहा, 'मुझे लड़की चाहिए।' मैंने कहा, 'मुझे भी।' अब उसने कहा, 'साफ-साफ अपने मन की बात कहो। मुझे खुश करने के लिए नहीं।' मैंने कहा, 'इसमें चाहने न चाहने की बात नहीं है। यह न तुम्हारे बस में है न मेरे। जो भी आ रहा है[1] उसका स्वागत है।'

अक्टूबर के मध्य के लगभग मैं दिसम्बर में फिर आने की बात कह कर वापस आ गया। रमेश जी को मुझे और अपने एक छोटे भाई और बहन को यहाँ स्कूल बनारस पहुँचाना था। सब कार से आये। उषा की चिट्ठियाँ आतीं। कभी-कभी देर से आतीं। इनमें पेट में बच्चे के हिलने-डुलने और पैर चलाने की बात लिखती। कई एक बार उसके सपने में एक मोटी लड़की दिखती। चिट्ठियाँ उसे मैं भी लिखता रहा। यों मेरा मन हमेशा प्रायः वहीं उसके साथ ही रहा। धीरे-धीरे चिट्ठियों के आने जाने के साथ-साथ कुछ समय और कुछ इंतजार में बीतता रहा।

अंततः दिसम्बर आ गया। दिसम्बर के मध्य के लगभग मैं उषा के मामा के साथ ट्रेन से मरियानी जंक्शन उतरा। ढाई-तीन बजे सुबह ही कार से घर आये। सब जग गये थे। सबसे मिले, फिर सोए।

उन दिनों मैं जब भी जाता तो मुझे घर के सामने बने गेस्ट हाउस में ठहराया जाता था[2]। सुबह-सुबह नौकर चाय रखके चला जाता। मैं सोता जगता रहता। उषा आ के फिर से जगाती। फिर हम साथ बैठ कर चाय पीते। इस बार भी क्रम यही था। सुबह आ के सारी बातें बताती रही एक-एक कर। क्या-क्या होता है। कैसे होता है। सारा कुछ। अब वह सुबह धीरे-धीरे चल के आती। हम चाय पीते और बातें करते रहते। नाश्ते के समय कोई बुलाने आता। घर जा नाश्ता करते। फिर ड्राइंग रूम में या किसी कमरे में या फिर बाहर वाले बरामदे में बैठकर बातें करते और गाना सुनते रहते। माई जी बीच-बीच में आ के उसे जा के नहाने को कहतीं। वह टालती रहती। जब मैं उठता, गेस्ट हाउस जा नहाने के लिए, तभी वह भी उठती। खाने के समय मुझे बुलाने के लिए कोई आता, प्रायः उषा स्वयं आती। खाना खा के हम गेस्ट हाउस आ जाते। वहीं बैठे बातें करते, गाना सुनते या फिर चुपचाप लेटे पेट में बच्चे का पैर चलाना देखते या महसूस करते। शाम की चाय यहीं आती। रात में फिर खाने जाते। फिर वापस गेस्ट हाउस और-और बातें। दस साढ़े दस बजे सुबह आने को कह के घर जाती। मैं जगा मच्छरदानी की छत देखता-देखता सो जाता।

दिसम्बर 21, 1968 की रात। खाने के बाद उषा ने कहा, 'तुम चलो, मैं आती हूँ।' मैं इंतजार करता रहा, बैठे-बैठे, देर होती देख बाहर निकला। बरामदे से देखा दोनों गाड़ियाँ बाहर निकलीं खड़ी हैं। सब व्यस्त हैं। मैं घर चला गया। पूछा, 'क्या बात है?' उषा ने कहा, 'लगता है दर्द शुरू हो गया है। अस्पताल जा रहे हैं'। मैंने कहा, 'मैं भी आता हूँ।' उसने कहा, 'रहने दो। क्या करोगे वहाँ जाकर? जाओ सोने।' मैंने कहा, 'नहीं, आता हूँ।' एक गाड़ी में बाबू जी, मैं, उषा और माई जी बैठे। दूसरी में मामा और अन्य लोग।

हम सब मिशन अस्पताल पहुँचे। उषा को तुरन्त अन्दर ले जाया गया। हम बाहर खड़े थे। डॉ. डाडसन अपने घर से निकल अस्पताल आये। उन्होंने उषा को एक्जामिन किया। बाहर आ हम लोगों से बोले, 'लेबर पेन ही है। अभी कई घंटे

लगेंगे। आप लोग जाइए।' हम सब वापस आ गये। मैं सोने गया। लेटा रहा। अभी कल ही कह रही थी, 'डेट पास आ रही है मैं डर रही हूँ। पता नहीं क्या होगा? हाँ! अगर मैं मर गयी तो बच्चे को यहीं छोड़ देना। तुम अकेले पाल नहीं पाओगे। परेशान हो जाओगे। शादी कर लेना। पर मेरी बेटी को दुख पहुँचाने वाली से नहीं।' मैंने कहा, 'अपनी बेटी को तो तुम ही पालोगी, कोई और नहीं।' उसने कहा, 'मैं जानती हूँ। तुम कह रहे हो मुझे कुछ नहीं होगा तो कुछ नहीं होगा। तुम्हारा विश्वास है मुझे। फिर भी मेरी बात याद रखना। जस्ट इन केस...।' जाने कब नींद आ गयी।

सुबह नौकर के आने पर दरवाजा खोला। चाय बनाई, पी और तैयार हो बाहर आया। बाबू जी, माई और मैं गाड़ी में बैठे। बाबू जी अस्पताल हो आये थे। उन्होंने मुझसे कहा, 'बेटी हुई है। मैंने आपको जगाने को मना किया था'। मैंने पूछा, 'उषा कैसी है?' मेरा सारा ध्यान उस पर था। उन्होंने कहा, 'ठीक है।' हम उषा के कमरे में गये। मैं उसके बिस्तरे के पास बैठा और उसका दाहिना हाथ अपने दोनों हाथों में लिए बैठा रहा। उसकी आँखें खुलीं और फिर मुझे देख बन्द हो गयीं। उसने मुझसे पूछा, 'देखा?' मैंने कहा, 'हाँ। देख आया।' बाबू जी सुबह ही जा पिता के नाम 'राजकुमारी' के जन्म की बधाई का तार भेज आये थे। मैं वहाँ रुका रहा। बेबी सोती रहती। उषा जगी रहती। मैं दोनों को देखता रहता, कभी इसे, कभी उसे।

जनवरी 15, 1969 को मैं दमदम उतरा। एयरपोर्ट के रिजर्वेशन काउंटर से बनारस का उसी रात की ट्रेन का रिजर्वेशन करा अगले दिन सुबह घर पहुँचा।

फरवरी 1969 में माँ की बाँह में दर्द हो रहा था। मैंने उषा को लिखा था। उसने पूछा, 'क्या हुआ है?' मैंने दुबारा सारी बात लिखी, यह भी कि इलाज हो रहा है। इसी समय के लगभग कभी उषा ने पिता को पत्र लिखा था। उन्होंने जवाब दिया था। मेरी माँ ने उषा की माँ को अमित से कहकर पत्र लिखवाया। इसमें उषा को बनारस भेजने को लिखवाया था उन्होंने। इसे वहाँ पा सब उषा को भेजने की बात करने लगे। स्वयं उषा इसके लिए अभी न मानसिक रूप से तैयार थी न शारीरिक रूप से। इससे उसे बड़ा कष्ट पहुँचा। मुझे इसका पता उसके पत्र से चला। मैंने लिख दिया, अभी आने की जरूरत नहीं है। गर्मी के बाद देखेंगे। हर किसी की दखलंदाजी से परेशानी बढ़ती है। अमित को मैंने डाँटा-बेकार का खत लिखने की जरूरत नहीं।

पिता के आसाम जाने की बात फरवरी से चल रही थी। उनका प्रोग्राम टलता रहा। मामा के बेटे का तिलक 26 अप्रैल 1969 को था। बाबू जी, सरजू प्रसाद सिंह, तबीयत खराब होने के बावजूद, कार से इसलिए आये थे कि लौटते समय शास्त्री जी को बनारस से लेते जायेंगे। उन्हें सारा क्षेत्र देखकर अच्छा लगेगा। बाबू जी 24 अप्रैल को बनारस आये। सारा प्रोग्राम बता कर, मुझे ले, इलाहाबाद उषा की बड़ी चचेरी बहन से मिलने गये। वहाँ से हम सब 25 को बनारस वापस आ गये। बाबू जी ढ़ाई बजे तक पिता का इंतजार करने के बाद मझरिया[3] के लिए चल दिये।

पिता शाम छः बजे घर वापस आये सारा प्रोग्राम पहले से पता होने के बावजूद।

मामा के साथ पिता का प्रोग्राम फिर से बना। अंततः वे पाँच मई को मुगलसराय पैसेन्जर से सुरेन्द्र सिंह की बारात में बाढ़ गये। बक्सर में बारात इसी ट्रेन में चढ़ी थी। शादी के बाद पिता मझरिया आये और कुछ दिन यहाँ रहे। रात में, औरतों ने खाने के समय कहा समधी आये हैं, सब गारी गाओ। गारी शुरू हुई, 'सोने की थारी में जेवना परोसा' से। शास्त्री जी थोड़ी देर सुनते रहे। थाली उठा इधर-उधर से देखते उन्होंने पूछा, 'ब्रह्मा बाबू यह थाली सोने की है क्या? मुझे तो नहीं लगती?' इसके बाद औरतों का जो हँसना शुरू हुआ तो गारी बन्द हो गयी। इसी तरह गालियों पर कुछ-कुछ बोल जब तक रहे सबको रोज हँसाते रहे[4]। इसके बाद नार्थ ईस्ट एक्सप्रेस से पौत्री से मिलने जोरहाट गये। वहाँ वे ज्यादातर बाबू जी के साथ रहते और आस-पास घूमने जाते। कुछ दिन बाद बाबू जी उन्हें असम साहित्य सभा ले गये। इसके बाद पिता स्वयं अकेले सभा जाने लगे। जोरहाट के असमिया साहित्यकारों से परिचित होते गये। कई कवियों से भी परिचय हुआ। साहित्य चर्चा और काव्य पाठ होने लगा। कभी-कभी देर से भी आते। लौटने के बाद बाबू जी को बताते कहाँ-कहाँ गये, किस-किस से मिले। घर पर जब होते तो उषा इन दोनों के साथ ही रहती थी। मुझे जोरहाट की पिता की साहित्यिक गतिविधि की जानकारी उषा से ही ज्ञात हुई। कुछ उसके पत्रों से तो कुछ बाद में बातचीत के सिलसिले में पिता का जोरहाट प्रवास बहुत अच्छा रहा (परिशिष्ट - 6, पिता का पत्र)।

पिता असम साहित्य सभा से भी काफी प्रभावित रहे। खासकर उसकी लोकप्रियता के बारे में जानकर। सभा की शाखाएँ असम के प्रायः सभी जिलों में हैं। सभा के सालाना सम्मेलन और बैठकें यही शाखाएँ कराती हैं—अपने-अपने जिलों में सुविधानुसार। इन वार्षिक अधिवेशनों में हजारों की संख्या में साहित्यकार और साहित्य प्रेमी सम्मिलित होते हैं। सभा की सदस्यता का शुल्क मात्र एक रुपया था। इससे उसे प्रतिवर्ष कई लाख रुपयों की आमदनी होती है। पिता जून के आरम्भ में बनारस वापस आ गये। उनके आने के कुछ दिनों बाद मैं गया।

पिता के असम से वापस आने के कुछ समय बाद राँची के एक बंगाली ज्योतिषी बनारस आये। इनका नामांत मुखर्जी था। पिता से इन्हें अपनी किसी एक हिन्दी पुस्तक की भूमिका लिखानी थी। बेटू की कुंडली बनाने के लिए उसकी पैदाइश से सम्बन्धित जानकारी लेकर एक दिन उनके यहाँ (पिता) गये थे। बेटू की पैदाइश के समय के आधार पर उन्होंने बताया कि लड़की के पिता का पेशा शिक्षा सम्बन्धी है। इस समय उनका समय बहुत अच्छा चल रहा है, वगैरह। प्रोमोशन भी होना चाहिए। फिर लड़की के ग्रैन्डफादर[5] के बारे में बोले कि उनका आरम्भिक जीवन बड़ा 'वायोलेण्ट' था, पर वे अन्दर से सन्त थे। लेटर लाइफ में तो बिल्कुल सेण्टली हो गये। फिर मेरे ग्रैंडफादर और ग्रेट ग्रैंडफादर के बारे में भी बताया। फिर यह भी

बताया कि लड़की की माँ यानी तुम्हें कुछ फायदा होना चाहिए, जल्दी ही।... (उषा को लिखे मेरे 25.6.1969 के पत्र से)। मुखर्जी महाशय ने मेरी बेटी की एक संक्षिप्त कुंडली भी बनाई थी।

सात जुलाई की शाम मैं ट्रेन से कलकत्ता के लिए चला। 8 को मैंने अगले दिन का इंडियन एयरलाइंस का टिकट लिया और 9 जुलाई को जोरहाट, रौरय्या एयरपोर्ट पर मुझे लेने आये बेटू, उषा, नागेश और बाबू जी। बेटू मेरे पास आ तो गयी पर फिर माँ के पास जाने को मचलने लगी। कुछ दिन वहाँ रह कर हम जुलाई के तीसरे सप्ताह में फिर बनारस आ गये—उषा और बेटू के साथ।

विवाह पूर्व हम परिचित थे। परिचितों, मित्रों के जरिए शायद गाहे-बगाहे एक-दूसरे के बारे में जानकारी भी ले रहे थे। हमारा परिचय धीरे-धीरे मैत्री में परिवर्तित होता गया। मानसिक तौर पर हम पास आते गये। शायद बहुत पास। इसे ही हम एकाएक प्रेम समझ बैठे। यह प्रेम था भी, पर हम एक-दूसरे को अभी समझे नहीं थे। एक-दूसरे को समझने-बूझने का यह क्रम हमारे विवाह से आरम्भ होता है। हमारी पृष्ठभूमि समान होते हुए भी असमान थी। रहन-सहन और आर्थिक स्तर पर यह असमानता कहीं गहरी थी। हम दोनों इसे पाट रहे थे उस प्रेम के जरिए जिसके जरिए हम मिले थे।

मैं इन सबसे परिचित होने के कारण सम्बन्धों के घनिष्ठ होने के लिए अपनी ओर से दोनों को समय दे रहा था—अपने को भी और उषा को भी। इसलिए मैंने उषा पर ऐसे कोई प्रतिबन्ध न लगाए न लगाने दिये जैसे आम तौर पर हमारे यहाँ परिवारों में धर्म और समाज का डर दिखा कर लगाए जाते हैं। बहुओं के मायके जाने और मायके से ससुराल आने के पंडितों के सहयोग से लगने वाले प्रतिबन्ध (वस्तुतः षड्यंत्र) की सच्चाई मुझ पर बहुत पहले ही खुल चुकी थी। इसे मैंने अप्रैल 1968 में ही समाप्त कर दिया था। इसके बाद जुलाई 1968 में उषा और मैं जोरहाट से बनारस आये, सितम्बर में फिर गये। इसके बाद जुलाई 1969 में बनारस आये। अक्टूबर में उषा और बेटू, भाई-बहन और सुधांशु राय चौधरी[6] के साथ फिर वापस घर गयी। नवंबर में सब फिर वापस बनारस। दिसम्बर में फिर जोरहाट और जनवरी 1970 में फिर वापस बनारस। अप्रैल के अंत में फिर वापस जोरहाट। उसका यह आना-जाना हमारे घर में किसी को अच्छा नहीं लग रहा था। माँ को तो कतई नहीं। पर किसी ने कुछ कहा नहीं। पड़ोसी माँ से उषा के इस आने-जाने की बात छेड़ आग लगा देते। कोई काम न होने से उषा को भी खालीपन लगता। बनारस का हमारा घर अभी उसे अपना न लगता। आगे पढ़ने की सोचने लगी। मेरी भी सहमति थी।

सासें अपना बोझ बहुओं पर जल्दी से जल्दी डाल मुक्त हो सुपरवाइजरी रोल में आ जाना चाहती हैं। उन्हें जल्दी रहती है। पढ़ी-लिखी बहुएँ जिनके व्यक्तित्व का स्वतंत्र विकास हो चुका होता है उन्हें विवाहोपरांत अपने आप को पति के परिवार

का सदस्य मानने में समय लगता है। इसके लिए जितने धैर्य, सहयोग, समय और प्यार की जरूरत होती है वह उन्हें प्रायः नहीं मिल पाता। सब उसके कर्तव्य की अपेक्षा में रहते हैं। हमारे यहाँ मुझे लगता है यही हुआ। उषा को वह धैर्य, सहयोग और समय हमारे यहाँ नहीं मिला।

उषा मुझसे कभी-कभी कहती थीं, 'शादी बड़ी खराब प्रथा है अच्छे-खासे घर से निकाल कर लड़की को रिफ्यूजी बना देती है। इनमें से कुछ शरणार्थिनें मजबूरन स्थिति से समझौता कर लेती हैं पर ज्यादातर घुटती रहती हैं। जैसे उखाड़ा गया पेड़ दूसरी जगह नहीं लगता वैसे ही लड़कियाँ भी दूसरे परिवार में ठीक से कभी नहीं जमतीं।' इसे शायद हमारे जैसे कुछ लोग बदलते जमाने को देखते बदलने के प्रयास में थे, हर दृष्टि से। पर हमारे परिवार हमें रूढ़ियों में घेरे रहना चाहते थे।

बहुत सारे लोग, खासकर उषा की दोस्त लड़कियाँ और मेरे कुछ सहयोगियों की पत्नियाँ, कभी-कभी कहतीं, 'उषा कैसे बच्ची को पालेगी? वह तो खुद अभी बच्ची है।' ऐसे लोग हमें सुझाव भी देते। इन्हें हम हँस कर टाल देते थे। उषा हमारी बेटी को बहुत अच्छी तरह रखती। खिलाना, पिलाना, सब कुछ समय पर करती। जरा सा भी कुछ होने पर बेंजामिन स्पोक की *बेबी ऐंड चाइल्ड केयर* पढ़ती। तकलीफ एक दिन से ज्यादा रहती तो मुझे ले अस्पताल जाती। वहाँ हम डॉ. पी.के. श्रीवास्तव[7] को खोजते। वे जहाँ मिलते, आउट डोर में, वार्ड में या कालेज में वहीं उनका बाहर इंतजार करते। दिखा कर आते।

बच्चे की पैदाइश से सम्बन्धित शारीरिक परिवर्तन माँ में मानसिक तनाव पैदा करते हैं उन्हें रात-रात भर जग कर पालने से उसकी परेशानी और बढ़ती है। धीरे-धीरे बच्चे के प्यार और घर परिवार के लोगों की समझदारी और प्यार से स्त्रियाँ इनसे मुक्त होती हैं। इसमें समय लगता है। मैं सब समझ और देख रहा था। हम लोग अभी बच्चे के लिए तैयार भी नहीं थे। शायद इसी कारण थोड़ा झगड़ने भी लगे थे। हमारे बीच हमारी बेटी बेफू थी। उसकी उपस्थिति से, रोने और हँसने मात्र से, हमारे झगड़े स्वतः खत्म हो जाते थे। यदि किसी वजह से न होते तो प्रायः उषा और कभी-कभी मैं इसे खत्म करने में पहल करते। विवाह सहयोग पर आधारित होता है। बच्चे माता-पिता के सहयोग के फल होते हैं। उन्हें साथ रखने में, अपने हँसने-रोने-गाने से बच्चे भी सहयोग करते हैं। उनके कारण परिवार के अन्य सदस्य भी जुड़े रहते हैं।

पिता का एक सानेट है—"भाषाओं के अगम समुद्रों का अवगाहन/मैंने किया.../ भाषा की लहरों में जीवन की हलचल है..." (*दिगंत*, पृ. 65)। मैं उन्हें कभी-कभी विदेशी भाषाओं का अध्ययन करते देखता था—*टीच योरसेल्फ* सीरीज जैसी किताबों से। फ्रेंच का डिप्लोमा भी ज्वाइन किया था। डॉ. करमरकर के यहाँ जर्मन की परेशानी के लिए कभी-कभी जाते थे। योरोपीय भाषाओं का अभ्यास मुख्यतः पुस्तकों के

सहारे ही करते थे। इनके साहित्य आदि के लिए अंग्रेजी में उपलब्ध सामग्री देखते। कोष का उपयोग भी करते थे। जब भाषा में लगते तो उसी पर ध्यान रहता। छोड़ते और कुछ दिन बाद फिर शुरू करते।

मैंने उन्हें तमिल भाषा का अध्ययन करते कई साल देखा था। इसकी शुरुआत उन्होंने 1965 में कमच्छा वाले घर में आने के बाद की थी। शायद 1965 से ही, नहीं तो 1966 से। अक्षरों का अभ्यास करते-लिखते। लिपि के बाद छोटे-छोटे शब्द लिखते, नागरी में उनके उच्चारण, अर्थ वगैरह के साथ। फिर वाक्य बनाने और लिखने लगे। इसके बाद *कल्कि* लेने लगे। इसी के अंकों से पढ़ाई करते। कुछ-कुछ अनुवाद करते आठ-दस पंक्तियों के हिन्दी से तमिल में भी ऐसे ही अनुवाद करते। उनका यह क्रम हैदराबाद आने के बाद भी नियमित चलता रहा। इसी लगन और धैर्य से और भाषाओं का अध्ययन भी करते रहे होंगे। तमिल में शायद किसी की मदद भी ले रहे थे। उनके अनुवाद के कागजों में, कुछ में, मैंने सुधार भी किया देखा था।

मैं समझता हूँ उन्हें संस्कृत, फारसी (पुरानी), हिन्दी और उर्दू पर लगभग समान अधिकार था। विदेशी भाषाओं में अंग्रेजी की पढ़ाई दो साल बी.ए. और दो साल एम.ए. की नियमित की थी। स्वतंत्र रूप से पढ़ा था और पढ़ते भी रहते थे। अंग्रेजी के अलावा कई अन्य विदेशी भाषाओं का कामचलाऊ ज्ञान (वर्किंग नालेज) था। दक्षिण भारत की भाषाओं में तमिल का पर्याप्त ज्ञान था। अन्य भाषाओं के बारे में मैं बहुत निश्चित नहीं हूँ। उत्तर भारत की भाषाओं में प्रायः सभी भाषाओं का पर्याप्त ज्ञान था उनकी लिपियों सहित। इनमें गुजराती, मराठी और बंगला विशेष उल्लेखनीय हैं। हिन्दी की बोलियों एवं उपभाषाओं का भी पर्याप्त अध्ययन था। पढ़ते तो वे हमेशा रहते ही थे।

हैदराबाद में रहते जो लोग पिता के अधिक नजदीक आये उनमें वाचस्पति उपाध्याय और अवधेश प्रधान प्रमुख रहे। आरम्भ में ये दोनों साथ आते थे। बाद में प्रायः अलग-अलग आने लगे। कभी-कभी इनके साथ कोई और भी आता था। ये लोग घंटों बैठते थे। बातें करते रहते। इससे उषा को परेशानी होती। माँ घर में होती नहीं थी। उनका कभी-कभी होने वाला गंगा स्नान, रानी भवानी गली में रहते पड़ोस की सहुआइनों, पंडिताइनों और केरल की भवानी अम्मा के चलते नियमित हो चला था। रानी-भवानी गली और कमच्छा तक उनका स्नान और देव दर्शन एक डेढ़ घंटे में समाप्त हो जाता था। हैदराबाद आने के बाद इसमें वृद्धि हुई। वे अब सुबह निकल जातीं और साढ़े ग्यारह-बारह के लगभग वापस आतीं। नौकर से चाय बनवा पीती और फिर अपना खाना बनाती। नौकर का बनाया खाना सब लोग खाते थे वही नहीं खाती थीं। आरम्भ में माँ खाना बनाती थीं सबका। नौकर सारी तैयारी कर देता था। तब वे दस-साढ़े दस तक वापस आ जाया करती थीं। चाय वगैरह पी खाना बनाती थीं। बाद में शायद उषा से खाना बनवाने के लिए उन्होंने

खाना बनाना छोड़ दिया और स्नान से देर से आने लगी। नौकर मैंने रखा ही था खाना बनाने के लिए। वह अपना काम करने लगा। बीच-बीच में उषा देख आती या अगर मैं घर पर होता तो मैं देख लिया करता। ऐसे ही चलता रहा।

कभी-कभी नौकर न होता। ऐसी स्थिति में माँ फिर खाना बनातीं। बाद में कभी मैं तो कभी उषा बनाती, जब जो घर पर होता। कभी-कभी हम दोनों घर पर होते तो दोनों मिल कर बनाते। माँ ने कभी कुछ कहा तो नहीं पर मुझे हमेशा यही लगा कि उन्हें मेरा किचेन में जाना कभी अच्छा नहीं लगा। यों मैं हमेशा किचेन काम करने ही नहीं जाता था। उषा का साथ देने जाता था।

मुझे निश्चित पता नहीं पिता ने अवधी में कब कविताएँ लिखनी आरम्भ की। सम्भव है पहले से करते आ रहे हों पर ये मेरे देखने में कभी नहीं आयीं। अस्सी पर कहीं एक श्याम तिवारी रहते थे। ये अवधी में कविता करते थे। इनसे मैं भी परिचित था। कभी-कभी घर पर भी आते थे। हैदराबाद में भी। सितम्बर 1970 के पूर्व के *साप्ताहिक हिन्दुस्तान* के किसी अंक में छपे लेख या बातचीत (साक्षात्कार) में वाचस्पति उपाध्याय ने उनकी अवधी कविता (नखत सई?) का उल्लेख सर्वप्रथम किया था। इसके आधार पर यह कहा जा सकता है कि अवधी में भी काव्य रचना पहले से कर रहे होंगे। श्याम तिवारी हम लोगों से अवधी में ही बात करते थे। कविताएँ भी सुनाते थे। मैंने उन्हें कविताएँ सुनाते तो कई बार देखा-सुना था—कमच्छा में और हैदराबाद में भी। पर पिता को उन्हें अवधी कविता सुनाते कभी नहीं देखा था। यों मैं पूरे समय उन लोगों के साथ तो बैठता नहीं था इसलिए मेरा यह कथन केवल मेरी जानकारी के अनुरूप है। इसे प्रमाण केवल आंशिक तौर पर ही माना जा सकता है। एक सूचना के अनुसार वे पचास के दशक से ही अवधी में लिखने लगे थे।[8]

1970 की कभी की बात है। एक दिन मैं कालेज से जल्दी आ गया। उषा कहीं दिखी नहीं। मैंने किसी से पूछा नहीं। टहल कर माँ-पिता के कमरे में चला गया। पिता अपनी खाट पर लेटे हुए कुछ पढ़ रहे थे। माँ अपनी खाट पर लेटी थीं। उस समय तक वे स्नान से जल्दी आ जाती थी। मुझे देख मुस्कुराई। फिर बोलीं, 'आज कल जय को बड़ी तकलीफ है। इनका सारा पैसा उषा ले लेती है। सिगरेट पीने के लिए एक रुपया भी नहीं देती।' मुझे बहुत बुरा लगा। मैंने पूछा, 'आपको पैसा चाहिए क्या?' उन्होंने कहा, 'नहीं, मुझे नहीं चाहिए।' मैंने कहा, 'उषा मुझसे पैसा नहीं लेतीं। मैं देता हूँ तब भी नहीं लेतीं।' मुझे लगा, इन्हें मेरे कहे पर विश्वास नहीं होगा। मैंने जेब में हाथ डाला, पैसे निकाले और जोर-जोर से गिने, 'सौ, दो सौ, तीन सौ, चार सौ, दस, बीस, तीस, चालीस, पचास, साठ, चार सौ पैंसठ।' मैंने फिर पूछा, 'चाहिए तो ले लीजिए। पैसा मैं ही खर्च करता हूँ, वे नहीं।' पिता ने इस बीच पुस्तक जाने कब रख दी थी, मुस्कुराए और फिर पढ़ने लगे। अपने कमरे में उषा के आने की आहट से मैं वहाँ से बाहर आया। अपने कमरे में। इसके बाद माँ

ने इस तरह की कोई बात मुझसे नहीं की। न पैसे के बारे में न उषा के बारे में। उनकी जिज्ञासा जैसी भी थी उसका समाधान हो चुका था।

अमित पढ़ाई में फिर लड़खड़ा रहे थे। बीटीएस में उनकी टीचर ने अभिभावक को बुलाया था। पिता जोरहाट थे। मैं 24 मई 1969 को टीचर को आश्वासन दे आया था कि उनकी पढ़ाई पर ध्यान दिया जायेगा। पिता के वापस आने पर उन्हें बताया। उन्होंने अमित को समझाया। वे पढ़ते रहे, नतीजा कुछ न निकला। जून 1970 में कक्षा आठ में उनके एडमिशन के लिए मुझे भागना-दौड़ना पड़ा। अंततः उन्हें एडमिशन दुबारा आठवीं कक्षा में सेण्ट्रल हिन्दू स्कूल, कमच्छा में मिला।

मई 26, 1970 को माँ और अमित नरायनपुर राम दयाल के विवाह में गये। पिता 5 जून को जा उन्हें ले आये।

जून 1970 में राँची के एक साहित्यकार अपनी बेटी और पत्नी के साथ बनारस आये। वे 11 जून को ट्रेन से वापस जा रहे थे। पिता उन्हें छोड़ने स्टेशन गये। वे लोग उन्हें आग्रह कर अपने साथ पटना ले गये। उनके साथ स्टेशन गये लड़के ने लौट कर घर आ बताया, दो-तीन दिन में आने को कह गये हैं। जून 15 को वापस आये। रानी भवानी गली में रहते ऐसे ही एक बार किसी के साथ इलाहाबाद चले गये थे। 1970-71 में ही कभी ऐसे ही वाचस्पति उन्हें अपने गाँव ले गये थे।

अगस्त 1970 में उषा का नाम हिन्दू विश्वविद्यालय के विधि विद्यालय में एल.एल.बी. के फर्स्ट सेमेस्टर में लिखा गया। वे भी नियमित कालेज जाने लगीं। प्रायः हम दोनों में से कोई एक घर रह कर बेफू को देखता था। हफ्ते में एक-दो दिन उसे घर के लोगों और नौकर के जिम्मे छोड़ना पड़ता। इसी के लगभग मेरे लिए जोरहाट से एक लैम्ब्रेटा स्कूटर भी आ गया था। उषा का क्लास दस बजे से होता था। मैं उसे छोड़ आता। एक दिन आने पर देखा बेफू अपना सिर बरामदे के फर्श पर पटक रही है, माँ उसे अपना सिर ऊपर नीचे कर सिर पटकना सिखा रही हैं। यह कोई खेल नहीं था। मुझे बुरा लगा। पिता के मिलने वाले आते, बेफू घुटनों के बल चल ड्राइंग रूम में जा कुछ-कुछ बोलती या दादा के पैर पकड़ गोद में चढ़ना चाहती। इससे पिता को डिस्टर्ब होता। वे नौकर को आवाज दे उसे ले जाने को कहते। हमने उसे जोरहाट छोड़ने का इरादा कर लिया।

इसी समय के लगभग 1971 में शायद मार्क लैम्पर[9] बनारस आये। ये अमेरिका से मोटर साइकिल से विश्व भ्रमण के लिए निकले थे। अफ्रीका और मध्य पूर्व होते हुए भारत आये। नेपाल में इनका कहीं ऐक्सीडेण्ट हो गया और बायाँ हाथ टूट गया। प्लास्टर लगने के बाद एक हाथ से मोटर साइकिल चलाते बनारस आ गये। इन्हें किसी ने पिता का पता बताया और वे उनसे हिन्दी पढ़ने लगे। ये हफ्ते में तीन दिन आते थे। देर तक बैठे पढ़ते और बातें करते। पिता न होते तो मुझसे, उषा से या अमित से बात करते। जो भी घर पर रहता उससे। इसके चलते वे परिवार में सबसे

घुल मिल गये। उम्र भी कम थी, उन्नीस-बीस इसलिए भी सब उनसे बच्चों सा ही व्यवहार करते थे। अमित धीरे-धीरे इनके अधिक निकट आये। उन्होंने मार्क का इंटरव्यू लिया और कई हिन्दी और अंग्रेजी की बाल पत्रिकाओं में प्रकाशित किया। अमेरिका जाने के बाद मार्क की चिट्ठियाँ काफी दिनों तक आती रहीं। उन्होंने अमेरिका में कहीं 'त्रिलोचन' नाम से एक वृक्ष भी लगाने की बात एक बार लिखी थी।

अमेरिका के विस्कांसिन विश्वविद्यालय का एक प्रोग्राम भारत में चला करता था। इसमें अमेरिका के विश्वविद्यालयों के ग्रेजुएट कोर्स के विद्यार्थी एक साल के अध्ययन के लिए यहाँ आया करते थे। इनमें से कुछ विद्यार्थी राजस्थान विश्वविद्यालय, जयपुर और कुछ हैदराबाद भेजे जाते थे। दस-बारह विद्यार्थी हिन्दू विश्वविद्यालय, बनारस भी आते थे। हमारे विभाग से यह कार्यक्रम 1962-63 से सम्बन्धित रहा। मेरे पिता भी इस कार्यक्रम से सम्भवतः 1967 से जुड़े। सम्भव है विस्कांसिन प्रोग्राम के ही किसी लड़के-लड़की से मार्क लैम्पर को पिता का पता चला हो। इन्हें पिता हिन्दी पढ़ाते थे। कुछ की थीसिस भी सुपरवाइज की थी। इनमें से किसी एक ने उनके कुछ सानेट्स का अंग्रेजी अनुवाद भी किया था। किसी एक को शायद उर्दू भी पढ़ाई थी।

इसी समय के लगभग, शायद 1971 में अमेरिका के बर्कले विश्वविद्यालय के लॉ के एक प्रोफेसर राबर्ट कोल, विधि विद्यालय में एक साल के लिए पढ़ाने आये। उषा को वे लॉ स्कूल (विधि विद्यालय) से एक ब्राइट स्टूडेण्ट के बतौर जानते थे। उन्हें भी आने के बाद, व्यवस्थित होने के बाद, अगस्त अंत–सितम्बर से हिन्दी पढ़ने की सूझी। ये पति-पत्नी भी पिता से हिन्दी पढ़ने आने लगे। ये लोग हफ्ते में दो दिन आते थे–शाम के समय। प्रो. कोल को घर पर उषा से मिलकर सुखद आश्चर्य हुआ। उनसे भी हमारा रिश्ता पारिवारिक हो गया। अब उनके तीनों बच्चे भी कभी-कभी साथ आते। हमारे साथ खेलते और बातें करते। कोल्स ने शायद दो ढाई महीने पढ़ा। इसके बाद बांग्लादेश की लड़ाई आरम्भ हो गयी। अमेरिकी सातवें बेड़े के हिन्द महासागर में आने से दोनों देशों के सम्बन्ध बिगड़ते गये। अमेरिका ने पीएल-480 का कोष फ्रीज कर दिया। सम्भव है लड़ाई की सम्भावना को देखते हुए अमेरिकी सरकार ने अपने नागरिकों को भारत छोड़ने का निर्देश जारी कर दिया हो। इस पैसे से चलने वाले बहुत से अमेरिकी प्रोग्राम बन्द हो गये। प्रो. कोल को भी अपना कार्यकाल पूरा किये बिना वापस जाना पड़ा। जाने से पहले वे हमारे घर आये। सबसे मिले। उषा से उन्होंने जाने के समय कहा उन्हें अमेरिका में पढ़ने में उसकी मदद करके खुशी होगी। उनके पत्र और ग्रीटिंग्स जाने के बाद कुछ समय तक हमारे पास आते रहे। हमारे उनके पास जाते रहे।

कोल दम्पती का घर प्रिंसिपल्स कालोनी में सेन गुप्ता लाज से थोड़ा आगे था। इन दोनों के बीच उस समय कुछ नहीं था। मल्टी फ्लैट्स कुछ वर्ष बाद बने। शाम के समय जब कभी हम उधर घूमने जाते तो उनके यहाँ हो के आते।

कुछ समय पूर्व से, अपने ही देश के पूर्वी भाग (अब बांग्लादेश) में पाकिस्तानी सेना द्वारा चलाए जा रहे दमन चक्र के चलते पूर्व के बंगाली मुसलमान बड़ी भारी संख्या में भारत के विभिन्न पूर्वी प्रांतों में शरण ले रहे थे। भारत सरकार इससे परेशान थी। लाखों की संख्या में आये ही जा रहे शरणार्थियों के भरण-पोषण और निवास का प्रबन्ध देश की अर्थव्यवस्था को गड़बड़ा रहा था। इससे परेशान सरकार इसका देश-विदेश में प्रचार कर और करा रही थी। इसे आक्रमण तक कहा जा रहा था। अमेरिका की सरकार के जरिए पाकिस्तान पर दबाव बनाने का प्रयास बहुत सफल नहीं हो रहा था। ऐसे समय में, अमेरिका की गर्मियों में, कभी डाक में अलेन गिंसबर्ग को भारत जाने-आने का हवाई टिकट मिला। हिन्दुस्तान में गुप्तदान की परम्परा बहुत पुरानी है। सदियों से चलती आ रही है। सम्भवतः किसी दान-वीर ने इस बार पैसा नदी-नाले में न डाल (शायद सरकार के इशारे पर) गिंसबर्ग की डाक में हवाई जहाज के टिकट के रूप में डाल उन्हें कलकत्ता भेज दिया, सम्भवतः प्राचारार्थ। गुप्त दान के दाता गुप्त रहते हैं। इसके दाता भी गुप्त रहे। खैर गिंसबर्ग सितम्बर 1971 में भारत आये और उन्होंने जेसोर रोड पर जो गरीबी और भुखमरी शरणार्थी कैम्पों में देखी उसका बड़ा सजीव चित्रण अपनी कविता 'सेप्टेम्बर आन जेसोर रौड' में किया। गिंसबर्ग शरणार्थी शिविरों के चक्कर काटते, कलकत्ते के अपने सम्बन्धों को दुहराते, कुछ समय बाद बनारस भी आये। बनारस में उनकी एक मीटिंग भी हुई थी। इसकी अध्यक्षता की थी पिता, त्रिलोचन शास्त्री ने। मुझे इस मीटिंग की जानकारी 1972 के धर्मयुग के किसी अंक में छपे संक्षिप्त समाचार से हुई थी। गिंसबर्ग के सितम्बर 1971 में भारत आने और जेसोर रोड का भौमिक का काव्य पाठ सुनने का मौका मुझे बाद में अमेरिका आने के बाद 2014 में मिला।

गिंसबर्ग और भारत सरकार के सम्बन्ध की परिणति हुई सम्भवतः श्रीमती गाँधी के जीवन के अन्तिम एक-दो वर्षों में। इसी समय श्रीमती इन्दिरा गाँधी की मित्र पुपुल जयकर ने संस्कृति मंत्रालय की ओर से गिंसबर्ग को अमेरिका में होने वाले 'फेस्टिवल आफ इंडिया' के समय काव्य पाठ आयोजित करने का भार सौंपा। उन्होंने इसे स्वीकार करके इसे बॉब रोजेन्थाल के जिम्मे कर दिया। वे इस फेस्टिवल में आदिवासी नर्तकों, वेद पाठियों, बाउल और दलित कवियों के साथ-साथ समस्त भारत एवं कलकत्ता के कवि मित्रों को बुलाना चाहते थे। इसका एक भाग फेस्टिवल आफ पोएट्स भोपाल में होना था (एडवर्ड्स सांडर्स, *द पोएट्री ऐंड लाइफ आफ अलेन गिंसबर्ग*, ए नैरेटिव पोएम (न्यूयार्क, 2000) पृ. 172)। भोपाल में हुए काव्य पाठ समारोह में बहुत सारे कवियों ने भाग लिया था। अलेन गिंसबर्ग को श्रीमती इन्दिरा गाँधी और अनवर सादात की हत्या के पीछे इजराइली गुप्तचर संस्था मोस्साद का हाथ भी दिखा था। खैर उन्हें तो 'भगवान' भी दिखाई और सुनाई देते थे—कविता सुनाते हुए (यह उल्लेख यहाँ केवल प्रसंगवश किया गया है वैसे यह अनावश्यक है)।

इसी समय के लगभग गाँव में मेरे काका एक स्कूल खोलने की कोशिश कर रहे थे। स्कूल को जमीन देने की बात हो रही थी। वे इसी सिलसिले में बात करने बनारस आये थे। पिता से वे बात करते रहे। पिता कुछ बोले नहीं, स्पष्टतः दुविधा में थे क्या कहें? दो पुत्र हैं उनके, जाने कब किसको क्या जरूरत आ पड़े। मैं सब सुन रहा था अपने कमरे से। बाहर आकर मैंने उनसे कहा, 'मुझे नहीं पता पिता के हिस्से में कितनी जमीन है। पर जितनी भी है उसका आधा—मैं अपना हिस्सा, स्कूल को दे सकता हूँ। जब चाहें लिखा लें।' मैं अपने कमरे में गया। उषा से मैंने पूछा, 'मैंने बरामदे में जो कहा वह तुमने सुना? उसने कहा, 'हाँ। सुना। क्यों?' मैंने पूछा, 'दे दूँ? क्या कहती हो?' उसने कहा, 'दे दो। यह तो भले काम के लिए है।' काका ने मुझसे सादे कागज पर दस्तखत कराए और प्रसन्न हो गये। बाद में ग्राम प्रधान ने और जमीन दी। मूलतः महात्मा गाँधी के नाम से खुलने वाला यह स्कूल अंततः त्रिलोचन शास्त्री हायर सेकेण्डरी स्कूल नाम से खुला। पर मुझे आज तक यह पता नहीं कि मेरे नाम से स्कूल को कितनी जमीन दी गयी। दी भी गयी या नहीं, पता नहीं। मैंने जानना भी नहीं चाहा। मेरी ओर से मेरा यह पक्ष सदा के लिए बन्द हो गया था।

हैदराबाद में हमारे एक पड़ोसी थे। लिखते सिंह थे, पर सिंह थे नहीं। हमारे सिंहत्व में जातीय अंतर था। कृषि विज्ञान संकाय में प्राध्यापक थे। मुझसे उम्र में बड़े थे। उनके तीन बच्चे थे—लड़की, बेटा और छोटी लड़की, बेबी। उनके घर से हमारा आना जाना नहीं था। पड़ोसी होने के नाते मिलने पर दुआ-सलाम और औपचारिकताएँ बातचीत की पूरी हुआ करती थी। माँ-पिता के आने से इस परिवार से परिचय बढ़ने लगा—खास कर बच्चों का, मिसेज सिंह का और माँ का। अमित उनकी बड़ी बेटी से बड़े थे। माँ और मिसेज सिंह अपनी-अपनी ओर की पुलिया पर बैठ बातें करने लगीं। उनकी बेटी और अमित भी बात करने और खेलने लगे। सम्पर्क बढ़ने लगा। परिवार हमारी तरह ही गाँव की पृष्ठभूमि का था। हमसे अधिक।

मेरे एक पूर्व सहपाठी और अब सहयोगी, हमारी कालोनी के पीछे पुरानी हैदराबाद कालोनी में रहते थे। उनके साथ उनकी माँ और दादी भी रहती थीं। उनकी पत्नी तो थीं ही। मुझे यह बाद में पता चला कि मेरी माँ का आना-जाना इनके यहाँ भी था। पन्त की माँ भी आया करती थीं।

हैदराबाद में एक यूनिट में दो घर सटे होते थे। इन दोनों की बीच की दीवार एक होती थी। यह बाहर के बरामदे से शुरू हो घरों को दायें-बायें बाँटती थी। सबके सामने लान, और बगल में और पीछे किचेन गार्डन की जगह थी। सामने जहाँ बरामदे की घरों की विभाजक दीवार खत्म होती वहाँ से आगे दोनों घरों की समान सीमेण्टेड पुलिया तक 'हेज' लगी थी। यह पुलिया सभी घरों के सामने से जाने वाले नालों पर बनी थी और दोनों घरों की स्त्रियों, पुरुषों और बच्चों के मिलन एवं वार्तालाप

के केन्द्र का काम करती थीं। इस पुलिया पर होने वाली चर्चा में कुछ भी चर्चित हो सकता था। इस 'गॉसिप' को हम पुलिया चर्चा कहते थे।

एक दिन शाम मैं और उषा प्रतिदिन की भाँति टहलने निकले। अपने घर के बाद, दाहिने 'चाँद के टुकड़े' और मिस्टर माथुर के घर के बगल से कृषि विभाग के अन्दर के तालाब के किनारे से जाती सड़क से होते दाहिने मुड़े। हम पन्त के घर से आगे पहुँच रहे थे। उधर सामने से मिसेज पन्त आ रही थीं। पास आ हम तीनों रुके। नमस्ते और हालचाल के बाद उन्होंने कहा, 'मिसेज सिंह आपकी सास एक दिन मेरी सास से कह रही थीं...।' उषा ने उन्हें आगे बोलने का मौका न दे कहा, 'मिसेज पन्त। मेरी सास ने आपकी सास से क्या कहा, कब कहा, इसे मैं आपसे या और किसी से नहीं जानना चाहती। यह मेरा और उनका मामला है। इसे हमारे ही बीच रहने दें। मेरी सास-बहू की राजनीति में कोई दिलचस्पी नहीं है।' वे अपनी राह गयीं। और हम आगे बढ़ते गये। यों ऐसी चर्चाएँ होती रहीं। कालोनी में भी और बाहर हमारे मित्रों में भी। इसकी वजह मेरी माँ थीं। पुलिया पर बैठे-बैठे वे किसी से भी बातचीत में कुछ भी बोल देती थीं। पड़ोस की महिलाओं से तो कहती ही थीं।

मैं गाँव में पला और बड़ा हुआ था। अपने पड़ोसियों के घरों में देखता आ रहा था, सासें ऐसे ही बेटों को बोल-बोल सुनाती और तंग करतीं। फलतः बेटा एक न एक दिन अपनी स्त्री पर हाथ उठा बैठता। ऐसा एक वाकया मेरे अपने घर का भी है। मेरी बुआ कई दिनों से काकी की शिकायत किये जा रही थीं। प्रत्यक्षतः काका से कुछ न कहतीं। उनके आस-पास होने पर जोर-जोर से बोल उन्हें सुना कर कहतीं। मुझे लगता इनकी शिकायत सही है। एक दिन जब काका काकी को पीटने लगे तो मैंने बुआ को मुस्कुराते देखा। मुझे बड़ा अफसोस हुआ। यह भी लगा कि इन्होंने ऐसे ही कभी मेरी माँ को भी पिटवाया होगा। पड़ोस की घटनाओं से, मेरे गाँव-घर का अनुभव भिन्न नहीं था। इसके बाद मैं कभी किसी की बहू को पिटते देखता या सुनता तो यही कहता था कि उसकी सास पिटवा रही है। सारी गलती सास की है गाँव घर के इन्हीं झगड़ों के कारण मेरा विवाह के प्रति दृष्टिकोण बचपन से ही बदल रहा था। मैंने तभी निश्चय कर लिया था कि मैं गाँव में विवाह नहीं करूँगा। मैंने गाँव छोड़ दिया। गाँव ने मुझे नहीं छोड़ा। मेरी माँ भी ऐसा ही दबाव मुझ पर बना रही थीं। मुझ पर इसका असर नहीं होना था।

ऐसे अवसरों पर मैं कुछ बोल नहीं पाता था। माँ से कुछ कह नहीं पाता कि वे और क्रुद्ध हो उठेंगी। उषा को ही समझाता। वह मुझसे कुछ देर या दिन नाराज रहती। मुझसे कहती, 'तुम कुछ नहीं बोलते? राजनीति, कूटनीति, करते हो। दोनों ओर से अच्छे बने रहते हो। सारा दोष मुझ पर आता है'। मैं क्या कहता? इस पर भी चुप रहता। दुखी रहता। उसका गुस्सा कम होता तो मुझे घर के माहौल से दुखी देख कहती, 'चिन्ता मत करो। शादी के बाद लड़के दोनों ओर से पिसते हैं।

माँ की तरफ से भी और वाइफ की ओर से भी। यह एक तरह का 'स्ट्रगल फार पावर' है। वाइफ अपने पति पर अपना पूरा अधिकार चाहती है। माँ शादी के बाद से ही इन-सिक्योरिटी महसूस करने लगती है। बेटे को हर तरह से अपने कंट्रोल में रखना चाहती है। दोनों की अपनी-अपनी 'वेल डिफाइंड' जगह है। फिर भी जाने क्यों झगड़ती हैं? मैं अगर कभी सास बनी तो ऐसी नहीं बनूँगी।'

मैं घर के माहौल का असर उषा पर और अपने पर पड़ता तो देख रहा था पर औरों पर खास कर पिता पर पड़ते असर से अनजान था। उन पर पड़ते असर की जानकारी मुझे फरवरी 2014 में इस पुस्तक का पहला ड्राफ्ट तैयार करते विष्णु जी के एक कार्ड से हुई। उन्होंने (7.1.1971 के) अपने कार्ड में पिता से पूछा, "...क्या बेटे की उदासीन आँखें, घर से दूर रहने पर अ. या बा. 50 के साथ साहित्य यात्रा में आपका पीछा नहीं करती हैं? क्या बहू का दबाव आपके सीने में 'अगिन सूराख' नहीं छोड़ रहा है? क्या पत्नी की आँखों की करुणा आपको चलते हुए मजबूर नहीं करती रहती है?..."। पिता ने क्या लिखा था इसका अनुमान इस पत्रांश से करना नहीं चाहता, पर 'बहू' उन पर जो भी दबाव डाल रही थी उसका मुझे पता नहीं। इसके कई महीने बाद विष्णु जी ने अमित को अपने (10.10.1971) पत्र में लिखा, "जय प्रकाश सिंह बड़े आदमी हैं। उषा सिंह जी धनी मानी हैं। मैं सिर्फ अदना इंसान हूँ।" यह उन्होंने क्यों लिखा? अमित ने उन्हें क्या लिखा था पता नहीं। पर मैं इतना जरूर लिखना चाहूँगा कि मैंने अपने बड़प्पन का रोब कभी किसी पर नहीं डाला। बड़ों का तो सदैव आदर किया, हर हाल में। उषा सिंह जी धनी मानी थीं जरूर। उन्हें अपने धनी मानी होने का गुमान कभी नहीं रहा। किसी से भी नहीं रहा। होता तो मुझसे विवाह न करतीं। उन पर आक्षेप करने वाले मात्र अपनी नासमझी प्रदर्शित कर रहे थे। अमित को क्या कहें? उन्हें तो मेरे और उषा के अंग्रेजी में बात करने से भी शिकायत थी। मैंने उनकी टिप्पणी सुनकर भी उन्हें बेवकूफ बच्चा समझ इसे अनसुना कर दिया था।

उषा 1970-71 के सत्र से लॉ की पढ़ाई नियमित कर रही थीं। उन्हें फोर्ड फाउन्डेशन की मेरिट स्कालरशिप भी मिल रही थी। छुट्टियों में अपने घर आ जा रहीं थीं। मुझसे कभी-कभी कहती भी थीं कि 'विवाह से मुझ पर कोई फर्क नहीं पड़ा। कभी-कभी लगता है अब भी हॉस्टल में ही हूँ। थैंक यू।' जो कुछ भी था वह सब मेरी वजह से था। सारा खर्च, आना-जाना और मेरी पत्नी का सामान्य पत्नियों सा न होना, स्वतंत्र होना, उस सबके लिए केवल मैं जिम्मेदार था। हर तरह से—'बहू' नहीं।

इसी तरह घर में एक बार कुछ ऐसा ही हुआ था। हम दोनों परेशान डबल बेड के बायें और दायें किनारे लेटे थे चुपचाप। शायद दोनों सो गये थे। नहीं, सोने का नाटक कर रहे थे। तभी माँ ने मेरे कमरे के दरवाजे से आवाज दी, 'जय'! मैंने पूछा, 'क्या है'? उन्होंने कहा, 'देखो, उषा कहाँ जा रही है? इतनी रात गये।' रात का सवा

दस-साढ़े दस हो रहा होगा। मैं निकला। पीछे-पीछे तेज चलते-चलते मैंने उन्हें न्यू एफ क्रासिंग से प्रिंसिपल्स कालोनी की ओर मुड़ते देखा। थोड़ा और तेज चलता न्यू एफ के बीच उसके पहुँचते-पहुँचते हम दोनों साथ-साथ अगल-बगल चलने लगे थे। उसने कहा, 'तुम वापस जाओ। मेरे पीछे मत आओ।' बीच-बीच में कहती, 'जाओ वापस अपने घर। मेरे पीछे आने की जरूरत नहीं।' इस तरह तेज चलते-चलते हम प्रिंसिपल्स कालोनी पहुँच रहे थे। सामने से रात की ड्यूटी वाला एक सिक्युरिटी गार्ड तेज साइकिल चलाता आ रहा था। शायद लेट हो गया था। हमें देख उसने सिर झुका नमस्ते किया। मैंने हाथ उठा दिया। मैंने उषा से कहा, 'तुमसे मैंने स्वयं विवाह किया है इसलिए तुम्हारे भले बुरे के लिए भी मैं ही जिम्मेदार हूँ। कोई और नहीं, न मेरे घर का और न शायद तुम्हारे घर का। इसलिए आगे से ऐसा काम मत करना। मेरी माँ जो कहती हैं तुम्हारे लिए वह सब उन्हें नहीं कहना चाहिए। मैं उन्हें समझा नहीं सकता। मेरे समझाए वे नहीं समझेंगी। उन्हें केवल पिता समझा सकते हैं। शायद समझाते भी हों। कह नहीं सकता। अगर कभी ऐसी स्थिति आयी तो मैं तुम्हारे ही साथ रहूँगा, क्योंकि मैं जानता हूँ तुम्हारा साथ कोई नहीं देगा। मेरे घर में तुम मेरी वजह से आयी हो। मैंने तुम्हें अपने लिए बुलाया था, किसी और के लिए नहीं। तुम भी आयी अपने और मेरे लिए। हम, कम से कम इतना तो एक-दूसरे के लिए कर ही सकते हैं कि दूसरों का गुस्सा एक दूसरे पर न उतारें? इससे अधिक मैं कुछ कहना नहीं चाहता इस समय।' उषा ने कहा, 'मुझे तुमसे तो कोई शिकायत है भी नहीं। वैसे मुझे तुम्हारी माँ से भी शिकायत नहीं है, उनकी सोच पुरानी है। मुझे गुस्सा आ जाता है। गुस्से में मैं सोच नहीं पाती क्या करूँ क्या न करूँ? तुम्हें तो मैं बिल्कुल भी दुख देना नहीं चाहती। आगे से ऐसा नहीं करूँगी।' हम वापस धीरे-धीरे घर आ गये।

मुझे चिन्ता होने लगी। चिन्ता शायद माँ को भी हुई होगी तभी उन्होंने मुझे आवाज दी होगी। विवाह के बाद लड़कियाँ दूसरे के घर जाती हैं। प्रायः सबसे अपरिचित होती हैं। केवल एक संस्कार से सब कुछ दुनिया की दृष्टि में बदल जाता है पर लड़की शायद भीतर से टूट जाती है। इस घर में उसे 'ऐडजस्टमेण्ट प्रॉब्लम' होता है। इसमें समय लगता है। एक ओर 'ऐडजस्टमेण्ट' समस्या और दूसरी ओर बेटे और पति पर अधिकार का यह व्यर्थ का संघर्ष समस्यायें उत्पन्न करता है। हमारे घर में यही हो रहा था। हमारे यहाँ इसे हमीं बढ़ा रहे थे। कोई सुलझाने वाला समझदार आगे नहीं आ रहा था। मैं भी नहीं। शायद मैं भी डर रहा था। डरा हुआ था।

बम्बई या उधर से कहीं से एक पत्रिका निकलती थी, *जेएस* (अंग्रेजी की)। बच्चों की पत्रिका थी। अमित इसके संवाददाता बन गये थे। इसमें लिखते भी थे। इसमें उनका मार्क लैम्पर का इंटरव्यू भी छपा था। एक और इंटरव्यू जो इसमें छपा था वह सचित्र था। इसमें कुछ लड़के-लड़कियों से पूछा गया था कि वे क्या सोचते

हैं घर वालों द्वारा तय किये विवाह ठीक होते हैं या प्रेम विवाह? वे स्वयं कैसा विवाह करना चाहेंगे? इन दोनों प्रश्नों के उत्तर कई लड़के-लड़कियों ने आठ-दस वाक्यों में दिये थे और ये उनके चित्रों के साथ छपे थे। इसमें हमारे पड़ोसी की बड़ी बेटी का वक्तव्य भी था। अमित ने यही विषय साक्षात्कार का क्यों चुना कहना कठिन है। सम्भव है वे प्रेम विवाह करने की बात सोच रहे हों या मेरे विवाह से प्रभावित हो उसके बारे में नवयुवाओं की राय के आलोक में अपना मत बनाने के प्रयास में हों? कह नहीं सकता।

अप्रैल 1972 में उषा एक दिन घर में पढ़ रही थीं। मेरे घर आने पर उन्होंने मुझसे कहा, 'आज तुम्हारे पिता ने बिरला के अवधेश प्रधान को अपनी डायरी पढ़के सुनाई। मेरे कहने से तुम क्या-क्या कर रहे हो? मुझे क्यों बदनाम करा रहे हो?' मैंने कहा, ऐसा तो उन्हें नहीं लिखना चाहिए। तुम्हें कुछ गलतफहमी हुई होगी या गलत सुना होगा।' उसने कहा, 'हाँ, तुम तो यही कहोगे।' इसके बाद हमारी बात बदल गयी पर मेरी परेशानी बढ़ा गयी। सास-बहू के झगड़े भारतीय पारिवारिक संस्कृति की एक सच्चाई हैं। एक ऐसी सच्चाई जो औरतों की गॉसिप के जरिए गाँव में, परिचितों की जानकारी में आती है। इसमें ससुरों के योगदान का मुझे भान नहीं था। अपने पिता से तो कतई नहीं। पिता की इस शिकायत से मैं वस्तुतः व्यथित हो उठा।

मई 1972 चल रहा था। लॉ की परीक्षा में देरी के कारण अभी हम बनारस में थे। खाना खा के लेटा था। उषा बगल में लेटकर पढ़ रही थी। माँ-पिता अपने कमरे में थे। मैं थोड़ी देर में उठा और बाथरूम गया। घर के पिछवाड़े से सूखी पत्तियों के कुचलने सी आवाज आ रही थी। मुझे लगा कोई कुत्ता होगा। बाथरूम से निकला तो देखा पीछे के दरवाजे की साँकल खुली है। मैंने सोचा इस दोपहरी में कौन बाहर गया है? मैं दरवाजा खोल बाहर गया, पिछवाड़े। देखा अमित और पड़ोसी की लड़की गुत्थमगुत्था खड़े हैं। मैंने कहा 'यह क्या हो रहा है? भागो यहाँ से।' दोनों भागे। अन्दर आकर मैंने अमित से कहा, 'अगर दुबारा उसके साथ दिखे तो बहुत बुरा होगा, समझे। बेवकूफ कहीं के।'

मैंने सोचा बच्चे इस तरह की हरकतें कभी-कभार करते रहते हैं। डाँट दिया, अब नहीं करेंगे। मैंने किसी से कुछ नहीं कहा। उषा ने पूछा, 'क्या था?' मैंने कहा, 'धूप में पिछवाड़े खेल रहे थे। यह कोई खेलने का समय है? इतनी कड़ी धूप है।' अमित 19-20 और वह 14-15 के लगभग। बच्चे ही कहे जायेंगे। फिर मैं यह भूल गया।

कुछ दिनों या शायद हफ्ते भर बाद एक दिन मैं कालेज से रिक्शे में घर आ रहा था। उस दिन मेरे सहयोगी और मित्र पन्त भी साथ थे। रास्ते में उन्होंने कहा, 'अभी एक दिन तुम्हारे पड़ोसी मिले थे। बोले, पन्त जी अपने मित्र से कहिए अपने भाई को सँभालें, नहीं तो एक दिन हाथ-पैर तोड़ के रख दूँगा।' मैंने पूछा, 'कुछ और भी कहा उन्होंने?' पन्त ने कहा, 'नहीं, और कुछ नहीं। मैंने पूछा भी था...। लड़का

है, चिट्ठी वगैरह भेजी होगी या दी होगी और क्या? इसमें तो कोई खास बात नहीं है।' मैंने कहा, 'हाँ, यह तो वे मुझसे भी कह सकते थे? इतनी जान पहचान तो है ही, पर फिर वे शायद हाथ-पैर तोड़ने वाली बात न कह पातें।' अमित को मैं एक बार डाँट चुका था, सोचा उसका कुछ तो असर होगा उन पर इसलिए चुप रहा। पड़ोसी न जाने इंटरव्यू से अप्रसन्न थे या उन्होंने भी मेरे जैसा ही कुछ देखा सुना था? मुझे शायद पिता से इस पर बात करनी चाहिए थी। उनसे बात न करना मेरी गलती थी। शायद मुझे अपनी डाँट पर अधिक भरोसा था।

कुछ दिन और बीते। उषा की परीक्षा खत्म हो गयी। आसाम की ट्रेन में रिजर्वेशन उपलब्ध नहीं था। कलकत्ता होकर जाने का फैसला कर लिया। पंजाब मेल में हावड़ा का रिजर्वेशन था अगले दिन शाम का।

घर का वातावरण तनावपूर्ण ही चल रहा था। जाने के दिन की पूर्व संध्या को सब खा पी के लेटे सोने की तैयारी कर रहें थे। मैं परेशान था अलग—घर का तनाव अलग, यात्रा का अलग। उषा से कहा, 'सो जाते हैं, सामान कल ठीक करेंगे। दस-साढ़े दस बज रहा होगा। चलो।' उसने कहा, 'मैं आती हूँ' और बाहर जा तुरन्त लौट आयी। मैंने पूछा, 'गयी नहीं, क्यों?' उसने कहा, 'नहीं। आँगन में कई लड़के खड़े हैं। देखो?' मैं कमरे से निकला। आँगन की बत्ती जलाई। देखा हमारे पीछे के ओल्ड जी के अध्यापकों के चार लड़के खड़े हैं आँगन में[10]। सबके हाथ में डंडे हैं, एक हाकी स्टिक लिए है। अमित आँगन में खुलने वाले बरामदे के दरवाजे की आड़ में थे। मेरे दरवाजा खोलने पर मेरे बायें खड़े दिखे। मैंने कहा, 'आप लोग यहाँ, इस समय, किस लिए आये हैं? जाते हैं या मुझे जाकर रिपोर्ट करनी होगी आप सबकी?' अमित बोले, 'मैं लाया हूँ। मेरे दोस्त हैं' मैंने कहा, 'दोस्त मुख्य दरवाजे से आते हैं। ड्राइंग रूम में भले लोगों से बैठते हैं। चोरों और लुटेरों की तरह डंडे और स्टिक लेकर दूसरों के घर रात में नहीं जाते? गुंडे और बदमाश जाते हैं। इनकी तो रिपोर्ट मैं कल करूँगा। वह भी प्राक्टोरियल में नहीं, थाने में।' एक लड़का निकल गया। मैंने और ऊँची आवाज में कहा, 'भागते हो या नहीं तुम लोग'। अमित बोले, 'वे नहीं जायेंगे। मैं चाहता हूँ कि आप मेरे मामले में दखल न दें'। मैंने कहा, 'जब तक तुम यहाँ हो, तब तक तुम्हारा कोई मामला तुम्हारा नहीं है। सारा मामला मेरा है।' अमित ने कहा, 'आप नहीं चाहते हम लोग यहाँ रहें?' मैंने कहा, 'बात चाहने या न चाहने की नहीं है। बात है भले आदमी की तरह रहने की। घर में गुंडे बदमाश लाने की नहीं। रही तुम्हारी बात तो अगर तुम सुधर नहीं जाते तो मैं तुम्हें यहाँ किसी हालत में नहीं रहने दूँगा।' दो लड़के और इस बीच जा चुके थे। एक शर्मा जी का लड़का अभी भी खड़ा था। उषा देर से मेरी बाँह पकड़े मुझे अन्दर ले जाने के लिए खींच रही थीं और कह रही थी, 'जाने दो, अन्दर चलो।' मैंने कहा, 'शर्मा! तुम तो कानून पढ़ रहे हो? जाते हो या मार खा के जाओगे?' उसने भी सिर झुकाया और

चला गया। उषा खींचे ही जा रही थीं मुझे। उनके खिंचाव को रोकते-रोकते मैं अब तक तंग आ गया था। उन्हें झिड़कते हुए मैंने कहा, 'छोड़ो यार। इस बेवकूफ ने मुझे कहीं मुँह दिखाने के लायक नहीं छोड़ा? आज मुझे अपने आप से शर्मिन्दगी महसूस हो रही है।' माँ-पिता घर में थे अपने कमरे में। कोई बाहर नहीं आया। न ही कुछ बोला, न उस समय, न बाद में। क्यों? शायद सबके सब इस घटना से शर्मिन्दगी महसूस कर रहे थे। अमित ने दो वाक्यों में अपने मामले को सबका बना दिया था। इस घिनौने कार्य के पीछे आखिर उनकी मंशा क्या थी? क्या वे इस बचकाने प्रेम में पागल हो गये थे? सम्भव है घर के माहौल के प्रभाव और अपने प्रेम में आती अड़चन को देख उन्होंने मुझे डराने का यह तरीका सोच समझ कर आजमाया हो। माँ-पिता के असन्तोष में उन्हें शायद अपनी योजना का समर्थन भी दिखा हो? कह नहीं सकता।

'लरिकाई लरकई मं टारी जाइ/रहइ सवाचेउ तउ मति मारी जाइ'

(*अमोला*, पृ. 124)

हम दोनों अपने कमरे में जा लेटे और देर तक एक-दूसरे को दिलासा देते रहे। उषा मुझे बार-बार सुलाने का प्रयास चुपचाप करती रही। हम दोनों ने भी कभी इस पर बात नहीं की। बस एक-दूसरे का हाथ पकड़े एक-दूसरे को देर तक देखते, जाने कब सो गये। सबेरे उठ कर अपना सामान ठीक किया और समय से स्टेशन गये। जोरहाट पहुँच कर अपनी पहुँच का एक तार भेज दिया।

इसी प्रकार जुलाई 1972 में जोरहाट से चलने के पहले हमेशा की तरह तार भेज दिया कि इस तारीख की सुबह पहुँच रहे हैं। उस समय सब गाड़ियाँ मुगलसराय आती थीं। हम प्रायः आसाम मेल से आते थे। गाड़ी मुगलसराय ढाई-तीन बजे आती थी। हम सुबह स्टेशन से निकल ऑटो लेते। उसे गोदौलिया छोड़ रिक्शा ले घर आते। इस बार हमारा रिक्शा विश्वविद्यालय के गेट से अन्दर बढ़ा तो सामने से एक रिक्शे में अमित और माँ दूसरी लेन से गेट के बाहर जा रहे थे। मुझे एकाएक लगा घर बन्द होगा? फिर चाबी? सोचा पिता होंगे, नौकर होगा। घर आये तो ताला बन्द। बरामदे में आये, देखा ताले में मोड़ कर कागज रखा है। इसे देखा, लिखा था, 'चाबी बगल में है।' मैंने दरवाजा खटखटाया। मिसेज सिंह ने दरवाजा खोल चाबी देते कहा, 'वे लोग चले गये।' चाबी लेते मैंने भी 'अच्छा' कहा और वापस आ के दरवाजा खोला। मई की उस रात का जिक्र तो कभी नहीं हुआ। पर मैं उसे भूल भी नहीं पाया। मुझे डराने का यह गंदा तरीका अमित के ही दिमाग में उपजा होगा। गाँव में ऐसा होता तो एक-दो सिर फूटते।

कुछ दिन हम दुखी और परेशान रहे। धीरे-धीरे सब सामान्य होने लगा। कुछ समय बाद पता चला पिता निराला निवेश में सत्याजी के यहाँ हैं। कुछ समय बाद

वे *जनवार्ता* दैनिक में काम भी करने लगे। अमित दुश्मनी की राह पकड़ चुके थे, शायद अपने प्रथम मामले को लेकर। जो हुआ शायद अच्छा ही हुआ, पर इसे अच्छे ढंग से भी किया जा सकता था।

सन्दर्भ एवं टिप्पणियाँ

1. उस समय तक हिन्दुस्तान में अल्ट्रासाउंड बच्चे के लिंग की जानकारी के लिए प्रचलित नहीं हुआ था, वैसा जैसा बाद में हुआ।
2. आजकल यह एक एक्सटेंडेड परिवार का रिहाइशी घर है।
3. बाबू ब्रह्मदयाल सिंह का गाँव बक्सर के पास था।
4. यह सूचना मुझे उषा की माँ से मिली थी मार्च-अप्रैल 2015 में।
5. पत्र में ब्रैकेट के अन्दर मैंने लिखा था 'यानी मेरे पिता' पर शायद यहाँ मुझे 'नाना' लिखना चाहिए था।
6. सुधांशु राय चौधुरी चौदह-पन्द्रह साल की उम्र में ही पूर्व-बंगाल से जोरहाट आ गये थे और बाबूजी के साथ लगे रहे। हर तरह का काम कर लेते थे। पूर्व पाकिस्तान बनने के बाद भी आते जाते रहे। जब बहुत वृद्ध हो गये तब अपने पुत्र के साथ अपने घर बांग्लादेश वापस गये।
7. प्रो.पी.के. श्रीवास्तव की नियुक्ति मेडिसिन में थी। पर विश्वविद्यालय के बहुत सारे कर्मचारी, खास कर अध्यापक, उन्हीं के पास बच्चों को लेकर जाते थे। पीडियाट्रिक में कम जाते थे।
8. पिता ने अपने एक पत्र (5.9.1977, वेप्रद्वि) में लिखा उनके एक सहपाठी रामाशीष सिंह अशेष 'मुझे अवधी लिखते देखकर भोजपुरी [में] भी लिखने लगे।' अशेषजी का देहावसान 1960 से पहले कभी हो गया था। फलतः वे अवधी में कम-से-कम पचास के दशक से लिख रहे थे।
9. मार्क लैम्पर लगभग बीस वर्ष के नवयुवक थे। उन्हें पिता का पता विस्कांसिन के किसी लड़के-लड़की से मिला होगा।
10. नाम तो मैं इनमें से किसी भी लड़के का नहीं जानता था पर पहचानता सबको था। इनमें से किसी के पिता से भी मेरी व्यक्तिगत जान पहचान नहीं थी, आना जाना नहीं था। सबके सब गँवार थे—पृष्ठभूमि से, स्त्रियों सहित। इन सबको मैं उनके घर (क्वार्टर), और विभाग से जानता था। केवल एक शर्मा जी का नाम जानता था। रिपोर्ट तो मुझे करनी नहीं थी, इसलिए बाद में भी नाम नहीं पता किया।

निराला निवेश से तात्या टोपे नगर

हम पएदर ताके न केहूकर घोड़ चला चले मुड़िआन चलाए गोड

अमोला, पृ. 44

मई अंत के लगभग से हम जोरहाट लगभग सवा महीने रहकर वापस आये। माँ-पिता ने हैदराबाद छोड़ने का निश्चय कर लिया था पहले ही, पर उन्होंने यह घर उसी दिन छोड़ा जिस दिन हम वापस आये। विष्णु जी ने उनके रहने की व्यवस्था अपनी बहन सत्या जी[1] के घर कराई थी। निराला निवेश से मैं पहले से परिचित था, सत्या जी से भी। उनके घर के बगल में उनकी दोस्त श्यामा जी का घर था। ये भी सत्या जी की भाँति सेण्ट्रल हिन्दू गर्ल्स स्कूल, कमच्छा में अध्यापिका थीं। दोनों प्रायः साथ रहती थीं। सत्या जी के घर के ठीक सामने विश्वविद्यालय के हिन्दी विभाग के प्रोफेसर बच्चन सिंह[2] का घर था। निराला निवेश में ही कहीं चन्द्र कुमार जी[3] पत्रकार का भी घर था। मैं इन्हें ठीक से पहचानता नहीं था।

इस घटना से हम सब में एक संकोच आ गया था। यह समय से बढ़ता रहा और हम एक दूसरे का सामना भी नहीं करना चाह रहे थे। अन्दर से सभी दुखी थे। मैं और उषा एक ओर और दूसरी ओर माँ और पिता। निराला निवेश आ जाने से हमारी निन्दा चर्चा का विस्तार भी हुआ पर न तो सही बात किसी से कही गयी न उसमें अमित के योगदान की ही चर्चा की गयी। सारा दोष मेरे मत्थे मढ़ा गया—मिथ्या वचन के जरिए। मई 1972 की उस रात की चर्चा किसी का मुझसे न करना भी मुझे कभी-कभी सन्देहास्पद लगता। कहीं ऐसा तो नहीं कि सबको अमित की योजना का पता था? पर उस रात की मेरी प्रतिक्रिया तात्कालिक थी और उसके लिए मुझे कोई खेद कभी नहीं हुआ।

अमित ने विष्णु जी को जुलाई-अगस्त (1972) में फिर पत्र लिखे। उन्होंने उन्हें अपने (17.8.1972) कार्ड में लिखा "जय के साथ साफ-साफ बातें कर लेनी चाहिए जमीन का हिस्सा ले लेना चाहिए और वह जो भी धन दें वह खुशी से स्वीकार करना तुम्हारे हित में रहेगा।" पता नहीं उन्हें किस जमीन में हिस्सा चाहिए था? और धन किस बात के लिए चाहते थे। बहरहाल उन्होंने उनकी इस सलाह पर

कभी अमल नहीं किया, न कभी इसकी मुझसे चर्चा की। पर फिर विष्णु जी की इस सलाह के लिए उन्होंने जो कुछ भी लिखा वह क्यों लिखा? सलाह ली तो उस पर अमल भी करना था?

विष्णु जी ने अपने (21.8.1972) के कार्ड में अमित को जवाब देते फिर लिखा, 'माँ की बीमारी। चाचा जय संवाद। और पश्चात्ताप की मनःस्थिति जय का माना लाग। काफी कटु है।' मैं केवल इस उद्धरण के आधार पर कोई टिप्पणी नहीं दूँगा। जुलाई में चाचा कभी आये थे। बातचीत भी हुई थी। इससे लगता है वे बाद में निराला निवेश गये। वहाँ उन्होंने क्या कहा मुझे नहीं पता। अमित ने विष्णु जी को क्या लिखा मुझे वह भी नहीं मालूम। एक मुँह से दूसरे मुँह जा बातें बदलती जाती हैं। इसी सन्दर्भ का एक पत्र उषा (21.8.1972) का भी है इसे लगभग पूरे का पूरा परिशिष्ट-7 में दिया है। चाचा से मेरी खास बात नहीं हुई। माँ-पिता के इस तरह जाने का निर्णय उनका अपना था, पर उनके इस तरह जाने का दुख हमें था। कारण जो रहा हो असन्तोष या पुत्र या दोनों। मार सब ओर से मुझे ही पड़ रही थी। माँ-पिता से भी, पत्नी से भी।

पिता के निराला निवेश जाने के तीन-चार माह बाद, अक्टूबर की 22 तारीख को मैं बच्चा साव[4] की दुकान से कुछ सामान लेने जा रहा था। डे (पूरा नाम श्यामा चरण डे) हॉस्टल की ओर से तीन महिलाएँ आ रही थीं। मेरा इनका सामना बच्चा साव की दुकान के लगभग सामने हुआ। इनमें से किसी ने डॉ. गलगली का घर पूछा। मैंने बता दिया। इनमें एक सत्या जी थीं, उन्हें मैंने नमस्ते भी किया था। उन्होंने मेरे बारे में पूछा? शायद आश्वस्त होना चाहती थीं। मैंने अपना परिचय दिया तो बोलीं, 'मैं आपके घर आऊँगी।' मैंने कहा, 'आइए।' डॉ. गलगली केमिस्ट्री में रीडर थे[5]। वैसे केमिस्ट्री की अपेक्षा अपने ज्योतिष के लिए अधिक मशहूर थे। उनके यहाँ बहुत लोग आते थे। शायद इनमें से भी किसी को अपने बारे में पूछना होगा। यह भी सम्भव है इन लोगों ने मेरे यहाँ आने के लिए गलगली का बहाना बनाया हो। गलगली के घर से थोड़ा ही आगे मेरा घर था। उनके यहाँ से तीनों महिलाएँ मेरे यहाँ आयीं[6]। सत्या जी ने कहा, 'सब लोग ठीक हैं। पर आपको याद करके माँ रोने लगती हैं। आपको कम से कम कभी-कभी तो जाकर देख आना चाहिए?' मैंने कहा, 'मैं सोच काफी दिनों से रहा था, पर जा नहीं पाया। काम बहुत है और घर से बाहर भी नहीं निकलता आजकल।' उन्होंने कहा, 'कैसा काम है जो आपको माँ से मिलने का भी समय नहीं मिलता?' मैंने कहा, 'किसी दिन आऊँगा' उन्होंने पूछा, 'कब?' मैंने कहा, 'कल या परसों। किसी समय आऊँगा।' ... तुम्हारे बारे में पूछा कि भाभी जी नहीं हैं? मैंने कहा नहीं घर गयी हैं (23.10.1972 का मेरा पत्र)। मेरी तो समझ में नहीं आ रहा है, और जाने की हिम्मत नहीं पड़ती, पर जाना तो है ही (वही 23.10.1972)। मैं कह कर भी नहीं गया। इंतजार करते होंगे सब। हिम्मत नहीं हुई।

उत्तर प्रदेश विधान सभा के चुनाव 1973 के मार्च-अप्रैल के लगभग होने को थे। इसकी प्रक्रिया 1972 के सितम्बर-अक्टूबर से आरम्भ हो गयी थी। सितम्बर में काका बनारस आ बात भी कर गये थे। उषा के टिकट के लिए प्रयास करने के लिए। हमें बहुत भरोसा तो नहीं था पर हम तैयार हो गये थे। उषा अक्टूबर के अंत में बनारस आयीं। उनके आने के बाद ही हमें पता चला कि उनका नाम सुल्तानपुर जिला कांग्रेस कमिटी ने अमेठी विधानसभा क्षेत्र से प्रदेश कांग्रेस कमिटी के विचारार्थ अग्रसारित कर दिया है। हम लखनऊ नवम्बर में गये। उषा का इंटरव्यू प्रदेश कांग्रेस पार्लियामेण्टरी कमिटी के सदस्यों ने लिया। इनसे काफी देर तक लोगों ने बातचीत की। इसमें बहुत सारे केन्द्रीय और प्रान्तीय नेता बैठे थे। इनमें के.सी. पन्त, नुरूल हसन, आर.के. धवन वगैरह थे। और बहुतों के नाम अब याद नहीं। मीटिंग के बाद और पहले भी इन तीनों से हम मिले थे। सब के.एन. सिंह से मिलने का सुझाव दे रहे थे। बाद में के.एन. सिंह और चन्द्रशेखर से भी मुलाकात की। के.एन. सिंह युवा तुर्कों में थे। उस समय पार्लियामेण्टरी अफेयर्स में मंत्री थे। मेरे गाँव के पास के भी थे। इनके पिता बाबू बाँके सिंह ने मुझे प्राइमरी में पढ़ाया भी था। ये हम सबको जानते थे। इनका रुख ठीक नहीं था। शेष सबने दिल्ली आकर मिलने को कहा था। हम दिल्ली गये भी। वहाँ जाकर मैं बीमार हो गया। हम दोनों होटल में ही पड़े रहे चार दिन। फिर थोड़ी मार्केटिंग कर वापस आ गये।

उषा 'फेमिली वे' में थीं। मैं उन्हें मई 1974 में जोरहाट पहुँचाने गया। कुछ दिन वहाँ रहकर प्लेन से कलकत्ता 13 को और 14 को ट्रेन से बनारस आया (मेरा 14.5.1974 का पत्र)। इसके बाद देर जून में अमित और श्रीप्रकाश एक दिन दोपहर में मुझसे मिलने घर आये। मैंने उषा को अपने एक पत्र में लिखा (26.6.1974), 'कल आफ्टरनून' में अमित और श्रीप्रकाश आये थे। शाम छः बजे तक बैठे रहे। बातें करते रहे। एनडीए[7] का इम्तहान दिया है श्रीप्रकाश ने'। यहाँ से जाने के बाद अमित पहली बार आये थे। शायद उन्हें भी झिझक रही होगी और श्रीप्रकाश के बहाने किसी हद तक टूटी। वैसे लाइब्रेरी वाला कमरा उन्होंने अभी भी अपने अधिकार में रखा हुआ था। अमित कभी-कभी आकर बाहर वाले दरवाजे का ताला खोल कोई-कोई किताब वगैरह ले जाया करते थे। इस कमरे का अन्दर के बरामदे में खुलने वाला दरवाजा अन्दर से उन लोगों ने बन्द कर रखा था। इसलिए इस कमरे में हम आ-जा नहीं पा रहे थे। उनके एक दिन आने पर उनसे कहकर मैंने इसे खुलवाया था।

इसके कुछ दिन बाद अमित फिर आये। उन्होंने बताया 4 जून को भी श्रीप्रकाश आया था। यदि वे लोग उस समय भी मुझसे मिलने आये थे तो मुझे पता नहीं। न मैंने पूछा न उन्होंने बताया। अमित का एक्जाम शुरू हो गया। आज दूसरा पेपर था। आज घर आने वाला था पर आया नहीं (मेरा 17.7.1974 का पत्र)। अमित

हायर सेंकेण्डरी की परीक्षा दे रहे थे (26.7.1974 का मेरा पत्र)। स्पष्टतः झिझक समाप्त हो रही थी।

उषा वहाँ अलग परेशान थीं। उनके डॉक्टर डाडसन अभी छुट्टी से अमेरिका से वापस नहीं आये थे। जुलाई के अंत में आते ही उन्होंने उनका चेकअप किया। मेरे प्रोग्राम को लेकर उषा अलग चिन्तित थीं। मैंने उन्हें अपने पत्र (29.7.1974) में लिखा, घबराना नहीं, 'बेबी मेरे आने पर ही होगा।' मैंने अपने (12.8.1974) के पत्र में उसे फिर लिखा, ''156 दिल्ली-गौहाटी मेल से 21 को न्यू बोंगाई गाँव और वहाँ से कामरूप एक्सप्रेस से 22 को पहुँचूँगा।'' मैं अपने प्रोग्राम के अनुसार जोरहाट पहुँच गया। 'बेबी उषा' (बाद में नाम पड़ा कुखू और रिपुंजय) 23 सितम्बर को पैदा हुए। वहाँ से मैंने निराला निवेश के पते पर पौत्र जन्म की सूचना तार द्वारा दादा-दादी के पास भिजवा दी। अक्टूबर में मैं जोरहाट से अकेले वापस आया। मैंने उषा को (25.10.1974) को लिखा, ''बम्बई के *यूनाइटेड एसिया* के एडिटर ने अमित को संवाददाता बना दिया है। उनसे बनारस, भागलपुर और आसाम सिल्क इंडस्ट्री पर लेख भी माँगा है। वे बनारस पर काम कर रहे हैं। बाद में भागलपुर और आसाम जायेंगे।[8] आसाम सिल्क के हर पक्ष के बारे में जितनी सूचना मिल सके ले लो ताकि उन्हें [जाने पर] ज्यादा भागना न पड़े। कुखू की तस्वीरें ले गया था। सबने देखा।' उषा ने (21.10.1974) अपने पत्र में मुझे लिखा, 'गाँव से चाचा की चिट्ठी आयी थी। वहाँ 6 तारीख को बरही मनाई गयी। एक चिट्ठी लिख देना।' इसके बाद मैंने अपने (5.11.1974) के पत्र में उषा को लिखा, '*ईव्स वीकली* का टेक्स्टाइल अंक उपेन के साथ भेज देना। अमित को मैंने बताया था। यहाँ कहीं मिल नहीं रहा। उसे देखने को दे दूँगा।' उषा ने अपने (12.11.1974) के पत्र में मुझे '*ईव्स वीकली* का टेक्सटाइल ईशू' और '*आसाम क्राफ्ट्स* की एक बुक' (बुकलेट) भेजने की बात लिखी।

उषा को बनारस आने में कई कारणों से समय लगा। एक तो स्वयं उन्हें स्वास्थ्य लाभ करना था। दूसरे बेबी कुखू को डीपीटी लगने लगा। उसके बाद डॉ. के सुझाव से उनका 'सर्कमसीजन' (सुन्नत) कराना पड़ गया। दिसम्बर 1974 के अन्तिम सप्ताह में मैं जोरहाट गया और जनवरी 1975 के प्रथम सप्ताह में वापस आया। साथ आयीं उषा और बेबी कुखू, रिपुंजय। उषा का एल.एल.बी. पहले ही खत्म हो चुका था। फर्स्ट क्लास फर्स्ट थीं।

इन सब लोगों के आने के कुछ दिन बाद, शायद इतवार या किसी छुट्टी के दिन, ग्यारह बजे के लगभग माँ, सत्याजी के साथ पोते को देखने आयीं। हम सब लोग सामान्यतः ही मिले। बैठे रहे, बातें की, फिर गये। इसके पीछे एक दिन शाम चार-साढ़े चार के करीब पिता आये। वे भी पोते से मिले, बैठे, बातें की और गये। इसके कुछ दिन बाद मैं, उषा और कुखू निराला निवेश गये। देर तक बैठे बातें की

और वापस आये। इस तरह हमारे बीच जो एक दीवार खड़ी हो गयी थी वह सत्या जी, विष्णु जी और कुखू जी के प्रयास से गिरते-गिरते पूरी तरह गिर गयी।

इसके लगभग तीन माह बाद मेरा स्कूटर गोदौलिया पर शाम को खराब हुआ। रिक्शे पर लाद रथयात्रा ला मिस्त्री को दिया। उसने अगले दिन ले जाने को कहा। मैं इसके बाद निराला निवेश गया। खाना खा, सबसे मिल, साइकिल ले घर (जामुनवाली लाइन) आया (मेरा 2.8.1975 का पत्र)। इसी समय के लगभग 'पिता जी एक दिन (मुझसे) कह भी रहे थे कि लोक भारती प्रकाशन, इलाहाबाद, हिन्दी में किताबें छाप सकता है पर उन्होंने साथ ही मुझे कई विषय भी बता दिये जिन पर (वह) किताबें छाप सकता है। वे चाहते हैं मैं किताबें लिख दूँ[9] (मेरा 13.8.1975 का पत्र)।

इस समय उषा के छोटे भाई रमेश और छोटी बहन प्रभा के लिए लड़कियाँ और लड़के देखे जा रहे थे। इसी बीच हमारे काका ने श्रीप्रकाश का विवाह अपनी ननिहाल में तय कर दिया। माँ गाँव गयी। मई के मध्य उषा और कुखू फिर जोरहाट गये। मई के दूसरे सप्ताह में श्रीप्रकाश का विवाह अखईपुर में सम्पन्न हुआ। मैं नागेश के साथ बारात से वापस बनारस आया। उन्हें उषा के साथ जोरहाट भेज गाँव गया। वहाँ से 27 मई को माँ वगैरह को ले के बनारस वापस आया (मेरा 28.5.1975 का पत्र उषा को)।

पिता के भोपाल जाने की स्थिति इसी समय के लगभग बन रही थी।

अगस्त 24, 1975 की रात उषा अपने भाई और कुखू के साथ बनारस आ गयी। सितम्बर में हमें भोपाल जा कर यूनियन कार्बाइड में एक लड़का प्रभा जी के लिए देखना था। जिस दिन हमें वाराणसी-दादर पकड़नी थी उस दिन रमेश और मेरा नौकर सारा सामान ले घर से निकल गये। हम तीनों को निकलने में, घर वगैरह बन्द करने में, थोड़ी देर हुई। हमारा रिक्शा भी धीमा था। बहरहाल जब हम स्टेशन के ओवर ब्रिज पर पहुँचे तो हमारी ट्रेन खुल चुकी थी। रमेश जी अपने कोच के दरवाजे पर खड़े हाथ हिला रहे थे। मैंने हाथ के इशारे से उन्हें जाने का संकेत किया। उषा बहुत परेशान हो गयी। उसने पूछा, 'अब क्या होगा?' मैंने कहा, 'घबराओ नहीं। इसे अब हम इलाहाबाद में पकड़ेंगे।' हम बस स्टैन्ड के पास आये। टैक्सी ली और इलाहाबाद रेलवे स्टेशन पर पहुँच ट्रेन का इंतजार करने लगे। थोड़ी देर बाद गाड़ी आयी[10]। अगले दिन सुबह भोपाल उतरे। होटल में चेक इन किया। नहा धो के लड़के से मिलने गये। एक दिन भोपाल घूमे। अगले दिन फिर उसी ट्रेन से चलकर बनारस आ गये। लड़का हम सबको अच्छा लगा। रमेश वापस चले गये। लड़के के पिता को सूचित किया। उन्हें लड़की तो देखनी ही थी वे उसका घर द्वार देख शायद दहेज की राशि निश्चित करना चाहते थे। उन्होंने इसके लिए दिसम्बर प्रथम सप्ताह में जोरहाट आने की सम्भावना व्यक्त की। मैं नवम्बर के अंत में उषा और कुखू के साथ जोरहाट पहुँच गया।

लड़के के पिता एल. सिंह, रेलवे बोर्ड के सदस्य थे। अपने सैलून से आये थे। जिस दिन उन्हें जिस ट्रेन से वापस जाना था, उसी में मेरा भी रिजर्वेशन करा दिया गया था। उन्होंने लड़की देखी। दिन भर घर में पति-पत्नी रहे। फिर वापस गये अपने सैलून में। मैं अपने फर्स्ट क्लास के केबिन में। मुझे उनसे गुवाहाटी में मिलना था पर गाड़ी वहाँ लेट होते-होते देर रात पहुँची। मैं मिलने नहीं गया। अगले दिन सबेरे साढ़े दस बजे मैं उनके सैलून में पहुँचा। बातचीत होने लगी। श्री सिंह ने मुझसे पूछा, 'आपके पिता जी गाँव पर रहते हैं?' मैंने कहा, 'जी नहीं। वे इस समय भोपाल में हैं।' उन्होंने आश्चर्य व्यक्त करते पूछा, 'भोपाल में हैं? पर जब आप लोग वहाँ गये थे तब उनके साथ तो ठहरे नहीं थे'? मैंने कहा, 'हाँ। हम लोग उस समय होटल में ठहरे थे। कारण था कि मेरे पिता उस समय भोपाल में नहीं थे। वे बनारस में थे। वहाँ से हमारे वापस आने के बाद उन्होंने वहाँ ज्वाइन किया।' मिसेज सिंह ने कहा, 'तब तो ठीक है आप लोग प्रभा को लेकर वहाँ जा सकते हैं' (मेरा 11.12.1975 का पत्र)।

इस अनावश्यक उल्लेख के जरिए मैं केवल यह कहना चाहता हूँ कि पिता ने नवम्बर-दिसम्बर 1975 में कभी भोपाल में मध्य प्रदेश हिन्दी ग्रन्थ अकादमी बतौर भाषा सम्पादक ज्वाइन की। माँ-पिता के भोपाल जाने के बाद अमित को हॉस्टल जाना था। यह सबको पता था। उषा ने अपने (16.12.1975) के पत्र में मुझसे पूछा, 'अमित प्रकाश को हॉस्टल में जगह मिली या नहीं? अभी कहाँ हैं?' मैंने इस प्रश्न की सम्भावना समझते हुए उसे पहले ही लिखा (19.12.1975 को), 'अमित प्रकाश 14 तारीख को हॉस्टल गये[11]। एक कमरे को बदलकर, इस समय दूसरे में आ गये हैं। आँख की जाँच करा रहे हैं। एक आँख अधिक खराब है। अगले हफ्ते तक पावर वगैरह निश्चित बता दिया जायेगा।' इसके एक हफ्ते बाद मैंने उषा को फिर लिखा (26.12.1976 को), 'अमित का परीक्षाफल आ गया। सफल छात्रों की सूची में उनका नाम नहीं है। शायद उनके ऊपर विश्वविद्यालय का कुछ शुल्क बकाया होगा या एक दो पेपर में फेल होंगे। इसका पता कल आफिस खुलने पर ही चलेगा' (यह पत्र अंग्रेजी में है)। एक सप्ताह बाद मैंने फिर लिखा (3.1.1976), 'अमित प्रकाश कभी-कभी दो-तीन दिन पर आते हैं। मुझे लगता है, 'ही टू इज फीलिंग लोनली इन हॉस्टल। मे बी सार्ट आफ होम सिकनेस।' यह तो खैर उनका पहला 'हॉस्टल स्टे' है। उनका चश्मा मिल गया है। परसों भोपाल से उनका एम.ओ. आया था। पैसे मैंने उन्हें उसी दिन दे दिये थे। कल चश्मा लेकर आये थे, दिखाने के लिए। उनका रिजल्ट आउट हो गया है। सबसे अच्छे मार्क्स इंगलिश में हैं। संस्कृत के एक पेपर में बैक है। अदरवाइज सेकण्ड क्लास के मार्क्स हैं।'

छात्रावास आने के लगभग बाद से ही अमित कई तरह की बातें पिता को लिखते रहे। वे उन्हें समझाते रहे। उन्होंने अपने (27.1.1976) के पत्र में उन्हें 'सम्बन्धों में

तनाव या बिगाड़....' पर काफी समझा कर लिखा। उसके बाद पिता ने अपने एक पत्र (30.3.1976) में समझाते हुए लिखा, "सुनो अमित, जीवन में बहुत लोग मिलते हैं, उनमें से बहुत से ऐसे होते हैं जिन्हें हम तो चाहते हैं पर जो हमें न चाहते हों। जो हमें जानते हैं...हमारे निकट हैं वे कभी असन्तुष्ट हुए तो विरोध पर भी उतर आते हैं यह स्थिति अच्छी तो नहीं होती पर हुआ करती है, यहीं सन्तुलित और शान्त मन की आवश्यकता है, शान्ति नया मार्ग दिखाती है और अशान्ति निर्बल और टूटा हुआ छोड़ जाती है, खुली आँखों देखो और अपने पैरों चलो।"

"तुम्हारा सम्बन्ध बड़ा नाजुक है, पूरी तरह मैं जानता भी नहीं तुमने झलक भर मुझे दी थी, उतने से ही मुझे आशंका हो गयी थी, यह बात तुमने कुछ औरों को भी बता दी होगी, बस, इन्हीं में से किसी ने जय से कुछ कह दिया होगा। सम्बन्ध जान मानकर ही जय ने तुम्हें डाँटा होगा। क्षुब्ध होने की कोई बात नहीं। जय का स्वभाव समझो, कम बोलना, झेल जाना यह उनका स्वभाव है। तुमसे भी ज्यादा न बोले होंगे। जाने दो, जब बात ही बदल गयी।"

अमित के हॉस्टल आने के पहले ही यह तय हो गया था कि उनका पैसा पिता मेरे पते पर भेजेंगे। उन्हें पैसा मेरे यहाँ से आ के लेना होगा। समय आने पर उन्हें कष्ट होने लगा। इस कष्ट का उल्लेख उन्होंने पिता से किया। उन्होंने उन्हें अपने एक पत्र में (2.4.1976 के) समझाया, "जय के यहाँ जाने में तुम कष्ट का अनुभव करते हो, यह सम्बन्धों की भावना के कारण है...सम्बन्धहीन भाव से जाओ...पैसे, मैं समझता हूँ, उन्हीं के पते से तुम्हें पाना अच्छा होगा...।" पत्र लम्बा है समझाया और भी है, "जिससे बिगाड़ हो जाय उसे तिरस्कार की भाषा में याद करना अपने को ही बिगाड़ देता है...।"

पिता को अमित ने अपना संस्कृत का डर लिखा होगा। उनसे कुछ श्लोकों के अर्थ भी पूछे थे। पिता ने उन्हें श्लोकार्थ लिख कर पत्र में भेजे और साथ ही पढ़ने की सलाह भी दी (उनका 17.4.1976 का पत्र)। इसके बाद पिता ने अपने (29.5.1976 के) पत्र में उन्हें संस्कृत पढ़ने की सलाह देने के अलावा यह भी लिखा, "यह एक बड़ी बात थी...वर्मा को भी मुझे पहले सूचना देनी थी...तुमने भी अपने को निर्णायक की स्थिति में रख लिया, मेरा ध्यान तक नहीं आया तुम्हें...सम्प्रति बात अब वर्मा के हाथ है...वर्मा को परीक्षा के बाद लिखो। बताओ की मैंने सारा विषय भोपाल लिखा। लिखो भोपाल से मेरे कार्य का समर्थन नहीं हुआ। अब यदि तुम्हारा विश्वास है कि वर्मा तुम्हारी बात मान लेंगे तो अपने हस्ताक्षर वाला कागज वापस मँगा लो। न भेजें तो बैंक से भी अपना नाम वापस ले सकते हो। पर यह काम गम्भीर होगा समझ लो। यह आखिरी कदम होगा।"

"आज रात 8.30 बजे चाचा आये...इलाहाबाद जा रहे हैं...पिछली बार जब मैं दिल्ली गया था तब ये यहाँ आये थे तो मामा से इन्होंने कोई बिजनेस खोलने

का सुझाव माँगा था। उन्होंने इन्हें ट्रैक्टर लेने का सुझाव दिया। दुबारा जब आप आये तो बैंक आफ बड़ौदा से लोन फार्म लेते आये और हॉस्टल में अमित प्रकाश का दस्तखत करा लिया। जब वे चले गये तो शाम को अमित आये और उन्होंने सारी बात बताई। बोले मैंने यह भी कहा कि 'भाई से या पिता जी से पूछ लूँ तब करूँगा।' बोले, 'वे लोग क्या कहेंगे? उन लोगों को कुछ भी मालूम नहीं है। घर पर इस सिलसिले में बात हुई नहीं;' मुझे दिल्ली जाना है। यदि उपेन मेरे साथ गये तो अमित घर पर रहेंगे'' (9.5.1976 का मेरा पत्र)। मेरे सुझाव पर उन्होंने बैंक आफ बड़ौदा के मैनेजर को चिट्ठी भेज दी[12]। आशय था मुझे लोन नहीं चाहिए। काका, बनारस आये। अमित से क्या बात हुई या नहीं हुई यह तो मुझे उन्होंने बताया नहीं। हाँ, अपना क्रोध जरूर मुझ पर उतार गये। मुझे लगा अमित ने उनसे यही कहा कि मैंने भाई के कहने पर चिट्ठी लिखी। अन्यथा वे मुझसे उतने क्रुद्ध न होते। मैं सारा कुछ चुपचाप सुनता रहा। ऐसी छोटी मोटी बातें परिवारों में होती रहती हैं पर यदि वे सम्बद्ध व्यक्तियों की जानकारी में नहीं होतीं तो सन्देह पैदा करती हैं। यों अमित बालिग थे। चाचा ने उनसे तो बात की ही थी, जो भी की हो। खैर, अमित हमेशा दूसरों के लिए कठिनाई पैदा करते रहे।

मेरे एक पत्र में तिथि नहीं है पर शायद मई 1976 का है। इसके बाद आये उषा के पत्र से यही स्पष्ट होता है। मेरे बिना तिथि वाले पत्र में मैंने लिखा था, 'अमित का पत्र है। उनका पाइल्स परेशान कर रहा है। काकी, दोनों पुत्र और बहू घूमने आ रहे हैं। कैसे होगा?' उषा ने अपने (16.5.1976 के) खत में मुझसे पूछा, 'अमित का क्या हाल है? उन्होंने फिर डॉ. को दिखाया या नहीं? क्या कहा, लिखिएगा? उनका एक्जाम तो 24 को खत्म हो जायेगा फिर क्या भोपाल जायेगें? जाने से पहले डॉ. से पूरा चेकअप करा लेना चाहिए। ...टेक नेसेसरी स्टेप्स ऐंड डोंट वरी' (वही, 16.5.1976 का)। इसी क्रम में दो दिन बाद उन्होंने अपने पत्र (18.5.1976 के) में फिर पूछा, 'अमित प्रकाश का क्या हुआ? घर आये या नहीं? गाँव से लोग आये या नहीं?'

मैंने उषा को लिखा (18.5.1976 को), ''चाचा, झुन्नू और पुत्रवधू शाम को आये, परसों (यानी 16.5.1976 को)। कल दोपहर घुमाने ले जाने वाले थे, पर नहीं गये। पुत्रवधू ने मना कर दिया। शाम को सर्कस ले गये। ग्यारह बजे रात आये। शाम को मामा आये। कल ये लोग, मामा और काका 9.30 बजे गये। काका आज परिवार सहित वापस जाने वाले थे पर गये नहीं। सिनेमा देखने के लिए। ...अमित प्रकाश भामा (परिवर्तित नाम) से उन लोगों को सिनेमा ले जाने को कह रहे थे। मैंने मना कर दिया कि 'सिनेमा जाने की जरूरत नहीं है उसके साथ। वह कैसे और क्यों जायेगी? ऐंड व्हाई शुड शी गो' (वही, मेरा 18.5.1976 का पत्र)? कल मैंने इन लोगों को सिनेमा जाने के लिए मना किया था और सो गया था। पर 2.30 के

लगभग नींद खुली तो यह लोग जा रहे थे। मूरत से पूछा तो बोला, 'तुम्हारे भाई के साथ गये हैं' पर अमित दस मिनट बाद वापस आ गये। मैंने उन्हें बहुत डाँटा... गुस्सा सबेरे से था ही। ऊपर से इनकी पढ़ाई लगभग बन्द है इसलिए। गुस्सा इस बात पर और था कि भामा और मंदाकिनी सिंह (परिवर्तित नाम) के साथ भेजने की क्या जरूरत थी? इससे तो अच्छा गधा खुद चला जाता। पर बेवकूफी की हद है। मई 1972 की परेशानी जिस मामले को लेकर हुई थी उसमें शायद फिर से आगे बढ़ने का प्रयास हो रहा था। मेरे घर आते-जाते इस परिवार के सदस्यों से भी उनकी मुलाकात होती होगी। बात होती होगी। असम्भव नहीं पुराने रिश्ते सुधारने के प्रयास किये जा रहे हों? उन बेटी और माँ का जाने का आखिर मतलब क्या था? वे अमित को ओब्लाइज कर रहे थे या मुझे? मुझे तो खैर किसी हाल नहीं। अमित को सम्भव है कर रहे हों पर क्यों? किन्तु पुलिया पर बैठे लड़की के पिता तो मुझे शाम को कुपित ही दिखे। सम्भव यह भी है कि माँ बेटी हमारे सम्बन्ध की जानकारी लेने के उद्देश्य से गयी हों?

इसके बाद मूरत ने मुझसे कहा, 'मुन्नू की औरत कह रही थी कि मूरत तुमको बहुत बर्तन माँजना पड़ता है बहुत खाना बनाना पड़ता है राशन भी बहुत लगता है। कल हम लोग चले जायेंगे।' 10.30 बजे रात आये[13] (मेरा 19.5.1976)। अंततः ये लोग 20 की सुबह गये।

पिता को मैंने अमित के लिए जे.एन.यू. का फार्म लाने की बात लिखी थी। उन्होंने भोपाल से लिखे अपने कार्ड (17.5.1976) में लिखा, 'अमित का दिल्ली का अध्ययन ठीक होगा। पर रिजल्ट अच्छा होना चाहिए...आज ही मैंने (19 मई) दो सौ रुपये मैंने (त्रुटि) एम.ओ. किये हैं। चार-पाँच दिनों में मिल ही जायेंगे। उचित व्यय हो। तुम्हारी माँ की इच्छा है कि अमित आते समय दो किलो लँगड़ा आम कच्चा लेते आयें। इसकी व्यवस्था करा देना। मेरा ख्याल है कि अमित सँभाल से ला सकेंगे" (इस कार्ड का पहला पैरा 17 मई को और शेष 19 मई को लिखा था उन्होंने)।

उषा ने अपने (21.5.1976 के) पत्र में शिकायत की, 'अमित की तबीयत के बारे में तुमने कुछ नहीं लिखा।' इसके बाद मैंने उसे लिखा, 'अमित प्रकाश फिलहाल ठीक हैं। फिसर है, जैसा ऐनो-रेक्टल के डॉक्टर ने बताया था। इलाज वही आयुर्वेदिक और परहेज...अभी यहीं हैं। 2 और 6 को कल्चर की परीक्षा खत्म हो जायेगी, फिर भोपाल चले जायेंगे' (मेरा 25.5.1976 का पत्र), साथ ही लिखा, 'दो साड़ियाँ लीं। अमित प्रकाश का पैसा कल फार्चुनेटली आ गया था। सौ (रुपया) मेरे पास था। अब कल पैसा निकलवाऊँगा। दिल्ली जाने के लिए। अमित प्रकाश को पैसा अब जून में दूँगा' (मेरा 25.5.1976 का दूसरा पत्र)।

अट्ठाइस को सबेरे दिल्ली पहुँचे। सारा काम किया। मामा धूम गये[14]। सेंट स्टीफेन्स, श्री राम कालेज आफ कामर्स, हिन्दू कालेज और जे.एन.यू. गये। अमित

प्रकाश और उपेन वगैरह[15] के लिए फार्म्स लिए (मेरा 29.5.1976 का)। 'सुबह दिल्ली से वापस आये। बाहर ही अमित ने बताया बेफू और कुखू की बहन पैदा हुई है। प्रसन्नता हुई। थैंक यू वेरी मच फार अवर सेकेण्ड डाटर' (मेरा 31.5.1976 का)। 'टुडे वाज द लास्ट एक्जाम आफ श्री अमित। इन ए फियु डेज ही विल गो टु भोपाल। ही इज कांपैरेटिवली वेल नाउ' (मेरा 7.6.1976 का पत्र)। इसके कुछ समय बाद उषा ने मुझसे पूछा, 'अमित तो भोपाल चले गये होंगे' (8.6.1976 का)? मैंने (16.6.1976) को लिखा, 'अमित प्रकाश 14 को भोपाल चले गये।'

पिता के लिखे (19.7.1976 के) पत्र से लगता है अमित 21 जुलाई को वहाँ से बनारस के लिए चले। इसके अनुसार ''उन्हें अपने परीक्षाफल से सन्तोष नहीं है। रीइवैलुएशन कराना चाहते हैं। शायद इससे उनकी श्रेणी द्वितीय हो जाय। वैसे अभी उनके प्राप्तांक 46 प्रतिशत हैं। ...यहाँ हमीदिया कालिज में अंग्रेजी में दाखिला तो उन्होंने ले लिया है पर उनका विचार है यहाँ पाठ्यक्रम बहुत भारी है...'' इसमें उन्होंने आरम्भ में ही लिखा है, ''अपने परिवार में कन्या के जन्म से प्रसन्नता हुई...'' और अंत के लगभग पूछा है, ''बच्ची का अभी नाम तो रखा न होगा फिर भी तुम लोग उसे क्या कहते हो'' (वही)! जुलाई 1976 में यदि अमित ने रीइवैलुएशन कराया तो मुझे उसकी जानकारी नहीं है। यह भी सम्भव है हम देर से बनारस आये हों।

लगभग एक साल बाद मैंने उषा को लिखा, (मेरा 4.6.1977 का पत्र) ''26 तारीख को अमित आये। वैसे वे बनारस 21 तारीख को ही आ गये थे और बिरला में ठहरे हुए थे। किसी लड़के के यहाँ। वहीं रहे। कभी-कभी सुबह या शाम आते थे। 30 तारीख को गाँव गये और पहली को झुन्नू[16] श्रीप्रकाश के छोटे भाई के साथ आये। 3 तारीख को दोनों जने गंगा कावेरी से सुबह सात बजे भोपाल के लिए चल दिये।'' इसे पाने के बाद उषा ने लिखा (10.6.1977 का पत्र), ''अमित गाँव जाकर सबको ले आये, यह तो उन्होंने बड़ा काम किया।''

जून 20, 1977 को मुझे दिल्ली जाना था। हमारी कुछ पुस्तकों का विमोचन होना था। सारा काम किया। वहाँ से 24 जून, 8.30 बजे रात निजामुद्दीन से सदर्न एक्सप्रेस से 25 को सबेरे भोपाल पहुँचा। ''यहाँ बारिश हो रही थी। दिन भर होती रही। अगले दिन भी। मेरा रिजर्वेशन 30 का था। इसलिए रुकना ही था। वाजपेई जी से मिला।''[17]

''एम.पी. से एक कल्चरल डेलीगेशन योरप और यू.एस. जानेवाला है। समटाइम इन आग[स्ट] सेप्टे[म्बर], 77, उसमें शास्त्री जी का नाम भी सेण्ट्रल गवर्नमेंट के ऐप्रूवल के लिए भेजा गया है।[18] इसके पहले एक दूसरे डेलीगेशन में जाने के लिए उन्होंने इसलिए मना कर दिया था (क्योंं) कि उसमें उन्हें संस्कृत विद्वान् के रूप में भेजा जा रहा था। इस बार हिन्दी के लिए है'' (मेरा 1.7.1977 का पत्र)।

पिता इस समय तात्या टोपे नगर के एक छोटे सरकारी फ्लैट में रह रहे थे।

इनके एक पड़ोसी की छोटी बेटी इनसे बहुत हिल गयी थी। इसका नाम था—'चित्रा। चित्रा जाम्बोरकर'। तीन-चार साल की होगी। पिता ने इसपर एक कविता (*ताप के ताए हुए दिन*, पृ. 77-81) इसी समय के लगभग लिखी थी। यह कविता तात्या टोपे नगर के दूसरी-तीसरी मंजिल के इसी फ्लैट में लिखी गयी होगी। इसकी पृष्ठभूमि में चित्रा का बाल सुलभ अपनाया और पिता का यहाँ का निवास है। अपने इस छोटे से यहाँ के निवास में चित्रा से मेरी मुलाकात भी एक-दो बार हुई थी।

नार्थ ईस्टर्न हिल यूनिवर्सिटी, शिलांग, के इतिहास विभाग ने भारतीय मुद्रा परिषद के वार्षिक अधिवेशन का आयोजन किया था। इस कान्फ्रेंस से मैं 6 तारीख की सुबह बनारस वापस आया। लौट कर मैंने उषा को पत्र लिखा। इसमें तिथि नहीं दी है। (बी.एच.यू. पोस्ट आफिस की मुहर स्पष्ट नहीं है। जोरहाट की स्पष्ट है—13.12.1977, इसलिए इसे 7 से 9 दिसम्बर के बीच कभी लिखा गया होगा), "दिन में कालेज जाते समय मल्ल जी[19] से पता चला पिता आये हैं। 5 को यहाँ आये थे। स्टेशन पर किसी के साथ रुके हैं। दिन में कालेज में उनसे मुलाकात हुई। आये थे। सब लोग ठीक हैं। 7 को ट्रेन रिजर्वेशन था। 7 को मैं स्टेशन [उन्हें छोड़ने] गया था। उनकी एक किताब *धरती*[20], इलाहाबाद के नीलाभ प्रकाशन ने छापी है। उसी सिलसिले में प्रयाग आये थे।"

अमित प्रकाश, हिन्दू विश्वविद्यालय से बी.ए. पास हो गये। उन्होंने भोपाल में अंग्रेजी में एम.ए. ज्वाइन किया। स्वयं ज्वाइन किया या पिता एवं अन्य लोगों के सुझाव से कह नहीं सकता। बहरहाल उनकी रुचि एक अरसे से उन्हें पढ़ाई की ओर से पत्रकारिता की ओर खींचे जा रही थी। भोपाल अध्ययन के दौरान ही उन्होंने एक सांस्कृतिक अखबार के एक-दो या कुछ और अंक निकाले थे। उनका भोपाल अध्ययन लगभग दो वर्ष का रहा 1976-77 और 1977-78। इसी समय पिता, शायद 1977 में किसी समय भोपाल छोड़ दिल्ली चले गये। इसके चलते अमित को भोपाल में भी कुछ समय शायद अकेले रहना पड़ा होगा।

पिता ने 17 और 19 मई 1976 के अपने कार्ड में एक बात और लिखी थी, "दिल्ली की चर्चाओं से मेरा कोई परिचय नहीं। लगता है चर्चा ही चर्चा है। दम होता तो मुझे भी सूचना होती। इसलिए कहीं जाने की बात पक्की हुई तो चला जाऊँगा। बहरहाल सूचना के अभाव में मुझे शान्त रहना है।" यह चर्चा केवल 'चर्चा ही चर्चा' नहीं थी। अब लगता है इसमें कुछ तो सच्चाई थी। एम.ए. पास करने के बाद अमित इंदौर से प्रकाशित होने वाले हिन्दी दैनिक[21] में काम करने चले गये। अगस्त 1980 के लगभग दिल्ली गये। एक नया पत्र निकलने जा रहा था उसमें।

इसी समय 1977-78 में कभी प्रसिद्ध कवि, लेखक एवं मार्क्सवादी विचारक डॉ. रामविलास शर्मा अपने पुत्र भुवन मोहन शर्मा के साथ रहने आये। मेरे और भुवन के घर एक ही कालोनी की एक ही लाइन में थे। हम दोनों पारिवारिक

मित्र भी थे, पड़ोसी तो थे ही। सामान्य से अधिक आना-जाना था। प्रतिदिन का, बच्चों के चलते।

बड़े शर्मा जी की दिनचर्या यहाँ भी लगभग आगरा के समान ही थी। यहाँ भी उनसे मिलने आने वाले स्थानीय साहित्यकार या जो उनसे पहले से परिचित थे शाम के ही समय आते थे। मेरे पिता इसके अपवाद थे। उनके आने पर वे लोग किसी भी समय बैठकर बात करते। पिता जब भी उनके यहाँ पहुँच जाते। इसका एक कारण यह भी था कि मेरे पिता दो-तीन दिन के लिए ही आते और इसी में उनको अपने तमाम मित्रों, परिचितों, शिष्यों वगैरह से साहित्य चर्चा करनी होती और काव्य पाठ भी होता। घूमने निकल जाते।

हम दोनों पाँच-साढ़े पाँच बजे कालोनी में टहलने निकलते। कभी घूमते, कभी शर्मा जी के यहाँ बैठ जाते। अंकल रामविलास जी उस समय प्राचीन भारतीय संस्कृति विषयक कोई पुस्तक लिख रहे थे। कभी-कभी किसी-किसी विषय की चर्चा मुझसे करते थे। कभी-कभी कोई पुस्तक माँगते। मेरे पास न भी होती तो लाइब्रेरी से ला के देता। हमारा भुवन के यहाँ शाम के समय जाना हमारे परिवारों का एक स्वाभाविक दैनिक कार्यक्रम सा था। पर यदि हम उनके ड्राइंग रूम में बैठ गये तो वे कभी-कभी अपने कमरे से आ हमारे पास बैठ जाते। कभी उषा से बात करते या फिर मुझसे। उषा भी उनसे साहित्य एवं मार्क्सवाद विषयक अपनी जिज्ञासाओं को ले प्रश्न पूछतीं और वे उन्हें अच्छी तरह समझाते थे।

सात बजे के लगभग दोनों, अंकल और आंटी, हमारे घरों के सामने वाली सड़क पर टहलते थे। आंटी का देहांत वहीं हुआ। दाह संस्कार हरिश्चन्द्र घाट पर हुआ। इसके बाद अंकल शायद अपने बड़े पुत्र के साथ दिल्ली रहने चले गये।

विष्णु जी त्रिलोचन जी को हमेशा लिखने को कहते रहते थे। प्रेरित करते और सुझाव देते रहते थे। उनके लिए प्रकाशकों आदि से बात भी करते थे। दिल्ली से विष्णु प्रभाकर ने अपने कार्ड (8.7.1970 के) में पिता, त्रिलोचन को लिखा, ''भाई विष्णुचन्द्र ने आपसे जो बातें की हैं वे ठीक ही हैं। आप अवश्य ही *नैषध चरित* के आधार पर उपन्यास लिखें चाहें तो *नल चम्पू* और *नलोदय* को भी ले लें। रायल्टी 15 प्रतिशत रख रहे हैं...''

विष्णुचन्द्र शर्मा ने अपने (26.8.1970 के कार्ड में) 'भगवन' त्रिलोचन को लिखा, ''अब एक साप्ताहिक *जागतीजोत* अखबार का सम्पादक हूँ। आपकी कविताएँ-कुंभ प्रसंग के सानेट चाहिए। हर अंक में एक देना है।'' इसके बाद उन्होंने अपने (7.1.1971) पत्र में 'भगवन' को फिर लिखा, ''आपने विष्णु प्रभाकर के पत्र का जवाब नहीं दिया। मैंने उनसे फिर आपकी ही ओर से बात की है। *उत्तररामचरित* की करुणा को आप ही कथा में बाँध सकते हैं। लिखें, मेरी विनती है। आज ही काम शुरू कर दें।'' अमित को लिखे अपने कार्ड (10.10.1971) में उन्होंने लिखा,

"त्रिलोचन जी से कहना अपनी कविताओं का संग्रह करके मेरे पास भेज दें। मैंने दूसरे प्रकाशकों से बात कर ली है *उत्तररामचरित* का कथांतरण मैं उनसे ले लूँगा—तुम याद दिलाते रहना।" एक *नैषध चरित* की बात करता है और दूसरा *उत्तररामचरित* की। इससे कुछ सन्देह पिता को भी हुआ होगा। पर वे इसे दोनों से स्पष्ट कर सकते थे।

त्रिलोचन ने कविताओं का संग्रह शायद भेज दिया। विष्णु जी ने अपने (17.6.1972 के अमित के) पत्र में लिखा, "त्रिलोचन की दिक्कत अभी खत्म नहीं हुई है। प्रकाशकों को भी मैं अभी उनकी पांडुलिपि नहीं दे सका हूँ।..." इसके उपरांत उन्होंने (19.6.1972) के पत्र में अमित को फिर लिखा, "अवधेश और तुम मिलकर (1) वैयक्तिक (2) प्रकृति और प्रेय तथा (3) व्यंग्य (या अन्य) कविताएँ साफ-साफ लिख डालो। प्रकाशकों से सन्तोषजनक उत्तर शायद न मिले। पर त्रिलोचन के तीन संकलन इसी साल छपने चाहिए।" इसके बाद उन्होंने अमित को (21.8.1972) कार्ड में लिखा, "ओमप्रकाश को त्रिलोचन सम्पादित करने के लिए स्वीकृति भेज दो। उनको पहले त्रिलोचन की व्यंग्य कविताओं का संकलन दिया जायेगा। उसके बाद 'त्रिलोचन,' प्रतिनिधि संकलन को जगत शंखधर, प्रो. विजेन्द्र या विष्णुचन्द्र शर्मा संकलित-सम्पादित कर सकते हैं। इस बात पर त्रिलोचन से बात कर लेना। वे खुद सोच लें। ...मैं एक संकलन तैयार करने के बाद जगत जी को दिखा जरूर दूँगा पर उनकी राय पर सम्पादित कराने में एक खतरा है। उसके पक्ष में मैं नहीं हूँ। संकलन में त्रिलोचन की भाषा या शिल्प का तराशा हुआ रूप ही प्रस्तुत किया जाय यह कुछ हद तक 'ड्राइंग रूम मनोवृत्ति' का कलावाद है। जगत और त्रिलोचन में यही थोड़ा अंतर रुचि का भेद है...।"

'भगवन' को विष्णु जी ने (30.8.1972 के) पत्र में लिखा, "मैंने कल यानी 29.8.1972 को श्री ओमप्रकाश, राधाकृष्ण प्रकाशन, को 'हुँडार' की पांडुलिपि भेज दी है। ...पहले आपका एक स्वतंत्र संग्रह वह छाप लें तभी उन्हें प्रतिनिधि संकलन देना चाहिए...इस बीच मैंने 'वैयक्तिक' की पांडुलिपि तैयार कर ली है...भारतीय ज्ञानपीठ...को दे आऊँगा...शीला संधू भी विदेश से लौट आयी हैं...मैं चारुता की पांडुलिपि उन्हें भी दे आऊँगा।" इसके बाद उन्होंने (4.9.1972) अमित को लिखा कि उनके दूसरे संग्रह 'वैयक्तिक' की पांडुलिपि तैयार कर ली है...भारतीय ज्ञानपीठ में पांडुलिपि दे आऊँगा।" उन्होंने (15.9.1972 को) फिर लिखा, "त्रिलोचन जी का पहला संग्रह 'हुँडार' राधाकृष्ण प्रकाशन को दे चुका हूँ। दूसरा [दूसरे] संग्रह 'वैयक्तिक' की पांडुलिपि 16.9.1972 को...भारतीय ज्ञानपीठ कार्यालय में दे आया था। तीसरा (तीसरे) संग्रह का नाम 'चारुता' न रखकर *अरधान* कर दिया है उसे तुम्हारा जवाब मिलते ही राजकमल प्रकाशन में दे आऊँगा।" उन्होंने (9.10.1972 के) पत्र में फिर लिखा, "त्रिलोचन जी कहानी लिखें या राजनीतिक नाटक। गाँव के रेखाचित्र या तंगी की रपट। कुछ लिखें। चुप क्यों हैं?" इसके उपरांत उन्होंने

(29.11.1972 को) लिखा, ''त्रिलोचन जी गाँव के रेखाचित्र और 'अखबारी भारत' स्तम्भ भी इसी जोश में लिख भेजें,'' इसी में उन्होंने आगे लिखा, ''उत्तर भारत की बोलियों का रचनात्मक साहित्य-चयन त्रिलोचन जी करना शुरू कर दें। ...सम्पादक वही रहेंगे...10 प्रतिशत रॉयल्टी रहेगी।'' इसके बाद (23.1.1973) के पत्र में उन्होंने 'भगवन' को लिखा, ''आपने प्रकाशक को झाँसी आने की स्वीकृति का खत नहीं लिखा है...वहाँ पहुँच जाय। मैंने आज फिर...लिखा है...मैंने 'अवधी कोश' और 'निराला विचार कोश' की बात प्रकाशक को लिख दी है आप *'संस्कार'* का सम्पादन कर लें। उसे फरवरी में प्रेस में देना है। औपचारिक बातें मैं कर लूँगा। आपको 200 माहवार काशी में मिलता रहेगा। 6 माह में अवधी कोश और 6 माह में निराला विचार कोश की पांडुलिपि तैयार करनी है, यह अभी मन में पक्का कर लें।''

ऐसे ही किसी कोश के बारे में उन्होंने पहले कभी विष्णु जी से कहा होगा, प्रकाशकों से बात करने के लिए। सम्भवतः ऐसी ही किसी बात या खत के जवाब में विष्णु जी ने उन्हें अपने खत (22.10.1966) में लिखा था कि 'कोश के काम में प्रकाशक जल्दी में नहीं है।'

विष्णु जी दिल्ली में और उन्हीं के एक पत्र के अनुसार ठाकुर (प्रसाद सिंह), लखनऊ में उनके लिए काम भी तलाश कर रहे थे। वैसे त्रिलोचन *जनवार्ता* दैनिक में काम कर तो रहे थे पर पेमेण्ट रेगुलर नहीं था। संग्रह छपाने और अन्य लेखन के सुझाव उनकी आर्थिक स्थिति सुधारने और उन्हें व्यस्त रखने के लिए थे।

पिता कवि थे। साथ-साथ विद्वान थे। पर थे वे मुख्यतः व्याख्याता। व्याख्यान कभी भी साहित्य के किसी भी पक्ष पर दे सकते थे। (चीर-भरा पाजामा, सानेट में आता है...'ओजस्वी वाग्धारा बहती है...' *उस जनपद का कवि हूँ*) वे लेखक नहीं थे। उन्होंने जो भी लेख, कहानी, समीक्षा आदि लिखे वे सब प्रायः दबाव में लिखे थे—कुछ सम्पादकीय-प्रकाशकीय दबाव में, तो कुछ मित्रों के दबाव में। इस समय वे इन सब दबावों से मुक्त थे। विष्णु जी बनारस में थे नहीं। कोई और उनसे बिठाकर या बोलकर लिखवाने में सक्षम नहीं था। इसके विपरीत जब कविता लिखनी होती तो तुरन्त बैठ जाते लिखने। उसमें कभी देर न करते। कभी नहीं, कहीं नहीं। कक्षा और बस वगैरह में भी नहीं। इसी से मुझे लगता है वे कवि थे। पूर्णरूपेण कवि और विद्वान्। उनकी 'ओजस्वी वाग्धारा' के श्रोता कभी उनके छोटे-बड़े व्याख्यानों को लिख सकेंगे क्या? मुझे नहीं लगता।

मैंने अपनी 1977 की अन्तिम चिट्ठी (14.12.1977) में लिखा था कि मैं बनारस से 22 या 24 दिसम्बर को चलूँगा। जोरहाट से हमारा वापसी का रिजर्वेशन 28 या 29 दिसम्बर का कराना। इस चिट्ठी के मिलने से पहले उषा ने लिखा (18.12. 1977 का) 'तुम्हारी कोई चिट्ठी नहीं आ रही है। जल्दी लिखो, मेरे बनारस आने का प्रोग्राम बनाकर, नहीं तो देर हो जायेगी। सेण्ट जांस का भी'।

हमारे संयुक्त जीवन के प्रथम दशक के ये बचे हुए पत्र हैं। इसके बाद हमारे जीवन का वह समय आरम्भ होता है जिसमें हम और हमारे बच्चे साथ रहने लगते हैं। यात्रा करते हैं तो साथ करते हैं। कहीं जाते हैं तो साथ जाते हैं इसलिए कुछ वर्षों के पत्र नहीं हैं। मैं कहीं अकेले जाता-आता था तो यदा-कदा पत्र भी लिख देता था। पर 1978 से 1980 का ऐसा भी कोई पत्र उपलब्ध नहीं है।

इसी बीच 1978 में हम कई सहयोगी एक साथ विभाग में रीडर नियुक्त हो गये। हमारी पेशेवर राजनीति का एक चक्र समाप्त हुआ। इसके बाद ही आरम्भ हो गया हम सबका प्रोफेसर बनने का प्रयास और शुरू हो गया एतदर्थ राजनीति का दूसरा चरण। इसकी यहाँ खास जरूरत नहीं है।

सन्दर्भ एवं टिप्पणियाँ

1. विष्णुचन्द्र शर्मा के तीन भाई और तीन बहनें थीं। सत्याजी महेश चन्द्र शर्मा से बड़ी थीं। सेण्ट्रल हिन्दू गर्ल्स स्कूल, कमच्छा में अध्यापिका थीं।
2. प्रोफेसर बच्चन सिंह, हिन्दी विभाग, बी.एच.यू. से प्रोफेसर हो रिटायर हुए।
3. चन्द्रकुमार जी *'आज'* दैनिक से सम्बन्धित थे।
4. बच्चा साव बहुत बूढ़े हो चले थे। दुकान के सामने बस लेटे या बैठे रहते थे। दुकान का सारा काम उनका बेटा उमा साव देखता था। बच्चा साव से लोग हड्डी, मोच वगैरह बैठाने या इलाज के लिए भी आते थे।
5. डॉ. गलगली बाद में प्रोफेसर हुए। इनका घर भी जामुनवाली लाइन में था। इनके यहाँ आनेवाले बहुत से लोग गलती से मेरे यहाँ आ जाया करते थे। इनके यहाँ प्रायः सुबह-शाम परेशान लोग अपना भविष्य जानने के लिए भीड़ लगाए रहते थे। कोई न होता तो घर के सामने की सड़क पर घूमते रहते। सामना होने पर हमें, खासकर उषा को, घर बुलाते थे।
6. इनमें सत्याजी, उनकी दोस्त श्यामा जी और तीसरी का नाम तो अब याद नहीं पर शायद इन्हीं के स्कूल की अध्यापिका थीं।
7. नेशनल डिफेंस अकेडेमी।
8. अमित आसाम फरवरी-मार्च 1975 में गये। जोरहाट भी एक-दो दिन थे।
9. इस समय मैं दूसरे कामों में व्यस्त था, पुस्तकों में ही। नया काम लेने से पहले काम में विलम्ब की सम्भावना थी। इसलिए मैंने इस पर ध्यान नहीं दिया।
10. इसके बाद से उषा को ट्रेन छूटने के सपने प्रायः आने लगे। ऐसे सपने उन्हें कई साल तक आते रहे।
11. उन्हें बिरला छात्रावास में कमरा मिला।
12. मैंने उनसे कहा था कि बैंक आफ बड़ौदा की सम्बन्धित शाखा के मैनेजर को रजिस्ट्री चिट्ठी भेजो। उन्हें लिखो मुझे 'लोन' नहीं चाहिए। मेरे नाम से आनेवाली कोई एप्लीकेशन मेरी नहीं है। वे अपने या श्रीप्रकाश के नाम से 'लोन' ले लेंगे। उन्हें पहले ही यही करना चाहिए था।
13. गिरिजा देवी का यह प्रलाप सम्भवतः मेरे व्यवहार के जवाब में था। पर मेरा व्यवहार उन लोगों के आने, रहने और खाने-पीने पर नहीं था, अमित की बेवकूफी पर था। गाँव के लोग ऐसा ही उल्टा-पुल्टा सोचते-समझते हैं।
14. धूम-दादरी (गाजियाबाद के पास का) गाँव। मामाजी रावल साहब से मिलने और लड़कों का पता

लगाने गये थे। जे.पी. सिंह के उपरांत यू.पी. कालेज के प्रिंसिपल हो आये महेन्द्र प्रताप इसी गाँव के थे और रावल साहब के चाचा (?) पद में सम्भवतः थे।

15. उपेन, नागेश और अमित भी दिल्ली में एडमिशन लेने की सोच रहे थे। नागेश कामर्स में जाना चाहते थे। सबके फार्म्स अभी मिल नहीं रहे थे।
16. अरुण प्रकाश का घर का नाम झुन्नू था।
17. श्री अशोक वाजपेयी, आई.ए.एस., प्रशासक, हिन्दी कवि और लेखक। उस समय मध्य प्रदेश में संस्कृति विभाग में सचिव थे।
18. यदि यह डेलीगेशन गया तो सम्भवतः पिता का नाम ऐप्रूव नहीं हुआ।
19. दुबले पतले और लम्बे विजयशंकर मल्ल हिन्दू विश्वविद्यालय के हिन्दी विभाग में थे। इनका क्वार्टर मेरे घर के पीछे वाली लाइन के सामने सड़क पार के घरों की पंक्ति में था। पिता के पुराने साथियों में थे। पिता इनके यहाँ आते-जाते भी थे। 5 तारीख को मेरा घर बन्द देखकर पिता इनके यहाँ गये होंगे।
20. *धरती* (1977) अब लगभग बत्तीस साल बाद दुबारा छपी थी।
21. इस दैनिक का नाम शायद *नयी दुनिया* (?) था।

मॉडल टाउन-3

...मॉडल टाउन तीन/एक घर/...मैं भी इस घर में/स्वीकृत हूँ।

अरघान, पृ. 83

कवि और चित्रकार, शमशेर बहादुर सिंह, दिल्ली विश्वविद्यालय के उर्दू विभाग के कोश अनुभाग में काम कर रहे थे। आँख की तकलीफ के चलते उन्होंने त्याग पत्र दे दिया। इससे जो स्थान रिक्त हुआ उस पर नियुक्ति हुई त्रिलोचन शास्त्री की। शमशेर जी मॉडल टाउन में ही रहते थे। शमशेर जी और पिता त्रिलोचन मित्र भी थे। पिता ने उर्दू विभाग के उर्दू-हिन्दी द्वैभाषिक कोश में ज्वाइन करने के बाद अपने रहने के लिए मॉडल टाउन में ही एक सरदार जी के घर के ऊपर का एक कमरा लिया, जिसे दिल्ली में बरसाती कहते हैं। सरदार जी के इस घर से शमशेर जी का घर पास था। उर्दू विभाग से हटने के बाद भी शमशेर जी यहाँ कई महीने रहे।

पिता और शमशेर जी मॉडल टाउन में पास-पास रहे तो प्रायः मिलते भी रहे। एक-दूसरे के यहाँ आते-जाते रहे। साहित्य चर्चा करते और काव्यपाठ भी कभी-कभी करते रहे। मैं भी कभी-कभी दिल्ली अपने किसी-किसी काम से, एक-दो दिन के लिए जाया करता था। मॉडल टाउन में शमशेर जी के रहते मैं दो बार दिल्ली गया था। दोनों बार पिता के साथ ही ठहरा था। दोनों बार शमशेर जी के यहाँ भी गया था। पिता के साथ।

शमशेर जी के प्रयास से मेरी माँ ने यहीं पढ़ना शुरू किया। धीरे-धीरे अखबार वगैरह पढ़ने लगी। शमशेर जी जब भी आते उन्हें थोड़ी देर पढ़ाते अवश्य और अपनी बातचीत भी करते जाते थे। माँ को पढ़ाने का प्रयास पिता ने चिरानीपट्टी में भी किया था। पर वह चल नहीं पाया। नगवा पर, मस्जिद के पास, शान्ति भवन में रहते दुबारा भी पढ़ाने का प्रयास किया था उन्होंने। उनका यह प्रयास भी असफल रहा। मुख्य कारण था उनका पढ़ाना कभी नियमित नहीं रहा। अनियमितता ही मुझे इसका मुख्य कारण लगी। इसके विपरीत शमशेर जी ने कुछ दिनों की नियमितता से यह कार्य कर दिया था।

अब तो मुझे ठीक-ठीक याद नहीं पड़ता पर शायद मैंने सागर विश्वविद्यालय

में प्रोफेसर के पद के लिए आवेदन दिया था। इस विषय में मैंने पिता को अशोक वाजपेयी से बात करने के लिए भी लिख दिया। पिता ने मॉडल टाउन से लिखे अपने (9.12.1980) पत्र में लिखा, "तुम्हारा पत्र समय पर मिल गया था...भोपाल मैं जाते-जाते रह गया। स्टेशन पहुँचने पर मालूम हुआ कि आरक्षण वाली ट्रेन कैंसिल कर दी गयी है...राजनाँद गाँव में...एक आयोजन...26, 27 और 28 दिसम्बर को निश्चित है...जाऊँगा...मैं आयोजन से निवृत्त होकर भोपाल में एक-दो दिन रुककर तुम्हारे विषय में अशोक वाजपेयी से बात करूँगा...क्या तुम्हें साक्षात्कार के लिए कोई पत्र सागर से मिला। मिला हो तो...पहले भी जा सकता हूँ।" इस पत्र का मैंने जवाब दिया। पिता ने मुझे फिर लिखा (22.9.1980 को), "तुम्हारा पत्र...तुमने सागर में आवेदन के विषय में मुझे लिखा था और अशोक वाजपेयी से बात करने के लिए कहा था। 27 अगस्त को वे यहाँ आये थे...लोगों से इतने घिरे रहे कि बात करने के लिए आवश्यक एकांत नहीं मिल सका। यदि देर न हुई हो तो मैं इस काम के सिलसिले में भोपाल जा सकता हूँ। वहाँ समय मिल जायेगा। मुझे तुरन्त लिखो जिससे मैं वैसा कर सकूँ।" स्पष्ट है पिता ऐसे किसी काम के लिए अनुपयुक्त व्यक्ति थे। ऐसी बातों के लिए समय निकालना पड़ता है। एकांत लेना पड़ता है। मैंने भी इसमें रुचि नहीं ली। इसमें उन्होंने दो बातें और लिखी थीं, "ठाकुर साहब *ताप के ताए हुए दिन*[1] पढ़ रहे हैं, यह लिखकर तुमने मेरे[रा] उत्साह बढ़ाया। ...मेरी कविताओं की एक किताब छप रही है। नाम है *शब्द*। इसमें 1962 की 1 जनवरी से 10 अप्रैल तक लिखे हुए मेरे सानेट हैं। शायद अगले मास तक तैयार हो जाय"।

मैं कभी-कभी दिल्ली जाता रहता था। जब भी जाता तो प्रायः वहीं मॉडल टाउन में ठहरता था। जाना भी दो-तीन दिन का होता था इसलिए वहीं रह भी जाता था। जून 1981 में भी गया था। जून 8 की सुबह पहुँचा और 11 की सुबह बनारस वापस आ गया। इस बार मॉडल टाउन में नहीं ठहरा था, पर मिलने के लिए तो गया था। माँ-पिता से भेंट भी हुई थी।

इसके ग्यारह दिन बाद, 22 जून को रास्ते में अवधेश प्रधान से भेंट हुई। रास्ते में विभाग के पास मिले थे। हालचाल के बाद, "उन्होंने पूछा कि अमित जी का विवाह सुना 8 जुलाई को है? अभी-अभी सुल्तान[2] कह रहा था। शादी बहुत सादे ढंग से हो रही है और निमंत्रण वगैरह भी नहीं छप रहा है। पर सुल्तान को चिट्ठी में आने के लिए लिखा है। मैंने कहा मुझे तो पता नहीं है अभी तक पर सुल्तान के पास चिट्ठी आयी है तो ठीक ही होगा। वैसे यहाँ आकर मैंने चिट्ठी लिखी है कुछ दिन में सूचना आ जायेगी... मुझसे सुल्तान से मुलाकात नहीं है। पर ठीक ही होगा" (मेरे 23.6.1981 के पत्र से)। मुझे नहीं पता दिल्ली में मुझसे किसी ने इस विषय पर बात क्यों नहीं की? उस समय तक विवाह तय नहीं था या घर में विरोध था क्या? दोनों ही सम्भावनाएँ सही हो सकती हैं।

कुछ दिन बाद मुझे इस विवाह के बारे में कुछ और जानकारी भी मिली। मैंने उषा को लिखा, "कल मैं सत्या जी के यहाँ गया था। वहाँ से डॉ. जे.एस. शर्मा के घर भी गया। मिसेज शर्मा (शीला जी) ने अपनी दूसरी बेटी उर्मिल को बुलाया। उर्मिल के पति की बहन से अमित का विवाह 8 जुलाई को हरिद्वार में है। बारात के ठहरने का इंतजाम वहीं गुरुद्वारे में किया गया है। 8 तारीख को सबेरे विवाह है, आर्य समाज मन्दिर में...शाम को बारात का रिसेप्शन है। 8 तारीख को ही रात में 11 बजे बारात ट्रेन से दिल्ली लौट जायेगी। इतनी सूचना मुझे वहाँ मिली। ...कुछ समझ में नहीं आ रहा है क्या करूँ? वैसे सोचता हूँ आज हरिद्वार का 6 तारीख (जुलाई) का रिजर्वेशन करा लूँ, अपना, तुम्हारा, बेफू और कुखू का। हम लोग 7 जुलाई को हरिद्वार पहुँच जायेंगे। बारात 8 की सुबह आयेगी। ...प्रोग्राम मुझे लगभग जबरन बनाना पड़ रहा है।..." पत्र के अंत में लिखा है, "मिसेज उर्मिल ने बताया कि अमित की चिट्ठी यहाँ आयी थी, उस लड़की के पास कि मेरे भाई वहाँ हैं उनसे मिल लो। उसने कहा कि मैं कैसे मिलने के लिए जाऊँ" (मेरे 27.6.1981 के पत्र से)? अमित को यदि उसे हमसे मिलाना था तो स्वयं बनारस आते और मिलाकर जाते। अन्यथा हमें उससे जाकर मिलने को लिखते। पर नहीं उनका दिमाग सही सोच से हमेशा ही थोड़ी दूर रहा।

इसके बाद ही कभी मैंने जो पत्र लिखा था उसका जवाब आ गया। इसमें माँ ने साड़ियों के अलावा भी कुछ सामान मँगवाया था। सारा सामान विवाह के समय के लिए ही था। इसके साथ और पाँच बनारसी साड़ियाँ ले मैं सीधे हरिद्वार गया। मैं वहाँ बेवकूफ की तरह 7 तारीख को पहुँच गया। खैर मुझे किसी ने गुरुद्वारे पहुँचा दिया। विवाह हो गया। मैं बारात के साथ दिल्ली होते बनारस आया। उषा और बच्चों को बाद का रिजर्वेशन मिला था। वे बाद में सुधांशु राय चौधरी के साथ आये।

मुझे लगता है सब इस विवाह के पक्ष में नहीं थे—खासकर माँ। पिता तटस्थ रहे होंगे। अमित ने इसे स्वयं तय किया। धीरे-धीरे सब तैयार होते गये। जब विवाह हो गया तो सबने स्वीकार भी किया। अमित यमुना विहार रहने लगे। माँ को इस विवाह को स्वीकार करने में कुछ समय अवश्य लगा—मानसिक स्तर पर। काफी समय तक वे विष्णुचन्द्र शर्मा को इस विवाह के लिए दोष देतीं रहीं। इससे अधिक कुछ नहीं। दोष इसमें किसी का नहीं था। अगर था तो समय का। सारा कुछ बदल रहा था, बदलते समय के साथ।

इसी के लगभग दिल्ली से *उस जनपद का कवि हूँ* (1981 में) प्रकाशित हुआ। इससे थोड़ा पहले पिता के दो अन्य कविता संग्रह *ताप के ताए हुए दिन* और *शब्द* (1980) छप चुके थे। साहित्य अकादेमी का पुरस्कार उन्हें 1982 में *ताप के ताए हुए दिन* पर मिला। *दिगंत* का दुबारा प्रकाशन दिल्ली से 1983 में हुआ।

दिसम्बर 1983 में मुझे तार मिला, 'फादर सफर्ड हार्ट अटैक, सीरियस कम'।

मैं दिल्ली चला गया। पिता इंटेन्सिव केयर में थे। मैं उन्हें बाहर खड़े-खड़े शीशे की खिड़की से देर तक देखता रहा। इसके एक दिन बाद उन्हें होश आया। स्थिति सामान्य होने लगी तो उन्हें इण्टेन्सिव केयर से शिफ्ट कर दिया गया। मैंने मॉडल टाउन से उषा को अंग्रेजी में पत्र लिखा, पिता की हालत ठीक है। उन्हें इण्टेन्सिव केयर से ग्राउण्ड फ्लोर के रूम 21 में रखा गया है। हरदम बात करने का प्रयास करते हैं। बार-बार चुप रहने के लिए कहना पड़ता है। पेशाब के लिए बाथरूम जाना चाहते हैं मेरे न रहने पर किसी की नहीं सुनते। डॉ. ने सब कुछ बिस्तरे पर करने को कहा है। मैंने अपनी छुट्टी बढ़ाने के लिए पत्र और तार भेज दिया है (मेरा 19.12.1983 का पत्र)।

दिल्ली पहुँचने पर पता चला किसी काम से भोपाल गये थे। वहाँ से वापस दिल्ली के लिए रेलवे स्टेशन आये तो ठीक महसूस नहीं कर रहे थे। जो सज्जन उन्हें छोड़ने आये थे उन्हें वापस गेस्ट हाउस चलने का सुझाव दे रहे थे। पिता ने कहा वे चले जायेंगे। फर्स्ट क्लास में रिजर्वेशन था। बर्थ ऊपर की थी। ऊपर चढ़ नहीं पा रहे थे। एक सहयात्री ने अपनी नीचे की बर्थ उन्हें दी और स्वयं ऊपर जा सोए। ट्रेन में सोए या नहीं या सोते-जगते रहे कुछ पता नहीं। ट्रेन से उतर तो गये किसी तरह दिल्ली स्टेशन, पर चल नहीं पा रहे थे। शायद उन्हीं सहयात्री ने उन्हें उतरने में सहायता की और बाद में सहारा दे उन्हें स्टेशन से बाहर लाये और टैक्सी में बिठा मॉडल टाउन भेजा। इसके बाद अपने घर गये। अन्दाज था बाद का कि उन्हें हार्ट अटैक भोपाल स्टेशन पर या फिर ट्रेन में हुआ होगा।

घर, मॉडल टाउन, आ ऊपर जाने के लिए सीढ़ियों की ओर बढ़ रहे थे। मकान मालिक सरदार जी की पुत्रवधू की नजर उन पर पड़ी। वे उनके पास आयीं। उन्हें सहारा दे ले जा अपने ड्राइंग रूम में बिठाया। पुत्रवधू स्वयं डॉ. थी। उन्होंने तुरन्त फोन किये। एम्बुलेंस आयी और सोफे पर बेहोश पड़े त्रिलोचन जी, मेरे पिता, तीरथराम अस्पताल के इंटेन्सिव केयर में पहुँच गये। डॉ. मित्तल इलाज करने लगे।[3]

ज्यादाकर अस्पताल मैं ही आता-जाता था। देर तक वहीं रहता। माँ प्रायः शाम के समय आती थीं। लगभग तीन बजे। अमित आते थे, जाते थे, बैठते भी थे। उनकी पत्नी प्रेग्नेण्ट थीं। एक छोटा बच्चा था। घर का सारा काम करतीं और समय निकाल कर आती-जाती थीं। पिता की बीमारी के समाचार से बहुत सारे लोग, स्थानीय साहित्यकार, मिलने और हालचाल जानने अस्पताल आने लगे। आने वालों में साहित्यकार, मित्र, प्रकाशक वगैरह ही ज्यादातर आते थे। आते तो बातें करते। इसके चलते पिता को भी बात करनी होती। करते भी। उन्हें याद दिलाना पड़ता, डॉ. ने बात करने को मना किया है कभी मान जाते, कभी न मानते। ऐसे में चुप कराना पड़ता। इसी की पृष्ठभूमि में बाद में उन्होंने एक कविता लिखी :

'मित्रों से बात करना अच्छा है
और यदि मुँह से बात ही न निकले तो
उतनी देर साथ रहना अच्छा है
जितनी देर मित्रों को
यह चुप्पी न खले'।   तुम्हें सौपता हूँ

भोपाल से दिल्ली तक तमाम जाने-अनजाने लोगों के आकस्मिक और अनाकस्मिक सहयोग और बहुत सारे लोगों की शुभकामनाओं, डॉ. मित्तल के इलाज और उनके सहयोगियों की देख-रेख के चलते पिता को अस्पताल से छुट्टी देने का समय आ गया। डॉ. मित्तल ने दवा के साथ-साथ हिदायतें भी दीं। उन्होंने कहा दवा नियमित लेनी होगी और हमेशा लेनी होगी। आराम करना होगा और समय-समय पर चेक अप कराते रहना होगा। हम लोगों को उन्होंने अलग से भी समझाया। उन्हीं से पता चला पिता को 'मैस्सिव' हार्ट अटैक हुआ था। अपनी 'विल पावर' से ही शायद बचे। आगे थोड़ी सावधानी बरतनी पड़ेगी।

पिता घर मॉडल टाउन, वापस आ गये। आराम करना था। कहीं आना-जाना नहीं था फिलहाल। मैं भी एक-दो दिन बाद बनारस वापस आ गया। मेरे वापस आने के बाद ही उषा, मृगांका और रिपुंजय जोरहाट गये। गायत्री का आई.सी.एस. ई, टेन्थ फाइनल था, इसलिए नहीं गयी। मेरे साथ रही।

जनवरी 10, 1984 को मैं बनारस से हैदराबाद गया। जनवरी 12 को मैंने अभी बन रहे इस केन्द्रीय विश्वविद्यालय के वीरान पहाड़ी क्षेत्र, शहर से इसकी दूरी वगैरह के बारे में उषा को लिखा था। मुझे हैदराबाद केन्द्रीय विश्वविद्यालय में इतिहास विभाग में प्रोफेसर के पद के लिए होने वाला साक्षात्कार देना था। मैं इसी कार्य के लिए इतनी लम्बी यात्रा बिना रिजर्वेशन के करके आया था। बैठे-बैठे इतनी लम्बी यात्रा करके आने के कारण मेरी तबीयत खराब हो गयी थी। मुझे बैठने में भी परेशानी हो रही थी। 13 जनवरी को मेरा साक्षात्कार चालीस मिनट तक चला। मुझसे बैठा नहीं जा रहा था इसलिए मैंने विशेषज्ञों आदि की अनुमति ले खड़े-खड़े ही साक्षात्कार दिया था। तारीख 15 की शाम भीषण बारिश में बनारस पहुँचा और उसी वर्षा में आटो ले घर आया (16.1.1984 के मेरे पत्र से)।

मेरे एक पड़ोसी और मित्र भुवन मोहन शर्मा[4] के यहाँ मेरी बेटी रह रही थी। उनकी बेटी मेरी बेटी के साथ ही थी। मेरा खाना-पीना भी वहीं होने लगा। बैठ पा नहीं रहा था। इसलिए या तो खड़ा रहता या लेटा रहता। बैठने पर शरीर का सारा भार बायीं ओर देने से ही बैठ पाता था। कुछ समझ नहीं पा रहा था क्या करूँ? मैंने उषा को पत्र (19.1.1984 को) लिखा, ''आई ऐम सिक, राइट फ्राम हैदराबाद आई ऐम सिक...टुडे आई विल गो टु द हास्पिटल...डोंट थिंक विल बी एबल टु गो

टु डेलही फोर द मैरेज...आई वांट यू टु कम राइट नाउ...नाट सेन्डिंग ए टेलीग्राम ओनली बिकाज एव्रीवन विल बी अपसेट। ट्राई टु कम ऐट द अर्लियेस्ट, डोंट स्टे ऐन एकस्ट्रा मिनट''। हास्पिटल में डॉ. मेहरा[5] से मिला। उन्होंने दो दिन बाद बुलाया ऐप्सिस के आपरेशन के लिए। दो दिन और तकलीफ उठानी पड़ेगी। सोचता घर आया। लेटा रहा।

उसी शाम, तीन बजे करीब डॉ. सविता शर्मा[6] घर आयीं, किसी काम से। दरवाजा खोला, अन्दर बुला, बैठाया। बातचीत करने का प्रयास कर रहा था। उन्हें मेरी तकलीफ का अन्दाज हो गया, बोलीं, ''सर आपको तो बहुत तकलीफ है? मैं आती हूँ डॉ. शुक्ला को लेके।'' मेरे सब बताने के बावजूद वे मानी नहीं और आधे-एक घंटे के बाद डॉ. एच. एस. शुक्ल[7] ने मेरे बेडरूम में मुझे एक्जामिन किया। लगता है किसी ने उन्हें मेरे घर आते देखा और पहचान लिया। या शायद संयोग मात्र होगा। मेरे एक दूसरे पड़ोसी और मित्र प्रोफसर कर्ण सिंह जी[8] आ गये। मेरी बेटी गायत्री आ गयी। सविता जी थीं ही। सबने आपस में बात कर मुझे अस्पताल में भर्ती करने का निर्णय ले लिया। मैंने कहा भी 'दो दिन रुकने में क्या हर्ज है? कैसे होगा? उषा है नहीं?' प्रो. कर्ण सिंह ने कहा, 'आपरेशन डॉ. को करना है। बाकी सारा काम हम लोग कर लेंगे। तार भेज देंगे, उषा जी आ जायेंगी। आपको क्या करना है? बस लेटे रहना है, लेटे रहिएगा कुछ दिन'। उनके इस तर्क ने सबका संशय समाप्त कर दिया। मुझे उसी समय ले जाकर सबने सर सुदंरलाल अस्पताल के प्राइवेट वार्ड में भर्त्ती कर दिया। रात 11 बजे के बाद मुझे आपरेशन थिएटर से मेरे कमरे में लाया गया।

मेरे साथ रात में प्रोफेसर कर्ण सिंह रहते थे। दिन में मेरी बेटी। खाना वगैरह शर्मा जी के यहाँ से आता। कभी शर्मा जी तो कभी कर्ण सिंह लाते थे। आपरेशन के बाद फोन से जोरहाट सूचना दे दी गयी। उषा भाई की बारात के साथ आयी और दिल्ली न जा मुगलसराय में उतर कर मेरे पास आ गयी।

पिता ने बीमारी से ठीक होने के बाद डॉ. की अनुमति से छः फरवरी 1984 से अपने कार्यालय (उर्दू विभाग) जाना शुरू किया (पिता के 18.2.1984 को आरम्भ किये, किन्तु 12.3.1984 को पूरा किये गये पत्र से)। इसी पत्र के दूसरे अंश में उन्होंने मुक्तिबोध सृजन पीठ पर अपनी नियुक्ति के साथ-साथ उर्दू विभाग से कार्य मुक्ति की सूचना के साथ ही 2 अप्रैल से सागर विश्वविद्यालय में कार्यारम्भ की सम्भावना भी व्यक्त की थी। उर्दू विभाग से कार्य मुक्ति के बाद और सागर जाने से पहले पिता मॉडल टाउन का घर छोड़ यमुना विहार शिफ्ट कर गये। यहाँ से सादतपुर नजदीक था। इसमें उनके कः मित्र रहते थे—नागार्जुन, विष्णुचन्द्र शर्मा आदि। इसके बाद ''27 मार्च को कलिंग एक्सप्रेस से माँ और वाचस्पति उपाध्याय के साथ'' पिता 28 तारीख को साग़र पहुँचे, सृजन पीठ का कार्यभार सँभालने

(28.3.1984 के पिता और वाचस्पति के एक ही अंतर्देशीय में दो पत्र)। इसके शीघ्र ही बाद वाचस्पति अपने कार्यस्थल वापस चले गये।

मई के आरम्भ में कर्ण सिंह जी हमेशा अपने घर जोधपुर जाया करते थे। हम लोगों से कई वर्ष से साथ चलने का आग्रह भी कर रहे थे। इस बार हमारा प्रोग्राम भी उनके साथ का बना था। बनारस से हम सब आगरा आये। यहाँ रुककर मुख्य रूप से किले और ताजमहल को हमने तीसरी-दूसरी बार और दोनों के बच्चों ने पहली बार देखा। बच्चों को तो खूब मजा आ रहा था। उन्हें देखने की अपेक्षा खेलने में अधिक आनन्द आ रहा था। आगरा से जयपुर, वहाँ से उदयपुर और अंत में जोधपुर। दो राजपूत परिवार (चौहान और राठौर) मुख्य रूप से किलों, संग्रहालयों और महलों में घूमते अपने अतीत से रू-ब-रू हो रहे थे। हमारे इस भ्रमण का अंत जोधपुर से होना हमारे लिए विशेष महत्त्व का रहा। कर्ण सिंह जी जोधपुर के ठिकानेदार थे, राव राजा उदय सिंह जी के पुत्र। यहाँ उन्हें सब जानते थे। उनके साथ किले जाना अपने आप में एक अनुभव था। यहाँ लगभग हर कोई उन्हें जानता था और उनके जरिए अब हमें भी जान रहा था। दो-तीन दिन उनके घर रहकर हम कर्ण सिंह जी, आरती जी और उनकी बेटी कुंचू (कीर्ति सिंह) और बा (कर्ण सिंह की माँ) से विदा ले दिल्ली आये। यहाँ सब से मिल-मिला कर शाम के समय बनारस के लिए ट्रेन से चल दिये।

परेशानी आम आदमी की

बनारस आकर जोरहाट का रिजर्वेशन जून (1984) के पहले सप्ताह की किसी तारीख का कराया। गर्मी से सबका बुरा हाल था। जाने से पहले दिन शाम को लंका गया आटो तय करने ताकि वह सुबह घर आ हमें मुगलसराय ले जाय। कई आटो वालों से बात की। कोई तैयार न हो, जाने क्यों? ऐसा तो कभी हुआ नहीं? आखिर मैंने एक से पूछा, 'क्या बात है जी? क्यों कोई तैयार नहीं हो रहा है?' उसने कहा, 'साहब फौज आ गयी है पांटून ब्रिज तोड़ दिया है। कैसे जायेंगे?' मैंने कहा, 'क्यों, राजघाट से जायेंगे?' उसने कहा, 'आप कहाँ रहते हैं साहब? उस पर भी फौज तैनात है।' 'फौज तैनात है? अखबार में कुछ नहीं, रेडियो में कुछ नहीं? बात क्या है?' इस बीच आटोवाले ने अपना हिन्दी पेपर निकाल मुझे दिया। मैंने यह लोकल पेपर देखा। हजारीबाग (रामगढ़), बिहार से सिख रेजीमेण्ट के सैनिक (लगभग 3000) अमृतसर के लिए निकल पड़े हैं। उन्हें रोकने के लिए गंगा के किनारे-किनारे फौज तैनात कर दी गयी है। लड़ाई की स्थिति उत्पन्न हो गयी है। अभी कल या परसों रात बनारस से विन्ध्याचल गये दर्शनार्थी देर रात घर लौट रहे थे। उन्हें एकाएक बदल गयी स्थिति का पता नहीं था। पुल पर ड्राइवर ने मिनी बस सैनिकों के हाथ दिखा रोकने पर, उन्हें डाकू समझ, रोकने के बजाय तेज कर

निकल जाना चाहा। बस गोलियाँ दोनों ओर से मिनी बस पर चलने लगीं, तड़ तड़ तड़ तड़। थोड़ी ही देर में बस पुल के फुटपाथ से टकरा कर रुक गयी। ड्राइवर समेत सभी यात्री दायें-बायें या सामने लुढ़क गये। सारा रोना, चीखना, चिल्लाना, कराहना शान्त हो गया था। लोकल पेपर आटो वाले का वापस कर घर आया। उषा से कहा कल हम नहीं जा सकेंगे। स्थिति बड़ी नाजुक है। सारे रास्ते बन्द हैं। कल दूसरा रिजर्वेशन सम्भव हुआ तो कराऊँगा।

अगले दिन चुपचाप नाश्ता करके कैंट स्टेशन गया। वहाँ किसी को कुछ नहीं मालूम। ड्यूटी पर तैनात एक असिस्टेंट स्टेशन मास्टर ने मेरे कई बार गाड़ियों के बारे में पूछने पर मुझे देखा और कहा, 'आधिकारिक तौर पर सब सामान्य हैं। सभी ट्रेनें समय से आ-जा रही हैं। पर मैं व्यक्तिगत सलाह दूँगा वापस घर जाइए। यात्रा स्थगित कर दीजिए। कुछ भी निश्चित नहीं है। किसी को कुछ पता नहीं है। जाइए।' मैं वापस आ गया और चुपचाप राजघाट का रिक्शा ले चला। पेट्रोल पंप के पास रिक्शा छोड़ा।

पेट्रोल पंप से मेन रोड से पैदल खाली सड़क पर चलते-चलते मैं राजघाट पुल के उस स्थान पर आया जहाँ से पुल शुरू होता है। एक ट्रक तिरछी खड़ी कर आधा रास्ता रोका है। ऊपर एक सैनिक मशीनगन पर बैठा है। पुल के दोनों ओर बने कमरों की खिड़कियों से भी गन्स पर तैनात आदमी (सैनिक) दिख रहे हैं। मेरी ओर इनमें से किसी ने ध्यान नहीं दिया। मैं ही सड़क छोड़ ट्रक से आगे बढ़ दो खड़े तैनात सैनिकों के पास गया। मैंने पूछा, 'क्या मैं पड़ाव तक जा और वापस आ सकता हूँ?' उन्होंने कहा, 'हाँ जाइए। हम लोग यहाँ केवल उधर से आनेवाली गाड़ियों में आने वालों की चेकिंग के लिए हैं।' जिस समय एक सैनिक मुझसे बात कर रहा था दूसरा सैनिक पुल का दूसरा, पड़ाव की ओर का, सिरा देख रहा था। मैं आगे बढ़ा बायीं ओर दर्शनार्थियों वाली, गोली से छलनी बस, अभी भी वहाँ तिरछे करके खड़ी थी। गाड़ी के शीशे के बहुत से छोटे-छोटे टुकड़े अभी भी सड़क पर पड़े थे। मैं चलता रहा डरता-डरता।

पड़ाव आ मैंने पूरा आटो लिया। मुगलसराय स्टेशन जा उस दिन का टिकट वापस किया। दस दिन बाद का रिजर्वेशन करा, मुगलसराय रेलवे स्टेशन से पड़ाव आया। वहाँ से पैदल चलता आया और अकेले पुल पार कर बायीं ओर की सीढ़ियों से नीचे उतरा। वहाँ रिक्शे थे नहीं। थोड़ा पैदल चलता आया फिर एक आटो रिक्शा ले बेनिया आया। वहाँ से लंका और फिर दो बजे के बाद घर आया। उषा को सब बताया। सब पूरा किस्सा सुनते रहे चुपचाप। इसके बाद उषा की डाँट सुनी, मुगलसराय जाने के लिए। 'टिकट वापस न होते तो कौन सा पहाड़ टूट पड़ता। दो-चार हजार का नुकसान होता। बस न।' इसके बाद उसका गुस्सा सरकार पर मुड़ गया। 'न अखबार में कुछ है न रेडियो पर। तुम्हारे इस सड़े से रेडियो में बीबीसी जाने क्यों

नहीं लगता? आखिर आम आदमी करे तो क्या करे?' मैंने सूत्र पकड़ा, कहा, 'आम आदमी तो मैं भी हूँ। मैंने जो सोचा वही किया।' उसने कहा, 'चुप रहो। नथिंग कैन जस्टीफाई योर गोइंग टु मुगलसराय।' मैंने कहा, 'यार! मैं पहरे पर तैनात सैनिकों से पूछ कर पुल पार गया था। वे वहाँ पुल पार से आने वाली गाड़ियों की चेकिंग के लिए तैनात थे। अकेले-दुकेले आने-जाने वालों के लिए नहीं। गोली चलाने वाले छिप कर बैठे थे। मैंने उन्हें भी आते-जाते देखा था।'

मेरा आपरेशन हो गया था। मैं ठीक भी था। पर ऐप्सिस फिश्चुला बन चुका था। पस निकलना बन्द नहीं हो रहा था। इसे ठीक करने के प्रयास में डॉ. शुक्ल को मेरा दुबारा, तिबारा ही नहीं जुलाई 1984 तक चार बार आपरेशन करना पड़ा। फिश्चुला था कि ठीक होने का नाम नहीं ले रहा था। अंततः डॉ. शुक्ल मुझे स्वयं लेकर आये और डॉ. देशपांडे के जिम्मे छोड़ गये। डॉ. देशपांडे का इलाज लम्बा चला। दाहिनी ओर का ठीक हुआ तो बायीं ओर हो गया। बीच-बीच में दाहिनी ओर वाला फिर-फिर खुल जाता। शायद आठ-दस साल बाद जाके पूरी तरह ठीक हुआ।

साक्षात् पशु

सागर से माँ-पिता 1984 के मध्य के बाद कभी यमुना विहार आ गये थे। मॉडल टाउन के किसी प्राइवेट नर्सिंग होम में माँ की आँख का आपरेशन होने वाला था। सब कुछ तय था। इसी के अनुसार मैंने दिल्ली का अपना प्रोग्राम तय किया था। मैंने सोचा था कि 31 अक्टूबर दोपहर को काशी विश्वनाथ से चलकर आपरेशन वाले दिन की सुबह यमुना विहार पहुँच जाऊँगा। इसी तय प्रोग्राम के मुताबिक मैंने 31 तारीख को के.वी. एक्सप्रेस पकड़ी। साढ़े तीन या शायद चार बजे के करीब ट्रेन रायबरेली स्टेशन पहुँची। गाड़ी रुकी तो मैं भी चाय लेने के लिए नीचे आया। यहाँ स्टाल पर कुछ लोग बात कर रहे थे—'गोली लगी है। अस्पताल में हैं। ठीक हैं।' मैंने इन बातों पर ध्यान नहीं दिया। किसी से यह भी नहीं पूछा किसे गोली लगी है। चाय ले अन्दर आ गया।

ट्रेन खुली तो गाड़ी में से किसी ने जोर से पूछा, 'कौन घायल हो गया?' स्टेशन से कोई बोला 'इन्दिरा गाँधी'। मुझे कुछ अजीब लगा। यह कैसे हो सकता है? इतनी सिक्योरिटी रहती है? जरूर कोई गलतफहमी होगी। जनवरी 1978 में जब वे साइंस कांग्रेस का उद्‌घाटन करने आयी थीं तो हमारे घर के पास के एग्रीकल्चर कालेज के खेतों के पार फ्लाइंग क्लब के रनवे पर हेलीकाप्टर से उनके उतरते ही सिक्योरिटी वालों ने उन्हें घेर लिया था। जहाँ से उन्हें ऐम्फीथियेटर के लिए गाड़ी पकड़नी थी उस रास्ते में और महिलाओं के साथ उषा पौने दो साल की बेटी मृगांका को गोद में लिए खड़ी थी। मिसेज गाँधी रुकीं, मृगांका को गोद में ले कुछ दूर उससे बात करने की चेष्टा करते चलती रहीं। उसके हाथ से मेरा ग्रीटिंग कार्ड ले साथ के

आदमी को पकड़ाया और साथ चलती उषा को मृगांका को दे, गाड़ी में जा बैठीं। मुझे दुख हुआ जान कर कि किसी ने उन्हें गोली मार दी। अभी जाने कितना और दुख और अफसोस होना था मुझे।

आठ-साढ़े आठ पर गाड़ी लखनऊ स्टेशन पहुँची। लखनऊ स्टेशन पर (प्लेटफार्म पर) काफी भीड़ थी। यात्रियों से अधिक लड़के दिख रहे थे। झुंड के झुंड लड़के। आठ-दस के दलों में। कुछ डंडे और स्टिक्स लिए हुए। ट्रेन के कोचेज में एक ओर से घुसते और दूसरे दरवाजे से निकलते। ट्रेन की बर्थ्स पर सोए लोगों को जगाते, उनके मुँह देखते, फिर आगे बढ़ते। हमारे बगल वाले केबिन में ऊपर एक सज्जन सोए थे, सिर ढके हुए। आने जाने वाले कई दलों ने सोने वालों को तंग नहीं किया था, पर इस मुँह देखने वाले दल ने चादर खींच उनकी पहचान की। एक लड़के ने उन्हें शायद डंडे से मारा भी। उन्हें जबरन उतार ले गये, यह कहते हुए कि 'साले तुम लोगों ने हमारी माँ को मार डाला।' सरदार ने कहा, 'मैंने उन्हें नहीं मारा। वे मेरी भी माँ थी।' इसके बाद इस दल की कोई आवाज मुझे सुनाई नहीं दी, शायद सब उतर गये थे। स्टेशन पर रेलवे पुलिस के आदमी भी दिख रहे थे। एक दल तीन सरदारों को भीड़ से बचाकर लिए जा रहा था। यह सब मैं अपने डिब्बे में नीचे बैठा खिड़की से देख रहा था। यात्री उतरने तक में डर रहे थे। भीड़ के डर से डरे हुए, डरपोक। सबके सब! इन्हीं में से एक था मैं। ग्लानि से भरा हुआ।

लखनऊ स्टेशन की अराजकता देख मेरे मन में आया उतरकर वापस चला जाऊँ? फिर ध्यान आया आपरेशन का, माँ का, पिता का। उतरने का इरादा छोड़ दिया। धीरे-धीरे ट्रेन सरकने लगी। यात्रियों का डर कुछ कम हुआ। अभी तक के बन्द मुँह खुल चुके थे। हादसे की चर्चा होने लगी थी। मैं अपनी परेशानी में उलझा था। दिल्ली में भी लखनऊ सा हाल होगा तो यमुना विहार कैसे जाऊँगा? फिर लगे ऐसा कुछ नहीं होगा? सब जगह पुलिस की तैनाती कर दी जायेगी। रात भर में सब कंट्रोल में आ जायेगा। रात साढ़े दस या ग्यारह का समय हो रहा था। मेरी बर्थ सबसे ऊपर थी, अपर। सोने जाने से पहले बाथरूम गया। ट्रेन मंद हो रही थी। शायद हरदोई आ रहा था। बाथरूम में था तभी ट्रेन रुक गयी थी। लोग उतरने-चढ़ने लगे थे। बाथरूम से निकला तो देखा दो यंग, हैण्डसम सरदार, पच्चीस-तीस साल के पीछे के दरवाजे पर खड़े हैं। दरवाजे के सबसे पास वाली केबिन से लगी दूसरी केबिन की दूसरी कतार में मेरी ऊपर की बर्थ थी। मेरी बर्थ, तीसरे केबिन की पहली लाइन की अपर बर्थ से सटी हुई थी। मैं प्रायः अपना सिर पैसेज की ओर करके ही ट्रेन में लेटता था। इससे मुझे ट्रेन की गतिविधि की जानकारी स्वतः होती रहती थी। और अभी तो मैं जगा था। दोनों सरदार बेफिक्र लगे। कपड़े लत्ते से अच्छे परिवार के तो लग ही रहे थे। आपसी बातचीत, हँसी-मजाक में व्यस्त थे। मुझे नींद आ गयी।

किसी स्टेशन पर रुकने के बाद ट्रेन खुली थी। थोड़ी देर बाद एकाएक कंपार्टमेण्ट में हल्ला होने लगा। शान्ति भंग हो गयी। हल्ले से मैं भी जग गया। सुबह का साढ़े तीन-चार का समय होगा। नीचे कुछ लोग बात कर रहे थे किसी केबिन में। कोई कह रहा था, कुछ लोग डिब्बे में उधर से आये और दोनों सरदारों को गाड़ी से नीचे फेंक आगे बढ़ गये। अब मैंने अपने पास वाला दरवाजा देखा। सरदार तो वहाँ थे नहीं। कहीं देर रात उतर गये होंगे। कहीं इन्हें ही तो नहीं 'उधर से आये' लोगों ने फेंक दिया? पता नहीं। किसी से कुछ पूछने में भी डर लग रहा था। करूँ तो क्या करूँ? कुछ भी समझ में नहीं आ रहा था? मैं सिख तो नहीं पर सिंह तो था। अब मुझे भी डर लगने लगा। भीड़ का क्या भरोसा। नाम पूछ बैठे तो?

रास्ते में जो देखा और सुना उसे न देखा और न सुना होता तो कितना अच्छा होता। मनुष्य को पशु होते देर नहीं लगती। यों भी देखा जाय तो हम पशु तो हैं ही—बिना सींग और पूँछ के पशु। डर और भय की इसी स्थिति में डूबते उतराते नयी दिल्ली स्टेशन उतरा। स्टेशन के पीछे, चुपचाप अजमेरी गेट की ओर जा वहाँ गया जहाँ से यमुना विहार-3 की बस जाती थी। वहाँ बस खड़ी थी। अजमेरी गेट का वातावरण नयी दिल्ली स्टेशन सा ही शान्त था। इस बार पहले की अपेक्षा भीड़ भी कम थी। बस में बैठा। मेरे अलावा तीन लोग और थे। थोड़ी देर बाद दो महिलाएँ आयीं। उनके बाद एक-एक कर दो पुरुष आये। बस यात्री भी पहले की भाँति नहीं थे। कम थे। रास्ते में चढ़े भी कम। दिल्ली वाले सब अभी जगे नहीं थे या शायद जगना नहीं चाह रहे थे। जान बूझ कर सोए थे।

यमुना विहार-3 भी पहले की अपेक्षा बस ने इस बार जल्दी पहुँचा दिया। साढ़े सात के लगभग घर पहुँचा। जल्दी-जल्दी नहा-धो के तैयार हो इनमें से किसी के तैयार हो साथ चलने के इंतजार में। ट्रेन से उतरने के बाद से ही वातावरण शान्त लग रहा था पर यह शान्ति कुछ अजीब सी अशान्ति लिए थी। जैसे-जैसे दिन चढ़ रहा था लोगों के दल के दल जाने कहाँ से आते और गायब होते जाते। ये दल पन्द्रह से बीस लोगों के थे। ज्यादातर लुंगी पहने हुए, चार खाने वाली रंगीन लुंगी, कुछ पाजामे में, नंगे बदन, कमीज या ऊपर सिर्फ गंजी पहने हुए, नंगे पैर या हवाई पहने लोगों के दल थे ये। इनका कोई स्पष्ट नेता तो नहीं दिखता लग रहा था पर इनमें से बहुतेरे डंडे और छड़ें लिए हुए थे। एक जाता तो दूसरा आता। इनमें से कुछ दलों का नेतृत्व साथ चलती जीपों में बैठे लोग कर रहे थे। कुछ दूर ये लोग धीमे चलते फिर आगे बढ़ जाते। कई जगह से धुआँ ऊपर जाता दिख रहा था। छत पर आये तमाशबीन इन धुएँ के स्रोतों की पहचान सिखों के मकानों और दुकानों से करने लगे थे। मुझे अच्छा नहीं लग रहा था। यह बहुत गलत हो रहा था, जिस भी वजह से हो रहा था।

मैं ऊपर से नीचे आ कमरे में बैठ गया। मुझे चिन्ता हो रही थी। मॉडल टाउन

ऐसे में कैसे जायेंगे? अमित और उनकी पत्नी दोनों ने कहा जाना मुश्किल है। फोन लग नहीं रहा था। जाने क्यों? यमुना विहार के लोग खिड़कियों, बरामदों और छतों से भीड़ का (अ) न्याय या तमाशा देख रहे थे, अपनी-अपनी सुरक्षित दूरियों से। धुआँ कहीं घना तो कहीं कम हो रहा था। पर यह धुएँ के टेढ़े-मेढ़े स्तम्भ ऊपर जा बादलों से बिखर रहे थे। मैं कभी मॉडल टाउन और कभी यमुना विहार के बीच चुपचाप आ जा रहा था। मॉडल टाउन जाना सम्भव नहीं था। फोन अभी भी व्यस्त थे।

बारह बजे के लगभग मैं घर से अकेले निकला—मॉडल टाउन के लिए। शायद कोई बस मिल ही जाये। माँ किन्हीं सरदार जी के नर्सिंग होम में और पिता वहीं पास ही एक घर में थे—अकेले। यह सारी व्यवस्था पूर्व मकान मालिक सरदार जी ने कराई थी। हमें मॉडल टाउन की कोई जानकारी नहीं थी। मुझे इससे भी चिन्ता हो रही थी।

यमुना विहार-3 बस स्टैंड पर देर तक खड़ा रहा। बस तो कोई आयी नहीं। जो एक-दो बसें आयीं उनमें भी इक्के-दुक्के लोग ही बैठे थे। दिल्ली की सड़कों और बस रूट्स से परिचित न होने के कारण इनमें बैठा नहीं। जिन बसों के नम्बर मुझे दिये गये थे, वे आयीं नहीं। बस स्टैंड पर अकेले खड़े रहने के बजाय मैंने सड़क के किनारे-किनारे आगे चलना शुरू किया। इस तरह चलते मैं भजनपुरा तक आ गया। इसके आगे जाने की हिम्मत नहीं जुटा पाया। इतनी ही दूर सड़क के बीच दो जगह ढेर सारी आग जलती दिखी। जली हुई कारें, मिनी बसें, अतिरिक्त थीं। सामान्यतया इतनी आग यों नहीं जला करती। आस-पास जो दिखे उनके अनुसार यहाँ किसी को पकड़कर जला दिया था लोगों ने। सड़कें यों भी खाली सी थीं। हाइवे पर तो यों भी बस स्टैंड्स के पास ही इक्के-दुक्के लोग दिखे। सड़क पर और कम।

वापसी में मैंने मेन रोड छोड़ दी। बगल में (अब मेरे दाहिने) नीचे के मकानों के सामने की सड़क से लौटता एक-डेढ़ बजे घर वापस पहुँचा। आते ही पता चला, सरदार जी से सम्पर्क इस बीच हो गया था। दोनों जन ठीक हैं। खाना उन्हें आँख के डॉ. के घर से गया था। जब तक स्थिति सामान्य नहीं होती तब तक जाता रहेगा। घबराने और आने की जरूरत नहीं है। आपरेशन स्थिति सामान्य होने पर ही होगा, अभी नहीं।

जो लोग दलों में घूम रहे थे वे अब लौटने लगे थे। कुछ अकेले और कुछ पहले से छोटे दलों में। कुछ गट्ठर लिए थे, कुछ टी.वी. और कुछ कार्टन्स में रखा सामान लिए हुए थे। लग रहा था जैसे बहुत सारा और बहुत तरह का सामान लोगों ने लूटा है—जलते घरों और दुकानों से। बहुत सारे घरों से अभी भी उड़ता धुआँ दिख रहा था। दूर की कालोनीज से भी ऊपर जाता धुआँ दिख रहा था। समझ में नहीं आ रहा लोगों को हो क्या गया है? इस सारे समय न कहीं एक पुलिस वाला दिखा न उनकी

एक भी गाड़ी दिखी। पुलिस सरकार का दृश्य प्रतीक है, यह दृश्य सरकारी प्रतीक आखिर गया तो कहाँ? गाड़ियाँ बहुतेरी जला दी गयी थीं पर ये सरकारी गाड़ियाँ नहीं थीं। जैसे प्राइवेट आदमी की जिन्दगी प्राइवेट नहीं होती वैसे ही उसकी गाड़ी भी उसकी नहीं होती। उसे कोई भी मार सकता है, जला सकता है। मैंने सड़कों पर कई जली, अधजली और जलती गाड़ियाँ सड़क के दोनों किनारों पर देखी थीं।

दो दिन बाद मॉडल टाउन गया। माँ से मिल के पिता के पास आया। वे जिस मकान में रह रहे थे, वह खाली था। अब मुझे भी उनके साथ इसी में कुछ दिन रहना था। दिल्ली हादसों से पिता, मेरे आने तक अनभिज्ञ थे। दिल्ली सहित बाहरी दुनिया के समाचार उन्हें यहाँ मेरे आने के बाद पहले मुझसे मिले। वैसे यह घर-घर नहीं था। इसमें लोग रात में आते और नकली क्रीम बनाकर जाते। मुझसे पिता ने कहा कि रात में इस घर में होने वाली गतिविधि से परेशान होने की जरूरत नहीं है। मैंने उनसे पूछा, 'आपको पता है रात में यहाँ जो कार्य चुपचाप होता है वह क्या है?' उन्होंने कहा, 'नहीं।' मैंने कहा, 'रात में यहाँ फेयर ऐंड लवली बनती है। रात में ही पैक करके कहीं भेज दी जाती है। मैंने यहाँ आने के बाद ही सारे बन्द कमरे खोल-खोल कर देख लिए थे। जो कुछ बचा अवशेष मुझे इधर-उधर दिखा उससे मेरा यही निष्कर्ष है।' पिता कुछ बोले नहीं। हमारा यही चरित्र है हम दूसरों के पचड़े में नहीं पड़ते। तब तक जब तक हम उससे प्रत्यक्षतः प्रभावित न हों। हाँ, इसके बाद मेरे परिचितों, मित्रों में से किसी के घर फेयर ऐंड लवली नहीं खरीदी गयी। मेरे यहाँ तो इसका कोई सवाल ही नहीं था।

आँख के डॉ. ने दो दिन और स्थिति देखी। उसके बाद आपरेशन कर दिया। दो दिन बाद माँ घर आ गयी। उनके आपरेशन में बहुत समय लग गया। माँ के घर आने के कुछ दिन बाद मैं घर वापस आया। पिता का कविता संग्रह *अरघान* इस समय प्रेस में था। 1984 में ही कभी प्रकाशित भी हुआ।

संशय के दिन-रात

दिल्ली से बनारस के.वी. एक्सप्रेस सुबह आती थी। थोड़ी लेट भी होती थी प्रायः। घर आठ बजे के लगभग पहुँचा। ब्रश वगैरह किया। जाने का और दिल्ली का अनुभव बताता रहा। उषा दूर से सुनती रही। मेरे उसके पास जाने पर कहीं और चली जाय। थोड़ी देर बाद आवाज दी किचेन से, 'टेबल पर चाय रखी है।' मैंने नाश्ता किया, चाय पी। उषा मेरे पास नहीं आयी, बुलाने पर भी नहीं आयी। ऐसा तो कभी हुआ नहीं? मेरे बाहर से आने पर हमेशा मुझसे सारा कुछ पहले जानती। साथ चाय पीती। न पीती तो भी, बैठती थी। क्या बात हो गयी? न किसी का हालचाल ही पूछा? ऐसा क्या हो गया?

मैं इससे क्या सोचूँ? मुझे लगा मेरे देर से आने के कारण नाराज है। मैंने देर का कारण भी बता दिया। उसने दूर से सुनी मेरी बात। इससे कोई फर्क नहीं पड़ा। सोचा देर तो हुई पर खत लिख सकता था। नहीं लिखा, सम्भव है इसलिए नाराज हो। ऐसा सोचते, प्रयास करते दूसरा दिन भी बीत गया। मुझे चिन्ता हो आयी। आखिर ये माजरा क्या है? क्यों इधर-उधर भागती फिर रही है? बात करती है तो बच्चों के माध्यम से। दूर-दूर से! क्यों? मैंने तो कुछ किया नहीं?

दिल्ली से लौटने के तीसरे दिन चाय-नाश्ता तैयार कर उषा ने टेबल पर रखा। शायद इतवार या कोई और छुट्टी थी। बच्चे घर पर थे। मैंने चाय पी, नाश्ता किया। बेडरूम में गया। उषा वाशबेसिन पर हाथ-मुँह धो रही थी। मैंने कहा, आज तो मैं इनसे इस बेरुखी का कारण जान कर ही रहूँगा? इतना सुनना था कि उषा ने नल बन्द कर, लाइब्रेरी का दरवाजा खोला और अन्दर जा दरवाजे के दोनों पल्ले बन्द करने लगी। इस बीच मैं भी आ गया था और मेरा दाहिना हाथ लाइब्रेरी के दरवाजे के पल्लों के भीतर जा चुका था। इसके चलते उनसे पूरा जोर लग नहीं रहा था या शायद लगा नहीं रही थी। केवल कह रही थी 'हाथ खींचो, नहीं तो दब जायेगा'। मैंने न हाथ खींचा, न जोर लगा पल्ला पीछे ठेला। मेरे ऐसा करने से वह गिर सकती थी, नहीं तो चोट लग सकती थी। इस ठेलाठेली में उषा रोने लगी। मैंने कहा, 'आपने हाथ मेरा दबा रखा है। दर्द मुझे हो रहा है और रो भी तुम रही हो। आखिर बात क्या है बताओगी भी कुछ?' 'जानना चाहते हो बात क्या है?' 'हाँ! बिल्कुल जानना चाहूँगा?' उसने कहा, 'तो सुनो, तुम सब लोगों ने मुझे धोखा दिया है औरों से तो मैं कुछ कह नहीं सकती, पर तुम्हारा तो मैंने विश्वास किया था?' तभी मृगांका दौड़ती हुई कहीं से आयी। मुझे ठेलते हुए मुझसे बोली, 'चलिए हटिए यहाँ से। मार रहे हैं मम्मी को।' फिर माँ की ओर देखते पूछा, 'क्यों मम्मी मार रहे हैं तुमको?' उसने कहा, 'नहीं, डिडल। तुम जाओ खेलो।'

अब मैंने पूछा, 'क्या धोखा किया है मैंने तुम्हारे साथ? बताओ।' उषा घृणा भरी नजरों से मुझे कुछ देर देखती रही चुपचाप। दरवाजे के पल्लों की फाँक से। फिर बोली, 'मुझे अपने पहले विवाह के बारे में क्यों नहीं बताया?' मैंने कहा, 'बताने का सवाल तो तब उठता जब पहले विवाह हुआ होता? बहरहाल तुम्हें किसने बताया कि मेरा विवाह पहले हुआ था?' 'जानना चाहते हो किसने बताया,' उसने पूछा। मैंने कहा, 'जरूर जानना चाहूँगा।' उसने कहा, 'तुम्हारे पिता ने।' मैंने कहा, 'मेरे पिता ने? वे कब आ गये तुम्हें बताने? अभी तो मेरे साथ ही थे वहाँ? मुझसे तो उन्होंने कुछ कहा नहीं?' 'अभी नहीं। बहुत पहले बताया था उन्होंने। चिट्ठी से। देखोगे?' उसने पूछा। मैंने थोड़ा हतप्रभ होते हुए कहा, 'हाँ! दिखाओ?' अब दरवाजा खुला। मैंने अपने बायें हाथ से दाहिना मलना शुरू किया। जाते-जाते उषा ने कहा, 'सावित्री दिदिया ने भी बताया था[10]। मैं ही बेवकूफ थी जो विश्वास कर बैठी।' मैंने

कहा, 'तुम्हारी सावित्री दिदिया को तो मैं बाद में देखूँगा। पहले तुम ले तो आओ।' थोड़ी देर बाद बेड रूम से बाहर आयीं। हाथ में एक अन्तर्देशीय लिफाफा लिए हुए।

अभी तक मैं डाइनिंग टेबल के पास खड़ा अपना दायाँ हाथ मल रहा था। मैंने एक कुर्सी खींची, उन्हें बिठाया और दूसरी खींच खुद बैठा। अंतर्देशीय पर पता तो मेरे पिता की हैंडराइटिंग में ही था। बैठने के बाद, उसे देखते हुए और अभी भी हाथ मलते हुए मैंने कहा, 'दो।' उन्होंने घृणा भरे भाव से मुझे देखते हुए, पत्र मुझे देने के बजाय मेरे सामने फेंकते हुए कहा, 'लो पढ़ो।' मैंने पत्र खोल पढ़ा। दुबारा फिर पूरा पढ़ गया और पत्र फैला कर उसके सामने रखा और पूछा, 'इसमें कहाँ लिखा है कि मेरी शादी हो गयी है?' एक पैराग्राफ उँगली से दिखाते मुझसे बोली, 'यह क्या है?' मैंने कहा, 'इसमें तो ऐसा कुछ नहीं है जिससे तुम्हें इतनी घृणा हो गयी मुझसे? इसमें तो केवल एक पिता ने अपने बेटे को समझाया है कि विवाह के बाद सब कुछ ठीक हो जाता है।' उसने कहा, 'विवाह के बाद सब कुछ ठीक करने के लिए ही समझाया जाता है।'

श्रीमती उषा कुमारी सिंह, 1984

मैंने कहा, 'चलो तुम्हारी बात मान लेता हूँ। वैसे इससे दूसरा कोई वह निष्कर्ष नहीं निकालेगा जो तुम निकाले बैठी हो। न ही कोई यह मानेगा कि त्रिलोचन ने गलत लिखा है। अब देखो, यह चिट्ठी 1959 की है। उस समय मेरे विवाह की बात चल रही थी। मैंने उन्हें लिखा था कि मैं यह शादी नहीं करना चाहता। लड़की अच्छी नहीं है। रंग भी काला है, वगैरह। इसी सन्दर्भ में उन्होंने लिखा था कि विवाह के बाद सब कुछ ठीक हो जाता है। मतलब रंग-रूप का महत्त्व नहीं रह जाता, समझी। अब देखो यह 1984 चल रहा है। हमारे विवाह को सोलह-सत्तरह साल हो रहे हैं। तीन बच्चे भी हैं। अब तुम यह बताओ यदि मेरा विवाह पहले हुआ होता तो क्या कोई बच्चा, मेरी पहली वाइफ, उसके घर के लोग या उनका वकील इन सोलह-सत्तरह सालों में कभी मेरे घर क्यों नहीं आया? क्यों कभी नहीं आया कोई रुपये-पैसे के लिए, अपने हक के लिए और

नहीं तो डाइवोर्स के लिए? विवाह हुआ होता तो किसी न किसी को तो आना था? क्या मैं गलत कह रहा हूँ? कहीं भी जाता हूँ तो बता के जाता हूँ। जब आने को कहता हूँ तभी आ जाता हूँ। सब कुछ तुम्हें बताता रहता हूँ। फिर भी तुम्हें मेरा विश्वास नहीं है?' उषा ने कहा, 'फिर उन्होंने ऐसा क्यों लिखा?' मैंने कहा, 'यह तुम उन्हीं से कभी पूछ लेना। हाँ, अब भी अगर तुम्हें मेरा एतबार नहीं है तो फिर तो भगवान ही मालिक हैं।' मैं उठा और बेडरूम में आके लेट गया। मेरे पीछे वह भी आयी और बेड पर बैठ गयी, और पूछा, 'नाराज हो गये?' मैंने कहा, 'बेकार की बात करके तुमने मुझे बिना वजह इतने दिन दुखी और परेशान रखा। खुद को भी जाने कितने दिन से दुखी और परेशान किये बैठी रही।' उसने कहा, 'गलती हो गयी माफ कर दो।' मैंने कहा, 'अब कभी कुछ सन्देह हो तो पूछ लेना? ऐसा मत करना। बेडरूम का दरवाजा बन्द करो। जाओ।' उसने पूछा, 'क्यों?' मैंने लेटे-लेटे ही अपने दोनों हाथ फैलाए और कहा, 'मैं अपनी पहली पत्नी को अपनी बाँहों में लेना चाहता हूँ और क्यों? दरवाजा बन्द होगा तभी आयेगी न।' उसने कहा, 'मजाक मत करो। आई ऐम सॉरी।' मैंने मुस्कुराते हुए कहा, 'मजाक नहीं कर रहा। बस बुला रहा हूँ।' उसने मुझे देखा और हँसने लगी। मैं भी। सावित्री की लगाई आग यों कभी-कभी जलती-बुझती रही।

दिल्ली में अप्रैल के अंत या मई 1985[11] के आरम्भ में पूर्वोत्तर पर्वतीय विश्वविद्यालय, शिलांग के इतिहास विभाग में प्रोफेसर के पद का साक्षात्कार देने के बाद मैं बनारस आया। बनारस से दो-तीन दिन बाद ही हम ट्रेन से बच्चों को लेकर भूटान के लिए निकले। उषा के भाई डॉ. रमेश उस समय चूखा हाइडेल प्रोजेक्ट में मेडिकल आफिसर थे। हम ट्रेन से अलीपुर दुआर उतरे और वहाँ से जयनगर गये। यह नगर भारत का भाग है पर इससे लगा हुआ दूसरा भाग भूटान का नगर फुंटशोलिंग कहा जाता है भूटान का सड़क पर एक बड़ा गेट बना है। रमेश जी हमें लेने आये थे। रात हम फुंटशोलिंग के गेस्ट हाउस में रहे। वहाँ से चूखा गये। चूखा में दो-तीन दिन रहने के बाद हम थिम्फू गये। वहाँ से घूम के लौटे तो फिर चूखा रुके। वहाँ से चले तो गौहाटी रुके। गौहाटी से शिलांग गये।

मेरा साक्षात्कार लेने गये एक विशेषज्ञ ने मुझे पहले ही बता दिया था कि मेरी नियुक्ति शिलांग के लिए हो गयी है, इसीलिए हम सब शिलांग देखने आये थे। शिलांग हम सबको अच्छा लगा। उषा बचपन में शिलांग आ के काफी समय रह चुकी थी। उनके पिता उस समय एम.एल.ए. थे और असम की राजधानी (विभाजन पूर्व की) तब शिलांग थी। उषा और बच्चों की इच्छा मेरे शिलांग ज्वाइन करने के पीछे एक बड़ा कारण थी। मैंने भी सोचा चलो दो-तीन साल की ही तो बात है। इस बीच यदि बनारस में हो जायेगा तो वापस चले जायेंगे।

शिलांग से वापस गौहाटी आ हम जोरहाट गये। वहाँ से जुलाई में बनारस वापस।

जुलाई में मुझे फिर किसी काम से दिल्ली जाना पड़ा। पिता सागर से दिल्ली किसी काम से आये हुए थे। मैंने और बातों के साथ उन्हें अपनी शिलांग में नियुक्ति के विषय में भी बताया। यह भी कि मैं वहाँ ज्वाइन करने की सोच रहा हूँ। उन्होंने कहा, 'जाओ जाना चाहिए। उस क्षेत्र से भी परिचय होना जरूरी है। नयी-नयी जानकारियाँ भी मिल सकती हैं।' इसके चलते हमारा परिवार भौगोलिक अर्थ में भी हिन्दुस्तानी होने जा रहा था। शिलांग से सबसे नजदीक जोरहाट था—बारह-तेरह घंटे की ट्रेन या बस यात्रा से।

सन्दर्भ एवं टिप्पणियाँ

1. *ताप के ताए हुए दिन* (दिल्ली, 1980) के प्रकाशन के बाद इसकी एक प्रति पिता ने मेरे द्वारा ठाकुर साहब (बाबूजी) के लिए भिजवाई थी। थोड़े समय बाद इसी वर्ष उनका दूसरा संग्रह *शब्द* प्रकाशित हुआ।
2. हैदराबाद में हमारे एक पड़ोसी थे सैयद सुलेमान अब्बास। फारसी विभाग में प्रोफेसर थे। उनके कई बेटे-बेटियों में से एक था सुल्तान। फारसी में एम.ए. किया। अमित का मित्र था।
3. डॉ. मित्तल, तीरथराम अस्पताल के कार्डियोलाजिस्ट थे।
4. भुवन मोहन शर्मा, हिन्दी के कवि, आलोचक और लेखक डॉ. रामविलास शर्मा के पुत्र थे। हमारी पंक्ति में चार-पाँच घरों के बाद इनका घर था। ऐग्रीकल्चर फैकल्टी में फिजिकल एजुकेशन के इंचार्ज थे। इनकी बेटी गीतिका थी।
5. डॉ. मेहरा, आई.एम.एस., के सीनियर और नामी सर्जन थे। विभाग में प्रोफेसर थे।
6. डॉ. सविता शर्मा, एम.ए. में मेरी स्टूडेण्ट थीं। इस समय वे भारत कला भवन में न्यूमिस्मेटिक्स में क्यूरेटर थीं। उषा के राजघाट बेसेण्ट स्कूल से अपनी तीन अन्य कजन सिस्टर्स के साथ इन्होंने भी बी.ए. किया था। उषा से स्कूल के दिनों से परिचित थीं। जूनियर भी थीं।
7. डॉ. एच.सी. शुक्ल उस समय आई.एम.एस. में रीडर थे, सर्जरी विभाग में, कुछ महीने या एकाध साल पहले लंदन से उच्च अध्ययन करके आये थे। सविता शर्मा के पड़ोसी थे उस समय।
8. प्रोफेसर कर्ण सिंह फिजिकल एजुकेशन विभाग के अध्यक्ष थे। 1954 एशियन गेम्स के सिल्वर मेडलिस्ट थे। 1996 में राष्ट्रपति ने इन्हें स्पोर्ट्स एवं फिजिकल एजुकेशन के क्षेत्र में इनके योगदान के लिए सम्मानित किया था। बड़े हँसमुख, मजाकिया और आउटगोइंग नेचर के थे। इनके परिवार से हमारा पारिवारिक सम्बन्ध हो गया था। प्रायः रोज मिलते थे। पड़ोसी भी थे। मेरी बेटी मृगांका और उनकी बेटी कीर्ति लगभग एक उम्र की और दोस्त थीं।
9. सावित्री जी उषा की बड़ी चचेरी बहन थीं। इन लोगों का घर मरियानी में था। इनका विवाह आशुतोष सिंह से हुआ था। इनका घर बाबू जगजीवन राम के संसदीय क्षेत्र सासाराम में था। इनका परिवार उनका समर्थक भी रहा। बाद में बाबूजी की मदद से ये बिहार विधान सभा के सदस्य भी रहे। आशुतोष सिंह बी.ए. में मेरे विद्यार्थी थे। हमारे विवाह के समय इन्होंने मुझे पहचान लिया था, मुझसे मिल के कहा भी था। इन्होंने इसके पहले अपनी पत्नी से क्या कहा था मुझे नहीं पता। पर शादी के समय या उससे कुछ पहले उषा के अनुसार सावित्री ने महिलाओं के बीच उसे सुनाते हुए कहा कि 'इस लड़के का विवाह पहले भी हुआ था'। उषा ने उनसे या किसी और ने उनसे पूछा होता तो शायद वे आशुतोष की बताई कोई कहानी दुहरातीं। उषा ने उनकी बात पर ध्यान नहीं दिया था उस समय और न घर के किसी और ने। पर उषा ने विवाह

के बाद, शायद कुछ दिन बाद, मुझसे इस बारे में पूछा था। सावित्री का नाम भी लिया था। मैंने कहा था, नहीं हुआ था पहले मेरा विवाह।

10. यह अंतर्देशीय मेरे पास 2005 तक तो था ही। इस वर्ष मैंने कुछ चिट्ठियाँ इधर-उधर पड़ी हुई इकट्ठी कर दूसरे वाले फ्लैट के एक कमरे में फाइल करने के लिए रखी थीं। कुछ समय बाद गया तो नहीं मिलीं। उषा ने सफाई करने में या तो उन्हें कहीं रख दिया या उड़ गयीं। फिर नहीं मिलीं। हिन्दुस्तान में, खासकर उत्तर भारत में, विवाह से एक होते परिवारों में झगड़ा लगाने के लिए लोग इस तरह आग लगा तमाशा देखते हैं। मेरे विवाह में यही प्रयास किया था सावित्री ने। पर हम लोग झगड़े नहीं। प्रभा जी के विवाह के बाद, बारात में आये एक डी.आई.जी. (बिहार), ने कह दिया कि लड़की पढ़ी-लिखी नहीं है। क्या सबूत है? दूल्हे राजा, लक्ष्मण प्रसाद, फँस गये चक्कर में। उन्हें लगा पुलिस का बड़ा अफसर कह रहा है। ठीक होगा। प्रमाण के बतौर उन्होंने सर्टिफिकेट देखने की माँग कर दी। लड़की वाले इस माँग से बौखला उठे कि कैसे गँवार लोग हैं ये। हमारा इतना भी विश्वास नहीं है। उषा ने अपने घर में सब को शान्त किया और लड़की के सारे सर्टिफिकेट्स जनवासे भिजवाए। डी.आई.जी. तो एल.पी. से अपनी बेटी ब्याहना चाहते थे, सावित्री जी क्या चाहती थीं, कौन जाने? परिशिष्ट-4 में दिये पत्र के बाद का (शायद जुलाई का) पत्र था जो खो गया।

11. इस पद के लिए साक्षात्कार मई 1985 के आरम्भ में कभी दिल्ली (यूजीसी भवन) में हुआ था। मैं शिलांग के लिए और मेरे मित्र और सहयोगी महेश्वरी प्रसाद कोहिमा कैम्पस के लिए इसमें चयनित हुए थे।

सागर-बनारस-शिलांग

मैंने अगस्त 1985 के दूसरे सप्ताह में पू.प. विश्वविद्यालय के इतिहास विभाग में प्रोफसर के पद पर ज्वाइन किया। नियमतः विश्वविद्यालय ऐसी स्थिति में 'फारेन सर्विस' के लिए (इसके लिए यही शब्द प्रयुक्त होता था) तीन साल की छुट्टी देता था। मैं भी छुट्टी की दरखास्त देकर चला गया। बाद में छुट्टी भी मंजूर हो गयी।

मेरे शिलांग आने के निर्णय से उषा के माँ-पिता को थोड़ी प्रसन्नता और थोड़ी चिन्ता हुई[1]। अकेले सब कैसे करेगी? अगस्त 17, 1985 को उषा की माँ डॉ. रमेश को साथ लेकर बनारस आ गयी। कुछ दिन बाद उसके पिता भी बनारस आ गये। उषा के अंग्रेजी में लिखे (21.8.1985 के) पत्र में सबके आने-जाने के उल्लेख के साथ मेरे सहयोगियों, विद्यार्थियों के आने-जाने, हाल-चाल पूछने के साथ-साथ और बहुत सारी बातें हैं। इसके अलावा बच्चों की दिनचर्या है और साथ हैं बहुत सारी हिदायतें मेरे खाने-पीने और रहने के बारे में। मेरे नाम से आये अमित प्रकाश के पत्र के उल्लेख के साथ ही उसका जवाब भी दे देने का उल्लेख है। पत्र में मेरे जानने लायक कोई खास बात होती तो वह भी लिखी होती। उषा के पत्र से मेरी चिन्ता कुछ तो दूर हुई। तसल्ली भी हुई कि सारा काम सुचारु रूप से चल रहा है।

उषा और बच्चे कभी दस-बारह दिन से अधिक अकेले रहे नहीं थे। उनके वहाँ अब अकेले तीन वर्ष रहने की सम्भावना से सब चिन्तित थे। उषा के माँ-पिता भी घर से दूर कितने दिन रहेंगे? एकाएक हम सब लोग बहुत दूर हो गये महसूस करने लगे। पत्रों के जरिए ही यदाकदा चिन्ताएँ दूर होतीं कुछेक दिनों के लिए। 1985 के साल का समापन बड़ा कठिन और तनावपूर्ण रहा हम सबके लिए, पर विशेषतः उषा के लिए। इसके बाद के दो वर्ष तो और कठिन रहे। बच्चों को देखना, खिलाना, पिलाना, कोर्ट कचहरी, यहाँ तक कि मेरी नौकरी की समस्या भी उसी के सामने दो साल बाद आ खड़ी हुई।

धीरे-धीरे बनारस में उषा का अपने माँ-पिता और हमारे बच्चों का कार्यक्रम नियमित और सुचारु रूप से चलने लगा और उधर शिलांग में मेरा। मैंने अपने (9.11.1985 के) पत्र में लिखा, "इधर कई दिनों से तुम्हारा पत्र नहीं आया। आई ऐम वरीड। सागर से पिता जी का पत्र आया था। माँ बीमार थीं। पर अब ठीक हैं।

अभी तक शायद अमित भी सागर गये होंगे। बाद में 24 नवम्बर तक वापस दिल्ली आयेंगे।'' इसके बाद ही इसी महीने के एक (23.11.1985) पत्र में उषा ने सागर से डॉ. सीताराम दुबे[2] के घर आने, 'पिताजी' (वे शास्त्री जी को यही कहते थे) का समाचार देने और हमारा हालचाल लेकर जाने का उल्लेख है। यह भी कि शास्त्री जी को 21 हजार रुपये का पुरस्कार मिला है। यह उत्तर प्रदेश हिन्दी संस्थान का सम्मान पुरस्कार था (पिता का 27.2.1985 का पत्र)।

मुक्तिबोध सृजन पीठ का कार्यभार सँभालने गये पिता को विश्वविद्यालय परिसर में पहाड़ी पर बने महिला छात्रावास के दाहिने आगे सीधे जाती सड़क के थोड़ा आगे जा एक क्वार्टर दिया गया था। इस घर के एक तरफ इतिहास के प्रोफेसर बैजनाथ शर्मा और दूसरी ओर हिन्दी के प्रोफेसर प्रेमशंकर का क्वार्टर था। सृजन पीठ का कोई दफ्तर नहीं था। इस पर नियुक्त साहित्यकार अपने आवास से ही कार्य करते रहे। घर ही उनका दफ्तर था। पिता के इस पीठ पर आने और रहने तक यही स्थिति रही। पिता को सागर में व्यवस्थित होने में कुछ समय लगा पर वे इस बीच अपना कार्य करते रहे। इसके बाद 12-13 जनवरी 1986 को उन्होंने पीठ की ओर से एक गोष्ठी आयोजित की, उनके कार्यकाल की पहली गोष्ठी। इसमें भाग लेने के लिए निमंत्रित लोगों में केदारनाथ सिंह, मैनेजर पांडे, गोरख पांडे, अशोक वाजपेयी और कृष्ण बलदेव वैद आदि आये थे।

मैं शिलांग आ गया और विश्वविद्यालय के गेस्ट हाउस में रहने लगा। उस समय यह गेस्ट हाउस श्रीमती वेरियर एलविन के घर के बगल में उनके दूसरे मकान में था। इसी में मुझे भी एक कमरे में रख दिया गया। गेस्ट हाउस में उस समय कई प्रोफेसर एवं अन्य अध्यापक रह रहे थे। स्कूल्स और विभाग शहर के कई हिस्सों में थे। हमारा स्कूल आफ सोशल साइंसेज मयूरभंज परिसर में सबसे ऊपर एक पहाड़ी पर था। अगल-बगल, भूगोल, अर्थशास्त्र, दर्शन एवं कई अन्य विभाग थे। इससे थोड़ा नीचे उतरने पर बायीं ओर जाती सड़क पर दो-तीन मकानों के बाद एक में ऐन्थ्रोपोलोजी विभाग था। इससे नीचे आने पर मयूरभंज परिसर में हमारा एक हाल था। खासा बड़ा। इसमें स्कूल बोर्ड और अकेडेमिक काउंसिल की बैठकों के साथ-साथ बाहर से आने वाले विद्वानों के भाषण, विभिन्न विभागों के विद्यार्थियों के परिचय एवं फेयरवेल समारोह आदि आयोजित हुआ करते थे। इससे नीचे आने पर राजा (मयूरभंज के) के भवन में सेण्ट्रल लाइब्रेरी थी। इससे नीचे उतरकर बायीं ओर जाने पर कई भवन थे। इनमें स्कूल आफ साइंसेज के बोटैनी और जुआलाजी एवं अन्य विभाग थे। इधर से वापस आकर मयूरभंज परिसर के गेट से दाहिने सड़क ऊपर हमारे विभाग के सामने से और ऊपर जाती थी। इसी सड़क पर ऊँचाई शुरू होने से पहले सेण्टर आफ फोकलोर स्टडीज सड़क के बायें के एक मकान में था। मयूरभंज गेट से आगे सीधे बढ़ दाहिने मुड़ते हम नांगथुमाई आते। यह मेन रोड, दाहिने जोवाई

होते सिलचर वगैरह जाती थी। बायें थोड़ा आगे जा मोड़ पर विश्वविद्यालय की बसें रुकती थीं। टैक्सी और बसें थोड़ा पहले मिल जाती थीं। यहाँ से लाइमुखरा आते। यहाँ से बिजनी काम्प्लेक्स जाते। यह भी बड़ा परिसर था। इसमें भी कई भवन थे। बिजनी काम्प्लेक्स में फिजिक्स, केमिस्ट्री, बायोकेमिस्ट्री वगैरह विभागों के अलावा कई सेंटर्स, क्लीनिक वगैरह थे।

लाई मुखरा से धानखेती में थोड़ा बायीं ओर ऊपर जा खासी विभाग आदि थे, सड़क के दाहिने। धानखेती से आगे बढ़ते तो दाहिनी ओर मुड़ नीचे जाते, यहाँ नीचे हॉर्स शू विल्डिंग में, विश्वविद्यालय की रजिस्ट्री थी। वीसी और रजिस्ट्रार का दफ्तर था। इसी में एस.बी.आई. की एक छोटी शाखा भी थी। यह भी गेस्ट हाउस के समान लोअर लासूमियर में था। विश्वविद्यालय का मुख्य परिसर उमशिंग क्षेत्र में निर्माणाधीन था।

शिलांग मैं आ तो गया पर मेरा मन यहाँ नहीं लगता था। गेस्ट हाउस की भीड़ में बहुत कुछ करना सम्भव नहीं था। इसलिए, कुछ अपनी बोरियत मिटाने और कुछ कपड़े साफ करने की नीयत से मैं प्रायः प्रति सप्ताह गौहाटी चला जाता था। यहाँ मेरे मित्र रबिन चौधरी आसाम स्टेट म्यूजियम के डायरेक्टर थे। उनका एक गेस्ट रूम संग्रहालय परिसर में कामरूप अनुसंधान परिषद के बगल में था। मेरे लिए यह गेस्ट रूम हमेशा खुल जाता था। शनिवार और रविवार गौहाटी में बिता सोमवार की सुबह शिलांग 9-10 बजे तक पहुँच जाता था। पर यदि तीन दिन की लगातार छुट्टी होती तो जोरहाट जाता था। बनारस की चिन्ता हमेशा बनी रहती। यह तो मुझे बहुत बाद में पता चला कि बनारस में बाबू जी की शहर वाली ज़मीन का पचड़ा भी अक्टूबर से ही खड़ा हो गया था। मुझे साफ़-साफ़ किसी ने इस विषय में न बताया, न लिखा इस डर से कि मैं कहीं परेशान न हो जाऊँ।

शिलांग से 1985 में लिखी मेरी और उषा की चिट्ठियाँ अधिकतर खो गयी हैं या उनमें हालचाल के सिवा कुछ है नहीं। ज़मीन के पचड़े विषयक कुछ चिट्ठियाँ नवम्बर-दिसम्बर की हैं। पर इनका उल्लेख यहाँ अनावश्यक है। बाबू जी ज़मीन के पचड़े से परेशान हो गये थे। उषा ने उनसे कहा आप घर जाइए और ज़मीन का सारा मामला अपने हाथ में ले लिया।

मैं सेमेस्टर परीक्षा करा कर बनारस जाने की तैयारी में था तभी मुझे अमित का 14.12.1985 का लिखा चार पृष्ठों का पत्र मिला। इसके साथ उन्होंने पारिवारिक समझौते की एक जेराक्स प्रति के साथ एफिडेविट का लिखित प्रारूप भेजा था। इस समझौते की पृष्ठभूमि मुझे नहीं मालूम। बाद में पता चला इसके पीछे भी अमित थे। सत्तर के दशक के अन्तिम या अस्सी के प्रथम वर्ष में कभी काका आये एक दिन। अगली सुबह चलने के समय उन्होंने मुझसे कहा, 'हम सब लोगों ने यह एक पारिवारिक समझौता किया है इस पर दस्तखत कर दो', कहते हुए उन्होंने समझौता

मुझे दिया। इसके कुछ दिन पहले मुझे अमित का एक पत्र मिला था जिसमें उन्होंने लिखा था कि काका आपके पास एक समझौता लेकर जायेंगे। उस पर दस्तखत मत कीजिएगा। मैंने समझौता देखा। उस पर अमित का भी हस्ताक्षर था और पिता का भी। मेरी समझ में नहीं आया कि माजरा क्या है? यदि यह उन्हें पसन्द नहीं था तो उन्होंने इस पर दस्तखत क्यों किया? पिता ने भी मुझे इस बाबत कभी कुछ नहीं कहा क्यों?

मैंने समझौता पूरा पढ़ा। मैंने तटस्थ भाव से सोचते हुए काका से कहा, 'मैं इस पर दस्तखत नहीं करूँगा।' उन्होंने पूछा 'क्यों?' मैंने कहा, 'समझौता करने से पहले आप लोगों में से किसी को मुझसे बात करने जरूरत नहीं महसूस हुई क्यों? मतलब आप लोगों के मत में इससे मेरा कोई मतलब नहीं था। यदि ऐसी बात है तो मेरी दस्तखत की क्या जरूरत? फिर भी शायद मैं इस पर दस्तखत कर देता पर यह ठीक ही नहीं है। इससे कुछ स्पष्ट नहीं होता। सबसे पहले होना चाहिए कुल जमीन कितनी है, कहाँ कहाँ है। फिर होना चाहिए इसमें कितना आपका है सैन्य सेवा के लिए सरकार से मिला हुआ और कुल कितना पैतृक है अर्थात् जगरदेव सिंह और जगेस्सर सिंह का। यदि जगेस्सर सिंह का भाग उनकी पत्नी धर्मा देवी को नहीं दिया जाता तो वह भी जगरदेव सिंह का हुआ। इस सारे पैतृक हिस्से को आप दोनों भाई जैसा चाहें बाँट लें। आप दोनों के वंशज, हम लोग, उसे मान लेंगे। मेरे दस्तखत के लिए इस समझौते को मेरे सुझाव के अनुरूप होना होगा। इससे चीजें स्पष्ट नहीं होतीं।' काका सुनते रहे और बिना कुछ बोले चुपचाप नाराज हो चले गये। फिर हमारे बनारस रहते वे हमारे घर कभी नहीं आये। बाद में मरने से एक-दो या तीन महीने पहले, सपरिवार जामुन वाली लाइन से मेरे घर को चुपचाप देखते गये थे।

इस समझौते की हस्ताक्षरित प्रति अमित को कब मिली पता नहीं। शायद इसी वर्ष मिली हो। इस पर मेरे स्थान पर किसी और का किया मेरा हस्ताक्षर देखकर उन्हें लगा होगा कि मैंने उन्हीं के कहे अनुसार इस पर दस्तखत नहीं किये। फलतः यही दिखाने के लिए उन्होंने मुझे समझौते की जेराक्स प्रति भेजी। उन्होंने मुझे यह भी लिखा कि समझौते पर आपका हस्ताक्षर किसी और का (श्रीप्रकाश का) किया हुआ है। आप केस कीजिए 'फ्रॉड' का और समझौते को चैलेन्ज कीजिए। मेरी समझ में यह नहीं आया कि यदि यह समझौता उन्हें पसन्द नहीं था तो उन्होंने इस पर दस्तखत क्यों किये? पिता ने तो मुझसे कभी इसका जिक्र भी नहीं किया पसन्द था तो भी, नहीं था तो भी। मतलब उन्हें कोई फर्क नहीं पड़ रहा था। ठीक था तो भी, नहीं था तो भी।

अमित सब कुछ मुझसे क्यों कराना चाहते हैं? खुद क्यों नहीं करते? बहरहाल मैंने उनकी इस बेवकूफी पर भी ध्यान नहीं दिया। मुझे उस पचड़े से कुछ लेना-देना नहीं था। उसे मैं कब का भूल चुका था। मेरे सामने अपनी समस्याएँ थीं।

पूर्वोत्तर पर्वतीय विश्वविद्यालय की दूसरे और चौथे सेमेस्टर की परीक्षाएँ समाप्त कर मैं 23 या 24 दिसम्बर 1985 को बनारस आया। कचहरी, वकील और नगर निगम के चक्कर में हम दोनों साथ-साथ आने-जाने लगे। मेरे आने के बाद माई जी भी वापस आ गयीं।

अब हम दोनों अपने परिवार के अनेक कार्यों के साथ-साथ जमीन सम्बन्धी कार्य के लिए जहाँ भी जाना होता जाते। इसी बीच समय निकालकर मैं दो दिन के लिए सागर भी हो आया था। पू.प.वि. के सारे अध्यापक फरवरी के तीसरे सप्ताह से शिलांग वापस आने लगते थे। विश्वविद्यालय सामान्यतया 24 फरवरी को खुला करता था। जमीन को ले दो मुकदमों के चलते और जैसा कुछ लोग सोच रहे थे मारपीट की सम्भावना के कारण मैंने एक माह रुककर स्थिति देखी। आगे भी ऐसा कुछ होने की सम्भावना हमें नहीं लगी। उषा भी मुझे आश्वस्त करती रही। वापस जाने को कहती रही। फलतः मैं ट्रेन से 30 मार्च को गौहाटी और वहाँ से 31 मार्च को शिलांग पहुँचा (मेरा 31.3.1986 का पत्र)। इसके बाद उषा को लिखे दूसरे पत्र (9.4.1986 के) में मुकदमों के बारे में पूछते हुए अपनी चिन्ता व्यक्त की। यह भी लिखा कि "मैंने आज सागर भी चिट्ठी लिखी है।"

अमित ने इस समय के आस-पास मुझे पत्र लिखे थे। वे गाँव में पिता के हिस्से के लिए मुझसे मुकदमा कराना चाहते थे। इसी सम्बन्ध में पिता ने अपने पत्र (26.4.1986) में मुझे लिखा, "अमित के पत्रों का, आशा है, तुमने उत्तर दे दिया होगा...मैंने भी कुछ वकीलों से इस मामले की चर्चा की थी। उनका कहना है मामला दीवानी का है, कई साल लग सकते हैं...मैं इन मामलों में अनजान हूँ। तुम्हारे पास भी समय नहीं है, और अमित...उन्हें भी मौका नहीं है। ...जो उचित और व्यावहारिक लगे वही ठीक होगा।" मेरे पास इस फालतू काम के लिए समय नहीं था, जवाब क्या देता? चुप रहा। खुद क्यों नहीं दायर करते?

ऐसा लगता है कि अप्रैल से सितम्बर के कुछ पत्र गायब हैं। वैसे यह समय मेरे लिए बनारस की स्थिति के चलते परेशानी भरा था। सम्भव है मेरे बनारस आते-जाते रहने के कारण शायद कुछ कम पत्र लिखे गये हों। मैंने बनारस से लौट कर (6.9.1986) शिलांग पहुँचने की सूचना पत्र से उषा को दी। अक्टूबर 1986 में मैं फिर बनारस हफ्ते भर के लिए गया। अक्टूबर 8 के बाद मेरी अगली चिट्ठी 25 अक्टूबर को उषा को लिखी गयी थी। परेशानी के कारण दो दिन की छुट्टी लगातार होने पर भी मैं बनारस चला जाता था। चिट्ठियाँ भी लिखता रहता था।

उषा का एक पत्र सितम्बर का उपलब्ध है (9.9.1986 का)। इसमें मुझे केस की अगली तारीख पड़ने की सूचना के साथ ही लिखा है, "सागर से चिट्ठी आयी है। दोनों जने वहाँ ठीक हैं शास्त्री जी हिमाचल गये थे, वीरभद्र सिंह[3] के बुलावे पर। चन्द्रधर शर्मा गुलेरी एवार्डीज के सेलेक्टर्स में से थे। लिखा है थकान से कुछ

अस्वस्थ से थे। शिलांग से लिखी आपकी कोई चिट्ठी उन्हें नहीं मिली है। बनारस वाली मिली है। उसी का जवाब है। शिलांग से चिट्ठी लिख दीजिएगा। वैसे मैं भी जोरहाट और सागर जवाब भेज दूँगी।'' इसके बाद ही मैं हफ्ते भर के लिए फिर बनारस गया था।

उषा का एक पत्र 1986 का है। इसमें तारीख नहीं है। डाकखाने की मुहरों से भी कुछ स्पष्ट नहीं होता (मेरा दिया नम्बर 86/73 है)। इसमें उषा ने लिखा है, ''परसों भोर में अचानक से शास्त्री जी आ गये [।] लखनऊ किसी सम्मेलन में जाना था [।] इलाहाबाद गाड़ी नहीं भेजी थी उन लोगों ने [इन्हें लेने], अतः बनारस आ गये [।] ठीक हैं पूर्ववत [।] आते ही घूमने जाने को उद्यत, मैंने खैर, जबरन नाश्ता करवा कर ही जाने दिया [।] वापस आये रात 11.30 बजे। स्वास्थ्य बिल्कुल ठीक है [।] बुखार दोनों जने को हुआ [।]...कोई घबड़ाने की बात नहीं [है।] कह रहे थे कि माता जी की आँख का आपरेशन करवाना है...परहेज नहीं करतीं, सब खाती हैं इत्यादि। तुम्हें घबड़ाने की कोई बात नहीं [।] सबका जो रुटीन है उसी में लीन हैं। तकलीफ भी है और स्वयं बीमारियों को निमंत्रण देना [।] दोनों जने यही कर रहे हैं फिर घबराहट भी [होती है।] मुझे यही साइकोलाजी समझ नहीं आती [।] शास्त्री जी बता रहे थे कि स्कूटर पर बैठ सागर से भोपाल गये थे अपने [ना] स्टैमिना आजमाने के लिए। तबीयत खराब हो जाय तो हम जैसे लोग, हर चीज को सीरियसली लेने वाले, परेशान हो जाते हैं। मेरा ये रोग, मेरे ही संसर्ग से, शायद तुम्हें भी लग गया है। इर्दगिर्द सभी लोग हर चीज कैजुऐली ही लेते हैं...पैसे की भी बात बता रहे थे कि अमित ने घर लेने का तय किया था। पैसा ईटीसी लेकर ये दिल्ली पहुँचे। वहाँ पता चला घर [का दाम] बहुत ज्यादे माँग रहा है उतना [ने] लायक [है] नहीं [।] अमित ने भी घर नहीं देखा था ईटीसी [।] इस तरह तो प्रोग्राम बनता है। बहरहाल यहाँ से आज सुबह गये, गंगा कावेरी से, सागर... ।''[4]

इस मकान के क्रय का उल्लेख पिता ने मुझे एक पत्र (29.9.1986 के) में किया है यह मकान लेने की बात विष्णुचन्द्र शर्मा के माध्यम से हो रही थी। ''मैंने मकान देखा...मकान यूँ ही था। फिर भी जिम्मा मैंने अमित पर डाल दिया। सब लोग बैठे। वहाँ शर्मा ने कहा 'हाँ या ना' में जवाब दो। मकान लेना है या नहीं? ...अमित ने कहा, 'नहीं'। बात खत्म हो गयी।''

इसी पत्र में पिता आगे लिखते हैं, ''तुम्हारे हिस्से की जमीन भी अमित ने माँगी थी, इसका पता मुझे तुम्हारे पत्र से ही मिला। अमित ने मुझसे इस बात की चर्चा नहीं की। यदि मुकदमा लड़ने के विचार से यह कहा हो तो मुख्तारनामे या वकालत नामे के जरिए, कानून के अनुसार हो सकता है। अमित समझते हैं मुकदमा उनके परिचित लोग लड़ देंगे। मैंने बार-बार कहा है मुकदमा वादी को स्वयं देखना पड़ता है...पर यह बात उनके दिमाग में बैठती नहीं...अमित दिल्ली छोड़ नहीं सकते तो

मुकदमा ही छोड़ दें। मैं मुकदमे में बिल्कुल रुचि नहीं लेता...स्थिति यही रह जाती है कि इस मामले में रुचि यो तो अमित लें अथवा तुम लो।" मैं किस बात की रुचि लेता अपना हिस्सा तो स्कूल को मैं दे चुका था, कब का।

जहाँ तक मुझे याद पड़ता है यह घर विष्णुचन्द्र शर्मा के घर के आस-पास ही कहीं था। यह घर एक या दो कमरे का था। थोड़ी जमीन भी थी। पिता ने बाद में पैसा विष्णु जी से अपने घर रखने को कहा भी था। वे हजारों रुपया कैश अपने घर में रखने को तैयार नहीं हुए। पिता इतना सारा पैसा सागर से लाकर एक बार जोखिम उठा चुके थे। दुबारा वे जोखिम उठाना नहीं चाहते थे। इसीलिए उन्होंने विष्णु जी से इसे रखने को कहा। उनके मना कर देने के बाद उनके पास दो रास्ते बचे। पहला वे सारा पैसा ले रात भर की यात्रा करें और पैसा ले जाकर बैंक में जमा करें। दूसरा सारा पैसा बेटे को रखने को दें और बिना पैसे के सुरक्षित यात्रा करें।

कोई भी आदमी कुछ खरीदता है तो देखभाल कर। जमीन और मकान की खरीद लिखा-पढ़ी से होती है। यह सब कचहरी में होता है। रंजिस्ट्रेशन आफिसर के सामने, उसकी जानकारी में। क्रेता और विक्रेता सारा काला-सफेद पहले तय करके फिर वकील के पास जा कागजात तैयार कराते हैं। पिता, त्रिलोचन को इसकी जानकारी होने की अपेक्षा मैं नहीं करता। उन्हें जानने वाला कोई नहीं करेगा, पर अमित से इसकी अपेक्षा हर कोई करेगा। उन्होंने पिता से इतना सारा कैश मँगा कर न केवल उनका जीवन खतरे में डाला वरन् न घर देखा न विक्रेता से कोई बात ही की। यदि विष्णुचन्द्र की बात पर इतना भरोसा था तो ले लेना था। दाम घर का नहीं जमीन का होता है। यह बेवकूफी हर दृष्टि से अक्षम्य थी।

मैंने 3.12.1986 को उषा को लिखा कि मैं 21 दिसम्बर को बनारस पहुँच जाऊँगा। इसके कुछ दिन बाद मैंने इसकी पुष्टि करते यह भी लिखा कि पिता को भी एक पत्र लिख रहा हूँ। इसके पहले उनका एक पत्र आया था। जवाब दे दिया था (मेरा 11.12.1986 का पत्र)।

बनारस का मेरा दो महीने से कुछ ऊपर का निवास उषा के लिए कुछ राहत और आराम का रहा। मेरी उपस्थिति मात्र से उसकी चिन्ता समाप्त हो जाया करती थी। काम सारा वही करती थी। मेरे साथ रहने से आश्वस्त रहती थी, बस। सब जगह दोनों साथ जाते थे। कोई समस्या आने से आपस में बात कर तय कर लेते थे। अजय जी[5] से सलाह लेते थे।

मैं 25 फरवरी 1987 की शाम ट्रेन से गौहाटी उतरा। वहाँ से अगले दिन सुबह शिलांग आया और सीधे आसाम हाउस में जा कर ठहरा (मेरा 26.2.1987 का पत्र)। हफ्ते भर बाद ही मैंने नांगथुमाई में श्रीमती फ्रोप्सिल खारखोंगार का घर किराए पर ले लिया। एक दो दिन बाद ही अंग्रेजी विभाग के डॉ. नागपाल भी मेरे साथ ही रहने आ गये (मेरा 5.3.1987 का पत्र)।

मई में मैं फिर बनारस गया। मैं जब बनारस में था उस समय "अमित का एक पत्र यहाँ (शिलांग) आया था। बाद में उनके ऐक्सीडेण्ट के बारे में उनकी स्त्री का" (1.7.1987 का मेरा)। कुछ वर्ष पहले माँ-पिता के दिल्ली रहते उन्होंने एक मोटरसाइकिल खरीदी थी। उनका इसी मोटरसाइकिल से ऐक्सीडेण्ट हुआ था। मैंने दुख प्रकट करते हुए लिखा था उन्हें, पर देखने नहीं जा सका था। इसका मलाल उनकी पत्नी ने एक बार व्यक्त किया था। मेरी इस समय जैसी स्थिति थी उसमें मैं शिलांग और बनारस के अलावा कहीं भी जा नहीं सकता था। जाने आने में समय लगता है। समय मेरे पास था नहीं।

इसके बाद मैंने उषा को (9.10.1987 के पत्र में) लिखा 'बड़ी परेशानी है तुम्हें, क्या करें? कुछ समझ में नहीं आता। कभी-कभी इच्छा होती है कि छोड़ कर चला आऊँ। अभी कितने दिन हुए हैं बनारस से आये? 'हार्डली' 12 दिन। पर लगता है जैसे एक अरसा हो गया। सागर से पिता जी का पत्र आया था। मैंने लिख दिया है। बनारस से भी लिख दिया करो।' इसके कुछ दिन बाद के पत्र में मैंने उसे (17.10.1987 को) लिखा, 'अमित को भी 15 तारीख को ही चिट्ठी लिख दी थी। उसी दिन 'ड्राप' भी कर दी थी।' फिर मैंने उसे (23.10.1987 को) लिखा, "आज पिता जी का भी एक पत्र आया था। लिखा है बनारस जाने के बाद फिर तबीयत खराब हो गयी थी। अब ठीक है। कारण बनारस से जबलपुर गये। जबलपुर से भोपाल, वहाँ से बस से सागर। बाढ़ के कारण सागर का (ट्रेन का?) टिकट नहीं मिला। जबलपुर और सागर में भी रास्ता बन्द था। एक्जर्शन से हुआ होगा। माँ की तबीयत भी खराब थी। अब वे भी ठीक हैं। ...अमित सपरिवार आये थे और छः दिन रहे।"

"सागर चिट्ठी लिखी है। पिताजी को अलवर जाना था। चले गये होंगे। शायद आ भी गये हों। दिल्ली में रुकते हुए जाने और आने को लिखा था। वैसे मैंने लिखा है कि यात्रा कम से कम करें और करें तो पहले से रिजर्वेशन करा के, फर्स्ट क्लास में" (मेरा बिना तिथि का नं. 87/107)। यही नहीं, इसमें यह भी लिखा है कि "अमित को पहले तो एक चिट्ठी लिखी थी। पर उसके बाद उनके यहाँ तालाबन्धी [दी] हो गयी। पता नहीं चिट्ठी मिली या नहीं। हो सकता है मिली हो। पर जवाब तो अभी तक आया नहीं।"

"सागर भी एक चिट्ठी लिखी है" (मेरा 12.11.1987 का)। "सागर से एक (चिट्ठी) आयी है शनिवार को। सब लोग ठीक हैं" (मेरा 16.11.1987 का)।

इसी के लगभग शिलांग से मैंने अपने बच्चों को एक पत्र लिखा। अंग्रेजी में लिखे इस पत्र में लिखा था, कुछ दिन पहले मुझे अपने पिता और तुम्हारे पितामह का एक पत्र (6.11.1987 का) मिला। तुम लोगों का पत्र पाकर वे बड़े खुश थे, जैसा उन्होंने मुझे लिखा है, वे तुम सबको लिखेंगे। वे तुम लोगों की भाषा और लिखने

के ढंग से अधिक प्रभावित लगे। मुझे नहीं पता वे तुम लोगों को कब लिखेंगे, पर लिखेंगे जरूर। मैं चाहूँगा कि तुम लोग उन्हें लिखते रहो। इससे उन्हें खुशी होगी और वे तुम्हें सुझाव वगैरह देंगे। इससे तुम्हें लाभ होगा। किन्तु उन्होंने मुझे लिखा है कि वे तुम्हें हिन्दी में लिखेंगे। मुझे नहीं लगता कि तुम लोगों को इसे समझने में कोई परेशानी होगी। तुम लोग उन्हें अंग्रेजी में लिख सकते हो (मेरा 16.11.1987 का नं. 87/110)। पिता, इसके पहले ही तीनों बच्चों को अलग-अलग पत्र एक अन्तर्देशीय में लिख (6.11.1987) चुके थे। इस बार मैं उन्हें जल्दी-जल्दी लिख रहा हूँ जैसा मुझे पिछली बार मृगांका ने बनारस में कहा था। वस्तुतः मैं बिना जवाब की प्रतीक्षा किये लिख रहा हूँ (वही)। इसी तारीख (6.11.1987) के मुझे लिखे पत्र में उन्होंने लिखा है वे उज्जैन जाना नहीं चाहते थे, पर डॉ. वीरेन्द्र मोहन शुक्ल ने कहा, "...यदि आप चलेंगे तो मैं आपकी देखभाल के लिए साथ चलूँगा साथ लौटूँगा। वे मुझे भी प्रथम श्रेणी का किराया देंगे और इस किराए से पैसे बचा लेना और बहन के विवाह में खर्च करना मेरा लक्ष्य है यह सुन कर मैंने उज्जैन जाने का निर्णय लिया।" इसी पत्र में 13 से 15 नवम्बर के लिए अलवर जाने और आने जाने का आरक्षण कराने का उल्लेख भी है।

इसके बाद का 1987 का कोई पत्र उपलब्ध नहीं है। मैं दिसम्बर 20-22 के लगभग शिलांग से चलकर बनारस आ गया और अब हम दोनों का जीवन कचहरी के इर्द-गिर्द गुजरने लगा।

इस बार की जाड़ों की छुट्टियों में मैं एलटीसी ले के आया था। पैसे भी ऐडवांस ले लिए थे। शिलांग से बनारस अकेले। यहाँ से सब (उषा और बच्चों के साथ) दिल्ली, वहाँ से सागर और फिर बनारस वापस। वहाँ से शिलांग मैं फिर वापस अकेले। यही क्रम था। सागर हम सब तीन-चार दिन रहे। शाम को चलने के समय मैं और बच्चे सबसे मिल के आटो में आ बैठे। पिता हमें छोड़ने बाहर आ गये थे। लक्ष्मण सिंह भी बाहर आ गये थे। इन्हें हमें छोड़ने जाना था। माँ और उषा कुछ बात करने लगीं। थोड़ी देर बाद, देर होने के डर से, मैंने उषा को जल्दी आने को कहा। वह कुछ बोली नहीं। थोड़ी देर बाद उसने कहा, 'आती हूँ।'

उसके आते ही हम सब नमस्कार-प्रणाम कर चल दिये। गाड़ी समय से आयी। उसमें बैठ गये। गाड़ी चलने के थोड़ी देर बाद हम सब आश्वस्त हुए। मैंने पूछा, 'क्या बात कर रही थीं आप लोग? इतनी देर तक।' उसने कहा, 'कुछ नहीं। घर के बारे में'। लक्ष्मण सिंह बीना तक हमारे साथ चल रहे थे। मैंने सोचा इनकी वजह से नहीं बता रही है। मैं चुप रहा और यह बात मेरे ध्यान से उतर गयी।

मैं 1988 की फरवरी में शिलांग पहुँच गया। मेरे जाने से पहले पिता बनारस आये थे और हमारे साथ ही ठहरे थे। इस बार वे हिन्दी विभाग में भाषण देने के लिए निमंत्रित थे। उनके रहने का आधिकारिक इंतजाम अतिथि गृह में हो सकता

था, शायद हुआ भी हो, पर फिर भी वे हमारे साथ ठहरे। उनके आने के साथ ही मुझे जाना था इसलिए मैं उनके भाषण में नहीं जा सका।

शिलांग से मैंने उषा को लिख के पूछा (मेरा 24.2.1988, नं. 88/117), ''पिता जी तो अब तक सागर चले गये होंगे? उनका लेक्चर हुआ या नहीं?[6] एक दो दिन में चिट्ठी लिख दूँगा।'' बाद में पिता ने मुझे स्वयं लिखा (16.3.1988 के), ''बी. एच.यू. के हिन्दी विभाग में मेरे तीन व्याख्यान हुए। श्रोताओं से पूरा हाल भर गया था। लोगों के अनुसार अच्छा रहा। बनारस में कई गोष्ठियाँ बाहर की भी देखी।''

इसके बाद पिता ने अपने एक पत्र (14.4.1988) में 27-28 मई को बनारस एक विचार गोष्ठी में आने की सम्भावना व्यक्त करते हुए पूछा है, ''तुम कब तक बनारस रहोगे। यदि सूचित कर सको तो मैं अपने आने की तारीख कुछ पहले कर लूँ जिससे तुम्हें देख सकूँ और तुम्हारी कुछ बातें भी सुन सकूँ और उषा सहित बच्चों से भी इकट्ठे भेंट हो जाय।'' पता नहीं पिता मेरी जाड़े की छुट्टियों के सन्दर्भ में मेरे बनारस रहने की बात कर रहे थे या उन्हें पूर्वाभास हो रहा था। इसी समय कभी अप्रैल-मई 1988 में, विश्वविद्यालय ने मेरी और मेरे सहयोगी प्रो. महेश्वरी प्रसाद की सेवाएँ हमारी छुट्टियों की समाप्ति से पहले ही खत्म कर दीं। स्थानीय दैनिक पत्रों में भी दे दिया। उषा ने मुझे आफिस में फोन किया। मैंने उससे कहा, ''कोई बात नहीं तुम सब यहाँ आ जाना। घबराने की कोई जरूरत नहीं है। मैं आने पर देखूँगा इस मामले में क्या किया जा सकता है।''

बी.एच.यू. द्वारा सेवा समाप्ति की बात मैंने पिता को अपने एक पत्र (5.7.1988) में की थी। सम्भवतः इसी पर उन्होंने अपने 15.7.1988 के पत्र में लिखा, ''स्थितियाँ जब और जैसी भी आयें अधिक चिन्ता नहीं करनी चाहिए। शान्त और धैर्यवान रहना चाहिए।'' यही हम कर रहे थे। विश्वविद्यालय से लड़ भी रहे थे और अपना काम भी कर रहे थे। अंततः विश्वविद्यालय ने हमें वापस आकर ज्वाइन करने का समय दिया। प्रो. महेश्वरी प्रसाद वापस आ गये। मैं नहीं आया। मैंने लिख दिया कि मेरी पूर्व सेवा पू.प. विश्वविद्यालय को स्थानांतरित की जाय।

अपने 25.11.1988 के पत्र में उन्होंने अपने दिल्ली से लौटने पर अमित के सागर आये रहने और 20 तारीख को लौटने की बात के साथ ही लिखा, ''हम दोनों, तुम्हारी माँ और मैं, पिछले दो-तीन मास से बहुत बीमार थे। अब तुम्हारी माँ धीरे-धीरे थोड़ा बहुत चल फिर ले रही हैं। कमजोरी बढ़ी हुई है। दवा लेते रहते हैं।'' हम बीमार तो नहीं थे। पर दुष्टों और बेईमानों के जाल में फँसे तड़पड़ा रहे थे। कचहरी में दो केस चल ही रहे थे कुछ समय से, विश्वविद्यालय के बेईमानों ने एक और मामला चला दिया था जिसके लिए भी सब के सब कचहरी जाने का सुझाव दे रहे थे। हम चाहते थे विश्वविद्यालय ने जो गलती जिस भी वजह से की है उसे वही ठीक करे। कचहरी का रास्ता लम्बा और अन्तिम है। वही अंततः हुआ।

दिसम्बर 1988 चल रहा था। तारीख थी 20 या 21, मैं विभाग जाने के लिए तैयार हो रहा था। शायद साढ़े दस बज रहा था। तभी दरवाजे पर दस्तक हुई। मैंने दरवाजा खोला। देखा डॉ. डेविड सिएमलिए खड़े हैं। बाहर सड़क पर डॉ. इमदाद हुसेन और प्रोफेसर जे.बी. भट्टाचार्जी खड़े हैं। उषा को आवाज दे डेविड को बिठा मैं इन लोगों को लाने चला गया। सब आके बैठ गये चुपचाप। इन सबके सुबह-सुबह आने का कारण मेरी समझ में नहीं आया। मैंने उषा से कहा, 'चाय बनाओ'। सबने कहा, 'नहीं। चाय नहीं पिएँगे।' उषा ने कहा, 'अभी जाने दो इन्हें। चाय मैं बाद में पिला दूँगी', कहते हुए उसने मेरी ओर तार बढ़ाया। डेविड ने उसे मेरे बाहर जाने पर दिया था। मैंने देखा—'मदर एक्सपायर्ड'। 19 का तार बस, मुझे लगा, यह क्या हुआ? पूछा, 'कब आया?' डेविड ने कहा, 'आज सुबह।' भट्टाचार्जी बोले, 'जाइए। टेक योर टाइम।' इमदाद ने कहा, 'पैसे वगैरह की जरूरत हो तो आई हैव सम।' मैंने कहा, 'ट्रेन तो मुझे रात में ही मिलेगी। सागर एयर रूट पर है नहीं, इसलिए अब मैं पहले रिजर्वेशन देखता हूँ फिर बैंक जाऊँगा।' उषा भी चलने को कहती रहीं। मैंने मना कर दिया।

मैं तीसरे दिन सुबह तीन बजे सागर पहुँचा। स्टेशन पर बैठा रहा। सुबह छः बजे आटो ले घर पहुँचा। थोड़ी देर बाद माँ के कमरे में जा इधर-उधर देखता रहा। सब कुछ वैसा ही था। सिर्फ माँ नहीं थीं, न थी उनकी खाट। कहाँ थीं माँ?

बाद में लोगों ने मुझे बताया माँ कुछ दिनों से बीमार चल रही थीं। जाने के हफ्ता दस दिन पहले से पिता से कहती रहीं तार कर जय को बुलाने के लिए। वे आज कल कहते रहे। उन्हें माँ के अभी जाने की उम्मीद नहीं थी। मैं समझता हूँ। पिता वहीं बैठे थे चुपचाप। कुछ बोले नहीं। उनकी स्थिति मैं अब समझ सकता हूँ।

उसी दिन, मेरे आने के दो-तीन घंटे बाद, अमित और लक्ष्मण अस्थि कलश ले इलाहाबाद विसर्जन के लिए गये। पता चला दाह संस्कार के बाद अगले दिन फूल चुनने पिता गये थे। अस्थियों के दो-तीन छोटे टुकड़े उन्होंने एक छोटी प्लास्टिक की डिबिया में रख लिए थे। प्लास्टिक की यह डिबिया वे अपने छोटे वी.आई.पी. पोर्ट फोलियो बैग में रखते थे। बैग जब भी खोलते डिबिया भी एक बार खोलकर (माँ को) अवश्य थोड़ी देर देखते थे। कहीं जाते तो बैग में माँ साथ जाती थीं। मुझे लगता कभी-कभी पिता डिबिया में बन्द अंश के सहारे माँ को मूर्त्त कर देखने का प्रयास करते थे। कभी-कभी उन्हें देखने के लिए ही बैग खोलते थे। जो कभी वे महसूस कर रहे थे, वह और कोई नहीं कर रहा था। कर ही नहीं सकता था। पिता जो कमी तब महसूस कर रहे थे, वह मैं अब महसूस कर रहा हूँ। उनका वह दुख और दर्द मुझे अब महसूस होता है।

पिता का इस प्रकार माँ को लिए रहने और उनको देखते रहने का यह क्रम मैंने सागर तक देखा है। बाद में भी इसमें कमी आने का कोई कारण मुझे नहीं

दिखता। माँ को वे वस्तुतः खोज रहे थे। यहाँ वहाँ, हर जगह, भीड़ में और डिबिया में रखे फूलों में।

मेरे पहुँचने के एकाध दिन पहले गाँव से काका आये थे और उसी दिन वापस भी चले गये। उन्होंने गाँव पर क्रिया कर्म करने का निश्चय किया, उसकी तैयारी के लिए। और लोग शायद गाँव गये। मैं नहीं गया। बनारस होते हुए शिलांग वापस चला गया।

इसके बाद पिता ने अपने (21.1.1989 के) पत्र में 5 जनवरी को दिल्ली से वापस आ लिखा, "डॉ. केदारनाथ सिंह के साथ 9 को भोपाल 'विश्व कविता' समारोह में रहा। 17 को वहाँ से मैं बस में सागर आ गया...मैंने 4-5 मार्च को पीठ की ओर से समारोह करना निश्चित किया है। उसके बाद ही दिल्ली रहने का इरादा है। ...मानसिक शून्यता घेरती जा रही है। शक्ति भर कोशिश कर रहा हूँ कि अपने आपको ढंग से सँभाल सकूँ।" उनका साल-साल कर पीठ का बढ़ता टर्म खत्म होने को था। पर मार्च में "संस्कृति सचिवालय के प्रस्ताव के अनुसार मैंने एक साल और रहने का स्वीकृति पत्र भेज दिया है" (17.3.1989 का पत्र)।

पिता ने इसके बाद अपने 5.4.1989 के पत्र में लिखा, "जय, अगर तुम कभी इधर आओ तो समय रहने पर कभी मुझसे भी मिल जाओ। मेरा चित्त बहुत अशान्त है। सब जानते हुए भी चित्त ठिकाने नहीं होता। सोचता हूँ समय पाकर शायद मैं सँभल पाऊँ। ...मेरा रक्तचाप इधर ठीक चल रहा है।..." इसके उपरांत मेरे (31.3.1989 के) पत्र के जवाब में लिखते हैं, "मच्छरदानी का इंतजाम जल्दी ही कर लूँगा। इसमें 10-15 दिन तो लग ही जायेंगे। दवा मैं नियम से ले रहा हूँ। ...अभी हाल का रक्तचाप 150-90 है। यह मेरी उम्र के लिए ठीक है और किसी प्रकार की कोई चिन्ता नहीं है, लेकिन मैं प्रतिदिन अभी विकल रहता हूँ। स्मृति ही इसका कारण होगी। स्मृति पर नियंत्रण कठिन दिखाई देता है" (8.4.1989 का पत्र)। मुझे नहीं लगता उनका रक्तचाप ठीक रहा होगा। पर उनका कहा ही ठीक मानना होगा। इसके बाद मेरे (5.4.1989 के) पत्र के जवाब में पिता ने (17.4. 1989 के) अपने पत्र में लिखा, "...तुम्हें लिख चुका हूँ, मिले होंगे। पत्र लिखते रहना। पत्रों को पाकर मैं कुछ चिन्ताहीन हो जाता हूँ। मेरी अधीरता बनी हुई है। लगता है यह मेरे होशो-हवास का किस्सा [हिस्सा] बन गयी है। दवा नियम से ले रहा हूँ। रक्तचाप में उतार-चढ़ाव की स्थिति इधर नहीं है।" स्पष्ट है माँ का जाना उन्हें खल रहा था। सारी अशान्ति चित्त की, विकलता आदि सब की वजह लगभग साठ साल के छूटे साथ की थी। साथ रहने की, चुपचाप साथ रहने की, हँसने-बोलने की, लड़ने-झगड़ने की, स्मृतियाँ आ-जा रही होंगी। परिसर के उस बड़े भवन का एक कमरा अब पूरा नहीं आधा रह गया था। एक खाट हट गयी थी। खो गयी थी जाने कहाँ। सब दिख रहा होगा, एक-एक कर। साथ-साथ रहना ही प्यार है। यही सबसे बड़ी उपलब्धि है जीवन की।

इसके बाद उन्होंने (3.5.1989 के) अपने पत्र में मेरे (21.4.1989) पत्र के जवाब में लिखा, "तुम्हारा पत्र जब भी मिलता है उत्तर तत्काल या एकाध दिन बाद जरूर देता हूँ। तुम्हारे पत्र से मुझे बल मिलता है।" इसी पत्र में आगे सोमदत्त के देहांत और तदुपरांत रात बस में जाना और अगली रात वापस आने का जिक्र है वह भी बिना खाए-पिए। पिता के अगले पत्र (19.6.1989) में मनु और पखुंड़ी के सागर आ रहने और 24 को दिल्ली वापस जाने का उल्लेख है साथ ही यह भी कि "मैं भी 6-7 दिन के लिए दिल्ली जा रहा हूँ।" अपने अगले पत्र (6.7.1989) में उन्होंने लिखा, "दिल्ली से मैं 2 जुलाई को सागर पहुँच गया।" इसके उपरांत उन्होंने अमित के *जनसत्ता* चण्डीगढ़ से त्यागपत्र देने और "कानपुर से निकलने वाले *स्वतंत्र भारत* दैनिक में काम करना" आरम्भ करने की सूचना दी है। इसके अनंतर एक लम्बा पैराग्राफ उन्होंने अपने इ.सी.जी. और प्रेशर पर दिया है। डॉक्टर ने उन्हें ब्लड क्लाट बताया था। मेरे 30.6.1989 के पत्र के जवाब में पिता ने फिर दिल्ली में कराए ई.सी.जी. ब्लड क्लाट और स्वतंत्र भारत के विषय में ही मुख्य रूप से लिखा है।

मेरे पत्र (26.7.1989) के जवाब में उन्होंने (7.8.1989) मुझे लिखा, "मैं एक दिन बीमार रहा। शरीर का ताप बहुत ज्यादा बढ़ गया था, चार-पाँच दिन तक दवा खाई। थोड़ी कमजोरी तो है लेकिन बुखार एक ही दिन रहा।" अनंतर इसके पिता ने 21.8.1989 को लिखा, "पत्रों द्वारा मालूम हुआ है कि इस वर्ष का मैथिलीशरण गुप्त सम्मान पुरस्कार मुझे देना निश्चित हुआ है। अभी घोषणा हुई है। पुरस्कार सम्भवतः भारत भवन के स्थापना सप्ताह के अवसर पर आगामी फरवरी के दूसरे सप्ताह में दिया जाय। जैसी सूचना मिलेगी तुम्हें यथा समय सूचित करूँगा। पुरस्कार की राशि एक लाख की है।" इस पत्र में पिता का हस्ताक्षर नहीं है। इसके बाद उन्होंने 7 सितम्बर 1989 को मुझे लिखा, "तुम्हारा 27.8.1989 का पत्र मिला और तुम्हारी बधाई भी। अपनों की बधाई उनके हार्दिक आनन्द की ही सूचना है। प्रसन्नता की बात है कि जोरहाट वालों को भी सब बात मालूम हो गयी थी। ...इस अरसे मैं पेचिस से बीमार हो गया। बरसाती दिन भी हैं...अब पेचिस से बच गया हूँ। लेकिन दवा, कुटजारिष्ट, दुकान से लेकर महीने भर सेवन की सोच रहा हूँ। पुरुषोत्तम भी बीमार पढ़ [पड़] गया था..."। बेटी गायत्री ने भी दादा को बधाई देते इसी बीच पत्र दिया। इसका जवाब उन्होंने (12/13.9.1989 को) उसके वीमेन्स कालेज के पते पर भेजा था।

इसके उपरांत पिता ने अपने (21.10.1989) पत्र में अपने ब्लड प्रेशर और दवा का उल्लेख करते लिखा है कि वे 28 अक्टूबर 1989 को दिल्ली पहुँचेंगे। उनका मुख्य उद्‌देश्य अपने डॉक्टर से मिलना था। इसके बाद का एक संक्षिप्त पैरा है, "प्रेमशंकर जी ने वह कविता मुझे भी दी थी। यह कविता मैं गुजरात गया तो वहाँ भी बहुतों को मिली थी। और जगहों भी शायद भेजी होगी।" यह कविता

मुझे भी मिली होगी। इसी से मैंने पिता से इसका जिक्र अपने (4.10.1989 के) पत्र में किया होगा और उन्होंने मुझे लिखे अपने पत्र में जवाब के बतौर। अब मुझे ठीक याद नहीं इस कविता का कथ्य, पर सम्भवतः इसके पीछे कुछ ऐसे लोग थे जिन्हें पिता को गुप्त सम्मान दिये जाने से असन्तोष था या सम्भवतः पीठ पर उनकी नियुक्ति उन्हें परेशान कर रही थी। इसके बाद के पत्र में (8.11.1989) को उन्होंने दिल्ली से तीन नवम्बर को लौटने की बात तो लिखी पर डॉक्टर से मिले या नहीं इस पर मौन रहे। लेकिन मेरे (7.11.1989 के) पत्र के उत्तर में उन्होंने मुझे (16.11.1989 को) लिखा, ''दिल्ली से लौट आया। वहाँ अपनी शारीरिक जाँच नहीं करा सका। फिर कभी देखा जायेगा। ...दिल्ली में अमित सन्तुष्ट नहीं है। लेकिन इस स्थिति को बनाने में अमित का ही हाथ है। दिल्ली में एक पत्र ने उनसे कहा कि हम आपको लखनऊ शाखा में भेज सकता [ते] हूँ [हैं।] अमित ने कहा मेरी दृष्टि में लखनऊ और कानपुर में कोई अंतर नहीं है। बी.पी. मेरा इधर जाँच से ठीक पाया जा रहा है। 80/140 वजन लेने पर कुछ वृद्धि पायी गयी। इसी पर डॉ. की राय हुई कि मैं कोलेस्ट्राल की जाँच कराऊँ। जो मैं करा नहीं पाया। 6 अक्टूबर 1989 को मैं शमशेर जी से मिलने सुरेन्द्र नगर, गुजरात गया था। सितम्बर में वे घनघोर रूप से बीमार थे। मैं गया तो अपने को सँभालते हुए थोड़ा चल रहे थे। कमजोर तो हैं ही। इस वर्ष वे 78 पूरे कर चुके।''

इसके बाद पिता ने (24.11.1989 को) मेरे (17.11.1989 के) पत्र के हवाले से लिखा, ''डॉ. ने ईसीजी कराया और उनसे मैंने चाहा कि ईसीजी पर रिपोर्ट भी तैयार कर दें। डॉ. ने कहा कोलेस्ट्राल की जाँच करा लीजिए। उस दिन मैं नाश्ता करके गया था। डॉ. ने कहा खाली पेट जाँच कराइए। ...मतलब कि रिपोर्ट के लिए दूसरे दिन जाना पड़ता। पैसा अधिक नहीं ले गया था...इसमें 3-4 दिन लग जाता। मैंने टाल दिया...वहाँ से लौट के कुछ अस्वस्थ हुआ। इस अस्वस्थता में दाँत का दर्द खास था। दवा तो मैंने कोई कराई नहीं। थोड़ा, थोड़ा दर्द अब भी है, लेकिन असह्य पीढ़ा [ड़ा] नहीं है। ...दवाएँ नियम से ले रहा हूँ...।'' इससे अगले पत्र में (28.11.1989 को) पिता ने मेरे (21.11.1989 के) पत्र के मिलने के उल्लेख के बाद लिखा, ''कुछ दिन पहले मुझे दाँत का दर्द हुआ। शायद इसी दाँत के दर्द से बुखार भी हुआ और बुखार काफी तेज रहा। इसकी कोई दवा तो मैंने नहीं ली। केवल खैनी दाँत के नीचे दबाता रहा और अब दर्द काफी कम है। मैं दवा यथा नियम ले रहा हूँ। इसमें कोई व्यतिक्रम नहीं होता।'' फिर (30.11.1989 को) पिता ने लिखा, ''19 दिसम्बर 1989 को तुम्हारी माँ की बरसी है। सपत्नीक अमित बच्चों सहित आ रहे हैं। तुम्हें अवकाश हो और स्थितियाँ अनुकूल हों तो 19 दिसम्बर को यहाँ आ जाओ। सुभीता न हो तो कोई बात नहीं।'' इससे अगले पत्र में पिता ने (22.12.1989 को) मेरे पत्र (13.12.1989) के मिलने के हवाले के साथ लिखा, ''अमित परिवार सहित

16 दिसम्बर को पहुँच गये थे। 19 का कार्यक्रम पूरा हुआ।'' 20 को सब वापस गये। तुम्हारे पत्र से मालूम हुआ कि बच्चों और उषा की परीक्षा तिथियाँ दिसम्बर में ही हैं। ऐसी स्थिति में तुम्हें अवकाश कहाँ कि बाहर निकलो। ...तुम्हारा जन्म दिन, दो जनवरी 1990 पास ही है...उस अवसर पर बच्चों और उषा सहित तुमको मेरे हार्दिक आशीर्वाद।''

सन्दर्भ एवं टिप्पणियाँ

1. प्रसन्नता इस बात से कि हम लोग पहले की अपेक्षा नजदीक रहने आ रहे थे। चिन्ता इस बात को ले के थी कि उषा और बच्चे अकेले कैसे रहेंगे वहाँ?
2. डॉ. सीताराम दुबे, एम.ए. में मेरे विद्यार्थी थे। डॉक्टरेट के बाद सागर में प्राध्यापक और उज्जैन विश्वविद्यालय में प्रोफेसर रहे। सम्प्रति का.हि.वि.वि. के अपने पूर्व विभाग में प्रोफेसर हैं।
3. वीरभद्र सिंह उस समय हिमाचल प्रदेश के मुख्यमंत्री थे।
4. उषा जल्दीबाजी में जब लिखती थीं तो विराम आदि ही नहीं बहुतेरे शब्द भी छूटते जाते थे। उनका कहना था जितनी तेजी से विचार आते हैं उतनी तेजी से लिख नहीं पाती। इसी से गलतियाँ होती हैं। उनके पत्रों की गलतियों को मैंने चौकोर कोष्ठकों में सुधारा है।
5. उषा की दोस्त और सहपाठिन प्रेमाजी के पति थे श्री अजय कुमार अग्रवाल। बनारस के रहने वाले। नौकरी छोड़ बनारस आये तो कल पुर्जे बनाने का कारखाना खोला। इंजीनियर थे। घूस न देने के कारण सेना के सम्बन्धित अधिकारियों ने इनका माल ऐप्रूव नहीं किया। उन्होंने नुकसान सह कर यह काम बन्द कर दिया। बिल्डर बन गये। घर बनाने-बेचने लगे। बहुत सारे बनाकर किराए पर उठा दिये। इनका घर हमारी ज़मीन के पास था। पाँच मिनट में पहुँच जाते थे। 2015 में दिवंगत हुए। उषा इनकी बड़ी प्रशंसक थी। कर्मठ व्यक्ति थे।
6. हिन्दू विश्वविद्यालय के हिन्दी विभाग ने भाषण के लिए बुलाया था।

यमुना विहार-3

आज मैं अकेला हूँ/अकेले रहा नहीं जाता/सुख दुख एक भी/अकेले सहा नहीं जाता
धरती, पृ. 60-61

पिता का कार्यकाल मार्च के अंत में खत्म होना था। पर उनके वहाँ एक वर्ष और रहने की सम्भावना थी। चुनाव भी होने थे शायद इसलिए सचिवालय से पत्र आने में विलम्ब हो रहा था। बहरहाल पिता ने 3.3.1990 के अपने पत्र में मेरे 20.2.1990 के पत्र के जवाब में डॉ. गौरीशंकर गुप्त, लेखक और उनके पत्र के विषय में लिखा है। डॉ. गुप्त ने मुझे पत्र लिखकर पिता का चित्र माँगा था। इसी सन्दर्भ में पिता ने लिखा, ''बनारस में रहते हुए मेरा इनसे परिचय हुआ। कुछ दिन पहले मुझसे मेरा फोटो माँगा था। मेरे पास अपना कोई फोटो न था। मैंने यही लिख दिया। अब उन्होंने तुमको सीधे पत्र लिखा है। ...हो तो भेज देना...फोटो खिंचवाने के लिए स्टूडियो जाना मुझे न अब पसन्द है और न कभी था।'' इसके बाद इस पत्र में अपने मित्रों से मिलने और जे.एन.यू जाने के प्रयास में नेहरू स्टेडियम जा पहुँचने और धौला कुआँ होते वापस आने की बात विस्तार से लिखी है। साथ ही पुरस्कार की राशि यमुना विहार, बैंक में जमा करने और मुझे आकर हस्ताक्षर कर जाने को लिखा है। यह भी कि इसे छः वर्ष के लिए जमा किया है और ''10 प्रतिशत के हिसाब से तीसरे महीने 2500 मिला करेंगे...''। अमित यहाँ ''पत्रकारिता और जनसंचार विभाग में विजिटिंग प्रोफेसर'' पहली से पन्द्रह तक रह कर गये।

गौहाटी के मेरे एक मित्र की पत्नी कविता लिखती थीं। उन्होंने मुझसे कविता संग्रह छपाने के विषय में पता करने को कहा था। मैंने पिता से अपने (16.3.1990 के) पत्र में इस विषय में पूछा था। उन्होंने अपने (22.3.1990 के) पत्र में लिखा, ''कविता पुस्तक छापने के लिए प्रकाशक तैयार नहीं होते। बहाने बना देते हैं। छपाई का पूरा व्यय देने पर कोई प्रकाशक अपना नाम देने को राजी हो सकता है। फिर व्यावसायिक बात भी है वह करनी होगी। छपाई का खर्च निकल आने पर वह रायल्टी कितनी देने को तैयार होता है क्योंकि सारा खर्च तो लेखक ने वहन किया है अगर वह 40 प्रतिशत देना मंजूर करे तो किसी लेखक को मान लेना चाहिए...

यदि वे पुस्तक खुद छपा के बेचना चाहें तो क्या बेच सकेंगी? बिक्री की व्यवस्था बड़ा झंझट का काम है...दिल्ली में कई प्रकाशक हैं। जो छपाई का पूरा खर्च मिल जाने पर खुशी से तैयार हो जायेंगे। तुम्हें अवकाश हो तो दिल्ली जाने पर प्रकाशकों से बात करके देखो वे कितना पैसा माँगते हैं। आरम्भ में एक-दो पुस्तकों के लिए ऐसा ही करना पड़ेगा।''

इसके उपरांत पिता ने मुझे फिर (30.3.1990) दिल्ली आने को लिखा। इसमें उन्होंने लिखा है कि फिक्स्ड डिपाजिट का सर्टिफिकेट मेरे दस्तखत के बाद ही मिल सकेगा। इसलिए मुझे सात दिन की छुट्टी लेकर आना है और दस्तखत करके जाना है। यह भी कि ''मेरे पास अमित का एक पत्र कानपुर से आया था जिसमें उन्होंने इस जमा राशि के विषय में अपनी चिन्ताएँ लिखी थीं। कहा है मैनेजर वगैरह बदलते रहते हैं तो स्थानांतरित दूसरा मैनेजर बखेड़े खड़ा कर सकता है इसके लिए मैं फिर जोर देता हूँ। तुम जल्द से जल्द दिल्ली के लिए चल दो। विलम्ब न हो। मैं 9 अप्रैल को दिल्ली के लिए चलूँगा और वहाँ 10 को यमुना विहार...पहुँच जाऊँगा। अधिक अच्छा हो कि तुम 9 से 15 के बीच वहाँ पहुँच जाओ।'' पैसों को लेकर उनकी चिन्ता जैसी भी रही हो उन्हें पिता को अनावश्यक इस प्रकार 'पैनिक' में नहीं डालना था, निराधार चिन्ता को लेकर।

इस बीच दिल्ली आने का मेरा भी कार्यक्रम बन रहा था। मुझे टोरंटो (कनाडा) और विएना (आस्ट्रिया) में अक्टूबर में होने वाली कान्फ्रेंसेज में भाग लेने के लिए कुछ संस्थाओं में आवेदन देना था। यह काम तो डाक से भी हो जाता पर मुख्य उद्देश्य था इन संस्थाओं के अध्यक्षों या सचिवों से मिलकर इस विषय में ध्यान दे आर्थिक सहायता देने का आग्रह करना। बैंक जा दस्तखत करने का काम भी इसी समय हुआ। अमित ने मेरे लिए मेरी अनुपस्थिति में मेरी आर्थिक सहायता के लिए प्रयास करना आरम्भ किया।

आर्थिक सहायता के लिए एक आवेदन मैंने विश्वविद्यालय में भी दिया था। अप्रैल-मई में ही विश्वविद्यालय की सम्बद्ध समिति ने इस विषय में निर्णय लिया। समिति के चेयरमैन प्रोफेसर माइकेल ने मुझे उसी दिन बता दिया कि मुझे पैसा दे दिया गया है और कुछ ही दिनों में मुझे इस विषय में वित्त विभाग से पत्र मिलेगा। मैंने उन्हें धन्यवाद दिया। मेरे विदेश जाने के पीछे मुख्य प्रेरणा मेरी पत्नी की थी। दोनों कान्फ्रेंसेज में भेजे गये मेरे शोध पत्रों की प्रस्तुति की आधिकारिक सूचनाएँ आ चुकी थीं। उषा ने कहा यूनिवर्सिटी ने आधा खर्चा देना स्वीकार कर लिया है तो अब तो मैं तुम्हें भेज कर ही रहूँगी। भले ही मुझे गहने बेचने पड़ें। मैंने कहा ऐसी नौबत शायद न आये। इसी स्थिति में मैंने पिता को अपने (12.5.1990 के) पत्र में लिखा था विदेश यात्रा की प्रारम्भिक तैयारियाँ हो गयी हैं। इसके जवाब में पिता ने अपने 17.5.1990 के पत्र में लिखा, ''प्रसन्नता की बात है कि विदेश यात्रा की

प्रारम्भिक तैयारियाँ आधी हो गयी हैं। शेष भी समय के अनुसार हो जायेंगी, ऐसी आशा है। अमित ने *स्वतंत्र भारत* की सर्विस, कानपुर, 22 अप्रैल से छोड़ दिया [दी] है। अभी उन्हें कहीं काम नहीं मिला है। बेकार होने पर पढ़े-लिखे आदमी अखबारों में लिखने की सोचते हैं। यही वे सोच रहे हैं...अमित अपनी इच्छा से पत्रकारिता की ओर बढ़े। मैं नहीं चाहता था कि वे पत्रकार बनें। आजकल अभी पत्रकारिता का धंधा किसी व्यक्ति के लिए संकट से मुक्त नहीं है। मैं चाहता था कि वे गम्भीरता से अध्ययन करके कहीं अध्यापन में जायें और निरन्तर अध्ययन से विषय विशेष का पांडित्य भी अर्जित करें। लेकिन उन्होंने मेरे सुझाव पर ध्यान नहीं दिया। मैंने उन्हें यह भी सुझाव दिया कि पत्रकार होने पर वाणिज्य और अर्थशास्त्र का गम्भीर अध्ययन आवश्यक है इसके साथ ही दुनिया भर के देशों का भूगोल, इतिहास आदि जानना जरूरी है। अधिक नहीं तो बुनियादी तौर पर ही सही। ...अब जैसा वे करें वैसा ही ठीक है।"

इस समय मैं बेटी के एम.एससी. में एडमिशन को लेकर भी परेशान था। पता नहीं कहीं प्रवेश परीक्षाओं में हो पायेगा या नहीं। मैंने इस विषय में पिता को भी लिखा था। उन्होंने मेरे (25.4.1990) पत्र के उत्तर में (14.5.1990) मई 6, 1990 को भवानी प्रसाद मिश्र पुरस्कार मिलने के समाचार के साथ ही लिखा, "...यहाँ की अपेक्षा मुझे बनारस ज्यादा उपयुक्त जान पड़ता है।..." इसके अलावा मैंने पिता से सागर विश्वविद्यालय में प्रवेश पद्धति की जानकारी के लिए भी इसी पत्र (14.5.1990) में लिखा था। इसका उत्तर उन्होंने 23.5.1990 के पत्र में "एम.एससी., एम.ए., में प्रवेश के लिए मेरिट पद्धति अपनाई जाती है" यहाँ लिख कर दिया।

इसके बाद का पिता का सागर से लिखा कोई पत्र मेरे पास उपलब्ध नहीं है। स्पष्ट है मई के बाद कभी जून-जुलाई 1990 में किसी समय वे सागर छोड़ दिल्ली-यमुना विहार आ गये। घर पर रहते रहे, पढ़ते रहे, शायद कुछ लिखते भी रहे। उनकी 1989 में सम्पादित *मुक्तिबोध की कविताएँ,* 1991 में प्रकाशित हुई। दिल्ली आने के पहले से उनकी दो पुस्तकें प्रेस में थीं। इनमें से एक, *अमोला,* उनका एकमात्र अवधी काव्य संग्रह, 1990 में ही प्रकाशित हुआ। इसी के लगभग उनकी तीन डायरियाँ प्रेस में प्रो. अवधेश प्रधान के प्रयास से गयी। इनमें से एक *रोजनामचा-1950* (इलाहाबाद, 1992) कुछ समय बाद प्रकाशित हुआ। दिविक रमेश और कमलाकांत द्विवेदी के कुछ पहले से लिए जा रहे पिता के साक्षात्कार *साक्षात् त्रिलोचन* नाम से इसी वर्ष प्रकाशित हुए।

पिता के कार्यकाल की समाप्ति के बाद उनकी पुनर्नियुक्ति विषयक कोई सूचना भोपाल से आ नहीं रही थी। इस बीच विधानसभा के चुनाव हो गये थे। कांग्रेस की सरकार गिर गयी। सरकार बनी भारतीय जनता पार्टी की। पिता ने संस्कृति विभाग को पत्र लिख दिया कि वे मुक्तिबोध सृजन पीठ पर और कार्य नहीं करना चाहते।

उनके इस पत्र को उनका त्याग पत्र समझते हुए उन्हें कार्य मुक्त किया जाय। उनका कार्यकाल तो यों भी पहली अप्रैल 1990 को समाप्त हो गया था। जुलाई में वे दिल्ली आ यमुना विहार में रहने लगे।

अमित भी अप्रैल अंत से दिल्ली थे और स्वतंत्र लेखन करने की सोच रहे थे। आर्थिक सहायता के लिए मैंने भारतीय सांस्कृतिक सम्बन्ध परिषद में भी आवेदन किया था। उनके प्रयास से नार्थ अफ्रीकन ऐंड एशियन स्टडीज की टोरंटो, कनाडा, और वर्ल्ड संस्कृत कांग्रेस की विएना, आस्ट्रिया, में होने वाले उस वर्ष के अधिवेशनों में भाग लेने के लिए मुझे कलकत्ता-दिल्ली और वहाँ से लंदन होते न्यूयार्क से टोरंटो का और टोरंटो से न्यूयार्क, लंदन से फ्रेंकफर्ट और वहाँ से विएना होकर पुनः फ्रैकफर्ट लंदन होते दिल्ली से कलकत्ता तक का पूरा टिकट मिल गया। खाने-पीने रहने आदि का सारा खर्च भारतीय सांस्कृतिक सम्बन्ध परिषद और पू.प. विश्वविद्यालय के अनुदान से हो गया। मैंने उन्हें धन्यवाद दिया।

टोरंटो और विएना जाने से पहले मैं एक दिन यमुना विहार में था। अपना पूरी यात्रा का टिकट लिया और रात में गया। अमित मुझे छोड़ने भी गये थे। वापसी में मैं दिल्ली दो दिन रुका था। पैसे की कमी के कारण किसी के लिए कुछ न ला पाने का दुख था। अमित को मैंने दुबारा उनके प्रयास के लिए धन्यवाद दिया।

पिता से दोनों बार मुलाकात हुई थी। वे प्रसन्न थे। सभी प्रसन्न थे। पिता प्रायः अपने कमरे (ड्राइंग रूम) में लेटे रहते और हमेशा की भाँति लेटे-लेटे पढ़ते रहते। सम्भवतः पिता के सागर से आने के साथ ही वहाँ से लक्ष्मण सिंह[1] भी दिल्ली आ गये थे। अमित इनका काम कहीं किसी पेपर में लगाने के प्रयास में थे। लक्ष्मण सिंह के लिए आस-पास ही कहीं एक कमरा लिया गया था पर खाना ये घर पर ही खाते थे। सागर में भी लक्ष्मण सिंह का यही हाल था। शायद माँ के जाने के दो-तीन वर्ष पहले से। आस-पास ही रहते थे। जो भी काम कहा जाता करते थे और रात का खाना खाने के बाद जाते थे। निगम और परसोत्तम के मित्र भी थे और उन पर अंकुश भी रखते थे। दिल्ली में लक्ष्मण सिंह किसी वजह से खप नहीं पाये। उन्हें कई जगह अमित ने भेजा ट्रेनिंग के लिए। वे गये भी। पर काम के प्रति जो लगन और निष्ठा जरूरी होती है वह उनमें नहीं थी। वे कहीं नियमित रहे नहीं या गये नहीं और घूम-घाम वापस आ जाते रहे। ऐसे में उन्हें कितने दिन वहाँ रखा जाता? अंततः उन्हें सागर वापस भेज दिया गया।

पिता की खाट के नीचे उनके पढ़ने की सारी सामग्री, सिरहाने से लेकर पैर की ओर तक, रखी रहती। कुछ अंग्रेजी पुस्तकें होतीं। संस्कृत पुस्तकों, मानस, गीता का दूसरा ढेर, तीसरा हिन्दी पुस्तकें, पत्रिकाएँ, यदा-कदा उर्दू पुस्तकें और पत्रिकाएँ और फिर अंग्रेजी हिन्दी अखबार जब जो जी में आता निकालते और पढ़ते। खाट के नीचे ही उनकी लेखन सामग्री भी होती—पेपर, कापी या रजिस्टर। यह जब जैसी

सुविधा होती उसके अनुसार किसी भी ढेर के नीचे रख दी जाती थी। कुछ आकार में छोटी किताबें जैसे मानस, गीता, दुर्गा सप्तशती (गुटका) जैसी पुस्तकें बिस्तर पर दाहिने भी छोटे-छोटे ढेरों के रूप में रखी रहती थीं।

मैं जब भी दिल्ली जाता यमुना विहार में ही ठहरता था। हर बार पिता से चेक अप कराने को कहता था। वे हमेशा मुझे आश्वस्त करते। जा कर चेक अप कराने को कहते, पर प्रायः टाल जाते थे। दवा भी यदा-कदा अपने आप बन्द कर देते या मात्रा घटा बढ़ा देते थे। ऐसे में कभी-कभी परेशानी भी हो जाती और फिर उन्हें कोई न कोई डॉक्टर के यहाँ ले जाता। इस समय पिता कब लिखते थे मैं कह नहीं सकता। पर कुछ-कुछ लिख तो रहे ही थे। शायद रात में लिखते हों। माँ के जाने का खासा असर था। शायद इसके चलते भी कुछ लापरवाही बरत रहे थे।

मेरी बड़ी बेटी गायत्री ने अगस्त-सितम्बर में एम.एस.सी. बॉटनी का कोर्स करना छोड़ दिया। उसका कहना था कि जब जो टीचर आते-जाते रास्ते में मिलता वही उनसे कहता खूब मेहनत करो? तुम एक प्रोफेसर की डॉटर हो। हम सब को तुमसे बहुत उम्मीद है, वगैरह। बार-बार के इस मोटीवेशनल भाषण से वह घबरा गयी। एक दिन रोने लगी। उषा के बहुत पूछने पर बताया वह नहीं पढ़ेगी। कुछ प्रोफेशनल कोर्स करेगी। उसे जोरहाट भेज दिया गया। कुछ समय बाद उसे उषा के साथ दिल्ली भेज दिया। (थोड़े) समय बाद वह मार्केटिंग का डिप्लोमा करने लगी और वहीं पास ही कुछ और जान पहचान की लड़कियों के साथ हॉस्टल में रहने लगी। इसके पूरा होने के बाद वहीं एक नौकरी ली और कुछ लड़कियों के साथ एक फ्लैट ले रहना शुरू किया। बीच-बीच में कभी उषा और कभी मैं दिल्ली जा उसे देख आते। जब जाते तो यमुना विहार जाकर मिल आते। वहाँ ठहरते नहीं। मैं वहाँ कभी-कभी ठहरता रहा।

दिल्ली में एक स्थान से दूसरे स्थान का आना-जाना दिन प्रतिदिन हमें ठीक नहीं लगा। इसलिए उसे उसके डिप्लोमा कोर्स के क्षेत्र में ही हॉस्टल में रहने को कहा। बाद में उसी क्षेत्र में उसे नौकरी मिली तो उसी क्षेत्र में रहने लगी। उसका यमुना विहार जाना-आना नहीं हुआ। हुआ तो हमारे साथ।

नवम्बर 1991 से पिता अलीगढ़ मुस्लिम विश्वविद्यालय के हिन्दी विभाग में विजिटिंग प्रोफेसर रहे। इस बीच वे दिल्ली-अलीगढ़ जाते-आते रहे। अलीगढ़ में वे विश्वविद्यालय के गेस्ट हाउस में प्रायः सोमवार से शुक्रवार और शनिवार और रविवार यमुना विहार में रहते रहे। इस बीच यदि सप्ताह के बीच में भी एक दो दिन की छुट्टी होती तो वे दिल्ली आ जाते थे। मुझे उनके अलीगढ़ के कार्य के विषय में अधिक जानकारी नहीं है। पर यदि वे विजिटिंग प्रोफेसर थे तो एकाध लेक्चर्स देते होंगे और विद्यार्थियों-अध्यापकों से घिरे रहकर उनके ज्ञान के विस्तार में लगे रहते होंगे, वैसे ही जैसा वे बनारस में करते रहे थे। मैंने दो बार उनके साथ काशी

विश्वनाथ एक्सप्रेस में दिल्ली से अलीगढ़ तक की यात्रा भी की थी। एक बार 1991 में और दूसरी बार 1992 में। दोनों बार वे मेरे साथ के लिए ही सम्भवतः इस ट्रेन से चले थे, अन्यथा उनकी प्रायः अलीगढ़ तक की यात्रा नौ-दस बजे तक की किसी ट्रेन से हुआ करती थी। उनका यह कार्य मई 1992 में समाप्त हुआ और खत्म हुईं उनकी साप्ताहिक यात्राएँ।

अप्रैल 1992 में मेरे पास गाँव से तार आया। लिखा था काका गुजर गये। दिल्ली खबर कर दें। स्पष्टतः गाँव में दिल्ली का पता नहीं था। मैंने यमुना विहार फोन कर दिया। यह भी कहा कि मैं गाँव जा रहा हूँ। मैं गाँव गया। दो दिन वहाँ रुककर बनारस आ गया। यहाँ घर का हालचाल देखा। वापसी का रिजर्वेशन कराया। तेरही के लिए गाँव गया। दिल्ली से कोई नहीं आया। गाँव घर के लोग मुझसे पिता के न आने के कारण पूछते रहे। मैं क्या कारण बताता? मुझे तो खुद पता न था, पर ऐसा जरूर लग रहा था जैसे पिता बहुत सारी बातों में रुचि नहीं ले पा रहे थे। माँ के न रहने के कारण, काम न होने के कारण, आत्मकेन्द्रित होते जा रहे थे।

गाँव के लोगों की सोच अलग होती है। कुछ बड़े-बूढ़े, वस्तुतः पिता के समकालीन और उनसे छोटे लोग, यह भी जोड़ देते, शास्त्री को आना चाहिए था। अमित को घर वालों के अलावा किसी ने न पूछा। उनके गाँव के मित्रों ने भी नहीं। अमित दिल्ली में ही थे। उन्होंने मुझसे फोन पर ही कहा था कि वे नहीं जा सकेंगे। मुझे ऐसा लगा जैसे उन्हें मेरे जाने का निर्णय भी अच्छा नहीं लगा था।

इसके बाद ही शायद 1992 में ही कभी, या कुछ पहले, अमित फिर *जनसत्ता* में नियुक्त हो गये थे। कुछ समय दिल्ली रहे और बाद में कलकत्ता भेज दिये गये। उनकी यह नियुक्ति कलकत्ते के लिए ही थी। उनके कलकत्ता जाने के काफी समय बाद तक अमित का परिवार दिल्ली रहा। वे स्वयं बीच-बीच में आते जाते रहे। बच्चों की छुट्टियाँ होतीं तो सब कलकत्ता हो आते।

अमित के परिवार के दिल्ली रहने के पीछे एक कारण शायद यह भी रहा कि पिता की विजिटिंग प्रोफेसरशिप की समाप्ति के बाद ही कभी 1992 में ही ईरानी सांस्कृतिक एवं सूचना केन्द्र की फारसी-अंग्रेजी-हिन्दी डिक्शनरी परियोजना में उनकी नियुक्ति सहायक सम्पादक के रूप में हो गयी। कोश कार्य का उनका पुराना अनुभव था और यह कार्य उन्हें कई कारणों से प्रिय था। शब्द उन्हें अच्छे लगते थे। इस परियोजना में उन्होंने सम्भवतः अपनी नियुक्ति तक काम किया। यह नियुक्ति सम्भवतः 1994 या 1995 में कभी समाप्त हुई।

इसी बीच 1993 में बारहवीं की फाइनल परीक्षा के बाद उषा बेटे को ले दिल्ली गयी। उद्देश्य था कोचिंग कराना। वैसे वे पोस्टल कोचिंग के साथ-साथ शिलांग में एक बंगाली अध्यापक के यहाँ जा मैथेमेटिक्स और फिजिक्स में अलग से ट्यूशन भी ले रहे

थे। हमारे जैसे हजारों-हजार माता-पिता, बच्चों को वह सब कुछ करा देना चाहते थे, जिससे उन्हें प्रवेश परीक्षा में आने की सम्भावना लगती थी। सब यही सोचते थे कि कुछ रह न जाय। इसी उद्देश्य से बेटे को दिल्ली में आते ही एक कोचिंग में दो माह के लिए डाल दिया गया। इंजीनियरिंग की होने वाली तमाम प्रवेश परीक्षाओं के फार्म पहले ही भरे जा चुके थे, इनमें से ज्यादातर का परीक्षा केन्द्र दिल्ली रखा गया था ताकि बहुत भागना न पड़े। केवल अलीगढ़ मुस्लिम विश्वविद्यालय की परीक्षा के लिए वहाँ जाना था और मेघालय कोटे के लिए सिल्चर जाना था। माँ-बेटे दोनों दिल्ली में रहने लगे। मई-जून की गर्मी के साथ-साथ, तमाम तरह की दिक्कतें झेलते हुए रिपुंजय पढ़ते रहे और उषा उन्हें परीक्षा भवन ले जा परीक्षा दिलवाती, खिलाती-पिलाती रहीं।

इसी बीच मकान मालिक ने लड़कियों को मकान खाली करने का नोटिस दे दिया। लड़कियों ने मकान खोज लिया। किराया अधिक था। अब उन्होंने यह कहा कि किराया बराबर-बराबर छः लोगों को देना पड़ेगा। इससे आंटी (उषा) सहमत नहीं थी। उनका कहना था कि मकान का किराया पहले की तरह तीन में ही विभाजित होगा। हम तीनों—माँ बेटी और बेटा एक ही कमरे में रहते हैं। एक ही का किराया देंगे। इससे ज्यादा नहीं। इस पर लड़कियाँ अलग हो गयीं। उन्होंने अलग कमरा देखना शुरू किया और आंटी ने अलग। परेशानी के बावजूद, आंटी ने कई घर देखे और एक घर अंततः तय कर ले लिया। लड़कियाँ वापस आयीं पर आंटी ने उन्हें अपने साथ न रखना ही उचित समझा।

अपने 10.4.1993 के पत्र में उषा ने मुझे लिखा था कि रिपुंजय की एन.डी.ए. (नेशनल डिफेन्स अकेडेमी) की परीक्षा का केन्द्र शाहदरा में है। यमुना विहार से पास पड़ेगा। सोचती हूँ एक दिन पहले हम दोनों वहाँ चले जायेंगे। अगले दिन परीक्षा दिला कर वापस आ जायेंगे। पर जाने से पहले उषा (अमित पत्नी) से बात कर लूँगी। इसके बाद के (11-12 अप्रैल 1993) अपने पत्र में उसने लिखा, दिनभर यमुना विहार ट्राई करती रही, किसी ने फोन उठाया नहीं। तब मैंने उनके पटना वाले दोस्त को फोन किया। उनकी मिसेज ने कहा अमित का परिवार कलकत्ता गया है। 14 को आयेंगे। शास्त्री जी यहीं हैं। दिन में शायद ईरान एम्बैसी गये हों, इसलिए फोन नहीं हो पाया होगा।

इसके बाद उसने मुझे 26.4.1993 को लिखा, "कल एन.डी.ए. का एक्जाम शाहदरा में था। डाइरेक्ट बस यहीं से थी। सुबह 7 बजे निकलकर 8 बजे वहाँ पहुँचे। एक्जाम 9 से शुरू था...शुरू हो गया तो मैं यमुना विहार चली गयी 9.30 पर पहुँची। शास्त्री जी स्वस्थ ठीक-ठाक हैं। मुझे देखते ही बोले, अमित तो चले गये कलकत्ता। इसी 22 को। मैंने कहा मुझे तो पता भी नहीं कि अमित यहाँ थे। उषा ने भी फोन पर नहीं बताया था। खैर, किसी ने ये नहीं पूछा कि कहाँ रह रही हो आदि। अन्यमनस्क भाव से एक कप खाली चाय मिली। वो 1 घंटे अपनी और

शास्त्री जी की समस्याएँ सुनाती रही, किचेन में मुझसे। मैं चुप रही। 10.30 बजे मैं वहाँ से चल दी।" इसी पत्र में आगे लिखा है, "दिल्ली में एक दिन के लिए भी आप किसी के घर नहीं ठहर सकते। उषा [ने] (यमुना विहार) में कह ही दिया था कि 14 मे को वो लोग कलकत्ता जा रहे हैं। गर्मी की छुट्टी [में] फिर जुलाई में आयेंगे। शास्त्री जी भी जा रहे हैं।" मुझे पता नहीं था ईरानी सांस्कृतिक केन्द्र भी इतनी लम्बी छुट्टियाँ देता है कर्मचारियों को?

यह पत्र मिलने पर मैंने उषा को लिखा (30.4.1993), "यमुना विहार तुम गयी। अच्छा किया। बाकी बातों का कोई खास महत्त्व नहीं है। सब लोग अपने हिसाब से काम करते हैं। अमित-पत्नी को कुछ कष्ट होगा। मुझे नहीं मालूम वह क्या है? एनी वे फारगेट एबाउट दैट।" उन्हें शायद लगा हो जेठानी उनके यहाँ रहने की भूमिका बनाने आयी हैं। हमारे सामने और तात्कालिक समस्याएँ थीं। उषा बेटे की प्रवेश परीक्षाओं को ले व्यस्त थीं। मुझे टिक्रीकिला जाना था। उससे पहले छोटी बेटी को जोरहाट छोड़ने जाना था। और भी बहुत कुछ। हमारे यहाँ गर्मी की छुट्टियाँ होती नहीं थीं।

अमित ने कलकत्ता शिफ्ट करने की कब सोची मुझे पता नहीं। शायद उन्हें पिता के ईरानी सांस्कृतिक एवं सूचना केन्द्र में नियुक्ति की अवधि की जानकारी थी। अनुमानतः वे इसी के लगभग शिफ्ट करने की सोच रहे होंगे। दो जगह एस्टेब्लिशमेण्ट बनाकर रखना हमेशा महँगा पड़ता है—न केवल आर्थिक दृष्टि से अपितु मानसिक और शारीरिक दृष्टि से भी। मुझे इसका व्यक्तिगत अनुभव भी था। उनका यह निर्णय हमें अच्छा लगा।

मैं उनके शिफ्ट होने से पहले 1994 के आरम्भ में दिल्ली गया था। उस समय कलकत्ता जाने की बात हो रही थी। पिता और उषा (अमित), दोनों कलकत्ते में बच्चों के एडमिशन को लेकर चिन्तित थे। स्कूल पचास हजार रुपये डोनेशन माँग रहा था। इसमें मैं क्या कहता? मुझसे तो किसी स्कूल ने डोनेशन कभी माँगा नहीं था। सुनता जरूर था कि सेण्ट जोंस में भी डोनेशन चलता है पर मुझसे कभी किसी ने माँगा नहीं, कभी भी। हालाँकि मुझे स्कूल ने तंग जरूर किया था 1978 में।[2] कलकत्ते के स्कूल डोनेशन माँग रहे होंगे। इसमें मैं कुछ कर भी नहीं सकता था। अमित को स्कूल खुलने से पहले जाना ही था। सम्भवतः वे मार्च-अप्रैल 1994 में कभी गये। पिता इसके बाद 4-5 महीने पटपड़गंज के हिम विहार में रहे उसके बाद श्याम सिंह सुशील के निवास में रहे (पिता के 3.12.1994 को श्याम सिंह सुशील को बोलकर वेप्रद्धि को लिखाए इस पत्र में मार्च '93 में यमुना विहार छोड़ हिम विहार में रहने का जिक्र किया है। इसे मैं गलती मान ले रहा हूँ)।

पिता शायद दुविधा में थे। जाना नहीं चाहते थे। फिर ईरानी सांस्कृतिक केन्द्र का कार्य भी था। इसी समय के लगभग विष्णु जी अपने यहाँ उनके लिए एक कमरा

बनवाने की बात भी कर रहे थे। पिता इसके लिए भी तैयार नहीं थे। अमित के साथ वे कलकत्ता जा कुछ समय वहाँ रहे और फिर वापस आ गये। उनका मन कहीं और था। वे कुछ खोज रहे थे, तलाश रहे थे जो इस लम्बी यात्रा में कहीं खो गया था। दिल्ली में जब तक काम था तब तक इस काम ने उन्हें कुछ व्यस्त रखा। उन्हें लगता रहा कुछ कर रहे हैं। काम समाप्त हुआ तो कुछ भी नहीं रह गया करने को। करें तो क्या करें? कलकत्ता में तो कुछ भी नहीं था। सिर्फ पत्रिकाएँ, अखबार और कुछ पुस्तकें थीं। पढ़ते रहे। वैसे ही पढ़ते रहे होंगे जैसे बनारस में पढ़ते थे, भोपाल, दिल्ली या सागर में पढ़ते थे? नहीं। तब के पढ़ने और अब के पढ़ने का फर्क सब नहीं समझ सकेंगे। जा के पैर न फटी बिवाई सो क्या जाने पीर पराई। मुझे भी अब समझ में आया है। फलतः जब वे दिल्ली आये तो दिल्ली में रह गये। तमाम कष्टों और अकेलेपन के बावजूद। परिवार और बच्चे जीवन साथी की कमी कभी नहीं भर पाते। यह एकाकीपन उनकी उपस्थिति में भी महसूस होता रहता है, निरन्तर।

पूर्वकाल में एक त्रिलोचन सती को लिए तांडव करने लगे थे। आधुनिक त्रिलोचन अपनी सती को लिए निरुद्देश्य घूम रहे थे। दोनों की स्थिति एक ही थी—दिग्भ्रमित हो गये थे। कुछ समझ नहीं पा रहे थे क्या करें? कहाँ जायें?

मैं 1994 अप्रैल में बेटी मृगांका को उसकी बारहवीं की परीक्षा के बाद ले के दिल्ली गया। उनका मेडिकल कोचिंग में एडमिशन करा दिया। हफ्ते भर बाद ही वह बीमार पड़ गयी। पता चला जांडिस है। दवा तो कुछ खास नहीं पर डॉ. ने छः सप्ताह का आराम बता दिया। बेडरेस्ट। कोचिंग वगैरह सब बन्द। शिलांग जाने से पहले मैं यमुना विहार गया। पता चला सब लोग कलकत्ता चले गये। मैं वापस आ गया। बाद में उषा ने शायद उनके पटना वाले, यमुना विहार के पड़ोसी मित्र, के यहाँ से पिता का पता किया। पता चला वे हिम विहार में हैं।

रिपुंजय दिल्ली से शिलांग जाने से पहले दादा का पता ले हिम विहार पहुँचे। मकान मालिक ने कहा वे तो यहाँ से कहीं और चले गये। कहाँ गये उसे पता नहीं। वे भी वापस आ गये। हम सोचते रहे पिता बेटे और बहू के साथ कलकत्ते हैं। बेटे को आसाम इंजीनियरिंग प्रवेश परीक्षा में कम्प्यूटर साइंस और इंजीनियरिंग विषय मिल गया। इसी के लिए उन्होंने एक साल छोड़ दिया था। बेटी मृगांका को मेघालय के कोटे से मेरिट के चलते विश्वेश्वरैय्या रीजनल कॉलेज आफ इंजीनियरिंग में सिविल इंजीनियरिंग के प्रथम वर्ष में प्रवेश मिला था। हम दोनों नागपुर जा उन्हें वहाँ हॉस्टल में छोड़ आये थे। दादा को कहाँ सूचित किया जाय और कैसे? वे हैं कहाँ?

शिलांग में 1994 के अंत अथवा 1995 के आरम्भ में मुझे एक पत्र मिला। डाक से आया यह पत्र 'प्रिय जय' से आरम्भ हो रहा था। पिता का अंत में नाम भी

था। कुछ आश्चर्य और कुछ प्रसन्नता से पत्र पढ़ा। इसे पिता ने श्याम सिंह सुशील को (27.12.1994) बोल कर लिखाया था, "2 जनवरी को ध्यान में रखते हुए यह पत्र लिख रहा हूँ। मेरा दाहिना हाथ लिखने में अक्षम है। पहले इसमें पीड़ा थी जो अब बहुत मामूली है। कलकत्ता मैं गया था तो वहाँ डॉ. ने 'ब्लड शुगर' और 'कैट स्कैनिंग' की जाँच करवाई। जाँच के पहले ही कुछ दवाओं का निर्देश किया, जिनका सेवन मैं अब तक करता रहा हूँ...अब पीड़ा कम हो जाने से मैं निश्चिंत हूँ। ...मेरे सागर जाने की बात हवा में है...।" सम्भवतः सुशील को लिखाया इसके पहले भी कोई पत्र आया था। जिसके जवाब में मैंने रिपुंजय के हिम विहार जाने के विषय में लिखा था। इसी पत्र में उनके "31 जुलाई 1994 को" हिम विहार छोड़ने की बात भी इसी से लिखाई है। मतलब जुलाई 1994 के अंत से वे सुशील के साथ उनके वसुंधरा एनक्लेव के फ्लैट में रह रहे थे, और शब्दों के राज मिस्त्री एकाध महल अब भी बच्चों के साथ भागते-दौड़ते बनाते जा रहे थे।

इसके बाद ही कभी मैं दिल्ली गया। सुशील जी के घर जा सबसे मिला। पिता कलकत्ता जाना नहीं चाहते थे। आते-जाते रहना चाहते थे। शिलांग के लिए उन्होंने छूटते ही मना कर दिया, ठंडी जगह है नहीं रह पाऊँगा। दोनों ने मुझे आश्वस्त किया और मैं वापस आ गया। वृद्धावस्था में लोग कमजोर होने लगते हैं पर प्रायः वे यह मानने को तैयार नहीं होते। बेटे, बेटियाँ पिता को अपने हिसाब से रखना चाहते हैं। वे वृद्ध, जिनके अपने घर होते हैं वे तो अकेले भी रह लेते हैं। जिनके नहीं होते वे पिता की तरह भागते फिरते रहते हैं। वही अब मैं कर रहा हूँ। कभी बेटे के यहाँ, ज्यादातर बेटी-दामाद के यहाँ, कभी अपनी ससुराल, कभी गाँव, कभी गेस्ट हाउस भागता रह रहा हूँ। पिता की तरह अब मेरा भी कोई घर नहीं है। जिससे घर-घर होता है जब वह नहीं होता तो कोई घर अपना नहीं होता, न बेटे का, न बेटी का और न सुशील या किसी और का। हर घर एक गेस्ट हाउस होता है। हमारे से सब किसी न किसी को खोजते रहते हैं। पिता जो उस समय कर रहे थे। वही अब मैं कर रहा हूँ। इसलिए समझता भी हूँ।

सुशील को पिता के लिखाए दो पत्र और मेरे पास हैं। पहला 18.6.1995 का है। इसमें पिता लिखाते हैं, "तुम्हारा 3.6.1995 का पत्र कुल्लू यात्रा से लौटने पर 13 जून को मिला। *सर्वनाम-38,* देख चुका था। तुम्हारा लेख संक्षिप्त होते हुए पूर्ण है। कायस्थों के निवास के लिए जहाँ इकट्ठा कायस्थों के ही कई घर हों—'कैथाना' शब्द प्रचलित है, ललौटी नहीं। जिसे तुमने ताल कहा था वह पहले गहरी झील थी, लेकिन झील शब्द अपने यहाँ प्रचलित नहीं है, ताल चाहे छोटा हो या बड़ा ताल ही कहा जाता था। बरसात से गाँवों की मिट्टी गल-गल कर इस ताल को उथला कर गयी है। धीरे-धीरे यह खेती की जमीन बन जायेगी। जितना तुम्हें मालूम था उतना काम तुमने किया ही है। भाषा पर तुम्हारा वांछित अधिकार है। उषा की

कविताएँ देखीं। इसमें एक नये ढंग की झलक है। भावों का निर्वाह खिलंदड़ेपन से और अच्छा हो गया है। इसी मानसिकता में काफी कुछ लिखा जाये तो एक नयी पहचान या शख्सीयत [शख्सियत] बन सकती है। यात्रा से लौटने के बाद से दवा लेना शुरू किया है।'' इस पत्र से यह स्पष्ट नहीं होता कि कुल्लू यात्रा क्यों हुई थी? किस-किस के साथ हुई थी? मैं यह मान लेता हूँ कि वे घूमने के उद्देश्य से श्याम सिंह के परिवार के साथ गये होंगे। मैंने उन्हें पत्र लिख कर (2013-14 में) पूछा भी था। इसका जवाब नहीं आया। शायद न मिला हो।

दूसरा पत्र कार्ड है (27.12.1995 का हजरत निजामुद्दीन रेलवे स्टेशन पर दोपहर 12:15 बजे लिखाया हुआ)। इसमें पिता लिखाते हैं, ''22 दिसम्बर को मैं कलकत्ते से दिल्ली लौटा। कलकत्ते में मेरा स्वास्थ्य गड़बड़ा गया था। अब ठीक हूँ। अमित की पत्नी मेरे साथ दिल्ली आयी हैं और आज हम लोग, अब से थोड़ी देर बाद 12:50 पर उत्कल एक्सप्रेस से सागर जा रहे हैं। वहाँ पहुँच कर मुझे मुक्तिबोध पीठ का कार्य सँभालना है।'' लिखाए गये प्रायः पत्रों पर आरम्भ से सस्नेह तुम्हारा तक लेखक सुशील जी का हस्तलेख और केवल हस्ताक्षर पिता का है। इस पत्र में उनके हस्ताक्षर नहीं हैं। कार्ड के पृष्ठ भाग पर सुशील जी ने मुझे अलग से संक्षिप्त पत्र में लिखा है, ''श्रद्धेय शास्त्री जी ने यह पत्र स्टेशन पर सीढ़ियाँ चढ़ते हुए बोला था—जिसे घर आकर मैंने लिखा है, इसलिए इस पर उनके हस्ताक्षर नहीं हो सके हैं। ...शास्त्री जी के शरीर में कमजोरी अब भी बनी हुई है पर आत्मबल के सहारे वे यात्रा पर यात्रा करते जा रहे हैं।''

विधानसभा के चुनाव परिणाम आ चुके थे। कांग्रेस की सरकार बन चुकी थी। नया प्रशासन नये काम करने लगा था या शायद यथापूर्व स्थिति बना रहा था। पिता कांग्रेसी तो नहीं थे, पर कांग्रेस के माध्यम से अपने घर वापस लौट रहे थे। डॉ. हरि सिंह गौर विश्वविद्यालय का परिसर, उनका घर, फिर से उनका अपना घर होने जा रहा था। कुछ समय के लिए ही सही।

मैंने अपने पिता को कभी बीमार नहीं देखा। वे प्रायः हमेशा ही स्वस्थ रहे। सर्दी जुकाम की बात और है। सम्भवतः 1962 में उनका एक हाइड्रोसील का आपरेशन हुआ था। तब तीन-चार दिन अस्पताल में रहे थे।[3] उसके बाद 1983 दिसम्बर में आठ-दस दिन दिल का दौरा पड़ने के कारण अस्पताल में रहे। उनका खान-पान सादा किन्तु अनियमित रहा। देर रात तक घूम कर आते तो थकान के कारण या तो सोने चले जाते या लिखने बैठ जाते। फिर सो जाते। खाना ढका का ढका रह जाता। प्रायः रात का खाना सुबह खा लेते। खाने के मामले में उनकी अनियमितता मैंने गाँव में तो नहीं पर रानी भवानी गली, कमच्छा और हैदराबाद तक देखी थी। माँ इसे नियमित करने का प्रयास करती जरूर थीं पर सफल नहीं हुईं। बाद में हुई हों तो नहीं कह सकता।

पिता एक दो मामले में नियमित थे कम से कम कुछ समय तक तो थे ही। एक था उनका गंगा स्नान। लंका पर रहते तो रोज सुबह गंगा स्नान करने जाते थे। कभी-कभी गंगा तट से मिट्टी निकाल बदन में लगा कुछ देर बाहर बैठते और फिर नहा कर आते। गर्मियों में शाम या रात में भी नहाते। कोई तैरने वाला होता तो देर से दूर तक तैर कर आते। उनका यह गंगा स्नान रानी भवानी गली तक मैंने देखा पर इसमें अनियमितता भी यहीं से आ रही थी। धीरे-धीरे यह बन्द हुआ।

सुबह जल्दी उठकर हाथ-मुँह धोते। नाक पानी से देर तक धोते अन्दर-बाहर। उसके बाद एक लोटा पानी नाक से पीते और फिर निवृत्त होने जाते। इसके उपरांत पिता कसरत करते थे। दंड बैठक वगैरह। लंका पर यह अधिक नियमित रहा। यहाँ कभी-कभी आसन प्राणायाम भी करते थे। उनकी कसरत का समय सुबह का था– आधा घंटा से एक घंटा। समय न होने पर दस-पन्द्रह मिनट ही करते। रानी भवानी गली तक यह भी नियमित रहा। कर्रा और राँची के विषय में नहीं कह सकता। कमच्छा में भी कसरत करते मैंने उन्हें कई एक सुबह देखा था पर हैदराबाद में नहीं। कुश्ती लड़ते तो मैंने पिता को कभी देखा नहीं, पर गाँव में सगरे पर एक तरफ कोने में अखाड़ा बनता था। गाँव होते तो वहाँ जाते थे। कसरत कभी-कभी वहीं करते थे। अखाड़े पर जाते काका भी थे। रुचि भी लेते पर वे कसरत भी नहीं करते थे।

साइकिल भी चलाते रहे। धीरे-धीरे साइकिल पर चलना बन्द हुआ। रानी भवानी गली से, पैदल चलना आरम्भ हुआ। साइकिल कमच्छा और हैदराबाद तक चलाई। आफिस जाने के लिए। पैदल प्रायः चलते थे। साइकिल लेकर भी लोगों के साथ पैदल चलते रहते थे। धीरे-धीरे पैदल चलना या कहिए टहलना मुख्य होता गया। उनका यह घंटों का पैदल चलना उनके सागर-1 तक मैंने देखा था। धीरे-धीरे यही उनकी नियमित-अनियमित एक्सरसाइज में बदलता गया और सागर-2 तक समाप्त हो गया—स्वतः। क्या कारण था?

मैंने उन्हें नशा करते भी नहीं देखा कभी। बचपन में कुछ समय उन्हें बनारस में सिग्रेट पीते देखा था। पर यह अधिक दिन नहीं चला[4]। नियमित रूप से पान भी नहीं खाते थे। पर कभी-कभी किसी ने खिला दिया तो खा लेते थे। पान कैसा भी खा लेते थे—सादा, मीठा और जर्दे वाला भी। बाद में पान में तम्बाकू जर्दा वगैरह लेने लगे। खैनी की लत उन्हें नागरी प्रचारिणी सभा से लगी और शायद कभी छूटी नहीं। सागर तक तो रही ही। पहले किसी से खैनी बनवा पुड़िया बना जेब में रखते रहे फिर डिबिया रखने लगे। खैनी खाने वाले थूकते बहुत हैं। पिता थूकते नहीं थे। घर में होते तो बहुत देर बाद उठते और बेसिन में थूकते और पानी खोल बहा देते। इसके बाद और कुछ करते। खैनी की आदत मैंने सागर तक देखी थी। दाँत दर्द में

इससे दवा का काम लेते थे। सागर में निगम बना कर देते और पुड़िया बना रख भी जाते थे। सागर-2 के बाद खैनी का स्रोत कौन बना मुझे पता नहीं।

शराब पीते भी मैंने उन्हें कभी नहीं देखा। पर शराब पीकर घर आये कई बार रानी भवानी गली और कमच्छा में देखा है। शराब की आदत उन्हें कभी नहीं रही। *साक्षात् त्रिलोचन* के साक्षात्कारियों ने सुनते हैं उन्हें शराब पिला कर उनका साक्षात्कार लिया था। उन दोनों को पिता के विषय में कुछ गलतफहमी अवश्य थी। कारण साक्षात्कार पिता बिना पिए भी देते थे।

बहुत सारे कवि और लेखक मूड बनाने के लिए नशा करते हैं। पिता ऐसे लोगों से भी परिचित थे—"पुष्कर तो शराब पीकर कविता करता है..." (*तुम्हें सौंपता हूँ*, पृ. 70)। पिता को मूड बनाने के लिए कभी किसी नशे की जरूरत नहीं पड़ी। कविता लिखने के उन्हें झोंके आते थे। जब ऐसा होता वे स्वतः बैठ जाते और लिखने लगते। बाकी सब लेखन टालते रहते थे।

माँ के जाने के बाद से मुझे लगता है वे डिप्रेस्ड रहने लगे। दिल्ली में काम करते रहे। काम में, बच्चों में, पुस्तकों, पत्रिकाओं, अखबारों में मन लगाने का प्रयास करते रहे। उनका मन इनमें कुछ समय लगता और उचटता रहा। दिल्ली से कलकत्ता, वहाँ से दिल्ली तक उनका मन कहीं नहीं लगा। शायद इसी प्रयास में वे यहाँ-वहाँ इस बीच आते जाते रहे, भटकते रहे। मन काम में भी नहीं लग रहा था। यदि इस समय उनके पास काम होता तो इधर-उधर न भागते, या कम भागते। रिटायरमेण्ट के बाद भी लोगों में डिप्रेशन आता है और प्रिय की मृत्यु के बाद भी। ईरानी सांस्कृतिक केन्द्र छोड़ने के बाद पिता डिप्रेशन में अधिक रहे। माँ के जाने के कारण पहले से भी थे। अब काम न होने की वजह से भी हुए। ऐसी स्थिति में पिता खो से गये थे कहीं। कुछ समझ नहीं पा रहे थे क्या करें? कहाँ जायें? कहाँ रहें? कम डिप्रेशन में लोग काम करते हैं। अधिक डिप्रेशन में नहीं कर पाते। पिता के काव्य लेखन की समाप्ति का समय माँ के जाने के बाद से ही आरम्भ होता है। वैसे डिप्रेशन के लिए उनका इलाज कभी नहीं हुआ। यह उनमें आ रहे परिवर्त्तन पर आधारित मेरा अनुमान है।

ऐसी स्थिति में सागर विश्वविद्यालय में उनकी पुनर्नियुक्ति से हमें लगा कि अब शायद सब ठीक हो जायेगा।

सन्दर्भ एवं टिप्पणियाँ

1. लक्ष्मण सिंह सागर विश्वविद्यालय के छात्र थे। पिता के पहले कार्यकाल के समय किसी तरह उनके सम्पर्क में आये। अमित से मित्रवत हुए। प्रायः दिन भर घर पर या आस-पास ही रहते थे। जो भी काम होता वह कर देते थे। इस प्रकार घर के सदस्य हो गये थे।
2. गर्मियों के बाद हम जुलाई में असम में आयी बाढ़ के कारण लेट हो गये थे। सेण्ट जांस ने दोनों

बच्चों का नाम काट दिया था। आने पर एडमिशन के लिए मना कर दिया। फिर दोनों को एक क्लास नीचे एडमिट करने को राजी हुए। इसके लिए हम तैयार नहीं थे। अंततः दोनों बच्चों का नाम मेरी एक पूर्व छात्रा के स्कूल में उनकी कक्षाओं में लिखा गया। उनसे माइग्रेशन लेकर आये तब उन्होंने नाम दुबारा लिखा।

3. यह आपरेशन सर सुन्दरलाल अस्पताल में आयुर्वेद के शल्य विभाग के डॉ. पी.जे. देशपांडे ने किया था। उन्हें नींद में चलने की बीमारी कभी नहीं रही। यह उनके लंका के मित्रों का गढ़ा मिथक भर है।
4. *रोजनामचा 1950* (पृ. 14) पर पिता ने 10 जनवरी 1950 को शमशेर जंगबहादुर राणा से सिग्रेट लेने की बात लिखी है। ली तो फिर पी भी होगी।

साहित्य एवं स्वास्थ्य चर्चा–पत्रों में

मेरी जानकारी में पिता नियमित रूप से अभी स्थिर नहीं थे। मेरी समझ में वे वसुंधरा एनक्लेव के श्याम सिंह सुशील और कलकत्ता में कहीं के अमित प्रकाश सिंह[1] के यहाँ आ जा रहे थे। पर जैसा उनका स्वभाव था उसके अनुसार उनके अन्य कहीं भी होने की सम्भावना हो सकती थी। सागर से पिता ने मुझे (20.3.1996) लिखा, "मैंने 28 दिसम्बर 1995 में पीठ का कार्यभार सँभाला। मैं पटना गया था और पटना में ही अस्वस्थ हुआ। पटना से कलकत्ता गया और कलकत्ता में बीमार पड़ गया। इस बीमारी ने मुझे कमजोर छोड़ा। उन्हीं दिनों केदारनाथ सिंह से मालूम हुआ कि मुझे जल्दी से जल्दी सागर पहुँचना है। ...अप्रैल में दो-तीन दिनों के लिए मैं दिल्ली रहूँगा। बहुत सम्भव है अप्रैल की सातवीं तारीख से।" इसके बाद (10.4.1996 को) उन्होंने मेरे (31.3.1996 के) पत्र के उत्तर में लिखा, "मेरा स्वास्थ्य ठीक हो रहा है। हाथ वाला दर्द भी काफी कम हो गया है। मालिश वगैरह लेता रहता हूँ।"

पिता ने इसके कुछ माह बाद (2.7.1996) मेरे पत्र (24.6.1996) के जवाब में लिखा, "तुम्हारे पत्र से मालूम हुआ कि पिछले मास तुम दुर्घटना में घायल हुए। स्वस्थ होने पर तुमने यह पत्र लिखा है। एक वाक्य से लगा कि तुम्हें कुछ तकलीफ अब भी है। तुम्हारा वाक्य है "दैवयोग से सभी बच गये" अधिक अच्छा होता दैवकृपा। अभी कुछ दिन पहले उषा [जय] सिंह की कहानी 'खोज' शीर्षक से *सर्वनाम* अंक 42 में पढ़ी। कहानी बहुत अच्छी है। संस्मरणात्मक होते हुए भी कहानी अच्छी और सहज भी है। ऐसी कुछ कहानियाँ हो जायें तो उषा का नाम कहानीकारों में सभी लेने लगेंगे। इस कहानी की कथावस्तु भी हिन्दी में कम मिलती है। ...उषा में क्षेत्र की अपनी खूबियाँ और जीवन के परिवेश अनिवार्य स्थितियों में हैं।" अगले पत्र (2.8.1996) में फिर उन्होंने मेरे पत्र (16.7.1996) के जवाब में लिखा, "खोज कहानी में कई बारीकियों के साथ कहानीपन भी है। बारीकियाँ ऐसी हैं कि जानबूझ के लाई हुई नहीं जान पड़तीं। यदि पहली कहानी है तो इसके आधार पर और भी अनेक भावी उपलब्धियाँ कल्पनीय हैं। ...पिछले किसी अंक में, नम्बर ध्यान में नहीं है, *सर्वनाम* में एक ही अंक में तुम्हारे दो लेख छपे थे। विषय भी इस समय ध्यान में नहीं हैं पर भाषा पर मैंने ध्यान दिया और मुझे तुम्हारी भाषा इतिहास के लिए

हिन्दी में आदर्श जान पड़ी। ...मेरा स्वास्थ्य इधर थोड़ा गड़बड़ है। 12 जुलाई को मैं कलकत्ता गया था। लेकिन जिस डॉ. से जाँच करवाना था वह स्वयं बीमार थे...तो उन्हीं की सुझाई दवाइयाँ ले रहा हूँ और उन्होंने कहा कि एक दो महीने बाद आइए तब मैं जाँच करूँगा। अभी आपको कोई चिन्ता नहीं है।''

अपने (31.8.1996 के पत्र में) मेरे (6, 8 और 14.8.1996 के) पत्रों की प्राप्ति सूचना के बाद *सर्वनाम* में छपी डॉ. रामविलास शर्मा की पुस्तकों की प्रो. लाल बहादुर वर्मा, रामचन्द्र तिवारी और मेरी समीक्षाओं पर लिखते हैं, ''...इतिहास की हिन्दी में भाषा [इतिहास की भाषा हिन्दी में] धीरे-धीरे ठीक हो रही है। स्वयं रामविलास शर्मा भी इन पुस्तकों में लच्छेदार भाषा के प्रलोभन से बचे हैं। हिन्दी में इतिहास की शैली का निर्वाह डॉ. राजबली पांडे ने किया है। गौरी शंकर हीराचन्द ओझा, विश्वनाथ [विश्वेश्वरनाथ] रेऊ जैसे लोगों ने हिन्दी भाषा में इतिहास के स्वभाव की रक्षा की। तुम्हारी हिन्दी उसी रास्ते पर है। 14 अगस्त 1996 के पत्र के साथ का ''विशाखा और बीरबल : एक बौध [द्ध] कथा का विकास'' के पेज नं. 92 में सहस्त छप गया है। वहीं उपशीर्षक ''सिंहासन द्वात्रिंशिका'' के पैराग्राफ में एक सहस्त्र स्वर्ण मुद्राएँ। मैं सोचता हूँ कि दूसरी कथा वाले एक सहस्त्र स्वर्ण मुद्राएँ तुमने ठीक नहीं किया और ठीक किया है सहस्त को। यह भारी भूल है। हजार के अर्थ में शुद्ध शब्द 'सहस्र' है। इसका उच्चारण और लेखन ठीक करना चाहिए। 'सहस्त्र' कभी नहीं। हमारे गाँव के इलाके में 'र' उड़ गया है अब बोलचाल में 'सहस' है। ...इधर बहुत दिनों से मैंने कोई दवा नहीं ली। टेनरिक-50 का आधा टेबलेट लेने का सुझाव डॉक्टर का था। मैंने महीने भर से ज्यादा हुआ लिया नहीं। कभी उधर गया तो मेडिकल स्टोर से ले लूँगा।''

मेरे पत्र (17.9.1996) के जवाब में पिता ने (25.9.1996 को) लिखा, ''17 से 20 सितम्बर तक मैं दिल्ली रहा और वहाँ से जल्दी ही लौट आया। जिस काम से गया था वह हो नहीं सका। ...दो-ढाई महीने से मुझे चक्कर आते हैं। आते हैं और रुक जाते हैं। डॉक्टर दवाओं के नाम के अलावा कहते हैं कुछ फल आदि लीजिए। ये भी चालू करूँगा।'' इसके अनंतर मेरे (30.9.1996 के) पत्र के उत्तर में (16.10.1996) लिखते हैं, ''दिल्ली गया था तो विचार था कि पहले के डॉक्टर से मिलूँ लेकिन मिल नहीं सका। बी.पी. जरूर बढ़ा हुआ था और चक्कर भी थे। सागर लौट आने पर मैंने देखा कि चक्करों की मात्राएँ बढ़ रही हैं तब कलकत्ता वाले डॉक्टर को दिखाने के लिए मैं कलकत्ता गया। जाँच करके उन्होंने बताया कि बी.पी. तो आपका ज्यादा है। जो दवा आप पहले से ले रहे थे बी.पी. की वही लेते रहिए आधी गोली न ले के पूरी गोली दिन में एक बार लें। दो दवाएँ उन्होंने और बताईं। इन दो दवाओं में से एक तो 10 बजे सबेरे और 10 बजे रात में लेनी है। दूसरी दवा तीन बार लेना है 9, 2 और रात में 9 बजे। तीन बार तो नहीं दो बार मैं ले रहा हूँ। चक्कर

जरूर बन्द हो गये हैं। बी.पी. जँचवाया नहीं। जँचवा कर देखूँगा। डॉक्टर का निर्देश है कि बी.पी. कम से कम पन्द्रह दिन के अंतर पर जँचवाते रहें। इन दोनों दवाओं को लेने का निर्देश केवल मास भर के लिए है। मास भर के बाद डॉक्टर ने फिर मिलने को कहा है। *सर्वनाम* में तुम्हारा लोक कथाओं सम्बन्धी एक लेख देखा था जिसमें कथाओं में पाये जाने वाले अंतर का विचारात्मक संकेत था। इस बीच मैंने *साहित्य अमृत* में नव प्रकाशित लेख में 'टेसू और झांसी का विवाह' शीर्षक लोक कथा आश्रित लेख पढ़ा। इसमें दी हुई सामग्री उत्तर प्रदेश के पश्चिमी भाग में बहुप्रचलित है। उसकी जेराक्स कापी भेज रहा हूँ...। तुम्हारी अंग्रेजी पुस्तिका मिल गयी है और उसे पढ़ रहा हूँ। पूरा पढ़ कर लिखूँगा'' (वस्तुतः यह मेरा नार्थ ईस्टर्न हिस्ट्री असोसिएशन के 1996 के वार्षिक अधिवेशन के समय दिये गये भाषण का उसी समय वितरण के निमित्त छपा रूप था। इसका विषय था *सुधनकुमारावदानम् ऐंड द फोक लिटरेचर्स आफ नार्थ ईस्टर्न इंडिया*)।

''चक्कर आदि के हद से बाहर हो जाने पर मैं व्यग्र होके कलकत्ता चला गया अकेले ही। वहाँ डॉक्टर को दिखाया। डॉक्टर ने पूछा दवा ले रहे हैं? मैंने कहा नहीं। उन्होंने कहा यह दवा तो आपको बराबर लेनी है—टेनरिक 50 इधर पूरी लें आधी नहीं। नियमित लें। डॉक्टर के यहाँ से लौटे तो वहीं से दवाएँ भी लेते आये। उनके सेवन से इधर मैं चक्कर से मुक्त हो गया। चक्कर के दिनों में भी मुझे सर दर्द किसी दिन नहीं हुआ और साँस लेने में भी कभी बाधा नहीं आयी। नींद भी आती रही। दो दवाएँ उन्होंने नयी बताई थीं, जिनको महीने भर लेने की हिदायत थी और डॉ. ने कहा था कि डेढ़ दो महीने में फिर आ जाइएगा।''

मेरे (17.11.1996) पत्र के जवाब में पिता ने अपने पत्र में (23.11.1996) 'टेसू और झांसी के विवाह' की चर्चा आगे बढ़ाते लिखा, ''मैंने आशा रानी व्होरा के लेख की कटिंग भेजी। श्रीमती व्होरा सामाजिक कार्यकर्त्ता हैं और उनके कार्य कई संस्थाओं में हैं। शिक्षित तो हैं ही। ...इनके लेख को पढ़ने के बाद मैंने देखा कि कहानी बनारस में भी प्रचलित है। जहाँ बबरा वाहन कहा है वहाँ बनारस वाली कहानी में बरबरीक आता है और यह कैरेक्टर बनारस की कहानी में घटोत्कच का बेटा कहा गया है। इतना ही यानी अधूरी कहानी सूचित कर रहा हूँ। बनारस का कोई आदमी मिले तो उससे पूछ लेना। यह कहानी अहीरों और ब्राह्मणों में प्रचलित है क्योंकि तुम्हारा झुकाव इस दिशा की ओर है तो तुलनात्मक अध्ययन करते हुए कहना चाहिए। मुझे लगता है पुरानी पौराणिक कहानियों में उलट फेर लोक परम्परा में हुआ और वह काफी मिलता-जुलता है साथ ही भिन्नता भी है। इस लाइन में समय और परिश्रम दोनों लगेंगे। अब मैं कह सकता हूँ कि मैं चक्करों से बच गया हूँ। चक्कर वाली दवाएँ जिसमें बी.पी. की दवा भी है वह नित्य नियम से लेना है। बाकी दो दवाएँ डॉक्टर ने बताया है एक माह ले के बन्द कर दें फिर मुझसे मिलें।

तो दवाएँ बन्द करने का समय एक दो सप्ताह बाकी है वह भी इस कारण कि एक दवा तीन बार लेने को कहा था मैं दो ही बार लेता रहा। वह दवा खत्म हो जायेगी तब जाना चाहिए मुझे। मृगांका के समाचार से और उसकी सफलता से मुझे बहुत ही हर्ष है। अपने विषय में वह परिश्रम करती रही तो इसी प्रकार की वांछनीय सफलता पाती रहेगी और रिपुंजय भी अपने परिश्रम से बराबर अपनी शक्ति बढ़ा रहे हैं। बच्चे सब अच्छे हैं इन सबकी इन उपलब्धियों के पीछे तुम और उषा दोनों हैं [हो]। यह मैं अच्छी तरह समझता हूँ।''

मेरे (29.11.1996 के) पत्र के जवाब में पिता (6.12.1996) ने फिर लिखा, ''बनारस में जो [तो] कहानी का रूप पश्चिमी उत्तर प्रदेश से काफी भिन्न है, इसमें घटोत्कच के बेटे का नाम बर्बरीक है, और बर्बरीक की कहानियाँ अलग हैं। कहा जाता है वीरों में सबसे अधिक वीर पुरुष उसकी महाभारत युद्ध के पहले ही बलि दे दी गयी। इसके बाद युद्ध शुरू हुआ। उससे लगी हुई कहानियाँ मैं नहीं लिख रहा हूँ। तुम्हें कथा वाचकों या कथा रसिकों से पता चल जायगा। कई लोगों से पूछने में अंतर भी साफ दिखाई देगा। ...हाथों के लिए एक्सरसाइज करता रहता हूँ। वह भी धीरे-धीरे काफी ठीक हो गया है। बी.पी.जँचवाई। 130/80 आयी। ऊपर का नार्मल स्तर 140 से 160 तक डॉक्टर बताते हैं। आज कल में फिर जाँच कराऊँगा। इतना कम भी ठीक नहीं माना जाता।''

इसके उपरांत मेरे (20.12.1996 के) हवाले से अपने (7.1.1997) पत्र में पिता ने पूछा, ''उषा का 22 तारीख को आपरेशन...हो गया होगा और अब वह चलने फिरने लायक हो गयी होगी।''

इसी समय के लगभग मेरी बेटी के ब्याह की बात चल रही थी। किसी कारण तिथि निर्धारित नहीं हो पा रही थी। मैंने पिता को सूचित (7.1.1997 का मेरा पत्र) किया था। उन्होंने इसे अनिश्चय मान लिखा (15.1.1997), ''...अपनी ओर से मैं आना भी चाहूँ तो...कहाँ कैसे जाऊँ यह सवाल है इसलिए मैं यहीं से मंगल कामना करता हूँ... ।'' इसके बाद उन्होंने अपने (28.1.1997 के) पत्र में लिखा, ''इस बीच तुम्हारा कोई पत्र न मिलने से मैं शादी के विषय में चिन्तित था क्योंकि तुम्हारे पिछले पत्र में यह नहीं लिखा था कि शादी कहाँ और किस पते पर होगी। अब कोई तारीख निश्चित हो तो पते सहित सूचित करना। रास्ता भी बताना जिससे मैं किसी को साथ लेकर आ सकूँ। इस काम में समय तो चाहिए। अगर तारीख निकट की तै हुई तो कुछ मुश्किल होगी। फिर भी आने की कोशिश करूँगा।'' इसके उपरांत उन्होंने (10.3.1997) मेरे (3.3.1997 के) पत्र के हवाले से लिखा, ''लड़के के पिता का [के] देहांत का समाचार मालूम हुआ। अगर परिवार देहात का होगा तो एक साल तक कोई शुभ कार्य नहीं हो सकता। कोई और भी उपयुक्त घर-वर ध्यान में हो तो सोचना। अगर वह परिवार पुरानी रूढ़ियों को नहीं मानता हो तब तो कोई

विशेष बाधा नहीं है और रूढ़ियाँ न मानने वालों में भी स्त्रियों में चर्चा तो होती ही रहती है। सब सोच के जैसा कुछ हो तै करना...मुझे कमजोरी बहुत आ गयी थी इसी कारण मैं कलकत्ता नहीं गया। इस कमजोरी का कारण यही होगा कि दवा लेना भूल जाता था तो कमजोरी बढ़ी थी। इधर मैं नियमित चल रहा हूँ यानी कमजोरी अब नहीं मालूम होती और दवाइयों में नियमित हूँ।''

इसके उपरान्त पिता ने मुझे लिखा (1.4.1997), ''*सर्वनाम* का 45वाँ अंक मैंने देखा और उसमें कबीर सम्बन्धी लेख भी पढ़ गया। लेख की भाषा विषय के अनुरूप तथ्यपूर्ण है। इसमें पुराने लेखों के आधार पर जो उनका जीवनकाल दिया हुआ है उतना तो कबीर सम्बन्धी मोटी-मोटी किताबों में भी नहीं मिलता। कबीरपंथियों के मठों में उनका जीवनकाल सवा सौ साल का या इसी के आस-पास का बहुमान्य है। तुम्हारे हवाले से लगता है कि वे सत्तर वर्ष के आसपास जीवित रहे। अपने यहाँ जीवन के बाद दीर्घ जीवन और चमत्कार पर चमत्कार दिखाने वाला महापुरुषों या भक्तों को बताया गया है। नोटिस इसकी भी ली ही जा सकती है। पुराने लेखों से यह सिद्ध होता है कि कबीर का व्यक्तित्व लोक में आदरणीय हो गया था।''

इस समय के लगभग मैं पिता से घर परिवार के विषय में जानकारी लेने की सोचने लगा था। तात्कालिक आवश्यकता थी बाबा जगरदेव सिंह पर *सर्वनाम* में एक लेख के लिए। मैंने अपने एक पत्र में (28.4.1997) इस बाबत उन्हें जितनी जानकारी हो लिखने को लिखा। उन्होंने अपने (8.5.1997 के) पत्र में मुझे लिखा, ''अपने पिताजी के विषय में मेरी भी जानकारी सुनी सुनाई बातों पर है। कुछ बातें मैं भूला नहीं। लेकिन मैंने शिशु आँखों से जो देखा उसको देखते समय पूरा अर्थ समझ में नहीं आया था। एक बार मैं उनके साथ कउहरिया बहर गया था। मेरी उम्र तब तीन साढ़े तीन साल की रही होगी। वहाँ अकेले उन्हें खेत का जड़हन (धान) काटना था। पिता जी ने कहा कि इसी खेत में खेलते रहो और मैं काम कर रहा हूँ। पूरा खेत कट जाने पर मुझे कन्धे पर रख के घर की ओर चले। घर की ओर आते हुए रास्ते में एक साँप उनके पीछे पड़ा। एक ओर उनके कन्धे पर मैं था और दूसरी ओर समेट कर रखा हुआ कुर्त्ता। साँप को अपना पीछा करते हुए देखकर उन्होंने कुर्त्ता फेंक दिया और साँप कुर्ता [कुर्ते] में उलझ गया और हमलोग घर आ गये। बाद में वे अपना कुर्ता लेने के लिए गये और कुर्ता वहाँ से ले आये। कुर्ते में कई जगह साँप के काटने के निशान हो गये थे और इसको वे इस्तेमाल करते रहे।

''मुझे याद नहीं पड़ता कि हमलोग कहाँ गये थे लेकिन कयथान टोला था। मुझे याद नहीं कि कौन लोग थे और मैंने उन्हें पहचाना भी नहीं। तो कयथान टोला में लाठियाँ लिए हुए कोई दश [दस] बारह आदमी थे और उन्होंने पिता जी और हमें घेर लिया। तो पिताजी ने कहा कि इस लड़के को घर जाने दो। तब किसी ने कहा कि दोनों को मार दो। वे ललकारते हुए चले आ रहे थे। तब यह सुनके पिताजी

ने मुझे कहा कि तुम जमीन पर लेट जाओ। अपने दोनों पाँवों के बीच मुझे लेटा [लिटा] दिया और कहा कि घबराना नहीं। लाठियाँ चलाने वालों ने लाठियाँ चलाईं और अपने ऊपर गिरती हुई लाठियों को बीच में ही पकड़कर फुर्ती से फेंकते गये। कुछ लोग इनका हाथ पकड़ने को आये तो उनको उन्होंने हाथों से मारा और झापड़ की मार से एक तो लेट गया। मैंने देखा तीन-चार लाठी वाले भाग खड़े हुए। बाकी लाठी वालों की लाठियाँ छीन फेंक दीं तो वे भाग गये। कयथान टोला का कोई आदमी पास नहीं आया। पुरुष जो थे वे अपने बरामदे में चले गये और अपने-अपने बरामदे से तमाशा देखते रहे। उसके बाद मुझे कन्धे पर बिठाया और घर आये। मैंने इन लाठी चलाने वालों में से किसी को नहीं पहचाना। मैं समझता था कि यह आपसदारी का कोई खेल है।

''कुछ बातें और याद आती हैं लेकिन वे इस रूप में हैं जिनको उस समय मैं नहीं समझता था। लोग उनकी बिचवई में अपने झगड़े शान्त कराते थे। अकेला होने पर वे *रामचरितमानस* की चौपाइयाँ कहते हुए चलते थे। बाद में लोगों ने बताया कि उन्हें पूरा *रमायन* याद था। अपनी ताकत को वे राम की ताकत कहते थे। इसलिए झगड़ों में शरीक कम हुआ करते थे। उनका कहना था कि जब राम कहेंगे तब मैं शरीक होऊँगा। मेरे गाँव वालों का दूसरे गाँव वालों से झगड़ा एक बार हुआ था। लाठियाँ चलीं थीं। बाद में वे गये और जो दूसरे गाँव के घायल लोग थे उन्हें पहले उठा के उनके घरों को पहुँचाया फिर अपने गाँव वालों को ले आये। अपने गाँव के घायलों को मैंने देखा था और इलाज वही पुराने समय का था। ये बातें फिर बाद में समझा दूँगा।

''वे किसी भिखारी को अपने घर से बिना भीख दिये खाली हाथ लौटते देख नहीं सकते थे। इस पर उन्हें क्षोभ होता था। उनका कहना था कि राम ने दिया है तो वह सबका है। केवल हमारा या हमारे लोगों का नहीं। उन्होंने अक्षर ज्ञान देवरी के एक पंडित से सीखा था। उस समय वे नवरात्र के दिनों में गाँव से चित्रकूट पैदल गये थे और जहाँ रुकते थे वहाँ जमीन पर धूल डालकर लिखते हुए याद करते थे। जाने और आने के समय में उनकी पढ़ाई इतनी पुख्ता हो गयी थी कि उन्होंने इलाहाबाद से लौटते हुए *रामचरितमानस* (गुटका) मोल लिया और इसे वे प्रतिदिन पढ़ा करते थे। पंडित ने उन्हें संस्कृत भी कुछ पढ़ायी (पढ़ाई) थी और पूजा-पाठ की विधि भी बताई थी।

''उनका निधन अनुमानतः 1923 में हुआ। उस समय मैं छह साल का था। मेरा छोटा भाई तब छह महीने का था।

''बाद में पिताजी के बारे में मैंने बुआ से बहुत कुछ सुना था और उसके बाद समझ आने पर मैंने सोचा कि वे देव पुरुष थे। [19] 23 में मेरे टोले में हैजे का प्रकोप हुआ। हैजा होने पर अपने-अपने रोगियों को छोड़ के लोग इधर-उधर भागने

लगे। ऐसे रोगियों की सेवा आदि का काम वे करते थे। हैजा उन्हें भी हुआ और एक बार वे ठीक हो गये, फिर उनका सेवा कार्य चलता रहा और इन्हें [उन्हें] दुबारा हैजा हुआ। उनका यह काम दादी को अच्छा नहीं लगता था। लेकिन दादी से उनका कहना था कि जगदंबा रखेंगी तो मुझे कुछ नहीं होगा। अगर वह रखना न चाहें तब मैं कैसे बचूँगा। ये कुछ बातें मैंने तुम्हें लिख दीं और अपनी सुनी हुई बातों का कुछ उपयोग करते हुए तुम लेख तैयार कर सकते हो। वैसे उनकी व्यवहार चारुता और उनकी मानसिकता मेरा मार्गदर्शन करती रही है।''

इसके बाद के मेरे पत्र (22.5.1997) के जवाब में उन्होंने (4.6.1997) अपने पत्र में इस विषय में एक बात और लिखी, ''बहुत बचपन में बरसात के दिनों में मैं छिछले पानी में एक लड़के के साथ घर से जरा दूर खेल रहा था। पिताजी यकायक आ गये और उस लड़के को उन्होंने डाँटा और भगा दिया और मेरी धुनाई करते हुए घर तक आये। हल्के ही हाथों उन्होंने धुनाई की होगी। शाम होते-होते मैं बीमार पड़ गया और मुझे हल्दी लगाई गयी। ऐसी ही और भी अनेक बातें याद आती हैं लेकिन मैं स्वयं उन बातों पर ध्यान नहीं देता और लिखने की बात तो और भी भारी जान पड़ती है इसलिए मैं बचता हूँ।''

मेरा स्वास्थ्य जैसा होना चाहिए वैसा ठीक चल रहा है। बी.पी. की दवा लेता रहता हूँ कभी-कभी अनियमित हो जाता है तो भी कोई परेशानी नहीं जान पड़ती। कोशिश करता हूँ कि दवा लेने में नियमित रहूँ।''

मेरे (11.6.1997 पत्र) के जवाब में उन्होंने (19.6.1997 को) मुझे लिखा, ''दिल्ली में कुछ लोग मेरी 80वीं पूर्ति मनाने के लिए यत्नशील हैं। ...वे चाहते हैं कि मैं तीन-चार दिन पहले दिल्ली पहुँच जाऊँ।''

पिता वहाँ 16 अगस्त को पहुँचने और 21 को वापस आने की सोच रहे थे। 29 जून 1997 को हम नांगथुमाई का 'रिवर साइड' का मिस गाशान्गा का घर छोड़ कर विश्वविद्यालय परिसर में अपने क्वार्टर में आ गये। पिता को इस घर का पता भी भेज दिया। इस नये पते पर उन्होंने मेरे (8.7.1997 के) पत्र का जवाब देते (15.7.1997) लिखा, ''एक सप्ताह से मुझे फिर चक्कर का उभार है। इसको ठीक करने के लिए आधी के बजाय पूरी गोली लेना शुरू कर दिया है इसका असर ठीक हो रहा है। इसके बाद किसी डॉ. को दिखाकर उसकी राय लूँगा...।''

इसके बाद मैंने बाबा पर लिखे लेख के ड्राफ्ट के साथ जो पत्र (29.7.1997) भेजा उसका जवाब देते पिता ने अपने पत्र (12.8.1997) में उस पर लिखा, ''मैंने ध्यान से लेख को पढ़ा। भाषा और जो विषय लिया है उसका निर्वाह अच्छा है और यह बहुत अच्छा लेख है जिसको कोई भी पढ़कर भुला नहीं सकेगा। ...एक बार बैल खरीदने...बटेश्वर के मेले में गये थे। वहाँ से चार बैल लाये भी। लुटेरों से एक जगह लड़ाई भी हुई और लुटेरे भाग खड़े हुए। ...मैंने उनके सिर को हाथ फेर के

देखा है। उनके चाँदी के बाल बहुत कम रह गये थे। ...ऐसी स्थिति में उम्र कम से कम 40-50 के बीच होनी चाहिए। उनके देहांत के समय। गाँव के...सब कहते थे कि उम्र में वे हम सबसे बड़े थे।..." मेरी ननिहाल का एक नाई, कुमार, कहता था कि "लड़का देखने को हम लोग गये...तो लम्बाई उनकी काफी थी। शरीर पहलवान जैसा...दाढ़ी और मूँछें थीं। ...मेरा ख़याल है अन्तिम काल में कम से कम वे 45 के जरूर रहे होंगे।"

पिता ने जुलाई 1997 में भारत भवन, भोपाल के प्रशासनिक अधिकारी को अपनी कविताओं का एक घंटे का कैसेट जारी करने की अनुमति प्रदान की। अंततः यह रिकार्डिंग अगस्त में दुबारा की गयी और डेढ़ घंटे की हुई।

मेरे (24.11.1997 के) पत्र के उत्तर में पिता ने अपने पत्र (4.12.1997 के) में लिखा, "तुमने ठंडक लिखा था। ठंडक प्रिय शीतलता को कहते हैं और ठंड जो शरीर को प्रभावित करती है। तो ठंडक प्रिय होती है और ठंड अप्रिय। मैं सावधान रहता हूँ और ठंड से बचने के लिए भरसक सावधान भी हूँ। और पश्चिम में निरपवाद रूप से ठंड लिखते और बोलते भी हैं तो ठंड और ठंढ दोनों रूप मान्य हैं। जो प्रिय लगे उसका प्रयोग करने में कोई आपत्ति नहीं है। जान पड़ता है ढ के नीचे तुमने जो बिन्दी दे दी है वह लिखने के प्रवाह में आ गयी। बिन्दी से ढ ढ़ हो जाता है। यह कोई कहीं नहीं लिखता बोलता। दवा अभी मैं पूरी गोली टेनरिक की ले रहा हूँ और चक्कर आने वाली बाधाओं से बच गया हूँ। सोचता हूँ कि अब आधी गोली लेने लगूँ। लेकिन अभी कुछ दिन और भी पूरी गोली सुबह चलाने की सोचता हूँ। ऐसी जगह पड़ा हूँ जहाँ से बी.पी. चैक कराने के लिए नीचे ही जाना होगा और मैंने चैक नहीं कराया। एक साल तो हो ही गया है। शरीर की दशा विचार के आधी गोली की जगह पूरी गोली लेना शुरू किया किसी की सलाह नहीं ली।"

पिता ने मेरे (12.12.1997 के) पत्र के जवाब में (27.12.1997 के) अपने पत्र में लिखा, "उत्तर भारत के मैदानी भाग में चारों ओर बला की ठंड है। दिल्ली ठंड में रिकार्ड बना रही है और दिल्ली का असर सागर में भी है। मैं स्वयं ठंड से बचने की कोशिश करता हूँ। दवा नियम से ले रहा हूँ। स्वास्थ्य भी ठीक है। जनवरी में 9, 10 और 11 को जौनपुर (उत्तर प्रदेश) में रहूँगा, वहाँ से सीधे आ जाऊँगा।" इसी समय के लगभग (22.12.1997 को) पिता ने एम.जे.टामस को कैट स्कैनिंग के जरिए मार्जिनल (हल्का) ब्रेन स्ट्रोक का अनुमान होने के उल्लेख के साथ दवा वगैरह लेने की बात अन्य बातों के अलावा लिखी थी। इसके उपरांत अपने (23.1.1998 के) पत्र में उन्होंने मेरे तीन पत्रों का (18.12.1998 [7], 26.12.1998 [7] और 13.1.1998) जवाब देते लिखा है, "डांगरिया शब्द यदि असमिया में विश्वकोश हो तो उसमें देखना चाहिए। शब्दकोश भी देखना...हिन्दी में तो इस शब्द का प्रयोग इसी रूप में मुझे नहीं मिला लेकिन मैं भूलूँगा नहीं। ...'डांगर' शब्द बघेलखण्ड में

बूढ़ों के लिए प्रचलित है जिसका स्त्रीलिंग में 'डांगरिया' (बूढ़ी) के अर्थ में प्रयोग है। यह शब्द डोकरा और डुकरिया रूपों में बूढ़ों और आदरणीय जनों के लिए ब्रज में मिलता है।'' इसके अलावा उन्होंने अपने कलकत्ता और वहाँ से गौहाटी पहुँचने की बात लिखी है। गौहाटी से वापसी के रिजर्वेशन के लिए भी लिखा था। भारत भवन, भोपाल में फरवरी में काव्य पाठ का आयोजन था। इसके उपरांत (3.3.1998) के अपने पत्र में उन्होंने गौहाटी से कलकत्ता वहाँ से भोपाल और तदनन्तर 18 फरवरी को सागर पहुँचने का उल्लेख किया है यह भी कि ''तुम्हारे बच्चों को देखकर हार्दिक प्रसन्नता हुई। व्यवहार-अध्ययन दोनों का अच्छा संगम दोनों में है। अगली पीढ़ी अच्छी हो यही तो सब चाहते हैं।'' भोपाल पहुँचते-पहुँचते उनका गला खराब हो गया था पर गरम पानी पीते रहने से ठीक हुआ (उनका 29.3.1998 का पत्र)। इसके बाद अपने (6.5.1998 के) पत्र में उन्होंने लिखा, ''मेरा स्वास्थ्य अब सन्तोषजनक है। दवा ले रहा हूँ। रमेश जी से पूछना कि मैं टेनरिक की पूरी टेबलेट अभी तक लेता हूँ। इस बीच बी.पी. आदि की जाँच नहीं कराई है। लेकिन पहले की जो शिकायतें थीं वे इधर नहीं हैं। पहले खड़ा होने पर चक्कर आता था और मैं गिर जाता था। यह 4-5 माह पहले की बातें हैं। रमेश जी कहें तो 1/2 टेबलेट लेना शुरू कर दूँ। पूछ कर लिखना।''

मेरे (28.5.1998 के) पत्र का उत्तर जुलाई में देते उन्होंने (6.7.1998 को) लिखा, ''इसी बीच मैं बीमार पड़ गया। जाने क्या बात हुई कि घर के अन्दर रहते मुझे लू लग गयी। उन दिनों भृत्य भी नहीं आ रहा था और गर्मी तीखी। लक्षणों से मैंने जान लिया कि लू है। अपने आँगन में आम का एक पेड़ है। उसमें आम आ गये थे। आमों का उपचार खुद ही करता रहा। बीच में एक दिन बुखार बहुत तेज हो गया तो मैंने लुंगी भिगो कर कई पर्त अपने माथे पर रखे और सिर खाट के बाहर लटका दिया। बेर्फ वगैरह तो थी नहीं। शायद पानी [ने] ही बुखार को नियंत्रित किया। छुट्टी और धूप तेज होने से कोई मिलने भी नहीं आता था। तो ऐसे में अपना हाथ जगन्नाथ रहा। शकर डाल के कोरा शरबत पीता रहा और धीरे-धीरे उस जहमत से बच गया पर कमजोरी बची हुई है और इस कमजोरी का सबब अनियमित आहार भी हो सकता है। अस्वस्थ होने की सूचना मैंने अपनी ओर से किसी को नहीं दी है और अब तुम्हें लिख रहा हूँ।'' मेरे (2.7.1998 के) पत्र का उत्तर (8.7.1998 को) देते पिता ने फिर इस विषय पर लिखा, ''लू का उपचार तो आमों से हो गया। उसके बाद ज्वर हुआ और मैं बाहर या हास्पिटल जाने लायक नहीं था। टेम्परेचर क्या था इसका पता तो उस दिन लगाया [लगा] जिस दिन मैंने माथे पर अपना हाथ रखा और माथे की गर्मी मेरा हाथ स्वयं नहीं झेल पाया। अपने पास बर्फ का इंतजाम असम्भव था। अकेला हूँ और गरमी के कारण आने जाने वाले नहीं मिलते तो मैंने लुंगी [भिगो] और कई पर्त करके माथे पर घड़े का पानी

पूरी तरह रखा, जब पानी सूख जाता था तब मैं यही पट्टी बदलता रहता था। ठंडे पानी का यह उपचार लेने पर डेढ़ सप्ताह बाद ज्वर धीरे-धीरे खासा कम हुआ तब मैंने पट्टी रखना छोड़ दिया। इस अरसे में लू के दिन प्यास मालूम होने पर दो एक चम्मच शकर का शरबत लेने लगा। खाना बनाया नहीं तो उपवास और कोरे पानी की चिकित्सा से मैं समझता हूँ कि मैं ठीक हुआ। अब मैं सहज तो हूँ लेकिन कमजोरी अभी बाकी है। वह धीरे-धीरे जायेगी। यह बात तो मेरी समझ में नहीं आयी (आई) कि लू का उपचार हो जाने के बाद यह ज्वर क्यों आया।''

1998 की गर्मियों का पिता का यह कष्ट पता लगने पर मेरे लिए बहुत दुखद रहा। मैं सोचता रहा उन्होंने मुझे या अमित को फोन या तार क्यों नहीं किया? उनके पास घर पर फोन नहीं था। विश्वविद्यालय को एक-दो बार फोन लगवाने के लिए लिखा भी गया था। पर शायद विश्वविद्यालय की अपनी समस्याएँ थीं या संस्कृति विभाग की अनुमति नहीं आ रही होगी। कारण जो भी हो यदि इस बीच कोई अनहोनी हो जाती तो उसके लिए कौन उत्तरदायी होता? शायद उनके पुत्र उत्तरदायी ठहराए जाते। गलती पिता की भी है उनके घर के सामने, ठीक सामने, पोस्ट आफिस था। वहाँ से फोन कर करा सकते थे। रजिस्ट्रार को सूचित कर सकते थे पोस्ट आफिस के फोन से। उन्होंने यह भी नहीं किया। सब स्वयं झेलते रहे क्यों? कहाँ थे निगम और पुरुषोत्तम लगातार इतने दिनों तक? किसकी जवाबदेही होती कोई अनहोनी होने पर?

यदि पीठ चलना है या चलता है तो उसके नियम वगैरह सारे निर्धारित होने चाहिए। सारी सुविधा होनी चाहिए। पीठ पर नियुक्तियाँ ऐसे ही लोगों की होंगी। पिता, त्रिलोचन से कम आयेंगे, पर जो भी आयेंगे उनकी स्थिति भी कभी-कभार ऐसी आ सकती है। इसके लिए भी व्यवस्था करनी चाहिए।

इसके बाद मैं काफी दिनों पिता को लिख नहीं सका। कारण था मेरी अपनी व्यस्तता, बाबू जी की बीमारी और 8 अगस्त को उनका निधन। इधर-उधर की भाग दौड़, मानसिक तनाव, बच्चों की समंस्या वगैरह। फिर मैंने पिता को दो पत्र लिखे। इनके उत्तर में उन्होंने (17.10.1998 के) अपने जवाब में और बातों के साथ लिखा, ''इस अरसे में एक पेत्रिका शायद सोनभद्र की (*असुविधा*) मुझे मिली जिसमें तुम्हारा एक संस्मरण मेरे विषय में प्रकाशित है। लेख पढ़ के जाना कि तुमने अवधी में जो संवाद दिये हैं उसकी भाषा सही है। मैं जानता था कि तुमको बनारसी भले आती हो अवधी नहीं आती लेकिन इस संस्मरण से मेरा वह भ्रम टूट गया। बहुत अच्छा और टू द प्वाइंट है। एक बात जो कहने वाले नें न कही होगी मुसलमानों के भी कुछ घर कटघरापट्टी में हैं। पंडित ने मुझसे पूछा कि बेथरे तो बगल में छूट रहा है अब आप कहाँ जा रहे हैं तो मैंने कहा मेरा घर कटघरापट्टी में है चिरानीपट्टी कटघरा का एक टोला है कटघरापट्टी में मुसलमानों के जो घर हैं वह पहले चूड़ियाँ बनाते

और बेचते थे। इनको चुड़िहार कहा जाता था। अब वे कुछ खेतीबारी करते हैं और चूड़ियाँ नहीं बनाते। एक मुसलमान घर था जिसमें रहने वाले का नाम मङरू साईं था। पंडित ने मुझसे कुछ पूछा नहीं। उन्होंने समझा होगा कि या तो यह चुड़िहार होगा या कोई और साईं परिवार आ के बस गया होगा। इस कारण वह बराबर मेरा संघ [संग] बनाये रहा। जब मैं मङरू साईं के दरवाजे से गुजरा तब मैंने कहा कि पंडित जी आप बेकार हैरान हो रहे हैं आपका कोई धर्म नहीं गया। मैं चिरानीपट्टी में रहता हूँ और उस टोले में ठाकुरों के घर [हैं]। पूरब की ओर कैथाना है। मेरी बात सुनके वह चुप रहा और मेरे साथ लगा [रहा]। पंडित पीछे रहा। मेरी बुआ बाहर थीं। मैंने अपना सामान वामान घर में रखा और लोटे में पानी ले के घर [से] बाहर निकल गया। आया तो पंडित को विदा कर चुके थे। मुझ पर डाँट खासी पड़ी।'' जहाँ तक इस संस्मरण का प्रश्न है तो इसे मैंने पिता से सुना था—वह भी गाँव में। गर्मियों की छुट्टियों में कभी। पिता गाँव आये थे। कई सारे लड़के और अहमदाबाद रहने वाले रीमल सिंह बैठे थे। और सब बातों के साथ उन्होंने यह किस्सा भी सुनाया था। हम सबको कटघरापट्टी के मुसलमानों की पूरी जानकारी थी। शायद इसी से उन्होंने इस कथा को उस समय संक्षिप्त कर दिया होगा।

इसी पत्र में आगे लिखा, ''इस महीने में मैं सागर से निगम के साथ दिल्ली गया था। ...मैं जन संस्कृति मंच का अध्यक्ष तीन साल से था। ...कार्यक्रम दो दिन का था 10 और 11 ...पहले वहाँ के दो बैंकों में...एफ.डी. रिन्यू करा दी...12 को वहाँ से चलकर सागर आ गये।''

ठाकुर साहब का जीवन बहुत महत्त्वपूर्ण था। अगर उनकी जीवनी लिखने पर आये तो उनका जीवन चरित पाठकों को भी प्रेरक होगा। अभी उनके विषय में सामग्री आसानी से मिल जायेगी। यह काम डॉ. रमेश या उषा करें तो बहुत अच्छा। ...वगैरह हिन्दी में बहुत लोग लिखते और छपाते हैं। यह बोलचाल में भी है। विसर्ग का प्रयोग केवल संस्कृत में है...इसको वगैरह लिखना चाहिए।

पिता ने (24.11.1998 को) मेरे (11.10.1998 के) पत्र की प्राप्ति की सूचना के साथ निगम को ले 17 को दिल्ली जा 20 को वापसी लिखी। साथ ही यह भी कि 11 दिसम्बर को नागार्जुन स्मृति-गोष्ठी के लिए फिर दिल्ली जायेंगे। और 12 को वापस चलेंगे। पर शायद दो-तीन दिन बाद आये। कारण 13 दिसम्बर को सादतपुर में नागार्जुन कार्यक्रम में सुबह प्रभातफेरी से लेकर दिन भर का कार्यक्रम था (दे. 21.12.1998 का पत्र वाराणसी के राजेश कुमार को)। यह भी कि विष्णुचन्द्र शर्मा बता रहे थे कि प्रकाशक उनकी और तुम्हारी किताब छापने में देर कर रहा है।[2] इसके पहले भी शर्मा जी के हवाले से उन्होंने इसका जिक्र किया था।

इसके बाद मेरे पत्रों (15.5.1999 और 22.5.1999) के जवाब में पिता ने (6.6.1999 को) लिखा, ''दिल्ली जो तुम इस बार गये थे उसमें डॉक्टरों से चेकअप

कराना तुम्हारा उद्देश्य था जिस पर डॉक्टरों ने बताया कि चिन्ता की कोई बात नहीं और एक्सरसाइज करने की सलाह दी। बढ़ती उम्र में तीन-चार मिनट से अधिक एक्सरसाइज नहीं करनी चाहिए। ...खाना वही खाना चाहिए जो ठीक ढंग से पचे।...'' मेरे (17.6.1999 और 1.6.1999 के) पत्रों का जवाब देते पिता ने मुझे (3.7.1999) लिखा, ''इस बार अप्रैल महीना सागर में बहुत गर्म रहा। गर्मी का मुझ पर यह असर रहा कि कमर से ऊपर अम्हौरियाँ हो गयी थीं। कई साल बाद अम्हौरियों का अनुभव नया हुआ। और तो अपनी कोई बात नहीं।''

इसके बाद उन्होंने (10.8.1999 को) मेरे (12.7.1999 और 28.7.1999 के) पत्रों के हवाले से लिखा कि ''उनका परिवर्द्धित काल 31 दिसम्बर 1999 तक है तो मेरे पास किताबें ही अधिक हैं, इन्हें लेकर दिल्ली जाना और वहाँ रहना आर्थिक दृष्टि से व्यावहारिक नहीं है क्योंकि दो कमरे लेने में दिल्ली का रेट 3000 के लगभग पड़ जाता है और जो पैसे एफ.डी. में हैं उनके ब्याज के बाहर खर्च करना संकट में पड़ना है। गाँव गया था तो अरुण की पत्नी और अरुण ने भी मुझसे कहा था कि अब आप यहीं रहिए तो यहाँ खाना-पीना चलता रहेगा। 10-15 [दिन] गाँव रहा भी। मुझसे कोई ऐसी-वैसी बात नहीं हुई। गाँव में रहने से लाभ यह रहेगा कि दिन सारा मेरी इच्छा के अनुसार बीतेगा और जो भी मेरी योजनाएँ हैं उनके अनुसार कलम चलाऊँगा और कोई भी चीज तैयार होने पर प्रकाशकों से सम्पर्क करूँगा। वैसे इस विषय में एक विकल्प है बनारस में प्रोफेसर चन्द्रबली सिंह का कहना है कि मेरे यहाँ आ जाओ। तो चन्द्रबली सिंह किराया लेने के लिए बातचीत में तो तैयार नहीं हैं। यह स्थिति मुझे अच्छी नहीं लगती और किराए से सम्बन्ध भी बिगड़ते हैं। इसलिए बनारस जाने की नहीं सोचता। दिल्ली का हाल तो बताया ही। कलकत्ता में अलग मकान ले के रहना दिल्ली की ही स्थिति में जाना होगा। इस हालत में मुझे गाँव जाना और रहना पसन्द है। अपने विचार लिखना। ...अभी तक मैंने पुरस्कारों को एफ.डी. में ही रखा है। इन पुरस्कारों पर भी मेरे मन में कुछ विचार हैं। सोचता हूँ कि तुम्हारी माँ के नाम पर कोई पुरस्कार स्थापित करूँ। तुम्हारे क्या विचार हैं?''

सन्दर्भ एवं टिप्पणियाँ

1. 'कहीं के' इसलिए कि कलकत्ता बहुत बड़ा शहर है। कहाँ रहते थे मुझे नहीं मालूम। पिता को एक बार उन्होंने कहीं होटेल में रखा था। एक बार मैं कलकत्ता शाम को उतरा प्लेन से। मेरी देर रात की फ्लाइट थी तो मुझे आराम करने के लिए मेरे एक पूर्व छात्र और अपने कनिष्ठ सहयोगी के यहाँ दोनों आराम कराने ले गये थे। खैर मान्धाता सिंह, शायद नहीं माने होंगे, इसलिए उनके यहाँ ले गये होंगे।
2. यह प्रकाशक 'संवाद' प्रकाशन (मेरठ और बम्बई) के श्री आलोक श्रीवास्तव थे। विष्णु जी की पुस्तक का तो पता नहीं मेरी पुस्तक उन्होंने नहीं छापी। बस बहाने बनाते रहे।

त्रिलोचन जी का घर

महल खड़ा करने की इच्छा है शब्दों का/जिसमें सब रह सकें...
ताप के ताए हुए दिन, पृ. 51

जिस तरह की स्थिति से पिता गुजर रहे थे उसका अनुमान किसी को नहीं था। हो ही नहीं सकता था। ऐसी स्थिति में दुबारा उनकी मुक्तिबोध सृजन पीठ पर नियुक्ति से हमें उनके जीवन में एक बार फिर स्थिरता की झलक दिखी। इस समय तक उनके दोनों बेटे अपने क्षेत्र में उत्तरदायित्व पूर्ण पदों पर थे। उनकी अपनी कार्यक्षेत्र सम्बन्धी एवं पारिवारिक समस्याएँ थीं। उनकी दृष्टि में उनके अपने दायित्व, कर्त्तव्य, पहले आते थे। पिता बाद में इस क्रम में आ रहे थे। उनके साथ किसी का जाकर रहना सम्भव नहीं था। उनका अपना कार्य था। योजनाएँ थीं, दायित्व थे। गिरते स्वास्थ्य के साथ-साथ अन्य समस्याएँ थीं। वे अकेले पड़ गये थे। हम सब, सबके सब, लाचार इसे देख रहे थे। परिवार के लोग तो देख ही रहे थे, जान पहचान वाले और उनके आस-पास आने-जाने वाले लोग भी देख रहे थे। पर सब अलग-अलग कारणों से देख रहे थे।

हिन्दुस्तानी परिवारों में सामान्यतया माता-पिता अपने घर में रहते हैं। बाहर काम करने वाले बेटे-बेटियाँ आते-जाते रहते हैं। इसके अतिरिक्त ऐसे भी लोग होते हैं जो बेटों या बेटियों के साथ रहते हैं। पर इनमें से अधिकतर लोग त्रिलोचन नहीं होते। उनके पास कोई काम नहीं होता वे सब रिटायर्ड और मुमुक्षु होते हैं। मेरे पिता जहाँ भी रहे उसे ही हमने घर माना। हम वहीं आते-जाते रहे। मैं थोड़ा कम और अमित मुझसे अधिक। अमित, उनकी पत्नी और बच्चे छुट्टियों में तो आते ही थे। मौका मिलने पर अकेले भी आते-जाते थे। अमित और उनके परिवार का आना-जाना अधिक नियमित था। हम दूर थे। केवल जाड़े की छुट्टियों में आ सकते थे। आते भी थे। एकाध बार अमित से और उनकी पत्नी से भी इसी तरह सागर में मुलाकात हो जाती थी। ये लोग आते थे तो हमारी अपेक्षा अधिक रहते थे। हमें इन लोगों के आकर पिता के साथ रहने से खुशी होती थी। पर अब उन लोगों को हमारा कम आना भी खलता हमें लगने लगा। पिता का अकेलापन इन लोगों के

प्रायः आने के बावजूद बढ़ रहा था। इसे वे अपनी यात्राओं के जरिए कम कर रहे थे। शायद उसे किसी भाँति कम करने का प्रयास कर रहे थे। उनकी यात्राओं के पीछे का मुख्य कारण यही था। मुझे यही लग रहा था।

इसी समय के लगभग मुझे पिता की कहानी 'बंडा सियार' देखने की जरूरत पड़ी। इस कथा के कई लोक भेद मुझे अवध और बिहार के ज्ञात थे। अब इससे मिलती-जुलती कहानियाँ मुझे पूर्वोत्तर भारत की कुछ जन जातियों के साहित्य में देखने में आयीं। मैंने इनकी समानताओं को ले एक लेख लिखने का इरादा किया। यह कहानी पहले कभी *साप्ताहिक हिन्दुस्तान* में छपी थी। शायद 1966-67 के किसी अंक में। मैंने इस पत्रिका की सम्पादिका को इस कहानी की एक जेराक्स प्रति मुझे भेजने के लिए लिखा। इसे 'बहुत पुराने' अंक में छपे होने के कारण उन्होंने इसे तलाशने में असमर्थता प्रकट करते हुए खेद व्यक्त कर मुक्ति ले ली।

इसी के लगभग मुझे एक और कथा का पता चला जिसकी समानता गुलेरी (चन्द्रधर शर्मा) की कहानी 'बुद्धू का काँटा' से किसी हद तक मुझे होती लगी। पर लेख लिखने के लिए मुझे गुलेरी की कहानी को फिर से पढ़ना जरूरी था। शिलांग में कहानी मिल नहीं रही थी। फलतः मैंने दोनों कहानियों के लिए पिता को लिख दिया। वे भी कहानी तलाशने में लग गये।

1998 की जाड़े की छुट्टियों (दिसम्बर-जनवरी-फरवरी 1999) में हम सागर गये। उनका यह घर, विश्वविद्यालय के एक क्वार्टर में उस समय पोस्ट आफिस के सामने स्थित था। पिता और पोस्ट आफिस के बीच की विभाजक रेखा एक सड़क थी, जो अगल-बगल समानांतर चलने वाली सड़कों को जोड़ती थी। इस बार हम लोग पाँच दिन सागर रहे। पिता से मिलने आने वालों में अब जो लोग आ रहे थे उनमें से बहुतों को हम नहीं जानते थे। ज्यादातर आने वाले लोग साहित्यिक अभिरुचि के तो थे पर साधारण लोग ही थे। पिता भी लेटे-लेटे पढ़ते रहते। बात भी लेटे-लेटे ही इनसे करते। हाँ, यदि कोई अपनी कविता सुनाने लगता तो वे किताब रख करके सुनने लगते। सुझाव देना होता तो देते अन्यथा चुप रहते।

इस बार पहली बार उन्होंने उषा से एक दिन मछली बनाने को कहा। पुरुषोत्तम को भेजकर मछली मँगाई गयी। उषा ने मछली बनाई। इसके बाद दो दिन शाम हम लोग भी बाजार गये और सब्जी वगैरह के साथ मछली भी लाये।

एक बात जो हम दोनों नोटिस कर रहे थे वह यह कि पिता कहीं आ जा नहीं रहे थे। पहले जैसे कोई आता तो बातचीत करते घर पर और फिर तैयार हो उसके साथ निकल जाते और घूम-घाम आते थे। इस बार लोग आते थे और बातचीत करके जाते थे। पिता लेटे ही रहते थे। एक दिन मैंने कहा भी कभी-कभी घूमने चले जाया कीजिए। पिता ने कहा, 'कुछ दिनों पहले परिसर में एक बाघ देखा गया है इसलिए लोग कम निकलते हैं।' मैंने कहा, 'बाघ तो रात में निकलता होगा। दिन में

घूम आया कीजिए। वैसे भी बाघ परिसर कब का छोड़ गया होगा। यहाँ बैठा थोड़े ही होगा।' कुछ बोले नहीं चुप रहे। उनका घूमना तो कब का बन्द हो चुका था। मुझे लगता है बहुत सारे कार्यों की ओर से अपने आप को समेट रहे थे। शायद कुछ चीज़ों में उनकी रुचि समाप्त हो गयी थी।

इसी बीच एक दिन जबलपुर रेडियो स्टेशन के डायरेक्टर कभी आये थे।[1] साथ प्रो. प्रेमशंकर थे[2]। तीनों में थोड़ी बातचीत हुई और वे दोनों गये। अब मुझे डायरेक्टर का नाम तो याद नहीं। वे सतना के रहने वाले बंगाली भी मुझे बताये गये थे। इसके एक-दो दिन बाद ही पिता प्रेमशंकर के साथ लगातार दो दिन कार से जबलपुर गये। और शाम चार-साढ़े चार बजे के लगभग वापस आये। वहाँ प्रेमशंकर जी ने पिता का दोनों दिन मिलाकर पाँच घंटे का एक साक्षात्कार लिया। यह रेकार्डेड इंटरव्यू रेडियो आर्काइव्स में भविष्य के शोधकर्त्ताओं के लिए रखा रहेगा ऐसा मुझे पिता ने बताया था। उनकी मुझे दी गयी सारी सूचना उन्हें स्टेशन डायरेक्टर की जुबानी पता चली होगी। इसके लिए दोनों लोगों को पेमेण्ट भी हुआ था। हालाँकि मुझे साक्षात्कार के विषय या विषयों की कोई जानकारी न पिता से मिली और न ही प्रो. प्रेमशंकर से पर चूँकि वे हिन्दी के प्रोफेसर थे इसलिए अनुमानतः पिता के साहित्य के साथ-साथ हिन्दी साहित्य के विभिन्न पक्षों पर भी कुछ न कुछ बात अवश्य हुई होगी।

1999 में मैं किसी काम से दिल्ली गया था। मार्च-अप्रैल में। उषा बनारस में थीं। वहाँ से दो-तीन दिन के लिए सागर भी गया था। पिता की दिनचर्या यथावत् थी। उनके सहयोगियों की भी। राजरूप निगम को कुछ समय पहले से रजिस्ट्रार्स आफिस में भी कुछ काम दे दिया गया था। उन्होंने मुझे यही बताया था। वैसे यह उनका बहाना भी हो सकता है, देर से आने का, या कभी-कभी न आने का। मुझे इसमें कुछ कहना नहीं था। उनकी नियुक्ति, मेरी समझ में सृजन पीठ के लिए थी। नहीं थी तो भी वे सृजनपीठ ट्रांसफर किये गये होंगे। पिता उनके देर से आने या कभी-कभी न आने पर उन्हें कुछ कह सकते थे पर कुछ कहते नहीं थे। कहते भी क्या? वे उनसे, उनकी योग्यता से पूरी तरह परिचित हो चुके थे। सृजनपीठ के पहले कार्यकाल में मैंने पिता को उनकी टंकण की त्रुटियों के लिए वैसे ही समझाते देखा है जैसे वे किसी और को समझाते थे। दुबारा-तिबारा टाइप करवाने के बाद भी वे गलतियाँ करते थे। धीरे-धीरे पिता ने उन्हें समझाना बन्द कर दिया और उनकी गलतियों को दस्तखत करने से पहले पत्र पढ़ते सुधारते रहे। पीठ के दूसरे कार्यकाल में उन्होंने पत्र टाइप होने के बाद पढ़ना बन्द कर दिया। बाद के पत्रों में बहुत गलतियाँ हैं। इन निगमीय गलतियों को पत्र पढ़ते तो सुधारते। बिना सुधारे वे रह नहीं सकते थे। इसलिए सम्भवतः उन्होंने पत्र पढ़ना ही छोड़ दिया और दस्तखत कर छुट्टी पा ले रहे थे। पुरुषोत्तम उनका चपरासी-रसोइया उनसे

कहीं अधिक ठीक था। देर सबेर आ अपना सारा काम कर जाता। पर उसकी अपनी समस्याएँ थीं। कभी-कभी वह भी गच्चा दे जाता था। ऐसे समय पिता को परेशानी होती थी। पर हम लोगों से उन्होंने कभी कुछ नहीं कहा। कहते होंगे तो उसी से और किसी से नहीं।

उषा (अमित पत्नी) के मायके में पिछले कुछ समय से बँटवारे की स्थितियाँ पैदा हो चली थीं। वे प्रायः कलकत्ते से हरिद्वार आने लगीं। और किसी चीज के बारे में तो मुझे पता नहीं, पर बाद में पता चला कि उनके पिता के बनवाए मकान में इस बँटवारे के फलस्वरूप उन्हें एक कमरा मिला। उसी के लगभग उन्होंने अपने एक भाई का हिस्सा उनसे खरीद लिया। वे कहीं और शिफ्ट कर रहे थे। ऐसे कामों में समय लगता है मेरे ख़याल से यह मसला एक दो साल पहले से चल रहा होगा और इसकी पूर्णाहुति 1998 के आस-पास हुई।

1999 में मैं जब सागर गया था तो पिता से पता चला उषा बच्चों को इंजीनियरिंग की कोचिंग कराने के लिए हरिद्वार लाना चाहती हैं। वहाँ कोई अच्छा कोचिंग संस्थान है, कहती हैं। कोचिंग वाले बहुत पैसा माँग रहे हैं। मैंने कहा मुझे पता नहीं। कोचिंग कराने वाले तो पैसा माँगेंगे ही। वे तो दुकान खोले बैठे हैं। कितने बच्चे कोचिंग करते हैं वहाँ से और उनमें से कितने सफल होते हैं, अपने बच्चों का पिछला परफारमेन्स कैसा रहा है यह सब देखते हुए सोच समझ कर निर्णय लेना चाहिए। कोचिंग कराने मात्र से बच्चे सफल नहीं होते। हमारे बच्चों को तो कोचिंग से कोई फायदा नहीं हुआ। वे अपने श्रम से ही सफल हुए।

अब जब उन्होंने घर ले लिया तो घर में रहना भी था। वे ही आकर ज्वालापुर में रह सकती थीं। बच्चे भी आ सकते थे। आये भी और उन्होंने शायद कोचिंग भी की। पैसे की जरूरतें बढ़ने लगीं। फिर दो जगह घर हो गये। दोनों के खर्चे भी हो गये।

हरिद्वार शिफ्ट करने के पीछे और कारण भी हो सकते हैं। हमारे देश में बहुत सारी महिलाएँ अपने पतियों को कामदेव का अवतार समझने लगती हैं। उनकी महिला मित्रों को वे देख नहीं सकतीं और हमेशा लड़ाई के लिए तैयार रहती हैं। इस शिफ्टिंग के पीछे ऐसा कारण भी सम्भव है।

इसी बीच मेरी बड़ी बेटी का ब्याह गौहाटी में फरवरी 1998 में होने जा रहा था। शादी से दो दिन पहले रिपुंजय दोपहर में किसी समय चलकर गौहाटी गये। और होटेल स्टारलाइन में जा चेकइन किया। कलकत्ता से आने वाली कामरूप एक्सप्रेस पर जाकर शाम को दादा जी (त्रिलोचन) को रिसीव किया और होटेल ले गये। अगले दिन हम लोग शिलांग से आकर उस होटल में ठहरे जिसमें शादी होनी थी। हमारे सूचित करने पर रिपुंजय दादा को ले इस दूसरे होटेल में आ गये। पिता ने हम दोनों से केवल इतना कहा, 'अमित नहीं आये।' मैंने कहा, 'कोई बात नहीं। व्यस्त होंगे।' बाद में मुझे एक मित्र ने बताया कि उन्होंने उनसे पूछा था, 'शादी में

कब जा रहे हो?' वे शादी में आने के विषय में स्वयं सोच रहे थे। इस पर अमित ने उनसे कहा था कि 'मैं उनके किसी बच्चे के विवाह में नहीं जाऊँगा।'

विवाह के बाद सब लोग पिता को जोरहाट ले जाना चाहते थे। पर उन्हें सागर जल्दी जाना था। उनका अगले ही दिन का कलकत्ते से किसी ट्रेन में भोपाल का आरक्षण था। उसके अनुरूप मैंने उनका टिकट इंडियन एयरलाइन्स की फ्लाइट में गुवाहाटी से कलकत्ता के लिए करा दिया था। वे उसी के अनुरूप समय से उड़े। उन्हें प्रभा जी और रमेश जी ले जाकर प्लेन तक पहुँचा आये (पिता का पत्र 3.3.1998)। दमदम एयरपोर्ट पर उन्हें अमित ने रिसीव किया और बाद में भोपाल की गाड़ी में चढ़ाया।

बाबू जी, उषा के पिता, का एक प्लाट बनारस में शहर के अन्दर था। उस पर दो साल की मुकदमेबाजी के बाद जब हम काबिज हुए तो उस पर दो कमरे का एक मकान बनवा एक नेपाली चौकीदार रख कर शिलांग आ गये थे। 1992-93 में उन लोगों ने एक ठेकेदार[3] को उस प्लाट में बने दो कमरे के मकान को तोड़कर, नक्शा बना और पास करा कर एक नया मकान बनाने का अनुबन्ध किया। ठेकेदार ने काम शुरू कर दिया और 1994 के अंत तक पूरा दो मंजिले बड़े भवन का प्रारूप खड़ा हो गया। पहली मंजिल में केवल आरसीसी के नंगे स्तम्भ बाहर से दिखते थे दीवारें नहीं बनी थीं। ऊपरी मंजिल की बाहरी दीवारें बन गयी थीं। इतने काम के बाद शायद परिवार में इसके बारे में पुनर्विचार होने लगा। आगे का काम बन्द हो गया। ठेकेदार का एक आदमी साइट पर रह रहा था। उन्होंने (ठेकेदार ने) इस साइट को वर्कशाप बना दिया। दूसरे निर्माण स्थलों का सारा लोहे का उनका काम यहाँ होने लगा।

बाबू जी 1989 से ही कहते आ रहे थे कि उषा न होती तो यह प्लाट हाथ से निकल जाता। इसे उसी ने बचाया है यह उसे दे देंगे। हम लोग इस पर चुप रहते। बहुत हुआ तो हँस देते। मुझे इसकी जरूरत नहीं थी। मेरा अपना साढ़े पाँच हजार फीट का प्लाट विश्वविद्यालय के पास सराय सुर्जन में था। घर बनाकर रहने लायक वही एरिया था। सैकड़ों लोग इस बीच घर बनवाकर वहाँ रहने भी लगे थे। बाबू जी का प्लाट शहर के अन्दर रेलवे स्टेशन और बस स्टेशन के पास था। इसके दोनों तरफ आगे और पीछे व्यस्त सड़कें थीं। सामने वाली साठ फीट चौड़ी सड़क शहर की वी.आई.पी. रोड थी। 1996 से उषा पर दबाव बढ़ने लगा, उस प्लाट को लेने का। वह मना किये जा रही थी। हम लोग दिल्ली में कहीं एक घर बुक करने की भी सोच रहे थे। बच्चे कोई बनारस रहना नहीं चाहते थे। उनका कहना था कि उन्हें बनारस में कौन सी नौकरी मिलेगी।

प्लाट लेने के विषय में यह बात उषा के माँ-पिता, भाई-बहन सब उसी से करते थे। उषा भी यह बात अपने तईं ही खत्म कर देती थीं। हम दोनों एक-दूसरे

के घर के मामले में कभी नहीं पड़े। 1997 की कभी की बात है उषा जोरहाट से शिलांग आयी। उसने मुझसे पूछा, 'तुम क्या कहते हो? सब बनारस का प्लाट मुझे लेने को कह रहे हैं?' मैंने कहा, 'मुझे नहीं चाहिए। बच्चे सब प्रोफ़ेशनल हो रहे हैं अपना-अपना कर लेंगे। बनारस में एक प्लाट है यदि वहीं रहना हुआ तो घर उसी पर बनवा लेंगे। मैंने तो तुमसे शादी से पहले ही कहा था मुझे तुम्हारे घर से तुम्हारे सिवा कुछ नहीं चाहिए। भूल गयीं क्या?' उसने कहा, 'नहीं। जिस दिन भूलूँगी उस दिन शायद कुछ भी याद नहीं रहेगा'।

इसके बाद 1998 में किसी समय फिर बात हुई। सबने इकट्ठे उषा को घेरा। वह मना करती रही। एक-एक कर सब रोने लगे अंततः उसने स्वीकृति दे दी। इस प्रकार हमारा दिल्ली जा रहने का प्रोग्राम समाप्त हो गया। जुलाई में सेमेस्टर ब्रेक में जाकर ठेकेदार को उनका बकाया पैसा देकर उनका हिसाब-किताब खत्म कर दिया हमने। मकान या प्लाट अब हमारे जिम्मे था। नेपाली चौकीदार कब का जा चुका था और फिर आया नहीं। कब्जा करने वाले फिर प्लाट पर नजर गड़ा बैठे। भैंसें फिर आने लगीं।

पहले हमने सोचा था कि 1998 के अक्टूबर-नवम्बर में मकान में काम लगा देंगे। साथ-साथ दिल्ली में भी बुक कराने की सोच रहे थे, पर यह हो नहीं पाया। अंततः हमने घर का काम 1999 में करने की सोची। पार्श्वनाथ विद्यापीठ में एक छोटा मकान दिसम्बर 1998 से जून 1999 तक के लिए किराए पर ले लिया। मार्च 1999 से तीन महीने की छुट्टी ले मैं फिर वापस आ गया। हमें जनवरी से लेकर न राज मिस्त्री मिले न लेबर। लेबर मिल कर भी क्या करते? राज मिस्त्री मिलना जरूरी था। जो भी राज मिस्त्री मिलते वे आते अधबना मकान देखकर जाते। आने को कहकर भी न आते।[4] ऐसी स्थिति में हम अनावश्यक बनारस में बैठे, दिन भर साइट पर अधबने मकान में बैठे, आपस में बातें करते या मकान विषयक चर्चा करते। कभी-कभी उषा कहती, 'लोग कहते हैं हिन्दुस्तान गरीब है। गरीब होते लोग तो काम करने न आते? गरीबी बैठे-बैठे जायेगी?'

मई 1999 में हम वापस शिलांग चले गये। हम दोनों ने सोचा अब यह निर्माण बाद में देखा जायेगा। उषा ने अपने भाई रमेश से बात की। उनके नर्सिंग होम का उस समय विस्तार हो रहा था। मिस्त्री लगे थे। उन्होंने उनसे बात की। वे तैयार हो गये। नर्सिंग होम के विस्तार कार्य के बाद मिस्त्री अपने घर बिहार गया। गाँव जाने से पहले कह गया कि फरवरी में वह बनारस पहुँच जायेगा। तारीख बाद में फोन से बतायेगा।

1999 में ही किसी समय पिता को दो लाख रुपये और गोल्ड मेडल सुलभ पुरस्कार के बतौर मिला। पिता हम सबको इस समारोह में चाहते थे। हमें अमित ने सूचित किया। हम सब दिल्ली गये। अमित का परिवार भी था। सागर से निगम

के साथ ललित मोहन आये थे। इसी समारोह में उन्होंने अपनी पुस्तक का विमोचन भी किसी से कराया। पिता के पुराने प्रोगेसिव् मित्रों में से कोई नहीं आया। पिता इससे किंचित दुखी तो थे पर प्रसन्न भी थे।

पिता भाषण देने उठे। बोलते रहे। हाल भरा था। लगभग 40 मिनट बाद मुझे परेशानी होने लगी। विद्वानों को विभाग में बुलाकर उनके भाषण विद्यार्थियों एवं अन्य लोगों के लिए कराने का मेरा अपना अनुभव था। 40 मिनट के लगभग से लोग भाषण सुनना छोड़ जाने लगते थे। मैं यही देखता आया था, बनारस और शिलांग में भी। मैंने इसी डर से उनके पास भाषण संक्षिप्त करने की चिट भिजवा दी। उन्होंने चिट देखी। बोले, 'संक्षिप्त करने की क्या बात है। मैं अभी बन्द किये देता हूँ।' डायस पर बैठे लोगों ने कहना शुरू किया, 'नहीं नहीं। आप बोलिए। आपको बोलने के लिए ही हमने बुलाया है। हम सब सुनना चाहते हैं आपको।' सुलभ अकेडेमी के अध्यक्ष विन्देश्वर प्रसाद पाठक (?) के इस हस्तक्षेप से उनका भाषण न बन्द हुआ और नहीं संक्षिप्त हुआ। पिता लगभग 40 मिनट और बोलते रहे। लोग उन्हें सुनते रहे। विश्वविद्यालयों में जैसे भाषण बीच में छोड़ लोग जाने लगते हैं वैसा यहाँ कुछ नहीं हुआ। मेरे लिए तो यह एक नया अनुभव था।

फरवरी 2000 में मिस्त्री आ गया। दस दिन बाद उसका साला भी आ गया। दोनों मिस्त्री और अजय जी के दिये दो लेबर काम में लग गये। और साइट पर चारों रहने लगे। हम दोनों ने फिर पार्श्वनाथ विद्यापीठ में अपना निवास बनाया। मैं एक बार छुट्टी ले चुका था। इस बार मैंने छुट्टी नहीं ली। उषा स्वयं सारा काम कराती रहीं। मैं बीच-बीच में आता-जाता रहा। काम चलता रहा, धीरे-धीरे ही सही।

इसके पहले कभी 1999 के उत्तरार्द्ध के आस-पास मुझे अमित का एक पत्र मिला था। इसमें उन्होंने मुझे लिखा था आप सागर जाइए और पिता को समझा कर कलकत्ता भेजिए। वे कलकत्ता नहीं आना चाहते। गाँव जाना चाहते हैं। गाँव जाकर क्या करेंगे? अगर वे कलकत्ता नहीं आते तो आप उन्हें शिलांग ले जाइए। उनकी पत्नी और बच्चे हरिद्वार में थे पर वे हरिद्वार का जिक्र भी नहीं कर रहे थे जाने क्यों? स्वयं आकर समझा-बुझाकर क्यों नहीं ले जा रहे थे? मेरे सामने अपनी समस्याएँ थीं फिर भी मैंने उन्हें लिखा कि मैं छुट्टियों में जाकर देखूँगा। पिता को जाननेवाले जानते हैं कि वे सुनते सबकी थे पर करते वही थे जो उनके मन में होता था। इस पत्र से मुझे थोड़ा आश्चर्य भी हुआ क्योंकि पिता का कार्यकाल अभी बाकी था।

पिता गाँव क्यों जाना चाहते थे कहना कठिन है, पर मैं उनकी एक कविता 'घर वापसी' यहाँ उद्धृत करना चाहता हूँ—'साबरमती रुकी है/इंजन बिगड़ गया है/ठीकठाक करने में कितने हाथ लगे हैं/फैजाबाद ने.../.../...आने लगे बाग, हरियाले खेत, निराले; /अपनी भूमि दिखाई दी पहचानी, घर की/याद उभर आयी मन में; तन रहा सँभाले।/क्या क्या देखूँ सबसे अपना कबका नाता/लगा हुआ है।

रोम पुलकते हैं; प्राणों से एक हो गया हूँ, ऐसा क्षण आता/है तो छूता है तन मन कोमल बाणों से।/अपने आसपास हूँ, खोया हूँ अपने में/जैसे बहुत बिछोही मिल जाये सपने में' (*ताप के ताए हुए दिन*, पृ. 56)। गाँव जाने के बहुत कारणों में एक यह भी सम्भव था। पर इसे समझने के लिए समझ होनी जरूरी होती है और हर किसी में यह नहीं होती।

इसी समय एन.सी.ई.आर.टी. उनके ऊपर फिल्म बनाने की सोच रही थी, और पिता को गाँव और बनारस ले जाने का प्रोग्राम बन रहा था (पिता का पत्र 21.12.1999 का वेप्रद्वि को)। वैसे पिता 18 से 22 सितम्बर 1999 (?) तक किसी और प्रोग्राम के सिलसिले में गाँव जाकर रह आये थे (पिता का 30.9.1999 का पत्र वेप्रद्वि को)। सम्भवतः इसी पृष्ठभूमि में वे गाँव जाकर रहने की सोचने लगे थे।

हम लोग, उषा और मैं, जनवरी 2000 में घर का काम लगने से पहले सागर गये। पहले हम जाते थे तो पिता के साथ उसी घर में रहते थे जिसमें वे थे। हमें कोई दिक्कत या परेशानी कभी नहीं हुई। इस बार हमें परिस्थिति कुछ सन्देहजनक लगी। हमें पिता के साथ उनके घर में रहने देने के बजाय हमें घर के दाहिने वाली सड़क के पार के एक पास के मकान में ठहरने को सब के सब एक-एक कर कहने लगे। हम किसी और के घर जाना नहीं चाहते थे। पर निगम वगैरह कोई मान नहीं रहे थे। कारण दिया जा रहा था पिता का घर ठीक नहीं है। उसकी छत गिर रही है। गिरती छत का जो नमूना मुझे दिखाया गया, उससे मुझे कोई भय नहीं हुआ। एक कमरे की छत का डेढ़-दो फीट प्लास्टर गिर गया था। ऐसा तो बहुत सारे पुराने मकानों में होता रहता है। विश्वविद्यालय के सभी घर पुराने थे। किसी में भी गिर सकता था। अंत में पिता ने कहा, 'जाओ वहीं। ललित मोहन का मकान है। उन्हें अभी मिला है। पढ़ाते हैं यहीं। रहते शहर में हैं, अपने घर में।'

हम दोनों उस घर में चले गये। घर तो पूरी तरह सजा सजाया था। जैसा आम तौर पर मध्यवर्गीय परिवारों के अपने साफ-सुथरे घर होते हैं। लगता था ललित मोहन कभी-कभी सपरिवार यहाँ आ के रहते भी होंगे। खैर इस घर में हम केवल रात के समय सोने जाते थे। सुबह उठ कर तैयार होते और उसके बाद पिता के पास आ बैठते। दिन भर वहीं रहते। खा-पी के रात में फिर वापस सोने जाते।

पिता की दिनचर्या पूर्ववत् थी। लेटे रहते, पढ़ते रहते। पढ़ते-पढ़ते सो जाते। जगते तो फिर किसी से बात करते या नहीं तो फिर पढ़ने लगते। घर में जब तक कोई होता तब तक दरवाजा खुला रहता अन्यथा उठ कर बन्द कर आते। निगम और पुरुषोत्तम तो प्रायः रोज आते ही थे। पुरुषोत्तम कम से कम दो बार आता था, लगभग दिन भर रहता भी था। बीच-बीच में कहीं आता-जाता रहता। कुछ बाजार से लाना होता तो पिता से जा पैसे माँगता। वे खाट के नीचे से अपना वी.आई.पी. निकालते, खोलते और पैसा देते। डिबिया खोलते, अस्थियाँ देखते और

फिर सब बन्द कर यथा स्थान खाट के नीचे जाता। पैसा बैंक से निकालना होता तो निगम चेक लेकर जाते थे।

मैंने आने के बाद ही पिता से अकेले में पूछा था, 'आपका सुलभ वाला मेडल कहाँ है?' उन्होंने मुझे देखा, फिर बोले, 'मेडल! वह तो निगम के पास है। दिल्ली से वापस आने के कुछ समय बाद से ही।' मैंने कहा, 'उनसे कहिए लाने को। मुझे देखना है।' उन्होंने कहा, 'कल आयेंगे तो तुम कह देना। ला देंगे।' मुझे लगातार तीन दिन उनसे लाने को कहना पड़ा। खैर लाये और मेडल वापस पिता की वी.आई.पी. में गया—माँ के पास, जहाँ उसे होना था।

इस बार मैंने पिता के पत्रों की फाइलें भी देखने की इच्छा व्यक्त की। उनकी अलमारी खुलवाई। उसमें केवल दो फाइलें थीं। मैंने पूछा, 'क्या हुईं सारी फाइलें? जहाँ तक मैं समझता हूँ नौ-दस फाइलें थीं? क्या हुईं?' निगम ने कहा, 'वे सब प्रोफेसर गोविन्द जी के पास हैं। वे शास्त्री जी के पत्रों की पुस्तक तैयार कर रहे हैं।' मैंने पूछा, 'किसके आदेश से दीं फाइलें आपने? रजिस्ट्रार से लिखित आदेश प्राप्त किया आपने या गोविन्द जी ने? शास्त्री जी भी यह आदेश नहीं दे सकते। इस परिसर में सब चीज का मालिक रजिस्ट्रार है। उसके आदेश के बिना कोई चीज बाहर नहीं जा सकती। बहरहाल आप फाइलें ले आइए उनके यहाँ से। मैं भी देखना चाहता हूँ।' फाइलें वे नहीं लाये। पीठ के अध्यक्ष को कुछ नियम कानून पता नहीं। पीठ को लोगों ने अपने-अपने फायदे का जरिया बना रखा था। जो फाइलें थीं उन्हें ही देखता रहा। इनमें कुछ पत्र मेरे थे। एक उषा (अमित) का, कुछ गाँव से और एक दो किसी अन्य स्त्री[5] का था जिसने शास्त्री जी को लिखा था कि आप अपने एक पुत्र (? बड़े) को अधिक मानते हैं दूसरे को कम। आप दोनों को समान, बराबर-बराबर क्यों नहीं मानते? उसे कहाँ मिली ऐसी सूचना? उसे कैसे पता कि वे दोनों पुत्रों को बराबर नहीं मान रहे थे? यह तो शास्त्री जी पर सरासर आक्षेप था।

राजरूप निगम शास्त्री जी को अपने साथ अपने घर ले जाने की बात सोचने लगे थे। इस बार उन्होंने शायद मेरी प्रतिक्रिया जानने के लिए मुझसे कहा था, 'मैं कभी-कभी सोचता हूँ, शास्त्री जी हमारे घर पर अगर रहें तो ठीक रहेगा। हम दोनों पति-पत्नी इनकी सेवा कर सकेंगे।' मैंने कहा, 'निगम जी जो जैसा चल रहा है वैसा ही चलने दें। सेवा तो आप कर ही रहे हैं। यहाँ तो आप ही हैं सेवा करने वाले। हम सब आपके और पुरुषोत्तम के कृतज्ञ हैं। इस व्यवस्था से अपने परिवार को दूर ही रखें।' उन्होंने कहा, 'भाई'साहब! बात ऐसी है कि शास्त्री जी को एक टर्म और मिलेगा। अब इन्हें मध्य प्रदेश में ही रहना है और मध्य प्रदेश में रहना है तो सागर से अच्छी कोई और जगह नहीं है। हम लोगों ने तो एक मकान भी देखा है इनके लिए।' मैंने पूछा, 'मकान देखा है, कहाँ?' बोले, 'वहाँ है, उधर (कुछ एरिया का नाम लिया था उन्होंने)। आपको दिखा देंगे। अमित भाई साहब ने देखा है। उन्हें पसन्द

भी है।' मैंने कहा, 'उन्होंने तो इसका मुझसे कभी जिक्र नहीं किया? पर ठीक है। मैं भी देख लूँगा। पर अभी नहीं। दूसरा टर्म मिलने पर देखेंगे। घर लेने की स्थिति में हममें से किसी न किसी को आकर यहाँ रहना पड़ेगा। जब तक यह सब निश्चित नहीं होता तब तक शान्त रहिए। हमारा घर बनारस में बन रहा है।' फिर निगम इस विषय पर कुछ नहीं बोले। बाद में मैंने पिता से पूछा, उन्होंने कहा, 'वह घर बहुत दूर है।' मतलब बात सही थी। पर टर्म यदि वस्तुतः मिलने की सम्भावना थी तो विश्वविद्यालय का घर भी उसके साथ था। उन्हें विश्वविद्यालय के घर से हटा 'अपने' घर में ले जाने के पीछे क्या सोच थी और किसकी थी?

एक दिन ललित मोहन[6] और निगम दोनों साथ आये। बात होने लगी। इधर-उधर की बात करने के बाद उन्होंने कहा, 'हम लोग चाहते हैं शास्त्री जी अपने नाम से कवियों को या नये कवियों को प्रतिवर्ष दिये जाने वाले एक पुरस्कार की स्थापना कर दें। शास्त्री जी कुछ इस प्रकार का काम करना भी चाहते हैं। यह मेरा ही नहीं कुछ और लोगों का भी सुझाव है। आप शास्त्री जी से बात कर लीजिए। निगम ललित मोहन की हाँ में हाँ तो मिला रहे थे पर इस सुझाव में उनकी रुचि मुझे लगती नहीं दिखी।

ललित के जाने के बाद मैंने पिता से पूछा, 'ललित क्या कह रहे हैं।' पिता ने कहा, 'कविता लिखते हैं। चाहते हैं मैं अपने नाम से पुरस्कार स्थापित कर दूँ। ये लोग राजनीति में भी हैं। एक दो साल में पुरस्कार ले लेंगे।' मैंने कहा, 'यह नहीं। उन्होंने जो यह कहा कि शास्त्री जी भी कुछ इस प्रकार का काम करना चाहते हैं। आपने उनसे कुछ कहा होगा?' अब उन्होंने कहा, 'हाँ! मैंने कहा था। मैं तुम्हारी माँ के नाम से पुरस्कार घोषित करना चाहता हूँ।' मेरी समझ में बात आ गयी। ललित मोहन के घर में हमें ठहराने के पीछे उनका अपना स्वार्थ था। इसके लिए उन्होंने पिता ही नहीं निगम और अमित को भी उल्लू बना तैयार कर लिया था। उनका वास्तविक उद्देश्य समझने की क्षमता इनमें से किसी में नहीं थी। इस व्यवस्था के पीछे हमें प्रसन्न कर अपने अनुकूल, पुरस्कार विषयक, निर्णय में सहमति और सहयोग चाह रहे थे। मैंने कहा, 'पुरस्कार तो हर साल या हर दूसरे, तीसरे साल दिया जा सकता है पर उसके लिए एक बड़ी राशि बैंक में जमा करनी होगी। उसी के ब्याज से पुरस्कार चलता रहेगा। पुरस्कार के बजाय कुछ और कार्य भी किया जा सकता है। मैं सोचता हूँ यह काम आप दोनों के नाम हो तो ज्यादा बेहतर होगा। आप क्या सोचते हैं?' पिता ने कहा, 'ठीक है। तुम इसके बारे में पूरी बात सोच-समझ कर मुझे बताओ।' मैंने स्वीकृति दे दी। निगम बैठे थे। इसके बाद वे 'त्रिलोचन पुरस्कार' का विषय बातचीत के दौरान प्रायः छेड़ दिया करते थे। निगम ने हमारी यह बात ललित मोहन तक पहुँचाई होगी। उन्हें लगा होगा कि मैं जो कुछ भी सोच रहा हूँ उसे पुरस्कार की तरफ मोड़ा जा सकता है।

उषा (जय सिंह) को हम दोनों पिता-पुत्र की बात अच्छी नहीं लगी। उन्होंने बाद में मुझसे कहा, 'देखो अगर मैं मर गयी तो मेरे नाम से तुम कुछ मत करना।' मैंने उसकी ओर देखा। थोड़ी देर देखता रहा चुपचाप। इसके बाद मैंने कहा, 'अभी इस पर मैं कुछ नहीं सकता। यह सब निर्भर करेगा उस समय की मेरी मनः स्थिति पर। वैसे मैं जानता हूँ, अभी हमें काफी दिन साथ रहना है।'

एक दिन हम लोग खाना खाने के बाद बैठे बातें कर रहे थे। पिता बात करते-करते सो गये। हम दोनों भी उठे और ललित निवास जा सो गये। चार बजे के लगभग आये तो देखा चालिस-पैंतालिस या शायद पचास के लगभग की एक महिला बैठी थीं। पिता ने परिचय कराया। उषा मुझे बिठा चाय बनाने गयी। उन देवी ने चाय पीते-पीते हम लोगों से कहा, 'आप सबसे मिलकर बड़ी खुशी हुई। आप लोगों को शास्त्री जी की चिन्ता करने की जरूरत नहीं है। हम लोग हैं, सब देख लेंगे, जरूरत पड़ने पर।' थोड़ी देर बाद बातचीत कर वे गयीं, हमें फिर से आश्वस्त करते। पुरुषोत्तम बाजार से मछली लेकर आ गया था। उषा उसके साथ व्यस्त हो गयी। मैंने पिता से इन महिला के बारे में पूछा। उन्होंने कहा, 'कुछ लिखती पढ़ती हैं। यहाँ किसी स्कूल में पढ़ाती हैं। दो बच्चे हैं। कभी-कभी आती हैं। ये भी सेवा करने की बात करती हैं। एक और है। वे भी आती हैं। अकेली हैं दोनों। सबको परेशानी है।' मुझे लगा पिता सबका उद्देश्य पूरी तरह जानते-समझते हैं। सिर्फ स्पष्ट कहते नहीं।

थोड़ी देर चुप रहने के बाद बोले, 'शमशेर (बहादुर सिंह) थे। उनके यहाँ एक लड़की आती थी। वह उन्हें अपने साथ ले गयी। फिर वे वहीं रहे (सुरेन्द्र नगर, गुजरात)... ।' मुझे लगा पिता अपना भविष्य शमशेर सा देख और समझ रहे हैं। दुख भी हुआ। फिर मैंने कहा, 'शमशेर जी में और आप में फर्क है। आपके दो बेटे हैं। आप किसी के यहाँ कभी भी जा सकते हैं। हमारा घर बनारस में बनने जा रहा है। वहाँ कोई न कोई हमेशा रहेगा। आप वहाँ भी जा के रह सकते हैं। मुझे अभी कुछ समय शिलांग में रहना है। आप वहाँ भी आ सकते हैं—कभी भी। कोई समस्या है, नहीं आ सकते, तो खबर करें, तार दें। मैं आ जाऊँगा। ऐसे ही, अमित हैं, उन्हें सूचित करें। वे भी तुरन्त आ जायेंगे।' पिता ने कहा, 'मैं फिलहाल कहीं नहीं जाऊँगा। जाऊँगा तो गाँव। वैसे लोग चाहते हैं कि मैं कम से कम एक टर्म यहाँ और रहूँ। यदि हो जायेगा तो रहूँगा। उसके बाद देखा जायेगा।'

पुरुषोत्तम एक प्लेट में तली हुई मछली ला के दे गया। पिता उठ बैठे। बोले, 'लो, खाओ।' मैंने कहा, 'आप खाइए। मैं बाद में खा लूँगा। आप गाँव क्यों जाना चाहते हैं?' पिता ने कहा, 'रहने के लिए'। मैंने कहा, 'ठीक है। अभी मेरी छुट्टियाँ हैं। मैं भी चलूँगा। आपके साथ। पर गाँव आप अधिक समय नहीं रह पायेंगे। बीमार हुए तो डॉ. नहीं मिलेंगे। इलाज में परेशानी होगी। इसलिए गाँव में दस-पन्द्रह दिन

या अधिक से अधिक एक महीना रहेंगे आप। सोच लीजिए। उसके बाद बनारस, कलकत्ता या शिलांग। इन्हीं में से कोई एक चुनना होगा आपको।' उषा (जय सिंह) आ गयी थीं। उन्होंने भी कहा कि 'गाँव में लम्बे समय तक रहना स्वास्थ्य की दृष्टि से ठीक नहीं होगा। कुछ होने पर मेडिकल केयर मिलने में समय लगेगा'। पिता चुप रहे। थोड़ी देर बाद बोले, 'अभी तो सागर ही रहेंगे।' बाद में फरवरी में गाँव गये।

इसी समय एक दिन प्रेमशंकर जी आये। हम लोगों से 'हालचाल' पूछा, 'कब आये वगैरह। कब तक हैं?' इसके बाद गुरुजी (त्रिलोचन जी) से बात करते रहे। हम चुपचाप उन दोनों की चर्चा सुनते रहे। प्रेमशंकर जी गुरुजी से विदा ले चलने को हुए तो हमारी ओर मुड़े। बोले, 'आप लोगों से तो बात ही नहीं हुई। शाम को आइए हमारे घर। साथ बैठ कर चाय पिएँगे। कहीं जाने का प्रोग्राम तो नहीं है आप लोगों का?' मैंने कहा, 'नहीं। कोई प्रोग्राम नहीं है। हम आयेंगे।'

हम दोनों शाम को प्रेमशंकर के यहाँ गये। बातचीत शुरू हुई। एक-दूसरे का हालचाल फिर से लिया-दिया गया। चाय आयी। उन्होंने कहा, 'गुरुजी का स्वास्थ्य ठीक है। सब कुछ ठीक है। उन्हें एक टर्म और मिलने की सम्भावना है। बड़ा अच्छा है।' हम दोनों खाते, चाय पीते, उन्हें सुनते रहे। आगे उन्होंने कहा, 'हम पुराने लोग अब उनके यहाँ कम आने-जाने लगे हैं। कारण है उनके आस-पास अब कुछ ऐसे लोग आ गये हैं जो ठीक नहीं हैं। गुरुजी तो खैर वैसे भी इन लोगों को नहीं जानते होंगे? पर इनका गुरुजी से परिचय कराने वालों को सोचना चाहिए था। गुरुजी अपना सब कुछ उसी छोटी अटैची में बिस्तरे के नीचे रखते हैं। पैसा वगैरह निकालना होता है तो सबके सामने उसी में से निकाल कर देते हैं। हमारे पिताजी थे। इसी प्रकार अपना सबकुछ अपने बक्से में अपने बरामदे वाले कमरे में दीवार से सटा कर रखते थे। वे तो हफ्ता-दस दिन में एक दिन अपना बक्सा खोलते थे, पर खोल किसी के भी सामने देते थे। एक रात उनके कमरे की दीवार में सेंध लगी और पीछे से उनके बक्से में इतना बड़ा छेद हो गया। उनका सारा कुछ चला गया। गुरुजी भी ध्यान नहीं देते। सुना है उनका सोने का मेडल निगम की स्त्री पहन के घूमती है। महीनों हो गये। यह भी कोई बात है? हमें गुरुजी के रुपये पैसे की उतनी चिन्ता नहीं है जितनी उनके जीवन की। आजकल का जमाना ठीक नहीं है। कब क्या हो जायेगा इसका कोई भरोसा है क्या?' मैं उनकी बातें गम्भीरतापूर्वक सुनता रहा। उषा भी। उनकी चिन्ता सही थी। इससे हम अनजान तो नहीं थे। पर हम शायद उनकी बातों से, चिन्ता से, कुछ अधिक प्रभावित होते गये।

मुझे पता नहीं प्रोफेसर साहब मुझसे क्या चाहते थे? यदि कोई जानकारी मुझसे चाहते थे, तो वह मेरे पास थी नहीं। पर उन्होंने हमें चिन्तित जरूर किया। जिन लोगों को वे ठीक नहीं समझ रहे थे वे सब तो पिता के पुत्र (द्वितीय) के मित्र थे। यह पिता को भी पता था। वे सब की असलियत पहचान भी रहे थे।

इन आने जाने वालों को मैं कुछ कर नहीं सकता था। जो कर सकता था उसके बारे में सोच रहा था। एक तो उनके पैसे के बारे में कुछ करना था। उनके पास जो भी थोड़ा बहुत पैसा था उस पर बहुत लोगों की निगाहें थीं। घर के लोगों की, निकट सम्बन्धियों कीं, और अन्य लोगों की भी। पिता को भी यह पता था। सब उन्हें अपने-अपने ढंग से प्रभावित करने के प्रयास में थे। मुझे लगा इसमें कुछ करना आवश्यक है। पर इसके लिए पिता का विश्वास जरूरी था। मुझे नहीं पता वे किसका कितना विश्वास कर रहे थे।

पैसे को लेकर पिता भी चिन्तित थे। लोगों की अपने प्रति प्रदर्शित सहानुभूति की सच्चाई से भी वे परिचित थे। पैसे के बारे में उनकी अपनी भी कुछ सोच थी। योजना थी। पर इसे पूरा करने में उन्हें किसी की सहायता अपेक्षित थी। पर किस की सहायता लें? किस पर विश्वास करें? घर के सबसे बड़े और ज्येष्ठ सदस्य होने के नाते शायद अब वे अपना घर द्वार भी उस तरह देखना चाहते थे जैसा उनकी माँ चाहती थीं। जैसा गाँव के बड़े-बूढ़े चाहते थे। जैसा उनके भाई कभी-कभी चाहते थे। वैसा ही कुछ अब पिता चाह रहे थे। इसके पहले तो कभी उन्होंने गाँव जाने की ओर वहाँ लम्बे समय तक रहने की इतनी उत्कट इच्छा नहीं जताई थी? क्यों?

मैंने पिता से पूछा, 'ये सब लोग जो कह रहे हैं कि आपको एक टर्म और मिलने की सम्भावना है वह कहाँ तक सही है?' उन्होंने कहा, 'पता नहीं, पर कुछ लोग चाहते हैं कि मैं यहाँ अभी और रहूँ।' मैंने कहा, 'सागर के कुछ लोगों के चाहने न चाहने का कोई मतलब नहीं है। दोज हू मैटर इन दिस कनेक्शन, वे क्या सोचते हैं?' 'उसमें भी लोग चाहते तो हैं पिता ने कहा।' मैंने पूछा, 'यदि आपका हुआ तो आप क्या यहाँ रहेंगे?' पिता ने कहा, 'हाँ। फिर मैं यहीं रहूँगा।' अब मैंने पूछा, 'यदि किसी वजह से यहाँ आपका नहीं हुआ तो आप क्या बनारस रहना पसन्द करेंगे या कलकत्ता जायेगें?' पिता ने कहा, 'मैं गाँव रहूँगा। बनारस आता-जाता रहूँगा।'

अब मैंने कहा प्रेमशंकर जी ऐसा-ऐसा कह रहे थे। मैंने उनसे हुई बातें उन्हें बताईं। पिता ने कहा, 'मुझे नहीं पता कौन कैसा है? मैं समझता हूँ मेरे पास आने वाले सब ठीक लोग हैं। परसोत्तम यदि किसी के रहते पैसा माँगने आता है तो मैं यह तो नहीं कह सकता कि अभी रुको। बैठने वाला जाने कब जायेगा?' मैंने कहा, 'मुझे भी लगता है कि आने वाले सब ठीक हैं। पर आपकी अवस्था बढ़ रही है। आप कुछ वर्ष बाद इतने स्वस्थ नहीं रहेंगे जितने अभी हैं। आपका दिल्ली का एकाउंट चालू है या बन्द है? दिल्ली जाने पर उसे ऑपरेट करते हैं या नहीं?' पिता ने कहा, 'वहाँ तो मैं सालों से नहीं गया। उसका भी कुछ करना है। यहाँ भी कुछ पैसा है मैं चाहता हूँ दो लाख तुमको और दो अमित को दे दूँ। तुम्हारी माँ भी यही चाहती थीं।' मैंने कहा, 'वह बाद में देखा जायेगा, जब अमित कभी यहाँ होंगे, तब बात करेंगे अभी नहीं।' उषा (जय सिंह) ने कहा, 'मैं समझती हूँ आपको अपना

सारा पैसा अपने पास अपने इलाज वगैरह के लिए रखना चाहिए। सागर में आप अपना खर्च खुद चलाते हैं। हमारे साथ रहेंगे तो हम चलाएँगे। अमित आदि के साथ रहिएगा तो वे लोग चलाएँगे। यह पैसा आप अपने पास इमरजेंसी के लिए रखिए।' मैंने कहा, 'हाँ। यह ठीक है। पर पैसे का यहाँ-वहाँ रहना ठीक नहीं है। यमुना विहार और मॉडल टाउन के बैंकों का पैसा सागर ला देना ठीक रहेगा। आप क्या सोचते हैं?' पिता ने पूछा, 'इतना पैसा कैसे लायेंगे निकाल के?' मैंने कहा, 'यमुना विहार का एफ.डी. भुना लेंगे। बैंक आपके नाम से चेक बना कर देगा। उसे लाकर यहाँ आपके खाते में जमा कर देंगे। पैसा आ जायेगा। मॉडल टाउन के बैंक में केवल एक दरखास्त देनी है कि आपका खाता सागर ट्रांसफर किया जाय। उनकी जो शाखा आपके घर के सबसे पास होगी उसका पता उसमें दे देंगे।' पिता ने कहा, 'ठीक है दिल्ली चलते हैं। वहाँ से पैसा ले आयेंगे। उसके बाद तुम दोनों को दो-दो लाख दे देंगे। बाकी बैंक में पड़ा रहेगा।' उषा ने कहा, 'हम लोगों को पैसा देने की अभी जरूरत नहीं है। आप सब अपने पास रखिए। वसीयत भले कर दीजिए। हम बाद में ले लेंगे। पर अभी आप सारा पैसा अपने पास रखिए।' पिता उसे चुपचाप देखते रहे थोड़े देर पर कुछ बोले नहीं। पैसे की यह सारी बात जब हम लोग कर रहे थे तो निगम और ललित आ बैठे थे। उन लोगों के सामने हमें बात नहीं करनी चाहिए थी पर हमने यह गलती की। दिल्ली आने-जाने का रिजर्वेशन भी करा लिया।

पिता माने नहीं। उन्होंने दो लाख का चेक मेरे नाम से काट मुझे दे दिया। उन्होंने कहा अमित आने वाले हैं। आयेंगे तो फिक्स्ड डिपाजिट का जितना पैसा होगा उसमें और मिलाकर अमित को दो लाख दे दूँगा। बाकी सारा पैसा मेरे पास रहेगा। ललित और निगम सारी बात अमित को बताते रहे। अमित सागर आये भी थे, पर न घर आये, न हम लोगों से मिले। रात बारह बजे फोन करके बोले, 'आपको वहाँ उन्हें समझाने के लिए भेजा गया था। आप वहाँ जाकर पैसा बाँटने लगे?' चूँकि वे दस-बारह मिनट अपनी ही हाँकते रहे इसलिए मैंने फोन रख दिया।

यदि उन्हें पिता को समझाना था तो खुद आ के समझाना था। या किसी और को भेजना था। मेरे जैसे गलत आदमी को नहीं भेजना था। मैं तो हमेशा से स्वतंत्र कार्य करता आया था—चाहे गलत चाहे सही। वही अब भी कर रहा था। जिस बात के लिए पिता कह रहे थे, वह कर रहा था। मुझे उनकी बात ही करनी और सुननी थी, किसी और की नहीं। किसी नासमझ की तो और भी नहीं।

हम जितने दिन सागर रहे अमित रोज रात में अनाप-शनाप बकते-चिल्लाते रहे। ललित के घर के फोन का हमारे वहाँ रहते यही एक उपयोग होता रहा। एक रात बारह बजे फोन आया। मैं सो रहा था। उषा फोन पर गयी। उनके 'हेलो' के जवाब में अमित ने कहा, 'डॉ. जयप्रकाश को फोन दीजिए।' उषा ने कहा, 'वे सो रहे हैं। हार्ट के मरीज हैं। मैं नहीं जगाऊँगी। आप दिन में क्यों नहीं फोन करते?'

अमित ने कहा, 'मुझे उसकी कोई परवाह नहीं मरे चाहे जिए। मैं केवल शास्त्री जी को जानता हूँ।' उषा ने फोन रख दिया। मैंने कहा, 'दस बजे रात के बाद फोन मत उठाना अबसे। जगे रहें तो भी।'

इसके बाद अमित पत्नी फोन करती या बच्चे करते। ये भी उन्हीं का रटाया पाठ दुहराते। मैं कुछ देर उनकी सुनता, फिर फोन रख देता। हर किसी से बात नहीं की जाती। बात करने के लिए दूसरे की बात सुननी पड़ती है। समझनी पड़ती है। एक ही राग अलापने वालों से बात नहीं होती- वह भी नासमझ लोगों से। मेरी समझ में यह नहीं आता कि ये सारे लोग आकर पिता से सीधे बात न करके मुझे क्यों परेशान कर रहे थे। मैं तो वही कर रहा था जो पिता चाहते थे और जो सही था।

दिल्ली से मैंने रिपुंजय को (21.1.2000) लिखा, 'हम लोग 21 को यहाँ आये। कल मैं जाऊँगा' वापस। पिता को सागर पहुँचा वापस दिल्ली और वहाँ से बनारस जाने का था। आगे इस पत्र में मैंने लिखा था, 'दादा जी भी ठीक हैं। कल तिलक ब्रिज तक पैदल चले गये। वापस भी पैदल ही आये। थक गये थे। हम लोगों ने मना भी किया था, जाने से पहले, पर तब माने नहीं थे। बहरहाल वापस आ गये और लेटे रहे। वैसे ठीक हैं।' उषा ने इसी में बेटे को लिखा था, 'कुछ पैसा फ्लैट बुक करने में जरूर लगाना चाहिए। भले ही 3 साल बाद घर मिले। एक प्रापर्टी तो बन जायेगी। मैं सोचती हूँ दिल्ली में फ्लैट बुक करना चाहिए क्योंकि बैंगलोर में तो तुम हमेशा नहीं रहोगे...फेमिली होम हम बनारस में बनवा ही रहे हैं। सबके लिए एक ट्रांजिट होम दिल्ली में ठीक रहेगा।'

दिल्ली में यमुना विहार में जो एफ.डी. (दे. परिशिष्ट-9) पिता का था उसमें उनके दोनों बेटों का नाम भी था। उसे भुनाने की प्रक्रिया शुरू करने से पहले डीलिंग क्लर्क हमें मैनेजर के पास ले गया। मैनेजर ने कहा, 'हमें इसमें कोई दिक्कत नहीं थी। सामान्यतः हम आपको इसकी पूरी देय राशि का चेक दे देते पर इसका भुगतान करने के लिए आपके एक पुत्र ने हमें मना कर दिया है। इसलिए हम कुछ कर नहीं सकते। आप या तो उन्हें ले आइए या उनका दस्तखत लेकर आइए।' पिता ने कहा, 'पैसा तो मेरा है। मैंने जमा किया है वे कैसे मना कर सकते हैं?' मैनेजर ने कहा, 'बाबूजी, मैं समझता हूँ, पर मजबूर हूँ। उनका नाम इसमें है। आप दोनों का भी है, पर अब हमें आप तीनों के हस्ताक्षर लेने हैं।' यहाँ से हम मॉडल टाउन गये। एकाउंट ट्रांसफर करने की एप्लीकेशन मैनेजर को दे उसकी रसीद लेकर सागर वापस आ गये। सागर में पंजाब नेशनल बैंक की शाखा में पिता को ले जा उनके हस्ताक्षर वगैरह करा दिये। अगले दिन बैंक से पासबुक ला पिता को दे दी। उनके दोनों फिक्स्ड डिपाजिट के सर्टिफिकेट मेरे पास रहे। पिता ने कहा, 'इन्हें रखो। अमित से दस्तखत करा कर फिर हम दोनों दिल्ली चलेंगे।' वे इन्हें भी अपने पास नहीं रखना चाहते थे।

इसके बाद मैंने पिता को समझाया कि यदि उन्हें कुछ एकाएक हो गया तो उत्तराधिकारियों को पैसा निकालने में बड़ी परेशानी होगी। इसलिए मैं चाहता हूँ कि आपके दोनों खाते संयुक्त हो जायें। आप चाहें तो इन खातों में मेरा नाम दूसरा करा दें, अन्यथा अमित को बुलाकर उन्हें दूसरा खातेदार बना दें। चेक बुक वगैरह सब आपके पास रहेगी। पैसा आप ही निकालेंगे। इसके अलावा बैंक में एक लाकर ले लेते हैं। आपका मेडल उसमें रहेगा। यहाँ वहाँ लेकर घूमना, अटैची में रखना या किसी को देकर भूल जाना ठीक नहीं। पिता मेरी बातें मानते गये। उनके बैंकों के खातों के साथ-साथ मैं उनके लाकर का भी संयुक्त खातेदार हो गया। चाभी पिता के पास रही। मित्रों ने अमित तक यह समाचार पहुँचा अपना मित्र-धर्म निभाया। अमित ने मुझे फिर फोन पर अनाप-शनाप सुनाना आरम्भ किया। उनके दूरभाषी प्रलाप के अनुसार मैंने शास्त्री जी को बरगला कर उनका सारा पैसा ले लिया। सारे पैसे की राशि आरम्भिक प्रलापों में चार लाख, फिर छः-सात लाख और अंततः, सारे पैसे में समयानुसार घटती बढ़ती रही। उनके ये दूरभाषी प्रलाप मैं कुछ देर सुनता, उन्हें समझाने का प्रयास करता, फिर फोन रख देता। वे यह प्रचार अपने मित्रों और हर जान-पहचान वाले स्त्री-पुरुष को वर्षों बताते रहे। उनका यह प्रचार शायद तब बन्द हुआ जब जय प्रकाश सिंह द्वारा डकार लिया गया शास्त्री जी का सारा पैसा उनके खातों से उनके मेडल सहित दोनों पति-पत्नी ने हरिद्वार ले जा स्वयं डकारा और कुछ आराम पाया। अपनी इस गलती की सजा जय प्रकाश सिंह अभी (2015) तक भुगत रहे हैं केवल इसलिए कि इन 'महापुरुष और महास्त्री' ने शास्त्री जी से कह कर लाकर बन्द नहीं कराया। संयुक्त खातेदार होने के कारण बैंक प्रतिवर्ष मेरे बनारस के खाते से इसका किराया काटता आ रहा है। कारण पिता के खाते का सारा पैसा 'महापुरुष और महास्त्री' ले गये। उन्हें केवल शास्त्री जी से मतलब था न, इसलिए। इसे बन्द कराने के लिए भी मुझे ही जाना है। शायद दो-चार हजार इस मद्दे भी बैंक लेगा ही। इसकी चाभी जो नहीं है।

मैं 29 जनवरी 2000 की सुबह दिल्ली पहुँचा। वहाँ से 31 जनवरी को सुबह बनारस आ गया। ईंटा, लेबर, बालू, सीमेण्ट की व्यवस्था करने। जोरहाट का बिहारी मिस्त्री अपने कहे के अनुसार समय से मध्य फरवरी में आ गया। वह अपने साले को भी बुला आया था। मार्च में वह भी आ गया। ठेकेदार सरदार जी घर का प्रारूप खड़ा कर गये थे। प्लास्टर करना बाकी था। छत और फर्श वगैरह बाकी था। अन्दर ऊपर की मंजिल में दीवारें बना कमरे और बाथरूम बनने थे। नीचे आर सी सी पिलर्स को जोड़ कर दीवारें बनानी थीं; मेरा बनारस-शिलांग-बनारस आना-जाना फिर होने लगा। धीरे-धीरे मिस्त्री अपना काम खत्म कर अपने गाँव और वहाँ से वापस जोरहाट गये।

अक्टूबर 2000 में हम दोनों पति-पत्नी नगर निगम के एक अधिकारी से

मकान के नं. के लिए मिलने गये। उन्होंने पूछा, 'खिड़कियाँ झुला दीं?' मैं समझा नहीं। उनका मुँह देखता रहा। उषा ने कहा, 'नहीं। दस-बारह दिन में झूल जायेगी।' अब मैं उसे देखने लगा। गृह-निर्माण विषयक बहुतेरी शब्दावली से मैं अपरिचित था। वे सब जान बूझ चुकी थीं। खिड़कियों-दरवाजों का आर्डर दे दिया था। अभी उनके आने और झूलने में देर थी। अधिकारी ने कहा, 'डॉ. साहब (मुझे नहीं, मेरी पत्नी को। नगर निगम में सब उन्हें डॉ. समझते थे) घर जाइए। नं. भिजवा देंगे। खिड़कियाँ लगने दें।' खिड़कियों के झूलने में नवंबर बीत गया और बीत गया आधा दिसम्बर भी। मेरी छुट्टियाँ शुरू हो गयी।

घर पूरा हो गया दिसम्बर 2000 में। खिड़कियों के झूलने के अर्थ में। पुताई होनी बाकी थी। आने-जाने वाले घर देख रहे थे। पूरा हो गया था। कुछ लोग गृह प्रवेश के बारे में भी पूछने लगे थे। एक दिन उषा ने मुझसे पूछा, 'तुम क्या चाहते हो? सब पूछते हैं कब गृह प्रवेश कर रही हैं? मैं पार्टी का झंझट करना नहीं चाहती।' मैंने कहा, 'चाहना क्या है? घर बन गया है। रहना शुरू कर देते हैं। आखिर मिस्त्री इसमें रह ही रहे थे। अवधेश (लेबर) अपने परिवार के साथ रह ही रहा है। प्रवेश तो हो ही गया है। सामान लाते हैं।' उषा ने कहा, 'नहीं। पूजा करनी होगी। उसके बाद रहेंगे।'

दोनों मिस्त्री एक किचेन में रहते थे। जाने के पहले वे उसे साफ भी कर गये थे। काम शुरू होने के पहले उषा ने इसी में दुर्गा जी की एक फोटो लगाकर पूजा की थी। रसोई में बाहर से अन्दर आते ही बायीं ओर का पहला कोना पूजा स्थल सा हो रहा था। मैंने कहा, 'अच्छा। मैं कल डॉ. रामजी पांडे को डिपार्टमेण्ट में जा कह आऊँगा। वे एक दो दिन में करा देंगे।' उषा ने कहा, 'नहीं। मैं खुद करूँगी। मैं कर्मकांड नहीं चाहती।'

उसी शाम उसने एक थाली में पूजा सामग्री रखी। दिया वगैरह रखा। मुझे दुकान भेज मिठाई लाने को कहा। चटाई वगैरह बिछा अपने और मेरे बैठने का इंतजाम किया। मेरे प्रसाद ले आने के बाद, सात बजे शाम के लगभग, हम दोनों पूजा करने बैठे। उषा ने कहा, 'आज मैं गृह प्रवेश के लिए दुर्गा जी की पूजा करने जा रही हूँ तो मुझे आज माँ जी की, तुम्हारी माँ की, बहुत याद आ रही है। आज वे होतीं तो मैं यह पूजा उन्हीं से करवाती।' मैंने पूछा, 'आज तुमको यह एकाएक क्या हो गया?' उसने कहा, 'यह एकाएक नहीं हुआ। यह काम तो मुझे करना ही था। आज पूरा हो गया।' 'तो इसमें ऐसी खास बात क्या हो गयी?' मैंने पूछा। उसने कहा, 'बात है और खास भी है। हम लोग सागर गये थे। चलने के समय तुम सब आटो में जा बैठ गये थे। उन्होंने मुझे अपने कमरे में बुला कर मुझसे कुछ बातें कीं। तुम सबको लगा हम देर लगा रहे हैं। तुमने मुझसे आटो में और फिर ट्रेन में भी पूछा था। तब मैं बात टाल गयी थी।' मैंने कहा, 'हाँ। याद आया। क्या बात थी?' उषा ने कहा, ''उन्होंने मुझसे कहा था, 'उषा मुझे तुमसे केवल एक चीज चाहिए। वह

न शास्त्री जी कर पायेंगे, न जय। वह काम केवल तुम्हीं कर सकती हो। मैं तुमसे वादा चाहती हूँ कि तुम सबके लिए एक घर बनाओगी।' मैंने कहा, 'आप मुझ पर बहुत बड़ी जिम्मेदारी डाल रही हैं। मैं नहीं जानती मैं यह कर पाऊँगी या नहीं, पर मैं घर बनाने का प्रयास जरूर करूँगी।' उन्होंने कहा, 'मुझे विश्वास है तुम्हारा। तुम यह कर सकोगी।' आज मैंने यह घर बनवा दिया। यह घर सबके लिए है। सब आ के रहें। मुझ पर जो जिम्मेदारी डाली थी उन्होंने वह मैंने आज पूरी कर दी।'' हम दोनों ही चुपचाप थोड़ी देर यों ही बैठे रहे। धीरे-धीरे वह चुपचाप पूजा करने लगी। सब हो गया तो मुझसे बोली, 'दुर्गाजी को प्रणाम करो। हाथ जोड़कर।' मैंने यही किया। उसने मुझे प्रसाद दे, खुद लिया। झान्टी को बुलाकर उसे प्रसाद दिया। थोड़ी देर बाद हम वहाँ से पार्श्वनाथ विद्यापीठ के लिए चले। अगले ही दिन हम अपना सामान ले नये घर में रहने आ गये। गृह प्रवेश हो गया।

हमें फरवरी 2001 में छुट्टी बाद शिलांग जाना था। घर अकेला फिर से नौकर पर छोड़ना ठीक नहीं था। हमने गाँव बात की। श्रीप्रकाश को बुलाया। उनके बड़े पुत्र आलोक इलाहाबाद जाने वाले थे कम्प्यूटर्स का कोर्स करने। मैंने कहा यहीं रहकर बनारस में कोर्स करें। वे मान गये। आलोक भी आ गये। वहाँ रहने लगे। हमारे रहते भी और हमारी अनुपस्थिति में भी। गाँव घर के और लोग भी आने लगे थे। सम्भवतः अक्टूबर 2002 में पिता हिन्दू विश्वविद्यालय के हिन्दी विभाग में आयोजित किसी परिचर्चा में भाग लेने आये थे। इसी बीच एक दिन दोपहर तीन-साढ़े तीन बजे शाम के करीब निगम के साथ घर आये। उन्हें कोई हमारे यहाँ छोड़ता आगे गया था। हमारे घर की ऊपरी मंजिल के दो भाग थे। सीढ़ी से ऊपर आते ही बायें जो फ्लैट था उसमें हम थे और दाहिनी ओर वाले फ्लैट में आलोक रह रहे थे। पिता और निगम दोनों बैठे। उषा ने कहा, चलिए आपको आपका घर दिखा दूँ। पहले बायीं ओर वाला दिखाया। फिर दाहिनी ओर वाला—उषा ने कहा यह आपका ड्राइंग रूम है। आपसे मिलने आने वाले यहाँ बैठेंगे और आप यहीं उनसे बात करेंगे। इसके बाद आलोक के बेड रूम में ले जा इधर-उधर से दिखाते कहा यह आपका बेडरूम है। इसके सामने यह बरामदा है, इससे लगा हुआ किचेनेट है। इससे लगा हुआ यह दूसरा बेडरूम है। इसे आप अपना पढ़ने-लिखने का कमरा-स्टडी, बना सकते हैं। इस कमरे के पीछे भी एक बरामदा था। बालकनी हर कमरे के बाहर थी। हर कमरे के साथ अटैच्ड बाथरूम, एक कमरे में इंडियन और दूसरे में यूरोपियन स्टाइल था। दोनों फ्लैट्स के किचेन भी थे। दोनों से लगा हुआ एक कामन सन्केन ड्राइंग रूम भी था।

उषा ने कहा 'आप जैसा चाहेंगे वैसा कर दिया जायेगा। यदि यह पसन्द नहीं, तो आप बायें वाले में भी रह सकते हैं। हम इधर आ जायेंगे।' पिता ने कहा, 'दोनों फ्लैट अच्छे हैं। मैं दाहिनी ओर वाले में रहूँगा।' निगम देखते रहे इधर-उधर, अवाक्

थे। कुछ बोले नहीं। एक घंटे बाद दोनों गये। बाद में पता चला किसी-किसी से पिता ने कहा भी कि वे बनारस आकर रहेंगे।

दोनों फ्लैट्स के नीचे एक-एक बड़ा हाल था। दोनों में एक-एक फ्लैट बन सकता था, जिसकी फिलहाल जरूरत नहीं थी। छोड़ा इसलिए भी था कि यदि बेटी ने यहाँ नर्सिंग होम खोलना चाहा तो उसके हिसाब से बना दिया जायेगा। नीचे काफी सारी जमीन भी थी, लान और सब्जी वगैरह लगाने का इरादा था। सारा बाउण्ड्री वाल के अन्दर था। पिता प्रसन्न थे, वस्तुतः प्रसन्न थे।

2001 में रिटायर होने के बाद मैं एक साल रीएम्प्लायमेण्ट पर रहा। उसके बाद हम बनारस 2002 की जुलाई में शिफ्ट कर गये। सितम्बर से नियमित रहने लगे बनारस में। बनारस में लम्बे अरसे तक रहने के कारण शहर के साहित्यकारों की कई पीढ़ियों से मेरी व्यक्तिगत जान पहचान थी। बहुतेरे ऐसे भी थे जो मुझे और उषा दोनों को पहचानते थे। एक दिन मैं कहीं से आ रहा था। घर के गेट पर रिक्शा रोक उतरा था, तभी मेरे रिक्शे के बगल से आगे बढ़ते एक सज्जन मुड़े, मुझे देखा और पूछा, 'त्रिलोचन का मकान यही है क्या?' मैंने कहा, 'जी हाँ। कोई काम है आप को?' वे आगे जा चुके थे। मुड़े और नकारात्मक सिर हिलाते बढ़ते गये।

शायद 2003 का सितम्बर-अक्टूबर चल रहा था। एक दिन ग्यारह बजे के लगभग बगल की प्लाइवुड की दुकान का एक लड़का एक वृद्ध महिला को मेरे दरवाजे छोड़ घंटी बजा गया। मैं नीचे आया। गेट खोला। उन्होंने मुझसे पूछा, 'त्रिलोचन जी का घर यही है?' मैंने कहा, 'जी कहिए'। उन्होंने पूछा, 'आप ही उनके पुत्र डॉ. जय प्रकाश हैं?' मैंने कहा, 'जी कहें'। बोलीं, 'मुझे आपसे कुछ काम है।' मैं उन्हें ऊपर ले गया। इस सारे समय, बात करते भी वे घर देखती रहीं। ऊपर-नीचे, बाउण्ड्री, अन्दर की जमीन और अब अन्दर। सोफे पर बैठते ही बोलीं, 'लगता है त्रिलोचन जी ने अपना सारा पैसा इस घर में लगा दिया।' मैंने कहा, 'नहीं। यह घर उनका जरूर है, पर उनका सारा पैसा उन्हीं के पास है। वैसे इसे बनवाने का सारा श्रेय इनको, मेरी पत्नी को है। इसके बनने की कथा यदि आप जानना चाहें तो ये बतायेंगी।' ये आचार्य रामचन्द्र शुक्ल शोध संस्थान, रवीन्द्रपुरी, की और *नया मानदण्ड* की सम्पादिका कुसुम चतुर्वेदी थीं शुक्ल जी की नातिन। इन्हें मुझसे शुक्ल जी पर एक लेख चाहिए था। बाद में, यह लेख 'आचार्य रामचन्द्र शुक्ल की इतिहास दृष्टि' शीर्षक से *नया मानदण्ड* के मार्च-अप्रैल 2004 के अंक में उन्होंने प्रकाशित किया।

इन दो उल्लेखों से स्पष्ट है कि बनारस के साहित्यिक समाज में लोग इस घर को पिता त्रिलोचन के नाम से सम्बन्धित कर जानने-पहचानने लगे थे। आस-पास के असाहित्यिक सामान्य लोगों की जानकारी में यह बी.एच.यू. के डॉ. साहब का घर था। डॉ. साहब, यानी मेरी पत्नी, (डॉ.) उषा जय सिंह जी।

इसके बाद पिता कम से कम दो बार बनारस आये। एक बार शायद 2003 या 2004 में उदय प्रताप कालेज में कोई सेमिनार आयोजित था। इसमें पिता भी आये थे। उन्हें स्टेशन के पास वैभव होटल में ठहराया गया था। मुझे इसके बारे में कोई जानकारी नहीं थी। एक दिन शाम एक सज्जन आ के बता गये कि 'त्रिलोचन जी वैभव होटल में हैं। आपको बुलाया है।' मुझे थोड़ा आश्चर्य हुआ। पर मैं आलोक को लेकर उनसे मिलने गया। हम लोग वहाँ लगभग एक घंटा बैठे रहे। बातचीत होती रही। हम चलने को हुए तो पिता ने पढ़ते हुए ही कहा, 'वो सर्टिफिकेट भेज देना, मुझे खाने की व्यवस्था करनी है' (परिशिष्ट-9)। श्रीमती अमित बगल के बिस्तरे पर बैठी थीं। उन्होंने तपाक से कहा, 'ऐसा क्यों कहते हैं? खाने की क्या व्यवस्था करनी है?' मैंने कहा, 'मुझे खोजना पड़ेगा। भेज दूँगा।' अगले ही दिन उन लोगों को शायद जाना था।

मुझे उनके आने-जाने की सूचना नहीं थी। आये थे, तो घर आ सकते थे। फोन कर सकते थे। मुझे पिता के घर न आने का दुख हुआ। वे इतने मजबूर तो कभी न थे। बनारस जब भी आते थे, जहाँ भी ठहरें घर तो आते ही थे। उन्हें रोके रखना अशिष्टता थी—परले दर्जे की। मेरी उषा इस समय अमेरिका गयी हुई थीं।

पिता ने 'मेरा घर' में लिखा, 'पृथिवी मेरा घर है/अपने इस घर को/अच्छी तरह मैं ही नहीं जानता/...' पर अपने पृथिवी के इस घर को वे अच्छी तरह देख गये थे। दीवालें, दुआर और मोहार, सब कुछ देख ताक, पसन्द करके, गये थे। उनके घर परिवार के सारे लोग, रिश्तेदार, ऐसे दूर के रिश्तेदार, जिन्हें मैंने बस सुना था वे भी जरूरत पड़ने पर आ के देख ताक गये, रहने के लिए। कुछ रहे भी महीनों, फिर गये। पर इसमें यदि कोई नहीं रहने पाया तो वह थे स्वयं वे, जिनका यह घर वस्तुतः था। यह सबका घर।

इसके बाद पिता कम से कम एक बार और बनारस आये। उनके इस बार के बनारस आने की सूचना मुझे अखबार से मिली। वे पटना गये थे। लौटते बनारस रुके थे, शायद एक या दो दिन। किसी शिष्य या मित्र के यहाँ या कहीं और ठहरे थे। मुझे ठीक पता नहीं। मुझे बाद में किसी ने बताया वे पटना में बीमार पड़े जानकी वल्लभ शास्त्री[7] को देखने गये थे। उनके इलाज के लिए 5000 रुपये भी दे आये थे। इस बार भी उनके साथ कोई मजबूरी जरूर थी, न आये। न कोई खबर दी।

सन्दर्भ एवं टिप्पणियाँ

1. बाद में पिता ने मुझे बताया स्टेशन डायरेक्टर थे। सतना के बंगाली हैं। पर वे मुझे बंगाली न लग कर मध्य प्रदेशी ही लगे, बात-चीत उच्चारण आदि से। बंगाली तो उच्चारण से ही पकड़ में आते हैं।

2. प्रेमशंकर हिन्दी के प्रोफेसर थे, सागर विश्वविद्यालय में। अपने पहले कार्यकाल में पिता इनके पड़ोसी थे।
3. ठेकेदार सिख सरदार थे। साइट पर सारा काम उनका बड़ा बेटा देखता था। सरदार जी नर्सिंग होम बनाने के लिए अधिक जाने जाते थे। उन्हें हमारे एक परिचित डॉक्टर के जरिए यह काम दिया गया था। उसी हिसाब से उन्होंने काम शुरू किया था। बस्तुतः प्लाट की सारी जिम्मेदारी अब इन पर थी।
4. इसमें अनुमानतः ठेकेदार का प्रत्यक्षतः (या परोक्षतः) हाथ था। राज मिस्त्रियों को सरदार से काम मिलता होगा। मिस्त्री उनका काम लेकर उन्हें नाराज न करना चाहते होंगे। हमें यही लग रहा था। सरदार का हिसाब-किताब जब हमने चुकता कर दिया तो उनके बेटे ने एक दिन हम दोनों से कहा भी था कि डॉक्टर साहब आप यह मकान नहीं बनवा पायेंगे। तब हमने इस पर ध्यान नहीं दिया था।
5. यह महिला अमित की मित्र थीं। इन्होंने सागर से अमित के साथ पत्रकारिता की परीक्षा भी दी थी। इन्हें इस परीक्षा में प्रथम श्रेणी और अमित को द्वितीय श्रेणी में सफलता मिली थी। दोनों के नाम से एक छोटी पुस्तक भी छपी थी।
6. ललित मोहन पत्रकारिता विभाग में प्राध्यापक थे। कवि भी थे। एक पतली पुस्तक, काव्य संग्रह, प्रकाशित कर चुके थे। इसकी एक प्रति उन्होंने मुझे भी दी थी उसी समय।
7. जानकीवल्लभ शास्त्री कवि-साहित्यकार थे। बिहार के रहने वाले थे। पिता के पुराने मित्रों में थे।

ज्वालापुर से वैशाली

...मेरे स्वर का सोता/नहीं सूखने का, विधि अपनी सी कर हारे,

शब्द, पृ. 18

पिता 1983 के अंत में हुए हार्ट अटैक से ठीक हुए तो प्रायः ठीक ही रहे। कभी उन्हें कोई खास दिक्कत नहीं हुई। बीच-बीच में डॉक्टरों से मिलकर चेक अप करा लेते थे—दिल्ली और कलकत्ता में, सागर और बनारस में कभी-कभी। डॉ. कोई भी हो, उससे मिलकर बात कर लेते थे। सागर विश्वविद्यालय के डॉ. किस विषय के विशेषज्ञ थे मुझे पता नहीं किन्तु उनके यहाँ प्रायः जाते थे। सागर-2 के समय धीरे-धीरे यह जाना कम होता गया। सम्भवतः सारी शारीरिक परेशानियों को हार्ट के मत्थे मढ़ा जाने लगा। मुख्यतः लेटे रहने से और खाने-पीने में आती अनियमितता के चलते शरीर कमजोर पड़ रहा था। वे स्वयं भी ध्यान न दे टाल रहे थे। कोई वहाँ था नहीं जो उनकी बिगड़ती शारीरिक स्थिति देख डॉक्टर के यहाँ ले जाता। सितम्बर-अक्टूबर 2001 में उनकी स्थिति एकाएक बहुत बिगड़ गयी। गनीमत अमित पत्नी वहाँ समय से पहुँची थीं। खबर मुझे और अमित को भी दी गयी। सागर के नर्सिंग होम के डॉक्टरों ने मरीज को ऐडमिट करने से मना कर दिया। पिता की स्थिति गम्भीर थी। साथ-साथ वे वी.आई.पी. मरीज थे। उनकी कोई आँत फट गयी थी। पेट फूल गया था। ऐसी स्थिति में दिल्ली और भोपाल फोन किये गये।

अंततः सिविल अस्पताल के डॉ. चौबे ने मुख्यमंत्री के फोन के बाद उन्हें भर्ती किया और उनका आपरेशन किया। हमारे वहाँ पहुँचने तक पिता का आपरेशन हो चुका था, पर खतरा अभी टला नहीं था। सर्जन डॉ. चौबे, मरीज को देखते, बात करते और उनकी खाट पर किनारे बैठकर ध्यान करते। मुझे लगता वे शायद मन ही मन पूजा करते थे। इसके बाद यदि दवा लिखनी होती तो लिखते अन्यथा हम लोगों से बात करके जाते। डॉ. चौबे की देखरेख, अस्पताल के कर्मचारियों की सहायता, सहयोग और बहुत सारे लोगों की शुभकामनाओं का असर होता रहा, पिता की स्थिति सुधरती रही। मुझे पत्नी के साथ आये हुए एक हफ्ता हो रहा था। मुझे

वापस जाना था। मैंने डॉ. से बात की। उन्होंने कहा, 'डर की कोई बात नहीं, ठीक हो जायेंगे। ये लोग हैं ही यहाँ। आप जाइए।'

मैंने पिता से भी बात की। मैंने कहा, 'मुझे जाना है। रिपुंजय पिछली बार अमेरिका गये थे तो रूसी मूल की एक लड़की से मिले थे। वे दोनों शादी करना चाहते हैं। लड़की[1] हम लोगों से मिलने तीन दिन बाद आ रही है अकेले। मुझे उसे गौहाटी एयरपोर्ट पर रिसीव करना है। आप क्या कहते हैं? उनकी शादी कर दूँ?' पिता इस बीच मुझे लगा सोते-जगते रहे क्योंकि उनकी आँखें खुलती और बन्द होती रहीं। मेरा प्रश्न उन्होंने सुना, आँखें खोलीं और दोनों हाथ आशीर्वाद की मुद्रा में उठा दिये। मैंने फिर कहा, 'मुझे आज ही जाना होगा। मेरा कल का रिजर्वेशन है ट्रेन में।' पिता ने फिर आँखें खोलीं और फिर हाथ उठा दिये। मेरी पत्नी, अमित पत्नी से यह सब पहले ही बता चुकी थीं। अमित को मैंने बताया था। मेरे जाने को ले वे कुपित रहे।

हम दोनों सागर से दिल्ली आये वहाँ से ट्रेन से गौहाटी। शिलांग पहुँचने के अगले दिन सुबह टैक्सी ले सीधे एयरपोर्ट गया। वहाँ यूलिया कोलोवा को रिसीव कर शिलांग ले गया। दो-तीन दिन वह हमारे साथ रह बैंगलोर रिपुंजय के पास गयीं।

पिता ठीक हो गये। उषा अमित उन्हें कुछ दिन बाद अपने साथ ज्वालापुर, हरिद्वार, ले गयीं। मुझे सागर विश्वविद्यालय के पोस्ट आफिस से यह सूचना तब मिली जब मैंने उनसे सामने से शास्त्री जी को फोन पर बुलाने को कहा।

विष्णु जी के छोटे भाई महेश चन्द्र शर्मा की बेटी की शादी का रिसेप्शन था शायद मई-जून 2007 में। बहुत सारे लोग आये थे। हम भी गये थे। विष्णु जी एवं महेश जी अतिथियों में व्यस्त थे। लगभग सारे ही लोग जान-पहचान के थे। इसी में हमारी भेंट अवधेश जी से हुई। हालचाल के बाद उन्होंने मुझसे कहा, 'शास्त्री जी बनारस आना चाहते हैं। हम लोग भी चाहते हैं। यही, दो-तीन माह बाद देखेंगे।' मैंने कहा, 'ठीक है।' फिर कहा, 'वे लोग आने देंगे?' वाचस्पति से भेंट नहीं हुई। देर से आये होंगे।

बाद में, 2007 में, किसी से पता चला शास्त्री जी को ज्वालापुर, हरिद्वार, से उनके पुत्र के पास वैशाली पहुँचा दिया गया। क्यों? हरिद्वार के अस्पतालों में उनके निःशुल्क इलाज की व्यवस्था थी इसलिए? दिल्ली की मुख्यमंत्री ने उन्हें दिल्ली का नागरिक घोषित कर उनके इलाज के लिए पच्चीस हजार रुपये मंजूर किये। उत्तर प्रदेश में पैदा हुए बढ़े, पढ़े, लिखे और वर्षों रहे शास्त्री जी के लिए मुख्यमंत्री मुलायम सिंह ने इसी समय के लगभग दो लाख रुपये देने की घोषणा की। शास्त्री जी हरिद्वार के अस्पताल में रहते तो 'प्रोग्रेसिव सरकारों' के ये पैसे कम्यूनल उत्तराखंड के नागरिक को कैसे मिलते? इसलिए शायद वैशाली लाना जरूरी समझा गया?

9 सितम्बर 2007 की रात सुल्तानपुर से मुझे आलोक ने फोन कर टीवी आन

करने को कहा। आन किया। किसी न्यूज चैनल पर नीचे आ रहा था, 'प्रसिद्ध हिन्दी कवि त्रिलोचन नहीं रहे।' शब्दों से उनका सम्बन्ध छूट गया था, पर क्या वस्तुतः? मुझे लगता है यह सम्बन्ध अमर हो गया था। पर हवा हो गये थे सम्बन्धों के हवा महल (*ताप के ताए हुए दिन*, पृ. 44)। ग्यारह बजे के लगभग 'समाचार सम्पादक' ने भी मुझे यह सूचना दी। मैंने सिर्फ इतना कहा, 'मैं नहीं आ पाऊँगा। मेरी तबीयत ठीक नहीं है।'

(चार या पाँच दिसम्बर की रात मैं नीचे कोलैप्सिबल बन्द करने के बाद ऊपर आके लेटा। पीठ में भयानक दर्द। सुबह उठा न जाय। बाद में एक्स-रे से पता चला रीढ़ में दो वर्टिब्रा कोलैप्स कर गयी थीं)।

इसी समय के लगभग सुल्तानपुर से श्रीप्रकाश का फोन आया। उन्होंने पूछा, 'कैसे चलना है?' मैंने कहा, 'मैं नहीं जा पाऊँगा। तबीयत ठीक नहीं। आप उधर से ही निकल जाइए।' वे अपने मित्र पांडे के साथ लखनऊ होते गये।

वैशाली में आर्य समाजी पद्धति से और गाँव पर अरुण ने पारम्परिक विधि से श्राद्ध किया। इसमें हम सब गये। अमेरिका से रिपुंजय और एतन और ढाका से गायत्री आ गयी थीं। हम दोनों भी थे।

कभी-कभी सोचता हूँ पिता ने शमशेर जी का उदाहरण मुझे क्यों दिया था? शमशेर जी की 'बेटी' ने उनकी सेवा की। घर वाले भी सेवा ही करते हैं। उद्‌देश्य दोनों के लगभग एक से होते हैं। या धीरे-धीरे हो जाते हैं। हमारे यहाँ इसी की तैयारी वर्षों पहले से हो रही थी। अमीर आदमी अमीर होता है। उसके ईमानदार होने की सम्भावना अधिक होती है। इसी प्रकार गरीब आदमी गरीब होता है। उसके बेईमान होने की सम्भावना अधिक होती है। घर वाले बाहर वालों की अपेक्षा अधिक क्रूर होते हैं। बेईमान तो होते ही हैं।

सन्दर्भ एवं टिप्पणियाँ

1. मेरे बेटे रिपुंजय की मित्र हम लोगों से मिलने अमेरिका से आ रही थी। मीनिया- पोलिस से। नाम था यूलिया कोलोवा। बाद में दोनों का विवाह (2002 में) हुआ और त्रिलोचन जी के प्रथम प्रपौत्र एतन युवराज सिंह फरवरी 2004 में पैदा हुए।

पत्नी : जयमूर्त्ति देवी

स्त्रियों के कई रूप होते हैं। वे किसी की बेटी होती हैं। बेटी से वे किसी की पत्नी बनती हैं। इसके बाद बनती हैं माँ, एक या अधिक बच्चों की, और फिर दादी में परिवर्तित हो जाती हैं। पुरुषों का विकास भी इसी प्रकार के विभिन्न चरणों में होता है। पर इन दोनों के व्यक्तिगत विकास के इन चरणों में भिन्नता भी है।

जयमूर्त्ति के जन्म और बचपन के बारे में कोई जानकारी आज उपलब्ध नहीं है। हमारे यहाँ यत्नपूर्वक बच्चों के विषय में जानकारी रखने का चलन पढ़े-लिखे परिवारों में भी नहीं है। फिर वे तो अशिक्षित परिवार से थीं। उनका जन्म एक ऐसे ग्रामीण क्षेत्र में हुआ था। जहाँ शिक्षा की बहुत सुविधा नहीं थी। उनके पिता लक्ष्मी सिंह कलकत्ता रहने लगे थे और वहाँ बीसवीं सदी के आरम्भ में लड़कियों की होती शिक्षा से अपरिचित न रहे होंगे। इसके बावजूद उनका ध्यान इस ओर नहीं गया। उन्होंने अपने बेटों को ही नहीं पढ़ाया तो बेटी को कैसे पढ़ाते।

वह बाल विवाह का ज़माना था। लड़का भी उन्हें मुफ्त में ही मिल गया। कुछ देखा भाला भी नहीं। चटपट शादी कर दी बेटी की, भगवान भरोसे। कालिका बाबू ने कुछ तो कहा ही होगा घर के बारे में। उसी पर विश्वास किया उन्होंने। पिता कभी-कभी कहते थे कि महात्मा (माँ को वे यही कहते थे प्रायः) उनसे उम्र में बड़ी थीं (*साक्षात् त्रिलोचन*)। माँ उनसे कितनी बड़ी थी? इसका उल्लेख उन्होंने कहीं नहीं किया। कम-से-कम मेरी जानकारी में तो नहीं किया। मेरे अनुमान में वे विवाह के समय कुछ महिलाओं द्वारा कही बात दुहराते रहे हैं। महिलाओं का यह अन्दाज भर है। सामान्यतया लड़कियाँ लड़कों की अपेक्षा कुछ जल्दी बड़ी हो जाती मानी जाती हैं। यह बाल विवाह के सन्दर्भ की बात है। इसका कोई मतलब नहीं होता। फिर भी मैं मान कर चलता हूँ कि वे पिता से कुछ बड़ी हो सकती हैं। पिता उस समय 12 के थे तो जयमूर्त्ति 13 की रही होंगी। पर दोनों का आयुवर्ग एक ही था। उम्र में उनके बड़े होने की बात मैंने और किसी से सुनी भी नहीं।

लगभग 13 वर्ष की आयु में विवाह कर जयमूर्त्ति, बाबू कालिका सिंह की दो और बहुओं के साथ अपने घर चिरानीपट्टी आ गयीं। आते ही उनकी घर गृहस्थी की ट्रेनिंग बुआ और बड़ी बुआ की देख-रेख में होने लगी। साथ-साथ उनके मायके

वाली बोली का स्थान अवधी ने लेना आरम्भ कर दिया। चूँकि जयमूर्त्ति को घर की चार दीवारों में ही रहना था इसलिए उनका प्रशिक्षण लम्बा खिंचा होगा और वे इसमें शीघ्र ही कुशल भी हो गयी होंगी।

बचपन में बुआ और माँ में भी यदा-कदा कहा सुनी होती थी। पर ऐसा कुछ झगड़े झंझट सा मेरे ध्यान में नहीं आता। पिता घर पर प्रायः रहते नहीं थे इसलिए भी इन दोनों में झगड़ों के मौके कम आते थे। माँ ने पिता से उन्हें मेरे सामने एक दो बार बनारस ले चलने को कहा था। वे गयी भी थीं '48, '49 में दो बार पन्द्रह-बीस दिनों के लिए। इसी बीच काका कभी काकी को बम्बई लिवा के गये थे। उनका विवाह जून 1946 में हो चुका था।

1951 से बनारस में माँ का निवास लम्बा होने लगा। अब गाँव जातीं तो कम समय के लिए। हमारे देश में स्त्रियों का जीवन अपने पति और बच्चों के इर्दगिर्द ही उस समय तक घूमता रहता था। मेरी माँ अपवाद नहीं थी। पिता उन्हें बनारस ले गये थे अपनी पढ़ाई ठीक से करने के लिहाज से—एम.ए. प्रथम वर्ष में। बनारस आने के बाद माँ ने इस आने-जाने के विषय में अब अपना स्वतंत्र निर्णय लेना भी शुरू कर दिया। अब वे गाँव जाने से यदा-कदा मना करने लगीं। स्वतंत्र हो रही थीं सत्ता संघर्ष से।

शान्ति भवन में रहते उनकी मित्रता दो स्त्रियों से विशेष थी। एक थीं ओझाइन (ओझा जी[1] की पत्नी)। दूसरी थीं कमला महराज[2] की स्त्री (महराजिन) जो घर के सामने ही अपने निजी मकान में रहती थीं। माँ का वार्तालाप और कभी-कभी का गंगा स्नान इन्हीं दोनों के साथ होता था। इसके अलावा पिता, और कभी-कभी मैं, छात्रावास से आने पर उनके दृष्टिकेन्द्र में रहते रहे। माँ ने बनारस रहते पान खाना शुरू किया। धीरे-धीरे घर पर पनबट्टा रखने लगीं। बाद में धीरे-धीरे छोड़ दिया।

पितृसत्तात्मक देशों में ज्येष्ठ पुत्र का राजतंत्र के ज़माने में सर्वत्र बड़ा महत्त्व था। मेरा जन्म इसी समय के अंत के लगभग हुआ था। मैं अपने पिता का ज्येष्ठ पुत्र था। मेरे पिता भी अपने पिता के ज्येष्ठ पुत्र थे। लेकिन मेरे पिता में वह ज्येष्ठता नहीं थी जो मुझमें थी। मेरे पिता के दो बड़े भाई और दो बड़ी बहनें उनसे पहले पैदा हो गुज़र चुके थे। फलतः पिता की ज्येष्ठता बड़े भाइयों की मृत्यु के फलस्वरूप उन पर आयी थी। इसके विपरीत मैं वस्तुतः ज्येष्ठ था। उस पर भी दो भाइयों के बीच अकेला लड़का था, 16 साल तक। इसलिए मुझे स्वतः सबका प्यार और दुलार मिलता रहा। मेरे ऊपर बुआ और माँ, दोनों का, विशेष ध्यान बचपन में रहता था। मुझे किसी भी पट्टीदार के घर अकेले जाने की मनाही थी। मैं दो-तीन लड़के-लड़कियों के साथ ही किसी के घर जा सकता था अन्यथा नहीं। मुझे यह भी आदेश था कि किसी के भी घर खाने-पीने की कोई भी चीज़ भरसक लेनी नहीं थी। ली तो खानी नहीं थी। ये हिदायतें मेरी सुरक्षा के लिए थीं। और बार-बार दुहराई

जाती थीं। जब भी छुट्टी में गाँव जाता, बाहर निकलने के समय कोई न कोई यह सब दुहराता। इसमें केवल दो अपवाद थे। एक था सत्यनारायण कथा का प्रसाद जो बहुतों को एक साथ वितरित होता था और दूसरा था भोज-भात जिसमें बहुत सारे लोग खाने के लिए एक साथ बैठते थे। गाँव में मेरे हर मूवमेण्ट पर नज़र रखती थीं माँ। जब वे गाँव न होतीं तो बुआ या काकी यह काम करती थीं। कहाँ गये थे? क्यों गये? कौन कौन साथ थे? वगैरह। मुझे किसी-किसी के घर जबरन कोई-कोई स्त्रियाँ कुछ-न-कुछ खाने को देती थीं। मैं ले लेता और घर आ अपने जानवरों के बाड़े के बगल में, किचेन गार्डेन जिसमें अरवी, साग, भिण्डी, नेनुआ हमेशा कुछ न कुछ लगा रहता या तो उसमें फेंक देता या जानवरों को देता था।

बचपन की इस वर्जना का मुझपर बड़ा असर रहा और इससे निकलने में मुझे बहुत समय लगा। खाने-पीने की चीज़ों को मैं बहुतों के यहाँ शक की निगाह से देखने लगा। अगल-बगल बैठे लोग जो खाते वही मैं भी खाता। पर मैं अपने इस शक्की स्वभाव से निकलना चाहता था और प्रयास कर रहा था।

ज्येष्ठ पुत्र का भारतीय धार्मिक-सांस्कृतिक परम्परा में भी उच्च्य स्थान और महत्त्व है। यह परम्परा ज्येष्ठ पुत्र को धर्मज मानती है और उसे ही सारे धार्मिक कार्य करने का अधिकार देती है। सदियों से चली आ रही इस परम्परा के कारण बड़े बेटों पर प्रायः सारे देश में कुछ अधिक ही महत्त्व दिया जाता है। विशेष कर गाँवों में और 'गाँवलिया' संस्कृति से ग्रसित शहरी परिवारों में भी। मुझे तो यह मिलता ही रहा और बहुत बाद तक मिला। मिला भी हर किसी से।

माँ छुआछूत में विश्वास करती थीं। बनारस में घर में कप, प्लेट, थाली, गिलास वगैरह अलग से रखा रहता था। वैसे ही जैसे गाँव में रहता था। किसी मुसलमान या गाँव से आये अछूत, नौकर, वगैरह को इन्हीं बर्तनों में खाना, पानी, चाय, नाश्ता दिया जाता था। धीरे-धीरे माँ ने कप-प्लेट अलग करना बन्द किया। अपनी चाय एक स्टील ग्लास में लेने लगीं। बनारस छूटा तो धीर-धीरे उनका छुआछूत भी छूटने लगा। किसी की जात बिरादरी जानना चाहतीं तो पिता से पूछतीं। धीरे-धीरे यह भी बन्द हो गया। यह परिवर्तन उनमें स्वतः आ रहा था। उस व्यक्ति को जो छुआछूत वाले परिवेश से आया हो उसमें शिक्षा के बिना इतना विकास कैसे आ रहा था। शायद पिता समझाते होंगे कभी-कभी। फिर भी इस विचार और धारणा को छोड़ने में उन्हें अपने आपसे जाने कितना संघर्ष करना पड़ा होगा, दिन प्रतिदिन।

बाद में माँ के दृष्टिकेन्द्र में अमित आये। छोटे होने के कारण अधिक। हैदराबाद के बाद पूरी तरह आये। लेकिन उस रूप में फिर भी नहीं आये जिस रूप में मैं था। 1964 में माँ ने मुझसे कहा था कि मैं किसी भी लड़की से शादी कर सकता हूँ ब्राह्मण और हरिजन छोड़कर। उन्हें डर था कि ब्राह्मण और हरिजन की बेटी के छूने मात्र से उन्हें नरक जाना पड़ेगा[3]। चूँकि वे बनारस में किसी हद तक पर्याप्त

लिबरल हो चुकी थीं, सारा कुछ देखते सुनते, इसलिए 1981 में अमित के विवाह को स्वीकार करने में उन्हें कोई खास परेशानी नहीं हुई होगी। माँ की सामाजिक समझ बनारस आने के बाद थोड़ी विस्तृत हुई। भोपाल-दिल्ली-सागर के चलते इसका और अधिक विस्तार हुआ।

माँ के जीवन का दूसरा महत्त्वपूर्ण पक्ष उनके और पिता के सहजीवन का है। इसमें जितना मैंने देखा है उसमें उनके वाक्युद्ध, एक-दूसरे की चुटकी लेना, हँसी-मज़ाक, सलाह-मश्विरा वगैरह सब कुछ आता है। इसके अलावा पिता कभी-कभी उनसे अवधी के शब्दों, मुहावरों पर चर्चा भी करते थे। कभी-कभी यह चर्चा देर तक चलती थी। यही नहीं माँ पिता के संघर्षमय जीवन में बराबर उनके साथ रहीं। कभी उफ़ भी नहीं किया। पिता का संघर्ष उनका अपना संघर्ष कब का हो चुका था। इसके चलते, इस सबके चलते, मैं कह सकता हूँ कि उन दोनों का सहजीवन सुखी था। *रोजनामचा 1950* की एक प्रविष्टि (17 अप्रैल, 1950, पृ. 85-6) में पिता ने लिखा है कि उनके प्यार को प्यार नहीं मिला[4]। डोभी के किसी गाँव के राजदेव सिंह[5] ने इसपर उनसे कहा कि उन्हें भी नहीं मिला। मुझे नहीं पता पिता क्या कह रहे थे या क्या चाह रहे थे जो नहीं मिला? मैंने अपने होशोहवास में जितना देखा सुना वह प्यार नहीं है तो क्या है? बचपन में ब्याह हुआ। खेलते-कूदते, लड़ते-झगड़ते साथ-साथ बड़े होते रहे। साथ रहते-रहते एक-दूसरे की समझ बढ़ी, नज़दीकियाँ बढ़ती गयीं—मानसिक स्तर पर भी। अवस्था भी साथ-साथ बढ़ती रही, साथ-साथ बूढ़े होते रहे। एक साथ बूढ़ा होना और साथ-साथ रहना ही प्यार है। एक-दूसरे की समझ भी प्यार है। इतने लम्बे समय तक पत्नी के अस्थ्यावशेष लिए घूमते रहना, उनकी कमी महसूस करते रहना, प्यार नहीं तो और क्या है?

मुड़िला प्राइमरी स्कूल में दर्जा दो में पढ़ते समय जमीन पर कभी-कभी उकड़ूँ बैठ कर पढ़ाने वाले मास्टर बाबू बाके सिंह से दाहिना हाथ चोटिल कराने के बाद मैंने वहाँ वापस जाने से मना कर दिया था। माँ और बुआ के मौन में शायद उनकी सहमति रही। इस घटना के कुछ ही दिन बाद पिता गाँव आये। माँ ने उनके आते ही उनसे कहा, 'रामपाल अब मुड़िला न जइहैं। एनका अपने साथ लइ जा, अउर उँहीं पढ़ावा'। इसके बाद मैं 1946 में बनारस के शिव करणसिंह गौतम हाई स्कूल की कक्षा 4 में जुलाई से जाने लगा। इसके कई वर्ष बाद, मेरे इंटर पास करने के बाद, पिता ने माँ से मेरे आयुर्वेदिक कॉलेज में दाखिले को लेकर बात की। माँ ने छूटते ही कहा, 'उसमें जय को मुर्दा चीरना-फाड़ना पड़ेगा। यह ठीक नहीं होगा।' वे शायद डर गयीं। खैर उसमें जाने से मैंने भी मना कर दिया और बी.ए. में एडमिशन लिया।

इसके बाद मेरा पिता से एम.ए. में एडमिशन के विषय को लेकर मतभेद हुआ और उन्होंने कहा कि, 'मैं बेकार की कल्चर की पढ़ाई के लिए पैसा नहीं दूँगा।' मैंने कहा, 'ठीक है मत दीजिएगा।' माँ ने उन्हें सभा भेजा। खा पी के मैं निकलने को

हुआ तो माँ ने कहा, 'जो यह कह रहे हैं उस पर सोचो।' मैंने कहा, 'क्या सोचूँ? सारे हिन्दी वाले अंग्रेज़ी पढ़ के हिन्दी के साहित्यकार बन गये हैं। शायद मुझे भी वही करना पड़े अंग्रेजी पढ़ के।' माँ ने मेरी ओर देखा और कहा, 'ठीक है जाओ। पैसा ये नहीं देंगे तो मैं दूँगी।' मैं चला गया। इसके एक-दो दिन बाद माँ ने मुझसे जा फार्म जमा करने को कहा था।

मेरी शिक्षा से सम्बन्धित मसलों पर उनके लिए गये निर्णय तात्कालिक थे। इससे स्पष्ट है कि उन्हें निर्णय लेने में अधिक समय नहीं लगता था।[6] उनके तात्कालिक निर्णयों से उनकी वैचारिक स्पष्टता सिद्ध होती है, जैसी भी उनकी अपनी समझ की सीमा थी उसके अनुरूप[7]।

एक बार की बात है मैं लड़कियों के साथ गोटी खेल रहा था। दोनों लड़कियाँ पद में मेरी बहनें लगती थीं। इनमें से बड़ी रति बेईमानी कर बैठी। मेरे कहने पर झगड़ने लगी। मैंने उसे मार दिया। वह रोते-रोते घर आयी और माँ से शिकायत कर गयी। माँ ने मुझे एक के बजाय, रति के सामने ही, दो थप्पड़ लगाए। पिता दालान में लेटे पढ़ रहे थे। माँ ने उनसे भी कह दिया। वे भी बिगड़े। भविष्य में मेरे ऐसा कुछ करने पर अच्छी तरह मेरी पिटाई करने का ऐलान करते हुए उन्होंने कहा अपने दोनों कान पकड़ कर उठो बैठो और कहो आगे से किसी लड़की को नहीं पीटोगे। कभी नहीं। जैसा कहा गया था, मैंने वैसा किया और आश्वासन भी दे दिया। यह मुझे हमेशा याद रहा। अत्यधिक क्रोध में भी। इसके बाद से मैंने इन लड़कियों के साथ खेलना ही बन्द कर दिया। इसका मतलब यह नहीं कि पिता ने माँ को कभी मारा नहीं। उन्हें पढ़ाने के समय एक बार गाँव में कुछ पूछने पर न बता पाने के कारण मैंने पिता को माँ की पीठ पर दो मुक्के मारते देखा था। माँ रोने लगीं। बुआ आयीं और उन्होंने कहा, 'खबरदार बासदेव! तोंहका जेतना पढ़इ कँ बा पढ़ा। अब ओंका पढ़उब्या त ठीक न होए। का करे उ पढि के? कौनउ मुंसी-दरोगा त होए न?' माँ को छुट्टी मिली। इसी प्रकार शान्ति भवन में एक बार पढ़ा रहे थे। फिर कुछ माँ नहीं पढ़ पा रही थीं। पिता फिर खीझ कर मार बैठे। माँ रोने लगीं। पिता थोड़ी देर चुपचाप बैठे रहे, फिर बाहर चले गये। इसके बाद पढ़ाई का यह क्रम बन्द हो गया।

माँ गाँव में बहुत पूजा पाठ नहीं करती थीं। कम-से-कम मैंने उन्हें पूजा करते कभी नहीं देखा था। हनुमान जी को दो बार कड़ाही चढ़ाने बिजेथुआ गयी थीं। तब बुआ भी गयी थीं, हमारे साथ। मैं दोनों बार गया था। एक बार शायद धोपाप भी हम लोग गाँव से गये थे। माँ-बुआ के अलावा गाँव से कुछ और लोग भी गये थे। उनका धार्मिक पक्ष बनारस में धीरे-धीरे उभरता गया। बनारस छूटा तो छूट गया।

मेरी माँ अच्छी तैराक थीं। उन्होंने अनुमानतः तैरना अपने गाँव नरायणपुर में सीखा होगा। वहाँ के सीप वाले बड़े पोखरे में। मैंने उन्हें अपने गाँव में सगरे में

तैरते कई बार देखा है। गंगा स्नान के लिए जब जाती थीं तब भी थोड़ा तैर लेती थीं। गाँव में और बनारस में भी साड़ी पहने ही तैरती थीं। इसके लिए उन्हें सर्वत्र मना किया जाता रहा। पर वे पूरी तरह कभी नहीं मानी। पर्व-त्योहार के समय जब स्नानार्थियों की भारी भीड़ होती थी तब वे स्वतः नहीं तैरती थीं। लंका पर रहती रहीं तो सामने के कच्चे घाटों पर नहातीं और अवश्य तैरती थीं। रानी भवानी गली में रहते भी मैंने 1954 में एक बार उन्हें दरभंगा घाट पर तैरते देखा था। इसके बाद उन्हें मैंने तैरते नहीं देखा।

पिता का एक सानेट है। इसमें दो चरित्र हैं। एक स्त्री, एक पुरुष-कवि। जब भी पढ़ता हूँ इसे। मेरे मन में माँ-पिता ही आते हैं।[8] हमारे सगरे को कुछ बच्चे कभी-कभी बाबा का सगरा कहते थे। इसे पानी में हल कर खड़े-खड़े पार करना गहराई के कारण सम्भव नहीं था। इसमें कुई वगैरह भी न थी। नरायणपुर का पोखरा बड़ा था—काफी बड़ा था। इसमें किनारों पर कुई होती थी। पर बीच में यह भी गहरा था। गर्मियों में शायद बीच में पानी कम हो जाता होगा। कभी-कभी इसमें पिता नहाते होंगे। अखईपुर रहते। इसे पोखर कहते भी थे। इस पोखर के दो किनारों के चरित्र वस्तुतः विवाह-पूर्व माँ-पिता हैं या नहीं कह नहीं सकता? पता नहीं कौन हैं वे? पर मुझे वे ही लगते हैं, जाने क्यों? यों कुछ काल्पनिक और कुछ वास्तविक सम्भव है इसमें।

माँ के ऊपर और कविताएँ भी हैं। इनमें से कुछ बहुत निश्चित हैं। उदाहरण एक पर्याप्त होगा—'जब मैं कभी अकेला बिल्कुल हो जाता हूँ। ध्यान तुम्हारा आता है लय हो जाता हूँ। आँखें मूँदे तुम्हें देखता हूँ...देख गया इतिहास कि जबसे एक सूत्र में हम दोनों हैं'।[9]

सन्दर्भ और टिप्पणियाँ

1. ओझा जी आरम्भ में शायद पढ़ रहे थे। बाद में वे अपनी पत्नी को ले के आये। ओझाइन बहुत समय तक सन्तानहीन थीं। दोनों परेशान रहते थे। ओझा जी बाद में केन्द्रीय आफिस में क्लर्क हो गये थे। पिता का एक बाक्स इनके यहाँ रखा था। ये लोग भी शायद गाँव चले गये। इनके घर में चोर घुसे एक रात—बाक्स उठा बाहर लाये। बक्से का कोंढ़ा तोड़ कपड़े-पैसे वगैरह ले गये थे चोर, *रोजनामचा*, पृ. 113-14; ओझा जी के और उल्लेख पृ. 224 और 237 पर भी हैं। बाद में इन दोनों के एक बेटा हुआ।
2. दुबले-पतले, लम्बे, और गोरे, कमला महराज, धोती-कुर्ता पहनते थे। कन्धे पर गमछा रखते थे। सारे कपड़े खादी के। लिम्बडी या मोरवी होस्टल में मेस और कैंटीन चलाते थे। इनके कई बच्चे भी थे 1960 में जब हिन्दू विश्वविद्यालय ने 12 अध्यापकों की सेवाएँ समाप्त कर दी थीं तो केवल प्रोफेसर गोपाल त्रिपाठी ने ही मुकद्दमा दायर किया था। उन्होंने उसी समय प्रण किया था कि अब विश्वविद्यालय में मुकद्दमा जीत कर ही जायेंगे। उनका बैंक भी कैम्पस में ही था। सुनते हैं पैसा निकालने भी नहीं गये कभी। कहा जाता है कि विश्वविद्यालय से लड़ाई के दौरान कमला महराज

ही गोपाल त्रिपाठी का सारा खर्च चलाते रहे--घर से कचहरी तक का। सुप्रीम कोर्ट से जीत कर आने के बाद उन्होंने कमला महराज का सारा पैसा इकट्ठे वापस किया। कमला महराज ब्राह्मण थे और त्रिपाठी जी के आस-पास के ही कहीं के थे (गोरखपुर या देवरिया के)।

3. ब्राह्मण भू देवता माने जाते हैं। क्षत्रिय-राजपूत से उच्च। ब्राह्मणी और शूद्रा बहू के पैर छूने से, उनका परलोक बिगड़ता उन्हें लग रहा था। यही कहा था उन्होंने।
4. डोभी क्षेत्र के बिसुनपुरा गाँव के निवासी राजदेव सिंह के कई उल्लेख हैं *रोजनामचा 1950* (पृ. 64, 66-7, 71, 84, 85, 86, 107-08 वगैरह) में।
5. "...राजदेव ने भी अपने विषय में यही बताया..." *रोजनामचा*, पृ. 85-6।
6. यहाँ दिया गया शिक्षा सम्बन्धी उल्लेख 'अम्मा और मेरी पढ़ाई' शीर्षक मेरे लेख से संक्षेप में लिया गया है, दे. *सर्वनाम*, अंक 75 (जुलाई अगस्त सितंबर), 2004, पृ. 23-30।
7. उदाहरण के लिए मुझे उनका आयुर्वेद में न भेजने का निर्णय सम्भवतः बहुत सारे लोगों की दृष्टि में ग़लत होगा। पर यह उनकी अपनी जानकारी पर आधारित था। उनकी इस जानकारी में प्रचलित अंधविश्वासों का प्रभाव पर्याप्त था।
8. 'तुम्हें याद है, उस दिन बाबा के पोखर में
   हम तुम दोनों साथ स्नान करने पहुँचे थे,
   पहले बोल न बात हुई बाहर या घर में;
   ... ... , हला पानी में। देखा
   इधर उधर। क्या आर पार तुम हो कर पाये
   खड़े-खड़े इस पोखर को? ...' *(उस जनपद का कवि हूँ)*
9. *धरती*, पृ. 52।

भाई : भगवती सहाय वर्मा

जगरदेव सिंह और परबत्ता की अन्तिम सन्तान बुद्धू सिंह जन्म के लगभग 7-8 महीने बाद से भगवती की कृपा से भगवती सहाय सिंह होकर और धीरे-धीरे रोते-गाते, उछलते, कूदते, खेलते, माँ और दादी की देखरेख में बड़े होते रहे। बड़े भाई प्रायः गाँव पर होते नहीं, अतः भगवती सिंह एक तरह से अकेले ही बढ़ते रहे। दादी की दृष्टि और दृढ़ता के चलते पहले मुड़िला प्राइमरी और फिर बाद में छीतेपट्टी भेजे गये। माँ ने, इनकी माँ ने, शायद इनकी पढ़ाई का विरोध भी किया होगा।

भगवती सहाय वर्मा (त्रिलोचन के छोटे भाई)

भगवती सहाय बचपन में कम बोलते थे। कुछ लोगों के अनुसार बोलते ही नहीं थे। उनकी बकार खोलने का श्रेय मुड़िला के बाबू बाँके सिंह को जाता है। बचपन में यही सुनता आया था कि उन्होंने इनके न बोलने के कारण टूटी मेज के पाये को तोड़ने के लिए इन्हीं की पीठ को चुना। सम्भव है कि मेज के पाये को खा खा

कर कीड़ों ने कमज़ोर कर रखा होगा और यह जीर्ण मेज-पैर एक-दो प्रहार में ही टूट गया हो। पर मेज का यह पाया बाँके सिंह का उद्देश्य पूरा कर गया। भगौतिया की बकार फूटी और ऐसी फूटी कि जब बोलना शुरू करता तो वही बोलता।

छीतेपट्टी में ऐसी कोई घटना या दुर्घटना घटी तो मैंने सुनी नहीं। यहाँ पढ़ते-पढ़ते ही शायद देशाटन का या नौकरी का मन हुआ, और ये सीधे जा पहुँचे बम्बई। मेरी जानकारी के अनुसार मैट्रिक करने के उपरांत छीतेपट्टी गये तो सही पर शायद कुछ समय बाद ही पढ़ाई छोड़ बंबई की राह पकड़ी। कैसे गये, अकेले या किसी के साथ, मुझे पता नहीं? कुछ भी पता नहीं, कहाँ रहे, क्या किया, कैसे किया? अनुमान है कि गाँव के आस-पास के लोगों के यहाँ रहते रहे होंगे या दूर के रिश्तेदार राजनाथ सिंह[1] के साथ रहे होंगे। उनके प्रथम बम्बई प्रवास के प्रमाण स्वरूप उनका फुटपाथ पर खिंचाया एक चित्र उपलब्ध है। इसमें वे सामने देखते हुए कुर्सी पर धोती-कुर्त्ता पहने बैठे हैं। पीछे पर्दा टँगा है। हमारे परिवार के किसी सदस्य का यह पहला उपलब्ध चित्र है। शायद 1938 के किसी समय का।

बम्बई से लौटे तो दो चीज़ें, यदि उन्हें चीज़ें कहा जाय तो, साथ लाये। एक तो बीमारी और दूसरी रायल इंडियन नेवी ज्वाइन करने की तीव्र इच्छा। बीमारी इनकी पेट की थी। गाँव में इसे लोग बरवट कहते थे। इसके इलाज के लिए चमरौटी की मंजउकी के यहाँ से महुए की शराब (देसी) एक बोतल लाये थे। बरवट की यह बीमारी ठीक करने के लिए इसी से इनके पेट की मालिश होने लगी। मालिश रोज़ होती थी। कभी बुआ करतीं कभी कोई केवटिन। कभी-कभी स्वयं करते। कुछ समय बाद यह ठीक हो गया।

पेट ठीक होने के बाद शुरू हुआ उनका नौसेना में भर्ती होने का प्रयास। सुल्तानपुर गये। फिजिकल सारा कुछ ठीक-ठाक गया। मेडिकल में रिजेक्ट हो गये। दाद था। इलाज होने लगा। गाँव का इलाज, जिसने जो बताया वही किया। फिर गये। फिर सब फिजिकल ठीक रहा। मेडिकल में गये। डॉक्टर ने देखा ताका और फिर रिजेक्ट कर दिया। कारण वही दाद। ठीक नहीं हुआ था। सुल्तानपुर में किसी ने बताया एसिड लगा दो जल जायेगा। ठीक हो जायेगा। एसिड लेते आये।

कुछ दिन सब सामान्य रहा। गाँव के लोगों ने सोचा दो बार के रिजेक्शन से बच्चू की हिम्मत टूट गयी। नेवी का भूत सिर से उतर गया। पर नहीं। वे सोच रहे थे क्या करें क्या न करें? एसिड लगाएँ या न लगाएँ?

एक दिन सबने देखा कि दरवाज़े पर बुद्धू बाबू भाग रहे हैं। दौड़ रहे हैं। चिल्ला रहे हैं रो रहे हैं। फिर बाहर भाग गये। कहाँ गये किसी को नहीं मालूम। लोगों की बढ़ती भीड़ देख वे दरवाजे (द्वार) से भाग सगरे से होते हुए कपरिया की ओर निकल गये थे। लौटे तो बताया दाद पर एसिड उँडेल दिया था। उसी की जलन थी। बुआ ने उन्हें बहुत डाँटा और गुस्से में डंडा उठा मारने चलीं तो फिर भागे।

लोगों ने बुआ को समझा बुझाकर शान्त किया। धीरे-धीरे दाद खत्म हो गया। नया चमड़ा, सफ़ेद चिकना चमड़ा, आ गया। फिर गये सुल्तानपुर 1939 का आरम्भ हो चुका था। तिबारा फिर फिजिकल ठीक करते गये। मेडिकल के लिए पहुँचे। डॉक्टर ने देखते ही कहा, 'तुम फिर आ गया? तुम्हारा डाड ठीक नहीं होएगा। मैं फिर रिजेक्ट कर देता।' काका ने कहा, 'नहीं सर! दाद ठीक हो गया। देखिए!' डॉक्टर ने देखा, पूछा, 'तुम क्या किया? सब चमड़ा सफ़ेद कैसे हो गया?' काका ने कहा, 'मैंने एसिड लगा दिया, सर'। डॉक्टर देखता रहा, उन्हें थोड़ी देर। फिर बोला, 'रॉयल नेवी नीड्स ब्रेव ऐंड डिटरमिन्ड ब्वायज़ लाइक यू। क्या नाम है तुम्हारा?' काका ने कहा, 'भगवती सहाय सिंह, सर।' उसने अब पूछा, 'किस जात का है?' काका ने कहा, 'क्षत्रिय सर। राजकुमार क्षत्रिय।' उसने कहा, 'क्षत्रिय का नाम तो वर्मा होता है।[2] सिंह क्यों लिखता है? चलो! हम ठीक कर देता है'। और उसने सिंह काट कर 'वर्म्मा' लिख दिया। तभी से काका भगवती सहाय वर्मा हो गये। काका की मेडिकल रिपोर्ट, उनकी बहादुरी और डिटरमिनेशन सम्बन्धी डॉक्टर के पत्र के साथ सम्बद्ध अधिकारी ने सारा कुछ बम्बई भेज दिया।

काका को गाँव भेजा गया। एक दिन घर रहकर अगले दिन अपना कुछ सामान ले सुल्तानपुर और वहाँ से सीधे बम्बई भेज दिये गये। ट्रेनिंग समाप्त हुई। पहली पोस्टिंग रायल नेवी के जहाज़ 'आगरा' पर हुई—वर्ष 1939 समाप्ति पर था। दूसरा विश्व युद्ध शुरू हो गया था।

काका शिक्षा में भी रुचि लेते थे। बम्बई जाने के पहले से ही उन्होंने गाँव की महिलाओं और लड़कियों को रात में पढ़ाने का कार्यक्रम शुरू किया था। गाँव के अपने समकालीन और पढ़ने वाले छोटे बच्चों को घर-घर जा कर बहनों, भाभियों, चाचियों और दादियों को पढ़ाने का कार्य दिया। कुछ पढ़ने लगीं। कुछ ने डाँट कर लड़कों को भगा दिया। काका स्वयं रात में सगरे पर केवटों को पढ़ाने में लगे। यह कार्यक्रम चल निकला था। इसी के साथ-साथ उन्होंने लगभग इसी समय हिन्दी साहित्य सम्मेलन की साहित्य रत्न परीक्षा का गाँव में केन्द्र खुलवाने का प्रयास भी आरम्भ किया। बम्बई जाने के बाद भी काका वहाँ से सम्मेलन अधिकारियों को चिट्ठियाँ लिखते रहे। अंततः हमारे गाँव में इस परीक्षा का केन्द्र खुल गया। 1940, 1941 और सम्भवतः 1942 में इस परीक्षा का केन्द्र गाँव में रहा। परीक्षा के समय बहुत सारे परीक्षार्थी और पर्यवेक्षक आदि गाँव आते थे। परीक्षा-संचालन के लिए आनेवालों को किसी-किसी के यहाँ ठहरा दिया जाता था। इसी प्रकार बाहर से आने वाले परीक्षार्थी भी किसी-किसी के यहाँ ठहरते। सन् 1940 की ही परीक्षा के समय काका उपस्थित रहे। 1941 की परीक्षा के समय पिता रहे। इसी वर्ष उन्होंने स्वयं भी यह परीक्षा दी थी। 1942 की परीक्षा यदि हुई तो कैसे हुई मुझे पता नहीं। शायद किसी और घर से संचालित हुई होगी।

बचपन में ही नहीं बहुत बाद तक मैं काका के अधिक नज़दीक था। उनसे मैं सब तरह की बातें कर लेता था। पिता से थोड़ा संकोच हमेशा रहा। इसका कारण शायद यही था कि हम लोग गाँव अधिक समय तक साथ रहे। मेरी उनकी यह निकटता विरोधों के बावजूद कभी खत्म नहीं हुई। मेरी ओर से तो बिल्कुल भी नहीं।

काका छुट्टियों में घर आते तो जहाज़ की, लड़ाइयों की, कहानियाँ सुनाते। इन्हें सुनने आये लोगों से हमारा दालान भर जाता था इनमें ज्यादातर लड़के, कुछ एक पुरुष और कुछ लड़कियाँ होतीं। काका की कहानियाँ सुनते-सुनते मेरी भी रुचि नेवी में हो चली। मैं भी नेवी के सपने देखने लगा। काका के कुछ यूनिफार्म घर में एक बड़े बक्से में रखे थे। शायद 1950-51 का एक वाकया याद है। मैं नौवीं में था। पूजा की छुट्टियों में गाँव आया था। मैंने काका का यूनिफार्म निकाला। पैण्ट पहना—कुछ ऊपर से मोड़ बेल्ट से कसा फिर नीचे से मोड़ा। जूता अपना पहना। फिर कोट पहना। बाँहें भी बड़ी थीं। उन्हें भी मोड़ा। अंत में उनका नेवी वाला हैट सिर पर रखा। ढीला तो खैर यह भी था पर सिर थोड़ा ऊँचा करने से ठीक लग रहा था। मेरा यह कार्य देख काकी लगातार हँसे जा रही थीं। बसे हँसे जा रही थीं। इस तरह ढीला-ढाला 'स्केयर क्रो' सा ड्रेस अप हो बाहर जाने के समय मैंने कहा, 'काहें कँ हँसति हइयु भइया! रच्चा चुपउ रहा'। और बाहर जा सगरे पर थोड़ा ऊँचाई पर जा खड़ा हो गया और आखें मूँदे जहाज़ के डेक पर खड़ा समुद्री हवा का आनन्द ले रहा था। ढूहा की ओर से बुआ आ रही थीं। उन्होंने मुझे खड़े देखा। दूर से ही पूछा, 'तूँ कब आया हो बुद्धू?' उनकी आवाज़ से मेरा स्वप्न टूटा। मैंने आँखें खोल उन्हें आते देखा और चुप रहा। पास आने पर पहचान कर बोलीं, 'तूँ हया!' मुस्कुराती हुई बोलीं 'चला, घरे'। मैं चुपचाप मुस्कुराता उनके पीछे-पीछे घर आया। काकी ने हँसना बन्द कर दिया, बुआ को देख, पर मुस्कुराती रहीं।

मुझे लगा इस वेश में मुझे किसी ने देखा नहीं। पर मैं गलत था। दूर-दूर से कई एक लोगों की निगाह पड़ गयी थी मुझ पर। शाम तक कई लोग घर आके पूछ गये, 'बुद्धू आइ हयेन का हो? कहाँ हयेन?' चाची हँस कर मुझे देखतीं और कहतीं, 'नाहीं! के कहेस कि आइ हयेन?'

काका ने ईंटें पकाने के लिए सगरे के दो पीपल के पेड़ काटने का फैसला किया। आदमी भी आ गये। पर पीपल का पेड़ देख काटने से मना कर दिया। पीपल के पेड़ के पत्तों-पत्तों पर देवताओं का निवास लोक में मान्य है। इसके लिए काका ने दोनों पेड़ों पर प्रथम प्रहार किये। इसके बाद ही काटने वाले आगे बढ़े। बाद में गाँव में और लोगों ने भी जरूरत पड़ने पर अपने-अपने पीपल के पेड़ कटवाए। बुआ कुछ दिन इससे चिन्तित रहीं और काका से नाराज़ भी।

लड़ाई खत्म हो गयी। 1946 में नौसेना ने विद्रोह किया। सरदार पटेल की मध्यस्थता के चलते विद्रोह समाप्त हुआ। पर इसका असर स्वतंत्रता के पक्ष में दूर

तक गया। काका कहते तो थे कि वे विद्रोही नौ सैनिकों के साथ थे पर कितने साथ थे यह उन्होंने कभी बहुत स्पष्ट नहीं किया। सम्भव है वे बहुत खुले समर्थन में न आये हों कभी, पर अन्दर-अन्दर रहे हों। स्वतंत्रता के बाद रायल इंडियन नेवी परिवर्तित हुई और इंडियन नेवी पूरी तौर पर हो गयी। काका अफ़सर भी प्रोन्नत हुए। घर-द्वार से सम्बन्धित समस्याओं के चलते उन्होंने 1954 में नेवी से रिलीज़ ले लिया और घर वापस आ गये।

घर आ गये और खेती कराने लगे। पर खेती बहुत समय तक, वस्तुतः बुआ के बाद भी कई वर्षों तक, वैसे ही होती रही जैसे पहले से होती आ रही थी। काका ज़मीन-जायदाद को लेकर परेशान थे। उसे ही पूरी तरह जानना चाहते थे। जब पर्याप्त जानकारी हो गयी तो मुकदमेबाज़ हो गये। घर के अपने मुकदमे तो लड़ ही रहे थे। दूसरों के मुकदमों में भी रुचि लेते, सलाह देते रहे। प्रायः छोटे और नये वकील करते थे। उन्हें यह भी बताते थे कि जज या मुंसिफ से क्या कहना है।

बाद में भी उनके घर रहने पर कभी-कभी लड़के-लड़कियाँ आकर उनके समीप बैठ जाते और उनकी कहानियाँ सुनते। काका कुछ-कुछ बताने के बाद अपने सारी दुनिया घूमने की बात कहते। सारी दुनिया देखी मैंने, कुछ लड़ाई के बाद, कुछ लड़ाई के समय। मैंने जर्मनी जीता, इटली और जापान को हराया। देश को स्वतंत्र कराया।[3] इस गाँव में या आस-पास के किसी गाँव में इतना काम किया है किसी ने? वगैरह। 'अब तोहरेउ सब कुछु करत-धरत जा कि कुलि हमहीं करब! जा, जात जा, आपन काम धाम करत जा।' वे प्रायः अपनी सभाएँ इसी तरह विसर्जित करते थे।

नेवी में पन्द्रह-सोलह साल नौकरी करने के बावजूद, और सैनिकों और अफसरों की भाँति, उन्होंने सिग्रेट और शराब नहीं पी। कभी नहीं। गाँव में कभी-कभी कुछ लोग उनसे 'अंग्रेजी' लाने को कहते ज़रूर थे पर वे कभी किसी के भी लिए शराब नहीं लाये। उनकी शराब विषयक मेरी जानकारी केवल चमरौटी की बनी उस महुए की शराब की है जिससे उनके पेट की मालिश होती थी।

बाद में काका की रुचि राजनीति में हुई। उन्होंने कांग्रेस ज्वाइन की। सुल्तानपुर संसदीय क्षेत्र से पं. गोविन्द वल्लभ पन्त के पुत्र कृष्णचन्द्र पन्त लोकसभा का उपचुनाव 1961 में लड़ रहे थे। काका इसी समय केसी पन्त के सम्पर्क में आये। पन्त यह चुनाव स्थानीय अधिवक्ता निर्दलीय बाबू गनपत सहाय से हार गये। पर दोनों का सम्पर्क बाद में भी बना रहा। इन्दिरा गाँधी के आरम्भिक वर्षों में कांग्रेस के विभाजन के बाद काका निजलिंगप्पा वगैरह की कांग्रेस में रहे फिर स्वतंत्र पार्टी में गये और तीन-चार साल बाद (इन्दिरा) कांग्रेस में वापस आ गये।

इसी समय के लगभग उन्होंने स्कूल खोलने का इरादा किया और अपने गाँव में त्रिलोचन शास्त्री हायर सेकेण्डरी स्कूल की स्थापना की। इसके कुछ वर्षों बाद कटघरा पट्टी में अपनी जमीन में बाबा द्वारा बनवाई पक्की कुटी में उन्होंने एक

संस्कृत पाठशाला की स्थापना की और इसे सम्पूर्णानन्द संस्कृत विश्वविद्यालय से अफिलिएट कराने के प्रयत्न में लगे। मुझे पता नहीं इसमें उन्हें कितनी सफलता मिली क्योंकि इसके कुछ समय बाद से उनका हमारे यहाँ आना बन्द हो गया। माँ की मृत्यु पर सागर गये थे। शायद आठ-दस वर्षों बाद।

काका और पिता का सम्बन्ध छोटे और बड़े का बराबर रहा। काका ने कभी उनसे ऊँचे स्वर में बात तक नहीं की। ज़मीन-जायदाद के बँटवारे की बात एकाध बार मेरे सामने भी हुई थी। ऐसे समय काका कहते थे कि बँटवारे की ज़रूरत नहीं है। आप सारा ले लीजिए। मैं घर छोड़ चला जाता हूँ। इसी पर बात समाप्त हो जाती थी। काका चालाक थे। जब वे यह कहते तो पिता चुप हो जाते। उन्हें सारा नहीं चाहिए था। उन्हें कुछ भी नहीं चाहिए था। चाहिए था बच्चे के लिए।

पिता, काका और अमित में समझौता कैसे और कहाँ हुआ मुझे नहीं पता। यदि उन लोगों को या उनमें से किसी को भी यह पसन्द नहीं था तो उन्हें इस पर हस्ताक्षर नहीं करना था। यदि माना तो पूरी तरह मानना था।

पिता अपने हिस्से की गाँव की ज़मीन बेचना नहीं चाहते थे। वे कभी-कभी गाँव जाकर रहना चाहते थे। उनका अपना हिस्सा ही उन्हें उस गाँव से जोड़ता था। बिक जाने पर उन्हें उस गाँव घर से क्या जोड़ता? इसी से वे हिचकते थे।

अमित प्रकाश से उनका हिस्सा श्रीप्रकाश और अरुण प्रकाश ने उन्हें 7 लाख रुपये का भुगतान कर ले लिया है मुझे यह सूचना गाँव में 2015 के मार्च में अरुण से प्राप्त हुई थी। मेरा हिस्सा जैसी भी स्थिति में है उन्हें उस ज़मीन से जोड़े रहेगा। कम-से-कम सिद्धान्ततः। फिर भी चिरानीपट्टी की कथा का एक आधा-अध्याय समाप्त हुआ, कर्टसी अमित प्रकाश।

अपने गाँव का यांत्रिकी करण आरम्भ करने का श्रेय भी उन्हीं को है। उनके द्वारा ट्रैक्टर ख़रीदे जाने के कई साल बाद गाँव और आस-पास के गावों में लोगों ने कृषि-मशीनों को लेना आरम्भ किया।

नेवी में रहते काका को 'ओ माई गुड गाड जीसस क्राइस्ट' (या केवल 'ओ माई गुड गाड') कहने की आदत पड़ गयी थी। प्रायः कहा करते थे। यह उन्होंने अपने किसी अंगरेज़ या क्रिश्चियन अधिकारी या अन्य सहयोगी से सीखा होगा। धीरे-धीरे आदत पड़ गयी। पर वे शिव-भक्त थे। जब भी बनारस आते दर्शन करने ज़रूर जाते थे। कभी-कभी शिवरात्रि वगैरह के अवसर पर केवल दर्शन के लिए आते थे। बाद में केवल दर्शन के लिए बनारस जाने लगे। यह कार्य अब अरुण प्रकाश करते हैं।

इनके पुत्र श्रीप्रकाश और अरुण प्रकाश दोनों उच्च शिक्षा प्राप्त हैं। बड़े सुल्तानपुर में वकालत करते हैं। दूसरे खेती कराते हैं। कृषि की आधुनिक प्रणालियों में रुचि लेते हैं। इन दोनों के मिलाकर कुल पाँच पुत्र हैं। बड़े श्रीप्रकाश के आलोक और

आनन्द सिंह एवं अरुण प्रकाश के अभिषेक, अभिनव और आदित्य सिंह[4] हैं। सन् 1992 में लगभग 70 वर्ष की आयु में दिवंगत हुए।

काका बड़े कर्मठ व्यक्ति थे। जो निश्चय करते उसे पूरा करके ही दम लेते थे। उससे हटते नहीं थे। खूब काम भी करते थे। ज़रूरत पड़ने पर हर तरह का काम कर लेते थे। पढ़ाई छोड़ नौ सेना में न गये होते तो शायद बड़े शिक्षाविदों में होते। काकी का देहावसान 2008 में हुआ। उस समय हम दोनों अमेरिका थे।

सन्दर्भ और टिप्पणियाँ

1. राजनाथ सिंह खेतासराय (जिला जौनपुर) के या उसके आस-पास के किसी गाँव के थे। (बुआ की किसी बहन या भतीजी से उनका विवाह हुआ था)। वे बम्बई चले गये। पान की दुकान से दूध-मिठाई, कपड़े की दुकानें, रेस्ट्रां, होटेल आदि में एक-एक कर पैसा लगाते गये। प्रत्येक में सफल होते रहे। करोड़पति हो गये। मैरीन ड्राइव पर अपनी राजहंस (?) बिल्डिंग में रहते रहे। काका का इनके परिवार से सम्पर्क बना रहा। बम्बई में होने पर मिलते रहते थे।
2. *मनुस्मृति* और *अग्निपुराण* में एक श्लोक है।
शर्मा देवस्य विप्रस्य वर्म्मा त्राता चभूर्मृजः।
भूतिर्गुप्तश्च वैश्यस्य दासः शूद्रस्य कारयेत्।।
इसके अनुसार ब्राह्मणों के नाम का अंत शर्मा से, क्षत्रियों और राजाओं के नाम का अंत वर्म्मा से और वैश्यों एवं शूद्रों का नामांत क्रमशः गुप्त और दास होना चाहिए। इस श्लोक में त्राता का तात्पर्य क्षत्रिय (क्षतात् त्रायते इति क्षत्रियः अर्थात् क्षत (घाव) से, त्राण (रक्षा) करने वाला क्षत्रिय) है। नामांत के इस नियम का पालन व्यवहार में पूरी तरह भारतीय इतिहास में कभी हुआ नहीं लगता। अंग्रेज डॉक्टर ने सम्भवतः अपनी इसी जानकारी के तहत काका का नामांत बदला लगता है।
3. काका *हंस* पढ़ते थे। असम्भव नहीं कि उनकी यह गर्वोक्ति 'वे घर आ रहे हैं' (*हंस*, जून-जुलाई, 1945) से किसी हद तक प्रभावित रही हो।
4. काका इन तीनों को क्रमशः जिम्मी, लिंकन और केनेडी (प्रेज़िडेण्ट्स कार्टर, लिंकन और केनेडी) के नाम से बुलाते रहे। धीरे-धीरे यही उनका गाँव-घर का नाम हो गया।

परिशिष्ट-1 : चौहान वंश वृक्ष (शाकंभरी)

वासुदेव (वि.सं. 608)

(1) सामंत

↓

(2) नरदेव या नृप

(3) जयराज, (4) विग्रहराज प्रथम

(5) चन्द्रराज प्रथम, (6) गोपेन्द्रराज, (7) दुर्लभराज (वि.सं. 850),

(8) गोविन्दराज या गूवक प्रथम,

(गोविन्दराज द्वितीय), (9) चन्द्रराज द्वितीय (वि.सं. 900-925),

(10) गूवक द्वितीय (925-50), (11) चन्दनराज (वि.सं. 950-975)

(12) वाक्पति राज प्रथम (वि.सं. 975-1000)

↓

(13) विंध्यराज → (15) विग्रहराज द्वितीय (वि.सं. 1030)

(14) सिंहराज (वि.सं. 1007 (?) → (16) दुर्लभराज द्वितीय (वि.सं. 1055-56)

(15) लक्ष्मणराज (1013) → चन्द्रराज

वत्सराज → गोविन्दराज

(17) गोविन्दराज तृतीय

↓

(18) वाक्पतिराज द्वितीय (वि.सं. 1056-75)

(19) वीर्यराम (वि.सं. 1075-95)

(20) चामुण्डराज (वि.सं. 1095-1120)

(21) सिंहट

(22) दुर्लभराज तृतीय (वि.सं. 1120-36)
↓
(23) विग्रहराज तृतीय (वि.सं. 1136-55)
↓
(24) पृथ्वीराज प्रथम (वि.स. 1155-1162)
↓
(25) अजयराज (अजयदेव) (वि.सं. 1162-89)
↓
(26) अर्णोराज-आनक-आनल्लदेव (वि.सं. 1189-1208)
↓

(27) जगद्देव (वि.सं. 1208)

(28) विग्रहराज चतुर्थ (वि.सं. 1208-24)

देवदत्त

(31) सोमेश्वर (वि.सं. 1226-34)

(29) पृथ्वीराज द्वितीय (पृथ्वीभट)

(30) अपर (अमर) गांगेय

(32) पृथ्वीराज तृतीय[1] (वि.सं. 1234-1248)
↓
(33) गोविन्दराज चतुर्थ

(34) हरिराज (वि.सं. 1251) (संस्थापक राणथंभोर शाखा)

1. पृथ्वीराज तृतीय का जन्म 1165 और मृत्यु 1193 ई. मानी जाती है—कुल जीवन 28 वर्ष

परिशिष्ट-2 : चिरानीपट्टी का दूसरा वंशवृक्ष

- नरवाहन साहि
  - चोप सिंह
  - दसवंत सिंह
    - अहलादी सिंह
    - पहलादी सिंह
      - महाबल सिंह
      - वनवासी सिंह
      - गन्धू सिंह
  - खुसियाल सिंह

महाबल सिंह और वनवासी सिंह के परिवार चिरानीपट्टी में हैं। गन्धू सिंह का नाम लोग इसलिए नहीं लेते कि लड़कों पर बुरा असर पड़ेगा। इनसे लेकर चिरानी पट्टी के सब वंशज दोनों में समान हैं। प्रथम वंश वृक्ष मुझे सचाई के अधिक समीप लगता है। यह वंश वृक्ष अरुण प्रकाश सिंह को किसी दूसरे गाँव से (अहलादी सिंह के वंशजों से) प्राप्त (?) हुआ था। अखंड प्रताप सिंह की बनाई वंशावलियों में भी यही है।

परिशिष्ट-3 : आँसू

(प्रकाशकीय)[1]

आँसू के इस दूसरे संस्करण में, छन्दों का क्रम कुछ बदल दिया गया है। कुछ छन्द और भी जोड़ दिये गये, जो पहले संस्करण के बाद लिखे गये थे।

श्रावण पूर्णिमा, '90 प्रकाशक

वाचक

अशिष्टता नहीं न स्पर्द्धा का भाव। एक ही विषय पर बहुत लिखा जाता है। उसमें व्यक्तित्व की खोज करनी चाहिए। प्रसादजी मेरे पूजनीय हैं। प्रतिस्पर्द्धी नहीं। फिर ऐसा करना मेरी दीनता भर है।

17-12-35 *त्रिलोचन*

(पिता त्रिलोचन के आँसू के चार छन्द परिशिष्ट के लिए पर्याप्त हैं[2]। चौकोर कोष्ठकों में दिये शब्द मेरे हैं—ले.)

दिन गये, रात भी आयी
हँस [कर] ले गयी बिदाई
मैं भौचक समझ न पाया
ये घटनाएँ दुखदाई! पृ. 3

[रातों] दिवसों की पल पल की
घड़ियों घड़ियों की बातें

1. यह शीर्षक मैंने दिया है। पुस्तक में नहीं है। (लेखक)

2. प्रसाद जी के छन्द देने आवश्यक नहीं। पृष्ठ संख्या उनकी पुस्तक की है।

जलदों सी हृदय-गगन में
छा, कर जातीं बरसातें। पृ. 4

जीवन की जटिल क्रियाएँ
रह रह जंजाल बढ़ातीं
उस विमल व्योम के उर में
नित नीरद नये चढ़ातीं। पृ. 4

है भार बढ़ा जाता ही
पाता न सहारा कोई
आभार कहूँ किसका मैं
जाती यह धारा सोई। पृ. 5

परिशिष्ट-4 : पिता का विवाह-विषयक पत्र

C/O श्री राधाकृष्ण जी, भट्टाचार्जी लेन,
राँची (बिहार) : 25/6/1959

प्रिय जय,

इस बार तुम्हारे पत्र के लिए मैं अधीर हो उठा था। मुझे 22/6 का पत्र मिला। यह जानकर हर्ष हुआ कि मुन्ना की तबीयत ठीक है और चुन्नू भी अच्छा है। असल में घर से दूर रहने में अनेक दुश्चिन्ताएँ मन को घेरती हैं। वैसे इनसे कुछ आता जाता नहीं पर इनकी सत्ता तो अनिवार्य है। पत्र बराबर देते रहो।

तुम्हारे काका का कार्ड 22/6 का मिला, इस कारण, तुम्हारी कई बातों का उत्तर अब अनावश्यक होगा। कुंडली की जन्मतिथि के विषय में परेशान होने की जरूरत नहीं। लड़की अवस्था में तुमसे छोटी है, यह मैं अच्छी तरह जानता हूँ। मेरी बात मानो।

ज्योतिषी दुहरे अर्थ में बातें कहा करते हैं; इस कारण ज्योतिषियों पर अधिक विश्वास करना ठीक नहीं। और भाई, स्त्री को कर्कशा उसके पति के प्रसंग में नहीं कहा जाता। अपने पति से स्त्री एकदम खुली रहती है। अपनी बातें अपने पति से मनवाने के हजार उपाय स्त्री जानती है; कर्कशा उसे कहा जाता है दूसरों के प्रसंग में। इसमें पड़ोसी और घरवाले दोनों आ जाते हैं। स्त्री का स्वभाव ससुराल में धीरे-धीरे खुलता है और फिर भी उसे भय रहता है। यही भय उसके स्वभाव में लचीलापन लाता है।

रही किसी के दबाव में न रहने की बात। आज कौन किसके दबाव में रहता है। पति-पत्नी तो एक-दूसरे के लिए बहुत कुछ करने को तैयार रहते हैं। यही बात दोनों को सँभालती है और दोनों को उचित मार्ग पर लगाती है।

और उग्रता तुम्हारे स्वभाव में भी कुछ तो है ही। सोचना। इस उग्रता से हमेशा तो काम नहीं चलता। मेरे स्वभाव में भी है। तुमसे छिपा क्या है? मनुष्य स्वभाव की सभी बातें काम की होती हैं। किसी को अच्छा और किसी को बुरा कहना ठीक नहीं।

अब एक अत्यन्त काम की बात। अपने मन को नये वातावरण के लिए तैयार करो। सारी शंकाएँ और धारणाएँ जो तुम्हारे लिए अवरोधक हों मन से निकाल फेंको।

अपनी पत्नी को सदा प्रेम पूर्ण व्यवहार दो। आरम्भ के कुछ दिन बहुत महत्त्व के होते हैं। इन्हें क्षण क्षण की सतर्कता से देखना चाहिए। अनेक तरह की बातें आती हैं उनका उत्तर बहुत सँभाल से देना चाहिए। उसको अनुभव हो कि तुम उसे सम्पूर्ण हृदय से प्यार कर रहे हो। कहीं कुछ भी भेदभाव नहीं है। पहली ही दृष्टि में तुमसे यह व्यवहार पाकर वह निहाल हो जायेगी और फिर न केवल लोक दृष्टि में, अपने अभ्यन्तर में भी वह तुम्हारी हो जायगी। अवसर जान कर यह सब तुम्हें लिख रहा हूँ। किसी के हृदय पर अधिकार करना बहुत कठिन कार्य है।

कोई लड़की जब माँ-बाप का घर छोड़कर ससुराल जाती है तब उसे अनेक अभाव कचोटते हैं; जैसे पिता का स्नेह, माँ का दुलार और भाई का अपनाव। पति बिना कहे इन सब अभावों की निःशब्द पूर्ति करता है।

एक बात ध्यान में रखना; शिक्षा दुःख की अनुभूति को और गहरा कर जाती है। तुम इस बात को ध्यान में रखते हुए प्रेम और सदाशयता पूर्ण व्यवहार रखना।

इस बार मुझे उपदेश देने का अप्रिय कार्य करना पड़ा है। यह आवश्यक था इसी कारण यह सब लिखा। कल मैं कलकत्ता जा रहा हूँ...लौटते समय...काशी आने की सोच रहा हूँ। तुम लोगों को देखे भी तो एक अरसा हुआ।

तुम्हारे काका का पत्र न मिला होता तो तुम्हारे पत्र का उत्तर इससे भिन्न होता। अब देखता हूँ कि उत्तर में दो एक दिन का विलम्ब बुरा नहीं।

स्वस्थ और सानन्द रहो। चुन्नू और मुन्ना को बहुत प्यार।

तुम्हारा
त्रि.

इस पत्र से स्पष्ट है कि जून के अंत में काका काकी गाँव से बीमार मुन्ना (श्रीप्रकाश) को इलाज के लिए लेकर आये थे। उसी समय उन्हें विवाह की चल रही इस बात का पता चला। इसी समय वे समय पा कभी मुझसे छात्रावास मिलने आये और दैवकृपा से उन्हें उस देवी के दर्शन का मौका मिला।

मुझे यह पता नहीं कि उन्होंने अपना पत्र उसे देखने के पहले लिखा था या उसे देखने के बाद लिखा। ऐसा लगता है कि उसे देखने के बाद लिखा होगा।

अपने (16.6.1959) के पत्र में पिता ने कुंडली श्री रतिनाथ झा या श्री विश्वनाथ त्रिपाठी को दिखाने के साथ ही 'गणना' बैठने की स्थिति में काका की बात चन्द्रबली सिंह से कराने का सुझाव मुझे दिया था। काका को माँ से सारी बात आने पर पता चली होगी। यह भी कि बात उन्हें ही करनी पड़ सकती है फलस्वरूप उन्होंने पिता को लिखा होगा। गणना की बात किसी पत्र में नहीं है। शायद बैठ रही होगी।

जो पत्र खो गया उसमें भी पिता ने लड़की को अच्छी तरह जानने की बात लिखी थी। तब मुझे आश्चर्य हुआ था कि कैसे अच्छी तरह जानते हैं। फरवरी 2015

में, गाँव में *रोजनामचा-1950* पढ़ा। इससे सब स्पष्ट हो गया। पिता उसे सितंबर 30 से पढ़ा रहे थे, और अनिच्छा से पढ़ा रहे थे। इसे 'गले का ढोल' भी कहा है (*रोजनामचा*, पृ. 183, 186, 200 वगैरह)। न चाहते हुए भी मना नहीं कर पा रहे थे। मुझे लगता है कि सिंह साहब ने पिता के संकोच का फायदा आगे भी उठाने का इरादा तभी कर लिया होगा। किसी को पढ़ाना एक बात है। किसी को पढ़ाने मात्र से उसे अच्छी तरह नहीं जाना जा सकता। कोई नहीं जान सकता। बच्चे को पढ़ाने वाला तो और भी नहीं।

पिता बेटों को उपदेश नहीं देते। उन्हें समझाते हैं, यही वे कर भी रहे थे। यह और बात है कि बेटे समझते हैं या नहीं। कम-से-कम मैं उनके समझाने से इस मसले को समझने वाला नहीं था।

खो गये पत्र के सम्बद्ध पैराग्राफ में पति-पत्नी के सम्बन्ध की बातें थीं। क्या करना चाहिए, क्या नहीं करना चाहिए। इस पत्र के दूसरे-तीसरे पैरा से अनुमान हो सकता है कि विवाह की बात हो रही है या चल रही है। पर उस पत्र में कुंडली, ज्योतिषी वगैरह का कोई उल्लेख नहीं था। केवल उसी पत्र के आधार पर जो अनुमान उषा कर बैठी थी, शायद वह सही था उसकी नजर में, क्योंकि उसे उतना ही पता था। मुझे चूँकि सारा कुछ पता था इसलिए उसका सन्देह मेरी समझ से बाहर था। यह वही लड़की थी जिसने इतना सब मेरे बारे में सुनते हुए भी सुनी-सुनाई बातों पर विश्वास न करते हुए, मुझे जितना देखा और समझा उसी का विश्वास किया था, मात्र अपनी आँखों देखे का। मुझे इस पर सोचते बाद में थोड़ा आश्चर्य भी हुआ। इस विवाह की बात टूटने के विषय में पिता ने मुझसे या माँ से कभी कुछ नहीं कहा।

परिशिष्ट-5 : बधाई-पत्र

कवि, लेखक, परिवार के सदस्य, भाई, ज्येष्ठ मित्र वगैरह श्री विष्णुचन्द्र शर्मा ने हमारे विवाह के बाद हमें एक बधाई पत्र भेजा था। सम्बद्ध अंश निम्न है।

जे-143 सरोजनी नगर
न्यू देलही-23
21.2.68

प्रिय जय,

शादी में कैसे लगे थे दूल्हे बन कर! और अब सुबहें और शामें कहाँ और कैसे कटती हैं?

बैचलर आदमी पत्रहीन फागुन का दरख़्त होता है।

फागुन

साँस रोके
मैं
तुम्हारी देह का शृंगार करने को
पत्रहीन दरख़्त सा हूँ।

और अब यह ''मैं'' तुम्हारा है। एक खास सन्दर्भ में ही उसकी सम्भावना है।

विष्णुचन्द्र
तुम्हारा

परिशिष्ट-6 : पिता का पत्र जोरहाट से

जोरहाट
28.5.1969

प्रिय जय,

मुझे श्री ब्रह्मदयाल सिंह के गाँव, मझरिया, में कई दिन रुक जाना पड़ा। कारण उनका लड़का, सुरेन्द्र, निश्चित दिन को गाँव नहीं आ सका था। जब वह आया तब जाने की तैयारी हो चुकी थी, यानी वह न भी आता तो हम लोग प्रस्थान कर देते। उसके न होने पर श्री ब्रह्मदयाल सिंह के पितृव्य भाई श्री रवीन्द्र नाथ सिंह साथ रहते। दो एक दिन के विलम्ब हो जाने पर पूर्व निश्चय के अनुसार हम लोग सुरेन्द्र के ही साथ आये। श्री ब्रह्मदयाल सिंह हमें बरौनी तक छोड़ने आये। बरौनी में समझा कि उनका आना कितना आवश्यक था। वे न आते तो गाड़ी आकर चली जाती और हम रह जाते। उन्होंने तीन बर्थ के लिए पैसे अग्रिम दिये थे, प्रबन्ध दो का हुआ। एक का पैसा लौटा। रात में आराम से सोए। पैसे का अनुचित लेन-देन इतना खुला खुला चलता है ट्रेन में कि अनुचित कहना अनुचित जान पड़ता है। ट्रेन का आराम भी कहने को आराम है जब यात्रा लम्बी और चौबीस घंटे से अधिक समय लेने वाली हो। हम लोग लखनऊ-गुवाहाटी एक्सप्रेस से आये जिसकी मंजिल गुवाहाटी तक थी। सूचना ट्रंक काल द्वारा पटना से और तार द्वारा बरौनी से जोरहाट दी गयी थी। प्लेटफार्म पर गाड़ी रुकी तो ठाकुर सरजू प्रसाद सिंह और उपेन्द्र मिले। गुवाहाटी से जोरहाट तक कार की यात्रा रही। अपनों का साथ, रात का शीतल समय सारा कुछ अच्छा, बहुत अच्छा लगा। साढ़े पाँच पर चलकर दो बजे रात घर पहुँचे। कार सरजू बाबू चला रहे थे। सड़क कई-कई जगह खराब थी। एक जगह पुल कुछ भरोसे का न था, वहाँ कोई घंटा भर समय गुज़र गया। यह दो सौ मील यात्रा सुन्दर स्वप्न सी लगी। बेबी को रात में ही दिखाया। देख कर प्राण तृप्त हुए। समझा ममता का बन्धन कहीं भीतर-भीतर दृढ़ से दृढ़तर हो गया। उस क्षण की अनुभूति अकथनीय थी कि समझ केवल देखती रहे। बेबी जगी थी या जगाई गयी थी पर उसके मुँह, आँख और शरीर में अनपहचान या अजनबीपन न था। मेरी गोद में आयी तो मुझे रोमांच हो आया, भीग चली आँखों को बल से नियंत्रित किया।

आज बुधवार है। शनिवार की रात हम यहाँ पहुँचे। तत्काल तुम्हें नहीं लिख सका और आज का लिखा भी तुम्हें तीन-चार दिन बाद मिलेगा। जानता हूँ तुम, अमित, तुम्हारी माँ सब व्यग्र रहेंगे। मेरे लिए जितनी ममता तुम्हारे दिलों में है वह तुम्हें बेचैन करती रहेगी। मनुष्य की चेतना की यही विवशता है। तुम्हारी माँ, मैं समझता हूँ, अपने ढंग से अच्छी तरह होंगी। अमित को मेरा प्यार। उसे, हो सके तो, कुछ समय रोज़ दो। अनबोले से बच्चे कुछ का कुछ समझ सकते हैं। हमारी आँख तले वे स्वतंत्र साँस लेते हुए विकास करें, प्रसन्न रहें, इससे अच्छा और क्या होगा।

तुम अपनी थीसिस में लगे होंगे। निरन्तर लगन काम पूरा करती है और क्या कहें। स्वस्थ और सानन्द रहो।

सस्नेह
त्रिलोचन

पुनश्चः

मैं अच्छा हूँ। चिन्ता यही है कि यहाँ कोई चिन्ता नहीं है। उषा भी स्वस्थ और सानन्द है। उपेन्द्र, नागेश अच्छी तरह हैं। नागेश स्कूल जाते हैं। रमेश बाबू अपने कालिज में हैं। उन्हें अभी नहीं देखा। इस बीच इनके खेत और बाग देखे। अच्छा प्रबन्ध है। प्रबन्ध और अच्छा किया जा सकता है, यह ठाकुर साहब कह रहे थे। उनमें संकल्प और उत्साह दोनों भरपूर हैं। कहाँ मिलते हैं ऐसे आदमी। मैं तो उनका भक्त हो गया हूँ। आज से नहीं, जब पहले मिला तब से। किमधिकम्।

त्रिलोचन

परिशिष्ट-7 : उषा का पत्र

(21 अगस्त 1972)

(यह पत्र लिख कर बेडरूम में रेडियो पर रख दिये जाने वाले पत्रों में से है। तारीख अंत में दी है। इससे उनका दृष्टिकोण स्पष्ट है।) यहाँ एक 'पी एस' है : ''ग़रीब लोगों की बात बड़े लोग ध्यान से सुनते हैं। समय बर्बाद कर पढ़ लीजिएगा।''

जय प्रकाश जी,

मुझे पता है ये चिट्ठी आपको अच्छी नहीं लगेगी। ऐसी लिक्खी कई चिट्ठियाँ आपने फाड़ दी हैं। पर इसे मैं चाहूँगी कि आप न फाड़ें। पढ़ कर रेडियो पर रख दें। मैं आपसे कुछ कहना चाहती थी। पर मैं जानती हूँ आप सुन नहीं पाते हैं। जो समझदारी मैंने आपसे एक्सपेक्ट की थी वो आप में नहीं है। किसी को सांत्वना देना, किसी का मोरेल हाई करना, किसी को राय देना इत्यादि बातें आप नहीं कर सकते। आपकी पत्नी ने भी आपको एक समझदार दोस्त के रूप में कम ही देखा [है]। उससे [इससे] आपको दिलासा जरूर मिलती होगी पर साथ रहने वाले का दम घुटता है।

आपके सारे परिवार ने मुझे एक मिज़रेबल स्टेट में खींच के रख दिया [है]। जो मैं नहीं हूँ वो मुझ पर ज़बरन थोपा जा रहा है। आपके पिताजी ने बिड़ला के अवधेश प्रधान को अपनी डायरी पढ़ाई है जिसमें उन्होंने यही लिखा है कि उषा ने जय से ये कहा, ये करवाया इटीसी [आदि], अर्थात् दोष मुझमें है। मैंने ही तुम्हें उभाड़ा। उनके लिए तुम अच्छे हो। सब जानते हैं तुम चुप हो सीधे है [हो]। मैं बहुत बोलती हूँ। मेरे वश में तुम आ गये, वैसे तुमने कुछ भी नहीं किया। और उन लोगों ने तो खैर कुछ किया ही नहीं। उस दिन तुम्हारे चाचा के सामने भी मैंने ही शिकायतें कीं, क्योंकि मेरे ही ग्रीवैन्सेज थे। तुम्हें किसी प्रकार [की] ग्रीवैन्स नहीं, तुम चुप रहे। ये दूसरा प्रमाण है कि तुम सीधे हो, मैंने जबरन तुमसे सब कुछ करवाया। तुम्हारे चाचा भी यही सोचेंगे। तुम्हारे घर के लोग भी जब जानेंगे कि जय ने कुछ नहीं कहा वही बोल रही थीं तो उन्हें भी खुशी होगी, अपने कनविक्शन पर

कि उषा ने ही सब कुछ बिगाड़ा [है]। खैर ये सब बात आप सब समझदार लोगों की पर्सनल बातें हैं।

मेरी बदनामी होने से किसी को क्या फर्क पड़ता है। वो लोग कुछ भी लिखें, प्रचार करें, आप चुप देख सकते हैं क्योंकि इससे कोई मैटीरियल क्षति तो होती नहीं। और प्रेस्टिज और इज्जत किसी गैर आदमी की क्या होती है? हाँ इन सबसे कुलबुलाते मेरे बच्चे अगर वो बड़े होते, मेरे माँ-बाप आदि, जो जानते हैं मैं क्या हूँ।

बहरहाल मुझे ये सब मंजूर था और इन सबका सामना करने का हौसला मैं रखती थी अगर तुम कुछ तसल्ली देते मुझे। बटनाउ आई ऐम टायर्ड आफ़ दीज़ थिंग्ज़। मैं भाग जाना चाहती हूँ कहीं और किसी के पास जो मुझे हँसा कर हल्का कर दे। अकेले शायद मैं नहीं रह सकती पर अब कोई और भी व्यवस्था मैं नहीं कर सकती। मज़बूर हूँ अपने संस्कार से, वफादारी से, ईमान से। हमने [मैंने] कभी नहीं चाहा कि आपको परेशान करूँ, तकलीफ़ दूँ, पर आपने भी शायद मुझे नहीं समझा। इसलिए घर की रोजमर्रे की मामूली परेशानी पर आप क्रुद्ध हो जाते हैं। मेरे इतने [ना] कहने पर ही कि बैठे-बैठे चाय मिल रही है आप कुछ और अर्थ लगा बैठते हैं। मैं ये कभी नहीं चाहती कि मैं बैठी रहूँ और आप काम करें। अगर यही भावना मेरे में होती तो मैं औरत नहीं होती। पर आप देख रहे हैं इतने दिनों से सुबह उठ कर काम में लग जाने पर 10 बजे तक मैं इन्हीं सब में उलझी रहती हूँ। इसका मुझे अफ़सोस नहीं, पर जब बहुत थकान हो जाती है और सोचती हूँ कि कोई हेल्प कर देगा तो जल्दि [ल्दी] हो जायेगी, तभी मैं आपसे कहती हूँ और कई बार कहने पर आप करते भी हैं। पहली बात तो कहना ही अच्छा नहीं लगता, दूसरी बात की [कि] बहस करने से मैं सदा से चिढ़ती आयी हूँ। ये तो खुद देखने वालों को [का] कंसीडरेशन होना चाहिए। कहने की तो जरूरत ही नहीं पड़ती [पड़नी चाहिए]। मैं कभी एक आम हसबैंड-वाइफ़ की तरह जिन्दगी नहीं बिताना चाहती जिनमें अंडरस्टैंडिंग न हो, प्यार में कोमलता न हो, सिर्फ इतने का ज्ञान रहे कि हम पति हैं और ये हमारी पत्नी हैं। गनीमत है कि ऐसा सम्बन्ध आपका मेरा रहा ही नहीं, पर लगता है आप उसी तरफ खींच लिए जाना चाहते हैं। ज़रा इस विषय पर सोचीयेगा [सोचियेगा] कि ये कहाँ तक सही है। पर आप शायद नहीं सोच पायेगें क्योंकि आप लोग रीज़निंग को कम [और] हेडस्ट्रांगपने को ज्यादा समझदारी समझते हैं। मैं समझ नहीं पाती अपने से सम्बन्धित बातों को [का] स्वयं लोग उससे परे हटकर उनका विश्लेषण क्यों नहीं कर पाते? मैं अपनी हरकतों को निष्पक्ष होकर देखने का यत्न करती हूँ। इसलिए मैं ये भी कह देती हूँ कि मैंने ये चीज़ ग़लत नहीं की और ग़लति [ती] नहीं हुई तो क्षोभ-पश्चाताप होने का प्रश्न नहीं उठता। आप यही बताइये कि आपने बरतन ही माँज दिये तो आप कौन से छोटे हो गये या कौन सा मैंने आपका अपमान किया। आपने कई काम हमारे किये हैं पर बताइए कितने

[नी] बार लाइटली आपने उसे अपना ही काम समझ कर किया है। हर काम करने के बाद आप अजीब सी शक्ल बना लेते हैं। आप गुस्से हो जाते हैं। पहली बात तो मैं हमेशा चिरौरी करके आपसे कोई काम करने को कहती हूँ, फिर आप करते हैं तो आपका मनावन करना पड़ता है। कल ही आपने कहा था कि मैं सब काम कर दूँगा। मैंने सिर्फ देखने के लिए कि आपको अपनी कही हुई बात कितनी याद रहती है मैंने आपको उठाया नहीं, नहाने के लिए आप बाहर नहीं जा रहे थे पानी कबका आ गया [था]। आप उठे नहीं तो मेरा काम क्या कर देते। अकेले (?) दोपहर में कालेज के बाद मैं भी आकर सोती हूँ। मुझे चिन्ता रहती है कि चावल साफ करना है आदि। स्वतः नींद खुल जाती है। मैं नहीं चाहती कि आपको ऐसी चिन्ता रहे पर कथनी और करनी में तो फर्क नहीं होना चाहिए। ये टालने की आदत मैं पसन्द नहीं करती। अगर कहा तो कर दिखाना चाहिए। खैर मेरे जगाने पर आप उठे तो और काम भी किया। पर कैसे आप गुस्से हो गये? आपके इसी बेबुनियाद व्यवहार पर मुझे कुछ अफसोस के साथ हँसी आयी। पर आपको मेरी शक्ल से इतनी घृणा हो गयी शायद इसीलिए आपने वाश बेसिन में इतने जोरों से थूका। कप आपने रक्खा नहीं, टेबल पर पड़ा ही रह गया, क्यों? इसीलिए कि आप अपने कामों के लिए भी एलर्ट नहीं। यू एक्सपेक्ट ईच एंड एव्री लिटिल थिंग फ्राम मी। उस दिन रात को...मैंने मना कर दिया। आप सुबह तक गुस्से रहे। आप जानते हैं मैं इतना थक जाती हूँ कि रात 10 बजे सोने के बाद सुबह 7 बजने में 10 मिनट रहने तक मुझे बिल्कुल होश नहीं रहता। फिर ये प्यार कैसा? ये तो एन्ज्वायमेण्ट का माध्यम बन गया है ये अपने आप से पूछिएगा? प्यार तो हर हाव भाव में, हर वक्त टपकता है और उस विशेष क्षण की पहले आवश्यकता तो नहीं पड़ती थी। स्वतः प्यार में जब चाहें हो जाता था। और शायद ज्यादे सन्तोष भी मिलता था। मैं हर चीज़ के लिए हमेशा तैयांर रहूँ पर आप याद कीजिए आपने कितने [नी] बार अपनी इच्छा से कहा कि चलो घूमने, दूर कहीं नहीं, सिर्फ इसी सामने की सड़क पर ही चलने के लिए। कभी साथ बैठने के लिए ही कब तुमने आग्रह किया। उस दिन पिक्चर भी ले गयी तुमको जबरन तो पूरे टाइम कैसे मूड में तुम रहे? मेरी ज़िंदगी की वो पहली पिक्चर थी जब शायद किसी के रहते हुए भी यही लगा कि मैं अकेले ही बैठे देख रही हूँ। तुम अब मुझे हर समय हर चीज में यूँ ही अकेला छोड़ना चाहते हो क्योंकि तुम मान कर चलते हो सबकी जिन्दगी ऐसे ही होती है। नयी तरह जीने की तुम्हारे में इच्छा नहीं। पर मैं एक हेल्दी, नार्मल लाइफ जीना चाहती हूँ, एक समझदारी से भरी जिन्दगी। मध्यम वर्ग के आम लोगों की तरह खाती-पीती, घसीटती, जिन्दगी नहीं। ऐसा मौका ही क्यों आये कि तुम्हारे रहते मुझे अकेला लगे। मेरी बातें शायद तुम नहीं समझ सकोगे क्योंकि तुम्हारा टेम्परामेण्ट दूसरा है। शादी न हुई होती तो शायद समझते मेरी बातों को। कम-से-कम ऐसा तो व्यवहार मत करो कि मैं तुमसे

डरने लगूँ। डरना तुम्हारी मार से नहीं पर कलह, बहस से। मैं इन सबसे बहुत बचना चाहती हूँ, और इन्हीं को अवायड करने के लिए मैं तुमसे बात ही न करूँ डर से कि पता नहीं किस चीज़ का क्या अर्थ हो? या अब फिर बहस हो जायेगी। पति तो हो ही, एक समझदार दोस्त और लवर भी तो बने रहो। क्या लाइफ मैच्योरिटी, हारमनी और हँसी से भरी नहीं हो सकती? मेरी बातें तुम्हें बकवास लगेंगी, क्योंकि बहुत कम लोगों के पास धैर्य होता है बकवास को भी सुनने की कोशिश कर बकवास करने वाले के दर्द [को] समझने की कोशिश कर [ने का]।

ये बातें मेरे मन की सच्ची बातें हैं व्हिच आई फील ऐंड आई ऐम [इन] नो वे अशेम्ड ऑफ टु स्पीक देम आउट।

ये सिर्फ मेरी तरफ से ही कोशिश है किसी ऐग्रीमेण्ट पर पहुँचने की। तुम तो गुस्से हो तो इट इज़ बिलो योर डिग्निटी आफ हसबेण्डहुड टु कम टु टाक टु मी।

यूसिंह।

पीएस (पुनश्च) : आज आपका परिवार मेरी धज्जियाँ उड़ा रहा है और आप भी अपने तरीके से मुझे दुखी कर रहे हैं शायद इसलिए कि मैंने शादी की आपसे। मैं चालाक नहीं थी। मैं नहीं जानती थी कि दुनिया में ऐसा भी होता है। मैंने बचकानी हरकत की, नहीं अपने घर के लोगों को कुछ सोचने दिया। इन्हीं सबका शायद ये नतीजा है कि मैं चारों ओर से अपने को असहाय पाती हूँ। बस, जब अपनी लड़की का ध्यान आता है तो मन खुश हो जाता है। ज़रा सोचिए आपने मुझे ही क्यों चुना। [?]

टू - जयप्रकाश सिंह
21 अग, 1972

नोट : चौकोर कोष्ठकों में दिये शब्द वगैरह मेरे हैं। इनके जरिए मैंने उनकी कुछ भूलें सुधारी हैं। इस पत्र का आरम्भ और समापन मेरे परिवार से हुआ है। शेष सारी शिकायतें मुझसे हैं। मैं कुछ कर नहीं पा रहा था। सब मेरी ओर देख रहे थे। मैं अपनी कमजोरी अपनी चुप्पी से ढके हुए था। अपनी-अपनी जगह हम सब परेशान थे। हम सब, हमारे परिवार सहित, उषा जैसी लड़की के लायक नहीं थे। गलती मेरी थी, सिर्फ मेरी। मैंने कोई पत्र कभी नहीं फाड़ा। यह इलज़ाम उन्होंने ग़लत लगाया है।

परिशिष्ट-8 : पिता का कार्ड

मोती महल, दारागंज
प्रयाग : 17/1/46

प्रिय जय,

तुम मेरे पत्र का उत्तर नहीं दे सके। यह जवाबी कार्ड भेज रहा हूँ। शीघ्र उत्तर दो।

1. तुम वहाँ पढ़ने जाते हो कि नहीं?

2. तुम्हारी तबीयत वहाँ लगती है या नहीं?

यदि वहाँ तुम्हारा मन न लगता हो तो निःसंकोच लिखो, मैं किसी और जगह तुम्हें रखूँगा।

पृष्ठभाग	**पता**
शीघ्र उत्तर देना। मैं तुम्हारा समाचार पाने के लिए अधीर हूँ। स्वस्थ और प्रसन्न रहो। सबको नमस्कार कहो। त्रिलोचन	श्री जय प्रकाश सिंह C/o ठा. अछैबर सिंह, ग्राम : अखईपुर, P.O. केराकत, जौनपुर, यू.पी.

नोट : इस पत्र में उल्लिखित पूर्व पत्र का मुझे ध्यान नहीं है। सम्भव है मेरे देखने में न आया हो अन्यथा वह भी मेरे बैग में होता। इस जवाबी कार्ड का उत्तर देने से पहले ही अखईपुर से मेरा पलायन हुआ, इसके मिलने के एक-दो या तीन दिन में ही। पिता भी किसी वजह से इसी समय के लगभग बनारस आये हुए थे। इसी से इतनी जल्दी गाँव पहुँच गये।

परिशिष्ट-9 : एफडी सर्टिफिकेट्स की कथा

पिता, दोनों एफडीज़ का पैसा अमित को देना चाहते थे। और उन्होंने उन्हें मुझे अपने पास रखने को कहा। अंततः उनके (अमित) अपने व्यवहार के कारण इन पर उनका दस्तखत नहीं हो पाया और एफडीज़ मेरे साथ घूमते रहे। शिलांग गये तो उन्हें एक लिफाफ़े में रख कर एक फाइल में डाल दिया। 2002 के जून में मेरा सामान शिलांग से बनारस शिफ्ट हो गया और एक हाल में डम्प कर दिया गया। एफडीज़ का ध्यान नहीं रहा। जब याद आयी तो याद ही न आये कि कहाँ रखा है। किस फाइल में है। लॉकर में है। या शिलांग में है (वहाँ मेरा कुछ सामान अभी पड़ा था)। सम्भावना यही थी कि होगा यहीं किसी फ़ाइल में। पर किसमें?

पिता ने वैभव होटल में मुझसे सर्टिफिकेट्स भेजने को कहा था। उसके बाद मैंने एक दो बार फाइलें फिर उलटी-पलटी। सर्टिफिकेट्स नहीं मिले, तो छोड़ दिया। उषा के अमेरिका से आने के बाद लॉकर में भी देख लिया। उसमें भी नहीं। उषा बार-बार यही कहती, 'हमारे घर में काग़ज़ की एक चिट तक तो खोती नहीं यह तो सर्टिफिकेट है। खोजो। याद करो कहाँ रखा था? जैसी तुम्हारी आदत है हर चीज़ लिफाफ़े में डाल देते हो, वैसे ही किसी लिफ़ाफ़े में डाल कहीं छिपा दिया होगा, किसी सड़ी सी फाइल में? सारी देखो।' मैंने कहा, 'सारी देख लीं। रुपये पैसे से सम्बन्धित जितनी फाइलें थीं सब देख लीं। किसी में नहीं है।'

पिता रहे नहीं। चले गये। अब अमित का यह पैसा उन्हें मुझे देना था। मेरी चिन्ता बढ़ी। अब मुझे इसे उन्हें दे छुट्टी पानी थी। मेरी बदनामी का घड़ा भर चुके थे। पर मैं कितना भी ज़ोर दिमाग पर डालूँ मुझे कुछ भी याद न आये कि सर्टिफिकेट्स आखिर रखे तो कहाँ। फिर उषा भी नहीं रहीं। वे भी चली गयीं। अब मैंने एक-एक कर सारे काग़ज़ नष्ट करने शुरू किये। इनमें पुरानी चिठ्ठियाँ, अधूरे पड़े रिसर्च पेपर्स, विश्वविद्यालय (बी.एच.यू.) से हुए उषा के और मेरे झगड़े के तमाम पेटिशंस और पत्र व्यवहार, लिफाफे वगैरह सबके सब फाड़े जाते रहे। कुछ देखकर और कुछ बिना देखे फाड़े गये। इस क्रम में आठ-दस विभिन्न विश्वविद्यालयों के आये चेक भी फाड़े गये। ये भी दबते गये थे और भुनाए नहीं जा सके थे। अब फटने के बाद मिले तो मैंने इन्हें पूरा ही फाड़ दिया। लिखा-पढ़ी

करने की इच्छा नहीं हुई। पिता के सर्टिफिकेट्स मुझे नहीं मिले। मुझे अब लगने लगा कि शायद बिन देखे लिफाफों में से किसी में वे रहे होंगे और फाड़कर फेंक दिये गये। मैं यही मान बैठा।

2010 में कभी अमित ने मुझे लिखा कि कभी दिल्ली आइए तो सर्टिफिकेट्स लेते आइए ताकि भुनाए जा सकें। मैंने शायद इसका भी कोई जवाब नहीं दिया। देता भी क्या? इस वर्ष के अर्धांश में फिर कभी अमित बनारस आये। उन्होंने कहा पंखुड़ी की शादी करनी है। लड़का दक्षिण भारतीय है। दोनों पर्यावरण में हैं। चलिए सर्टिफिकेट्स भुना लेते हैं। मैंने कहा सर्टिफिकेट्स मुझे मिल नहीं रहे हैं। डुप्लीकेट बनवाना होगा। बैंक से पता करो। मैं इसके लिए अब दिल्ली नहीं जाऊँगा। अमित चले गये।

एक-दो माह बाद फिर आये। एक पत्र तैयार करके लाये थे कि मैं कहीं जा रहा था। जिस बैग में ये सर्टिफिकेट्स थे वह कहीं गिर गया। बहुत खोजा नहीं मिला। इस पर मैंने हस्ताक्षर कर दिया। यह एफ.आई.आर. हो गया। इसकी दूसरी कापी पर थानाध्यक्ष ने हस्ताक्षर कर मुहर लगा दी। अमित इसे ले वापस गये। बैंक में जमाकर एफडीज के डुप्लीकेट ले बनारस आये। बनारस में उसी बैंक की शाखा में एक संयुक्त एकाउण्ट (मेरे और उनके नाम से) खुलवाया। वह भी मेरे पते से। डुप्लीकेट एफ.डी. पर मेरा हस्ताक्षर ले फिर दिल्ली गये। उसे वहाँ के बैंक में जमा किया संयुक्त खाते की पासबुक और चेक बुक उनके पास थी ही। दिल्ली यमुना विहार बैंक से पैसा संयुक्त खाते में बनारस स्थानांतरित हुआ और उन्होंने इसे अपने खाते में चेक काट कर जमा करा लिया। इस प्रकार उन्हें मुझे वर्षों बदनाम करते रहने के बाद अंततः शान्ति मिली।

सीधी तरह काम न करने का नतीजा ऐसा ही होता है। परेशानी भरा! हाँ उस समय पंखुड़ी का विवाह नहीं हुआ। यदि उन्होंने पैसे लेने के लिए विवाह की झूठी बात कही थी, तो यह भी उनकी ग़लती थी। पैसे उन्हीं के थे, उन्हें मुझे देने ही थे, जैसे भी देता।

2014 में यह पुस्तक लिखने के दौरान मैं मीनियापोलिस गया। वहाँ मेरा एक सूटकेस पड़ा था। उसे खोल देखा। उसमें कुछ किताबें और दो फाइलें थीं। एक में मेरे पत्र थे। दूसरी में पिता के, विष्णुचन्द्र शर्मा वगैरह के कुछ पत्र थे। कुछ और कागजात थे। इस फाइल में कई चोर खाने थे। कुछ में जिप लगी थी। कुछ में नहीं। इस फाइल को मैं बहुत दिनों, वर्षों से खोज रहा था। अब मिली थी। इसी के एक चोर खाने में वे दोनों सर्टिफिकेट्स एक लिफाफे में पड़े थे। मुझे हँसी भी आयी और दुख भी हुआ।

उषा सच कहती थी, 'हमारे घर में एक चिट तक तो खोती नहीं फिर ये तो सर्टिफिकेट्स हैं।' ये खोकर भी मिल गये। भले ही देर से मिले।

परिशिष्ट-10 : स्वलिखित बायोडाटा

वस्तुतः यह पिता का एक प्रार्थना पत्र है। रेडियो में सेवा के लिए, उसकी प्रतिलिप

सेवा में,
डायरेक्टर ऑव न्यूज़ सर्विसेज,
आल इंडिया रेडियो, नयी दिल्ली-1

महोदय,

26 जुलाई[1] के **'नवभारत टाइम्स'** में विभिन्न पदों के लिए आपका विज्ञापन देखा। विज्ञप्त पदों में उपसम्पादक पद का अभ्यर्थी मैं भी हूँ। मेरी योग्यता अनुभव सहित निम्नलिखित है :

शिक्षा :

साहित्य रत्न	[1941, हिं.सा. सम्मेलन, प्रयाग]
बी.ए.	[1950, काशी[2] विश्वविद्यालय, विषय, अंग्रेजी साहित्य, दर्शन और प्राचीन भारत का इतिहास और संस्कृति।]
जानकारी :	संस्कृत, पाली, प्राकृत, अपभ्रंश, हिन्दी, अंग्रेजी, बंगला, उर्दू, गुजराती, मराठी, उड़िया, असमिया, तेलुगु भाषाओं की।

1. किस वर्ष की 26 जुलाई को यह विज्ञापन नवभारत टाइम्स में हुआ था? यदि वर्ष का उल्लेख किया होता तो प्रार्थना पत्र देने के समय का अनुमान होता। इस प्रार्थना पत्र में इसे लिखने या भेजने की तिथि भी नहीं दी है। रानी भवानी गली में 1954 से 1965 तक रहे। इस प्रकार यह प्रार्थना पत्र इसी अवधि में कभी लिखा-भेजा गया होगा। अधिक सम्भावना है कि इसे उन्होंने 1959 में भेजा होगा, यदि भेजा होगा तो।
2. काशी विश्वविद्यालय का पूरा नाम काशी हिन्दू विश्वविद्यालय लिखा जाना चाहिए था। 'हिन्दू' शब्द अनवधानता वश छूटा लगता है।

अनुभव :	
उपसम्पादक	*दैनिक आज*[3] (काशी 1948)
,,	*साप्ताहिक आज* (काशी 1943)
,,	*समाज* (काशी 1949)।
,,	*मासिक हंस*, कहानी (1940-41)
,,	*हंस* (काशी, 1944-1946),
,,	*प्रदीप* (मुरादाबाद, 1941-1942)
,,	*चित्ररेखा* (काशी, 1946)।
,,	कोश सम्पादन : *बृहत् हिन्दी कोश* (1946-1948); *कनसाइज्ड ऑक्सफर्ड डिक्शनरी* का हिन्दी रूपान्तर (हिन्दी साहित्य सम्मेलन, प्रयाग 1953-1954); *हिन्दी शब्दसागर*-संशोधित और परिवर्द्धित संस्करण (ना.प्र.सभा, काशी, 1954-1959); *संक्षिप्त हिन्दी शब्द सागर* (का. ना.प्र.स., 1959 का संस्करण)।
शिक्षण :	लेक्चरर इन इंगलिश (गणेश राय इंटरमीडिएट कॉलिज, डोभी, जौनपुर, 1952-1953)।
प्रकाशन :	*धरती* (स्वरचित काव्य संग्रह, 1945); *गुलाब और बुलबुल* (अपनी ग़ज़लों और रुबाइयों का संग्रह 1956); *दिगन्त*[3] (स्वरचित सानेटों का संग्रह, 1957)। अन्तिम दो पुस्तकें उत्तर प्रदेश सरकार द्वारा पुरस्कृत हैं। इसके अतिरिक्त आल इंडिया रेडियो के इलाहाबाद और लखनऊ के स्टेशनों से मेरे प्रोग्राम होते रहे हैं। आशा है सेवा का अवसर देकर अनुगृहीत करेंगे।

मेरा पता	**भवदीय**
त्रिलोचन शास्त्री	वासुदेव सिंह
6/19, रानी भवानी गली	उपनाम
वाराणसी-1	त्रिलोचन शास्त्री[4]

3. पुस्तकों पत्रिकाओं आदि के नाम इटैलिक में लेखक के निर्देश से यहाँ दिये गये हैं।
4. पिता की अपनी लिखावट में लिखा यह एक अकेला सेवा-प्रार्थना पत्र मेरी जानकारी में उपलब्ध है। मैं इसे प्रतिलिपि मान ले रहा हूँ। जो प्रति दिल्ली भेजी गयी उसमें सम्भवतः तारीख दी गयी होगी।

सन्दर्भ ग्रन्थ सूची

(1) मूल ग्रन्थ : प्रकाशित एवं अप्रकाशित

1. त्रिलोचन, *अनकहनी भी कुछ कहनी है* (दिल्ली, 1985)
2. त्रिलोचन, *अमोला* (दिल्ली, 1990)
3. त्रिलोचन, *अरघान* (सं.वि.चं. शर्मा, दिल्ली 1983, 2012)
4. त्रिलोचन, *उस जनपद का कवि हूँ* (दिल्ली, 1981)
5. त्रिलोचन, *काव्य और अर्थबोध* (सं. अवधेश प्रधान, इलाहाबाद, 1985)
6. त्रिलोचन, *गुलाब और बुलबुल* (वाराणसी, 1956)
7. त्रिलोचन, *चैती* (1987)
8. त्रिलोचन, *जीने की कला* (दिल्ली, 2004)
9. त्रिलोचन, *ताप के ताए हुए दिन* (हापुड़, 1980)
10. त्रिलोचन, *तुम्हें सौंपता हूँ* (दिल्ली, 1985)
11. त्रिलोचन, *दिगन्त* (वाराणसी, 1957, दिल्ली, 1983)
12. त्रिलोचन, *देशकाल* (कहानी, 1986)
13. त्रिलोचन, *धरती* (मुरादाबाद, 1945, इलाहाबाद, 1977)
14. त्रिलोचन, *प्रतिनिधि कविताएँ* (सं.के.ना. सिंह, दिल्ली, 1985, के.ना. सिंह, उप सं. श्याम सुशील, परिवर्धित, दिल्ली, 2014)
15. त्रिलोचन, *फूलनाम है एक* (दिल्ली, 1985)
16. त्रिलोचन, *मेरा घर* (दिल्ली, 2002)
17. त्रिलोचन, *रोजनामचा-1950* (इलाहाबाद, 1992)
18. त्रिलोचन, *शब्द* (दिल्ली, 1980)
19. त्रिलोचन, *सबका अपना आकाश* (दिल्ली, 1987)

20. *साक्षात् त्रिलोचन* (सं. दिविक रमेश/कमलाकांत द्विवेदी, दिल्ली, 1990)
21. *श्री त्रिलोचन शास्त्री* (प्रथम पुरस्कार, सुलभ साहित्य अकेडेमी की पुस्तिका दिल्ली, 1991)
22. गाँव में उपलब्ध आलोक सिंह के पत्र संग्रह में त्रिलोचन और उनके मित्रों एवं परिचितों आदि के पत्रों की प्रतिलिपि से (प्रतिलिपिकार जय प्रकाश सिंह, अप्रकाशित, चिरानीपट्टी, 2011)
23. वेद प्रकाश द्विवेदी को लिखे त्रिलोचन के पत्रों की प्रतिलिपि (प्रतिलिपि कर्त्ता जय प्रकाश सिंह, अप्रकाशित, चिरानीपट्टी, 2011)
24. जय प्रकाश सिंह के पत्र संग्रह में त्रिलोचन, विष्णुचन्द्र शर्मा, उषा जयसिंह एवं परिवार के सदस्यों आदि के कुछ पत्र।

(2) सहायक ग्रन्थ एवं पत्र-पत्रिकाएँ

25. दशरथ शर्मा, *अर्ली चौहान डायनेस्टीज* (जोधपुर, 2007)
26. *इंपीरियल गजेटियर आफ इंडिया : सुल्तानपुर* (1913)
27. ए.एच. बिंगले, *ए हैण्डबुक आफ राजपूत्स* (फर्स्ट प्रकाशन 1898; दिल्ली पुनर्मुद्रण 1999)
28. *गज़ेटियर आफ अवध* (1872)
29. राजबली पांडे, *गोरखपुर जनपद का इतिहास*
30. एडवर्ड्स सांडर्स, *द पोएट्री ऐंड लाइफ आफ अलेन गिंसबर्ग ए नैरेटिव पोएम* (न्यूयार्क, 2000)।
31. एलिस डब्ल्यू. फ्लाहर्टी, *द मिडनाइट डिजीज द ड्राइव टु राइट, राइटर्स ब्लाक ऐंड द क्रिएटिव ब्रेन* (बोस्टन, न्यूयार्क, 2004)
32. पुपुल जयकर, *इन्दिरा गाँधी* (पेंगुइन इंडिया)
33. *फ्रीडम स्ट्रगल इन उत्तर प्रदेश*, भाग-I-II
34. विष्णुचन्द्र शर्मा, *युद्धकांड के कवि त्रिलोचन* में प्रकाशित जय प्रकाश सिंह के दो लेख (दिल्ली, 2009)
35. एच.आर. नेविल, *सुल्तानपुर गज़ेटियर* (1913)
36. राजेश्वर सिंह, *सुल्तानपुर इतिहास की झलक* (सुल्तानपुर, 2007)
37. *सूवेनीर* (सं. रमेश बूढागोहाईं एवं धर्मेश्वर सूतिया द्वारा काम रूप अनुसंधान समिति के शताब्दी समारोह (गुवाहाटी, 2012) के अवसर पर प्रकाशित ग्रंथ में

जय प्रकाश सिंह का लेख। यह लेख *प्रो. समरेश बंद्योपाध्याय ग्रन्थ* (कलकत्ता, 2012) में भी देखा जा सकता है)।

(3) पत्रिकाएँ

38. *असुविधा,* (वर्ष 20, अंक 1-2 जनवरी-जून, 1998 सोनभद्र)

39. *आजकल,* अप्रैल 2010 (दिल्ली)

40. *कवि,* (सं. विष्णुचन्द्र शर्मा, वाराणसी)

41. *बदलाव का संघर्ष पथ,* वर्ष-5, अंक-2, 1996 (सं. मीरा पुरवार, अमीरचन्द वैश्य को लिखे त्रिलोचन के पत्रों के लिए।)

42. *वर्तमान साहित्य,* अगस्त 1992 (त्रिलोचन अंक, सं. विभूति नारायण राय, अतिथि सम्पादक वाचस्पति, दिल्ली)

43. *वासन्ती,* जून, 1962 (वाराणसी)

44. *सर्वनाम* अंक-38 (1995), 47 (1997), 51 (1998), 75 (2004), 78 (2005), 81 (2006), सं. विष्णुचन्द्र शर्मा, दिल्ली

संक्षिप्त शब्द

सुईझ = *सुल्तानपुर इतिहास की झलक*

सं. = *सम्पादक*

गआअ = *गजेटियर आफ अवध* (1872)

वेप्रद्वि = वेद प्रकाश द्विवेदी

का.हि.वि.वि. = काशी हिन्दू विश्वविद्यालय, वाराणसी

का.ना.प्र. सभा = काशी नागरी प्रचारिणी सभा

ना.प्र. सभा = नागरी प्रचारिणी सभा, काशी

नेहू = नार्थ ईस्टर्न हिल यूनिवर्सिटी, शिलांग, मेघालय।

भामुप = भारतीय मुद्रा परिषद (न्यूमिस्मेटिक सोसाइटी आफ इंडिया), काहिविवि, वाराणसी।

पू.प.वि.पू.प. = पूर्वोत्तर पर्वतीय विश्वविद्यालय, शिलांग, मेघालय

के.ना. सिंह = केदार नाथ सिंह

आभार

मैं उन सबका आभारी हूँ जिनके नाम इसमें मैंने लिए हैं। इनमें से बहुत सारे लोग अब नहीं हैं। ईश्वर उनकी आत्मा को शान्ति दें। जो अभी हैं, उन्हें स्वस्थ, दीर्घ जीवन एवं सद्‌बुद्धि दें।

इसमें बहुत से ऐसे लोग भी आये हैं जिनके नाम मैंने बदल दिये हैं। ऐसे सभी लोग प्रायः मेरे कारण इसमें उल्लेखित हैं। इनमें से अधिकांश ने मुझे अपनी मित्रता दी, प्रसन्नता दी, इसके लिए मैं उन सबका आभारी हूँ। यदि इनमें से किसी की मुझसे कोई अपेक्षा थी कभी तो उसे न समझ पाने के लिए क्षमा प्रार्थी भी हूँ। इसी वर्ग के कुछ लोगों ने मुझे दुखी किया। कुछ अन्यों ने मेरे साथ दूसरों को भी दुखी किया। उन सब को भी मैं धन्यवाद देता हूँ। ईश्वर उन्हें क्षमा करें।

मैं उन सब प्रकाशकों का आभारी हूँ जिन्होंने पिता के संग्रहों को प्रकाशित किया। उनके द्वारा ये संग्रह प्रकाशित न किये गये होते तो मैं उनकी कविताओं आदि के उद्धरण कैसे देता। स्थानाभाव के कारण उनमें से प्रत्येक का नाम देना सम्भव नहीं। पर मैं उन सबका हृदय से आभारी हूँ और उन्हें धन्यवाद दे रहा हूँ।

श्री विष्णुचन्द्र शर्मा कवि, लेखक, ज्येष्ठ, आदरणीय, मित्र आदि सभी कुछ मेरे लिए रहे हैं। त्रिलोचन के साहित्यिक घराने के वे एक अन्यतम स्तम्भ हैं, पारिवारिक घराने के तो हैं ही। मैं उनका आभारी इसलिए भी हूँ कि 'त्रिलोचन की जीवनी' का तकाज़ा करते करते उन्होंने *मेरे पिता त्रिलोचन : एक स्मृतिलेख* मुझसे लिखवा ही लिया। ईश्वर उन्हें स्वस्थ रखें, दीर्घायु करें।

चिरानीपट्टी के अरुण प्रकाश सिंह, श्रीप्रकाश सिंह एवं परिवार के अन्य सदस्यों का आभारी हूँ कि गाँव और सुल्तानपुर में रहते पुस्तक की सामग्री एकत्र करने के समय और उसके बाद भी सबने मेरा पूरा सहयोग किया। अभिषेक सिंह को दिल्ली से प्रूफ लाने और फिर वापस ले जाकर पहुँचाने के लिए धन्यवाद।

श्री राममूर्ति यादव, कवि और लेखक, पड़ोसी गाँव बछैंया निवासी, ने मेरी बहुत प्रकार से मदद की। सबसे बड़ी मदद जो उन्होंने की वह श्री अखंड प्रताप सिंह को मेरे घर लाने और तदुपरांत उन्हें उनके घर पहुँचाने की, की। श्री अखंड प्रताप अपने ढंग से राजकुमारों-बछगोतियों के इतिहास लेखन में लगे हैं। गोपाल कवि की *वत्सगोत्र*

चौहान वंशार्णव जो मुझे कहीं देखने को नहीं मिली उन्होंने मुझे दिखाई। मैं सारी पुस्तक देखता रहा। इसे प्रकाशित किया जाना चाहिए। मैं इन दोनों का आभारी हूँ।

उन सभी लेखकों का भी आभारी हूँ जिन्होंने समय-समय पर सुल्तानपुर पर लिखा और जिनके लेखन का उपयोग मैंने इसमें किया है। इसमें *गजेटियर* (1872 और 1913) से लेकर राजेश्वर सिंह तक के लेखक आते हैं। इनके अतिरिक्त स्व. प्रोफेसर दशरथ शर्मा का विशेष आभारी हूँ। मैं *वर्तमान साहित्य* और *आजकल* के त्रिलोचन-अंकों के लेखकों का भी आभारी हूँ जिनके लेखों का कुछ उपयोग किया है।

इसके अलावा सिंह ब्रदर्स जोरहाट, परिवार के डॉ. रमेश, डॉ. उपेन्द्र, नागेश एवं श्रीमती अनिता, श्रीमती डॉ. जयश्री, श्रीमती सरिता सिंह आदि सभी सदस्यों का भी आभारी हूँ। वहाँ के मेरे निवास में इस पुस्तक का समय-समय पर लेखन, संशोधन और परिवर्धन होता रहा है। श्री नागेश सिंह इस पुस्तक की प्रगति के बारे में समय-समय पर पूछते और जानकारी लेते रहे हैं, और लोग भी। एतदर्थ मैं सभी का आभार मानता हूँ।

अंत में मैं श्री महेश दर्पण एवं श्री जे.एस. त्यागी, श्रीमती शकुंतला त्यागी आदि का उनकी बहुविध सहायता के लिए आभारी हूँ।

इस पुस्तक का प्रथम ड्राफ्ट और फाइनल ड्राफ्ट डॉ. रोहित और डॉ. मृगांका के घर पर पूरा हुआ था 2014-15 में। उसके बाद इस पर काम बन्द हो गया। मेरे द्वारा बार-बार इस कार्य को करते उन्हें परेशानी हुई होगी पर इन्होंने कभी कुछ कहा नहीं। इन सबके धैर्य के लिए इन्हें मैं धन्यवाद देता हूँ।

अंत में मैं श्री पंकज को कम्प्यूटर टाइपिंग और वाणी प्रकाशन के श्री अरुण माहेश्वरी को उनके कार्य और उनके सहयोग आदि के लिए धन्यवाद देता हूँ।

□□